中国高级工商管理丛书

CEO
内部控制

基业长青的奠基石

（第二版）

陈汉文　池国华　编著

北京大学出版社
PEKING UNIVERSITY PRESS

图书在版编目(CIP)数据

CEO 内部控制:基业长青的奠基石/陈汉文,池国华编著. —2 版. —北京:北京大学出版社,2022.9

(中国高级工商管理丛书)

ISBN 978-7-301-33222-1

Ⅰ.①C… Ⅱ.①陈… ②池… Ⅲ.①企业内部管理—教材 Ⅳ.①F272.3

中国版本图书馆 CIP 数据核字(2022)第 142887 号

书　　　名	CEO 内部控制:基业长青的奠基石(第二版)
	CEO NEIBU KONGZHI: JIYE CHANGQING DE DIANJISHI(DI-ER BAN)
著作责任者	陈汉文　池国华　编著
责 任 编 辑	黄炜婷
标 准 书 号	ISBN 978-7-301-33222-1
出 版 发 行	北京大学出版社
地　　　址	北京市海淀区成府路 205 号　100871
网　　　址	http://www.pup.cn
微信公众号	北京大学经管书苑(pupembook)
电 子 信 箱	em@pup.cn
电　　　话	邮购部 010-62752015　发行部 010-62750672　编辑部 010-62752926
印 刷 者	大厂回族自治县彩虹印刷有限公司
经 销 者	新华书店
	787 毫米×1092 毫米　16 开本　28.5 印张　642 千字
	2015 年 8 月第 1 版
	2022 年 9 月第 2 版　2022 年 9 月第 1 次印刷
定　　　价	78.00 元

未经许可,不得以任何方式复制或抄袭本书之部分或全部内容。

版权所有,侵权必究

举报电话: 010-62752024　电子信箱: fd@pup.pku.edu.cn

图书如有印装质量问题,请与出版部联系,电话: 010-62756370

前　言

修订背景

纵观中国改革开放四十余年的历程,既出现了海航、三株、三九、汇源这样迅速崛起却最终破产重组的失败企业,也不乏华为、万科、美的、海尔这样虽历经风雨但至今屹立不倒的成功企业。导致两者之间存在天壤之别的根本原因就在于,企业是否以全面系统、科学合理的内部控制体系作为支撑其做大、做强、走远的"奠基石"。正因为如此,作为一部专门面向企业家和创业者的内部控制专业书,本书自2015年出版以来被浙江大学、华中科技大学、厦门大学、四川大学、北京理工大学等一流高校EMBA选用并多次重印。

2020年一场突如其来的新冠肺炎疫情成为2008年美国次贷危机以来全球面对的最大一起"黑天鹅"事件,对全球各国企业造成极大的冲击,世界政治、经济和社会发展受到深远的影响并产生深刻的变化,一大批企业(其中甚至包括知名企业)纷纷倒下,由此企业家更加充分地意识到内部控制的重要价值。事实上,自1986年德国著名社会学家乌尔里希·贝克(Ulrich Beck)在《风险社会:新的现代性之路》一书中大胆预判"人类已经开始步入风险时代"以来,企业家发现企业所面临的风险越来越多、越来越复杂,以至于到了"无处不在、无时不在"的地步,给企业的生存和发展造成了巨大的威胁并带来了严峻的挑战。

面对威胁与挑战,唯有强化内部控制机制建设和监督,企业才能"基业长青"!

如果以2008年中央五部委发布《企业内部控制基本规范》为起点,中国企业的内部控制体系建设至今已十几年,可以说已经走过"从无到有"的过程,正步入"从有到优"的阶段,需要结合新形势进一步加以强化和优化。面对新形势和新要求,如何进一步优化现有内部控制体系,促进内部控制制度的有效执行和持续改进,是企业当前亟须解决的一项重要课题。解决的思路就在于结合COSO的《企业风险管理——与战略和业绩的整合》(2017)、国务院国资委的《关于加强中央企业内部控制体系建设与监督工作的实施意见》(2019)等有关内部控制和风险管理最新文件的精神,一方面针对企业内部控制体系建设过程中现存的认识误区和错误做法进行纠偏重构,回归内部控制的本质和逻辑;另一方面在企业现有内部控制体系的基础上转型升级,从以查错防弊为目标的合规型内部控制向以价值创造为目标的管控型内部控制发展。

内容框架

正是基于当前制度环境变化的冲击和形势发展的需要,本书在保留第一版精华和亮点的基础上进行了大幅修订,形成了第二版。全书分为三大模块:

第一模块为内部控制基础篇,由第1—4章构成,为企业开展内部控制制度建设奠定必要的理论基础。其中,第1章从全球视野追溯了内部控制理论与实践的发展历程,勾画了我国内部控制制度规范的演进脉络,并探讨了建立健全内部控制制度对企业的重要意义;第2章深入浅出地阐述了内部控制要素、本质、逻辑等一系列最基本、最核心的理论问题;第3章提纲挈领式地阐释了内部控制体系建设的基本原则、总体思路、组织分工和基本步骤;第4章不厌其精地讲解了风险评估方法、风险应对策略和风险控制工具。

第二模块为内部控制设计篇,由第5—8章构成,是有关内部控制制度建设的具体操作,重点阐述了企业最重要且最具普遍性的四项业务的制度设计,分别是对外投资、货币资金、采购业务、销售业务,每一章都结合现实案例详细介绍各项业务的主要风险、总体要求、组织流程和基本控制措施。

第三模块为内部控制拓展篇,由第9—12章构成。其中,第9章针对企业集团这一特殊也是中国企业较为常见的组织形态,提出建立健全以战略控制为导向、以管理控制为主线、以财务控制为核心、以监督控制为保证的企业集团内部控制体系框架;第10章和第11章重点说明内部控制中最基本也是最重要的两项控制手段——预算管理和绩效考评,它们与内部报告(即经营分析)共同构成企业管理控制系统;第12章抓住在内部控制实施过程中扮演枢纽角色的内部控制评价环节,围绕内部控制评价原则、内容、程序和方法四个方面搭建了内部控制评价实施框架,在此基础上阐述内部控制评价结论认定、报告披露等重要事项,(特别需要指出的是)探讨上市公司内部控制指数的构建与应用。

结构特点

正如厦门大学原副校长、教育部高等教育工商管理类学科专业教学指导委员会原主任委员吴水澎教授所指出的那样,本书努力打造三个方面的特点:

一是理论的创新性与实践的操作性并重。本书是我们研究团队长期致力于内部控制理论与实务研究所取得成果的重要反映。近年来,我们先后主持了国家自然科学基金重点项目"信息生态环境与企业内部控制有效性问题研究"(结题评价为"优秀")、国家自然科学基金面上项目"内部控制、EVA考核与国有企业非效率投资治理——基于代理理论与信息不对称理论的研究"(结题评价为"优秀"),已连续十多年发布了"中国上市公司内部控制指数",发表了一系列重要论文,这些成果包含了许多富有创新性的观点并见诸于本书各章节,为大家更好地理解内部控制提供了支撑。同时,本书也为大家提供了众多的内部控制标杆做法和工具模板,其中包括我们为企业集团、上市公司、民营企业等不同类型企业提供的内部控制制度咨询服务成果。

二是结构的系统性与资料的翔实性兼具。本书期望打破传统的桎梏,在内容设计和结构安排上不仅仅追求"知其所以然"的效果,更重视如何达到"所以然"的水平。在回顾内部控制历史变迁、探寻内部控制基本原理的基础上,本书侧重于内部控制制度建设实务,既包括整体框架的顶层设计,又关注重点业务的具体操作,真正体现了"内部控制制度化、制度流程化+标准化+表单化、内部控制信息化"的基本思路。本书还从规制环境、焦点观察、践行有成三个不同视角以及采用纸质、数字两种形式展示现实情境下丰富的实务案例。我们引入了许多涉及经营失败的经典企业案例,比如乐视帝国的崩塌、科迪集团的破产、腾讯老干妈事件,通过剖析这些失败案例和典型事件的动因,为企业今后避免重蹈覆辙起到警示作用;我们也引入了许多已实现可持续发展的优秀企业案例,包括华润的6S管理体系、万科的经济利润奖金制度、宝钢的股权激励计划、海亮集团的审计整改模式等,为企业家如何更有效地防范控制风险并创造价值提供了重要参考。

三是思想的启迪性与形式的活泼性交融。首先,本书在体例上沿袭了寄语、引导案例和综合案例的设计框架,有助于增强课程学习的逻辑性,促"被动学习"转化为"主动学习",在不知不觉中完成知识体系的构建。其次,本书化冗长的文字表述为丰富的图表,使学员在有限的时间里可以更加快速地吸收相关知识。最后,作为一本专业教材,既要体现专业知识的广度与深度,也要反映人文教育的力度与温度;既要将历史与现实相结合,也要融知识性与人文性于一体。为此,本书每一章的学习可从知识要点、技能要点和素质养成三方面展开,辅以"规制环境""焦点观察""践行有成"三类栏目的现实案例,目的是培养融专业知识、实践技能与价值理念于一身的企业家和创业者。全书围绕内部控制主线,通过政府监管立法与执行、社会热点事件展现、企业实践案例引入等多种形式,有机融合了法治思维、底线意识、社会责任、职业道德、反舞弊等思政建设要求。

博采众长

本书由财政部会计名家陈汉文教授与财政部内部控制标准委员会咨询专家池国华教授主持编著,具体分工如下:第1章,陈汉文教授;第2章、第3章,池国华教授;第4章,池国华教授、王蕾;第5章,陈汉文教授、杨博;第6章,池国华教授、邹威;第7章,陈汉文教授、赖智悦;第8章,陈汉文教授、李磊;第9章,陈汉文教授、池国华教授;第10章、第11章,池国华教授;第12章,陈汉文教授、黄轩昊。

本书融合了国家自然科学基金重点项目"审计机构治理机制与审计质量"(71790604)、国家自然科学基金面上项目"政府审计与内部控制整合视角下的腐败综合治理机制研究:基于政府和企业两种情境"(71772089)、国家自然科学基金面上项目"银行内部控制与信贷风险的动态防控:基于银企信贷契约视角的研究"(72172061)的研究成果。在撰写本书的过程中,我们参阅了国内外大量的文献和资料并尽可能地加以注明,如有无意疏漏之处,敬请谅解。

在此,对所有致力于内部控制研究领域的专家和学者致以最诚挚的谢意!

我们的期望是以内部控制专业书的方式去影响、去教育企业家和创业者等特殊群体,帮助他们树立内部控制与风险管理的理念、掌握内部控制与风险管理的方式方法,助益当前夯实企业微观底层制度基础、搭设风险防范化解之墙的现实需求。然而,由于水平有限,加上写作时间紧张,本书可能离上述目标还有一定的距离,恳请读者不吝批评指正,以便我们今后修订时加以改进和完善,共同推动中国内部控制理论日益完善和实践不断提升。

陈汉文　池国华
2022 年 6 月

内部控制学具有实践性强,操作性要求高的特点,为了培养融专业知识、实践技能与价值理念于一身的企业家和创业者,我们在阐释知识点的同时,围绕内部控制主线,引入丰富的案例,引导学子在夯实理论基础的同时开拓视野,深化内部控制的逻辑思维。现实中发生的事件车载斗量,罄竹难书,数字化技术为此提供了便捷的载体。

规制环境:展现企业内外部规制建设的冰山一角,有助于法治思维、底线意识的培养。

焦点观察:通过媒体报道的社会热点事件,呈现企业内部控制崩坏的严重后果。

践行有成:不同类型企业组织在内部控制实践中的经验做法和成果展示,既有启示性又有标杆作用。

数字资源下载步骤

手机扫描二维码—点击"开拓视野"文件包—开始下载—下载到微信—发送到选定的微信帐号—电脑接收并保存文件,或者在微信上选择适用的浏览器打开文件。

目 录

基 础 篇

第1章 内部控制历史发展 ········· 001
    引导案例 上市公司董事会对内部控制审计报告持反对意见! ········· 002
    1.1 全球视野的内部控制进展 ········· 003
    1.2 中国特色的内部控制标准 ········· 011
    1.3 发展视角的内部控制价值 ········· 020
    综合案例 益强公司因深陷债务违约危机而破产重组 ········· 027

第2章 内部控制基本原理 ········· 029
    引导案例 浦发银行成都分行因内控失效而被处罚 ········· 030
    2.1 内部控制要素 ········· 031
    2.2 内部控制本质 ········· 042
    2.3 内部控制逻辑 ········· 047
    综合案例 拉夏贝尔黯别资本市场 ········· 053

第3章 内部控制体系建设 ········· 057
    引导案例 上市公司丑闻频发,内部控制建设任重道远 ········· 058
    3.1 内部控制体系建设的基本原则 ········· 059
    3.2 内部控制体系建设的总体思路 ········· 063
    3.3 内部控制体系建设的组织分工 ········· 076
    3.4 内部控制体系建设的基本步骤 ········· 083
    综合案例 海外工程商务风险体系的建立 ········· 089

第4章 内部控制工具方法 ········· 097
    引导案例 从獐子岛事件看控制方法问题 ········· 098
    4.1 风险评估方法 ········· 099

4.2　风险应对的四种策略 ………………………………………………………… 111
　　4.3　合规性控制工具 ……………………………………………………………… 121
　综合案例　腾讯老干妈案件疑点重重 …………………………………………………… 137

设 计 篇

第 5 章　对外投资内部控制 …………………………………………………………… 141
　引导案例　"一代鞋王"富贵鸟如何走向破产退市 …………………………………… 142
　　5.1　对外投资业务的流程划分与职责分工 ……………………………………… 143
　　5.2　投资立项控制 ………………………………………………………………… 146
　　5.3　投资计划控制 ………………………………………………………………… 157
　　5.4　投资项目监控控制 …………………………………………………………… 166
　　5.5　投资项目处置控制 …………………………………………………………… 170
　综合案例　娃哈哈造智能机器人：失败的多元化路上再尝试 ……………………… 176

第 6 章　货币资金内部控制 …………………………………………………………… 179
　引导案例　供电公司一出纳挪用 3 000 余万元公款获刑 10 年 …………………… 180
　　6.1　货币资金业务的主要风险及具体表现 ……………………………………… 180
　　6.2　货币资金内部控制体系构建的总体要求 …………………………………… 183
　　6.3　货币资金业务的流程划分与职责分工 ……………………………………… 190
　　6.4　现金与银行存款内部控制 …………………………………………………… 195
　　6.5　货币资金的集中管理 ………………………………………………………… 196
　综合案例　消失的小黄车 ……………………………………………………………… 211

第 7 章　采购业务内部控制 …………………………………………………………… 213
　引导案例　大疆创新，高压反腐 ……………………………………………………… 214
　　7.1　采购业务的主要风险及具体表现 …………………………………………… 215
　　7.2　采购业务内部控制体系构建的总体要求 …………………………………… 217
　　7.3　采购业务的流程划分与职责分工 …………………………………………… 218
　　7.4　供应商管理控制 ……………………………………………………………… 222
　　7.5　采购计划与申请控制 ………………………………………………………… 224
　　7.6　采购实施与过程控制 ………………………………………………………… 228
　　7.7　采购验收与付款控制 ………………………………………………………… 238
　综合案例　中国联通以供应链创新推动高质量发展 ………………………………… 244

第 8 章　销售业务内部控制 — 247

引导案例　东方金钰上演"疯狂的石头" — 248

8.1　销售业务的主要风险及具体表现 — 249

8.2　销售业务内部控制体系构建的总体要求 — 250

8.3　销售业务的流程划分与职责分工 — 257

8.4　信用管理 — 260

8.5　合同管理 — 264

8.6　收款与应收账款管理 — 270

综合案例　运达科技：多举措加大应收账款管理 — 279

拓 展 篇

第 9 章　企业集团内部控制 — 281

引导案例　雨润集团破产重整的启示 — 282

9.1　企业集团内部控制体系建设的主要动因 — 283

9.2　企业集团内部控制体系建设的框架思路 — 287

9.3　企业集团战略控制 — 293

9.4　企业集团管理控制 — 300

9.5　企业集团财务控制 — 306

9.6　企业集团监督控制 — 309

综合案例　*ST 长油成央企首家退市股 — 317

第 10 章　企业全面预算管理 — 321

引导案例　预算增至 20 倍，大族欧洲项目进度缓慢 — 322

10.1　预算管理基础 — 323

10.2　预算编制 — 337

10.3　预算执行 — 345

10.4　预算考核 — 350

综合案例　预算颗粒度与 A 集团预算管理转型实践 — 362

第 11 章　企业绩效考评控制 — 367

引导案例　首例投行绩效与项目收入挂钩被处罚 — 368

11.1　绩效考评基础 — 369

11.2　关键绩效指标法 — 371

11.3　经济增加值法 …………………………………………………… 382
　　11.4　平衡计分卡 ……………………………………………………… 390
　　综合案例　中国宝武下属6家单位推出股权激励计划 ………………… 397

第12章　企业内部控制评价 ……………………………………………… 401
　　引导案例　上市公司2019年内部控制评价报告披露情况 ……………… 402
　　12.1　内部控制评价实施框架 ………………………………………… 405
　　12.2　内部控制评价结论与报告 ……………………………………… 413
　　12.3　内部控制指数构建与应用 ……………………………………… 426
　　综合案例　泰达股份的内部控制评价与审计结论为何存在分歧 ……… 440

主要参考文献 ……………………………………………………………… 443

第 1 章　内部控制历史发展

寄　语

　　作为一项制度安排,内部控制与其他组织管理制度相同,其产生和发展总是与社会生产力与人类经营管理方式等密切相关,是组织运营和管理活动发展到一定程度的产物,是科学管理的必然要求;随着内外部因素的变化和发展,内部控制的内涵与职能也日臻成熟和完善。

　　本章首先从全球视野描述了内部控制理论与实践的演进发展,然后总结了我国内部控制制度规范的建设过程以及最新进展,最后探讨了建立健全内部控制制度对企业的重要价值。

- **知识要点**　从全球视野了解内部控制理论与实践的演进;了解我国内部控制制度规范的建设过程及最新进展;基于发展视角深入理解内部控制制度建设的价值。
- **技能要点**　掌握内部牵制理念,并学会将这一理念应用于企业内部控制制度设计;掌握中国企业内部控制制度的体系框架和内容构成,并能够用于指导企业内部控制制度的设计。
- **素质养成**　透过全球视野的内部控制发展历程,培养历史思维和辩证思维;比较内部控制整合框架和风险管理框架的联系与区别,了解分析内部控制的最新进展,学会用发展的观点看问题;对比美国和中国内部控制规范的发展历程,增强爱国情怀,坚定"四个自信",同时塑造系统思维和创新思维,坚持不断完善制度;学习我国内部控制的相关法规及其最新进展,培养依法治国精神,塑造法治理念,理解内部控制作为"不能腐的防范机制"的意义;领会习近平总书记关于风险管理的重要论述精神,汲取内部控制失败案例的教训,塑造底线思维,强化合规意识。

引导案例

上市公司董事会对内部控制审计报告持反对意见![①]

大华会计师事务所(特殊普通合伙)(以下简称"大华事务所")对中珠医疗控股股份有限公司(以下简称"中珠医疗")2020年12月31日财务报告内部控制的有效性进行了审计,出具了《内部控制审计报告》。该报告对中珠医疗内部控制有效性出具了否定意见,主要原因在于一起担保事项。2021年3月,中珠医疗在检查中发现,其子公司深圳市一体医疗科技有限公司(以下简称"一体医疗")时任董事长兼总经理刘丹宁因个人资金周转需要,于2017年12月26日与深圳市深商资产管理有限公司(以下简称"深商资产")签订《资金借用合同》,向深商资产借款6 000.00万元,借款期限自2017年12月27日至2018年3月27日。同时,为保障深商资产债权的实现,深商资产与包含一体医疗等7个法人企业签订《企业保证合同》,与2个自然人签订《保证合同》,为刘丹宁此笔个人借款提供连带责任保证。据此,大华事务所认为这起对外担保事项不符合中珠医疗《对外担保管理制度》的相关规定,与之相关财务报告内部控制运行失效。

针对这一结论,中珠医疗董事会与大华事务所项目合伙人进行多次沟通,试图改变这一结论,但无济于事。为此,中珠医疗董事会特意对大华事务所出具否定意见的《内部控制审计报告》发表了一纸声明,主要内容如下:

1. 该笔担保属于一体医疗时任董事长兼总经理刘丹宁为本人资金周转需要而实施的违法行为,未履行内部审批及相关流程审议程序、未告知董秘办、未提交中珠医疗董事会和股东大会审议。

2. 公司和外部机构多次核查,刘丹宁一直隐瞒该事项,直至2021年3月1日一体医疗工作人员从网上司法信息渠道获悉该担保行为导致一体医疗存在被强制执行的情况时才发现,非公司内控机制所能把控。

3. 2020年度内部控制评价是针对公司2020年度运营周期控制有效性的评价,该违规担保事项发生时间在2017年12月,不影响2020年度内部控制执行的有效性。

4. 公司在获悉后于第一时间已采取措施进行整改,包括且不限于督促各相关方出具书面声明确认解除一体医疗的担保责任,其他担保人声明放弃对一体医疗的追偿责任,以及债权债务豁免、保证责任消除等措施,截至目前,刘丹宁女士与深商资产签署《债权豁免协议》,深商资产对上述债务全部豁免,深商资产对刘丹宁的主债权消灭,一体医疗对刘丹宁债务的保证责任同时消灭。公司已及时披露。

综上,公司董事会对大华事务所出具的2020年度内部控制否定意见持反对意见。

从公开披露的信息来看,中珠医疗2018年亏损18.9亿元,2019年又亏损3.69亿元,因此2020年6月2日起被实施退市风险警示。也是在2020年这一年,中珠医疗变更了

[①] 根据中珠医疗相关公告资料整理。

会计师事务所。之前的立信会计师事务所对中珠医疗2019年度财务报告出具了保留意见审计报告,对公司内部控制有效性出具了否定意见。

事实上,中珠医疗的内部控制确实问题多多。此前,2020年3月31日,中国证监会对中珠医疗、其控股股东珠海中珠集团股份有限公司和有关责任人予以纪律处分。这一处罚就涉及了公司的"八宗罪",具体包括:(1)控股股东及其关联方非经营性资金占用超7亿元;(2)控股股东对公司大额欠款未按承诺及时还款,也未在到期前及时履行延期还款决策程序;(3)公司违规为控股股东提供关联担保,该笔关联担保金额占公司2017年度净资产的0.83%;(4)公司全资子公司违规为第二大股东及其关联方提供担保,担保金额合计3.65亿元,占公司2017年度净资产的6.09%,占公司2017年度归母公司净利润的215.54%;(5)重大关联交易未及时履行决策程序及信息披露义务;(6)签订合作意向书相关信息披露不完整,风险提示不充分;(7)重组相关事项未履行决策程序且未及时披露信息;(8)日常关联交易未及时履行信息披露义务。

启示录　中珠医疗之所以和会计师事务所产生分歧,起源于内部控制审计意见;其之所以被监管部门处罚,也是因为内部控制存在缺陷;甚至中珠医疗的业绩下降和持续发展,实际上也与内部控制的好坏密切相关。这充分说明了内部控制对于一家公司的重要性。那么,什么是内部控制呢?内部控制具有哪些作用呢?如何建立健全和有效实施内部控制呢?其实,这就是本书要回答的核心问题。然而在此之前,首先要从历史的角度了解内部控制的产生与发展。

1.1　全球视野的内部控制进展

人类自有了社会分工就有群体活动,有了群体活动就有了一定意义上的控制。早在公元前三千多年以前,内部控制的思想就已经在人们的日常经济生活中得以应用。内部控制的历史可以追溯到远古文明时期公共资源的管理,从埃及、古希腊、古罗马的历史沉迹中均可发现,中国《周礼》中也有记述;而早期西方的议会控制、我国的御史制度,也均属于内控制度的演变。经过人类历史的漫长发展,现代内部控制作为一个完整的概念,首次产生于20世纪40年代。此后,内部控制理论逐渐完善,内部控制实践不断丰富,最终为人们所了解和接受。具体来说,内部控制理论和实务经历了大致五个发展阶段,基本情况如表1-1所示。

表1-1　内部控制的五个发展阶段

序号	阶段	起止时间	贡献
1	内部牵制阶段	公元前3600年至20世纪40年代	内部牵制理念
2	内部控制系统阶段	20世纪40年代至80年代	1. 将内部控制上升到法律要求 2. 将内部控制划分为会计控制与管理控制

(续表)

序号	阶段	起止时间	贡献
3	内部控制结构阶段	20世纪80年代至1992年	1. 提出内部控制结构和要素概念 2. 首次将控制环境纳入内部控制的范畴
4	内部控制整合框架阶段	1992年至2004年	1. 一个定义 2. 三项目标 3. 五个要素
5	风险管理整合框架阶段	2004年至今	1. 增加了战略目标 2. 拓展了风险评估要素 3. 提出了风险偏好和风险容忍度概念 4. 强调风险组合观

如表1-1所示，每个发展阶段对内部控制理论和实践的发展都做出了相应的贡献，但相对而言，内部控制整合框架阶段、风险管理整合框架阶段对内部控制实务发展的影响更加重要、更加广泛。下面重点介绍这两个阶段的时代背景和主要贡献。

1.1.1 内部控制整合框架阶段

1992年9月，COSO发布了著名的《内部控制——整合框架》(Internal Control——Integrated Framework，简称"COSO报告")，并于1994年进行了修订。① 这一报告已经成为内部控制领域最为权威的文献之一。该报告是内部控制发展历程中的一座重要里程碑，对内部控制的发展所做出的贡献可以用三句话十二个字概括："一个定义、三项目标、五个要素"。

"一个定义"就是COSO报告对内部控制下了一个迄今为止最为权威的定义："内部控制是由企业董事会、经理阶层以及其他员工实施的，旨在为运营的效率和效果、财务报告的可靠性、相关法律法规的遵循性等目标的实现提供合理保证的过程。"

"三项目标"是指内部控制具有三项目标，包括经营目标、报告目标和合规目标。由此可见，财务报告的可靠性并不是内部控制唯一的目标，即内部控制不等于会计控制。

"五个要素"是指COSO报告将内部控制的组成分成相互独立又相互联系的五个要素：控制环境、风险评估、控制活动、信息与沟通、监控，如图1-1所示。

这五个要素的内涵及其在内部控制整合框架中的作用解释如下：

（1）控制环境。控制环境主要指企业内部的文化、价值观、组织结构、管理理念和风格等。这些因素是企业内部控制的基础，将对企业内部控制的运行及效果产生广泛而深远的影响。

---

① COSO(Committee of Sponsoring Organizations)是Treadway委员会的发起组织的简称。Treadway委员会即反欺诈财务报告全国委员会(National Commission on Fraudulent Finacial Reporting)，由于其首任主席的姓名而通常被称为Treadway委员会。委员会由美国注册会计师协会(AICPA)、美国会计协会(AAA)、国际财务经理协会(FEI)、内部审计师协会(IIA)、管理会计师协会(IMA)等五个组织于1985年发起设立。1987年，Treadway委员会发布一份报告，建议其发起组织沟通协作，整合各种内部控制的概念和定义。

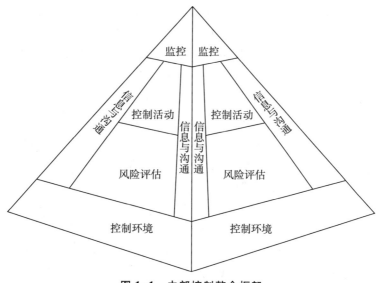

图1-1 内部控制整合框架

(2) 风险评估。风险评估是指识别和分析与实现目标相关的风险,并采取相应的行动措施加以控制。这一过程包括风险识别和风险分析两个部分。

(3) 控制活动。控制活动是指企业对所确认的风险采取必要的措施,以保证企业目标得以实现的政策和程序。一般来说,与内部控制相关的控制活动包括职务分离、实物控制、信息处理控制、业绩评价等。

(4) 信息与沟通。信息与沟通是指为了确保管理者和员工能够正确地行使职权和完成任务,企业各个部门及员工之间必须沟通与交流相关的信息。这些信息既有外部的,也有内部的。

(5) 监控。监控是指评价内部控制的质量,也就是评价内部控制制度的设计与执行情况,包括日常的监督活动和专项评价等。通过定期或不定期地对内部控制的设计与执行情况进行检查和评估,与有关人员就内部控制有效与否进行交流并提出整改意见,保证内部控制随着环境的变化而不断改进。

与以往的内部控制理论及研究成果相比,COSO报告提出了许多有价值的新观点:

(1) 明确对内部控制的"责任"。COSO报告认为,不仅仅是管理部门、内部审计或董事会,组织中的每一个人都对内部控制负有责任。

(2) 强调内部控制应该与企业的经营管理过程相结合。内部控制是企业经营过程的一部分,应与经营过程结合在一起,而不是凌驾于企业的基本活动之上。

(3) 强调内部控制是一个"动态过程"。内部控制是一个发现问题—解决问题—发现新问题—解决新问题的循环往复的过程。

(4) 强调"人"的重要性。只有人才可能制定企业的目标,并设置控制的机制;反过来,内部控制也影响着人的行为。

(5) 强调"软控制"的作用。软控制主要指那些属于精神层面的事物,如高管人员的管理风格、管理哲学、企业文化、内部控制意识等。

（6）强调风险意识。管理层必须密切注意各层级的风险,并采取必要的管理措施以防范风险。

（7）糅合管理与控制的界限。在COSO报告中,控制已不再是管理的一部分,管理和控制的职能与界限已经模糊了。

（8）强调内部控制的分类及目标。COSO报告将内部控制目标分为三类,即经营效率和效果性目标、会计信息可靠性目标,以及法律法规遵循性目标。

由于COSO报告提出的内部控制理论和体系集内部控制理论和实践发展之大成,因此在业内备受推崇,已经成为世界通行的内部控制权威标准,被国际和各国审计准则制定机构、银行监管机构和其他方面的机构采纳。

为应对商业和经营环境的急剧变化,经过多年的调研和修订,2013年5月COSO发布了修订后的《内部控制——整合框架》,并提议2014年12月15日以后用新框架取代1992年发布的旧框架。新框架并没有改变旧框架关于内部控制的基本概念和核心内容,而是对旧框架的某些概念和指引进行更新与改进,以期反映近年来企业经营环境的演变、监管机构的要求和其他利益相关者的期望。

与1992年版《内部控制——整合框架》相比,2013年版《内部控制——整合框架》主要有三大亮点,即更实、更活、更稳。

1. 更实：提供了内部控制体系建设的原则、要素和工具

2013年版《内部控制——整合框架》提供了17条具体的原则,这是比较"实"的地方,因为1992年版《内部控制——整合框架》只有5个要素,更像一个学术模型,对于具体要怎么做并没有明确的答案。而这次COSO提到的17条原则都是相对来说更明确的内容,这为企业的内部控制提供了一套路线图,为企业评价内部控制提供了一张打分表。此外,2013年版《内部控制——整合框架》细化了董事会及其下设专门委员会的描述,还提到了很多案例以增强从业者对内部控制体系建设的理解。

2. 更活：强调企业可以有自己的判断

在内部控制的建设和评价中,2013年版《内部控制——整合框架》强调依赖管理层自身的判断,而不是像原来一样要求严格基于证据。2013年版《内部控制——整合框架》强调董事会、管理层和内部审计人员拥有判断力,这是新框架比较"活"的地方。

2013年版《内部控制——整合框架》认为,关于内部控制如何实施、如何评价、如何认定有效性,企业可以有自己的判断。这本质上是为内部控制解套,是新框架的灵魂。2013年版《内部控制——整合框架》强调在内部控制建设过程中应注重与效率的结合,建议管理层通过判断去除那些失效、冗余乃至完全无效的控制以提升控制的效率和效果,而非单纯地为控制而控制。

3. 更稳：强调内部控制有效性的认定

2013年版《内部控制——整合框架》对于如何确保内部控制体系的有效性做了进一步澄清,指出有效的内部控制应满足：第一,每个要素及相关的原则存在且有效运行；第二,各要素整合地运行,强调内部控制五要素中的每一个都会受到其他要素的影响,应视为一个整体加以对待,并且描述了不同要素下的控制措施如何影响其他要素下的原则,有助于整合性地看待内部控制体系和控制措施,而非孤立对待。

2013年版《内部控制——整合框架》在揭示内部控制的局限性方面比1992年版更加明确,指出了内部控制在决策和应对外部事件上的局限性。

焦点观察

花旗集团遭美国监管机构罚款4亿美元:风险管理存缺陷

据路透中文网报道,美国监管机构2020年10月7日称,花旗集团同意支付4亿美元罚款并制订一套全面整治计划,以矫正监管机构发现的"几项存在已久的缺陷"和业务失误。

美国联邦储备委员会(以下简称"美联储")和通货监理局(Office of the Comptroller of Currency,OCC)表示,花旗集团需要有"全面的矫正行动",且必须整顿整个公司的风险管理、数据管理和内部控制。

据悉,美联储指出,此举是花旗集团未能充分解决其先前在2013年和2015年发现的与风险管理及内部控制有关的问题。通货监理局在同意决定中称:"几年来,该行都未能执行和维护与其规模、复杂性及风险结构相称的企业风险管理与合规管理制度、内部控制或数据管理制度。"

花旗集团的问题之一是其系统的基础架构存在缺陷,该系统旨在识别风险并保护客户数据。例如,花旗集团的许多业务都在各自独立的系统上运行,这些系统均具有跟踪客户和交易的功能。在同一家银行内部有数百个系统,不同部门在开展业务时可能对同一个客户使用不同的识别码。监管机构长期以来一直担心,这种大杂烩的体系是花旗集团在20世纪90年代一系列交易的结果,可能使该银行容易遭受成本高昂和潜在破坏性失误的影响。比如,花旗集团曾向化妆品公司露华浓公司(Revlon Inc.)债权人意外支付了9亿美元。这个引人注目的错误使监管机构对花旗集团的内部控制和风险管理体系表示怀疑。

花旗集团在声明稿中表示,对于未达到监管机构的期望感到遗憾,已在执行"重大整治计划"。

另据美国《纽约时报》报道,花旗银行正处于重大转型之中,其首席执行官迈克尔·科巴特将于2021年年初卸任,由花旗集团总裁简·弗雷泽接任。花旗银行现在必须进行改进,以满足上述两个监管机构的要求,包括明确高管的职责,并在薪酬与有效管理之间建立更牢固的联系。

此外,花旗集团表示,计划2020年在风险管理和内部控制方面投资超过10亿美元,并已聘请首席行政官来集中管理整治计划并确保其完成。

资料来源:董湘依,花旗遭美监管机构罚款4亿美元:风险管理存缺陷,中新经纬网,2020年10月8日,http://www.jwview.com/jingwei/html/10-08/352464.shtml。

1.1.2　风险管理整合框架阶段

自COSO报告于1992年发布以后,《内部控制——整合框架》已经被世界上许多企业采用,但理论界和实务界也纷纷针对COSO框架提出改进建议,认为其对风险强调不够,使得内部控制无法与企业风险管理相结合。2001年,COSO开展了一个项目,委托普华永道开发一个有利于帮助管理层评价和改进所在组织的企业风险管理的简便易行的框架。

正是在开发这个框架的期间,2001年12月美国最大能源公司之一的安然公司突然申请破产保护。此后,上市公司和证券市场丑闻不断,特别是2002年6月的世界通信公司会计丑闻,打击了投资者对资本市场的信心。美国国会和政府加速制定与实施新的法律,试图改变这一局面。

在这一背景下,2002年7月美国出台了《2002年公众公司会计改革和投资者保护法案》(简称"SOX法案"或《萨班斯法案》)。《萨班斯法案》强调了公司内部控制的重要性,从管理层、内部审计及外部审计等几个层面对公司内部控制做了具体规定,并设置了问责机制和相应的惩罚措施,成为继20世纪30年代美国经济危机以来政府所制定的涉及范围广、处罚措施严厉的一部有里程碑意义的法规。

> 来自现实社会的实例总能带来更直观的体验和有益的启示,读者可下载"开拓视野"资料包,推荐"焦点观察"栏目的"罚款11.75亿元,瑞幸造假案达成和解"。

由于上述事件的影响,COSO加快了对新框架的研究。2004年9月,COSO在借鉴以往有关内部控制研究报告的基本精神的基础上,结合《萨班斯法案》在财务报告方面的具体要求,发布新的研究报告——《企业风险管理框架》(Enterprise Risk Management Framework,简称"ERM框架")。ERM框架指出,"全面风险管理是一个过程,它由一个主体的董事会、管理当局和其他人员实施,应用于战略制定并贯穿于企业经营全过程,旨在识别可能会影响主体的潜在事项,管理风险以使其在主体的风险容忍范围之内,并为主体目标的实现提供合理保证"。由此,内部控制进入一个新的发展阶段,即风险管理整合框架阶段。这一阶段的显著变化是正式提出全面风险管理的基本概念和框架体系。除了关于风险管理的概念,COSO还提出战略目标、经营目标、报告目标和合规目标四类目标,并指出风险管理包括八个相互关联的构成要素——内部环境、目标设定、事项识别、风险评估、风险应对、控制活动、信息与沟通、监控。根据COSO的这份研究报告,内部控制的目标、要素与组织层级之间形成了一个相互作用、紧密相连的有机统一体系;同时,对内部控制要素的进一步细分和充实,使内部控制与风险管理日益融合,拓展了内部控制体系。企业风险管理整合框架如图1-2所示。

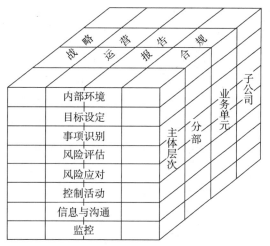

图1-2 企业风险管理整合框架

相对于1992年版《内部控制——整合框架》，ERM框架的创新在于：

第一，从目标上看，ERM框架不仅涵盖了内部控制框架中的经营性、财务报告可靠性和合法性三个目标，还新提出了一个更具管理意义和管理层次的战略管理目标，同时扩大了报告范围。关于战略管理目标，企业风险管理应贯穿于战略目标的制定、分解和执行过程，从而为战略目标的实现提供合理保证。报告范围的扩大则表现为ERM框架覆盖了企业编制的所有报告。

第二，从内容上看，ERM框架除了包括内部控制整体框架中的五个要素，还增加了目标设定、风险识别和风险应对三个要素。目标设定、风险识别、风险评估与风险应对四个要素环环相扣，共同构成了风险管理的完整过程。此外，对原有要素也进行了深化和拓展，如将原有的"控制环境"改为"内部环境"。

第三，从概念上看，ERM框架提出了两个新概念——风险偏好和风险容忍度。风险偏好是指企业在实现目标的过程中愿意接受的风险的数量。企业的风险偏好与战略目标直接相关，企业在制定战略时，应考虑将战略的既定收益与管理层的风险偏好结合起来。风险容忍度是指企业在目标实现过程中对差异的可接受程度，是企业在风险偏好的基础上设定的、在目标实现过程中对差异的可接受程度。

第四，从观念上看，ERM框架提出了一个新的观念——风险组合观。企业风险管理要求企业管理者以风险组合的观念看待风险，对相关的风险进行识别并采取措施使企业所承担的风险位于风险偏好的范围内。对于企业每个单位而言，其风险可能在该单位的风险容忍度范围内；但从企业总体来看，总风险可能超过企业总体的风险偏好范围。因此，应从企业整体的角度评估风险。

需要说明的是，ERM框架虽然晚于1992年版《内部控制——整合框架》产生，但它并不是要完全取代1992年版《内部控制——整合框架》，而是在其基础上的进一步创新和发展。

2004年版ERM框架（以下简称"原ERM框架"）发布据今已近二十年，这期间，风险的复杂性发生了重大变化,由于新环境、新技术不断演变,新风险也层出不穷,基于风险导向的管理理念逐渐兴起,将成为主流并渗透到企业管理的方方面面。在此前提下,COSO 在 2014 年启动了首次对风险管理框架的修订工作,并委托普华永道会计师事务所着手框架的更新。这项计划旨在在日益复杂的商业环境中提高 ERM 框架的相关性,反映风险管理理论和实践的新发展,以便组织从风险管理中获得价值的提升。2017 年 9 月,COSO 正式发布了一份名为《企业风险管理——与战略和业绩的整合》(Enterprise Risk Management-Integrating with Strategy and Performance)的报告文件(以下简称"新 ERM 框架")。

与原 ERM 框架相比,新 ERM 框架主要有三大进步:

(1)目标定位更明确。新 ERM 框架将风险管理置于组织绩效的背景下,真正融入战略和绩效管理的工作,而不是作为一个独立运转的系统,如图 1-3 所示。它通过将企业风险管理与众多利益相关方的期望联系起来,使组织能够更好地预测风险,同时理解变革可以创造机会,而不仅仅是导致危机产生。COSO 认为,所有组织都必须制定战略并定期进行调整,面对不断变化的价值创造机会及挑战始终保持清醒。要做到这一点,组织需要最佳的框架以帮助优化战略和绩效,这就是企业风险管理的用武之地。

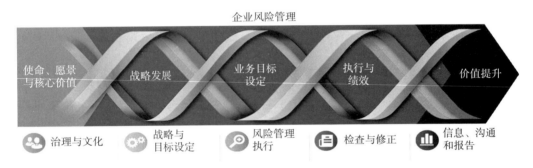

图 1-3 新 ERM 框架要素与战略、绩效、价值的关系

(2)操作路径更清晰。新 ERM 框架摒弃了原有框架的八要素设计,而是借鉴 2013 年版《内部控制——整合框架》应用了要素和原则的编写结构,在新的五要素下分别列示了 20 项原则,且将相关要素和原则贯穿融入到企业战略、绩效和价值提升的整个过程,如表 1-2 所示。

表 1-2 新 ERM 框架的要素与原则构成

要素名称	要素描述	对应原则
公司治理与企业文化	公司治理决定企业的基调,强化并确立企业风险管理的监督职责;企业文化则事关道德价值、有责任感的企业行为以及企业整体对风险的理解	1. 董事会执行风险监督 2. 建立运营机构 3. 定义所崇尚的文化 4. 展示对核心价值观的承诺 5. 吸引、开发和保留有胜任能力的员工

(续表)

要素名称	要素描述	对应原则
战略与目标设定	企业风险管理、战略及业务目标设定共同作用于战略制定过程。风险偏好的建立应该与战略保持一致;业务目标将战略付诸实践,同时作为识别、评估和应对风险的基础	6. 分析业务环境 7. 定义风险偏好 8. 评估替代策略 9. 设定业务目标
风险管理执行	企业需要识别和评估可能会影响战略与业务目标实现的风险,根据严重程度和风险偏好确定风险的优先级,然后选择对应的风险应对方案,并针对估计的风险数量建立一种风险组合观	10. 识别风险 11. 评估风险的严重程度 12. 风险排序 13. 实施风险应对方案 14. 发展风险组合观
检查和修正	通过检查整体风险管理执行情况,企业可以评估风险管理要素在随着时间推移及环境变化的过程中发挥作用的情况,以及需要做出的完善	15. 评估实质性变化 16. 评价风险和绩效 17. 企业风险管理持续改进
信息、沟通和报告	企业风险管理需要持续从组织内外部获取和分享必要的信息	18. 利用信息系统 19. 沟通风险信息 20. 风险文化和绩效报告

(3) 适用范围更广泛。COSO 在发布新 ERM 框架之时,就表达了希望这个框架可以适用于任何类型、任何规模的组织的期望,包括营利性机构、非营利性机构、政府部门等。这一点也可以从框架正文部分的描述中看出,有些内容故意回避了"企业"一词以显示对不同主体来说新框架的包容性。由此可见,新 ERM 框架的主体适用性已经从企业拓展到各种类型的主体或组织。从理论上讲,只要一个主体有明确的愿景、使命和核心价值观,设定了所要达到的目标,风险管理框架就具备了实施的条件。

> 来自现实社会的实例总能带来更直观的体验和有益的启示,读者可下载"开拓视野"资料包,推荐"焦点观察"栏目的"瑞信风险管理的反思"。

1.2 中国特色的内部控制标准

中国特色的内部控制制度规范建设起步较晚,尽管从改革开放到 20 世纪 90 年代,我国在借鉴其他国家和经济组织内部控制规范的基础上,开始探索适合于中国国情的内部控制规章制度的制定,也陆续推出相关的规章制度,但多数属于部门或行业规章制度且主要局限于会计控制,真正具有统一和全面意义的中国内部控制制度规范制定应该说自

2006年肇始。2006年7月,受国务院委托,由财政部牵头,财政部、国资委、证监会、审计署、银监会、保监会等部门联合发起成立了有广泛代表性的企业内部控制标准委员会,旨在研究制定"具有统一性、公认性和科学性的企业内部控制规范体系"。以2006年为起点对中国内部控制制度规范的进程做一划分,可以划分为两个阶段:前一阶段从2006年开始到2018年之前,由财政部主导,这一阶段的主要成果是2008年颁布的《企业内部控制基本规范》以及2010年出台的企业内部控制配套指引,这标志着我国企业内部控制规范体系的基本形成,是我国内部控制体系建设的重要里程碑;后一阶段从2018年至今,由国资委主导,这一阶段的主要成果是2019年印发的《关于加强中央企业内部控制体系建设与监督工作的实施意见》,具体如图1-4所示。下面对中国内部控制制度规范的主要组成部分做重点介绍。

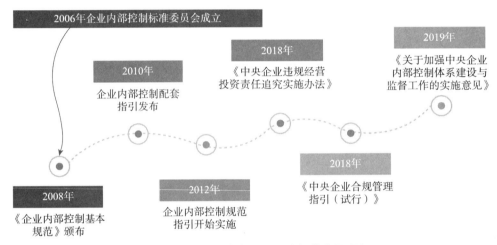

图1-4 中国企业内部控制制度规范发展历程

1.2.1 我国企业内部控制规范体系

始于2007年的全球金融危机在2008年愈演愈烈,但我国并未因世界经济局势的动荡和企业业绩的波动而放慢建立企业内部控制规范体系的步伐。2008年5月,财政部会同证监会、审计署、银监会、保监会联合发布了《企业内部控制基本规范》,要求自2009年7月1日起在上市公司范围内施行,同时鼓励非上市大中型企业也予以执行,并且强调"执行本规范的上市公司,应当对本公司内部控制的有效性进行自我评价,披露年度自我评价报告,并可聘请具有证券、期货业务资格的会计师事务所对内部控制的有效性进行审计"。《企业内部控制基本规范》在形式上借鉴了COSO《内部控制——整合框架》报告的五要素框架,同时在内容上体现了COSO《企业风险管理——整合框架》报告的实质。这可谓既融合了国外相关内部控制制度的经验,又结合了我国的实际情况,具有中国特色。《企业内部控制基本规范》由五部委联合签发,确定了内部控制的五个目标、五个原则及五个要素,搭建了我国企业内部控制体系的框架,标志着我国内部控制制度的建设迈上了新台阶。

2010年4月,财政部会同证监会、审计署、银监会、保监会制定了《企业内部控制应用指引第1号——组织架构》等18项应用指引以及《企业内部控制评价指引》和《企业内部控制审计指引》,要求在境内外同时上市的公司自2011年1月1日起施行,在上海证券交易所、深圳证券交易所主板上市的公司自2012年1月1日起施行,并择机在中小板和创业板上市的公司中施行,同时也鼓励非上市大中型企业提前执行。配套指引的发布,标志着适应我国实际情况,结合国际先进经验的"以防范风险和控制舞弊为中心,以控制标准和评价标准为主体,结构合理、层次分明、衔接有序、方法科学、体系完备"的中国企业内部控制规范体系已基本建成。

2012年5月,国资委和财政部联合发布了《关于加快构建中央企业内部控制体系有关事项的通知》(国资发评价〔2012〕68号),要求各中央企业力争用两年时间,按照《企业内部控制基本规范》及其配套指引的要求,建立规范、完善的内部控制体系;同时强调各中央企业要建立健全内部控制工作责任制,将内部控制建设与执行效果纳入绩效考核体系,确保内部控制不断完善并得到有效执行,为战略有效实施、资源优化配置、企业价值提升提供强有力的支撑。

至此,我国企业内部控制规范体系已基本建成,其整体框架主要包括基本规范、配套指引、解释公告与操作指南三个层次(见图1-5)。其中,基本规范是内部控制体系的最高层次,属于总纲,起统驭作用;配套指引是内部控制体系的主要内容,是为促进企业建立、实施和评价内部控制,规范会计师事务所内部控制审计行为所提供的指引,包括审计指引、评价指引和应用指引三个方面;解释公告是就企业内部控制规范体系实施中普遍反映和亟须解决的问题进行的解释说明,是对内部控制规范体系的重要补充;操作指南

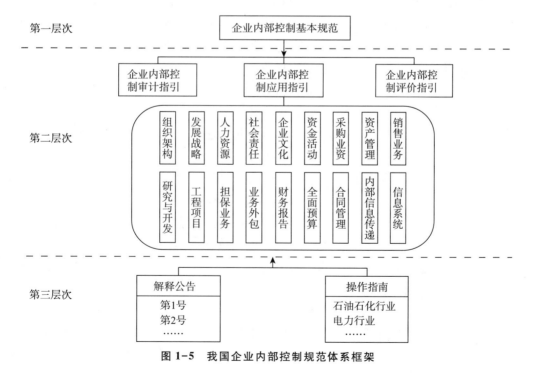

图1-5 我国企业内部控制规范体系框架

是对不同行业的企业内部控制规范体系的建设方法、控制程序、实施步骤、考核办法等的具体规范,是内部控制规范体系落地具体行业、具体企业的实践应用指南,同时也是内部控制规范体系的重要组成部分。

> 来自现实社会的实例总能带来更直观的体验和有益的启示,读者可下载"开拓视野"资料包,推荐"规制环境"栏目的"原中小板上市公司2022年起全面实施企业内部控制规范体系"。

1.《企业内部控制基本规范》

根据财政部等五部委的文件精神,颁布《企业内部控制基本规范》(以下简称《基本规范》)的目的是加强和规范企业内部控制,提高企业经营管理水平和风险防范能力,促进企业可持续发展,维护社会主义市场经济秩序和社会公众利益。《基本规范》确立了我国企业建立和实施内部控制的基础框架,是我国内部控制建设的纲领性文件,是制定配套指引、解释公告和操作指南的基本依据。

《基本规范》的特点可以概括为"五个五",即"五个部委联合发布""五个目标""五个原则""五个要素""五十条"。《基本规范》坚持立足我国国情、借鉴国际惯例,确立了我国企业建立和实施内部控制的基础框架,并在以下方面取得了重大突破:

(1)科学界定内部控制的内涵。强调内部控制是由企业董事会、监事会、经理层和全体员工实施的、旨在实现控制目标的过程,有利于树立全面、全员、全过程控制的理念。

(2)准确定位内部控制的目标。要求企业在保证经营管理合法合规、资产安全、财务报告及相关信息真实完整、提高经营效率和效果的基础上,着力促进企业实现发展战略。

(3)合理确定内部控制的原则。要求企业在建立和实施内部控制全过程中贯彻全面性原则、重要性原则、制衡性原则、适应性原则和成本效益原则。

(4)统筹构建内部控制的要素,有机融合了世界主要经济体加强内部控制的做法和经验,构建了以内部环境为重要基础、以风险评估为重要环节、以控制活动为重要手段、以信息与沟通为重要条件、以内部监督为重要保证,相互联系、相互促进的五要素内部控制框架。

(5)开创性地建立了以企业为主体、以政府监管为促进、以中介机构审计为重要组成部分的内部控制实施机制,要求企业实行内部控制自我评价制度,并将各责任单位和全体员工实施内部控制的情况纳入绩效考评体系;国务院有关监管部门有权对企业建立并实施内部控制的情况进行监督检查;明确企业可以依法委托会计师事务所对本企业内部控制的有效性进行审计,并出具审计报告。

2. 企业内部控制配套指引

《基本规范》为企业内部控制体系建设勾勒了宏观的基本框架,但没有从具体要素内涵和业务层面为企业提供具体指引。企业内部控制配套指引(以下简称"配套指引")颁布的目的就是促进企业建立、实施和评价内部控制,规范会计师事务所内部控制审计行为。配套指引在遵循基本规范的定义、目标、原则和要素的基础上,为企业提供更清晰的指引和标准,是对《基本规范》的进一步补充和说明,具有指导性和示范性的意义。

配套指引由18项《企业内部控制应用指引》《企业内部控制评价指引》和《企业内部控制审计指引》组成。

(1)《企业内部控制应用指引》。《企业内部控制应用指引》是就企业如何围绕内部控制五要素建立健全内部控制制度提供具体的指导性意见,具体又可以划分为三类:内部环境类指引、控制活动类指引、控制手段类指引。这三类指引基本涵盖了企业资金流、实物流、人力流和信息流等各项业务和事项。

内部环境类指引是企业实施内部控制的基础,支配着企业全体员工的内部控制意识,影响着全体员工实施控制活动和履行控制责任的态度、认识与行为。内部环境类指引有五项,包括组织架构、发展战略、人力资源、企业文化和社会责任等指引。

控制活动类指引是对各项具体业务活动实施的控制,此类指引有九项,包括资金活动、采购业务、资产管理、销售业务、研究与开发、工程项目、担保业务、业务外包、财务报告等指引。

控制手段类指引偏重于"工具"性质,往往涉及企业整体业务或管理。此类指引有四项,包括全面预算、合同管理、内部信息传递和信息系统等指引。

(2)《企业内部控制评价指引》。内部控制评价是指企业董事会或类似决策机构对内部控制有效性进行全面评价、形成评价结论、出具评价报告的过程。在企业内部控制实务中,内部控制评价是极为重要的一环,它与日常监督共同构成对内部控制制度本身的控制。《企业内部控制评价指引》就企业如何开展内部控制自我评价提供具体的指导性意见,主要内容包括实施内部控制评价应遵循的原则、内部控制评价的组织、内部控制评价的内容、内部控制评价的流程与方法、内部控制评价缺陷的认定、内部控制评价报告及其报送与披露。

(3)《企业内部控制审计指引》。内部控制审计是指会计师事务所接受委托,对特定基准日内部控制设计与运行的有效性进行审计。它是企业内部控制规范体系实施中引入的强制性要求,既有利于促进企业健全内部控制体系,又能增强企业财务报告的可靠性。《企业内部控制审计指引》为会计师事务所执行企业内部控制有效性审计提供具体的指导性意见,主要内容包括审计责任划分、审计范围、整合审计、计划审计工作、实施审计工作、评价控制缺陷、出具审计报告以及记录审计工作。

上述配套指引具有鲜明的特点和创新性,主要体现在以下方面:

第一,既细化了《基本规范》的各项要求,又构建了健全统一的指引体系。配套指引细化了《基本规范》提出的目标、原则和各项要求,《企业内部控制应用指引》《企业内部控制评价指引》和《企业内部控制审计指引》分别指导企业和会计师事务所如何"做内控""评内控"和"审内控",每类指引自成一体,构成一个完善的子系统;三个子系统之间环环相扣、有机衔接、相辅相成、互为依托,构成完备的指引体系,与《基本规范》共同形成具有统一性、公认性和权威性的中国企业内部控制规范体系。

第二,既具中国适应性,又具国际先进性。处在不同国家或地区、不同行业、不同规模、不同发展阶段的企业所面临的市场环境不尽相同,自身所秉承的管理文化也会有较多差异。我国在制定配套指引的过程中,一方面科学总结了我国先进企业的风险管控实务及国内相关法规,另一方面系统借鉴了发达国家相关规范及跨国企业易于操作的做法。这确保了配套指引既符合中国企业风险管控实际,又符合国际的先进做法;既弘扬了传统会计控制的精髓,又融合了现代内部控制理念。对此,美国 COSO 委员评价道,中国企业内部控制规范体系与国际通行的内部控制框架在所有主要方面保持了一致。

第三,既适应了后金融危机时期社会对内部控制审计提出的新要求,又切实考虑了注册会计师风险责任的可承担性。在企业内部控制有效性评价方面引入了注册会计师强制审计制度,综合考虑了国际金融危机给予人们的警示,是《基本规范》及其配套指引实施安排中的重要制度安排。这项制度安排将进一步增强公司财务报表信息的可信性,更好地维护投资者的合法权益。需要指出的是,要求对企业财务报告控制目标以外的内部控制目标提供审计鉴证,可能超越了注册会计师审计的风险承受能力。但是,仅要求注册会计师针对财务报告内部控制有效性进行审计并发表审计意见,又可能导致企业仅关注财务报告内部控制,既不利于内部控制规范的全面实施,也不利于企业风险管控能力的提升。《企业内部控制审计指引》创造性地解决了上述矛盾,在借鉴发达国家成熟做法、汲取国际金融危机经验教训,并结合国内市场监管要求和实务的基础上明确指出,注册会计师不仅应当对公司财务报告内部控制有效性发表审计意见,还应当向投资者提示非财务报告内部控制重大缺陷。

3. 解释公告

解释公告是就企业内部控制规范体系实施中普遍反映和亟须解决的问题进行的解释说明,是对内部控制规范体系的重要补充,是政府监管机构对企业内部控制规范体系实施过程的监控和反馈。解释公告发布目的是具体解释企业内部控制规范体系实施过程中出现的问题,及时对规范体系进行有益补充,形成政策制定者与政策实施者之间的良性互动,完成规范体系试点工作,从而推动其顺利实施。

目前,我国的解释公告主要包括 2012 年 2 月印发的《企业内部控制规范体系实施中相关问题解释第 1 号》(以下简称《解释公告 1 号》)和 2012 年 9 月印发的《企业内部控制规范体系实施中相关问题解释第 2 号》(以下简称《解释公告 2 号》)。

《解释公告 1 号》对企业内部控制规范体系的十个重要问题进行了解释,具体包括规范体系的强制性与指导性关系、规范体系的实施范围、规范体系与其他监管部门规定的关系、内部控制与风险管理的关系、规范体系的政策盲区、内部控制的成本与效益、内部控制与其他管理体系的关系、内部控制缺陷的认定标准、内部控制机构设置、内部控制评价报告等。

《解释公告 2 号》对企业内部控制规范体系的十个重要问题进行了解释,具体包括内部控制组织实施、内部控制实施的进度与重点、内部控制人才队伍培养、集团企业内部控制评价、中介机构工作、内部控制评价组织形式、内部控制缺陷处理、会计师事务所工作、内部控制审计、小型企业内部控制建设等。

4. 操作指南

尽管《基本规范》为我国企业内部控制体系的建立和实施提供了基本框架,企业内部控制配套指引为我国企业内部控制实施过程中的具体业务控制提供了具体指引,但配套指引只是对一般生产型工业企业常见的 18 项业务的内部控制加以规范,而执行企业内部控制规范体系的企业数量众多、业务类型多样且分布于各类行业,规范体系在不同行业企业的具体落实仍需要具体操作指南加以规范和引导。因此,为了满足分行业企业的个性化需求,对内部控制规范体系的建设方法、控制程序、实施步骤、考核办法进行行业内的具体规定,财政部启动了分行业的内部控制操作指南的编制工作,以期为各类企业建设实施内部控制规范体系提供经验借鉴和具体实务操作指导。

财政部制定并分别于 2013 年 12 月和 2014 年 12 月印发了《石油石化行业内部控制操作指南》和《电力行业内部控制操作指南》。这两份指南属于参考性文件,并非强制性要求,目的是指导不同规模、不同产业链中的石油石化行业企业和电力行业企业开展内部控制体系的建立、实施、评价与改进工作。各石油石化企业和各电力企业可以参考指南提供的基本思路,结合内外部环境、发展阶段和业务规模等因素,探索建立并实施符合本企业实际的内部控制体系及内部控制操作手册;涉及境外投资的,还应满足所在国或地区法律法规及有关监管要求。

> 来自现实社会的实例总能带来更直观的体验和有益的启示,读者可下载"开拓视野"资料包,推荐"践行有成"栏目的"中海油:全面风险管理与内部控制制度建设的融合"。

1.2.2 《关于加强中央企业内部控制体系建设与监督工作的实施意见》

从 2011 年企业内部控制规范开始施行至今,中国企业的内部控制体系建设早已走过"从无到有"的过程,现在亟须进入"从有到优"的新阶段。这是因为企业内部控制规范体系实施的两大主体——上市公司和非上市的大中型国有企业的实施效果并不尽如人意,需要进一步强化和优化。

针对这一问题,国务院国资委 2019 年 10 月 19 日颁布了《关于加强中央企业内部控制体系建设与监督工作的实施意见》(国资发监督规〔2019〕101 号,以下简称《实施意见》)。国资委在文件前言指出出台《实施意见》的目的是:充分发挥内部控制体系对中央企业强基固本作用,进一步提升中央企业防范化解重大风险能力,加快培育具有全球竞争力的世界一流企业。

《实施意见》对中央企业内部控制体系建设与监督工作提出了一系列的规范性要求,重点围绕以下方面:一是建立健全内部控制体系。从优化内部控制体系、强化集团管控、完善管理制度、健全监督评价体系等方面,建立健全以风险管理为导向、以合规管理监督为重点,严格、规范、全面、有效的内部控制体系,实现"强内控、防风险、促合规"的管控目标。二是加强内部控制体系的有效执行。聚焦关键业务、改革重点领域、国有资本运营重要环节以及境外国有资产监管,加强重要岗位和关键人员在授权、审批、执行、报告等方面的权责管控,形成相互衔接、相互制衡、相互监督的工作机制,切实提高重大风险防控能力。三是强化内部控制信息化刚性约束。将信息化建设作为加强内部控制体系刚性约束的重要手段,推动内部控制措施嵌入业务信息系统,推进信息系统间的集成共享,实现经营管理决策和执行活动可控制、可追溯、可检查,有效减少人为违规操纵因素。四是突出"强监管、严问责"。以监督问责为重要抓手,通过加强出资人和企业的监督评价力度,强化整改落实和责任追究工作,形成"以查促改""以改促建"的动态优化机制,促进中央企业不断完善内部控制体系。

践行有成

积极推进"大风控"体系建设 为企业高质量稳健发展保驾护航

中国铁建股份有限公司(以下简称"中国铁建")认真贯彻落实习近平总书记关于防范重大风险,牢牢守住不发生重大风险底线,推进国家治理体系和治理能力现代化、高质量发展的重要论述,按照国资委《关于进一步推动构建国资监管大格局有关工作的通知》(国资发法规〔2019〕117号)和《关于加强中央企业内部控制体系建设与监督工作的实施意见》(国资发监督规〔2019〕101号),积极构建以法律管控为主的"大风控"体系,在法制铁建建设、合规治理与体系搭建以及风险内控体系的基础上,优化、完善风险防控体系和机制,坚持把防范和化解重大风险作为高质量发展的前提,坚决遏制风险增量,有效化解风险存量,通过"大风控"体系建设,为打造世界一流企业、坚持底线思维防范化解风险、深化改革奠定了坚实基础。

1. 明确整体目标,推进体系提质换挡

中国铁建业务领域涵盖广泛,所辖单位和工程建设项目部众多,"风险敞口大,不确定因素多"是推进风险管控的主要特征。为构建以法律管控为主的"大风控"体系,中国铁建于2021年编制印发了《风险管理与内部控制办法》,明确了"突出集团管控,实现公司高质量稳健发展"的"大风控"体系建设与运行目标。

"大风控"体系强调全员、全面、全过程管控,覆盖所有单位、部门和员工,包括各业务领域、环节及各类风险。"大风控"体系坚持以事前防范、事中控制为主,以事后救济为辅,始终将重大风险防控作为重中之重,强化提前预见、提前发现、提前管控,推动资源整合、信息共享、同防共治、不断提升。

2. 健全组织架构,构筑防火墙和防线

中国铁建建立了党委把关定向、董事会统筹领导、经理层组织实施的"纵横结合、协同监督"的风险内控组织架构,各层级法人均设立风险管理委员会,通过定期会商、重点会商等工作机制,研究解决重大风险、系统性风险等问题,组织实施跨部门、跨单位的重大风险管控。

同时,中国铁建构建以四道防火墙和三道防线为主的多维度组织架构,理顺各级管理主体的关系,厘清部门间风险管控职责和信息传递路线,将所有单位、全体员工、各类风险、所有业务及可能存在的风险全部纳入风险管理范畴,避免任何例外和遗漏,体现风险管控的全方位要求。

3. 强化过程管控,明确体系落地路径

2021年,中国铁建在《风险管理与内部控制办法》的基础上,编制印发了《全面风险评估工作方案》《风险事件收集工作方案》和《风险统计考评工作方案》,形成了"1+3"的风险管控体系和具体落实路径。

中国铁建以"1+3"中的"3"为切入点,提出"以业务流程评估为主,公司层面与业务流程并重"的风险评估思路,强力推进覆盖全系统、各层级、各单位、各岗位的岗位风险大识别和已发生风险事件收集汇总两项专题工作,进一步细化"大风控"体系建设、运行和能力目标,明确"大风控"体系实施路径和保障措施,完善配套制度办法和实施细则,健全风险评估、预防预警、信息共享、工作协同、事件处置、评价整改、考核问责、优化提升的风险管理机制。

4. 加快数字化转型,借力数据加强预警

中国铁建认真贯彻落实习近平总书记关于建设"数字中国、智慧社会"的重要指示精神,按照国资委《关于加快推进国有企业数字化转型工作的通知》要求,坚持以"风险管理融入业务、融入信息化"为指导思想,实施以风险预警为核心的信息化建设,将风险管理意识、内部控制措施以及各类预警指标植入信息系统,预留数据接口,为数据共享、分析应用设置好基础。

目前,中国铁建已正式启动风险管控体系建设,将以科学的大数据分析模型为基础,在各业务自我管控风险之外,充分集成各类信息和数据,全力搭建风险的识别、评估、监督、监测、预警平台,以信息化、数字化手段促进和保障"大风控"体系的运行。

5. 实现监督合力,促进风控循环提升

中国铁建着力构建与考核挂钩的内部控制评价体系,明确内部控制评价标准,在实施自我评价全覆盖的基础上,选取部分单位实施现场监督评价,形成"一级抓一级,层层抓落实,责任全覆盖"的工作格局。同时,中国铁建积极构建以审计监督牵头、经济责任监督为主的"大监督"体系,围绕防范化解重大风险、促进企业高质量安全发展的工作主线,坚持底线思维,认真履行监督职能,加强信息共享、工作协同,促进企业规范运作。

此外,中国铁建进一步强化了风险管控牵头部门与党委巡视、人事监察、纪委监督等业务的对接、沟通与协作机制,立足监督体制机制创新,积极推进监督资源整合,完善多位一体"大监督"格局,打造全方位监督网络,切实发挥监督实效,为"大风控"体系有效运行提供监督保障。

资料来源:刘志鹏、郑晨,积极推进"大风控"体系建设 为企业高质量稳健发展保驾护航,《中国会计报》,2021年9月26日。

《实施意见》的出台可以为国有企业构建严格、规范、全面、高效的内部控制体系提供有效指导。在具体实施过程中,国有企业应当紧紧围绕制度体系建设和执行能力提升两个核心要素。一方面要根据内部控制、风险管理、合规管理的具体要求,理顺三者之间的相互关系,在此基础上对企业现有内部控制管理制度进行梳理整合、查漏补缺,并注重将具体管控措施和要求嵌入具体的业务制度及流程中,与业务活动有效融合,形成系统完备、科学规范的"大风控"体系;另一方面以制度建设为前提,构建职责清晰、相互衔接、有效制衡的组织体系,突出抓住影响重大的关键风险,积极提升内部控制信息化水平,强化监督评价力度等措施,构建起制度执行的保障体系,确保内部控制制度有效执行,切实将内部控制制度转化为治理效能,充分发挥内部控制体系对国有企业风险防控、高质量发展的重要保障。

《实施意见》强调加大责任追究力度,要求严格按照《中央企业违规经营投资责任追究实施办法(试行)》(国资委令第 37 号)等有关规定,及时发现并移交违规违纪违法经营投资问题线索,强化监督警示震慑作用。2018 年 7 月,为贯彻落实党中央国务院关于以管资本为主加强国有资产监管、有效防止国有资产流失的要求,加强和规范中央企业责任追究工作,国资委印发了《中央企业违规经营投资责任追究实施办法(试行)》(以下简称《办法》)。

《办法》在《国务院办公厅关于建立国有企业违规经营投资责任追究制度的意见》(国办发〔2016〕63 号)的基础上,进一步明确了中央企业违规经营投资责任追究的范围、标准、责任认定、追究处理、职责和工作程序等。一是针对违规经营投资问题集中的领域和环节,明确了集团管控、风险管理、购销管理、工程承包建设、资金管理、固定资产投资、投资并购、改组改制、境外经营投资和转让产权、上市公司股权、资产以及其他责任追究等 11 个方面 72 种责任追究情形;二是为贯彻落实"违规必究、从严追责"的精神,在充分调查研究的基础上,按照"制度面前一律平等,一把尺子量到底"的工作思路,明确了中央企业资产损失程度划分标准;三是规定违规经营投资责任(包括直接责任、主管责任和领导责任),并根据资产损失程度、问题性质等,对相关责任人采取组织处理、扣减薪酬、禁入限制、纪律处分、移送国家监察机关或司法机关等方式进行责任追究;四是清晰界定国资委和中央企业的责任追究工作职责,明确责任追究工作程序,包括受理、初步核实、分类处置、核查、处理和整改等。

> 来自现实社会的实例总能带来更直观的体验和有益的启示,读者可下载"开拓视野"资料包,推荐"规制环境"栏目的"国资委:严查央企重大违规经营投资问题"。

1.3 发展视角的内部控制价值

随着环境的变化、社会的发展和经济的进步,内部控制在包括企业在内的所有社会组织中的重要性越发凸显,已经逐渐成为社会组织防范和抵御风险的"防火墙"和保障企业实现健康、科学、可持续发展的"奠基石"。从发展视角分析,内部控制作为组织内部的一种制度安排,具有满足内外合规要求、提高风险防控能力、提升企业经济效益三大价值。

1.3.1 满足合规

企业作为一种社会组织,不是生存在真空当中,而是生存在一定的环境当中,因此企业及其员工的经营管理行为应当符合法律法规、监管规定、行业准则和企业章程和规章制度以及国际条约、规则等要求。如果企业及其员工存在不合规行为,就可能引发法律责任、受到相关处罚、造成经济或声誉损失,以及给企业带来其他负面影响。

> 来自现实社会的实例总能带来更直观的体验和有益的启示,读者可下载"开拓视野"资料包,推荐"焦点观察"栏目的"吉利首席合规官详解中国企业海外生存之道"。

那么,应该如何满足合规要求呢?企业应该强化内部控制制度建设,开展包括制度制定、风险识别、合规审查、风险应对、责任追究、考核评价、合规培训等有组织、有计划的管理活动,满足来自企业内部和外部的合规要求。

 规制环境

国资委部署中央企业强化合规管理

作为2021年宪法宣传周"宪法进企业"主题日的重要活动,12月3日,国务院国资委召开中央企业"合规管理强化年"工作部署会。国务院国资委副主任翁杰明强调,国资委明确提出打造法治央企目标,并把合规管理作为重要内容,2016年在中国石油、中国移动等5家企业启动试点,2018年专门印发《中央企业合规管理指引(试行)》,陆续出台三批11个系列指南,指导企业切实加强合规管理,取得积极进展和较好成效。

翁杰明指出,开展"合规管理强化年"工作是国资委进一步深化法治央企建设的一项重要举措。中央企业要把思想和行动统一到全面依法治国战略部署上,将合规管理纳入全局工作统筹谋划、一体推进。

1. 陆续出台三批11个系列指南

在宪法宣传周到来之际,国家电网湖南电力公司组织了一场全员制度考试。公司主要负责人亲自部署、亲自监考,采取"线上+线下"方式,组织全体员工参加规章制度考试7万余人次,实现人人过关,增强法律合规意识。

中石化则在"奋进石化"平台开展"依法合规,践信守诺"合规学习承诺活动,弘扬倡导"依法、合规、公平、诚信"的法治合规文化,推进"制度立基、契约立信、合规立身、诚信立企",营造"人人主动合规、合规人人有责"的良好氛围。

推动国有企业加强合规管理是国资委贯彻落实党中央、国务院决策部署,适应市场化法治化、国际化、发展需要而采取的一项重要举措。

国资委党委明确提出打造治理完善、经营合规、管理规范、守法诚信的法治央企目标,把强化合规管理作为重要内容,2018年专门印发《中央企业合规管理指引(试行)》,此后陆续出台三批11个系列指南,全面推进合规管理工作。

法治中国建设规划、法治社会建设实施纲要等中央文件明确要求企业树立合规意识,守法诚信、合法经营。翁杰明说,中央企业必须把强化合规管理放到贯彻习近平法治思想的高度来认识,放到落实全面依法治国战略的全局来部署,放到保障企业高质量发展的层面来推动。

2. 全部企业成立合规委员会

制定《合规行为准则(试行)》,优化电力交易合规管理,发布《关于加强电力交易合规管理的指导意见》……国家电网于2019年启动合规管理工作,经过两年多的实践,已形成以"十四五"合规管理规划纲要为统领,以合规管理办法为基本制度,以合规行为准则为基本规范,电网、反垄断、国际业务、产业、金融、数据、电力交易等重点领域专项合规管理制度在内的相对健全的合规管理制度体系。

事实上,国家电网的做法只是一个缩影。在翁杰明看来,中央企业合规管理从试点先行、立柱架梁到全面推进、厚积成势,有力保障了改革发展各项任务在法治轨道上稳步推进。

2021年中央企业合规管理工作取得积极进展。翁杰明介绍说,比如组织领导持续加强,全部企业成立由主要负责同志牵头的合规委员会,将合规管理工作纳入"十四五"规划统筹推进。制度体系不断健全,普遍制定管理制度,88家企业出台重点领域专项指引,90%的企业及时按照合规要求优化制度体系。

与此同时,运行机制加快完善,逐步建立业务部门、牵头部门、监督部门组成的合规管理"三道防线",定期开展风险排查和预警,及时处置风险;工作基础逐步夯实,建立健全合规管理组织体系,明确合规管理负责人和牵头部门,70多家企业在业务部门和一线项目设立合规联络员,全系统专职、兼职合规管理人员超过3万人。

此外,合规文化初步形成,许多企业主要负责人带头签订合规承诺书,亲自参加合规宣誓,68家企业编制合规手册,开展全员培训,持续强化合规意识,努力培育合规文化。

3. 推动合规管理走深走实

翁杰明透露,国资委党委决定在中央企业开展"合规管理强化年"专项工作,就是希望通过一年的努力,推动企业加快突破难点、补齐短板,推动合规管理工作往深里走、往实里走,真正发挥规范管理、防控风险、支撑保障的重要作用。

翁杰明强调,要强化领导合规意识,领导干部特别是主要负责同志要切实履行推进法治建设第一责任人职责。要带头落实管理制度,严格依法依规决策,将合法合规性审查作为必经前置程序,对违规行为"一票否决"。要将强化合规管理纳入2022年全局工作统筹谋划、一体推进,对重点问题亲自研究、难点问题亲自推动,保障工作取得实效。

同时,要建立健全工作机制,着力打造合规管理"三道防线",积极探索深化法治框架下法律、合规、风控协同运作的有效路径。要着力抓好境外合规,推动境外重要子企业或区域设置合规管理机构,配备专业人员,强化风险防范,切实保障国际化经营。要严肃开展监督问责,加强对财务资金、招标投标等重点领域的监督,对违规行为坚决问责,健全"以案促管"长效机制。要加大资源投入力度,充实合规管理专业队伍,强化资金支持,建立合规管理在线监管系统,进一步提升工作效能。

资料来源:周芬棉,国资委部署中央企业强化合规管理 有力保障央企改革发展任务在法治轨道稳步推进,《法治日报》,2021年12月6日。

1.3.2 防控风险

自20世纪80年代德国著名社会学家、慕尼黑大学社会学教授乌尔里希·贝克在其名著《风险社会》(1986)指出,"现代社会是一个世界风险社会,人类已经开始步入风险时代",你会发现我们所面临的风险越来越多、越来越复杂,以至于到了一种风险无处不在、无时不在的地步。特别是进入21世纪以来,人类越来越频繁地感受到风险所带来的威胁:从日本海啸的强悍到南方的雨雪灾难,从"非典"的余悸到埃博拉病毒的肆虐,从BP公司的墨西哥湾之殇到中国远洋的被ST……正如专家所指出,随着经济全球化趋势的加剧和信息技术的日新月异,再加上金融创新的不断发展,风险传递的速度、频度、广度和深度更是前所未有地增加,比如欧债危机蔓延所带来的冲击至今还在震荡不已。由此可见,风险的防范与控制已经成为21世纪包括政府、企业在内的一切组织在运行过程中必须重视的关键问题所在。

> 来自现实社会的实例总能带来更直观的体验和有益的启示,读者可下载"开拓视野"资料包,推荐"践行有成"栏目的"兴业科技2021年面临的风险"。

如何对风险进行有效防范与控制?借用一句名言——"没有人什么都无法实现,但没有制度什么都无法持久",也就是无论是政府机构还是企事业单位,只有强化内部控制制度建设并有效实施才能实现组织的健康持续发展。尽管加强企业内部控制并不一定可以完全杜绝类似案例的发生,但缺乏有效的内部控制是万万不能的。企业只有建立和有效实施科学的内部控制体系,才能夯实内部管理基础,提升防御风险的能力。在后金融危机时代,投资国际资本市场将成为不可逆转的潮流和趋势。面对国际市场竞争日趋激烈的复杂环境,我国企业要真正实现"走出去"战略,只有苦练内功、强化内部控制,构筑"安全网"和"防火墙",才能实现可持续增长。

> **规制环境**

习近平总书记关于风险管理的重要论述

如果发生重大风险又扛不住,国家安全就可能面临重大威胁,全面建成小康社会进程就可能被迫中断。我们必须把防风险摆在突出位置,"图之于未萌,虑之于未有",力争不出现重大风险或在出现重大风险时扛得住、过得去。

——2015年10月29日,在党的十八届五中全会第二次全体会议上的讲话

要加强对各种风险源的调查研判,提高动态监测、实时预警能力,推进风险防控工作科学化、精细化,对各种可能的风险及其原因都要心中有数、对症下药、综合施策,出手及时有力,力争把风险化解在源头,不让小风险演化为大风险,不让个别风险演化为综合风险,不让局部风险演化为区域性或系统性风险,不让经济风险演化为社会政治风险,不让国际风险演化为国内风险。

——2015年10月29日,在党的十八届五中全会第二次全体会议上的讲话

"明者防祸于未萌,智者图患于将来。"我们必须积极主动、未雨绸缪、见微知著、防微杜渐,下好先手棋,打好主动仗,做好应对任何形式的矛盾风险挑战的准备,做好经济上、政治上、文化上、社会上、外交上、军事上各种斗争的准备,层层负责、人人担当。

——2016年1月18日,在省部级主要领导干部学习贯彻党的十八届五中全会精神专题研讨班上的讲话

要把主动防范化解系统性金融风险放在更加重要的位置,科学防范,早识别、早预警、早发现、早处置,着力防范化解重点领域风险,着力完善金融安全防线和风险应急处置机制。

——2017年7月14日,习近平总书记在全国金融工作会议上的讲话

面对波谲云诡的国际形势、复杂敏感的周边环境、艰巨繁重的改革发展稳定任务,我们必须始终保持高度警惕,既要高度警惕"黑天鹅"事件,也要防范"灰犀牛"事件;既要有防范风险的先手,也要有应对和化解风险挑战的高招;既要打好防范和抵御风险的有准备之战,也要打好化险为夷、转危为机的战略主动战。

——2019年1月21日,在省部级主要领导干部坚持底线思维着力防范化解重大风险专题研讨班开班式上的讲话

要完善风险防控机制,建立健全风险研判机制、决策风险评估机制、风险防控协同机制、风险防控责任机制,主动加强协调配合,坚持一级抓一级、层层抓落实。

——2019年1月21日,在省部级主要领导干部坚持底线思维着力防范化解重大风险专题研讨班开班式上的讲话

资料来源:汪晓东、董丝雨,下好先手棋 打好主动仗——习近平总书记关于防范化解重大风险重要论述综述,《人民日报》,2021年4月15日。

1.3.3 提升效益

随着市场经济的快速发展,企业必须及时应对瞬息万变的外部变化,企业间的竞争也更加白热化。企业间的竞争不仅体现在产品和服务的质量等硬件因素上,更加体现在人才、文化、管理模式等软件因素上。企业要想在激烈的市场竞争中立于不败之地,就要满足客户不断变化的需求和偏好,为客户提供高质量的产品和高水平的服务,只有这样才能获得收入和实现盈利,才能持续地为投资者创造财富。而要做到这一点,就必须"向管理要效益""向风控要效益"。

> 来自现实社会的实例总能带来更直观的体验和有益的启示,读者可下载"开拓视野"资料包,推荐"规制环境"栏目的"尚福林:新常态下的银行业改革与发展"。

企业的经营行为基本上是通过计划、执行和监控这一基本过程进行的,企业内部管理就是围绕这一过程中的每个步骤设置一系列的管理方法,管理方法是否科学适用则取决于各项管理制度的协调与优化。内部控制被定义为完成特定目标的过程,其目的不是针对单一事件或环境,而是针对企业行为的一系列活动,并且这些活动是潜移默化的,蕴含于管理层的日常经营行为,包含了对企业进行控制的各个方面。因此,内部控制能够在企业内部科学管理以及各项制度的协调优化方面发挥重大的作用,有助于企业实现业绩和利润目标,防止资源损失,有利于企业在既定轨道中前进,避免走弯路和遭遇突然袭击,提高企业整体管理水平。国内外企业的经营实践表明,企业内部控制的完善程度反映了企业管理水平的高低,而内部控制体系的建设则是提升企业管理水平的有效手段。

 践行有成

重庆银行:持续优化内控管理 夯实高质量发展基石

人民网重庆4月2日电 重庆银行2019年度业绩显示,截至2018年年末,银行总资产迈上5 000亿元台阶,达到5 012.32亿元,同比增长11.3%,增速较2018年提高4.8个百分点;营业收入、净利润分别达到117.91亿元和43.21亿元,同比增长10.9%和13.1%。

此外,重庆银行2019年贷款总额为2 473.49亿元,同比增长16.4%;不良贷款率为1.27%,同比降低0.09个百分点;拨备覆盖率为279.83%,同比提高53.96个百分点。

以上数据意味着,重庆银行在资产规模继续扩大、营业收入和净利润持续增长的同时,风险管控能力进一步增强,资产质量持续改善。业内专业人士表示,良好的市场表现和资产质量水平,是重庆银行坚持稳中求进总基调,一手抓业务发展、一手抓内控管理,"两手"相促进的结果。

1. 科学完善内控管理顶层设计

2019年是重庆银行推进高质量发展的关键之年,但它同时也面临较为复杂的经济金融形势。如何在扩大规模、提升收入和实现盈利的同时有效管控风险？重庆银行着力于进一步优化和加强内控管理。

具体而言，就是科学开展内控管理顶层设计，制定内控总政策，并通过将内控管理融入各条业务线和各项经营管理全流程之中，进一步强化经营管理和风险管控，为全行打好防范化解重大风险攻坚战，稳中提质、稳中向好的发展夯实基础。

在架构上，重庆银行设计以内部环境、风险评估、控制活动、信息与沟通、内部监督五大要素为主线，以控制措施、控制保障、控制监督等具体要求为核心内容的内部控制体系，进行"事前、事中、事后"全过程控制，明确内控缺陷整改管理闭环，有效保障经营活动符合监管要求。

2019年，重庆银行新增修订制度260项，实现公司治理、财务、会计、授信等28个大类全覆盖，借助制度梳理和制度管理流程的优化，持续完善现代企业管理制度。

重庆银行相关负责人表示："内控管理绝非银行某一个部门的事，从董事会、监事会、高管层，到各条业务线、部门与分支机构，直至每一名员工，都有自己的内控责任。依托科学完善的体系设计，能将内控管理真正落到实处、落到人头。"

2. 持续优化各项管理机制

在实践操作中，重庆银行围绕"下好'一盘棋' 内控管理更优"的工作思路，持续优化考核机制、运营机制和内控机制，使内控管理最大限度地发挥推动经营、管控风险的作用。

重庆银行以考核为"指挥棒"，进一步统筹成本与收入、风险与收益、短期利益与长期价值，走资本集约、价值创造之路，优化全面风险管理框架下的经济增加值考核、内部资金转移定价、经济资本考核等政策，降低民营企业、普惠金融、支农支小资本调整系数，引导业务发展符合高质量、可持续的价值导向。

2019年，重庆银行适度调整授权评价指标，根据资产质量、风控能力等要素动态调整授权，全年对24家分支机构公司类和个人类授信业务实施权限调整，普降49家分支机构的银行承兑汇票贴现业务权限，新增重庆辖内43家支行2项财务管理权限。重庆银行相关负责人表示，这是银行通过优化运营机制深化内控管理的一个体现，通过修订完善授权管理办法，将经营授权、制度授权、岗位授权进行统一管理，健全完善授权管理体系。

据了解，优化运营机制使重庆银行不断深化实施集中授权、集中处理汇兑和同城票据交换业务、集中清算本外币业务、集中管理自助机具，更借助优化运营内控平台，建成账户管理平台，增强反欺诈、企业快速开户能力；同时以星级网点创建带动文明优质服务水平持续提升，2019年全年新增15家"星级网点"。

2019年，重庆银行还对3134份合同、296项制度、34项重要业务决策实施法律审查，对121个重大授信风险项目化解方案进行法律论证，强化法律风险管理；完成总行及分支机构关键印章在线审批"全覆盖"，全面达到监管部门提出的关键印章上收一级管理的要求；更支持纪检监察派驻制度改革，与监事会、内审、合规、财务等形成合力，深化协同监督，从严监督执纪。

3. 风险管控更实,风险管控能力更强

得益于持续优化加强的内控管理,重庆银行风险管控更实,风险管控能力更强,不断筑牢"防范网"。例如,在持续完善内控管理的基础上,重庆银行以大数据智能化应用为抓手,通过征信授权及查询线上化、风险预警优化改造、贷后管理流程线上化等项目,提高信贷标准化、线上化作业水平;开展押品批量自动化重估,完善押品量化管理;建立大额风险暴露管理系统,防范非同业客户、同业客户以及交叉金融产品的集中度风险。同时,将贷后检查、重点管理授信、资产质量计划管理与问责等工作有机融合,由专门团队对接各经营机构,强化贷后管理监督力量;加强组合风险监控,形成点面兼顾、条块结合的风险监测体系;开展重点领域、重点业务风险排查,分析风险状况,及早部署风控策略;建立信贷检查常态化机制,定期发布风险提示,防范操作风险。

2019年,重庆银行将69项案防(即案件风险防范)工作项目纳入"防火墙"指标,新增完善3个案防制度,在法人案防自评估工作中获得监管"绿牌"评价。更通过新制定《重庆银行分支机构案件风险防范分析会议事规则》、组织召开案防工作会议暨防范金融犯罪专题培训、组织全行开展案件警示教育活动、防范非法集资宣传月活动以及非法集资风险排查整治活动等,抓实抓深抓细案防工作。

同时,重庆银行持续健全合规管理工作机制。以修订合规员管理办法,举办全行合规员专项培训等举措,强化合规员管理,提高合规员履职能力。广泛开展的合规文化建设活动也在全行范围内营造出良好的合规氛围,增强了员工的风险防范意识和能力。

资料来源:彭国威、张睿,重庆银行:持续优化内控管理 夯实高质量发展基石,人民网,2020年4月2日。

综合案例

益强公司因深陷债务违约危机而破产重组[①]

主营单晶硅、多晶硅太阳能电池产品研发和生产的益强公司于2003年成立,这是一家由董事长兼总经理李自一手创办并控制的家族企业。

2010年11月益强公司挂牌上市,在资本市场获得大额融资的同时,益强公司开始了激进的扩张之路。从横向看,为了扩大市场份额,益强公司在欧美多个国家投资或设立了子公司;从纵向看,益强公司布局光伏全产业链,实施纵向一体化发展战略,由产业中游的组件生产,延伸至上游的硅料和下游的电站领域。益强公司还大举投资了房地产、炼油、水处理和LED显示屏等项目。

为了支持其扩张战略,益强公司多方融资。公司上市仅几个月便启动第二轮融资计划——发行债券,凭借建设海外电站的愿景通过了管理部门的审批,发行10亿元的"益

---

① 改编自2019年注册会计师考试"公司战略与风险管理"试题。

强债",票面利率为8.98%,在当年新发债券中利率最高。自2011年2月起,李自及女儿李丽陆续以所持股份作抵押,通过信托融资约9.7亿元,李自还发起利率高达15%的民间集资,同时益强公司大举向银行借债。这样,益强公司在上市后三年内,通过各种方式融资近70亿元。

受2008年美国次贷危机和2011年欧债危机的影响,欧美国家和地区纷纷大幅削减甚至取消光伏补贴,光伏产品国际市场需求急剧萎缩。随后,欧盟对中国光伏产品发起"反倾销、反补贴"调查,光伏企业出口遭受重创。而全行业的非理性发展已经导致光伏产能严重过剩,市场供大于求,企业间开始以价格战展开恶性竞争,利润急速下降,甚至亏损。

在这种情况下,益强公司仍执着于多方融资以扩大产能,致使产品滞销,库存积压,同时公司在海外大量投资电站致使应收账款急速增加。欧盟经济低迷、海外客户还款能力下降、欧元汇率下跌以及存货跌价损失、汇兑损失、坏账准备的计提,使严重依赖海外市场的益强公司出现大额亏损。公司把融资筹措的大量短期资金投放于回款周期很长的电站项目,投资回报期和债务偿付期的错配使公司的短期还款压力巨大,偿债能力逐年恶化。2010年公司的流动比率为3.165,到2013年只有0.546。公司资金只投不收的模式使现金流很快枯竭。2012年和2013年多家银行因贷款逾期、供应商因货款清偿事项向益强公司提起诉讼,公司部分银行账户被冻结,从而深陷债务危机。益强公司由于资金链断裂,无法在原定付息日支付公司债券利息8 980万元,成为国内债券市场上第一家违约公司,在资本市场上掀起轩然大波,打破了公募债券刚性兑付的神话。

2014年5月,益强公司因上市后连续三年亏损被ST处理,暂停上市。仅仅三年多的时间,益强公司就从一家市值百亿元的上市公司深陷债务违约危机而导致破产重组。

思考题
(1)益强公司发生了哪些风险?
(2)从内部控制与风险管理角度分析益强公司破产的原因。

第 2 章　内部控制基本原理

寄　语

许多国家通过立法强化企业内部控制,内部控制日益成为企业进入资本市场的"入门证"和"通行证"。但从现实情况看,许多企业管理松弛、监督弱化、风险频发、资产流失、营私舞弊、损失浪费等问题还比较突出。导致这些问题产生可能有许多原因,但最主要的是很多企业没有真正理解内部控制的本质和逻辑。为此,本章主要阐释了内部控制的要素、本质、逻辑等一系列最基本、最核心的知识。

知识要点　了解内部控制的五大要素,理解内部控制的三大本质,熟悉内部控制的三大逻辑。

技能要点　能够围绕内部控制要素,运用内部控制的本质和逻辑指导企业设计内部控制制度。

素质养成　通过学习内部控制的基本原理,领会习近平总书记关于"加强对权力运行的制约和监督,把权力关进制度的笼子里"讲话的精神,掌握马克思主义唯物辩证法的精髓;结合浦发银行成都分行被处罚、三九集团破产重组、浙商银行内部舞弊等风险事件,引导企业经营者、管理者强化合规意识,树立法治观念;通过分析中非共建"一带一路"面临的主要风险,一方面体会"一带一路"倡议的重要价值,另一方面提升风险意识、塑造底线思维。

引导案例

浦发银行成都分行因内控失效而被处罚①

在强监管、治乱象态势之下,浦发银行成都分行违规发放贷款案件有了最新处罚结果。经过立案、调查、审理、审议、告知、陈述申辩意见复核和发出行政处罚决定书等一系列法定程序,2018年1月19日,四川银监局对浦发银行成都分行案作出处罚,并罚款4.62亿元,浦发银行成都分行原行长王兵被"双开"。

此前,浦发银行成都分行为掩盖不良贷款,通过编造虚假用途、分拆授信、越权审批等手法,违规办理信贷、同业、理财、信用证和保理等业务,向1 493个空壳企业授信775亿元,换取相关企业出资承担浦发银行成都分行不良贷款。该案件于2017年4月曝光。

具体来看,四川银监局依法对浦发银行成都分行罚款4.62亿元;对原浦发银行成都分行原行长、2名副行长、1名部门负责人和1名支行行长分别给予禁止终身从事银行业工作、取消高级管理人员任职资格、警告及罚款。目前,相关涉案人员已被依法移交司法机关处理。银监会近日已依法对浦发银行总行负有责任的高管人员及其他责任人员启动立案调查和行政处罚工作。此外,鉴于四川银监局对浦发银行成都分行相关风险线索等问题未全面深查,监管督导不力,对其监管评级失真,银监会党委责成四川银监局党委深刻反省、吸取教训,并对四川银监局原主要负责人和其他相关责任人进行严肃问责,给予党纪政纪处分。

"这是一起浦发银行成都分行主导的有组织的造假案件,涉案金额巨大,手段隐蔽,性质恶劣,教训深刻。"银监会在总结该案件暴露出的问题时指出,一是内控严重失效。该分行多年来采用违规手段发放贷款,银行内控体系未能及时发现并纠正。二是片面追求业务规模的超高速发展。浦发银行成都分行采取弄虚作假、炮制业绩的不当手段,粉饰报表、虚增利润,过度追求分行业绩考核在总行的排名。三是合规意识淡薄。为达到绕开总行授权限制、规避监管的目的,浦发银行成都分行化整为零,批量造假,以表面形式的合规掩盖重大违规。此外,该案件也反映出浦发银行总行对分行长期不良贷款为零等异常情况失察、考核激励机制不当、轮岗制度执行不力、对监管部门提示的风险重视不够等问题。

业内人士表示,从银监会相关负责人数次公开表态以及近期的一系列处罚来看,监管对违规保持零容忍态度,以起到震慑警示行业的效果。"罚款不是目的,而是为了推动银行业切实加强内控管理,提高银行合规意识。"

启示录 浦发银行成都分行不良贷款掩盖事件,暴露出的不仅仅是浦发银行的问题,也是当下许多银行所面临的问题,即在追求绩效的情况下如何做好内部控制。那么,内部控制由哪些要素具体构成?这些要素具有哪些功能或作用?应该如何把握内部控制的本质?内部控制具有哪些内在逻辑?在建立和实施内部控制过程中应该遵循哪些

---

① 作者根据相关资料整理。

基本原则?通过本章的学习,你不仅能对以上问题有清晰的了解,而且能系统掌握内部控制的基本原理。

2.1 内部控制要素

财政部联合其他四部委于2008年联合发布的《企业内部控制基本规范》提出,企业建立与实施有效的内部控制,应当包括内部环境、风险评估、控制活动、信息与沟通、内部监督等五大要素,如图2-1所示。

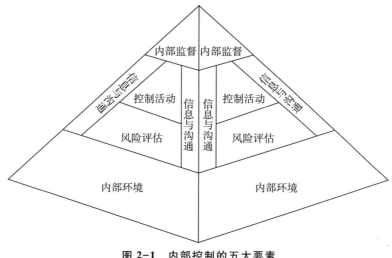

图2-1 内部控制的五大要素

2.1.1 内部环境

按照我国《企业内部控制基本规范》的规定,"内部环境是企业实施内部控制的基础,一般包括治理结构、机构设置及权责分配、内部审计、人力资源政策、企业文化等"。任何经济组织的内部控制都是在特定环境下建立并实施的,内部环境是影响制约内部控制建立与执行的各种因素的总称。它是一种氛围和条件,奠定了公司的内部控制结构,决定了组织的控制基调,影响着整个组织内所有人员的控制意识和控制行为,是内部控制其他四个构成要素的基础,制约了其他构成要素能否有效发挥作用。

> 来自现实社会的实例总能带来更直观的体验和有益的启示,读者可下载"开拓视野"资料包,推荐"焦点观察"栏目的"一人兼四职,三九集团破产中的权力'失衡'"。

内部环境通常包括下列方面:(1)企业治理结构,如董事会、监事会、管理层的分工制衡及其在内部控制中的职责权限,审计委员会职能的发挥等;(2)企业的内部机构设置及权责分配,尽管没有统一模式,但所采用的组织结构应当有利于提升管理效率,并保证信息通畅流动;(3)企业内部审计机制,包括内部审计机构设置、人员配备、工作开展及其独立性的保证等;(4)企业人力资源政策,比如关键岗位员工的强制休假制度和定期岗位轮换制度,对掌握国家秘密或重要商业秘密员工离岗的限制性规定等;(5)企业文化,包括单位整体的风险意识和风险管理理念,董事会、经理层的诚信和道德价值观,单位全体员工的法制观念等。

> 来自现实社会的实例总能带来更直观的体验和有益的启示,读者可下载"开拓视野"资料包,推荐"焦点观察"栏目的"史玉柱:我的失误与教训"。

根据2010年财政部等五部委联合发布的《企业内部控制应用指引》,属于企业内部环境类指引有5项,即《企业内部控制应用指引第1号——组织架构》《企业内部控制应用指引第2号——发展战略》《企业内部控制应用指引第3号——人力资源》《企业内部控制应用指引第4号——社会责任》和《企业内部控制应用指引第5号——企业文化》等。应用指引中内部环境类指引与基本规范中内部环境构成因素相互对应,共同形成我国内部环境构成因素体系。

 践行有成

广西建工集团"六大机制"强化风险管控

2010年以来,广西建工集团针对建筑行业进入门槛低、竞争激烈、风险点多等现实,把监督关口前移、管理重心下沉,健全六大内部监管机制,切实把纪律和规矩挺在前面,用制度管人管事管资产,实现了国有资产监督体系、惩治和预防腐败体系、全面风险防控体系的有机融合,为企业持续健康发展提供了坚强保证。

1. 健全民主科学决策制度,防范重大决策失误

出台《董事会议事规则》《党委会议事规则》《三重一大决策实施办法》等决策制度,并根据全国国有企业党建工作会议精神,修改完善公司章程,把党的领导融入公司治理各个环节,把企业党组织内嵌到公司治理结构之中,明确和落实党组织在公司法人治理结构中的法定地位,做到组织落实、干部到位、职责明确、监督严格;修改完善党委会、董事会等议事规则,落实党委会研究讨论是董事会决策重大问题的前置程序的要求,进一步厘清权力运行的范围和边界,做到无缝衔接,形成各司其职、各负其责、协调运转、有效制衡的现代法人治理机制。在重大决策、重要人事任免、重大项目投资和大额资金使用等方面,坚持集体领导、民主集中、会议决定原则,确保民主科学决策,几年来集团公司没有出现重大决策失误问题。

2. 实行监事会派驻制度,积极延伸监督链条

进一步改进和加强监事会工作,成立集团公司监事会工作部和四个监事会办事处,优先配足配强人员,每个办事处分别监管4~5家企业,做到不漏一户、不搞例外,实现对所属企业委派专职全覆盖。在制度设计上,实现了"两个融入",即融入集团公司六大监管体系,融入所属企业法人治理结构。监事会坚持监管下沉,积极延伸监督链条,将所属企业分公司生产经营中的重大风险、重大决策等纳入监管范围,把防范"三重一大"决策风险的宏观监管和对分公司、项目部运营过程的微观监管结合在一起,进一步提高监管成效。2016年累计开展专项检查25次,列席企业重要会议531次,上报各类报告419份,提出建议236条,促进子公司完善制度24项,停止或暂停决策项目5个,涉及金额6 854万元。集团公司高度重视监事会监督成果运用,集团公司领导先后就相关工作批示49次,就监督中发现的问题,要求有关单位深入抓好整改、建立长效机制,防止类似问题再次发生,有效促进了企业的规范管理。

3. 实施财务总监委派制度,强化资金管控

2012年,集团公司开始实施财务总监委派制,财务总监进入各子公司领导班子和董事会,人事上由集团公司统一管理,业务上接受集团公司总部相关部门指导,基薪由集团公司发放,绩效经集团公司考核后由派驻企业发放。财务总监的职能包括对各子公司财务活动的合法性、真实性、有效性等进行监督,同时提供管理和服务,还履行财务管理制度建设、资金管控、成本控制、会计核算、财务分析、应收账款清收等财务、会计的具体组织管理工作。集团公司对财务总监实行统一考核管理,定期交流,规定重大开支必须经财务总监审批把关。通过加强对各子公司重大经济活动、资金管理、资产处置等方面的监督和管理,进一步增强企业风险防控能力。财务总监委派制实施以来,截至2016年共否决了130个决策事项,涉及金额约593亿元,对保障国有资产安全、提高企业管理水平、保障企业平稳健康发展发挥了积极作用。

4. 建立董事会风险管理委员会制度,提高决策效率

2012年,集团公司成立了董事会风险管理委员会,为董事会下设机构,负责统一组织与协调全面风险管理和内部控制工作,从重大项目决策的源头进行论证和把关,向董事会提供咨询意见和决策参考。风险管理委员会主任由集团一名董事兼副总经理担任,集团公司董事长、总经理和其他董事不参加会议,不干预风险管理委员会的工作,成员由集团公司生产经营、审计、法务、财务、纪检监察、监事会工作部等部门主要负责人组成。风险管理委员会根据董事会的授权独立开展工作,凡需提交集团公司董事会研究决定的重大经营及投资等事项,必须事先经风险管理委员会进行风险评估论证,风险管理委员会未通过的事项不得提交董事会研究,从决策源头上筑起风险防范的一道"防火墙"。截至目前,集团公司董事会风险管理委员会共召开60次会议,总涉及金额约1 426.33亿元,其中否决事项27项,涉及金额约117.7亿元。集团所属各企业均参照集团公司的做法设立了风险管理机构并独立开展工作,形成了子公司职能部门—子公司风险管理机构—集团总部职能部门—集团风险管理委员会的四级风险"滤网"。几年来,全集团范围内没有出现较大经营风险,在提高决策准确性、科学性的同时,还大大提高了决策效率。

5. 建立总法律顾问制度,深化依法治企

建筑业产业链长,与多个行业高度关联,风险点多。为此,集团公司先后成立企业律师工作办公室,建立总法律顾问制度,建立健全以总法律顾问制度为核心的法律工作体系,推动依法治企、按规经营。以总法律顾问为核心的法务队伍加强了重大决策前的法律论证和审核把关,法律事务工作重点由处理经济纠纷为主扩展延伸到参与企业改制重组、投融资、招标投标、BT项目建设等重大决策的法律论证,在法律组织体系建设、规章制度建设、合同管理、法律风险防控、联合重组与管理整合、业务拓展及转型升级的法律保障支持等方面开展了大量富有成效的工作。目前,集团下属建筑安装企业均已设立总法律顾问职位,总法律顾问虽然不进入领导班子,但比中层正职略高,较好地保证了法务人员全程参与生产经营管理。全集团共有各类法务人员161人,其中专职66人,兼职95人。几年来,集团公司经济合同法律审核率达到100%,企业规章制度、重要决策审核率接近100%。

6. 建立巡察工作制度,落实从严治党

制订《中共广西建工集团有限责任公司委员会巡察工作办法(暂行)》,成立巡察工作领导小组及其办公室,并于2016年开展了第一轮专项巡察,着力发现:违反"六大纪律"方面的突出问题,特别是违背党的路线方针政策,有令不行、有禁不止、阳奉阴违、拉帮结派的问题;利用职务便利,通过同业经营或关联交易为本人或特定关系人谋取利益的问题;在资金管理、资产处置、资源配置、资本运作和工程项目中贪污受贿、以权谋私的问题;在工作中不负责任或疏于管理,给企业造成损失的问题。针对巡察中发现的问题,集团公司党委召开全面从严治党、从严治企谈心谈话会,集体约谈所属各公司党委书记、纪委书记、董事长、总经理及集团总部各部门正职等重要岗位60多人。目前,集团公司纪委已责成有关子公司对第一轮专项巡察工作中发现的个别人员违纪违法问题立案调查,巡察的"利剑"作用已发挥威力。同时,集团公司高度注重成果运用,把巡察结果作为干部考核评价、选拔任用、绩效奖励的重要依据,增强巡察工作的效果。

资料来源:广西省国资委,广西建工集团"六大机制"强化风险管控,国务院国资委官网,2017年5月4日,http://www.sasac.gov.cn/n2588025/n2588129/c4446522/content.html。

2.1.2 风险评估

风险评估要素是实施内部控制的关键环节。按照我国《企业内部控制基本规范》的规定,风险评估是企业及时识别、系统分析经营活动中与实现内部控制目标相关的风险,合理确定风险应对策略。因此,风险评估主要包括目标设定、风险识别、风险分析和风险应对等环节。

1. 目标设定

目标设定是风险评估的起点,因为风险与可能被影响的控制目标相关联。企业必须事先制定与生产、销售、采购、投资、筹资等业务相关的目标,以此作为风险评估的前提。

2. 风险识别

风险识别是在目标的指导下,对影响企业成功实现目标的潜在事件进行识别,包括识别其产生的内在原因和外在原因,也要识别潜在事件之间的相互关系并进行分类。风险识别是风险分析和风险应对的基础。

按照风险产生的源头,企业风险可以划分为外部风险和内部风险两大类型。外部风险主要包括自然风险、政治风险、政策风险、市场风险等。内部风险主要包括战略风险、经营风险、财务风险、人员风险、法律风险等。风险识别的常用方法将在第4章重点介绍。

焦点观察

中非共建"一带一路"面临的主要风险

随着越来越多的非洲国家加入"一带一路"大家庭,中非合作的机遇明显增多,但各种风险和挑战也相伴而来。

1. 政局动荡风险

国际合作经验表明,一个国家吸引外资的多少,与该国投资环境和投资政策密切相关。非洲部分国家恰恰在政局稳定、政策连续性方面存在不良记录。例如,利比亚内战使得一些中国企业损失惨重,饱受诟病的津巴布韦本土化政策使外国投资者望而却步。

2. 本币贬值风险

诸多非洲国家一直存在外汇短缺的问题,尤其在美元加息和大宗商品价格下跌的背景下,非洲外汇市场承压严重。2017年,非洲有30多个国家的货币贬值,尤其是几个经济大国外汇贬值严重。比如,埃及央行于2016年11月放弃固定汇率制,让埃及镑根据市场供求自由浮动,之后埃及镑进入快速贬值通道,通货膨胀率从2015—2016年的10.3%上升到2016—2017年的23.3%。非洲本币贬值对中国企业原材料进口、生产运营、收益回流等产生较大影响,直接体现为加大了财务报表中的汇兑损失。若非洲本币进一步贬值,则将直接侵蚀项目经营利润,使一些入园企业持续运营陷入困境。

3. 债务违约风险

在全球融资格局发生变化、大宗商品价格下跌的大背景下,非洲债务危机再露端倪。非洲开发银行数据显示,非洲外债总额已从2015年的5 803亿美元增长到2016年的6 408亿美元,外债占GDP的比重从2015年的25.3%提高到2016年的27.8%,与此同时,还本付息额占出口收入的比重从16.1%微升到16.9%。从国别层面来看,与中国进行产能合作的重点国家(如莫桑比克、埃塞俄比亚、尼日利亚、安哥拉、赞比亚、加纳)的债务有所加重,而且将在2020—2025年进行大量还款,债务可持续性风险很高,给中非合作带来新的风险。

4. 恐袭和安全风险

恐怖袭击风险主要潜伏在北部非洲、西部非洲。如2018年7月中旬以来,南非北开普省金伯利市爆发严重骚乱,多家华侨经营店铺受到波及。如此严重的恐袭和治安问题,不仅对中国企业的资产和人员的生命安全构成威胁,而且制约着中非合作的提质升级。

5. 国际竞争风险

当前,大国对非政策虽较为分化,但都关注中非合作。不仅因为中国已成为非洲谋求自主可持续发展的重要推动者和贡献者,而且中国正在成为国际对非合作的引领者,面临挤压式的激烈竞争。美国强调与非洲国家的商业接触,欲与中国分庭抗礼;日本仿效中国,强化日非经济关系,对冲中国影响力;印度加强对非合作,紧盯中国同步跟进,尤其是日印联手抛出制衡中国"一带一路"建设的"亚非增长走廊"倡议,不可小觑。大国示好非洲,或使部分非洲国家出现复杂的投机心态,加大中非合作的难度。中国对非合作将面临更为激烈的竞争,特别是印度洋沿岸的东非国家将成为竞争的主战场。

资料来源:姚桂梅,中非共建"一带一路":进展、风险与前景,《当代世界》,2018年第10期。

3. 风险分析

风险分析是对所识别的风险进行分析的过程,是针对不同性质的风险采取不同应对策略的依据。企业应从风险发生的可能性及其造成的影响程度两个方面对风险进行分析,从而确定风险水平的高低。企业实践中最常用的风险分析方法将在第4章重点介绍。

4. 风险应对

风险应对是指企业管理层在了解相关风险的来源和类型以及水平的高低之后,结合成本效应原则,选择合适的风险应对策略,以便将风险控制在期望的风险承受度之内。一般来说,风险应对策略包括风险规避、风险降低、风险分担和风险承受四种类型。关于风险应对策略的基本原理及其应用将在第4章详细介绍。

焦点观察

乐视帝国是如何崩塌的

资本的世界总是潮起潮落。曾经最为汹涌的互联网"资本浪头"——乐视,如今已一片悲鸣。

互联网视频行业迎来重要发展机遇时抢占先机,乐视网凭借"颠覆式"的创新模式,由在资本市场上长袖善舞的贾跃亭所带领,成为我国互联网视频行业第一个宣布盈利的企业、国内A股首家互联网视频行业的上市公司。以融资平台乐视网为基础,一座"乐视帝国"拔地而起,极速扩张,在资本市场上缔造了一个又一个神话。

然而,成也乐视、败也乐视,乐视帝国在贾跃亭的"蒙眼狂奔"中顷刻间崩塌,从狂欢到梦碎,也仅三年光景,千亿元市值灰飞烟灭,留下无尽唏嘘。

而后多少资本大鳄或飘摇或覆灭,重蹈乐视覆辙。这里试图复盘乐视帝国崩塌全过程,探索中国互联网和创业风潮下企业的兴衰之路。

凭借闪亮的财务报表,乐视网(300104)于2010年在深交所创业板上市。当年8月12日完成首发之时,乐视网市值仅43亿元,随着一系列的资本运作,乐视网的市值实现几何级的跃升,从一家二流视频网站变身为一家拥有巨量内容资产的视频产业链一体化公司。

与普通视频网站让用户点播节目从而赚取广告收益的商业模式不同,上市之初的乐视网投入资金囤积了大量优质版权。

此后,乐视开始从版权收购延伸到内容制作,以期取得更大收益,其先后成功投资《小时代》《归来》等热门 IP。而这时,万马奔腾的网络行业逐渐进入四大巨头领航的海域,市场竞争日趋激烈。面对先期获得丰厚资本、庞大客户群等优势的竞争对手,乐视开始进一步拓展依赖内容收益而非广告收益的模式,正式提出"平台+内容+终端+应用"战略,并持续扩大资本版图,通过并购花儿影视,自建乐视影视、乐视体育等,向产业链上游内容资产延伸。

然而此时的贾跃亭,不甘于仅做内容,抛出一个更大的计划。在初步建立全面平台化战略后,乐视开始效仿小米,引入硬件代工,推出互联网电视。随后,乐视迅速将终端入口从电视延伸到盒子、手机,甚至不相关的酒业;在内容上持续扩容,从影视跨界到体育赛事、无人机、音乐等领域,同步在体外孵化电商、大数据等互联网项目。

这显然并不能满足贾跃亭"为梦想窒息"的大计划。2014 年,乐视移动成立。也就是在乐视狂奔的这一年里,贾跃亭在众人的反对下做了一个重要的决定:造车!这个动辄需要百亿元的项目,成为乐视命运的转折点。

至此,乐视手机、乐视地产、乐视汽车这三个烧钱的项目开始快速布局,更大规模的产业撑起乐视帝国更广阔的空间,也支撑着贾跃亭的"梦想"。上市公司、非上市公司、乐视汽车等三大体系、七大子公司构成七大生态体系,总共涉及 100 多家企业,成为一座庞大的集团帝国。乐视市值更是在 2015 年被推上 1 784 亿元的最高峰。

在快速扩张中,乐视的危机也悄然萌发。此时,乐视的七大生态远远不足以支撑其高速扩容下所需的庞大资金量,仅乐视网和乐视影业处于盈利状态,其他均亏损。贾跃亭在全球的布局和"拿地"上却乐此不疲,买下上海地块、购买乐视大厦、4.2 亿元重庆拿地、30 亿元购入北京核心区世贸工三、2.5 亿美元收购雅虎在美土地……

"在快速扩张下,乐视处于严重入不敷出的状态,大量的资金需求让公司刚刚进账的资金迅速被抽离,用于购买新的资产,当时大家几乎都处在'蒙眼扩张'的奔跑状态。乐视在融资上的屡屡成功,让大家在有危机感的同时又得到安慰。"一位乐视的前高管回忆称。但实际上,此时的乐视已渐渐脱离掌控。

为了引入更多资金以填补扩张的缺口,在股权上,贾跃亭释放利益结构,推进全员持股并推行合伙人制度。股权激励计划引发员工情绪空前高涨,乐视同时向美国、亚太等全球人才伸出橄榄枝,并广招合伙人,在互联网、体育、电视、手机、汽车等领域建立联盟,一时间,乐视对外呈现百花齐放的状态。

而这遍地开花的背后仍是烧钱、烧钱、再烧钱……

一边通过减持手中股份从市场套现及频繁的股权质押为公司"输血",一边通过引入合伙人、更改付款方式等多种途径稳定资金流,自认为"不懂资本"的贾跃亭却在努力维持着乐视的"资本故事"。与国内资金早已吃紧形成强烈反差的是,海外造车项目的"如火如荼"。

而乐视对非上市部分重资产的资金投入又造成了上市公司应收账款的持续高水平，拖累了上市公司的良性发展。即使有了后来孙宏斌的百亿元资金注入，乐视经营资金情况也并未得到改善。对于业务以轻资产为主的乐视来说，经营下滑便意味着拖累无形资产变现，这也导致乐视帝国难以起死回生。

谈及乐视的变迁，贾跃亭向《证券日报》记者表示："从2016年下半年公司爆发流动性危机以来，我深知自己负有不可推卸的责任，深感愧疚和自责。"他认为，自己的经验不足，致使出现同一时间布局产业过多与公司管理能力不足之间的矛盾，乐视用短短的几年时间布局了横跨云计算、内容、电视、手机、体育、汽车等产业领域，各业务线大量消耗资金，无法自给自足，而是不断向集团公司提需求。乐视手机是乐视债务危机爆发的导火索，手机业务一项亏损就达100亿元以上。

"内容收益行业具有高投入、高风险的特点，大部分资产是版权之类的无形资产。而电视、手机、汽车等都属于重资产行业，投资规模巨大。即使乐视将重资产分别融资，也难以改变占用资金时间长、收益回报周期长等现实。尤其对于汽车行业而言，即使乐视700多亿元的全部融资都投入其中，也只是暂时维持，后续需要持续资金注入。在乐视还未形成足够的自我造血能力之下，显然贾跃亭对造车的'狂热'对资金的大规模汲取成为乐视命运转折的关键。人才、团队和组织文化及内部审计等问题，也助推了乐视的快速崩塌。"武汉大学金融系一位教授表示。

资料来源：贾丽，乐视千亿市值灰飞烟灭 三级"失控"是如何发生的，《证券日报》，2019年8月15日。

正如贾跃亭事后在接受《证券日报》记者采访中的自我反思所言："公司业务高速发展，但融资和风险控制能力却没有跟上，融资方式单一，主要依靠上市公司股权质押获得资金。募集资金的使用节奏失控，对资金还款时间点未做合理安排，再加上金融机构答应的还本付息后的续贷违约，还款时间节点集中，还款压力过大，引发金融机构的恐慌和挤兑，并进一步导致集团中非上市公司猝死。由于（我）经验不足，没有为处理危机留出足够的时间，导致风险来临后高价值资产被迫在短时间内以低价出售清偿借款。"由此可见，重视企业的风险评估、提升风险控制能力对企业的持续健康发展至关重要。

2.1.3 控制活动

控制活动是企业内部控制的重要构成要素，是企业内部控制落实实施的具体方式。按照《企业内部控制基本规范》的规定，控制活动是指企业应当结合风险评估结果，通过手工控制与自动控制、预防性控制与发现性控制相结合的方法，运用相应的控制措施，将风险控制在可承受度之内。

来自现实社会的实例总能带来更直观的体验和有益的启示,读者可下载"开拓视野"资料包,推荐"规制环境"栏目的"深交所向森源电气发出问询函"。

根据《企业内部控制基本规范》的规定,控制措施一般包括不相容职务分离控制、授权审批控制、会计系统控制、财产保护控制、预算控制、运营分析控制、绩效考评控制等。而根据2010年财政部等五部委联合发布的《企业内部控制应用指引》,属于控制方法类指引有4项,即《企业内部控制应用指引第15号——全面预算》《企业内部控制应用指引第16号——合同管理》《企业内部控制应用指引第17号——内部信息传递》和《企业内部控制应用指引第18号——信息系统》,其中内部信息传递、信息系统又和信息与沟通要素相关,因此本书第4章将详细讲解不相容职务分离控制、授权审批控制、会计系统控制、财产保护控制、合同控制等合规性控制方法的基本原理及其应用,而在第9章、第10章、第11章分别重点介绍预算控制、运营分析控制、绩效考评控制这三种管控型控制方法。

2.1.4 信息与沟通

信息与沟通是企业及时、准确地收集、传递与内部控制相关的信息,确保信息在企业内部、企业与外部之间进行有效沟通,是实施内部控制的重要条件,为内部控制的其他要素有效发挥以及整个风险控制体系的有效运行提供信息支撑。

来自现实社会的实例总能带来更直观的体验和有益的启示,读者可下载"开拓视野"资料包,推荐"焦点观察"栏目的"德国'最愚蠢的银行'"。

根据《企业内部控制基本规范》的规定,企业应当利用信息技术促进信息的集成与共享,充分发挥信息技术在信息与沟通中的作用,同时应当建立反舞弊机制,包括举报投诉制度和举办人保护制度。而根据2010年财政部等五部委联合发布的《企业内部控制应用指引》,与信息与沟通要素相关的有3项,即《企业内部控制应用指引第14号——财务报告》《企业内部控制应用指引第17号——内部信息传递》和《企业内部控制应用指引第18号——信息系统》。

践行有成

中集集团的三类舞弊治理措施

中国国际海运集装箱(集团)股份有限公司(以下简称"中集集团")1980年1月创建于深圳,由招商局与丹麦宝隆洋行合资成立,初期由宝隆洋行派员管理,是改革开放后我国最早成立的中欧合资企业。1994年公司在深圳证券交易所上市,2012年12月在香港联交所上市,目前是A+H股公众上市公司,主要股东为招商局集团、中远集团和弘毅投资等。中集集团注重构建高效的治理结构,长期以来对于技术创新和管理效率的不懈追求,使得中集集团快速成长为在全球物流装备和能源装备制造等多个行业具有领先地位的企业。作为一家为全球市场服务的多元化跨国产业集团,中集集团在亚洲、北美、欧洲、澳洲等地区拥有300余家成员企业及3家上市公司,6万多员工,客户和销售网络分布在全球100多个国家和地区。近十年来,中集集团总资产、净资产、销售额和净利润的年均增长率始终维持于较高水平。

中集集团内设审计监察部,作为制定廉洁制度、执行内部审计监督、督导内控建设、调查舞弊事件并监督履职人员从业行为的专门机构,旨在实现对本集团风险的全方位控制。目前,集团纪委书记兼任审计监察部总经理,纪委办公室和监察分部合署办公,为集团建设廉洁健康的企业文化提供了坚强的领导和有力的组织保障。根据舞弊由动机(或压力)、机会和借口三要素产生的铁三角理论,中集集团制定了三类舞弊治理措施,即通过体系化的宣传与教育、制度的建立与完善、惩治与执法手段,不断提高员工的舞弊风险防范意识,致力于营造"不想舞弊、不能舞弊、不敢舞弊"的反舞弊大环境。

1. 不想舞弊

中集集团注重开展全方面、多层次的廉洁从业警示教育和宣贯工作。定期对内部晋升人员和外部招聘的管理人员进行"中集集团干部的护身宝典——廉洁从业警示集"的培训;定期对新员工进行"企业内部控制与风险管理"的培训,培训内容包括对销售、采购等典型舞弊案件的剖析和警示;近年集团下属重点企业邀请所在地检察院给企业进行廉洁从业专题培训;集团还以在线学习、在线答题的方式开展廉洁从业制度宣贯活动,集团及成员企业相关高管人员全体参加;重大节日来临之前,集团纪委发布《关于重申反对节日期间收受节礼等不正之风的通知》。中集集团通过警钟长鸣式的活动,从正面积极营造风清气正的廉洁从业环境,帮助员工养成"不想舞弊"的自律习惯,坚守职业底线,正确对待各种诱惑利益,避免误入歧途。

2. 不能舞弊

要想将"不想舞弊"上升为"不能舞弊",必须配以有效的监督和制衡机制,使得"不能舞弊"成为可能。为健全监督制度和内部控制体系,近几年,中集集团制定并发布了《内部控制制度》《干部及敏感岗位人员监察制度》《干部及敏感岗位人员廉洁从业规定》《监察投诉举报管理办法》《董事、职员行为守则》《关于党员干部员工在商(公)务活动中收受礼品礼金的管理办法》等规章,通过书面的政策和程序严格管控舞弊风险,同时还定期对舞弊风险级别高的重点部门、敏感岗位以及生产经营的薄弱环节,分类开展舞弊风险点识别及内部控制建设,控制舞弊的机会要素。

3. 不敢舞弊

为有效遏制舞弊行为的产生,中集集团每年组织集团总部及所有成员企业的干部和敏感岗位员工签署《廉洁从业声明》,庄重承诺在从业过程中杜绝行贿受贿,并进行专门的事后监督查办。为及时发现舞弊风险,防止"舞弊"有可乘之机,中集集团明确规定监察举报的渠道和内容,建有内外部举报投诉平台,并在高危岗位人员名片上印有廉政举报热线,受理任何人的举报。为防止小节不惩、大节必生,定期对干部开展任期审计、评优和实施晋升前监察,有舞弊行为的取消评优、晋升资格,并按员工奖惩管理、内部行政处罚规定处理,涉嫌触犯刑法的移送司法机关处理,决不姑息养奸。同时,在审计过程中一旦发现被审单位存在重大舞弊行为就可行使内部控制达标和考核的一票否决权。通过自我承诺、受理举报和严厉的处罚措施"三管齐下",强化"不敢舞弊"的效力。

资料来源:中国国际海运集装箱(集团)股份有限公司,中集集团会员介绍,企业反舞弊联盟官网,2021年10月7日,http://www.fanwubi.org/Common/MemContent.aspx?MemID=15。

2.1.5 内部监督

内部监督是指企业对内部控制建立与实施情况进行监督检查,评价内部控制的有效性,对于发现的内部控制缺陷应当及时加以改进,是实施内部控制的重要保证。内部监督包括日常监督和专项监督。

> 来自现实社会的实例总能带来更直观的体验和有益的启示,读者可下载"开拓视野"资料包,推荐"焦点观察"栏目的"包商银行发生风险事件的根源在于监督失效"。

日常监督是指企业对建立与实施内部控制的情况进行常规、持续的监督检查。它是企业对建立和实施内部控制的整体情况所进行的连续、全面、系统、动态的监督。日常监督存在于单位管理活动之中,随环境的改变做出动态反应,能较快地辨别问题。日常监督程度越大,其有效性就越高,企业所需的专项监督就越少。

专项监督是指在企业发展战略、组织结构、经营活动、业务流程、关键岗位员工等发生较大调整或变化的情况下,对内部控制的某一个或者某些方面进行有针对性的监督检查,其范围和频率应根据风险评估结果以及日常监督的有效性等予以确定。一般来说,对于风险水平较高且重要的控制,进行专项监督的频率应当较高。监督的结果应当形成书面报告,并在报告中揭示内部控制的重要缺陷。内部监督形成的报告应当有畅通的报告渠道,确保发现的重要问题能及时送达治理层和管理层;同时,应当建立内部控制缺陷纠正、改进机制,充分发挥内部监督效力。

按照《企业内部控制基本规范》的要求,企业应当制定内部控制监督制度,明确内部审计机构(或经授权的其他监督机构)和其他内部机构在内部监督中的职责权限,规范内部监督的程序、方法和要求。而2010年财政部等五部委联合发布的《企业内部控制评价指引》对内部控制评价工作做出了具体的规定。为此,本书第12章将对内部控制评价进行重点介绍。

> 来自现实社会的实例总能带来更直观的体验和有益的启示,读者可下载"开拓视野"资料包,推荐"焦点观察"栏目的"聚焦关键环节,强化企业内部监督"。

2.2 内部控制本质

被誉为"全球第一 CEO"的杰克·韦尔奇在其 2016 年推出的著作《商业的本质》(*The Real-Life MBA*)中指出:"科技革命给市场带来了巨大变化和诸多杂音,但作为管理者,不能迷失商业中最核心的东西。在当今的新商业环境下,要想'赢',就必须遵从商业的规则,回归商业的本质。"同样的道理,要有效实施内部控制,首先要正确认识内部控制的本质。

2.2.1 制衡

内部控制的终极源头可以追溯到人类社会的形成之初。自有了人类的群体活动和组织之后,就产生了对组织的成员及其活动进行控制的需要。从现有的历史记录和考古证据来看,内部控制的发源最早可以追溯到公元前 3600 年至公元前 3200 年的苏美尔文化时期。古埃及、古波斯、古希腊、古罗马和古代中国都有原始的内部牵制制度的雏形。原始的内部牵制制度最早是为部落、城邦、庄园、国家服务的。中世纪资本主义生产关系萌芽,商业组织开始出现,内部牵制进入企业领域,开启了一个广阔的发展空间。

 规制环境

内部牵制的历史事实

——远在公元前 3600 年前的美索不达米亚文化时代,就存在极简单的内部牵制的实践。在当时极为粗糙的财务管理活动中,经手钱财的人要为付出的款项提出付款清单,并且另由记录员将这些清单汇总报告,在汇总报告时,记录员要核对付款清单,并在付款清单上打上"点、勾、圈"等核对符号。

——古埃及在法老统治时期,就设有监督官负责对全国各级机构和官吏是否忠实地履行受托事项以及财政收支记录是否准确无误加以间接管理和监督。国家银库的实物收发实行了较为严格的手续制度,对于入库的银子、谷物及其他实物,由一名记录官记录,由另一名记录官在仓库顶上观察记录倒进库里的数量,由第三名记录官核对前两个人记录的数字。仓库的收、发、存记录要由仓库管理官的上司定期审查。

——公元 600 年左右,古埃及在记录官、出纳官和监督官之间建立了比较完善的内部牵制制度。例如谷物进出仓库,须经记录官、出纳官和监督官几道环节,他们各负其责、相互监督,以防差错和舞弊。

——古罗马帝国宫廷库房采取"双人记账制",即每一笔财产收付要由两个记账员同时记载,然后定期或不定期地核对两本账册。它还规定,有权使用钱财的人必须与实际收支钱财的人反复查对账实是否相符。

——在我国,内部牵制制度到西周时期已基本形成,其思想最早见于《周礼》一书。朱熹在评述《周礼·理其财之所出》中指出:"虑夫掌财用财之吏,渗漏乾后,或者容奸而肆欺……于是一毫财务之出入,数入之耳目通焉。"意为考虑到掌握和使用财务的官吏可能贪污盗窃、弄虚作假,因而规定每笔财赋的出入要经几个人的耳目,达到互相牵制的目的。

资料来源:李凤鸣、韩晓梅,内部控制理论的历史演进与未来展望,《审计与经济研究》,2001年第4期。

根据《柯勒会计辞典》的解释,内部牵制是指"以提供有效的组织和经营,并防止错误和其他非法业务发生的业务流程设计。内部牵制的主要特点是以任何个人或部门不能单独控制任何一项或一部分业务权力的方式进行组织上的责任分工,每项业务通过正常发挥其他个人或部门的功能进行交叉检查或交叉控制"。由此可见,内部牵制的基本思路是分工和牵制。

内部牵制机制的提出主要是基于两个设想:其一,两个或两个以上人员或者部门无意识地犯同样错误的概率,远小于一个人或部门犯同样错误的概率;其二,两个或两个以上人员或者部门有意识地串通舞弊的可能性,远低于一个人或部门单独舞弊的可能性。因此,内部牵制强调分权和制衡,以抑制因权力集中而引发的错误或舞弊行为。

随着内部控制的发展,内部控制的概念范畴早已脱离内部牵制这一原始形态,其职能边界也在不断延伸,但制衡一直被作为内部控制最基本也是最重要的理念之一,广泛地应用于企业各个发展阶段以及各个层级的控制活动。企业在制定内部控制制度时要体现制衡的本质,应当在治理结构、机构设置及权责分配、业务流程等方面形成相互制约、相互监督的机制,以有效保障内部控制目标的实现。

焦点观察

一场意外的交通事故引发的舞弊案件

一场普通的车祸,令公司出纳在长达5年时间中挪用公司1 300万元资金东窗事发。2017年7月,徐州下辖的新沂市发生一起车祸。一名男子驾驶哈雷摩托高速冲出车道,重重地摔在路边,造成全身多处骨折。事后查明,该男子为蓝丰生化的出纳王某。

王某长期住院治疗,其工作被蓝丰生化另一名员工接替。在银行对账的过程中,蓝丰生化发现,王某存在通过扣留每个月的部分银行利息挪用公司资金的行为。进一步调查发现,王某这种"蚂蚁搬家"的行为竟然已持续5年时间,涉案金额约1 300万元。

知情人士向《中国证券报》记者透露,王某2011年入职公司后,2012年便开始挪用公司资金。刚开始时,王某会及时把钱还回。之后胆子越来越大,将生育补助之类的款项直接划走。到了2017年,王某甚至直接挂账。2016年,蓝丰生化曾产生过怀疑,但调查之后无果而终。

据了解,自2017年8月王某东窗事发,相关高管一直为是否报案而争论不休。直到2018年1月29日,蓝丰生化才正式向公安机关报案,这起离奇的挪用资金案才得以浮出水面。在1 300万元被挪用案中,公司的付款制单和付款审核均由王某一人掌控;同时,两枚银行印鉴均由王某一人保管,完全违背了财务制度方面不相容职务相互分离的原则。

1 300万元资金挪用事件发生后,蓝丰生化进行了两项整改:一是公司财务部门严格落实不相容职务相互分离原则,形成岗位相互制衡机制。付款制单和付款审核的网银操作由两人分开执行;银行印鉴由两人分开保管、授权使用;开具支票须经过财务部长签字同意。二是安排专岗专人负责银行对账单与公司银行日记账的稽核,月终编制《银行存款余额调节表》,由稽核会计和财务部长签字确认。

资料来源:任明杰、陈澄,蓝丰生化内控缺陷:3亿不翼而飞　出纳挪用千万资金,《中国证券报》,2018年4月10日。

2.2.2　监督

内部控制固然在防弊纠错、提高经营效果和效率方面对企业具有重大意义,然而作为一种机制和工具,它并不是包治企业"百病"的"灵丹妙药",设计再好的内部控制制度也不能保证企业不出任何问题。这就是内部控制的固有局限性,主要包括两个方面:其一,内部控制制度由人设计,很难做到尽善尽美,难免会存在漏洞。比如,成本限制和例外事件就是两种典型现象。成本限制是指企业在设计和实施内部控制时需要权衡控制成本与所要实现的控制效果,然而在实践中,控制收益与控制成本很难精确地度量,通常依靠主观判断,这就不可避免地出现有些环节没有得到有效控制,进而导致某些潜在错弊的发生。例外事件是指内部控制一般针对经常重复发生的经济业务而设计,而且一旦设置就具有相对稳定性,然而实践中企业面对的是复杂多变的经营环境,意外和偶发事件不可避免,而这些业务或事项由于其特殊性和非经常性,没有现成的规章制度可循,从而造成内部控制的盲点。

> 来自现实社会的实例总能带来更直观的体验和有益的启示,读者可下载"开拓视野"资料包,推荐"焦点观察"栏目的"'问题'出勤表揪出贪污案　4名干部被问责"。

其二,内部控制的制度靠人执行,很难保证完全按照制度执行,难免会出现问题。最常见的两种问题就是合谋串通和越权操作。一方面,内部牵制理念指导企业任何一项业务都应该分阶段、分环节,交由不同的部门、不同的岗位共同完成,然而一旦部门之间、岗位之间合谋串通,就会破坏内部牵制机制的设计,从而导致内部控制的失灵。

> 来自现实社会的实例总能带来更直观的体验和有益的启示,读者可下载"开拓视野"资料包,推荐"焦点观察"栏目的"一封举报信牵出'一窝硕鼠'"。

另一方面,授权批准控制也是内部控制制度的重要实施手段之一,通过授权批准控制可以使不同层级的员工拥有大小不等的业务处理和决定权限,然而一旦发生越权操作,内部控制分工制衡的基本思想就不能再发挥作用,内部控制制度也就形同虚设了。

> 来自现实社会的实例总能带来更直观的体验和有益的启示,读者可下载"开拓视野"资料包,推荐"焦点观察"栏目的"信贷审批背后的权钱交易"。

2.2.3 激励

内部控制的产生就是源于要解决委托代理问题带来的弊端,除了应用约束机制,还可以采取激励机制解决由于委托人与代理人的目标利益函数不一致而引发的逆向选择和道德风险问题,如对经营者实行股票期权激励制度或年薪制等。激励机制的作用机理在于通过实施激励计划,使代理人与委托人的目标利益函数最大化趋同,从而将代理人的行为引导至为委托人创造最大化利益的轨道上,而前面提到的监督和制衡,其实质是通过约束代理人的行为来保证委托人目标利益得以实现。无论如何,激励作为内部控制的本质之一,是由企业的终极目标所决定的。企业的终极目标在于创造价值,为了达成这一目标,必须合理防控一切风险事项和不利因素,并在这一过程中注重效率的提升。监督与制衡也具有风险防控与纠正不当行为的作用,但激励的优越性在于能够激发人们防控风险的主动积极性,从而使得这一过程更有效率,并且恰当的激励还能够在一定程度上减少监督与制衡的必要,从而节约内部控制的实施成本,提高内部控制的灵活性。

> 来自现实社会的实例总能带来更直观的体验和有益的启示,读者可下载"开拓视野"资料包,推荐"践行有成"栏目的"山西票号的'身股制'"。

从山西票号的身股制案例可知,企业可以运用物质激励、精神激励、荣誉激励和工作激励等方式进行员工激励,激发员工发挥员工价值创造和风险防控的主观能动性。《企业内部控制基本规范》第八条也做出规定,企业应当建立内部控制实施的激励约束机制,将各责任单位和全体员工实施内部控制的情况纳入绩效考评体系,促进内部控制的有效实施。除了激励机制,企业还可以打造独有的企业文化,使员工对企业产生强烈的成就感和归属感,同样可以起到激励员工价值创造和风险防控的作用。

当然,考核激励是一把双刃剑。恰当的考核激励不但有助于提高控制效率,其本身就能够成为一种控制机制;但是如果激励失当,过激的考核激励就容易诱使人们突破内部控制的防线。

焦点观察

"飞单"背后的内部控制问题:激励过当

近年来,个别银行支行风控的失范,更多集中体现在时有发生的"飞单"上。

所谓"飞单",就是银行工作人员利用投资者的信任,卖不属于银行自身的理财产品或不属于银行正规渠道代销的产品,从中获得高额的佣金提成。对客户而言,资金失去了银行严格的风控保护,"打水漂"的风险飙升。

近年来首起曝光的"飞单"事件,是2012年12月爆出的华夏银行上海分行一员工销售非法私募产品一事。该行员工濮×未经许可私自销售了四期名为"北京中鼎投资中心(有限合伙)入伙计划"的"理财产品",四期募集期共半年,计划筹资超过1.5亿元,实际出售1.19亿元。其中一期产品到期后无法按期兑付,这时投资者才被告知购买的并不是银行代销的产品。此后,濮×被以非法吸收公众存款罪获刑4年9个月。

某国有大行审计部高管对《21世纪经济报道》记者称,近年来,在监管和银行总分行对"飞单"监管趋严后,"飞单"应付监管的招数随之"进化",比如"召开投资者说明会""产品推荐会"等推销产品。"还有的不叫代销,而是与产品发行方签订一个《顾问服务协议》或者《结算协议》等协议,但实质还是代销。"

"飞单"的发生,与严厉的绩效考核息息相关。上述从业近二十年的私行业务人士指出,"部分股份行考核严厉,且内控也不可谓不严,总行、分行培训不断,这样容易培养出独当一面的人才;但硬币的另一面是,当严厉的绩效考核被支行内部人控制时,风控体系极易出现盲点"。

"我每年过得最好的假期是元旦,因为年终考核终于结束了。"一家国有大行福建某支行行长坦言。作为一名支行行长,他肩负了三十多项考核指标,感觉"压力山大",其中最重要的考核指标是存款、贷款和中间业务收入这"三座大山"。

面对严厉的考核,对于部分支行行长而言,"飞单"或许是解忧的途径之一。因为销售"飞单"可以给支行带来存款、开户量、中间业务收入等。

"市场化程度比较高的一些股份行,考核很严,无论你工龄有多长,底薪都是比较低的,通常是三四千块钱,奖金是以业绩为导向的,靠客户转化而来。而且,所有拓展业务的费用都要自己承担。"前述股份行私人银行资深人士对《21世纪经济报道》记者说,当严厉考核成为整个支行团队成员共同面对的压力时,道德风险随即上升。

资料来源:黄斌、李玉敏等,银行理财内控:特别要防范基层员工道德风险,《21世纪经济报道》,2017年4月29日。

2.3 内部控制逻辑

内部控制逻辑也称内部控制机理,是指为实现内部控制目标,内部控制系统中各要素的内在工作方式以及诸要素在一定环境条件下相互联系、相互作用的运行规则和原理。内部控制机理是内部控制要素的组合方式与工作方式,是内部控制本质的具体反映。内部控制的机理可概括为三个方面:流程化、标准化和痕迹化。

2.3.1 流程化

内部控制的流程化是指组织开展内部控制应依托于已有的管理制度与业务流程,通过程序化的设计并借助恰当的方式予以固化,如业务流程图等,最终体现为若干既相互独立又相互联系的控制流程。企业的流程是一系列活动的连接流转,一般将流程活动分为两类:A类是管控类活动,比如各级别各部门经理人的决策、审批、评审、会审、签字、授权、批准等;B类是专业类活动,比如市场调研、发货、设计等。管控类活动属于内部控制活动,专业类活动根据内部控制要求进行岗位分设制衡的属于内部控制措施(即制度要求),内部控制制度还对专业类活动的作业规范提出要求。

可见,内部控制流程化的载体是企业现有的业务流程。企业业务流程体系是从企业所有业务为企业创造价值的角度梳理和建立,而企业内部控制流程则要对业务流程中的内部控制关键控制点进行描述和要求。内部控制的流程化并不意味着另起炉灶,重新设计一套内部控制流程,而是在企业业务流程的基础上合理嵌入制衡、监督和激励等内部控制机制,两者融为一体,从而使得任何事项的发生和业务的开展都能因遵循流程而受到约束与规制。可以说,企业内部控制流程是企业业务流程中落实内部控制要求的流程子集。企业内部控制的有效实施必须建立在企业业务流程清晰描述的基础之上,从具体业务流程中识别关键内部控制节点,合理设置组织机构与岗位,落实内部控制责任,达到在具体流程环节中明确内部控制要求与规则,使流程在合规条件下运转的要求。图2-2是某制造企业B公司的销售退货管理流程。

内部控制流程化的目的有两个:一是促使业务有效运行,提高工作效率;二是降低错误舞弊,保证工作质量。为了达到以上两个目的,必须做到以下两点:其一,内部控制流程化设计应贯彻内部牵制的理念,合理划分职责与权限,不相容职责应尽可能相分离,规避同一个人或部门自始至终完成一项业务的情形;其二,内部控制流程化设计应考虑成本效益的权衡,不能一味追求防错纠弊或形式完美而妨碍业务运行效率。因而,应定期重新梳理流程,删减冗余和不必要的程序,保留或增设对重要业务事项的控制程序。

恰当的流程划分不仅能够实现制衡,还可以具备监督与激励的功能。以采购与付款业务流程为例,首先在岗位职责分工方面应保证不相容职务相互分离,主要包括:询价与确定供应商、采购合同的订立与审批、采购与验收、实物资产的保管与会计记录、付款审批与执行等职务相分离,各相关部门之间相互控制并在授权范围内履行职责,同一部门或个人不得处理采购与付款业务的全过程,这里运用的是内部控制的制衡原理;采购部

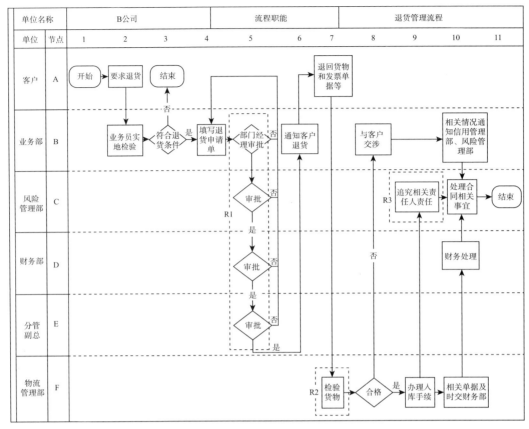

图 2-2 销售退货管理流程

门应按照采购预算的限额与要求编制采购计划,不得无计划采购,且采购计划需要经部门领导审核后报高层主管领导审批,这里反映的是内部控制的监督功能;采购申请和采购计划的关键控制点是检查库存平衡,符合控制定额的办理领用(发货),定额不足的将编制采购计划,超定额要给予相关责任人一定的惩罚,这里体现的是内部控制的激励功能。

> 来自现实社会的实例总能带来更直观的体验和有益的启示,读者可下载"开拓视野"资料包,推荐"焦点观察"栏目的"复杂流程频致内控'搁浅'"。

2.3.2 标准化

组织中任何事项的发生或业务的开展都存在偏离控制目标的风险。内部控制的标准化是指组织制定一系列恰当的控制标准并付诸于实施,使组织内部决策与行为服从既定的控制标准,从而实现社会组织单元层面的风险可控。要实现内部控制的标准化,需要满足两个条件:其一,制定控制标准。确定标准的目的是提供控制依据。如果标准缺失或者标准模糊,控制就会失去依据,控制就会陷于混乱。其二,执行控制标准。表 2-1 为前述 B 公司的退货范围规定。

表 2-1　B 公司退货范围规定

4.1　产品退货范围

　　产品退货分为质量原因退货和非质量原因退货。非质量原因产品一经售出,无正当理由,一般不准退货,4.1.1 项规定的特殊原因可作退货处理。

　　4.1.1　非质量原因退货主要指合作方经营困难或其他不能正常销售等特殊原因造成的退货,同时包括公司仓库人员错误发货引起的合作方拒收。比如,超过厂方负责期的化妆品不予退货,零箱不予退货;间接客户不予退货,退回的产品无法清点接收的不予退货,混有假劣产品的不予退货。

　　4.1.2　质量原因退货主要涉及产品质量投诉、产品召回等原因引起的退货,同时包括公司运输过程中因运输包装纸箱破损而引起的合作方拒收。

　　选择与制定恰当的控制标准是内部控制标准化的基础。控制标准是风险识别与评估之后的结果,控制标准既可以是一种应对性的控制措施(如临时限制接触的人员与时间),也可以是一种常态化的控制制度(如全面预算制度)。组织中存在许多的控制标准需要明确,如职务分离的标准、授权的标准、审批的标准、预算的标准、绩效奖惩的标准等。通过明确控制标准,可以对组织内部的决策与执行进行事前、事中与事后控制。控制标准一经设定,应保持基本稳定。如果年终内部控制评价发现内部控制标准存在设置不科学、不完整、不适当或不能满足环境变化提出的新要求的,应及时调整补充。

　　在组织实务中,最重要的控制标准之一是审批权。审批权需要遵循"三分"原则(分业务类型、分金额大小、分管理层级)设置,即首先区分业务类型,同一业务还应视情况分金额大小,然后对应不同的管理层级。表 2-2 是麦克奥迪(厦门)电气股份有限公司 2021 年 9 月 13 日修订的权限指引。

表 2-2　麦克奥迪(厦门)电气股份有限公司权限指引

类别	项目	标准、范围	牵头部门	专题会	总经理办公会	董事会	股东会
公司发展战略	战略规划制订	战略规划	拟订	根据需要安排召开	审议	批准	
	战略规划调整	战略规划调整	拟订	根据需要安排召开	审议	批准	
公司治理	章程修改	公司章程修改方案	拟订		审议	审定	批准
	组织机构(仅指上市公司总部)	内部机构设置及优化方案	拟订	根据需要安排召开	审议	批准	
	基本制度	有关财务、人事、行政、研发、生产、采购、技术、营销等基本制度	拟订	根据需要安排召开	审议	批准	
	具体规章	一般制度与流程	拟订		批准		
	董事会向总经理授权事项		拟订			批准	

(续表)

类别	项目	标准、范围	牵头部门	专题会	总经理办公会	董事会	股东会
研发管理	研发计划	年度产品研发规划和预算	拟订	根据需要安排召开	审议	批准	
	研发计划	规划和预算内单项产品研发方案	拟订	根据需要安排召开	批准		
投资管理	投资管理	年度投资计划	拟订	根据需要安排召开	审议	批准	
	境内股权投资	股权投资实施（预算内2 000万元（含）以内）	拟订	根据需要安排召开	批准		
		股权投资实施（预算内2 000万元以上）	拟订	根据需要安排召开	审议	批准	
		股权投资实施（预算内但发生重大变化）	拟订	根据需要安排召开	审议	批准	
		股权投资实施（预算外700万元（含）以内）	拟订	根据需要安排召开	批准		
		股权投资实施（预算外700万元以上）	拟订	根据需要安排召开	审议	批准	
	股权处置（控股公司）	不涉及控制权变化的（2 000万元（含）以内）	拟订	根据需要安排召开	批准		
	股权处置（参股公司）	参股公司（2 000万元（含）以内）	拟订	根据需要安排召开	批准		
	债权投资	债权投资	拟订	根据需要安排召开	审议	批准	
	投资管理	子公司合并、分立、解散、清算或者变更组织形式	拟订	根据需要安排召开	审议	批准	
	固定资产	购买、出售重大资产（不超过公司最近一期经审计净资产30%的事项）	拟订	根据需要安排召开	审议	批准	
	固定资产	购买、出售重大资产（超过公司最近一期经审计净资产30%的事项）	拟订	根据需要安排召开	审议	审定	批准
生产经营	计划管理	年度经营计划	拟订	根据需要安排召开	审议	批准	
	年度经营分析报告		拟订		审议	批准	
	具体经营项目审批授权	由总经理办公会另行制定					

(续表)

类别	项目	标准、范围	牵头部门	专题会	总经理办公会	董事会	股东会
融资	直接融资方案	发行/增发公司股票	拟订	根据需要安排召开	审议	审定	批准
	直接融资方案	发行公司债券	拟订	根据需要安排召开	审议	审定	批准
	间接融资方案	银行借款、信托贷款等	拟订	根据需要安排召开	审议	批准	
财务预决算	计划管理	年度预算方案	拟订	根据需要安排召开	审议	审定	批准
	计划管理	年度预算调整	拟订	根据需要安排召开	审议	批准	
	重大事项	年度财务决算方案	拟订	根据需要安排召开	审议	审定	批准
利润分配	重大事项	薪酬体系设计与变革	拟订	根据需要安排召开	审议	批准	
	重大事项	年度业绩考核结果及奖励方案	拟订	根据需要安排召开	批准		
	重大事项	公司利润分配方案和弥补亏损方案	拟订	根据需要安排召开	审议	审定	批准
	重大事项	子公司利润分配方案和弥补亏损	拟订	根据需要安排召开	批准		
其他	重大事项	公司增加或减少注册资本方案	拟订	根据需要安排召开	审议	审定	批准
	重大事项	公司合并、分立、变更公司形式、解散方案	拟订	根据需要安排召开	审议	审定	批准

2.3.3 痕迹化

内部控制的痕迹化是指针对组织业务的控制必须留下痕迹,以期通过这些痕迹有效复原整个工作流程,确保整个工作条理清楚、责任明确、有据可查。内部控制非常强调处处时时留下痕迹,即在开展业务的过程中,每个阶段、每个环节、每个部门、每个岗位都应留下相应的痕迹。这些痕迹可以是合同、文书、签字、数据、工作台账、档案等。痕迹化的主要目的是留下控制证据,便于将来审计或评价时可追溯责任。如果出现问题,就可以沿着当初开展业务留下的轨迹倒查责任;如果没有留下痕迹或者痕迹模糊,就会难以分清责任。

> 来自现实社会的实例总能带来更直观的体验和有益的启示,读者可下载"开拓视野"资料包,推荐"焦点观察"栏目的"盒马鲜生'标签门'侵犯了谁"。

要实现内部控制的痕迹化管理需要做到以下几点:第一,以风险评估为基础,合理留痕。围绕组织内部的重大事项、重要环节和重点领域进行风险识别和评估,对关键风险节点合理留痕,对岗位工作流程进行有效记录,最大限度地减少风险。第二,以流程为依托,全程留痕。在业务流程化的基础上,应在每个主要程序节点都留下表证单书、人员签字等信息,保证留痕的公开化与连贯性。这样做有两个好处,一是表单本身就是控制措施的落实,有助于将控制点和控制措施落到实处;二是表单的流转为内部控制留下痕迹,有利于进行内部控制评价与审计。第三,以签字为抓手,强化责任意识。要明确"签字=责任"的理念,签字就意味着承诺和责任,在实际工作中应进一步强化责任意识,防止签字不全、越权代签、有签字无意见、只签字不把关等现象的发生,保证控制措施的有效落实。表2-3是前述B公司的销售退货申请表。

表 2-3　退货申请表

申请人		申请日期		编号	
客户名称及编码:					
客户联系人		电话		传真	
客户退货要求的详细情况					

序号	名称	规格	合同号	发货单号	发货日期	退货数量	退货金额

退货原因	
对客户的供货情况介绍	
备注	
业务部意见	
财务部意见	
风险管理部意见	
分管副总意见	

需要说明的是,内部控制的三大机理并不是彼此独立的,而是一种相互联系、相互作用的关系。标准化是控制的依据,失去依据的控制就会迷失方向;流程化是控制的过程,是控制的具体实现方式与手段;痕迹化是控制的结果,同时也是内部控制评价与审计的依据,本质上是内部控制的保障机制。在内部控制实务中,三大控制机理相互交织、相互耦合,以流程为载体,无论是事前标准化的规范要求,还是事后痕迹化的落实,最终都集中体现在内部控制流程当中。

综合案例

拉夏贝尔黯别资本市场[①]

拉夏贝尔(603157)在2021年年报中用了一句"病来如山倒"来形容目前的处境。继2014年港股上市,2017年,拉夏贝尔登陆沪市,成为"国内首个'A+H'两地上市服装品牌"。彼时拉夏贝尔A股总市值曾高达160亿元左右,而眼下总市值仅为5.75亿元。

"扩充营销渠道,优化营销网络,进一步提高品牌多元化能力、设计能力、管理能力。"2017年9月,拉夏贝尔A股上市前夕,时任董事会秘书向A股投资人许诺。

五年后,看似正是这一战略成为拉夏贝尔故事转折的诱因。

1. 多品牌战略失效

《21世纪经济报道》记者了解到,拉夏贝尔在多品牌之路上狂奔的同时,或许正是被多品牌绊住了手脚。

2011年之前,拉夏贝尔仅有La Chapelle、Puella、Candie's三个女装品牌。2012年,公司明确提出"多品牌、直营为主"的发展战略,一口气推出6个新品牌,涵盖女装、男装、童装等不同领域。2015年以后,拉夏贝尔选择更为激进的扩张模式,通过投资合作拓展新的品牌。2015年,拉夏贝尔斥资2亿元控股电商企业杭州黯涉;2016年,拉夏贝尔以1 600万元收购广州熙辰服饰80%的股份;2019年,拉夏贝尔收购法国Naf Naf品牌。

据《21世纪经济报道》记者不完全统计,通过外部控股合并等方式,在巅峰时期,拉夏贝尔手握14个品牌。

2015—2019年,La Chapelle和Puella两个主品牌合计实现营业收入分别为53.95亿元、52.45亿元、40.61亿元、41.22亿元、29亿元,营业收入占比分别为59.4%、51.2%、45.2%、40.51%、37.83%。除了7m、LaBabité两大品牌的营业收入占比在10%以上,其余新品牌对营业收入的贡献微乎其微。

2022年4月13日,某服装行业上市公司董秘告诉《21世纪经济报道》记者:"利用杠杆资金收购的品牌,如果不能及时带来现金流和利润,还要偿还贷款本金和利息,就会给公司带来极大的资金压力。"

2. 海外并购品牌失利

海外并购品牌失利也成为拖累拉夏贝尔的关键一环。

2018年,拉夏贝尔以合计4.38亿元人民币收购法国品牌Naf Naf SAS100%的股份,事与愿违的是,Naf Naf SAS并未给拉夏贝尔的业绩带来起色。Naf Naf SAS自2017年亏损650万欧元,到2019年亏损扩大至5 300.76万欧元。2020年2月25日,拉夏贝尔失去对Naf Naf SAS的控制权。

2018年及2019年,拉夏贝尔开始聚焦女装品牌,主动收缩Pote、JACK WALK等非核

[①] 朱艺艺,拉夏贝尔"病来如山倒":多品牌战略失效 旗下品牌接连亏损破产 能否重回正轨?《21世纪经济报道》,2022年4月15日。

心品牌及业务发展规模。2019年5月,拉夏贝尔以2亿元出售旗下控股子公司杭州黯涉电子商务有限公司54.05%的股权,旗下七格格、OTHERMIX及OTHERCRAZY等线上服饰品牌也随之被剥离。2020年,拉夏贝尔旗下男装品牌JACK WALK申请破产清算获得法院受理。

"一是战略失误,将直营与加盟多品牌并举,门店快速扩张到近万家,但是资金和管理跟不上;二是治理问题,公司内部治理与风险控制缺失,重大决策没有形成有效的机制。"零售行业独立评论人马岗向《21世纪经济报道》记者表示。

3. 逆周期

从渠道来看,区别于同行业大部分竞争对手,拉夏贝尔总体采取全直营的销售模式,直接控制和经营所有销售网络。

这与拉夏贝尔创始人邢加兴的创业经历不无关系。做服装代理起家的邢加兴深谙经销商加盟模式在渠道可控性、利润分配方面的弊端,因此押注"全直营"模式。2011年,拉夏贝尔仅仅拥有1 841家线下门店,但是到了2017年年末,其线下门店迅速扩张至9 448家。这是邢加兴和拉夏贝尔最辉煌的时刻!

上市之前联想和高盛的相继投资,或许也给了拉夏贝尔继续扩张规模最大的首肯与加持。

拉夏贝尔的营业收入规模从2013年的50亿元升至2017年的90亿元。"在2018年的时候,兴哥(邢加兴)就已经发现公司不太对了。"一篇早期对拉夏贝尔的报道如此表示。但是从公司财报看,拉夏贝尔归母净利润在2015年突破6亿元之后就已经开始走下坡路。

当时拉夏贝尔的同行则选择了大相径庭的发展路径。2017年上半年,以传统门店模式为主的服装企业安正时尚(603839)携手旗下五大品牌入驻京东,被视为公司布局线上渠道战略的重要一步。2018年12月15日,快时尚巨头H&M宣布与阿里巴巴扩大合作,于2018年春季正式登陆天猫。

而拉夏贝尔线下门店扩张带来的则是,2016—2018年公司销售费用分别为40.45亿元、43.55亿元、60.32亿元,逐年升高。2018年,拉夏贝尔遭遇上市之后的首次亏损,净利润为-1.6亿元,同比下降132%。2019年,拉夏贝尔砍掉近一半门店;2021年年底,拉夏贝尔的线下经营网点骤减至300个。

二级市场上,2017年10月,拉夏贝尔股价一度创下31.42元/股的历史高点,即使在2018年上半年也保持在20元/股左右,到了2019年8月初,其股价一度跌破5元/股,目前(2022年4月)更是一路走低,在1元/股左右徘徊。

4. 平衡与出路

2022年4月12日,浙江省无缝纺织协会副秘书长许海坡向《21世纪经济报道》记者表示,"企业的生存主要围绕三大链条展开,一是消费链,二是供应链,三是资金链"。

消费链、供应链的整合能力直接影响资金链的周转水平。服装行业已进入供给大于需求的"红海"市场,更考验品牌各方面内力。

退市之前,拉夏贝尔A股总市值5.75亿元,H股总市值仅1.807亿港元(约1.48亿元人民币)。数据显示,截至 2022 年 2 月 28 日,拉夏贝尔仍然有 12 675 户 A 股股东。

对于拉夏贝尔从 A 股退市,市场人士持有不同意见。一方观点认为:"尽管目前资不抵债,但是拉夏贝尔仍然有多个女装品牌,在线下渠道方面也有经验,随着历史问题出清,拉夏贝尔回 A 只是时间问题。"也有观点认为:"拉夏贝尔的品牌无论是影响力还是消费者认知层面都已经大幅下降,此番退市后很难东山再起。"

A 股退市之后,拉夏贝尔的新出路在哪里?

思考题

1. 请根据内部控制五要素框架总结拉夏贝尔遭遇经营失败的主要原因。
2. 请结合你所在行业,分析你所在企业当前面临的主要风险,并从内部控制视角提出应对风险的具体设想。

第 3 章 内部控制体系建设

寄 语

科学有效的内部控制体系建设是企业成功实施内部控制的基本前提。而要实现这一目标,企业首先要从宏观层面遵循内部控制体系建设的基本原则,并确立内部控制体系建设的总体思路。在此基础上,一方面要明确内部控制体系建设的组织分工,另一方面要掌握内部控制体系建设的基本步骤。

- **知识要点** 理解内部控制制度建设的基本原则;了解内部控制制度建设的组织分工。
- **技能要点** 掌握内部控制制度建设的总体思路和操作步骤,并能够结合企业的实际情况组织和开展内部控制制度体系的建设。
- **素质养成** 透过内部控制基本原则的学习,体会其中蕴含的马克思主义辩证唯物主义观点;结合内部控制制度建设的"三道防线",领会习近平总书记关于"要完善风险防控机制"指示的精神;通过内部控制制度建设的总体思路和操作步骤,树立战略思维和系统观念。

引导案例

上市公司丑闻频发,内部控制建设任重道远[①]

中国上市公司的内部控制水平究竟有多高?

在中国"防风险"成为治国理政的核心词汇之际,最近一周的丑闻披露,一批上市公司集中暴露了重大问题。这显然让我们极度失望,因为它们暴露了中国经济的一个根本性短板。

如果没有经历这一周的惊心动魄,我们可能倾向于认为:经过十年的努力,中国上市公司的内部控制水平已经达到一个令人满意的水平。

① 现实是,实际控制人制衡失效者有之:这一周,ST保千里(600074)发布公告称,预计2017年大幅亏损,且亏损金额无法确定。面临原实际控制人涉嫌侵占公司利益的风险、流动性风险、经营风险、营业收入确认风险等多种重大风险。乐视网(300104)预计2017年亏损116亿元,其中经营性亏损约为37亿元,关联方应收款项计提坏账准备约为44亿元,预计部分长期资产计提减值准备约为35亿元。

② 现实是,巨额资产莫名流失有之:獐子岛(002609)发布公告称,发现存在存货异常现象,将对虾夷扇贝存货计提跌价准备或核销处理,预计2017年全年亏损5.3亿—7.2亿元。几个月前,这家公司还在预计全年盈利。皇台酒业(000995.SZ)发布公告,公司库存成品酒出现严重亏库的问题,库亏金额约6 700万元。

③ 现实是,管理松弛之极者有之:2017年11月26日国民技术(300077)公告称,与合作方设立产业投资基金,累计投入5亿元,但相关人员失去联系。

这些近期频发的丑闻表明,中国相当数量的企业包括知名度极高的企业,内部控制还存在巨大的漏洞。诸多问题都指向企业经营者或大股东营私舞弊、欺骗投资者,一些上市公司巨额资产莫名流失、管理松弛。

回顾历史,对于企业的内部控制,国家出台了一系列标准、法规予以规范,针对中国的上市公司,相关监管部门也出台了一系列标准及操作指引。十年来,中国已经制定了一套看上去比较完善的内部控制标准并持续完善。但是,从这些频发的丑闻看,中国企业的内部控制水平提升仍然任重而道远。

这些问题的爆发,某种程度上展现了中国内部控制体系实施的盲点。

我们观察到一些第三方实施的内部控制水平评价。如果你深入研究那些评价过程和结果,就会发现很多匪夷所思的结论。比如说,有些评价是结果导向的,暴露问题公司的内部控制水平就低,没有暴露问题公司的内部控制水平就高。显然,这样的评价对于提升中国企业内部控制水平没有任何正向的意义。

我们也看到,对于很多声称"重视"内部控制的公司而言,其重视是"通过PPT"来体现的。国际知名的风险控制领域的专家说道,他们一个重要的业务就是帮助中国的很多

---

① 邹卫国,如何理解酒丢了,扇贝跑了?《经济观察报》,2018年2月3日。

企业做风险控制咨询,而他们的工作成果就是一个报告,很多时候包括一个漂亮的PPT。而企业究竟如何应用他们的报告,他们是管不了的。当然,他们也有一个业务(即实施),负责将这些报告的内容在企业落地。

我们也看到,面对诸多腐败,中国总是聚焦于抓人与惩罚,但是针对如何抑制这些问题进行系统的制度性、政策性反思的成果,极少面世;对于这些最根本问题的讨论,极少触及;对这些问题进行系统研究并在实践中如何落地领域,极少有人从事。我们经常是将这些根本性的问题娱乐化,我们奚落它、嘲笑它,然后遗忘它。

显然,中国资本市场的健康发展,中国经济的健康发展,乃至中国社会的健康发展,迫切需要对这些问题予以大力度修正。

其核心是:"真正地""系统地"将内部控制的实践经验、理论思想、学术成果、工具方法运用起来。即使我们最终可能无法消除问题,但至少可以最大限度地减少这些问题。

启示录 上市公司丑闻频发表明中国相当数量的企业(包括上市公司)的风险控制还存在巨大的漏洞,中国企业的内部控制水平提升仍然任重而道远。尽管财政部、证监会、国资委等部门自2008年以来出台了一系列内部控制法规指引,然而从这些频发的丑闻看,上市公司内部控制质量的高低不仅取决于内部控制制度标准的完善,更重要的是内部控制体系的科学建设和有效实施。那么,应该如何进行内部控制体系的科学建设呢?本章重点介绍内部控制体系建设的基本原则、总体思路、组织分工和基本步骤。

3.1 内部控制体系建设的基本原则

所谓基本原则,是指处理问题的基本准绳和指导方针。要使内部控制有效,就必须在内部控制体系的建立和实施过程中遵循以下基本原则。

3.1.1 全面性原则

全面性原则即内部控制应当贯穿决策、执行和监督全过程,覆盖企业及其所属单位的各种业务和事项。内部控制的建立,在层次上应该涵盖企业董事会、管理层和全体员工,在对象上应该覆盖各项业务和管理活动,在流程上应该渗透到决策、监督、反馈等各个环节,避免内部控制出现空白和漏洞。总之,内部控制应该是全程、全员和全面的控制。

焦点观察

90后出纳挪用公款4 826万元,一年多打赏主播2 000万元

近日,济南市高新技术产业开发区人民检察院以济高新检一部刑诉〔2020〕177号起诉书指控被告人李某犯职务侵占罪,向济南高新技术产业开发区人民法院提起公诉。

经法庭审理查明:2018年12月至2020年4月,被告人李某担任珠海碧优管理咨询服务有限公司(以下简称"珠海碧优公司")济南大区出纳,为泰安市某房地产开发有限公司提供财务核算服务。

在此期间,被告人李某利用上述职务形成的便利条件,利用所持有的公司齐鲁银行账户与渤海银行账户的制单某和复核盾,通过SAP企业管理系统,采取申请监管资金、虚假申请资金下拨、篡改资金下拨单、资金划转等方式,将公司账户资金共计4 826.4303万元转至个人账户,用于打赏主播、游戏充值、娱乐消费、偿还个人借款等。截至案发,李某已将涉案资金全部挥霍。

案发后,被告人李某于2020年5月9日在珠海碧优公司济南大区负责人丁某、袁某的陪同下到公安机关投案,并如实供述了自己的罪行。

法院认为,被告人李某利用职务上的便利,将本单位财物非法占为己有,数额巨大,其行为构成职务侵占罪。公诉机关的指控成立。被告人李某自动投案,到案后如实供述自己罪行,自愿认罪认罚,依法可从轻处罚。

经过审理,法院一审判决被告人李某犯职务侵占罪,判处有期徒刑十二年(刑期从判决执行之日起计算,判决执行以前先行羁押的,羁押一日折抵刑期一日,即自2020年7月21日起至2032年7月20日止),并处没收个人财产80万元。

资料来源:殷玉国,90后男出纳挪用公款4 826万,一年多打赏主播2 000万,《济南时报》,2021年5月13日。

3.1.2 重要性原则

重要性原则即内部控制应当在兼顾全面的基础上突出重点,针对重要业务和事项、高风险领域和环节采取更为严格的控制措施,确保不存在重大缺陷。基于企业资源有限的客观事实,企业在设计内部控制制度时不应平均分配资源,而应寻找关键控制点,并对关键控制点投入更多的人力、物力和财力。

焦点观察

物资采购、验收、使用等关键环节是"靠钢吃钢"易发多发区

2020年12月18日,鞍钢集团有限公司原总工程师张大德涉嫌严重违纪违法,接受审查调查。此前,攀钢集团攀枝花钢钒有限公司原董事长、总经理,西昌钢钒有限公司原董事长赵永平,海绵钛分公司原经理秦兴华等6人"靠钢吃钢"被查处。

2020年以来,鞍钢集团开展"靠钢吃钢"问题专项治理,从案件查办情况看,"靠钢吃钢"案件占总数的39%,"靠岗位吃岗位"思想仍未完全根除。

"靠企吃企"是国有企业腐败的典型问题。企业"蛀虫"背靠企业资源,利用手中职权大搞权钱交易,损公肥私、中饱私囊。国有企业中,钢铁属于重资产行业,投资体量大,产值高,建设项目、改造项目多,一些关键环节流转着大笔资金,吸引了一些内部人员和供应商、经销商等内外勾结牟利。

2020年10月被开除党籍的包头钢铁(集团)有限责任公司原党委副书记孟志泉,"将手中掌握的国有资源当成'摇钱树',大肆经商办企业;利用职务便利在工程承揽、产品购销、货款结算等方面为他人谋利,并非法收受巨额财物"。

物资采购、验收、使用等关键环节是"靠钢吃钢"易发、多发区,拥有决策权、采购权、销售权的各级管理人员是腐蚀"围猎"的重点对象。

2021年4月14日云南省纪委监委通报接受审查调查的19人中,层级跨度很大:有杜陆军、李平、和智君等昆钢现任领导人员;有来自昆钢旗下全资公司、控股公司和参股公司的高管,如昆钢原总经济师、副总经理白保安等;有中层管理人员,如昆明钢铁控股有限公司营销中心副总经理王涛等;有普通职工,如昆明钢铁控股有限公司运营改善部采购管理室职工张德富等。

鞍钢集团党委常委、纪委书记孟庆旸认为,"靠钢吃钢"问题表现多样,呈现出典型的岗位层级特点。

高层领导人员"靠钢吃钢",有的与供应商勾肩搭背,利用职务影响力进行长期隐蔽的权力变现,如赵永平与多名供应商长期密切往来,收受供应商的车辆、房屋、名表、现金等;有的违规从事营利活动,如严泽生在担任天津钢管集团股份有限公司和渤海钢铁集团有限公司总经理期间,与下属公司员工相互勾结,垄断供货业务,从中获取非法利益;有的领导人员亲属借其职务影响力违规经商办企业,如中国宝武钢铁集团某二级单位工会主席夏×的妻妹、妻妹夫所办企业,违规与夏×所在单位发生业务往来。

中基层干部"靠钢吃钢",更多是"一事一结"的权钱交易,如干私活谋利、串标、在具体经营事项上损公肥私。2020年4月,鞍钢集团纪委通报5起"靠钢吃钢"典型案件,其中时任鞍钢联众公司设备保障部检修机械作业二区作业长的邓耿胜,私自承接某相关方请托的工作任务,组织5名下属人员在工作时间为该相关方干私活,收取好处费共计25 764元。邓耿胜还存在谎报定修人员、多申领定修餐等问题。

资料来源:张琰,深度关注 | 清除钢铁蛀虫,中央纪委国家监委官网,2021年4月24日,https://www.ccdi.gov.cn/toutiao/202104/t20210424_240782.html。

3.1.3 制衡性原则

制衡性原则要求内部控制应当在治理结构、机构设置及权责分配、业务流程等方面形成相互制约和监督,同时兼顾运营效率。为了保证监督作用的有效发挥,履行内部控制监督检查职责的部门应该具有良好的独立性;此外,任何人不得拥有凌驾于内部控制之上的特殊权利。

> **践行有成**

京瓷的双重确认制度

（1）进出款项的处理。无论是否在财务部门，无论金额大小，都需要双重确认。不论是到银行存钱，还是买材料付款，又或者是支付劳务费，支付其他经费，管钱（付款）的人和开票的人必须分开；入账时，收到现金或银行汇款，负责管钱（收款）的人，不可以开收款票据，而是必须联络与那笔收入有关的部门负责人，明确入款的内容，请他开票，处理那笔收入。

（2）现金的处理。现金账必须在每一刻都与现金余额相一致。因此，在业务时间内，必须以适当的频率，由管钱以外的人确认现金余额、票据与现金账（万一发生问题，容易找出原因，从而保护了管钱的人）。

（3）公司印章的管理。将之放在双层箱内保管，内箱是小型印章箱，外箱是手提保险箱。管理内箱钥匙的人就是盖章的人，外箱钥匙则另由他人管理，两者可以相互确认。当然，除了开锁盖章，内箱总是锁在外箱之内，禁止取出内箱走动。关闭内箱时，需由另外的人确认是否所有印章都收在里面了。

（4）保险箱的管理。耐火保险箱如果有圆形暗锁和密码锁，就一定要把两道锁都锁上，同印章箱一样，必须由不同的人来开锁。即使在上班时间内，保险箱也要上锁，包括早晚定期开锁在内；凡有必要开锁时，都必须有人见证，从保险箱进出钱、物必须由复数的人在场。

（5）购买手续。由要求购买的部门开购货票给负责采购的部门，请采购部门订货，禁止由要求购买的部门直接与供应商交涉价格或付款期。

（6）赊销和赊购账款的管理。由销售人员负责管理赊销款余额，由财务部门负责管理进款，由销售人员对赊销收款负直接责任，并具体跟进收款工作。同样，在赊购方面，订货部门负责验收，采购部门负责计算赊购款项及管理赊购余额，财务部门负责支付。

（7）车间废料的处理。在计算重量时需要双重确认。

资料来源：稻盛和夫，《经营与会计》，曹岫岩译，东方出版社，2013年版。

3.1.4 适应性原则

适应性原则是指内部控制应当与企业经营规模、业务范围、竞争状况和风险水平等相适应，与时俱进，随着情况的变化及时加以调整。比如，当企业的外部环境发生变化、经营业务范围重新调整、管理水平需要提高时，必须对内部控制进行相应调整。

> 来自现实社会的实例总能带来更直观的体验和有益的启示，读者可下载"开拓视野"资料包，推荐"焦点观察"栏目的"法国兴业银行的遗憾"。

3.1.5 成本效益原则

成本效益原则是指内部控制应当权衡实施成本与预期效益,以适当的成本实现有效控制。正是因为内部控制的建立和实施要符合成本效益原则,所以内部控制对目标的保证程度不是绝对保证,而是合理保证。

建立和实施内部控制是有成本的,首先表现为内部控制自身的成本。内部控制不是存在于企业的天然制度,它的建立和实施需要耗费一定的人力、物力、财力,如企业聘请会计师事务所制定内部控制制度而支付的服务费,信息系统的更新与优化等都是内部控制制度建立的成本。其次,内部控制的成本还包括人员在实施内部控制过程中的机会成本。制度的存在,一方面能够使目标活动按照规则有条不紊地进行,另一方面也往往带来过多的限制与约束,进而导致对人员创新意识和能力的抑制。

践行有成

出纳能否领取银行对账单?

如果做一项调查,90%以上的企业在实际操作中都是让出纳领取银行对账单。但这可能会给出纳挪用或侵占公司货币资金并通过对银行对账单做手脚来掩盖其舞弊行为留下机会。因此,从内部控制原理而言,企业不应该让出纳而应该派专人领取银行对账单。为什么实际操作与内控原理之间存在如此大的反差呢?这就需要从成本效益原则上获取答案。

基于成本效益原则,企业在采取一项内部控制措施时,要衡量其所能带来的风险降低而减少的风险损失(即收益)与采取控制措施而额外增加的成本。如果前者高于后者,那么企业采取该项控制措施是适当的做法;如果前者低于后者,那么企业应当考虑其他可替代的低成本办法。派专人领取银行对账单固然是一种降低风险的有效措施,但是对于大多数企业而言,这样做的成本过高,因此企业通常选择让出纳领取银行对账单。当然,这种简便做法存在一定的风险,因此企业还应当采取必要的替代控制措施,比如要求密封银行对账单、取回后立即交给他人处理等,以尽量减少出纳接触银行对账单的机会。

3.2 内部控制体系建设的总体思路

为实现内部控制目标,企业内部控制体系建设在贯彻内部控制原则和机理的基础上,还应当满足全覆盖、有实效和可操作的要求。为此,内部控制体系建设的总体思路应该围绕内部制度化、制度流程化+标准化+表单化、内部控制信息化这五个方面进行。

3.2.1 内部制度化

内部制度化是指当企业发展到一定阶段,一定要有成文的内部控制制度,用制度管控企业的风险才是根本之道和长久之计。内部控制体系要落脚于企业经营活动过程中的各项具体业务,包括采购、研发、生产、销售等,范围涉及企业生产、技术、经营、管理的各部门和各层次,以实现对企业所有业务活动的事前、事中、事后的全方位、全过程的控制与监督。换句话说,就是将风险控制嵌入企业各项业务的运行当中,使其成为一项系统化制度。我国《企业内部控制基本规范》及其配套指引对企业各项基本业务活动和事项进行了较为详细的说明(见图3-1),是企业建设科学合理的内部控制体系的重要参考依据。

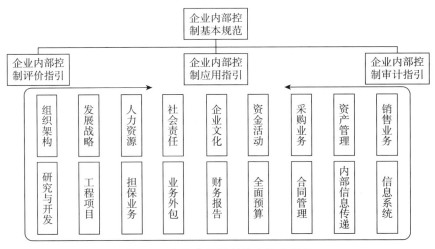

图 3-1　企业内部控制基本规范框架

为完善中央企业风险防控机制,全面提升中央企业内部控制体系的有效性,加快建设具备全球竞争力的世界一流企业,国务院国资委于2019年11月印发了《关于加强中央企业内部控制体系建设与监督工作的实施意见》(国资发监督规〔2019〕101号,以下简称《实施意见》),对中央企业内部控制体系建设与监督工作提出了规范性要求,为国有企业构建科学规范内部控制体系、发挥内部控制体系强基固本作用指明了方向,提供了指导。

3.2.2　制度流程化

企业风险控制制度的设计要以每一项具体业务为落脚点。针对每一项具体业务,企业首先要划分流程,即参考企业内部控制应用指引,结合企业的实际情况,绘制标准的业务流程图。制度流程化既保证了每一项业务流程的不同阶段和不同环节之间的相互配合、相互衔接,也保证了不同部门和不同岗位角色之间在每一项业务活动中的相互制衡、相互监督,图3-2是某制造业企业C公司担保业务审批流程图。

在进行业务流程化操作时需要注意以下三个具体要求:

第一,企业组织的所有业务都要以流程的形式进行组织,明确界定流程中各个单位、部门和岗位的义务和责任,直接用流程来协调和衔接单位、部门和岗位角色之间的行为互动,培养组织内部每个人的业务流程意识。

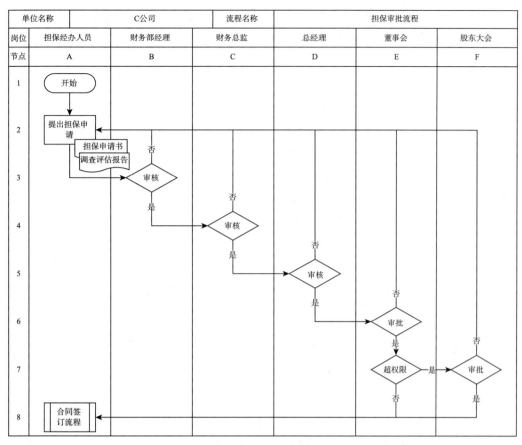

图 3-2 担保业务审批流程

第二，必须按照业务流程的要求安排岗位，每个岗位角色所承担的流程个数尽可能减少，尽量避免一个人承担多个流程中的业务活动，防止不同流程的要求之间发生冲突而导致流程活动运转不顺畅，从而影响企业整体运行效率；同时也要符合成本效益原则，避免单个流程承担很少的业务活动。

第三，设定各个流程上的业务负责人，避免完整的流程被横向管理所割裂或者跨流程控制指挥而导致流程运转的混乱。

内控流程中"提、审、决、办、督"

内控流程中的活动很多，"提、审、决、办、督"是常见的、基本的活动。

1. 提

活动必须有人提出来，这是内控流程的开始或起点。针对"提"至少有四个问题在内控制度和流程中要明确：

（1）资格。"提"可以是个人也可以是集体，可以是下级也可以是上级，可以是经办人也可以是决策者。同一类活动可以有不同的提出者。比如上市公司财务报告审计中,年报审计与中报和季报审计的提出者就不同。"提"也是一种权利,也应当被纳入授权规范管理的范围。

(2) 对象。对象即向谁提出申请,有向组织提和向个人提两种类型,按双方关系有纵向提和横向提两种类型。纵向提又有对上提和对下提两种路径,提请决策以对上提为主,提请执行以对下提为主;横向提多以会审、协管或协办、联合或参与等活动为内容。

(3) 方式。相关机构或人员要以正式的书面形式提出来,以便留有痕迹,实行痕迹管理。比如费用报销,提出者按照规定要求,填写报销单时必须以合理、合法、真实、完整的凭证为依据,原始发票不得臆造、涂改;必须手续齐全,相关合同、请示审批单、会议纪要、文件作为报销付款依据随原始单据附后。有些费用报销业务对当事人提交的书面申请附件有特定要求。比如公务接待费的报销申请,报销单的附件至少包括通知等函件、发票、人员清单和流水等。又如以收据作为附件的报销申请,收据的范围限定于财政机关统一印制的行政事业费收据,不包括单位自制的收据。

(4) 标准。有些费用报销业务(如公务出差的交通工具、住宿费等)的申请有规定的标准,包括国家标准、地区标准、行业标准和单位自定标准等,申请提出者应在规定标准范围内提出申请。

2. 审

(1) 业务审核、财务审核与法务审核。审核或审查或稽核等,通常发生在部门和岗位层面,一般有业务审核、财务审核、法务或法律审核三种,俗称"三务审核"。有些业务或事项是三种审核全覆盖,如经济合同审核;有些业务或事项仅覆盖其中的两种审核,如费用报销需要业务审核和财务审核,重要制度的制定或修订需要业务审核和法务审核;很少有业务或事项仅需要一种审核。

从内容看,三种审核其实都包括三项审核内容,即前置审核、形式审核与实质审核。前置审核是对发生在本业务或事项之前的关联前项业务或事项实施情况的审核,形式审核通常是对相关单证、文本及其附件的完整性、规范性和正确性的审核,实质审核主要是围绕业务或事项本身的真实性、合规性、合理性等展开的。三种审核的内容侧重点及其差别如表3-1所示。

表3-1 业务审核、财务审核与法务审核的内容差别

	适用范围	一般审核内容	以合同审核为例
业务审核	所有业务活动的申请都需要业务审核。	①前置审核:前置业务的进展情况; ②内容审核:本业务或项目条件是否充分,内容是否合理合规,程序是否规范等。	合同所涉业务或项目是否按规定程序审批;招标是否按规定完成;合同条款是否与招标文件的合同关键条款相一致等。

(续表)

	适用范围	一般审核内容	以合同审核为例
财务审核	凡涉及资金收支、费用报销和财务专项的事项,在合同签订、费用报销或资金支付两大环节,均需要财务审核。	①前置审核:前置业务审批程序是否规范和全面; ②形式审核:单证及附件是否合规和齐全,手续是否规范和完整,计算是否全面和正确等; ③实质审核:项目是否有资金保障,开支是否符合预算,支付是否合规,涉税是否合法,单证是否真实合规等。	合同订立是否符合年度预算;收付款时间、方式及发票等条款内容是否合理合规;合同涉税事项是否符合税法规定等。
法务审核	重要规章制度、重要经济合同和重大决策"三项法律审核"。	①前置审核:前置程序和材料是否合法合规; ②形式审核:法律文本选择及文本附件是否合法合规; ③实质审核:业务及相关活动是否合法合规。	合同前期准备工作是否充分,所需材料是否齐全,依据材料对对方所做的资信评估结论是否适当;合同所用文本是否符合规定,合同文本内容条款是否合法合规;合同签订程序是否符合制度规定等。

从内控的角度看需要注意:一方面,业务审批与财务审批分离,做到分事行权;另一方面,业务审批应前置于财务审批,以降低财务风险。

(2)线上审核、线下会审与专家评审。运行OA系统或其他管理信息系统的单位,业务审核、财务审核和法务审核基本上是在线上进行的。从线下走到线上,这些功能性审核的效率大大提高、成本大大降低,但审核质量未必会提高。究其原因,在于尚未被认知的信息化固有的功能性缺陷及其对内控流程运行的"伤害"和"破坏"——导致内控流程"形式化"和"无效化"。

有鉴于此,一些企业采用线上审核与线下审核相结合的方式。以合同为例,通过OA系统完成业务、财务和法务三项功能性审核,再根据具体情况增加三种线下审核:一是线下法律顾问审核,金额超过一定标准的重要合同、法律关系复杂的合同,应由外部法律顾问进行法律复审;二是线下会审,重大合同、关系复杂的合同、技术难度大的合同和有争议的重要合同,实行线下会审制度,由承办部门召集财务、法务、招标等主管人员对合同进行现场会议审核;三是线下专家评审,技术难度较大的合同,可以邀请外部专家评审鉴定。

3. 决

(1)重要的业务或事项通常是集体研究决定。关于集体决定,至少应当关注以下三点:

第一,"集体"的概念在不同类型的单位存在差别。典型的公司制国有企业有决定权的"集体"包括党组会或党委会、董事会、总经理办公会和职代会。非国有公司制企业主要有董事会和总经理办公会两个起决定作用的集体。股东会作为公司最高权力机构,应被纳入集体决策机构。

第二,集体决定的事项范围有两类。一是强制性集体决定事项,公司法等国家相关法律法规规定的董事会等机构职权范围内的决策事项以及国有单位"三重一大"决策制度实施办法圈定的"三重一大"范围内的决策事项都具有强制性,必须集体研究决定,但要区别不同决策主体的决定事项范围;二是自愿性集体决定事项,指相关法律法规未做要求,单位根据管理需要自主纳入董事会等的"集体"决策事项清单。现在越来越多的公司编制党委会、董事会等治理机构的决策事项清单,其中的事项实际上包括强制性集体决定事项。"三重一大"制度中界定的董事会决策范围与企业实际编制的董事会决策事项清单范围是不能划上等号的,清单范围通常要比"三重一大"范围大得多。

第三,董事会集体决定前至少需要"三重把关"。一是董事长审定,凡提交董事会审议决定的事项都必须经过董事长审定通过;二是法律审查,国有企业重大决策在提交董事会审议前必须进行法律审核,由外聘法律顾问出具专项法律意见书,进行法律把关;三是党委会前置讨论。

(2) 集体决定之外的一般事项由个人决定。关于个人决定,应当关注以下三点:

第一,个人决定权可以按层级设置。原则上不超过三级,个别费用项目的报销审批可以延伸至四级。

第二,个人决定权可以分类型设置。以费用报销审批为例,权限的设置可以有四种模式:一是分项设置,按费用项目分别设置审批权限;二是分类设置,按费用类别设置不同的审批权限;三是单一标准设置,全部费用项目执行一个审批权限标准;四是单一标准加特别项目标准,在单一标准的基础上,适当考虑管控上有特别要求的费用项目单独设置标准。考虑费用管控要求的差别、审批层级设置、审批的便利性等因素,我们建议采用分类模式,并把费用按管控要求分为三大类分类划分审批层级(见表3-2)。

表3-2 费用的分类审批

费用类型	费用项目范围	管控类型	权限设置
严控费用	出国(境)费、公务接待费、违约金及罚款支出等	高位控制	上移董事长和总经理两级
无弹性费用	基础工资、金融机构利息和手续费,解缴税费、缴纳"五险一金"等	低位控制	下移分管领导和部门负责人两级
常规费用	办公费、差旅费、车辆费用、维修费、物业费、绿化费、中介机构费、宣传费、培训费、会议费、咨询费、各类业务费、劳保费、董事会费等	中位控制	四级配置,侧重向下授权

第三,合理设置审批金额标准。人们习惯性地把设定金额作为判断审批权大小的指标,而审批金额标准的合理设置要求相关人员具备良好的专业知识和能力。

4. 办

针对"办",内控流程至少应当明确三点:

(1) 主体。可以是组织也可以是个人。当两个或两个以上的主体共同经办时,需要明确主办和协办及各自的职责范围。"办"与"管"应当分开,做到"管办分离",还应有"督办",形成"三分离"的制衡机制。

(2) 要求。内控制度和内控流程应当明确经办的方式、程序、标准和其他具体要求。相关法律法规规定和企业做出的决定或决策方案,及以此为基础形成的规划、计划、预算和合同等,都是"办"的依据。"办"的过程应严格执行控制标准。有合同的严格按合同执行,不得超合同进度付款;有预算的应严格按预算执行,做到"有预算不超支、无预算不列支"。

(3) 结果。"办"的结果要有报告与反馈、考核与评价、奖惩与问责、改进与提升,形成闭环控制。

5. 督

按主体类型分为决策机构的监督、执行机构的监督和专设监督机构的监督,纪检监察、监事会和内部审计被公认为国有企业的三大专门监督机构;按监督所处的业务运行阶段分为事前监督、事中监督和事后监督,董事会重大决策事前征求党委会意见就是典型的事前监督;按监督方式分为常规监督与特别监督等。

审计机构的监督是内控体系建设中特别受重视的常规性监督。内部审计机构的职能包括审计(内部审计)、调查(专项审计调查)、评价(内控评价)和服务四项,其中前三项均属于"监督"范畴。

资料来源:李心合,控流程的框架与解析,《财务与会计》,2022年第3期。

3.2.3 制度标准化

制度标准化是指在制度制定的过程中,应明确企业各项业务流程所涉及的各种控制标准,以便为控制提供依据。如果标准缺失或者标准模糊,控制就会失去依据,制度也会缺乏可操作性。

> 来自现实社会的实例总能带来更直观的体验和有益的启示,读者可下载"开拓视野"资料包,推荐"践行有成"栏目的"江苏沙钢股份有限公司对外提供担保的条件"。

制度标准化在实施时需要注意以下三点:

第一,在制定流程标准时应处处对照内部控制制度的要求,将内部控制制度的标准内嵌于流程。

第二,标准制定一定要明确准确,尽可能数量化和具体化,避免出现抽象的概念和模糊的词语,使得各环节的员工能够以相同的方式理解和执行标准。

顺丰控股股份有限公司对外提供担保审批流程与标准

第十四条　公司股东大会为公司对外担保的最高决策机构。

第十五条　公司董事会根据《公司章程》有关董事会对外担保审批权限的规定,行使对外担保的决策权。超过《公司章程》规定的董事会审批权限的,董事会应当提出预案,并报股东大会批准。董事会组织管理和实施经股东大会通过的对外担保事项。

第十六条　对于董事会权限范围内的担保事项,应当经出席董事会会议的三分之二以上董事同意并作出决议。

第十七条　应由股东大会审批的对外担保,必须经董事会审议通过后方可提交股东大会审批。须经股东大会审批的对外担保,包括但不限于下列情形:

（一）公司及公司控股子公司的对外担保总额,超过公司最近一期经审计净资产的50%以后提供的任何担保；

（二）公司及其控股子公司的对外担保总额,超过公司最近一期经审计总资产的30%以后提供的任何担保；

（三）被担保对象最近一期财务报表数据显示资产负债率超过70%；

（四）单笔担保额超过公司最近一期经审计净资产10%的担保；

（五）对股东、实际控制人及其关联方提供的担保；

（六）最近十二个月内担保金额累计计算超过公司最近一期经审计总资产30%的担保；

（七）法律、行政法规、规章或其他规范性文件规定的应由股东大会审议的其他担保情形。

前款第（六）项担保,应当经出席会议的股东所持表决权的三分之二以上通过。

第十八条　公司董事会对担保事项作出决议时,与该担保事项有利害关系的董事或股东应回避表决。股东大会在审议为股东、实际控制人及其关联方提供的担保议案时,该股东或受该实际控制人支配的股东,不得参与该项表决。该项表决由出席股东大会的其他股东所持表决权的过半数通过。

第十九条　除第十七条所列的须由股东大会审批的对外担保以外的其他对外担保事项,由董事会根据《公司章程》对董事会对外担保审批权限的规定和本制度第十六条的规定,行使对外担保的决策权。

第二十条　公司可在必要时聘请外部专业机构对实施对外担保的风险进行评估,作为董事会或股东大会进行决策的依据。

第二十一条　公司独立董事应在董事会审议对外担保事项时发表独立意见,必要时可聘请会计师事务所对公司累计和当期对外担保情况进行核查。如发现异常,应及时向董事会和监管部门报告并公告。

资料来源:顺丰控股股份有限公司,《对外担保管理制度》,深圳证券交易所官网,2022年3月http://www.szse.cn/disclosure/listed/bulletinDetail/index.html? 9ae67987-05e7-4dcb-8d4a-1dbcc7ff4226。

第三,制定出来的标准应当是可操作的,符合企业客观条件的。比如企业在设置审批标准时应结合实际遵循"三分"原则,即分业务类型、分金额大小、分管理层级,中石化的审批权限指引表就是一个典型的例子,详见表3-3。

表3-3 中石化的审批权限指引表(节选)

业务类型	执行部门	部门岗位										会签部门或复核岗位
		1	2	2.1	3	3.1	…	4	…	5	5.1	6	…	
		股东大会	董事会	董事长	总裁办公室	总裁	…	事业部/职能部主任	…	分公司经理/经理班子	分公司分管副经理/总会计师	分公司处室负责人/业务经理	…	
1.4.3 企业自行采购														
1.4.3.3.3 外部采购合同(非框架采购协议项下)	分公司物资供应部门													
(1)油田炼化企业	分公司物资供应部门										审批: 一类企业:单笔≥1 000万元 二类企业:单笔≥500万元 三类企业:单笔≥300万元	审批: 一类企业:单笔500万(含)—1 000万元 二类企业:单笔300万(含)—500万元 三类企业:单笔100万(含)—300万元	审批: 一类企业:单笔<500万元 二类企业:单笔<300万元 三类企业:单笔<100万元	…	分公司法律事务部门
1.4.3.4 对外付款														
(1)货到付款;油田炼化企业	分公司财务部门										批准: 一类企业:单笔≥1 000万元 二类企业:单笔≥500万元 三类企业:单笔≥300万元	批准: 一类企业:单笔500万(含)—1 000万元 二类企业:单笔300万(含)—500万元 三类企业:单笔100万(含)—300万元	批准: 一类企业:单笔<500万元 二类企业:单笔<300万元 三类企业:单笔<100万元	…	分公司业务部门

注:除特别注明外,本表所列权限指经总部批准的预算/计划项下的授权。

3.2.4 制度表单化

制度表单化是指将各项业务流程中所涉及的控制措施、控制标准设计成相应的表单,表3-4是某制造业企业的费用报销审批单。

表 3-4　费用报销审批单

费 用 报 销 审 批 单

部门：　　　　　　　　　　年　月　日填　　　　　　单据及附件共　　页

用途	金额（元）	部门签认	经办人	证明人	负责人
		财务审核			
		领导审批			
合计					

金额大写：	佰　拾　万　仟　佰　拾　元　角　分	原借款：　　元	应退还余款：　　元

会计复核：　　　出纳：　　　报账员：　　　报销人：　　　领款人：

在进行制度表单化时应注意以下基本要求：

第一，表单设置要反映工作全过程，谁来做和怎么做要规定得非常清晰，同时还要控制整个业务流程的全部风险，要有逻辑延续性。一组相互关联的表单应该能够还原业务发生的全过程，同类业务的表单应当具有唯一性，相似业务的表单必须合并同类项，不同部门间的同类业务表单应当具有基本一致性。表单承载业务的全部主要节点，应当与内部控制制度的管控要求保持一致并且进一步细化，必须包含全部控制活动所处业务节点的运行轨迹，应该能清晰地反映流程节点以及节点间的相互关系（即时间、逻辑关系），业务功能清晰准确，覆盖关键节点和控制过程，单个表单一般只针对一项业务的一个阶段。表单的设计应充分考虑流程的检查要求，将专业知识融入表单模板以直观的方式呈现在员工面前，使员工在使用表单时直接对照说明和注意事项即可一次性地把工作做好，减少员工返工，提高工作效率。比如表 3-5 为××集团公司合同会签审批表，表单中合同审核人或审批人不再是笼统地签字，而是要对照审核要求进行细致的检查。另外，表单编制的内容应包含时间的要求和填写人员的要求（如制表人、填写人、审批人等），以便将来可追溯责任。表单是实施内部控制制度的证据，在表单上签字盖章意味着对内部控制制度相关规定进行了相应的操作并要承担相应的责任。

表 3-5　××集团公司合同会签审批表

××集团合同会签审批表
（适用集团职能部门直接洽谈的合同）

合同名称		立项编号	
合同类别	□投融资类　□设计、勘探、监理类　□工程施工类　□工程材料设备采购类　□营销类　□行政、人事、法务、IT等管理服务类　□物业管理、服务类　□其他类	合同编号（由印章管理员编号）	

（续表）

经办部门及经办人		联系电话		合同终审人	
合同总价				是否预算内/原预算造价	
合同对方单位名称				对方联系人及联系电话	
合同会审附件		必备附件：□非招标（直接洽谈）：1.合同立项表　2.洽谈纪要 选择附件：			
合同主要内容					
经办部门	时限2天（采用同时会审方式）	（审核要点：工程或产品、服务名称、具体内容、工期或服务期、技术要求、验收要求并对合同其他主要内容进行陈述）			
成本管理中心		（审核要点：合同金额是否在预算内、计价方式、结算方式、付款方式）			
计财中心		（审核要点：付款时间是否符合公司要求、发票）			
法务中心		（审核要点：是否采用集团合同范本及违约责任、合同解除、不可抗力、保密、争议解决方式等法律条款）			
集团常务副总裁/副总裁/总裁助理	时限1天	（审核要点：对具有终审权的合同进行全面审核，对审核部门提出的意见进行裁决，决定是否签订合同；对不具有终审权的合同提出审核意见）			
集团总裁	时限1天	（审核要点：全面审核，对审核部门提出的意见进行裁决，决定是否签订合同）			
盖章执行情况		对方盖章时间：　　年　　月　　日		经办部门人员签字： 　　　　　年　　月　　日	
		印章名称：		印章管理人员签字：	
		印章类别：□公章　□合同章　□法定代表人章			
		盖章合同份数：　　　　份			
		盖章方式：□落款章　□骑缝章　□更正章		年　　月　　日	

第二，表单应与组织架构、制度、流程具有一致性，表单的责任部门、岗位、人员与公司当前组织架构、岗位设置和责权分工保持一致，表单反映所承载业务的组织、岗位、人员权限等要求简明、清晰，让人一目了然。

第三，表单应当经公司各相关方仔细研究并得到广泛的认可，并随公司正式的制度、文件一并公开发布且具有权威性，不能随意增加或减少表单。表单变更（包括修订、废除）要严格执行审核和审批程序。

> 来自现实社会的实例总能带来更直观的体验和有益的启示，读者可下载"开拓视野"资料包，推荐"践行有成"栏目的"表单化管理让责任更清晰"。

3.2.5 内部控制信息化

内部控制信息化是在具备条件的前提下，企业风控体系建设部门要与业务部门、审计部门、信息化建设部门协同配合，推动企业"三重一大"、投资和项目管理、财务和资产、物资采购、全面风险管理、人力资源等管控信息系统的集成应用，逐步实现内部控制体系与业务信息系统互联互通、有机融合。

 践行有成

推动"三化融合" 实现管理持续升级

中国建筑第五工程局有限公司（以下简称"中建五局"或"五局"）是中国500强企业排第3位、世界500强排第80位、世界建筑地产集团企业排第1位的中国建筑工程总公司的全资子公司，主营房屋建筑施工、基础设施建设、房地产与投资等三大业务，近五十年来转战南北，角逐海外，在超高层建筑、大型公共建筑、深基础施工、大面积砼无缝施工、大跨度桥梁、超长隧道、高速公路、高速铁路、节能环保、绿色建筑等领域形成了明显的技术优势，目前位居中国建筑业企业综合竞争力100强第4位，湖南省100强企业第7位，中建系统前三甲。

中建五局遵循"管理标准化、标准表单化、表单信息化、信息集约化"的四化路径，采用"分类建库、优化平台、规范应用、体系安全"的方法，推进管理持续升级；既要坚持不懈地推进标准化、信息化、精细化，更要推进"三化"之间的水乳交融、严丝合缝，做到"三化融合"，实现管理升级，发挥好管理的协同效应。

1. 通过管理标准化统一度量规则

中建五局标准化工作已完成阶段性任务，历经四年时间，编制发布合计500多万字的中建五局运营管控标准化丛书70本，其中A篇（全局适用）标准17本，C篇（项目部适用）23本，形成"纵向到底、横向到边"业务全覆盖的工作标准体系，各级各部门自觉学习标准、运用标准，使标准化成为一种工作习惯。五局的标准化有以下特点：

（1）统筹性。坚持统筹顶层设计，避免"两张皮"。局标化丛书是管理模式的升级版，是对既往阶段性推进的全面质量管理、ISO 9000质量认证、14000环境认证、18000职业健康安全认证、三证合一认证、卓越绩效模式并使之"中国化、企业化、时代化、通俗化"，结合五局管理实践的一次升级；局标化丛书又是运营管控的整合版，即将内部控制、风险管理、三标一体及日常管控等进行要素逐一梳理、制度全面覆盖、标准体系完整，统一汇编"中建五局运营管控标准化系列丛书"。纵向按管理层级分为三篇，其中全局适用A篇、分支机构适用B篇、项目部适用C篇；横向按工作业务分十个类别，即公司治理类、市场营销类、生产技术类、财商经济类、投资融资类、人力资源类、风险管理类、党群工作类、企业文化类、海外经营类。

（2）系统性。坚持系统推进实施，避免"不协调"。五局成立以董事长为主任、局分管领导及各职能部门负责人为成员的标准化管理委员会，办公室设企划信息部。十多年来，在局层面完成了11次区域化整合、10次专业化整合，通过这21次大的整合，在局层面消灭了"同城竞争"和"同质竞争"，形成了局—分(子)公司—项目三级扁平式组织架构；在集团范围内做好统一机构设置、统一部门名称、统一"四三五"薪酬体系、统一文化建设、统一项目管理制度等。统一"度量衡"，完善基础标准；又强化各线条工作服务战略一致性，避免各专业序列标准之间的相互矛盾，实现兼容协调。局标化丛书历经职能部门编写、专业小组审核、标准化委员会审批后定稿发布。丛书内容既是贯彻中建总公司管控要求的再细化，又是总结五局已有管理成果的再提升；既是对集团内部成功做法的再推广，又是对企业外部优秀经验的再复制。

2. 通过标准表单化统一管理语言

（1）变标准为表单。将局标化丛书读"薄"，将管理工作标准化的要求"化"为表单，变成计算机可识别的语言，局层面已完善主数据标准55项、业务单据267份、流程表单181个、台账报表152张。标准表单化的过程，既为信息化的应用提供了有力保障，又为标准化的推进提供了便捷条件。标准"写了的要做"——做成标准，"做了的要有记录"——填制表单，全体员工"做什么""怎么做""做得怎么样"有章可循、有据可查。

（2）规范统一主数据。高度重视、集中时间、上下协同做好组织机构编码、部门员工编码、项目合同编码、物资设备编码、成本科目编码、供方客商编码等基础信息的规范定义，建立标准统一的主数据体系，解决好信息化系统建设中通常遇到的"三分系统、七分管理、十分数据"的共同难题，为信息化系统间的数据互通和集成分析奠定基础。

3. 通过表单信息化统一工作平台

借助信息化的工具，使企业各线条工作的记录表和审核单通过计算机自动生成，信息化的手段既提高了有形的工作效率，又在无形中驱动了标准化落地、巩固了标准化成果、实现了精细化管理。

五局的信息化，不是简单的拿来主义——购买软件嵌入管理"买来的信息化"，而是坚持以我为主——通过信息技术改造提质企业管理"建成的信息化"，强调信息化对企业战略的支撑与服务，通过使用信息技术资源构建了信息基础平台，促进了业务执行高效化、提高了运营管理精细化、推动了战略决策科学化。五局的信息化不等同于"ERP"，而是具有自身管理特色的"管理信息化集成系统"。

从系统框架结构来讲，包括硬件网络平台、技术平台、应用体系、安全体系与运维体系五个部分。其中，硬件网络平台由五局总部、中建股份、局属各公司、各项目VPN专网构成;技术平台以IBM总线技术为基础,架构用友UAP平台,融入五局主数据构成信息技术平台;应用体系以项目管理系统完成数据采集,利用报表系统实现数据收集汇总,通过决策分析展现与输出图表,实现数据时空零距离管理。

从信息化系统涵盖实现企业管理内容来讲,由十个运行子系统(集团门户、协同平台、档案管理、市场营销、生产技术、商务合约、人力资源、财务资金、电子商务、数控中心)和两大项目支撑系统(综合项目管理、投资项目管理)及分支机构集合系统组成,五局称之为"信息化虚拟社区",基于信息高速公路,实现集团内部跨地区长距离的"社区式"的即时信息互通、资源共享。

五局管理信息化集成系统,实现了市场营销、生产技术、商务合约、人力资源、财务资金、电子商务、档案管理、协同办公等相关业务管理信息化,实现各业务线条日常工作的横向与纵向的协同工作。2013年将实现全局300个在建项目全面应用综合项目管理系统,100个项目全面应用业务财务一体化,100个项目的视频远程监控系统接入局总部数控中心;已实现工程项目的"零距离"管理,已实现工程项目施工现场的实时监控、工程项目运营成本的实时管理、工程项目生产进度的实时调度。

资料来源:赵伯足,推动三化融合,实现管理持续升级,中国建筑第五工程局有限公司官网,2013年9月10日。

《关于加强中央企业内部控制体系建设与监督工作的实施意见》还要求企业进一步梳理和规范业务系统的审批流程及各层级管理人员权限设置,将内部控制体系管控措施嵌入各类业务信息系统,确保自动识别并终止超越权限、逾越程序和审核材料不健全等行为,促使各项经营管理决策和执行活动可控、可追溯、可检查,有效减少人为违规操纵因素。另外,集团管控能力和信息化基础较好的企业要逐步探索利用大数据、云计算、人工智能等技术,实现内部控制体系实时监测、自动预警、监督评价等在线监管功能,进一步提升信息化和智能化水平。

3.3 内部控制体系建设的组织分工

内部控制体系建设的组织分工应该遵循风险控制三道防线的原理,即第一道防线是业务部门,第二道防线是风险控制部门,第三道防线是内部审计部门。正如2014年9月银监会修订的《商业银行内部控制指引》所指出的,企业应当建立由董事会、监事会、高级管理层、内部控制管理职能部门、内部审计部门、业务部门组成的分工合理、职责明确、报告关系清晰的内部控制治理和组织架构。在这里,董事会负责内部控制体系的建立健全和有效实施,监事会负责对内部控制体系的建立和实施进行监督。国务院国资委2019年11月印发的《关于加强中央企业内部控制体系建设与监督工作的实施意见》特别强调,企业主要领导人员是内部控制体系监管工作第一责任人,负责组织领导建立健全覆盖各业务领域、部门、岗位,涵盖各级子企业全面有效的内部控制体系。因此,内部控制制度体系的实施应该是一把手工程。下面主要阐述业务部门、内部控制部门和内部审计部门在实施内部控制制度体系过程中应承担的职责。

 践行有成

华为内部控制的三层防线

任正非在2017年华为公司监管体系座谈会上的讲话中介绍：

公司发展得越快,管理覆盖就越不足,暂时的漏洞也会越多。因此,公司设置了内部控制的三层防线。

第一层防线,业务主管/流程OWNER,是内部控制的第一责任人,在流程中建立内部控制意识和能力,不仅要做到流程的环节遵从,还要做到流程的实质遵从。流程的实质遵从,就是行权质量。落实流程责任制,流程OWNER/业务管理者要真正承担内部控制和风险监管的责任,95%的风险要在流程化作业中解决。业务主管必须具备两种能力,一种能力是创造价值,另一种能力就是做好内部控制。

第二层防线,内控及风险监管的行业部门,针对跨流程、跨领域的高风险事项进行拉通管理,既要负责方法论的建设及推广,也要做好各个层级的赋能。稽查体系聚焦事中,是业务主管的帮手,不要越俎代庖,业务主管仍是管理的责任人,稽查体系是要帮助业务主管成熟地管理好自己的业务,发现问题、推动问题改进、有效闭环问题。稽查和内部控制的作用是在帮助业务完成流程化作业的过程中实现监管。内部控制的责任不是在稽查部门,也不是在内部控制部门,这点一定要明确。

第三层防线,内部审计部是司法部队,通过独立评估和事后调查建立冷威慑。审计抓住一个缝子,不依不饶地深查到底,即使另碰到有大问题也暂时不管,一定要沿着这个小问题把风险查清、查透。一个是纵向的,另一个是横向的,没有规律,不按大小排队,抓住什么就查什么,这样才能建立冷威慑。冷威慑,就是让大家都不要做坏事,也不敢做坏事。

资料来源：黄卫伟,《价值为纲:华为公司财经管理纲要》,中信出版社,2017年版。

3.3.1 第一道防线：业务部门

业务部门是企业风险控制体系的第一道防线,其在内部控制制度体系建设过程中应承担的职责主要包括：

(1) 参与制定与自身职责相关的业务制度和操作流程；

(2) 严格执行相关制度规定；

(3) 组织开展监督检查；

(4) 按照规定时限和路径报告内部控制存在的缺陷,并组织落实整改。

这里的业务部门是指除内部审计部门和内部控制管理职能部门以外的其他部门。国务院国资委的《关于加强中央企业内部控制体系建设与监督工作的实施意见》也指出应落实各业务部门内部控制体系有效运行责任。

践行有成

光大集团全面风险管控体系创新与实践

在"十四五"规划的开局之年,我国金融领域迎来"双循环"新发展格局,肩负服务实体经济的使命担当,同时也进入风险挑战日趋复杂的新阶段,金融风险防控的紧迫性和必要性前所未有。光大集团近年来坚持以习近平新时代中国特色社会主义思想为指导,深入贯彻落实党中央国务院关于防范化解重大风险的决策部署,认真践行《金融控股公司监督管理试行办法》(以下简称《金控办法》)的各项要求,并积极探索实践风险管控方式方法,创新性提出适合多级法人治理结构的"三线四墙"全面风险管控体系,为新监管态势下的金控(即金融控股)集团风险管理贡献"光大经验"。

1. 创新风险管控体系是金控集团稳健经营的必由之路

我国金控集团起步于改革开放时期,经过四十多年的发展,逐步形成多种经营业态,具有规模经济和协同效应等优势,对完善我国现代金融体系、提高金融业整体竞争力发挥了积极作用。但由于多层级的公司治理结构和多元化的业务布局,金控集团也面临风险复杂度高、传递性强、叠加效应大、信息严重不对称等难题,风险管理难度远高于一般金融企业,传统的风险管控模式难以直接套用。放眼全球,国际上具有较强竞争力的金融同业无一不高度重视风险管控,均结合实践探索创新出一套契合自身发展的风险管理模式,有效抵御了历次金融危机。在风险挑战与日俱增、风险形势空前严峻的今天,金控集团因地制宜构建"本地化"风险管理模式的内生需求十分迫切。

与此同时,正在实施的《金控办法》明确要求,金控公司需建立与组织架构、业务规模、复杂程度和声誉影响相适应的全面风险管理体系,实施风险偏好与限额管理,统一风险敞口与授信,强化风险隔离等。因此,如何创新构建出一套既能达到监管要求又能促进自身发展的风险管控模式,是金控集团面临的又一重要课题。

2. 创新构建金控集团"三线四墙"全面风险管控体系

近年来,光大集团借鉴国内外先进实践案例,立足于自身经营实际和风险特征,首次提出金控集团"三线四墙"全面风险管控体系(见图3-3):严守业务经营(即市场营销)、管理支持、审计监督的"三道防线",筑牢战略、体制、制度、信息的"四道防火墙"。

金控集团风险管理"三道防线" 传统的"三道防线"通过明确风险管理职能定位来促进责任落实,经过COSO和Basel(巴塞尔委员会)的修正与完善,已经能够较为成熟地应用于一般金融法人。但金控集团涉及多个法人主体,其结构更加复杂,内涵更加丰富,风险管控资源协同整合的难度更大。为解决这一问题,金控集团"三道防线"应运而生,它改变了传统防线单打独斗的局面,将分散在不同法人主体的风险职能条块汇聚整合,形成纵向上下衔接、横向互为支撑的有机整体,最大化风险资源利用效率,发挥风险协同优势,如图3-4所示。

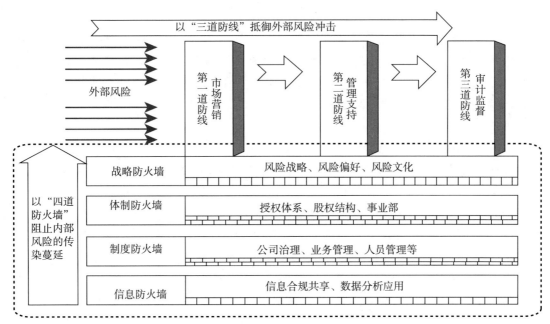

图 3-3 "四线四墙"全面风险管控体系框架

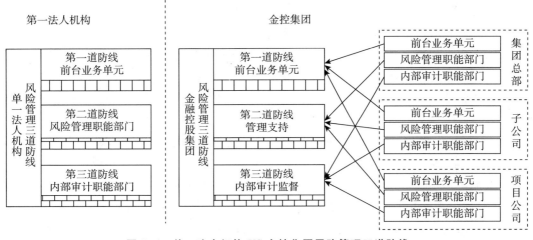

图 3-4 单一法人机构 VS 金控集团风险管理三道防线

（1）把好业务经营的第一道防线。前台业务经营部门是风险防控的第一道防线，也是风险防范的第一责任人。有效运行的第一道防线能够以最低成本过滤和缓释80%以上的风险，发挥着不可替代的重要作用。金控集团应更加重视第一道防线的建设，推动风控职能下沉，完善末梢内控流程，促进风险文化向业务一线渗透。

（2）完善管理支持的第二道防线。金控集团第二道风险防线是矩阵式的，横向并列多个职能部门，纵向串联各个法人层级，并与第一、三道防线承启衔接，为风险防范提供专业的技术性支撑。横向上，风控部门是实施全面风险管理的牵头者，同时，战略、财务、人力、法律等相关部门也各司其职；纵向上，金控集团应在合规前提下制定与各级管理能力相适宜的授权机制，避免出现管控权限的交叉或空白。如此，金控集团可以科学合理地设置风险防控职责与权限,实现权、责、利的平衡统一。

（3）巩固审计监督的第三道防线。与国外相比,国内金融企业第三道防线除具有审计功能外,还发挥纪检监察职能作用,审计稽核与纪检监督共同构成风险管理的第三道防线。纪检监察在管"人"方面发挥作用,通过执纪问责,增强风险监督的震慑力和约束力;审计稽核在管"事"方面发挥作用,通过专项审计、跟踪审计和巡视巡察起到纠偏和警示作用。

金控集团风险管理"四道防火墙" 与一般意义上的风险隔离机制不同,我们根据金控集团风险交叉传染的特征,科学设计了"四道防火墙"管理模式,规划呈现出从顶层战略到具体抓手的风险管控功能视图。

（1）战略防火墙。战略防火墙主要着眼于顶层设计,引导多级法人紧密围绕集团战略引领,聚焦核心主业,避免战略偏离风险。近两年,光大集团以"强总部"建设为契机,确立了"建设世界一流金控集团"的战略目标,把金融做精、把实业做优、把集团做强,努力实现高质量发展。党的十九届五中全会召开以来,光大集团深入贯彻全会精神,实施滚动编制五年战略规划的重要工作,主动将集团中长期战略与国家发展规划有效衔接,自觉把集团战略放在国家发展的新格局中科学谋划。

（2）体制防火墙。体制防火墙从治理角度入手,聚焦几个关键方面:一是组织框架上,要遵循"集团适度多元、子公司专业化经营"的原则,子公司层面术业专攻,集团层面加强协同,避免出现"大金控"套"小金控"的现象;二是股权结构上,要形成清晰简明的股权关系,压缩管理半径,提升运行效率,强化扁平式管理;三是治理体系上,要建立全面覆盖、严谨合规的授权体系,集团总部紧抓系统性重要事项,构建适应《金控办法》的治理体制;四是治理能力上,要勇于创新开拓,顺应国家"双循环"发展格局,不断提升治理能力。

（3）制度防火墙。制度防火墙从规范操作的角度保障各项机制有效运转,其内涵丰富、涉及面广。特别是《金控办法》出台以来,金控集团风险管理制度建设的任务更为迫切、更具挑战。制度防火墙的构建是一项需长期坚持的复杂工程,难以一蹴而就。金控集团应以监管要求为基本遵循,优先建立紧要的管理制度,明确风控底线和责任,强化上下合理衔接,最终建起一堵实用、管用、全面的制度防火墙。

（4）信息防火墙。信息防火墙包含两面性,既要促进金控集团数据的高效协同共享,又要保障信息共享的安全、合规。其中,安全与合规是根本,要依法依规确定信息共享范围、数据用途、保密责任,加强系统及网络安全建设。在此基础上,高效协同共享是核心,要提升数据共享的时效性、准确性,增强数据分析运用能力。为破解数据安全共享的难题,光大集团设立了数字化协同实验室,从重点协同场景切入,创新数字化协同方式,最大化地发挥数据价值。

总体来看,"三道防线"和"四道防火墙"是紧密联系的有机整体。战略防火墙通过顶层设计迎风掌舵;体制防火墙和制度防火墙构建机制保驾护航;信息防火墙发挥科技赋能的加速器作用。在"四道防火墙"的管理框架下,"三道防线"各司其职、层层把关,将全面风险管理功能落实到位。

3. 光大集团"三线四墙"全面风险管控体系实践

习近平总书记指出,实体经济健康发展是防范化解风险的基础。光大集团作为中央金融企业,始终坚持服务国家战略的大局,不断提升支持实体经济的能力。同时,集团也深刻认识到,打铁还需自身硬,只有具备过硬的风险防控本领,才能长期可持续地向实体经济输血、供氧。近年来,集团以打赢防范化解重大风险攻坚战为己任,夯基垒台、立梁架柱,创新构建"三线四墙"全面风险管控体系,并在实践中研究探索金控集团风险管控"谁来管""管什么""怎么管""怎么保障"等一系列基本问题,一些具体管控措施已经先于《金控办法》的要求得到落实,使集团在推进风险监管达标中有了坚实的基础。

坚持党的领导,落实管控职责,加强专业管理

(1)坚持和加强党的领导。坚持和加强党的领导是金融企业的立身之本。光大集团充分发挥党委在风险防控工作上"把方向、管大局、抓落实"的领导核心作用,研究制定了集团党委"三重一大"事项清单,从多维度明确党委的管控范畴,为党委提升决策效率、领导金融风险防控提供了制度依据。在集团"三重一大"框架内,集团各级党组织层层分解权限,逐级压实责任,党员干部带头履行"一岗双责",形成一级抓一级、层层抓落实的有机整体。

(2)分级管理明确授权。在党委领导下,集团进一步发挥风险管控的专业作用,从业务管理角度制定了集团对直属企业重点管控事项清单,与党委"三重一大"清单互为补充、相互支撑,切实将党建和业务拧成一股绳,形成事事有人管、各级有专责的有序格局,为打赢防范化解重大风险攻坚战提供基础保障。

(3)集约化发挥风控团队的专业作用。"三道防线"是风险管理的主体责任阵地,在2018年总部职能优化中,光大集团加强"三道防线"资源整合,建成"大风险、大内控、大合规"的"第二道防线"集约中枢,向前能促进第一道防线强化风险意识,向后可配合第三道防线监督审查,向上支持管理层科学决策,向下督导各企业风险管控,平行协同其他职能条线,形成风险齐抓共管、人人有责的高效管理架构。

科学规划风险管理顶层设计

不谋全局者,不足以谋一隅,顶层设计是风险管理的关键所在。为理清金控集团风险管理到底"管什么"的核心问题,光大集团立足长远、着眼大局、凝聚智慧,科学规划了《全面风险管理体系总体建设方案》的顶层设计,以"三道防线""四道防火墙"为主线,系统提出了政策、制度、机制、工具、文化五大管控方位,一线贯穿了识别、计量、评估、监测、控制和报告六大流程节点,统筹应对金控集团面临的十大主要风险,探索提出了"三步走"的风险信息系统建设策略和四大人才引进培养举措,并合理筹划了风险管理建设的起步、提升、飞跃、领先四大实施阶段,极大丰富了风险管理的内涵。

充分发挥风险战略和风险偏好的统领作用

党的十九大以来,集团紧密围绕建设世界一流金控集团的战略目标,探索设计出集团上下各级相结合、定量与定性相结合的风险偏好管理体系,确立了"科学、稳健、合规、价值"的总体风险偏好,明确了价值、资本、风险三方面的容忍度限额,勾勒出集团整体风险轮廓和边界。各子公司在集团风险偏好的统领下，因地制宜设置自身偏好与容忍度限额，加强偏好指标传导与分解，在偏好约束范围内开展经营活动。在连续两年的实施中，集团风险偏好已经成功实现了线上动态监测，成为集团风险管控的有效抓手，为实现高质量发展的整体战略目标发挥了重要的促进作用。

多措并举保障全面风险管理体系有效落地

（1）建立规范高效的风险管控机制。光大集团秉承"制度先行"的原则，逐步完善了多项重点风险管控机制，积极探索出一系列风险管控的具体措施，不断推进《金控办法》的有效落实。比如，集团建立了前瞻性风险监测预警体系，加强了以重要客户为中心的集中度管控，创造性地构建了内控动态评估体系，开展了全集团整体的压力测试以科学评估新冠肺炎疫情影响，规范了"光大"商标品牌管理，确立了与薪酬绩效紧密挂钩的风险考核机制等，切实发挥出制度防火墙的规范约束作用。

（2）协同开展风险防控与处置。金融机构与风险共生共舞，针对前期业务中产生的低效企业和风险敞口，光大集团充分发挥协同优势。一方面，积极贯彻落实国务院部署，狠抓"瘦身健体、提质增效"，加快历史遗留问题处置，加强同质资产重组整合，促进聚焦主业、协同发展，一批具有行业竞争力的光大特色标杆产业正在孕育积淀；另一方面，集团积极协同子公司开展疑难风险处置，子公司履行处置主体责任，集团发挥指导督促作用，有效提升风险处置效果。

（3）以问题为导向构建一体化的风险检查整改模式。金融企业开展风险管理首先要摸清家底、认清风险、心中有数。近年来，光大集团以问题为导向，在实践中逐步形成了党建、巡视、审计和风险群策群力的一体化风险检查模式：一是突出党建引领，以"不忘初心、牢记使命"主题教育等党建活动为契机，排查风险，遏制隐患；二是建立"1+N"综合巡视机制，提升风险检查的威慑力；三是引导审计监督向风险导向转型，强化风险责任认定。与此同时，集团狠下决心，集中整改自2018年以来发现的风险内控问题，采取专人专岗负责制，企业集中整改，集团督导审核，整改一项销号一项，并举一反三建立长效机制，以改促建、标本兼治。

（4）打造数字化风控的硬抓手。金控集团的风险管控不仅需要健全完善的组织架构和制度流程，系统建设也发挥着举足轻重的支撑作用。光大集团全面风险管理系统项目1.0版于2018年11月起步建设，并于2020年7月全面建成投产。系统集成了风险、内控、合规等多项功能，包含监测预警、内控评估等十个模块，管理对象覆盖所有金融类和实业类子企业，有效降低了母子公司风险信息的不对称性，极大提升了风险管控的信息化和数字化水平。在此基础上，集团风险管理系统精益求精，正在探索运用大数据、云计算和人工智能等技术，打造自动化、智能化的风险管理信息平台2.0版，促进集团风险管理不断由"人控"向"机控"再向"智控"转变。

（5）提升风险合规的软实力。风险文化是金融企业的重要软实力，也是防范操作合规与道德风险的根本途径。光大集团坚持正面引导和反面威慑两手抓，着力培育"担当、合规、崇商、创新"的风险文化。自2018年以来，集团已连续三年举办全系统范围的风险管理与法律合规培训，加强反面案例剖析自省，揭盖子、找问题、敲警钟、强意识，有效提升了广大干部员工的责任担当精神。同时,集团提出从严治企的"两个一律"原则,加大责任追究力度,狠抓典型,形成震慑,以问责促履责、促尽责,营造稳健合规的风险文化,打造忠诚担当的风控队伍。

资料来源:李晓鹏,金控集团全面风险管控体系创新与实践,《中国金融》,2020 年第 24 期。

3.3.2　第二道防线:风险控制部门

企业在建设内部控制制度体系的过程中,应指定专门部门或者单独设立内部控制部门作为内部控制管理职能部门,牵头内部控制体系的统筹规划、组织落实和检查评估。国务院国资委的《关于加强中央企业内部控制体系建设与监督工作的实施意见》也强调企业应明确专门职能部门或机构统筹内部控制体系工作职责。

> 来自现实社会的实例总能带来更直观的体验和有益的启示,读者可下载"开拓视野"资料包,推荐"践行有成"栏目的"《南方电网公司深化内部控制体系建设工作方案》印发"。

3.3.3　第二道防线:内部审计部门

企业内部审计部门在实施内部控制制度体系过程中履行内部控制的监督职能,负责对内部控制的充分性和有效性进行审计,及时报告审计发现的问题并监督整改。国务院国资委的《关于加强中央企业内部控制体系建设与监督工作的实施意见》也强调企业内部审计部门要加强内部控制体系监督检查工作,准确揭示风险隐患和内部控制缺陷,进一步发挥查错纠弊作用,促进企业不断优化内部控制体系。

> 来自现实社会的实例总能带来更直观的体验和有益的启示,读者可下载"开拓视野"资料包,推荐"践行有成"栏目的"'三道防线'加强银行风险管理"。

3.4　内部控制体系建设的基本步骤

企业内部控制体系的建设是一项系统工程,可以按照八个阶段依次进行。

3.4.1　流程梳理

企业内部控制的有效实施必须建立在企业业务流程清晰描述的基础上,从具体业务流程中识别关键风险节点,通过合理设置组织机构与岗位,落实内部控制责任,达到在具体流程环节中明确内部控制要求与规则,使流程在合规条件下运转的要求。因此,流程梳理是企业风险控制体系建设的起点。企业首先要对各项业务进行认真梳理,按照业务特点和复杂程度划分业务流程,业务梳理的工作成果是业务流程目录。业务流程的划分从一级开始,然后逐级细化,目的是将企业的每一项业务划分为各种类型、各个阶段、各个节点,从而便于有序执行和责任划分。在划分流程之后,需要对现行业务流程进行详细描述。企业应当在制度分析和业务操作分析的基础上,采用流程图的形式,直观地反映各项业务的环节和活动,为后续的风险评估奠定基础。

在实务中,企业的业务流程很难做到一蹴而就、尽善尽美,企业需要通过流程梳理不断优化和持续改进业务流程,可按以下思路对业务流程进行优化和改进:

一是分类。应该尽可能细分业务流程,以实现同一节点不同情形的差异化处理。在这个环节华为的做法就值得学习。

二是对标。"他山之石可以攻玉。"企业应该学习行业标杆企业或者世界一流企业的先进做法,持续改进自身业务流程的短板和不足。

三是案例。"前车之鉴,后事之师。"企业可以针对本企业或者同行业、同系统出现的风险事故,进行全面剖析和系统研究,并堵住业务流程漏洞和填补空白,从而避免重蹈覆辙。

四是整合。以风险为导向,以合规为重点,以流程为载体,将风险管理、合规管理和内部控制三项工作融合为一体,扭转"九龙治水,各自为政"的格局。

 践行有成

抓基础强管理 "结"出"累累硕果"

2019年上半年,陕钢龙钢公司紧紧围绕"抓基层、打基础、强基本"的管理思路,全面重塑管理制度化、作业标准化、行为规范化、责任表单化、考核数据化,运用信息化、智能化等先进技术,大力推行文明、规范、优质、高效的服务,做到了管理规范、内控严密、运营安全,实现了规范运作和经济效益的"双丰收"。

1. 完善制度,规范流程,确保招标全覆盖

龙钢公司一方面紧紧围绕《中华人民共和国招投标法》《陕煤化、陕钢集团招标管理制度》及相关政策法规,修订并完善了一套行之有效的《招投标实施细则》;另一方面积极对修订后的细则进行宣贯,进一步明确公开招标、合同谈判/磋商以及自主询价、比价分级限额,理顺招投标各环节程序;同时加强对各主体单位自主询价、比价工作的监管力度,发现问题及时予以纠正,即时对招投标实施过程中存在的各类细节性问题进行沟通解决,举全力推进公司招投标工作向"我要合规"的华丽转身。截至6月初,龙钢公司按限额规定共上报陕钢公开招标37项45包次,招标金额达4.61亿元,目前已完成16项25包次的招标工作,节资率11.1%;按额度计划自行组织合同谈判/磋商共150项,涉及金额1.98万元,完成123项,节资率11.37%。

2. 快速反应，系统盘点，减税降费"硬菜"及时起锅

积极响应国家2019年4月1日出台的《关于深化增值税改革有关政策的公告》，依据"增值税率由原来的16%下调为13%、10%下调为9%"的政策优势，龙钢公司合同管理部门积极与各主体责任单位沟通，就因税率变化需要调整的合同进行全面、系统的梳理，确保所涉合同的结算平稳、有序过渡；同时要求各主体责任单位熟悉掌握新的税收标准，积极与各供应商、合作单位沟通协调，灵活运用市场行情，按照调整后税率签订税率或合同价款变更补充协议，避免成本费用增加。目前，龙钢公司各主体责任单位已陆续完成了对涉及税率变更合同的补充，与合作单位一起共享了被誉为本轮减税降费"硬菜"这道丰盛大餐的"色香味"。

3. 深入基层，走访调研，梳理劳务出效益

龙钢公司本着"降本增效"原则，对即将到期的所有劳务承包合同进行梳理，严格按限额分级组织招投标工作，督促并指导主体责任单位着手准备前期技术资料，明晰相关资料及审批流程，确保合同招标或谈判按期高质量完成；同时对OA系统合同评审流程节点进行再优化，将各节点审核限时办结期限由原来一个节点两天缩短为一天，确保单位引进合规、价款来源合规、合同评审加速、签订快速、履行及时。经统计，已完成的20余项劳务承包项目的合同谈判，执行价格均有不同程度的下调，全年可节资60万余元。

4. 依托互联网+，减少库存，让资金"转"起来

龙钢公司一贯坚持"降本增效，追赶超越"的工作目标，强化废旧、积压物资日常管理，对经相关专业部门联合鉴定确认"已无使用价值"或"公司内部不再使用但仍有使用价值"的物资，结合市场行情和设备供需状况确定合理的保留价，委托互联网平台分类别以同步竞价的方式进行网上有保留价的增价式竞价销售，使以往被认为"食之无味，弃之可惜"的废旧物资处置变成降本增效的亮点。据悉，上半年利用互联网+共处置废旧物资出货总吨位达1 100多吨，出售总额为950万余元，不但大大减少了积压库存，而且加快了资金回笼，让资金快速"转"起来。

5. 转作风，提效益，电子合同"契约锁"即将上线

为进一步提高商务合同的签订效率，减少人力成本、降低办公费用，推动无纸化办公模式驶入"快车道"，龙钢公司将于近期对OA系统评审的各类合同率先实施电子签署平台线上签约，随后在条件成熟的情况下将陆续对ERP系统中包含的原燃料采购、备件辅材采购、外修、钢坯钢材及副产品销售等13大类模板合同实施"契约锁"。运行后的系统AB端业务人员就可以结合自身实际，随时随地对双方评审完成的合同进行电子平台签署盖章，且电子合同与纸质合同具有同等法律效力。

据悉，通过一系列措施的实施，切实落实了主体单位与职能部门的"主体"和"监管"两个责任，有力地推动了工作合规化和减负任务的落实，为龙钢公司持续健康发展奠定了坚实的基础。

资料来源：张盈，抓基础强管理 "结"出"累累硕果"，中国冶金报社官网，2019年6月11日，http://www.csteelnews.com/qypd/gl/201906/t20190611_11036.html。

3.4.2 风险评估

企业应当在流程梳理的基础上,对各项业务流程中存在的风险进行识别,分析风险发生的成因和可能性,评估风险发生的后果与风险重要性,并研究确定风险应对策略,为后续关键控制点和控制措施的确定提供依据。具体操作步骤如下:

第一步,分析企业及其所处环境,了解企业所面临的内外部风险因素以及未来经营管理中存在的潜在风险。

第二步,可以通过阅读企业当前所运用的管理制度,包括不限于内部控制手册、业务流程图、文字说明、操作程序等资料,以全面了解获相关业务流程。当然,也可以通过访谈的方式从知情人士处获取信息,包括企业的业务人员和财务人员,还可以通过对管理层的访谈了解业务流程的实际操作模式。

第三步,企业可以随机抽取一笔业务进行穿行测试以进一步确认对该类业务的了解,验证对于该类业务的流程记录是否准确,并据此识别业务流程中的潜在风险点。在此可以利用"舞弊三角"原理对业务流程中的潜在风险点进行判断。"舞弊三角"指的是压力(Pressure)、机会(Opportunity)和自我合理化(Rationalization)三要素,若三要素同时存在,则需要在识别潜在风险点的过程中重点关注舞弊风险发生的可能性。

第四步,在采取穿行测试梳理和确认业务流程之后,识别业务流程的各个节点,并考虑哪里最可能出错。企业应关注最可能造成差错和舞弊的流程节点,关注其发生的可能性大小,分析其造成的影响程度。

3.4.3 确定关键控制点

内部控制的全面性原则要求企业对业务流程中的每一个环节建立风险控制点。但对于企业来说,时时刻刻关注业务流程中的每一个环节,通常是浪费时间精力且没有必要的。内部控制的成本收益原则也决定了企业应当将注意力集中于业务处理过程中发挥作用较大、影响范围较广、对保证整个业务活动的控制目标至关重要的关键控制点上。抓住关键控制点就意味着抓住了全局,因此内部控制设计的重点应当放在关键控制点上。选择的关键控制点是否恰当有效在很大程度上决定了内部控制的有效性,不但会直接影响到该业务流程的风险能否被科学、合理和有效地予以控制,而且会影响到后期内部控制评价和内部控制审计阶段的测试工作量。在实际操作中,可以按照以下步骤确定关键控制点:

第一步,该节点是否有风险控制措施?若"没有",则该步骤对于风险控制是否有必要?若没有必要,则该步骤不涉及关键控制点;若有必要,则说明该节点属于关键控制点。

第二步,如果该节点已采取风险控制措施,那么需要进一步判断该措施能否将风险消除或降低至企业可接受的风险水平。若风险能够消除或降低,则可确定该节点为关键控制点;若风险不能消除或者降低,则要进入第三步进行判断。

第三步,判断该节点的风险是否超过可接受水平。若不会超过可接受水平,则该步骤不是关键控制点;若超过可接受水平,则还要进入第四步进行判断。

第四步,判断后续流程节点是否可以消除或者降低风险。若后续流程节点不能实现,则该节点为关键控制点。通过上述四个步骤,企业可以确定业务流程的关键控制点。

除了操作步骤,企业在选择关键控制点时还应在宏观上考虑以下因素:第一,选择关键的业务活动以及关键的业务环节。比如,传统的成本控制只是强调事后的分析和检查,主要侧重于严格执行成本开支范围和各项规章制度。随着市场竞争的加剧和产品寿命周期的缩短,现代企业尤其是加工制造业的成本控制重点应逐渐转移到产品投产前的事前控制,做好经营预测,通过开展价值工程活动,对产品的成本与功能关系进行分析研究,找出支出最大或节约潜力最大的产品或项目,然后利用因素分析法,找出主次因素,将影响成本费用项目的主要因素作为关键控制点。第二,选择关键业务环节中的关键成本费用项目。应着重选择那些对企业竞争力、盈利能力有重大影响的活动或最易发生错误与舞弊且可能造成重大损失的环节进行监督和控制。例如,材料采购业务中的"验收"控制点,对于保证材料采购业务的完整性、物资安全性等控制目标起着重要的保障作用,因而是材料采购控制系统中的关键控制点;相比之下,"审批""签约""登记""记账"等控制点,属于一般控制点。第三,选择重要的要素或资源。选择重要的要素或资源必须保证能抓住问题的关键,选择的依据就是对企业的竞争力、盈利能力影响重大或节约潜力较大。例如,在库存物资控制中,运用ABC分类法将其分为A、B、C三类,并对A类重要物资实施严格的控制,包括完整、精确的记录以及管理人员经常性检查。当然,在选择控制有形资源的同时,还要特别重视各种无形资产或资源的监督和控制,包括对时间的节约和信息技术的有效利用等。

3.4.4 确定控制措施

确定关键控制点之后,企业应该结合风险评估的结果,采取相应的控制措施。可供选择的控制措施包括以下类型:

一是预防性控制措施。预防性控制措施是指为防止发生错误和舞弊以及防止经营和财务风险所采取的控制措施。只要是在预先知道可能发生错误和舞弊的地方所采取的相应控制程序和政策都属于预防性控制。它主要解决"如何能够在一开始就防止风险发生"的问题,如不相容职务相分离控制、授权审批控制等。

二是发现性控制措施。发现性控制措施也可以称为检查性控制措施,是为了查明并纠正已经发生的错误和舞弊而实施的控制措施。发现性控制虽然在事后进行,但对发现或纠正错误和舞弊同样具有重要的作用,如对账、盘点、轮岗等。它主要解决"如果风险仍然发生,如何查明"的问题。

三是补救性控制措施。补救性控制措施是针对某些环节的不足或缺陷而采取的控制措施,如终止合同履行、终止合作、停止交易等。补救性控制的目的是在损失已经不可避免时如何尽可能地减少损失。它主要解决"如果风险已经发生了,如何将损失降到最低"的问题。

3.4.5 明确责任主体

在确定各控制点和控制措施的基础上,企业应本着"风险控制,人人有责"的理念,将控制责任落实到相应的部门和岗位上,以保证责任到人,失职必究。

明确责任是内部控制制度能够有效执行的前提,其原因在于:第一,将责任具体到业务流程中的具体环节,能够使该环节上的员工清晰地知道自己的工作内容,有助于内部控制工作的顺利展开;第二,明确岗位职责能够有效防止同一业务流程内出现部门与部门或者员工与员工之间的工作推诿和责任推卸等现象;第三,明确岗位职责有利于监控内部控制的运行状况,同时能够监督相应岗位员工对内部控制的执行情况,也为员工风险控制绩效考核提供重要的参考依据。

> 来自现实社会的实例总能带来更直观的体验和有益的启示,读者可下载"开拓视野"资料包,推荐"践行有成"栏目的"国信集团实施全面风险管理体系"。

3.4.6 完善证据

完善证据就是在上述工作的基础上,完善各种表单,形成控制证据。

控制证据通俗的说法就是各种表单。控制证据有两方面的功能:一是表单本身就是控制措施的落实,将控制点和控制措施落到实处。比如一项业务从申请、审核、审批、执行、再审批、记录这么一个完整的过程,可以通过一张或者若干张表单来实施,对于申请人提出的申请内容,谁审核、谁审批、谁经办、谁记录等,每个环节的负责人都签上自己的名字,这就意味着将实际控制落实到实处。二是表单的流转为内部控制留下痕迹。谁在这个流转过程中实施控制,即谁在表单上签字,留下痕迹,为下一步进行内部控制的测评提供资料,有利于进行内部控制评价与审计。

3.4.7 编制文档

编制文档就是在上述各项内容的基础上,将其整理编制成内部控制文档。内部控制文档应当包括控制点、风险分析、控制目标、控制措施、控制责任、控制证据等。

> 来自现实社会的实例总能带来更直观的体验和有益的启示,读者可下载"开拓视野"资料包,推荐"践行有成"栏目的"信息化推动构建企业内部控制体系"。

3.4.8 设计手册

《企业内部控制基本规范》第十四条明确提出了"内部管理手册"这一概念。内部控制手册是企业内部控制体系建设过程中的重要组成部分,是风险控制真正具有可操作性的强力保障。内部控制手册实际上是对现场工作取得的成果和收集的资料做进一步的整理与完善,编制控制程序文件,并汇总上述各阶段成果,是企业以《企业内部控制基本规范》及其配套指引为基础,结合自身实际情况编制而成的内部控制工作指南。内部控制手册的编制能够使企业全体员工掌握内部控制的机构设置、流程划分、职责分配等情况,明确权责分配,正确行使职权。

综合案例

海外工程商务风险体系的建立[①]

山东电力工程咨询院有限公司(以下简称"山东院")成立于1958年,2007年6月由国家电网公司划转到国家核电技术公司。

山东院主营业务包括常规能源、新能源、输变电、核电等,在全国电力勘察设计行业率先同时拥有百万千瓦级超超临界火电、特高压输变电设计和三代核电工程总承包能力和业绩,能为国内外客户提供电力工程建设和运营全产业链条服务,包括工程咨询、规划评估、勘察设计、项目管理、工程总承包、调试运行、寿期服务等。

为了更好地服务业主,山东院在国内设立内蒙古子公司、北京子公司、北京分公司、新疆分公司、上海和广州办事处,在国外设立了俄罗斯合资公司、印度尼西亚子公司、巴西子公司、菲律宾分公司、南非分公司和印度办事处。公司成立五十多年以来,山东院在全国27个省、市、自治区以及全球30多个国家和地区开展了业务。

一、成果实施背景

山东院建立海外工程商务风险体系主要基于以下几方面的考虑:

(1)近年来,随着国家电力政策的调整,国内电力工程承包市场竞争日益激烈,大量电力企业开始走出国门参与海外工程项目,其中大多数是EPC工程。与其他行业相比,电力企业进入海外市场时间短、经验不足,对各种风险分析不够或缺乏有效的对策,也没有形成完善的风险管控体系,给企业带来了诸多风险和挑战。

(2)山东院自2007年开始尝试进入海外电力工程市场,在投标及工程实施过程中,发现自身缺乏国际商务管理能力,特别是对国际工程特点不了解,对国际工程商务风险认识不足,阻碍了工程的正常实施,影响了企业预期效益,甚至妨碍了企业的正常发展。

(3)国际商务人才缺乏,人员储备不足。山东院走国际化道路的时间短,国际商务人才储备不足,现有人员在工作方法、解决问题措施等方面仍然沿用国内工程管理的思路,不能完全适应海外工程复杂多变的需要。

(4)海外工程与国内工程相比,具有情况复杂、涉及面广、风险因素多等特点,山东院原有的制度流程体系、人力资源体系不能完全适应国际工程市场的需要。目前,山东院已制定和发布了多项海外工程商务管理制度文件,对海外工程商务风险的管控起到了一定的

---

① 张卫东、王国栋、李艳、等.海外工程商务风险体系的建立,《中国电力企业管理》,2015年第1期增刊。

作用,但仍不同程度地存在体系不完善、部门职责不清晰和制度文件不完备等问题。

二、成果内涵

针对上述情况,山东院组织人员就海外工程商务风险进行了系统研究,初步建立了海外工程商务风险体系。该体系包括以下四个子体系:

(1) 商务风险识别、评价和对策体系。首批海外工程商务风险包括价格风险、合同风险、财务风险和法律风险,主要针对构成商务风险的性质和成因,建立商务风险的 WBS(Work Breakdown Structure,工作分解结构),分析风险产生的原因,形成风险数据库;根据风险评估模型进行风险评价,并提出相应的应对措施。

(2) 工作方法体系。对风险管理的技术与方法进行学习和研究,整理出适用于商务风险管理的定性和定量方法,并根据不同的风险类型,提出适用的风险管理方法。

(3) 制度流程体系。结合山东院2013年度重点工作计划,补充和完善国际工程商务风险管理制度和流程。

(4) 组织和人力资源体系。结合山东院内部控制风险体系管理,明确各部门和岗位在商务管理、风险管控中的职责和分工。

三、成果主要做法

1.《商务风险识别、评价和对策体系》子体系

(1) 商务风险识别。按照 WBS 编码结构对商务风险进行识别,形成商务风险识别总表,示例见表3-6。按照风险层次的不同,将商务风险分为4个一级层次的风险,其中价格风险 WBS 编码为 01-00-00,合同风险 WBS 编码为 02-00-00,财务风险 WBS 编码为 03-00-00,法律风险 WBS 编码为 04-00-00。

表3-6 商务风险识别表示例

WBS 编码			一级风险	二级风险	三级风险	风险描述
02	03	00	合同风险			
02	03	01	合同风险	开工	合同未明确开工条件或条件不合理	通常情况下,开工条件包括履约保函、预付款保函、预付款、保险等
02	03	02	合同风险	开工	承包商未提交履约保函和预付款保函	若承包商未提交履约保函和预付款保函,则雇主不会支付预付款,承包商不会开工
02	03	03	合同风险	开工	雇主未支付预付款	若承包商按规定提交了履约保函和预付款保函,但雇主未支付相应预付款,则承包商也不会开工。但若履约保函和预付款保函中没有设置"以收到预付款为前提条件"的生效条款,则履约保函和预付款保函在承包商收到预付款前将面临可能被兑现的风险
02	03	04	合同风险	开工	合同未生效	项目开工在合同生效之后,合同不具备生效条件自然无法开工
02	03	05	合同风险	开工	未提交保险有关证明	有时合同会约定将保险纳入开工条件,若承包商未提交交纳保险的有关证明则无法开工

（2）商务风险评估。针对识别出的风险，依据判定风险事项的两个维度（风险发生概率和风险影响程度），参考公司内控风险评价模型及国际上比较适用的风险评估模型（见表3-7），对商务风险评估模型进行了设计。

表3-7　风险评估模型

可能性	影响程度				
	2	4	6	8	10
10	M	H	H	E	E
8	M	M	H	H	E
6	L	M	M	H	E
4	L	M	M	M	H
2	L	L	M	M	H

注：H和E为关键风险区域。L指低风险，M指中风险，H指高风险，E指极度风险。

（3）风险评估定量分析。山东院邀请公司内外具有丰富实践经验的专家团队对风险进行了定量分析。专家团队中的综合打分专家（包括价格、合同、财务、法律）、价格风险打分专家、合同风险打分专家、财务风险打分专家、法律风险打分专家共计23人，分别就每一个识别出的风险点进行了认真的分析，形成了《风险打分汇总表》，示例如表3-8所示。

表3-8　风险打分汇总表

编码	一级风险	二级风险	三级风险	概率平均分	后果平均分	关键风险	风险打分专家														
							申××		张××		韦×		王××		马××		成×		王×		孙×
							概率打分	后果打分	概率打分	后果打分	概率打分	后果打分	概率打分	后果打分	概率打分	后果打分	概率打分	后果打分	概率打分	后果打分	概率打分	后果打分
02 00 00	合同风险																					
02 03 00	合同风险	开工		0.00	0.00																	
02 03 01	合同风险	开工	合同未明确开工条件或条件不合理	3.50	5.50		4	6	4	10	4	6	4	6	2	2	2	2	2	6	6	6
02 03 02	合同风险	开工	承包商未提交履约保函和预付款保函	2.50	4.25		2	6	6	8	2	2	2	4	2	2	2	8	2	2	2	2
02 03 03	合同风险	开工	雇主未支付预付款	3.50	6.25		2	6	6	10	2	4	4	6	2	4	2	8	2	4	6	10
02 03 04	合同风险	开工	合同未生效	2.75	3.75		2	6	6	6	2	2	2	4	2	2	2	2	2	2	2	2
02 03 05	合同风险	开工	未提交保险有关证明	3.00	3.50		4	4	6	6	2	2	2	4	2	2	4	6	2	2	2	2

(4)关键商务风险的确定。根据风险评估模型,将各位专家打分的平均数作为本风险事项的得分,得分落在 E 区域和 H 区域的风险即为关键商务风险事项。

(5)风险识别及应对措施表(示例见表3-9)。通过风险识别和风险评估,山东院将各类风险分为三级共 195 个子目,关键风险事项 65 项(价格风险 17 项、合同风险 26 项、财务风险 12 项、法律风险 10 项),其中合同风险中的 4 项风险和法律风险中的 1 项风险确定为极度风险,其余 60 项均为高风险。

表 3-9 风险识别及应对措施表

编码	一级风险	二级风险	三级风险	风险描述	关键风险	风险应对措施
02 01 02	合同风险	许可类证照	雇主未完成相应许可、执照或批准	通常情况下,雇主负责的许可类证照包括项目规划、立项、环评、并网、设备进口等		1.在合同中明确规定雇主范围内的许可、执照或批准 2.明确界定雇主未完成情况下的违约责任,如赋予承包商工期和费用的索赔权利,暂停或终止权利及相应的赔偿机制
02 01 03	合同风险	许可类证照	承包商未完成相应许可、执照或批准	承包商负责的许可类证照包括设计认证、内陆运输、清关、施工许可、施工用水电许可、生活临建许可、工作签证等	H	1.合同签订前进行充分调研,充分估计各项许可、执照或批准的办理时间和费用,并在工期和报价时予以考虑 2.合同签订时明确规定需雇主协助的工作范围 3.合同执行时聘请有经验的第三方进行协助
02 01 04	合同风险	许可类证照	主管当局产生的风险	相关许可审批的政府主管部门由其所在国家的机构流程设计、国情文化决定,可能存在办事效率低、申办手续烦琐、索贿受贿情况		1.在合同中赋予承包商此类风险下的工期和费用索赔权利 2.保留相关证据,清晰明确的证明风险来自主管当局
02 01 05	合同风险	许可类证照	许可证照申请程序、时间、前提条件及相关费用变更的风险	由于项目所在国法律变更或审批机构职能调整导致许可证照在申请办理过程中出现变化,可能影响许可证照取得的时间、前置条件更加严格、费用负担增加,甚至影响承包商按时履约		在合同中赋予承包商此类变更下的工期和费用索赔权利

(6)《国际工程法律与合同风险管理手册》。根据海外工程商务风险识别和应对措施的研究与分析,为了防范从投标、签约、执行、收尾各阶段的法律和合同风险,山东院经过调研,与英国品诚梅森事务所建立合作关系,并共同策划编制山东院《国际工程法律与合同风险管理手册》,作为山东院商务人员在日常管理工作过程中的工作手册。该手册共分 5 章,48 个二级子目,约 14.5 万字。

2.《工作方法》子体系

在创新过程中,山东院对风险管理的技术和方法进行学习与研究,整理出适用于商务风险管理的定性和定量方法,并根据不同的风险类型和研究阶段,提出适用的风险管理方法,如风险矩阵法、头脑风暴法、鱼骨图法(见图3-5)、专家打分法等。

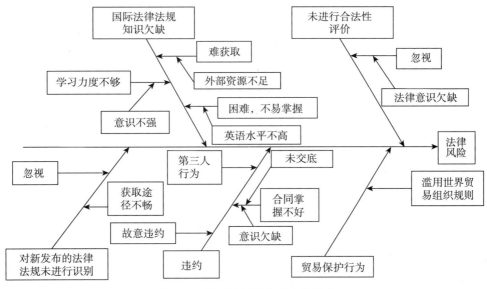

图 3-5 "鱼骨图法"分析法律风险

3.《制度流程》子体系

任何管理体系都必须以制度为基础。山东院在商务风险分析过程中梳理风险管理制度,针对四类风险因素编制了19个程序文件(见表3-10),涵盖项目投标报价、项目收付费、工程变更、合同管理及索赔与反索赔全过程,使各项管理工作制度化、流程化。

表 3-10 风险管理制度汇总表

序号	风险因素类别	制度名称
1	价格风险	报价组织程序
2	价格风险	国际工程报价管理程序
3	价格风险	国际工程工程量清单管理程序
4	价格风险	报价风险管理制度
5	财务风险	收付汇管理规定
6	财务风险	出口退税管理规定
7	财务风险	海外税务管理程序
8	财务风险	保函管理规定
10	财务风险	汇率风险管理程序
11	财务风险	海外工程财务风险管理制度
12	合同风险	商务管理程序

(续表)

序号	风险因素类别	制度名称
13	合同风险	商务风险管理程序
14	合同风险	合同管理程序
15	合同风险	国际工程索赔与反索赔管理办法
16	合同风险	国际工程变更管理办法
17	合同风险	国际工程保险管理办法
18	法律风险	索赔与合同纠纷处理程序
19	法律风险	法律风险管理制度

4.《组织和人力资源》子体系

经过研究和讨论以及各部门在分析各项风险过程中形成的一致意见，山东院界定了"国际大商务"的概念，并初步明确商务风险管理的牵头部门为商务部，负责国际商务风险体系建立和完善的总体规划与总体协调工作。

根据院内各部门职能分工的不同，四类商务风险对应的主控部门分别为：价格风险为费用控制部，合同风险为商务部，财务风险为财务部，法律风险为法律事务部。在明晰各部门职责的同时，也有利于有效利用各部门资源，集中各专业部室的优势，提升风险管理水平。

目前，山东院每月召开大商务会议，讨论海外工程商务管理的策划和提升工作，并研究解决投标和执行中遇到的问题。

四、主要创新点

（1）在风险管理中运用工程管理方法，特别是运用WBS将各类风险分为三级共195个子目，风险分析更加清晰、系统，并可将其应用到未来的信息化管理中。

（2）借鉴国际保险公司及内部控制风险体系建设经验，建立海外工程商务风险评估模型和风险对策表。

（3）采用项目管理方式，统计、跟踪、检测体系建立进度、费用目标完成情况，为山东院其他管理类创新研究提供借鉴。

（4）摸索了一套商务风险体系建立的方式、方法，可以推广应用到国别风险、政治风险、安全风险、技术风险等其他风险体系的建立。

五、实施效果

（1）初步形成了山东院覆盖全面、层次清晰的商务风险管理团队。体系建立运用山东院风险矩阵法、头脑风暴法、鱼骨图法、专家打分法等多项管理工具，提高了参与人员的管理水平。2013年山东院共组织公司级会议8次、部门会议10余次、外部专家培训1次。各部门人员通过参与研究和相关培训，在提升自身素质的同时，初步形成了山东院覆盖全面、层次清晰的商务风险管理团队。

（2）风险管理组织架构完善，部门职责明确。通过体系建立，山东院完善了公司的风险管理架构，明确了风险管理涉及的各部门职责。山东院通过对项目风险的全方位梳理,形成了以项目经理为总协调人、商务部为归口管理部门、各部门为风险主控部门,全员参与的风险管理组织架构,各部门有责任和义务做好风险识别、提出应对措施,并负责具体措施的落实。此外,商务部将根据需要,设置专职/兼职风险管理工程师,负责组织、协调、指导和检查各部门的风险管理工作。

（3）做好事前预警,树立风险防范理念。自海外工程商务风险体系建立后,各项目部对照《商务风险识别表》,结合自身实际情况,对项目风险进行识别、分析,形成本部门的《项目风险识别及应对措施表》。山东院通过提前预见各类风险,采取不同的风险应对措施,有效减少了公司损失,自2013年以来,已为公司避免经济损失达1.7亿元人民币。

（4）风险管理常态化机制业已形成。各部门定期和不定期地进行项目风险的识别与更新；定期召开风险控制讨论会,汇报风险应对措施的落实情况以及新识别的风险因素等,并讨论形成应对措施和责任落实。

市场竞争永无止境,企业发展永无止境,风险管理能力提升也永无止境。山东院的商务风险体系已成为企业核心竞争力的重要组成部分,并将日益发挥更加重要的作用,为建设国际化、差异化的国际性工程公司提供有力支撑和保障。

思考题

1. 山东电力工程咨询院有限公司的内部控制制度建设有哪些特色？
2. 从山东电力工程咨询院有限公司的内部控制制度建设实践中可以获得哪些启示？

第 4 章 内部控制工具方法

寄 语

内部控制体系建设离不开工具方法的支持。内部控制工具方法既包括风险评估工具,也包括风险应对策略,还包括风险控制方法。本章首先介绍六种具有普适性的风险评估工具的应用,包括德尔菲法、现场调查法、事件树法、因果图法、风险矩阵法、风险清单法等;其次,根据《企业内部控制基本规范》的规定,讲授企业可以运用的四种风险应对策略,包括风险规避、风险降低、风险分担和风险承受等;最后,阐述不相容职务分离控制、岗位轮换控制、强制休假控制、授权审批控制、会计系统控制、财产保护控制、合同控制等合规性控制方法的基本原理。

- **知识要点** 了解内部控制工具方法的类型,理解内部控制工具方法的作用。
- **技能要点** 掌握六种风险评估工具的基本原理,并能够有效识别企业不同类型的风险;掌握四种风险应对策略的基本原理及优缺点,并能够合理选择风险应对策略进行风险的应对和处置;掌握七种合规性控制工具的基本原理,并能够综合应用,将风险控制在合理的范围之内。
- **素质养成** 结合内部控制工具方法的学习,领会习近平总书记关于"要提高风险化解能力"讲话的精神;结合风险评估的基本原理,体会习近平总书记关于"既要高度警惕'黑天鹅'事件,又要防范'灰犀牛'事件"论述的本质;反思舞弊事件频发的根源,践行社会主义核心价值观,坚定反舞弊的信心;加强"三重一大"集体决策审批制度的教育,牢固树立法治观念。

引导案例

从獐子岛事件看控制方法问题[①]

獐子岛集团股份有限公司(以下简称"獐子岛")被媒体称作中国资本市场中最擅长"演戏"的上市公司,2014—2019年的5年时间里,獐子岛连续上演了四次"扇贝去哪儿了"的大型"电视连续剧",公司的扇贝变着花样地消失了4次,而且原因各异,不仅有受灾的,还有冻死的和饿死的。

按照獐子岛的说法,2014年10月,是前两年底播海域虾夷扇贝因冷水团异动而近乎绝收;2018年1月,是"降水减少导致饵料生物数量下降"导致扇贝被"饿死";2019年第一季度,是"底播虾夷扇贝受灾";2019年11月,是"底播扇贝出现大比例死亡"。其实,这些事件背后暴露了獐子岛公司在内部控制方面存在重大缺陷,其中在控制方法方面有以下表现:

1. 不相容职务未分离

扇贝作为獐子岛最核心的生物资产之一,其采购、领用、播种理应贯彻严格的不相容职务分离控制。但从公开披露的信息看,虾夷扇贝的播种都由公司员工自主进行,既没有在播苗过程中使用录像等监控手段,也没有第三方机构在场。不相容职务分离控制的缺失,导致了扇贝苗在取得和验收时出现员工舞弊行为,从而导致幼苗质量不高、数量不够的情况发生,大大降低了扇贝的存活率。当然,更为严重的是公司控制权集于董事长吴厚刚一人,他既担任上市公司董事长,又担任獐子岛镇党委书记,同时还是集团公司总裁,一言堂现象明显,造成"三重一大"事项集体决策审批控制形同虚设。

2. 会计系统控制失效

根据2020年6月15日中国证监会对獐子岛下达的行政处罚决定书,獐子岛公司2016年、2017年年报存在虚假记载,主要集中在虚增营业成本方面。公司每月结转底播虾夷扇贝成本时,以当月虾夷扇贝捕捞区域(采捕坐标)作为成本结转的依据,捕捞区域由人工填报且缺乏船只航海日志予以佐证。经比对底播虾夷扇贝捕捞船只的北斗导航定位信息,獐子岛公司结转成本所记载的捕捞区域与捕捞船只实际作业区域存在明显出入。以虾夷扇贝捕捞船只的北斗导航定位信息为基础,经第三方专业机构测算,獐子岛公司2016年度账面结转捕捞面积较实际捕捞面积少13.93万亩,由此獐子岛公司2016年度虚减营业成本6 002.99万元;2017年度账面结转捕捞面积较实际捕捞区域面积多5.79万亩,由此獐子岛公司2017年度虚增营业成本6 159.03万元。

3. 财产保护控制不到位

獐子岛作为一个"靠天吃饭"的海产品养殖公司,公司大量的存货养殖位于海底深处,受自然环境影响较大且不易审核监测,但公司并没有采用有力的控制措施,直到2015年才编制《底播虾夷扇贝存货管理规定》,并且一年只有一次年终盘点和春夏两次抽测。

[①] 作者根据相关资料整理。

这样的存货抽测频率与其拥有的巨额存货不匹配,并且存货盘查时抽样面积相对于庞大的养殖面积显得非常小。以对2016年播苗海域抽样情况为例。对于2016年播苗的52 000亩海域,獐子岛仅对其中的9.08亩海域进行抽样检测,并根据历史经验和抽测情况做出存货计提跌价准备的决定。这种做法让人不禁质疑其数据的真实客观性。另外,獐子岛存货盘点的实际结果既没有被真实记录,也没有接收专人或者第三方的复核。根据2020年6月15日中国证监会对獐子岛下达的行政处罚决定书,经与抽测船只秋测期间的航行定位信息对比,獐子岛公司记录完成2017年秋测计划的120个调查点位中,有60个点位抽测船只航行路线并未经过,即獐子岛公司并未在上述计划点位完成抽测工作,占披露完成抽测调查点位总数的50%。显然,獐子岛盘点报告存在虚假记载。

启示录 獐子岛受到证监会的处罚在很大程度上可以归咎于其控制活动(即控制方法)方面的漏洞。那么,合规性控制方法主要有哪些类型?每一种类型的基本原理是什么?本章将详细解答以上问题。除此以外,本章还将介绍具有普适性的六种风险评估工具和四种风险应对策略的应用。

4.1 风险评估方法

风险评估可以利用多种方法,但在现实中应用最广的主要是德尔菲法、现场调查法、事件树法、因果图法、风险矩阵法、风险清单法等。

4.1.1 德尔菲法

德尔菲法又称专家调查法,是指在识别风险时,对多名相关专家进行反复咨询并征求意见,直到取得较大程度的共识,从而最终确定影响企业的主要风险因素的方法。德尔菲法依据系统的程序,采用匿名发表意见的方式(即专家之间不得互相讨论、不发生横向联系,只能与调查人员发生关系),通过多轮次调查专家对问卷所提问题的看法经过反复征询、归纳、修改,最后汇总成专家基本一致的看法作为预测的结果。这种方法具有广泛的代表性,较为可靠。

践行有成

对采用PPP模式的黑龙江省灌区项目建设风险进行分析

利用德尔菲法对采用PPP模式的黑龙江省灌区项目建设风险进行分析,需要聘请10名专家,组成专家小组。将已辨识的PPP模式的黑龙江省灌区建设项目风险因素以及相关背景材料发送给专家,专家根据自身的知识和经验对各类风险按照1—10分的标准进行评定,经过三轮反馈得到的结果如表4-1所示。

表 4-1 利用德尔菲法对黑龙江省灌区项目建设风险的打分表

风险因素 专家评分	最高分			最低分			中位数			平均数		
轮次	一	二	三	一	二	三	一	二	三	一	二	三
政治风险	6	6	6	2	2	3	4.0	4.0	4.0	4.0	4.2	4.4
资金筹措	9	10	10	6	6	7	7.5	8.0	8.0	7.6	7.9	8.1
利率变化和通货膨胀	8	9	9	5	6	6	6.5	7.0	7.0	6.5	7.1	7.1
技术风险	8	8	8	4	4	4	6.0	6.0	6.5	5.7	6.0	6.0
法律风险	6	7	7	3	4	4	5.0	5.5	5.5	5.0	5.6	5.6
合同风险	7	7	7	2	3	3	5.0	5.0	5.0	4.9	5.0	5.0
不可抗力风险	5	5	6	3	3	4	4.5	5.0	5.0	4.3	4.5	4.9

对三轮的专家反馈意见进行整理总合，各个风险因素的得分反映了其风险度的大小，得分越高，表示风险因素影响越大，决策者对该风险的关注程度就应该越高，并做出相应的规避措施，避免风险可能带来的经济损失或工期拖延。

根据表 4-1 的整理结果可以看出，资金筹措、利率变化和通货膨胀、技术风险这三个因素的风险度在第三轮的平均得分分别为 8.1 分、7.1 分、6.0 分，在所有的七个风险因素中得分较高，并且每一轮的专家反馈得分都有一定程度的提高，这表明在 PPP 模式的灌区项目建设中，资金筹措、利率变化和通货膨胀、技术风险这三项风险较大，它们会影响项目的正常开始和进行以及项目预算成本。对于资金筹措风险，可以通过多渠道融资的方式来减小；对于利率变化和通货膨胀风险，可以采用固定利率融资贷款或者多种货币组合融资的方式来规避；对于技术风险，可以学习其他国家先进的灌区建设技术，提高黑龙江省的技术水平，以此减少将来运营和维护的成本。

另外，其他四项风险如法律风险、合同风险、不可抗力风险及政治风险的风险度在第三轮的平均得分分别为 5.6 分、5 分、4.9 分、4.4 分，虽然没有其他三项风险的得分高，但也存在一定的影响，决策者也应采取相应的措施来规避或减小风险发生的可能性。

资料来源：景雅琪、梁冬玲，基于德尔菲法的黑龙江省灌区 PPP 模式建设项目风险分析，《中国市场》，2015 年第 12 期。

德尔菲法的优点包括：①能够充分利用专家的经验和学识，集思广益；②可以避免会议讨论时产生的因害怕权威而随声附和、固执己见或顾虑情面不愿与他人发生意见冲突等弊病；③预测过程必须经过几轮的反馈，使专家的意见逐渐趋同。德尔菲法的局限性是过程比较复杂，花费时间较长。

> 践行有成

某建筑业上市公司的国际工程项目风险评审表

某建筑业上市公司近年来积极开拓海外市场,并在制度中规定,对于任何一项国际工程项目在投标之前都首先要进行风险评估。为此,公司专门设计了国际工程项目风险评审表,主要从政局与社会环境、经济与商情、自然条件、合同、勘察与设计、施工组织与管理等六个方面列示了46项指标,并分别赋予权重。在实际操作时,公司聘请有经验的专家根据项目的实际情况,依据每个指标所反映的风险级别分别进行评分,最后加总计算出总分。公司最终根据总分的高低决定是否参与国际工程项目的投标。表4-2给出了部分风险评审指标。

表4-2 某建筑企业的国际工程项目风险评审表(节选)

编号	指标	权重	风险级别					得分
			低	次低	中	次高	高	
1	**政局与社会环境**	**7**	**0**	**0.25**	**0.50**	**0.75**	**1**	
1.1	政局稳定	1	0	0.25	0.50	0.75	1	
1.2	法律法规及政策	1	0	0.25	0.50	0.75	1	
1.3	与中国的双边关系	1	0	0.25	0.50	0.75	1	
1.4	国际关系状况	1	0	0.25	0.50	0.75	1	
1.5	是否有特殊国别政策	1	0	0.25	0.50	0.75	1	
1.6	社会环境	1	0	0.25	0.50	0.75	1	
1.7	基础设施状况	1	0	0.25	0.50	0.75	1	
2	**经济与商情**	**25**	**0**	**0.25**	**0.50**	**0.75**	**1**	
2.1	经济运行状况	2	0	0.25	0.50	0.75	1	
2.2	业主基本情况	3	0	0.25	0.50	0.75	1	
2.3	项目资金来源	3	0	0.25	0.50	0.75	1	
2.4	中间人基本情况	2	0	0.25	0.50	0.75	1	
2.5	融资条件	2	0	0.25	0.50	0.75	1	
2.6	预付款比例	1	0	0.25	0.50	0.75	1	
2.7	支付货币	1	0	0.25	0.50	0.75	1	
2.8	汇率变化	3	0	0.25	0.50	0.75	1	
2.9	银行保函及担保	2	0	0.25	0.50	0.75	1	
2.10	保险	2	0	0.25	0.50	0.75	1	
2.11	物价上涨、通货膨胀	2	0	0.25	0.50	0.75	1	
2.12	税费水平	2	0	0.25	0.50	0.75	1	
3	**自然条件**	**5**	**0**	**0.25**	**0.50**	**0.75**	**1**	
3.1	地震	0.5	0	0.25	0.50	0.75	1	
3.2	强暴雨、飓风	0.5	0	0.25	0.50	0.75	1	

(续表)

编号	指标	权重	风险级别					得分
			低	次低	中	次高	高	
3.3	严寒或高温	0.5	0	0.25	0.50	0.75	1	
3.4	场址地形、地貌	1.0	0	0.25	0.50	0.75	1	
3.5	地方疾病	0.5	0	0.25	0.50	0.75	1	
3.6	环境污染	0.5	0	0.25	0.50	0.75	1	
3.7	地质水文条件	0.5	0	0.25	0.50	0.75	1	
3.8	资源缺乏	1.0	0	0.25	0.50	0.75	1	

4.1.2 现场调查法

现场调查法是指直接进行实地观察和分析,了解企业生产经营中存在的风险隐患的方法。现场调查法是获知企业经营情况的最佳途径,对企业各个活动场所进行检查,从与企业员工及管理层的沟通中发现一些可能被忽视的风险。现场调查法一般分为三步:一是调查前的准备,二是现场调查和访问,三是形成调查报告与反馈。

> 来自现实社会的实例总能带来更直观的体验和有益的启示,读者可下载"开拓视野"资料包,推荐"践行有成"栏目的"集团公司法律合规部对柬埔寨项目进行法务工作调研"。

现场调查法的优点有:①可获得第一手资料;②可与现场工作人员建立良好的关系,宣传风险理念,为之后风险管理措施的落实做铺垫;③防患于未然,有利于将可能发生的风险事故消灭在萌芽状态。现场调查法的局限性是耗时较长、成本较高,有时因疲于应对调查还会引起被调查人员的反感。

> 来自现实社会的实例总能带来更直观的体验和有益的启示,读者可下载"开拓视野"资料包,推荐"践行有成"栏目的"华能集团基建现场安全风险管控系统专题会"。

4.1.3 事件树法

按照百度百科的解释,事件树法是安全系统工程中常用的一种归纳推理分析方法,这是一种按事故发展的时间顺序由初始事件开始推论可能的后果,从而进行风险源辨识的方法。任何事故都是一个多环节事件发展变化的结果,事件树法常被称为事故过程分析,其实质是利用逻辑思维的初步规律和表现形式来分析事故形成过程。这种方法将系统可能发生的某种事故与导致事故发生的各种原因之间的逻辑关系用一种所谓的事件树分析图(示例见图4-1)表示,通过对事件树的分析,最终找出事故发生的主要原因,为确定风险应对提供可靠依据,从而达到避免事故重复发生的目的。

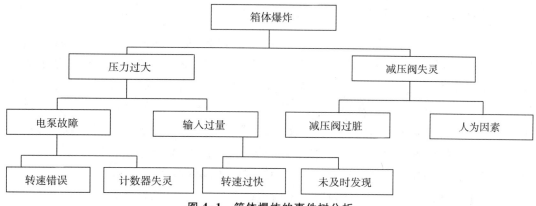

图4-1 箱体爆炸的事件树分析

事件树分析法的优点在于能够找出事故发生的起始原因,进而从根源上采取措施避免事故的再次发生。事件树法的缺点是需要专门的技术,管理成本较高。

4.1.4 因果图法

因果图法也称为鱼骨图法,最早起源于分析质量问题与产生原因之间关系的一种方法,后来逐步拓展应用于风险事故的分析。问题的特性总是受到一些因素的影响,我们通过头脑风暴找出这些因素,并将它们与特性相结合,按相互关联性整理而成的层次分明、条理清楚并标出重要因素的图形就叫因果图(示例见图4-2)。因果图法是一种透过现象看本质的风险分析方法。

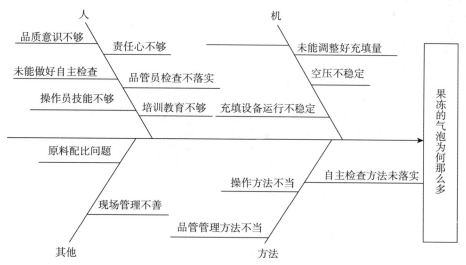

图4-2 果冻质量问题的因果分析

因果图法的主要优点在于:①简单直观,便于理解;②从损失的结果出发,先找出导致损失的重大原因,步步深入,最终找出损失产生的根本原因。因果图法的局限性主要体现在:①需要分析的业务流程较多,对分析人员的专业水平要求较高;②可能存在疏漏;③结论存在一定的主观性。

4.1.5 风险矩阵法

根据《管理会计应用指引第701号——风险矩阵》的规定,风险矩阵是指按照风险发生的可能性和风险发生后果的严重程度,将风险绘制在矩阵图中,展示风险及其重要性等级的风险管理工具方法。风险矩阵的基本原理是,根据企业风险偏好,判断并度量风险发生的可能性和后果的严重程度,计算风险值,以此作为主要依据在矩阵中描绘出风险重要性等级。企业在运用风险矩阵工具方法时,一般按照绘制风险矩阵坐标图(包括确定风险矩阵的横纵坐标、制定风险重要性等级标准、分析与评价各项风险、在风险矩阵中描绘风险点),沟通报告风险信息和持续修订风险矩阵图等程序进行。

风险矩阵是以风险后果的严重程度为横坐标、以风险发生的可能性为纵坐标的矩阵坐标图。企业可根据风险管理精度的需要,确定定性、半定量或定量的指标来描述风险后果的严重程度和风险发生的可能性。风险后果严重程度的横坐标等级可定性描述为"极低""低""中等""高""极高"等(也可采用1、2、3、4、5等M个半定量分值),风险发生可能性的纵坐标等级可定性描述为"不太可能""偶尔可能""可能""很可能""极可能"等(也可采用1、2、3、4、5等N个半定量分值),从而形成M×N个方格区域的风险矩阵图(见图4-3),也可以根据需要通过定量指标更精确地描述风险后果严重程度和风险发生可能性。企业在确定风险重要性等级时,应综合考虑风险后果严重程度和风险发生可能性以及企业的风险偏好,将风险重要性等级划分为可忽视的风险、可接受的风险、要关注的风险和重大的风险等级别。对于使用半定量指标和定量指标描绘的矩阵,企业可将风险后果严重程度和风险发生可能性等级的乘积(即风险值)划分为与风险重要性等级相匹配的区间。为了突出风险矩阵的可视化效果,企业可以将不同重要性等级的风险用不同的标识加以区分。

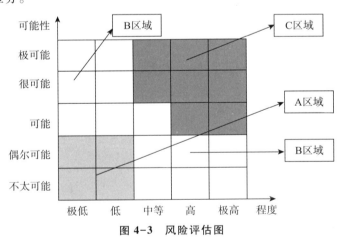

图4-3 风险评估图

风险矩阵法的主要优点是为企业确定各项风险重要性等级提供了可视化的工具。风险矩阵的主要缺点有:①需要对风险重要性等级标准、风险发生可能性、风险后果严重程度等做出主观判断,可能影响使用的准确性;②应用风险矩阵所确定的风险重要性等级是通过相互比较确定的,因而无法将列示的个别风险重要性等级通过数学运算得到总体风险的重要性等级。

风险评估量化模型在新兴际华集团的构建与应用

自 2008 年起,国资委在中央企业选择 31 家作为试点,编报《年度全面风险管理报告》,逐步推进中央企业风险评估量化工作。新兴际华集团有限公司(以下简称"新兴际华集团")作为试点之一,运用 AHP(层次分析法)工具构建了具有新兴际华集团特色的风险评估量化模型,评估结果为新兴际华集团的风险防范、风险预警及决策提供了重要依据,风险评估与企业内控、内审等有机融合,发挥了价值增值作用。

一、运用 AHP 工具,构建风险评估量化模型

AHP 基本原理是把复杂问题分解成各个组成元素,按支配关系将这些元素分组,使之形成自上而下的有序递阶层次结构,计算判断各层次中诸元素的相对重要性,将它们综合在一个评价目标下并排出优劣次序。新兴际华集团在运用 AHP 工具过程中融入了自身特点,构建了具有新兴际华集团特色的风险评估量化模型。

1. 建立多维度、多层次风险辨识指标

(1)统一风险辨识标准。统一集团企业风险辨识标准是风险评估的基础,遵循可比性原则,统一风险评估指标体系有利于不同企业同一风险评估结果的可比,评分标准统一有利于同一企业不同风险评估结果的可比。

第一步,设置风险评估指标。在风险辨识过程中,新兴际华集团从内部控制和外部相关方的角度设定评估指标,按照风险因素对企业的影响程度和风险发生的可能性判断风险程度等级并排序。新兴际华集团在国资委《中央企业风险分类参考标准》提供的五个一级风险指标及若干个二级风险指标的基础上,结合集团实际,依据颗粒度,延伸出三级及以下指标,形成《新兴际华集团风险评估指标体系》,对风险进行分类、分级与统计(见表 4-3)。

表 4-3 风险评估指标体系

一级	二级	三级	四级
战略风险	国际化经营风险	中美贸易摩擦风险	…
	…		
财务风险	债务风险	融资性贸易风险	…
	…		

(续表)

一级	二级	三级	四级
市场风险	市场变化和市场竞争风险	竞争风险	同业竞争风险
			替代品风险
		...	
运营风险	工程项目管理风险	...	
		产能淘汰风险	...
	...		
法律风险	...		
	诉讼风险	...	

第二步，制定评分标准。新兴际华集团基于"风险发生概率"和"风险影响程度"，从五个维度量化评估指标（风险组合分类表及评分标准见表4—4），分别赋予1—5分，表示可能性、影响程度逐渐增加。评分标准采取"唯一标准"，不再分级分层，即不同（级）指标评分标准唯一、同一指标不再多层次设置评分标准，有利于不同人群同一风险评分可比。集团总部还印发了《评分标准详释》，为操作层面提供参考。

表4—4 风险组合分类表

发生概率		影响程度				
		最严重(5)	很严重(4)	中等(3)	不严重(2)	不在乎(1)
几乎可确定	5	10	9	8	7	6
经常发生	4	9	8	7	6	5
发生较多	3	8	7	6	5	4
可能性低	2	7	6	5	4	3
不发生	1	6	5	4	3	2

注：总分值2—4分为低度风险，5—7分为中度风险，8—10分为高度风险。

（2）评估人员权重模型。设置权重的总体原则：风险主管部门人员的权重大于非主管部门人员，业务主管的权重大于骨干员工，骨干员工的权重大于一般员工，同时保持权重设计具有一定的灵活性。最后，加权平均计算出各风险指标的评估得分。

假设参与评估打分的人员分A、B、C三类，权重分别为α、β、γ，每类人员分别为X、Y、Z，则计算公式如下：

$$\text{风险指标的影响程度 } EI = \alpha \frac{\sum_{j=1}^{x} EIA_{ij}}{X} + \beta \frac{\sum_{j=1}^{y} EIB_{ij}}{Y} + \gamma \frac{\sum_{j=1}^{z} EIC_{ij}}{Z}$$

$$\text{风险指标的发生可能性 } EP = \alpha \frac{\sum_{j=1}^{x} EPA_{ij}}{X} + \beta \frac{\sum_{j=1}^{y} EPB_{ij}}{Y} + \gamma \frac{\sum_{j=1}^{z} EPC_{ij}}{Z}$$

其中,EIA(EIB、EIC)$_{ij}$为第 A(B、C)类人员中第 j 个人对风险指标 i 的影响程度的打分;EPA(EPB、EPC)$_{ij}$为第 A(B、C)类人员中第 j 个人对风险指标 i 发生可能性的打分。

2. 科学量化风险评估指标

(1)建立年度风险库。各层级企业按照新兴际华集团风险评估指标和评分标准完成年度风险评估工作。集团总部审计风险部统计各子公司年度风险评估结果(包括各项风险出现频次与各单位风险在指标体系中的分布情况),得到由若干项二级风险组成的集团公司年度风险库。自 2008 年被国资委确定为全面风险管理体系建设试点单位至 2020 年,新兴际华集团已连续 12 年开展风险评估量化工作,积累了大量的年度风险库数据资料。

(2)评估指标筛选。为提高风险分析的针对性、科学性,集团首先对风险进行分级,将风险分为高度风险、中度风险和低度风险。第二是对同级风险进行排序。对于中度风险区域的指标,可通过比较影响程度与发生概率的乘积大小完成指标排序。高度风险、低度风险排序同理。第三是选取前五大风险,作为集团公司本年度重点关注的二级风险(构成包括国资委本年度重点关注的二级风险、中央企业最近十年的年度十大二级风险和集团公司最近十年的年度重点关注的二级风险),将其纳入风险防范化解范围。综合考虑各种因素,在本年度重点应对五项风险的同时,保持指标筛选数量具有一定的灵活性。

(3)风险贡献度。集团在评估过程中提出"风险贡献度"的概念。集团选取"利润占比""资产占比""收入占比"测算各子公司对集团的风险贡献度,分别赋予 50%、30%、20%的权重。将各单位"风险贡献度"结合风险发生频次统计,加权求和汇总,客观、全面地反映风险在集团公司内部的状况,从而使二级重点风险筛选更具准确性与科学性。新兴际华集团年度风险筛选原理如表 4-5 所示。

表 4-5 风险事项筛选原理

	成员单位风险贡献度				风险值 R		
	利润占比	资产占比	收入占比	加权比重	风险 1	...	风险 y
					风险 1 频次 R_1		风险 y 频次 R_y
单位 A				W_a	R_{1a}		R_{ya}
⋮							
单位 X				W_x	R_{1x}		R_{yx}
	100%	100%	100%	100%	$\sum_{a}^{x}(W_i \times R_{1i})$	...	$\sum_{a}^{x}(W_i \times R_{yi})$

将"风险贡献度"作为加权比重,应用于风险评估指标的影响程度、发生可能性,由子公司汇总至集团公司,从而形成集团公司的风险值。

二、风险评估结果的应用

1. 风险与内控融合,提高内控缺陷发现率

新兴际华集团从内部控制和外部相关方的角度构筑了风险指标体系,风险体系实现

了与内部控制的融合,其中三级以下内部风险对应管理及业务流程。同时,强调内部控制是风险管理的基础内容,在风险辨识过程中,重视对内部控制风险点的排查和挖掘,风险辨识实现了与内控的有机融合。结合年度风险评估结果,企业能够发现高风险或关注风险涉及的管理及业务流程,在开展内控自评或监督检查过程中,关注这些流程,有助于提高重大缺陷或重要缺陷的发现率。公司风险评估与涉及流程列表示例如表4-6所示。

表4-6 集团公司风险评估与涉及流程列表(示例)

一级	二级	三级	发生概率汇总	影响程度汇总	评估结果	总分乘积	涉及的管理及业务流程
财务风险							
		现金流风险	4.3	4.1	高	17.6	
		资金短缺风险	4.2	3.9	高	16.4	• 筹资管理 • 预算管理 • 销售与收款 • 采购与付款
		...	...	...	...	...	...

2. 探索建立"风险评估→风险识别→风险化解"闭环工作机制

对于集团本年度重点关注的二级风险,在董事会审议通过后,在全集团范围内开展全面的梳理与排查(包括风险子项),各级企业识别出本年度面临的风险事项及存在的风险事件,明确归口管理责任部门、分管领导,并制定相应的风险应对措施。根据风险识别结果,集团公司对子公司分别下达《风险事项应对、化解任务单》,针对化解任务提出刚性约束,要求按时间节点化解、按完成标准化解。集团建立风险事项跟踪机制,按季出具《风险事项跟踪简报》,随时掌握风险事项进展变化情况,力争将风险损失降到最低。二级企业对任务单中风险事项的应对化解情况进行"月跟踪、季总结、年评价",在督促责任单位、责任部门落实化解措施的基础上,严加考核,实现风险事项的常态化管理与考核管理。

3. 内审以风险为导向,提高重要风险揭示率

新兴际华集团审计条线的考核以审计、内控工作有效性和重要风险揭示为核心,"重要风险揭示率较高"作为考核标准之一并被赋予15%的权重,以提高重要风险揭示率。充分考虑董事会审议通过的集团本年度重点关注的二级风险,审计系统以风险为导向制订本年度集团公司审计计划,优先配置审计资源。将对一部分高风险及中风险事项的应对情况的监督检查落实到审计计划,在内审报告中对风险状况进行充分揭示。对于从事担保、金融衍生品等高风险业务的企业,集团公司在安排审计项目时应审尽审,确保将风险控制在企业可承受范围内。集团公司应根据风险评估结果,调整审计战略、确定审计重点、紧密关注高风险领域。

三、风险评估的实施

新兴际华集团总部的价值创造通过六大职能来实现,其中"预防与监督风险"作为第

二大职能,仅排在"设定战略方向"之后。为了执行"预防与监督风险"职能,必须先知道风险,而知道风险的最佳途径是有效实施风险评估。集团公司风险评估组织团队可以是抽调或聘请的,前提是应当覆盖一切需要的专业,管理、技术缺一不可。在评估周期内,集团公司应当把评估工作纳入日常管理工作,分配必要的工作时间,并给予激励。在制订风险评估计划时,应当考虑评估前的培训,包括过程、细节。新兴际华集团每年第一季度通过AHP风险评估模型识别出排序前十五的风险,包括中央企业共有风险与集团特有风险,按工作惯例,以正式报告形式下发所属各二级公司。国资委每年第二季度同样按工作惯例印发《中央企业全面风险管理汇总分析报告》,统计分析中央企业年度十大风险。经统计,近五年来,上述两者之间重合的风险个数每年均在7个以上,两者之间的一致性较高,表明AHP风险评估的准确性较高。

四、风险评估的进一步强化

企业在年初借助风险评估工具对本年度的风险分布及状况做出预判,由于受到多种因素的制约,难以达到全方位、零失误。因此,企业一方面要不断增强风险评估水平,根据自身管理特点以及外部因素的变化,实时动态调整模型参数,优化评估的参数和权重;另一方面要提升重大风险季度监测水平,密切跟踪年初评估的本年度应重点关注的二级风险的变化情况,及时发现和应对经营管理过程中的新增风险事项和风险事件。此外,建议国资委对各二级风险的定义、形成原因、类型分类、主要特征等出台参考标准;在此基础上,各中央企业集团总部统一、细化、详释各级风险的评分操作规则,为中央企业风险评估量化工作夯实基础。

资料来源:周亚东,AHP风险评估模型在新兴际华集团的构建与应用,《财务与会计》,2020年第19期。

4.1.6 风险清单法

根据《管理会计应用指引第702号——风险清单》的规定,风险清单是指企业根据自身战略、业务特点和风险管理要求,以表单形式进行风险识别、风险分析、风险应对措施、风险报告和沟通等管理活动的工具方法。风险清单法适用于各类企业及企业内部各个层级和各类型风险的管理。企业在运用风险清单工具方法时,一般按照编制风险清单、沟通与报告、评价与优化等程序进行。企业一般按企业整体和部门两个层级编制风险清单。企业整体风险清单的编制一般按照构建风险清单基本框架、识别风险、分析风险、制定重大风险应对措施等程序进行;部门风险清单的编制可根据企业整体风险清单,梳理出与本部门相关的重大风险,再依照上述流程进行。

企业风险清单基本框架一般包括风险识别、风险分析、风险应对三部分。风险识别部分主要包括风险类别、风险描述、关键风险指标等要素;风险分析部分主要包括可能产生的后果、关键影响因素、风险责任主体、风险发生可能性、风险后果严重程度、风险重要性等级等要素;风险应对部分主要包括风险应对措施等要素。风险管理部门应会同各责任主体结合企业的风险偏好、风险管理能力等制定相应的风险管理应对措施,填制风险清单基本框架中各要素,完成企业整体风险清单,如表4-7所示。

表4-7 企业整体风险清单

风险识别							风险分析						风险应对
风险类别						风险描述	关键风险指标	可能产生的后果	关键影响因素	风险责任主体	风险发生可能性	风险后果严重程度	风险重要性等级	风险应对措施
一级风险		二级风险		……										
编号	名称	编号	名称	编号	名称									
1	战略风险	1.1												
		1.2												
		…												
2	运营风险	2.1												
		2.2												
		…												
3	财务风险	3.1												
		3.2												
		…												
⋮														

各部门运用风险清单进行风险管理的程序与企业整体风险清单类似,但应加强流程细节分析,突出具体应对措施,力求将风险管理切实落到业务流程和岗位责任人上,如表4-8所示。

表4-8 部门风险清单

风险识别						风险分析							风险应对
风险类别				风险描述	关键风险指标	关键影响因素	可能产生的后果	风险责任主体	风险发生可能性	风险后果严重程度	风险重要性等级	风险应对措施	
一级风险		二级风险											
编号	名称	编号	名称										
1	业务1	1.1	流程1										
		1.2	流程2										
		…	…										
2	业务2	2.1	流程1										
		2.2	流程2										
		…											

(续表)

风险识别						风险分析						风险应对
风险类别				风险描述	关键风险指标	关键影响因素	可能产生的后果	风险责任主体	风险发生可能性	风险后果严重程度	风险重要性等级	风险应对措施
一级风险		二级风险										
编号	名称	编号	名称									
3	业务3	3.1	流程1									
		3.2	流程2									
		…										
⋮												

风险清单法的主要优点在于：①能够直观反映企业风险情况，易于操作；②能够适应不同类型企业、不同层次风险、不同风险管理水平的风险管理工作。风险清单法的主要缺点包括：风险清单所列举的风险往往难以穷尽，且风险重要性等级的确定可能因评价的主观性而产生偏差。

4.2 风险应对的四种策略

根据《企业内部控制基本规范》规定，企业应当综合运用风险规避、风险降低、风险分担和风险承受等风险应对策略，实现对风险的有效控制。在选择风险应对策略时，除应遵循成本收益原则以外，还要考虑风险性质及风险水平、企业风险承受能力、风险应对策略适用条件等因素。

4.2.1 风险规避策略

根据《企业内部控制基本规范》的界定，风险规避是指企业对超出风险承受度的风险，通过放弃或者停止与该风险相关的业务活动以避免和减轻损失的策略。

> 来自现实社会的实例总能带来更直观的体验和有益的启示，读者可下载"开拓视野"资料包，推荐"焦点观察"栏目的"LG放弃收购雅顿以规避战略风险"。

如果进一步细分，风险规避的具体方式包括：
- ▶ 剥离。比如，企业通过剥离或者出售不良资产避免持续亏损。
- ▶ 禁止。比如，企业通过编制投资负面清单，明确不允许涉足的投资范围。
- ▶ 终止。比如，企业发现某个客户财务状况恶化有明显违约迹象，立即采取终止合作的方式避免出现坏账损失。

▶ 限制。这是通过提高业务发展和市场定位,有针对性地限制企业活动的范围,避免因追逐偏离战略的机会而产生的风险。

▶ 筛选。研究和选择可替代的资本和投资项目,避免低收益或高风险的行为。

▶ 消除。企业可以通过规划和实施内部防范流程,力求控制风险产生的源头。

焦点观察

中嘉博创终止回购公司股份

中嘉博创 2019 年 12 月 19 日晚发布终止回购公司股份的公告。截至本公告日,公司通过股份回购专用证券账户以集中竞价交易方式回购公司股份,累计回购股份 112.88 万股,占公司总股本的 0.17%,支付的总金额为 1 443.62 万元(含交易费用)。公司此前披露的回购方案显示,拟以集中竞价交易方式回购公司股份,回购的资金额度为 2 亿—4 亿元。

中嘉博创表示,实际回购股份情况与回购方案存在差异,是因公司所面临的行业发展机遇、外部融资环境及公司后续融资计划发生变化所致。针对终止回购计划的原因,中嘉博创表示,董事会认为当前公司必须保有充足的运营资金以确保前期项目的有序推进,并强化公司整体的抗风险能力,将剩余的拟用于回购股份的资金用于应对未来复杂的经济形势以及维持公司未来持续经营发展,更符合公司当前的实际情况。

因此,在当前情况下继续推进股份回购事宜已不再符合公司现阶段发展战略的要求,不符合公司及股东的利益。公司董事会审慎决定,终止实施本次回购股份事项。

资料来源:董添,回购计划大幅缩水,多家公司主动终止回购方案,《中国证券报》,2019 年 12 月 21 日。

风险规避的优点有:①简单有效;②通过中断风险源,规避可能产生的潜在损失,可以实现对风险的事前和事中控制。

风险规避的缺点主要包括:①有些风险对企业而言是无法规避的,如全球性的经济危机、能源危机、自然灾害等;②有些风险可以规避但成本过高,不符合成本收益原则;③消极地避免风险会使企业丧失可能获利的机会,从而产生机会成本。

4.2.2 风险降低策略

根据《企业内部控制基本规范》的界定,风险降低是企业在权衡成本收益之后,准备采取适当的控制措施降低风险或者减少损失,将风险控制在承受度之内的策略。

进一步细分,常用的风险降低方式主要包括:

(1) 风险分散。这种做法实际上就要求企业按照"不把所有鸡蛋放在一个篮子里"的理念,实施投资多元化、产品多元化、客户多元化、渠道多元化、供应商多元化等方式,从而达到降低风险的目的。

(2) 风险分摊。这种做法实际上是针对超出企业风险承受度的风险,采取与其他企业共同承担风险的方式,从而达到降低企业本身所承担风险的目的。比如联合投资,这种方式可以有效地将一个投资项目的风险分摊到多个企业,从而降低每个企业所承担的风险。

 **践行有成**

海外投资联合体的优劣及风险应对

近年来,不少中资企业开始选择与外方公司组成联合体进行投资。在联合体中,各方之间签订联合体协议,约定联合体各方之间的权利和义务,包括股权比例、出资义务、决策管理和运营程序等。对于企业而言,充分认识联合体的特性并制定应对措施,对于管控海外投资风险、维护自身利益具有重要意义。

一、组建联合体的原因

1. 满足当地法律的强制规定

一些国家对外资进入建筑领域有强制性规定。例如印度尼西亚为保护国内企业的市场份额,对外资企业在政府基础设施工程领域的投资做出相应限制,外资企业只被允许参与基础设施部门建筑价值 1 000 亿印尼盾以上的投标和其他部门采购与服务价值在 200 亿印尼盾以上的投标。此外,外资如果投资建筑工程行业,其股权比例最高不得超过 67%。因此,如果外资企业在印度尼西亚承接项目,其就必须与当地公司组成联合体。又如,在马来西亚,外国承包商要注册成立建筑工程公司,需要得到马来西亚建筑发展局的批准并取得建筑承包等级证书,但根据马来西亚相关法规的要求,外国独资公司不能获得 A 级建筑资质,因而不能作为总承包商参与政府 1 000 万马币以上项目的招标。因此,外国公司如欲获得 A 级建筑资质,就必须与当地公司合作。

2. 满足业主的招标要求

有的海外项目,业主会要求投标主体必须有当地公司的参与,或者在评标时给予当地承包商一定比例的优惠;还有一种可能,就是中国承包商在业绩或者资质方面难以满足业主的招标要求,从而需要与当地承包商联合。通过联合,既可以发挥当地承包商整合资源的优势,又可以发挥中国承包商自身在技术、资金方面的优势,可大幅提高中标概率。

3. 实现商业意义上的共赢

在有些情况下,企业为了在追求更大经济效益的同时实现风险分担的目的,也会积极寻找当地合作伙伴。例如,如果企业意图进入一个新兴市场,通过与当地企业联合,就可以利用当地公司熟悉当地事务的优势,帮助自身积累广泛的社会关系,为日后疏通关系以解决在当地市场上的各类问题提供便利。而当地企业则可以获得中国承包商在融资方面的协助,促使项目尽早落地。

二、不同类型的联合体及其优劣势

1. 公司型联合体

公司型联合体是指两个或者两个以上的组织为了共同开展业务,以公司的形式成立的联合体。设立公司型联合体可以是为了某一个特定的项目,一旦项目结束公司就解散;也可以是长期存续,以继续合作下一个项目。在公司类型联合体中,联合体成员拥有公司的股份,根据股份比例享有权利、分享收益、分担支出、承担风险,并依据联合体内部的管理规则(如公司章程、股东协议等)共同管理和经营。

公司型联合体的主要优势在于:(1)公司作为独立法人实体,内部管理和股权架构较为清晰,更容易与第三方进行交易;(2)联合体各方作为公司的股东,以认缴的出资额为限对公司承担责任,公司以全部资产对公司的债务承担责任,因而有助于实现风险的隔离;(3)公司以自身名义持有资产,容易获得抵押贷款或股权质押融资。

公司型联合体的劣势在于:(1)公司型联合体会受到东道国相关法律的管辖,可能会对外资控股比例有约束性要求;(2)公司型联合体在治理方面的灵活性较弱,其终止或注销的手续也较为复杂。

2. 合同型联合体

合同型联合体是指两个或两个以上的组织为了共同参与某个项目,或者为了整合资源以实现某个共同目标,通过合同组建的联合体。在合同型联合体中,各方的权利义务关系均通过合同来确定,各方原有的法律地位不受影响。在实务中,合同型联合体多适用于单个项目的合作。

合同型联合体的主要优势在于:没有固定形式,不需要创建独立的法人实体,组建、管理以及解散的手续都较为简便,也无须额外支付费用。这一点对于中小型项目往往具有较强的吸引力。此外,在很多情况下,合同型联合体具有"税务透明"的特性(既非个人所得税的纳税义务人,也非企业所得税的纳税义务人),所需承担的税费往往较低,有助于实现税费成本的优化。

合同型联合体的不足在于:(1)在合同型联合体中,各个联合体成员对各自的资源和人员保持管理上的独立控制,有时会被认为缺少足够紧密的组织架构;(2)合同型联合体的成员对外往往需要向业主承担连带责任,具体情况视东道国当地的法律规定;(3)在某些司法辖区,合同型联合体可能会被认定为合伙企业,联合体成员须承担合伙企业的法律后果,如对合伙企业债务承担无限连带责任;(4)与公司型联合体相比,合同型联合体不是法人主体,很难提供有效的抵押、质押等担保措施,难以获得金融机构的资金支持。

三、联合体下企业权益的维护

尽管设立联合体能够为中资企业在东道国市场提供一系列便利,但与此同时,中资企业也要清醒地认识到联合体背后的各类问题:(1)联合体的管理层次较多,各成员间利害关系复杂,有时可能会无法就重大问题形成高效率、高质量的决策,甚至会因为在某项议题上无法达成一致而产生争议、形成僵局。而一旦僵局持续,就很可能造成联合体在主合同项下的违约。(2)一旦联合体内部责、权、利划分不清,就容易形成互相推诿的问题。例如,有时企业为投资某一项目而组建SPV公司,当地承包商/运营商、政府并不承担资本金出资义务,但在分配利润时却要求按股权比例进行分配,造成权利义务的不对等。(3)如果联合体一方是政府拥有的实体或具有政府性质,当东道国出现政治动荡时,联合体各方可能需要应对相关政治问题。

鉴于此,中资企业要在充分发挥联合体优势的同时,有效维护自身在联合体中的权益,具体可从以下几个方面采取应对措施:

（1）慎重选择联合体伙伴，重视对合作伙伴的尽职调查。中资企业在选择联合体的合作伙伴时，应先对其资信和能力进行充分调查，特别是分析其拥有的优势能否弥补自身的不足。例如，中国承包商的优势往往在于资金和施工技术，短板则一般在运营阶段，如果中国承包商能与国际上或当地有经验的运营商合作，就可以充分利用彼此的优势，真正达到"优势组合"的目的。此外，慎重选择合作伙伴还有助于防控风险。这是因为项目业主在招标时，通常会要求联合体各方对项目承担连带责任，联合体一方违约，另一方也要承担责任。因此，在选择合作伙伴时，企业应从合作方的信誉、能力以及公司运营情况等方面综合考量。

（2）提前约定项目实施阶段的快速争议解决机制，避免出现决策"僵局"。有的联合体协议会约定，在出现决策"僵局"时，将其提交至项目执行委员会裁定，但有时执行委员会也可能无法达成一致意见。针对这类情形，聘请独立第三方专家出具决策意见是较优选择，因为第三方专家在独立性、中立性、专业性及权威性方面往往具有较强的说服力，容易被联合体的各方接受，且相比于调解或仲裁等方式，聘用第三方专家所要花费的支出较低、效率较高。

（3）重视联合体协议的制定，合理分配联合体各方的权利义务。联合体协议的重要性贯穿于项目的投标阶段和实施阶段，通常招标人会要求联合体在投标时提交联合体协议，否则会拒绝联合体的投标。因此，拟组成联合体的各方会在投标阶段签署简化的联合体协议，在投标时将联合体协议连同其他投标文件一并提交给招标人，待投标成功后，再签署更充分的协议用于项目实施阶段。为避免后续争议，各方在制定联合体协议时，应对协议的各项条款进行充分协商，明确各方的责任和义务。如果中方为大股东，那么协议应确保其作为联合体中的牵头人，拥有对重要事项的决定权；如果中方是小股东，那么要在协议中保证其在重要事项上的发言权，并尽量争取在重要事项上的一票否决权以维护自身利益。此外，联合体协议还必须约定因一方违约或者任意退出而导致其他各方遭受损失的处理办法。

（4）投保海外投资保险，合理转移联合体的投资风险。联合体各成员间的利害关系复杂，为避免产生纠纷，需要事先确定明确的风险分担机制。对于海外投资项目（如PPP项目、BOT项目等）而言，其通常周期长、金额大，相对于传统施工总承包项目，会面临更加严峻的政治风险（例如征税、汇兑限制、战争和政府违约风险等）。而此类风险通常难以像建设风险或运营风险那样转移到联合体的某一方来承担。鉴于此，选择投保海外投资保险是承包商转移风险的有效途径。

资料来源：霍清楠，筑牢海外投资联合体，《中国外汇》，2019年第1期。

（3）套期保值。套期保值又称对冲交易，是一种为避免或减少价格发生不利变动而带来的损失，以期货交易临时替代实物交易的一种行为。在实践中，套期保值在企业生产经营中的具体应用包括：①确定采购成本，保证企业利润。供货方已经与需求方签订好现货供货合同且约定将来交货，但供货方此时尚无须购进合同所需材料，为避免日后购进原材料时价格上涨,通过期货买入相关原材料以锁定利润。②确定销售价格,保证企业利润。生产企业已经签订采购原材料合同,通过期货交易卖出企业相关成品材料,锁定生产利润。③调节库存,避免损失。当企业判断当前原料价格合理、需要增加库存时,可以通过期货代替现货购进库存,利用杠杆原理提高企业资金利用率,保证企业现金流。当原材料价格下降,企业库存因生产或其他因素而不能减少时,通过期货交易卖出以避免价格贬值给企业造成损失。④避免汇率损失。当企业以外币结算时,可以通过期货锁定汇率,避免汇率波动带来的损失,锁定利润或者成本。

> 来自现实社会的实例总能带来更直观的体验和有益的启示,读者可下载"开拓视野"资料包,推荐"践行有成"栏目的"五矿发展拟开展套期保值 降低市场风险"。

(4)长期合同。长期合同一般用于采购业务,针对需求量大的主要材料,企业可以与主要供应商签订为期一年以上的合同,并在合同中对品种、规格、数量、价格等内容做出明确的规定,以此保证材料的稳定供应。

(5)试制/测试。制造业企业在研究开发出新产品之后大规模生产之前,通常会先进行小规模试制活动,依此评估大规模生产的可行性,从而达到降低风险的目的。而软件开发企业也通常会在新软件大规模投入市场之前进行内部测试和公开测试,以此修正软件的瑕疵,并判断产品是否应该全面投放市场。

 践行有成

疫苗龙头康泰生物对财务风险的应对

深圳康泰生物制品股份有限公司成立于1988年8月,是深圳市高新技术企业之一,主要从事生物制品的研发、生产和销售,2017年在深交所创业板上市交易,股票简称为"康泰生物",股票代码为"300601"。康泰生物是国内乙肝疫苗生产的龙头企业,2017年上半年乙肝疫苗批签发数量占比超过60%。然而,受"山东疫苗事件"影响,国家修订了《疫苗流通和预防接种管理条例》,疫苗生产企业面临新的不确定性,给这家公司带来一系列的财务风险。那么,泰康生物是如何应对的呢?

(1)康泰生物的销售模式从"直销为主,经销为辅"转变为"全部直销"。虽然这样做表面看上去有增大公司坏账计提的风险,但采取全部直销的销售模式后,原来面对的是经销商,现在直接面对的是县防疫站。县防疫站都是国有和事业单位,虽然收款的时间会略为变长,但是呆账坏账的风险会大幅降低。并且,康泰生物转变销售模式后,中间环节减少,成本降低,整体而言利润仍会增加。

(2)康泰生物加强对疫苗销售渠道、冷链储运等环节的监管。康泰生物在销售过程中通过建立详细的药品数据库记录每一份药品的去向,全程追踪避免出现意外事件。在冷链储运环节,必须保证疫苗在存储与运输期间处于合适的温度,并进行定期测量和记录。同时,政府也会加强力量保障接种安全,加大处罚力度,以降低风险。

2017年2月15日,康泰生物发布业绩快报,公司2016年实现营业收入5.17亿元,同比增长14.1%;归属于上市公司股东的净利润8 580.16万元,同比增长36.58%。康泰生物快速调整了销售模式,出色地应对了财务风险,保证了公司销售业绩稳定增长。

资料来源:赵一丹,国内乙肝疫苗龙头如何应对财务风险?《第一财经日报》,2017年9月12日。

相对于风险规避而言,风险降低是一种比较积极的风险应对策略。执行风险降低策略,既能将剩余风险控制在企业的风险容限中,又不会使企业错失获利的机会。

4.2.3 风险分担策略

根据《企业内部控制基本规范》的界定,风险分担是指企业准备借助他人力量,采取业务分包、购买保险等方式和适当的控制措施,将风险控制在风险承受度之内的策略。

进一步细分,常用的风险分担方式主要包括:

(1) 保证条款。保证条款最早源于保险合同,即在签订保险合同时,被保险人为了享受合同权利而承诺做出某些行为或不做出某些行为的规定。一旦违反"保证"条款,保险人就有权解除合同。保证有"明示保证"和"默示保证"两种:明示保证,一般是以书面或特约条款形式载于合同之中;默示保证,如海上保险中船长必须适航和不能绕航等,虽然在保单内无明文规定,但根据国家法律、商务习惯或约定俗成,认为被保险人对某一事项应作为或不作为而做出的保证。

(2) 业务外包。业务外包是指企业在风险识别与分析的基础上,结合成本收益原则,将风险较大、收益较小的非核心业务交由其他企业或机构完成,以便将相应的风险转移给承包者。企业进行外包需要以有竞争力的核心业务为基础,这样才能充分利用外部资源,降低风险和成本,进而提高企业运营效率。

> 来自现实社会的实例总能带来更直观的体验和有益的启示,读者可下载"开拓视野"资料包,推荐"焦点观察"栏目的"松下与TCL展开电视生产外包谈判"。

(3) 经营租赁。经营租赁泛指融资租赁以外的其他一切租赁形式。一般承租人租赁资产只是为了满足经营上短期的、临时的或季节性的需要,并没有购置资产的打算。

(4) 委托保管。一般而言,委托合同会规定相关条款以确保在委托物受损时,受托企业对委托企业负有一定的赔偿责任,而委托企业需要支付一定的保管费用。这样委托企业就将委托物的潜在损失转移给了受托企业。

> 来自现实社会的实例总能带来更直观的体验和有益的启示,读者可下载"开拓视野"资料包,推荐"践行有成"栏目的"2020年优客工场轻资产项目将达上百个"。

(5)缴纳保险。缴纳保险是指通过签订保险合同,向保险公司缴纳一定的保险费,若有事故发生就能获得保险公司的赔偿,从而将风险转移给保险公司。当企业对于自身不能控制、无法通过控制实现降低的风险,或者根据外部环境与内部环境的变化对风险控制效果有一定的担忧时,可以采用投保的方式转移风险。

风险分担策略的适用情形应符合以下三个条件:其一,该种风险处于整体风险承受能力和具体业务层面上可接受风险水平之内;其二,可以采取业务分包、购买保险等控制措施,将该种风险进行转移给他人;其三,采取控制措施对该种风险进行控制符合成本收益原则,即采取进一步的控制措施所增加的成本低于采取控制措施所降低的损失或者所提高的收益。

 践行有成

科达制造股份有限公司可能面对的风险

1. 海外经营及汇率波动风险

2021年,海外疫情的持续使公司人员出境、货物进出口受到一定限制,海运费大幅上涨,海外业务存在项目进度延缓、投资意愿减弱等风险。近年来,公司加大了海外市场的布局,在海外设立了多个销区及子公司,因存在不同国家和地区的文化、习俗、政治、法律等方面的差异,公司在海外的投资可能存在一定的经营与管理风险。同时,国际贸易形势日渐严峻,人民币汇率波动较大,公司海外子公司可能存在汇率变动等因素造成的损益波动和资金回流风险。

公司将持续关注各国疫情发展及进出口限制等情况,及时根据客户建设进度调整生产计划,加强海外公司及项目的精细化管理,减少公司海外业务的经营风险;同时,采取合规的金融手段减少或规避汇率波动带来的不利影响。

2. 原材料价格波动的风险

2021年,上游大宗商品及原材料等价格大幅上涨,对中下游行业产生较大影响。公司机械产品主要使用钢材等原材料,其占产品总成本比例较高,若原材料价格持续上涨则使公司产品成本上升,对公司产品毛利率带来不利影响。一方面,公司将通过调整产品结构及提价的方式,将原材料成本传递至下游;另一方面,公司将时刻关注大宗物资价格的市场波动情况,结合项目工期及需求情况,拟定合理可行的采购计划,并通过期货套期保值等金融工具,对冲部分原材料涨价带来的影响。

3. 规模增长带来的管控风险

公司传统业务为建材机械业务,自2007年以来,公司陆续进入环保洁能、锂电材料等业务领域,并从传统的建材机械设备供应商向服务商转型。随着公司经营规模和业务领域不断扩大,公司总部对各并购子公司的业务整合及管控面临较大挑战。受到各公司间的地理距离较远、内部组织结构庞大、跨行业知识及经验不足等因素的影响,公司可能存在一定的管控风险。

4. 商誉减值风险

近年来,公司根据业务发展的需要,通过资产重组、增资、股权转让等方式相继收购了多家公司,在整体宏观经济下行的形势下,被收购公司存在发展低于预期及出现计提商誉减值的情形,如未来被收购子公司业绩大幅下滑,公司仍存在计提商誉减值的风险。

5. 大额诉讼的经营风险

公司及子公司江苏科行等相关方与江苏新世纪江南环保股份有限公司(以下简称"江南环保")的(2019)苏01民初2893号案件一审败诉,公司于报告期内上诉,目前最高人民法院已受理该案件;在此期间,原告江南环保就同性质事项以不同项目提起的4项诉讼,涉案金额累计达2.95亿元。如果原告江南环保持续以不同项目为由提起诉讼,公司未来就存在继续收到大额诉讼的可能。此外,报告期内,公司及子公司青海科达锂业亦因青海科达锂业成立时合资各方签署的合资经营合同而涉及0.91亿元诉讼。

公司董事会密切关注并高度重视相关诉讼事宜,并已聘请专业律师依法采取有效措施,努力维护公司及投资者权益。

资料来源:科达制造股份有限公司,2021年年度报告,上海证券交易所官网,2022年3月31日,http://www.sse.com.cn/disclosure/listedinfo/announcement/c/new/2022-03-31/600499_20220331_11_MJtx2Aju.pdf。

4.2.4 风险承受策略

根据《企业内部控制基本规范》的界定,风险承受是企业对风险承受度之内的风险,在权衡成本收益之后,不准备采取控制措施降低风险或者减轻损失的策略。

风险承受策略包括非计划性风险承受和计划性风险承受两种。非计划性风险承受是非计划的和被动的,主要是由风险识别过程的失误、风险的评价结果认为可忽略、风险管理决策延误等造成的。如果在风险管理规划阶段已对一些风险有了准备,当风险事件发生时马上执行应急计划,就属于计划性风险承受。

进一步细分,常用的计划性风险承受方式主要包括:

(1)计提资产减值准备。最典型的例子就是坏账准备金的计提。现实当中,赊销是普遍存在的一种销售方式,而赊销往往会带来应收账款的增加,出现坏账在所难免,企业通常采用事先计提坏账准备金的方式达到控制风险的目的。一旦出现了坏账,只要是在企业可承受的范围内,企业就可以通过直接冲销坏账准备金的方式予以承担。这是企业积极应对信用风险的一种方式,而不是因担心出现坏账而拒绝赊销,那无异于"因噎废食",不利于企业的可持续发展。

(2)设立企业风险基金。企业风险基金是用于防范与补偿企业风险损失的专项基金,是提高企业抵御风险能力的重要手段。在符合法律法规的前提下,企业可以每年提取一定数额的资金,以此组成风险基金。按企业风险基金用途的不同,可分为风险损失补偿基金与风险损失防范基金。补偿基金主要用于风险损失的事后补偿,它是把企业生产销售全过程的有关资金以适当的方式逐步提取,用于特定时刻的风险损失的补偿。防范基金是指用于防范企业风险损失的基金,包括风险预测基金、应变费用等,它的提存方式与补偿基金相同。设立企业风险基金,可以让企业积累较多的资金准备,增强企业的抗风险能力;但是,基金管理本身也具有风险,若管理不善则可能出现资金挪用等情况。

践行有成

茅台集团召开企业发展风险基金筹建方案专题会

为有效提高集团公司在发展过程中应对和抵御风险的能力,促进集团公司稳健经营和健康发展,2018年6月12日,茅台集团召开企业发展风险基金筹建方案专题会。

茅台集团副总经理、总会计师杨建军主持会议,茅台集团总法律顾问刘汉林,副总经理杨代永,茅台酒股份公司副总经理、财务总监何英姿,茅台集团总经理助理、财务处处长汪智明等出席会议。

刘汉林强调,赞同筹建企业发展风险基金,建议基金提取要按照"谁提取谁受益"的原则,提取时间、提取比例要寻求资源上的支持;盘活方式和管理方式十分重要,可选择分散或集中两种方式来管理;要保障资金提取不被他人套用,做到上级领导允许、股东支持、自己能承受、自己能受益。

杨代永指出,筹建企业发展风险基金是一件好事,能有效提高集团公司应对风险的能力。同时建议要定性风险,分清是生存风险还是重大危机风险;基金来源要在成员单位中提取,并弄清统筹运用问题和按何种方式提取基金问题;要拿出配套制度清单,支撑基金筹建方案,争取让方案早日落地。

会上,财务处负责人对《关于茅台集团建立企业发展风险基金的方案》的具体内容、管理方案、征求意见等情况进行了汇报。与会人员就筹建内容、管理方案等进行讨论。

茅台集团董事会办公室、审计处、规划建设处、法律知保处、企业管理处、战略管理处、财务处、投资公司、基金公司等相关部门负责人参加会议。

资料来源:茅台集团,茅台集团召开企业发展风险基金筹建方案专题会,搜狐网,2018年6月12日,https://m.sohu.com/a/235624584_655363/。

风险承受策略的优势在于:①成本较低。相比于其他风险应对策略,风险承受可以避免一些费用支出,如中介佣金、保险费等。②控制损失弥补进程。相对于保险复杂的理赔过程,风险承受避免了损失弥补工作上的拖延和对企业恢复生产的延误。③提高警惕性。在采用风险承受策略时,企业往往会更加注重降低损失发生的概率和损失的严重程度。

风险承受的不足体现在：①可能出现重大损失。在发生自然灾害等特殊情况下，风险超出了企业的风险容限，采用风险承受策略会给企业带来重大损失。②放弃由保险公司提供的一些服务。由于企业自身实力有限，当采用风险承受策略时，本来可以由保险公司提供的一些专业化服务就失去了作用。③可能造成企业内部关系紧张。例如为企业职工安排福利补偿的问题，无论如何处理，在很多情况下都会有员工认为不公平，从而造成企业内部关系紧张；而如果通过企业外部保险公司来处理，就会避免该类情况的发生。

一般而言，企业在以下情况下会采用风险承受策略：①采取其他策略应对风险的成本过高，承受风险的成本较低。②根据风险识别与分析的结果，风险可能造成的最大损失较低，且这些损失在企业的承受范围内；或者该风险发生的可能性极低。

4.3 合规性控制工具

根据《企业内部控制基本规范》第二十八条的规定，内部控制措施一般包括：不相容职务分离控制、授权审批控制、会计系统控制、财产保护控制、预算控制、运营分析控制和绩效考评控制等。除上述一般控制措施以外，还强调企业应当建立定期岗位轮换制度和强制休假制度、举报投诉制度和举报人保护制度。另外，18项企业内部控制应用指引中还包括全面预算、合同管理、内部信息传递和信息系统等4项控制手段类指引。上述控制工具按照控制目标可以分为两类：一类是以查错防弊为主要目标的合规性控制工具，如不相容职务分离控制、岗位轮换控制、强制休假控制、授权审批控制、会计系统控制、财产保护控制、合同控制等；另一类是以价值创造为主要目标的管控性控制工具，包括预算控制、运营分析控制和绩效考评控制等。本章重点介绍合规性控制工具，管控性控制工具将在后续章节进行阐释。

4.3.1 不相容职务分离控制

按照《企业内部控制基本规范》的规定，不相容职务分离控制要求企业全面系统地分析、梳理业务流程所涉及的不相容职务，实施相应的分离措施，形成各司其职、各负其责、相互制约的工作机制。

不相容职务是指某些如果由一个部门或者一名员工担任，那么该部门或者员工既可以弄虚作假又能自己掩饰舞弊行为的职务，如会计与出纳、销售与收款、采购与付款、采购与验收等。因此，根据内部牵制的理念，对不相容职务应实施分离控制。

企业在设置内部机构时应体现不相容岗位分离的原则，特别是在涉及重大或高风险的业务处理程序时，必须考虑建立各层级、各部门、各岗位之间的分离和牵制。对于因机构人员较少且业务简单而无法分离处理的某些不相容职务，企业应当制定切实可行的替代控制措施。根据大部分企业的经营管理特点和一般业务性质，需要分离的不相容职务如图4-4所示。

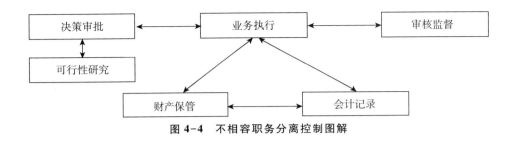

图 4-4 不相容职务分离控制图解

> 来自现实社会的实例总能带来更直观的体验和有益的启示,读者可下载"开拓视野"资料包,推荐"焦点观察"栏目的"90后报账员入职20天就开始挪用公款"。

由上述案例可知,任何一项业务或任务都应该强调"三权分立",即任何一项业务或任务都应该至少设置经办申请、审批把关和审核审查三个岗位,分别行使这项业务的执行权、决策权和日常监督权。

4.3.2 岗位轮换控制

俗话说"常在河边走,哪有不湿鞋",因此对企业中的关键岗位应实行岗位轮换,即轮岗控制。企业应当结合岗位特点和重要程度,明确关键岗位员工轮岗的期限和有关要求,建立规范的岗位轮换制度,明确轮岗范围、轮岗周期、轮岗方式等,防范并及时发现岗位职责履行过程中可能存在的重要风险。从本质上看,轮岗制度也蕴含了内部牵制理念。

企业关键岗位人员在离职前,应当根据有关法律法规的规定进行工作交接或离任审计。交接时一般应三方在场,包括被轮岗人员、接岗人员、监督交接人员。

4.3.3 强制休假控制

在实际中,企业可能因为某些关键岗位技术性较强、人手较为紧张等而无法实行轮岗,此时可以实行强制休假控制。强制休假控制原理与轮岗有异曲同工之处。强制休假控制是指根据风险控制工作需要,在不事先征求本人意见和不提前告知本人的情况下,临时强制要求关键岗位人员在规定期限内休假并暂停行使职权的一种制度安排。

一般企业会根据具体情况,专门组织审计力量对强制休假人员实施离岗审计,并出具书面审计报告。在审计期间,企业有权要求强制休假人员随时回单位提供有关资料或进行必要的情况说明。强制休假人员应当与企业保持通畅的联系,按要求配合做好有关离岗审计工作。

> 来自现实社会的实例总能带来更直观的体验和有益的启示,读者可下载"开拓视野"资料包,推荐"规制环境"栏目的"某公司关键岗位人员岗位轮换和强制休假暂行办法"。

4.3.4 授权审批控制

根据《企业内部控制基本规范》的规定,授权审批控制要求企业按照授权审批的相关规定,明确各岗位办理业务和事项的权限范围、审批程序和相应责任。

1. 授权审批控制体系

企业应当建立完善的授权审批控制体系,明确授权审批的范围、层次、责任和程序四个方面的内容。

(1) 授权审批的范围。企业所有的经营管理活动都应当纳入授权审批的范围,以便于全面预算和全面控制。授权审批的范围不仅要包括控制各种业务的预算编制情况,还要对相应的办理手续、业绩报告、业绩考核等明确授权。

(2) 授权审批的层次。授权审批应当是有层次的,应根据经济业务的重要性和涉及金额大小等情况,将审批权限分配给不同的管理层次。对于重要的、金额大的事项,审批权限应授给董事会、经理层等;对于涉及面小、金额少的具体执行性事项,则授权给下级管理层次,如财务、研发、采购、生产、销售、人力资源等职能部门的经理。

(3) 授权审批的责任。在授权审批控制中,授权者和被授权者都应该承担明确的责任。通常情况下,授权者应当承担因授权不当、监督检查不力所导致不良后果的责任。被授权者应当承担因用权不当、工作失误所导致不良后果的责任。

(4) 授权审批的程序。企业应当规定每一类经济业务的审批程序,以便按程序办理审批,避免越级审批、违规审批的情况发生。例如,对于货币资金支付业务,企业建立的授权审批程序通常包括支付申请、支付审批、支付复核和办理支付等。

2. 授权控制

授权的方式按性质可分为常规授权和特别授权。常规授权是指企业在日常经营管理活动中按照既定的职责和程序进行的授权,用以规范经济业务的权力、条件和有关责任者,时效性一般较长。这种授权可以在企业正式颁布的岗(职)位说明书中予以明确,或制定专门的权限指引予以明确。特别授权是指企业在特殊情况、特定条件下进行的授权,一般是由董事会给经理层,或经理层给内部机构及其员工授予处理某一突发事件(如法律纠纷)、做出某项重大决策、代替上级处理日常工作的临时性权力。企业应通过制度来规范特别授权的范围、权限、程序和责任,严格控制特别授权。无论是常规授权还是特别授权,都应该尽可能采用书面形式。

授权控制应遵循以下基本原则:(1)授权应依事而不是依人;(2)不可越权授权;(3)不能过度授权,而应适度授权;(4)相关人员在授权后应该加以适当的监督。

> 来自现实社会的实例总能带来更直观的体验和有益的启示,读者可下载"开拓视野"资料包,推荐"规制环境"栏目的"海康威视公司授权管理制度(节选)"。

3. 审批控制

履行审批职责的人员,应当对相关经营业务和事项的真实性、合规性、合理性以及有关资料的完整性进行复核与审查,通过签署意见并签字或者签章,做出批准、不予批准或者其他处理。

审批控制应遵循以下基本原则:(1)审批要有界限,不得越权审批;(2)审批要有依据,不得随意审批;(3)审批应尽量采用书面形式,避免口说无凭、责任不清。

规制环境

福建元力活性炭有限公司审批权限指引(节选)

福建元力活性炭有限公司(股票代码:300174)是一家横跨活性炭、水玻璃、白炭黑等业务领域的企业集团,凭借技术、品牌、市场三大核心竞争力,公司成为全球最大的木质活性炭生产企业。公司坚持技术创新和资源整合战略,不断做大做强。公司于2017年3月出台了《授权审批控制制度》,表4-9为其审批权限指引。

表4-9 福建元力活性炭有限公司审批权限指引表

	内容	股东大会	董事会
	(一)股东大会和董事会		
非关联交易	交易涉及的资产总额占公司最近一期经审计总资产	50%以上	50%以下
	交易标的(如股权)在最近一个会计年度相关的营业收入占公司最近一个会计年度经审计营业收入	50%以上,且绝对金额超过3 000万元	50%以下或绝对金额3 000万元以下
	交易标的(如股权)在最近一个会计年度相关的净利润占公司最近一个会计年度经审计净利润	50%以上,且绝对金额超过300万元	50%以下或绝对金额300万元以下
	交易的成交金额(含承担债务和费用)占公司最近一期经审计净资产	50%以上,且绝对金额超过3 000万元	50%以下或绝对金额3 000万元以下
	交易产生的利润占公司最近一个会计年度经审计净利润	50%以上,且绝对金额超过300万元	
	一年内购买、出售重大资产占公司最近一期经审计总资产	超过30%	
	上述"交易"或"购买、出售"的资产不含购买原材料、燃料和动力以及出售产品、商品等与日常经营相关的资产,但资产置换中涉及购买、出售此类资产的仍包含在内		
关联交易	与关联法人交易	1 000万元以上,且占最近一期经审计净资产绝对值的5%以上	100万(含)—1 000万元或占净资产绝对值的0.5%—5%
	与关联自然人交易	300万元以上	30万(含)—300万元
担保	单笔担保额占公司最近一期经审计净资产	超过10%	不超过10%
	公司及其控股子公司的对外担保总额,占公司最近一期经审计净资产	50%以后提供的任何担保	不超过50%
	被担保对象的资产负债率	超过70%	不超过70%

(续表)

	内容	股东大会	董事会
	连续12个月内担保金额占公司最近一期经审计总资产	超过30%	不超过30%
	连续12个月内担保金额占公司最近一期经审计净资产	50%且绝对金额超过3 000万元	不超过50%或者不超过3 000万元
	关联方担保	对股东、实际控制人及其关联人提供的担保	

	内容	权限
（二）独立董事、监事		
费用	独立董事、监事为履行职责所必须支出的费用	全体独立董事过半数或全体监事过半数同意即可
（三）总经理		
关联交易	与关联法人交易	占净资产绝对值的0.5%以下
	与关联自然人交易	金额小于30万元
非关联交易	固定资产投资、对外投资、资产处置事项	单项金额不超过（含）2 000万元
	计提资产减值准备	绝对金额不超过500万元，或者占公司最近一个会计年度经审计净利润的比例在10%以下
	生产经营经常性业务活动	单项金额不超过（含）公司最近一期经审计总资产的10%
	单项提取的现金（除工资、奖金外）及非生产经营业务	不超过（含）500万元
	对外借款及该笔借款所需的资产抵押、质押、保证等担保事项	单笔金额不超过（含）2 000万元，且连续12个月累计金额不超过（含）公司最近一期经审计总资产值的15%

资料来源：福建元力活性炭股份有限公司，《授权审批控制制度》，深圳证券交易所官网，2017年3月10日，http://www.szse.cn/disclosure/listed/bulletinDetail/index.html?06c56640-a5fe-48fb-b180-2dd61d74e9e9。

4. "三重一大"事项决策审批制度

《企业内部控制应用指引第1号——组织架构》第五条规定，重大决策、重大事项、重要人事任免及大额资金支付业务等，应当按照规定的权限和程序实行集体决策审批或者联签制度。任何个人不得单独进行决策或者擅自改变集体决策意见。重大决策、重大事项、重要人事任免及大额资金支付业务的具体标准由企业自行确定。

> 来自现实社会的实例总能带来更直观的体验和有益的启示,读者可下载"开拓视野"资料包,推荐"规制环境"栏目的"金鹰重工的'三重一大'事项决策程序"。

4.3.5 会计系统控制

根据《企业内部控制基本规范》的规定,会计系统控制要求企业严格执行国家统一的会计准则制度,加强会计基础工作,明确会计凭证、会计账簿和财务会计报告的处理程序,保证会计资料真实完整。

> 来自现实社会的实例总能带来更直观的体验和有益的启示,读者可下载"开拓视野"资料包,推荐"规制环境"栏目的"证监会:2020年以来共办理59起上市公司财务造假案件"。

企业应重视会计系统控制,通过明确岗位职责、划分业务流程、强化会计稽核、引入信息系统、建立财务共享等方式,着重防控以下风险:其一,会计信息处理违反会计法律法规和国家统一的会计准则制度,从而导致企业承担法律责任和声誉受损;其二,披露虚假会计信息,误导会计信息使用者,造成决策失误,干扰市场秩序。

践行有成

A集团财务共享服务中心构建方案

A集团成立于1992年,是河南省一家大型涉农投融资机构,下属共有14家控股和全资子公司,同时参股的公司有十多家,现有注册资本300亿元,资产总额435.81亿元,净资产152.64亿元,在河南省管企业绩效考核评价中,连续多年在同类企业中名列前茅。近些年,A集团强推战略升级,实现集团跨越式发展,已逐步打造出多元化投融资服务平台,覆盖涉农金融领域不断扩大,包括股权投资、基金投资、农业保险、担保、小额贷款、融资租赁、保理等业务板块,在区域市场竞争力、业务发展、政府支持等方面具备优势。未来,随着战略规划的不断推进,A集团将继续围绕农业现代化建设,在农业龙头产业投资、农业基础设施建设等领域发挥重要作用,逐步发展成为先进的农业投融资平台。但A集团在财务管理中依然采用分权管理模式,在这种模式下,以总部作为主体进行运作,各子公司拥有财务管理决策权,无须统一预算费用。随着业务规模的增长和多元化投融资业务的开展,A集团的财务管控水平将面临更大的挑战。

在此背景下,A集团有必要构建财务共享服务中心,其必要性主要体现在以下方面:一是集团战略发展的必然选择。A集团全力打造投融资功能完善的专业化大型农业投融资集团和综合服务商,而目前分权式的财务管理模式不适应A集团以"十四五"规划引领高质量发展的战略目标。A 集团通过打造财务共享服务平台,集合原有各级财务工作,将各子公司的财务人员解放出来,可以为集团发展扫清管控障碍。二是集团工作效率提高的必然选择。A 集团财务共享服务中心将各子公司财务工作集中起来进行精细分工,借助信息系统再造财务处理流程,实现统一化、标准化作业,可以有效提高 A 集团财务管理工作的便捷性和互动性。三是集团内部控制完善的必然选择。在日常业务方面,财务共享服务系统按照设定好的财务处理流程逐步完成工作,可以实时监控各子公司银行账户,并对异常动态进行预警,保障了公司资金的安全性和会计核算的准确性。

A 集团财务共享服务中心的建设思路具体如下:

1. 组织模式

科学划分和确定组织模式是构建财务共享服务中心的前提,结合 A 集团现行财务管理模式和主要业务特征将其财务工作划分为六个小组,其分工如表 4-10 所示。

表 4-10 财务共享服务中心组织模式及职责

分组	职责
资金管理组	负责银行对账、资金预决算、现金盘存、融资管理等,为集团领导提供统计查询、决策支持
预算管理组	审核已提交的预算数据、严控成本费用,为公司事前计划、事中控制、事后分析提供有效的工具
固定资产管理组	负责固定资产的新增、退出、转移、维修、计算折旧率及残值率等日常工作
应收和应付管理组	负责债务核算、催收、清查、考核等工作和坏账核销、提取,往来款账龄分析等
涉税业务组	负责纳税申报,开展税务咨询、税收筹划、涉税培训等
报表编制组	负责期末结转账工作,做好会计报表的编制、汇总和分析,为公司财务管理提供依据

2. 信息化建设

(1)资金管理系统。资金管理系统是信息化建设的核心,涉及对账、资金预决算、现金盘存、融资管理等。"银企互联"通过互联网或专线连接的方式,使企业的财务系统与银行综合业务系统实现对接,利用该通道向银行发送交易指令和接收数据信息,实现集中高效的资金支付和调拨,提供快速、安全的资金归集手段,有效提升企业的资金使用效率。

(2)预算管理系统。A 集团从事的行业包括农业保险、基金、担保、租赁、供应链、房地产等多个板块,预算管理是 A 集团财务共享服务系统运作的前提,根据公司中期、长期经营计划,组织编制公司年度财务工作计划与控制标准,对财务部门的日常管理、财务预算、资金运作等各项工作进行总体控制,提升企业财务管理水平。

(3)影像管理系统。影像管理系统专门针对纸质文档电子化管理要求而设计。该系统驱动各类扫描仪设备,可高效完美采集电子文档影像并灵活打印输出,通过智能化著录、标引功能将"影像库"和"目录库"自动批量挂接和归档,实现智能检索。系统支持影像上传服务器,可与电子档案管理系统无缝链接,通过局域网、互联网在线发布。

A 集团很重视信息系统对业务的影响,自 2013 年开始已启用 OA 无纸化办公模式,目前使用的办公软件是 Notes 下的 Sametime 软件。Sametime 的功能较为单一,并且还要先加载链接虚拟专用网络 VPN,打开 Notes 才能使用。以财务共享服务中心构建为契机,可将财务运营系统、资金管理系统与会计核算系统有效衔接,推动集团财务信息系统核算顺利运转(见图 4-5)。其中,财务运营系统是财务信息系统核算的起点,它将现代先进的信息技术贯穿于财务工作,提高实际工作的效率和质量;资金管理系统是财务信息系统核算的核心,包括资金预算、结算系统和银企直联系统,便于实时跟进和掌握集团内部各成员单位资金,强化集团资金在线管理;会计核算系统是财务信息系统核算的终点,通过财务运营与资金管理的有效衔接,最终完成会计基础数据核算的汇总和披露。

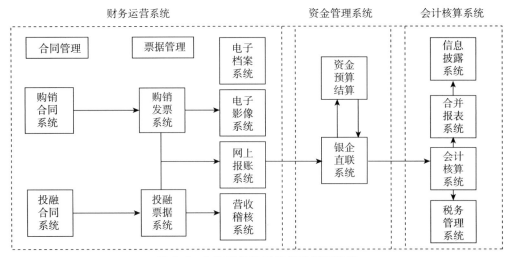

图 4-5　A 集团信息系统核算层面设计

3. 核心业务流程的构建

在核心业务流程的构建过程中,按照"先易后难、分批纳入"原则,设计 A 集团核心业务流程,包括资金管控流程、费用报销流程、应付和应收款项流程总账流程。

(1) 资金管控流程。一是银行账户管理流程。申请单位经单位资金负责人审核签字后,上报集团财务共享服务中心申请开立银行账户;集团财务共享服务中心根据各经营单位的申请进行审核,并报共享服务中心负责人批准;各经营单位按照批复要求办理有关手续,并将账户信息纳入集团银行账户管理体系。A 集团银行账户管理流程如图 4-6 所示。

二是资金收付管理流程。各经营单位从业务端开始,由相关岗位人员填写业务单据,审核相关凭证是否齐全、会计科目是否准确,确认收付款项信息的准确性,在资金收付管理过程中进行实时监管,并整理核对的结果,利用财务共享服务中心将传统的单一核算方式向多元化发展,对集团各环节业务实行统一的会计核算,在一定程度上保证数据信息的共享化与透明化,有效提高公司信息处理效率与工作水平。通过进一步强化财务共享下账目资金的核对及管理工作,不仅能够在一定程度上保障核算的质量,还能够有效控制集团支出,从根本上减少了财务风险与经营风险,进一步强化了资金管理工作。

(2) 费用报销流程(见图 4-7)。A 集团在构建财务共享服务中心时,结合各成员单位管理制度相关规定,通过信息化系统,实现对各单位费用报销业务的审核及付款系统的管控。首先,经办人根据每项费用发生情况填报《费用报销审批单》,提交报销申请。其

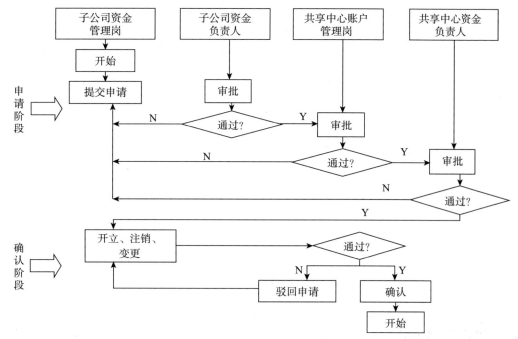

图 4-6 A 集团银行账户管理流程

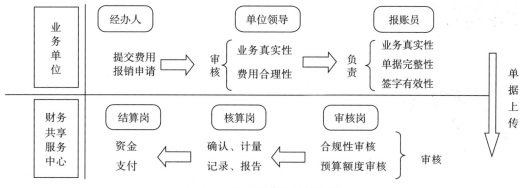

图 4-7 A 集团费用报销流程

次,经办人部门领导、分管领导、单位负责人、财务主管等相关人员对经办人填写的《费用报销审批单》中"收款单位、事由、金额"等合理性进行审核,填写"审批意见"后交办报账员,并将发票等原始凭证粘贴整齐,与相关文件、通知等附件一并传递至共享服务中心。最后,财务共享服务中心进行复核,系统根据费用信息中不同费用类别,在记账信息中自动生成对应的记账项目,同时抓取表单付款相关信息,传递至资金支付模块。

(3) 应付和应收款项流程(见图 4-8)。应付款项包括应付集团外部企业账款和集团内部子公司或员工拆借款项的管理。目前 A 集团应付款项流程欠缺标准化、规范化管理,主要表现为各子公司在支付流程、审批权限、付款路径、支付效率方面存在差异。应付款项流程统一后明显会提高付款效率,改善付款周期,确保款项及时支付,避免引起不必要的外部风险,同时也会增强内部员工对财务工作的认可。

回款困难是制约企业快速发展的"绊脚石",A集团构建应收账款流程旨在督促客户按照合同规定期限及时回款,避免资产流动性风险。首先结合集团实际业务情况,分解和细化各项应收子流程;其次坚持标准化、规范化原则,找准各应收流程中的对接点;最后明晰权责,针对周期性客户建立并完善对账流程。

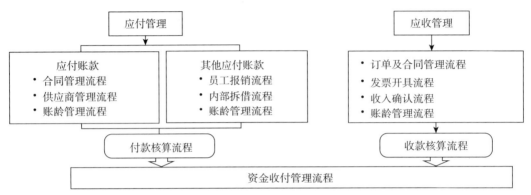

图 4-8 应付和应收款项流程

(4) 总账流程(见图 4-9)。财务共享服务系统的总账流程汇总了集团所有财务数据,是构建 A 集团财务共享服务中心的重中之重。A 集团对总账流程的再造主要包括以下方面:一是以一套成型的财务管理系统为支撑,设计出成熟且符合集团实际的财务分析体系,按层次进行编码;二是由各机构终端财务人员录入,将集团财务信息全部储存在财务共享服务中心的数据库;三是总账模块与财务业务、经营管理和监督管理等多个模块整体链接,使 A 集团财务数据信息在财务共享服务中心实现高效导入,便于合并报表生成。

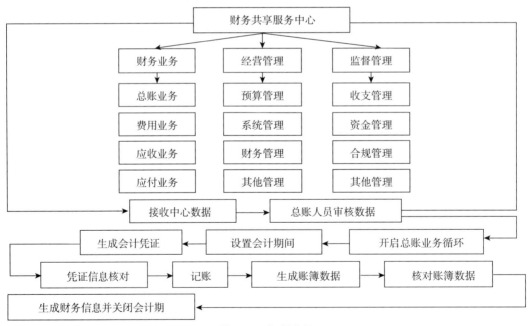

图 4-9 总账流程

资料来源:郭慧金,集团财务共享服务中心构建的案例研究,《中国注册会计师》,2021年第6期。

4.3.6 财产保护控制

保证资产安全是《企业内部控制基本规范》规定的内部控制目标之一。《企业内部控制基本规范》规定,财产保护控制要求企业建立财产日常管理制度和定期清查制度,采取财产记录、实物保管、定期盘点、账实核对等措施,确保财产安全。这里所述的财产主要包括企业的现金、存货以及固定资产等。

> 来自现实社会的实例总能带来更直观的体验和有益的启示,读者可下载"开拓视野"资料包,推荐"焦点观察"栏目的"出纳8年挪用公款近6 000万元"。

财产保护控制的方法主要包括:

1. 财产记录控制

企业应当建立财产档案,全面、及时地反映企业财产的增减变动,以实现对企业资产的动态记录和过程控制。比如对固定资产,应当编制详细的目录,对每项固定资产进行编号,按照单项资产建立固定资产卡片,详细记录各项固定资产的来源、验收、使用地点、责任单位和责任人、运转、维修、改造、折旧、盘点等相关内容。企业应妥善保管涉及财产物资的各种文件资料,避免记录受损、被盗、被毁。由计算机处理、记录的文件材料需要备份,以防数据丢失。

2. 限制接触控制

限制接触控制是指严格限制未经授权的人员直接接触资产,只有经过授权批准的人员才能接触资产。限制接触包括限制对资产本身的接触和通过文件批准方式对资产使用或分配的间接接触。

一般情况下,对货币资金、有价证券、存货等变现能力强的资产必须限制无关人员直接接触。现金的保管与记账人员相分离,平时将现金放在保险箱并由出纳人员保管钥匙;支票、汇票、发票、有价证券等易变现的非现金资产一般采用确保两个人同时接近资产的方式加以控制,或者在银行租用保险柜存放这些特殊资产;对于实物财产(如存货、固定资产等)的控制,可以让保管人员看管,或者安装监视系统、采取防盗措施。

3. 盘点清查控制

盘点清查是指定期或不定期地对存货、固定资产等进行实物盘点以及对库存现金、银行存款、债权债务进行清查核对,当资产管理上出现错误、浪费、损失或其他不正常现象时,应当及时分析原因,查明责任,提出处理意见,出具清查报告,并将清查结果及处理办法向企业的董事会或相关机构报告,完善管理制度。一般来说,盘点清查范围主要包括存货、库存现金、票据、有价证券及固定资产等。

> **践行有成**

盘点清查困难 多家公司存货"爆雷"

存货是企业重要的流动资产,上市公司财报中披露的存货水平是资本市场投资者关注并藉以分析企业财务状况的重要依据。此外,在公司财务报告公告前夕,公司出于维持或提升股价、获取贷款、保住上市地位等目的,会进行利润操纵,而存货由于品种繁多、流动性强、计价方式多样等特点,成为被操纵的重灾区。因此,存货盘点对公司经营管理显得尤为重要。

存货盘点是为了及时发现并清理呆滞品,提高资产使用效率。存货盘点的具体流程是:(1)每月对重点库存进行抽样盘点;(2)每个季度对重点库存进行全盘;(3)每年对所有库存进行全盘。对期末存货进行盘点,可以及时发现并清理呆滞品,提高资产使用效率。

然而,距离2017年年报披露的最后时间还有三个月左右,多家上市公司的存货盘点却接连出现问题,且原因多种多样,有的甚至让人哭笑不得。表4-11列示了抚顺特钢、獐子岛、皇台酒业和深桑达A等公司存货盘点的基本情况。

表4-11 多家公司存货盘点情况

公司	存货盘点发现问题	问题出现的原因	预期带来的影响
抚顺特钢	存货等实物资产不实	形成原因较为复杂,具体情况需进一步核实	可能导致公司2017年及调整后以前年度实现归属于上市公司股东的净利润为负,从而出现连续亏损的情形,且净资产为负值;公司股票可能存在被实施退市风险警示、暂停上市或终止上市的风险
獐子岛	存货异常,需计提跌价准备或核销处理	部分海域的海水温度异常,导致扇贝部分死亡	投资者情绪低落,预期股价一字跌停
皇台酒业	存货亏损:库存成品酒出现严重亏库的问题	公司正在核查亏库原因	成品酒库亏金额约6 700万元,公司将全额计提资产减值损失,对2017年度业绩产生较大影响
深桑达A	库存钢材鉴定为假冒产品	交易对方存在合同诈骗	该业务形成的库存钢材3 139.04吨,存货合同金额1.06亿元,子公司神彩物流付出的货款总额8 763万元,具体损失还在评估当中

从表4-11可以看出,不同行业的公司受行业所限,存货管理确实存在难以规避的风险。例如对獐子岛这类农业企业来说,历来存货盘点较难。农业类企业的存货多为生物资产,"看山难数树,看池难点鱼",生物资产的活动性使得其数量盘点一直是审计难以解决的问题。此外,一些生物资产的存放地点特殊,如在深山、水下等,审计人员难以进行

实地盘点。

即便如此,通过表 4-11 可以看出企业的存货管理控制仍存在诸多的管理不善问题。例如,盘点清查中要求企业在发现存货管理上错误、浪费、损失或其他不正常现象时应当及时分析原因,查明责任。但是,抚顺特钢和皇台酒业在发现存货实物不实或者库亏时未能及时找到问题的原因,这不得不让人质疑公司的存货管理制度。对于存货盘点较为困难的獐子岛,这也不是其第一次出现存货盘点异常的问题。2014 年 10 月獐子岛就曾公告宣称超百万亩虾夷扇贝"因灾"死亡,在资本市场上引起轩然大波,其扇贝一会"饿死"、一会"跑了"的消息使其成为资本市场的笑话,这个也让人质疑公司是否利用存货操纵公司业绩。

由此可见,盘点清查作为一项重要的存货管理制度,不仅在发现并清理呆滞品、提高资产使用效率上具有重要作用,对揭示公司经营管理中的其他问题同样具有重要意义。

资料来源:常佳瑞,多家公司存货"爆雷",《中国证券报》,2018 年 2 月 1 日。

4. 财产保险控制

财产保险控制是指运用财产投保(如火灾险、盗窃险、责任险等),增加实物资产受损后的补偿程度或机会,从而将意外发生、资产受损时给企业带来的影响降到最低限度,分担不确定性所带来的风险,目前已经成为企业防范和规避资产风险的重要手段。企业可以根据实际情况,考虑对其重要、易损或特殊的财产投保,向保险公司缴付保险费。

4.3.7 合同控制

在市场经济环境中,合同已成为企业最常见的契约形式,甚至可以说,市场经济就是合同经济。然而,合同管理往往又是企业内部控制中最容易疏忽和薄弱的环节,其主要风险包括:(1)企业未订立合同、未经授权对外订立合同、合同对方主体资格未达要求、合同内容存在重大疏漏和欺诈等,可能导致企业合法权益受到侵害;(2)合同未被全面履行或监控不当,可能导致企业诉讼失败、经济利益受损;(3)合同纠纷处理不当,则可能损害企业利益、信誉和形象。因此,企业必须重视合同管理,梳理合同管理的整个流程,分析关键风险点并采取有效措施,将合同风险控制在企业可接受的范围内。

> 来自现实社会的实例总能带来更直观的体验和有益的启示,读者可下载"开拓视野"资料包,推荐"焦点观察"栏目的"两年时间 102 份李鬼合同 银行内部控制 BUG 频出"。

合同控制的一般流程如图 4-10 所示。

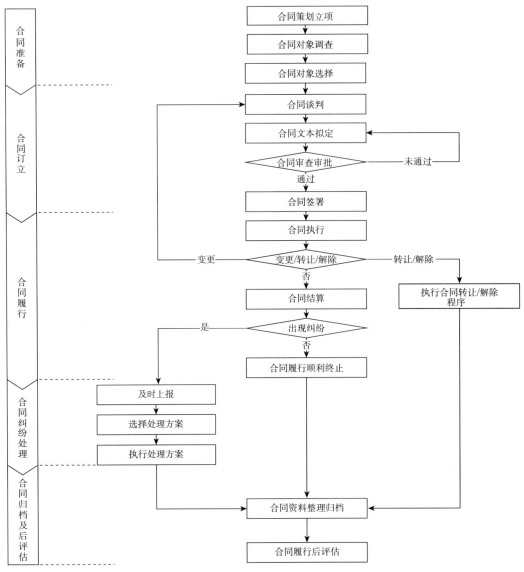

图 4-10 合同控制流程

焦点观察

从 ST 中安内控被否看工程项目管理三大难题

2017 年 5 月 2 日晚,根据上交所上市公司信息披露规范要求,中安消(600654)补充披露了《*ST 中安股份有限公司内部控制审计报告》等多份公告。5 月 3 日,公司股票被实施退市风险警示,中安消(600654)股票简称变为"*ST 中安"。

导致中安消被 ST 的原因之一,是中安消的内部控制被审计机构出具了否定意见的审计报告。审计师德勤华永会计师事务所(特殊普通合伙)认为,*ST 中安的财务报告内部控制存在重大缺陷,与之相关的财务报告内部控制运行失效,影响财务报表中与工程业务相关的营业收入 1 143 418 916.49 元、营业成本 941 414 661.83 元、应收应付及预付款项合计 2 688 124 368.51 元，以及财务报表其他项目的确认和计量，*ST 中安未能提供证实相关业务经济实质的证据。

《*ST 中安股份有限公司内部控制审计报告》披露了财务报告内部控制存在以下重大缺陷：

中安消的部分子公司主要从事工程业务，该等子公司与客户和供应商分别签订工程合同及分包或供货合同，根据合同约定向供应商支付全部或部分款项，同时按照完工进度确认营业收入和营业成本，并根据合同约定向客户收款。

（1）该等子公司在工程业务承接前，缺乏对重要客户信用资质及工程项目可行性的有效评价；

（2）在实际执行工程合同过程中，缺乏证明合同内容履行的有效文件；

（3）工程施工进度管控和重大合同履行监督缺失，与之相关的财务报告内部控制运行失效，影响财务报表中与工程业务相关的营业收入、营业成本、应收应付及预付款项以及财务报表其他项目的确认和计量。

综上来看，上述重大缺陷存在于工程业务投标、合同执行、施工进度管控三个重要环节，这也是工程企业普遍存在的三个管理难题。

1. "拿标"重要还是"风险"重要

工程业务性质企业普遍面临激烈的市场竞争，无论是在国内还是在国际市场环境下，可能每开拓一个项目都需要参与招投标，基本上算是国际惯例，从前那些靠关系走后门的方式正在逐渐减少。对于甲方来说，招投标方式既可以寻找到合适的合作伙伴，又可以通过相互竞争降低成本，还可以在内部提升透明度，减轻舞弊的风险。但是对于乙方来说，这个机会其实就是大家相互之间的拼杀，拼技术、拼商务、拼服务……从最终结果来看，这个行业普遍存在低价中标的现象，也有点类似于中彩票。因此，如本案例所说"在工程业务承接前，缺乏对重要客户信用资质及工程项目可行性的有效评价"，这其实并不是个别现象。甚至在某种程度上，这还是工程业务性质企业的竞争优势。比如大家普遍谈到的"一带一路"走出去的工程企业，凭什么在海外能够拿到大量的工程业务？这些企业是不是真正地对客户信用资质、项目可行性进行充分论证？也许，流程是有的，形式也是满足的，但如果实实在在把这些做完的话，能够拿到海外市场业务的恐怕也是少数。对于企业来说，能够在强敌环视的环境中"拿标"并签合同就是胜利，甲方招投标需要什么承诺就给出什么承诺。一方面是心里侥幸地认为甲方信用应该没有问题，否则凭什么要公开招标？另一方面所谓可行性论证也是尽量满足甲方要求，甲方需要什么技术条件就满足什么技术条件，否则凭什么能够得到甲方青睐？

2. "签合同"重要还是"合同履行"重要

"拿标"取得中标通知书，喜笑颜开的同时一定是迫不及待地签下合同以巩固来之不易的成果，其中有些类似"拿标"的过程。甲方要求什么条款就在合同中落实什么条款，有些追加补充的条款也大多能得到同意，甚至可能让步接受哪怕可能有些"屈辱"的条件。有的时候为了抢占市场，甲方缺资金则"垫资施工"，甲方缺材料则"带料施工"，目的还是尽快将项目揽入囊中。至于内部合同审批流程,无论是业务经办人还是业务主管,就算是法务部门的审核、财务部门的复审,也是一路绿灯。

签合同如此,履行合同更是难以到位。签署合同后,计划部门负责根据投标文件、项目合同,编制项目任务分解书;设计部门负责出具施工图纸;采购部门负责采购施工所需物资;工程部门负责安排和组织施工。当一件事需要按照正常的途径在三个(及以上)部门间协调,基本上就比较容易黄了。更何况,有的工程企业可能连最基本的合同台账也没有,看上去人人都在忙碌,实际上并没有人清楚实际施工进度是否与合同约定一致,恰如本案例所说,"在实际执行工程合同过程中,缺乏证明合同内容履行的有效文件"。

3. "埋头"苦干重要还是管好现场重要

工程企业的特征是喜欢"埋头"苦干,我们有可谓独步全球的项目施工能力,例如高铁、水电站、高速公路、桥梁、房地产……还有高精尖的实施工具和技术,也有任劳任怨的施工人员,之所以"独步",可能是很难看到世界上哪个地方可以"百日会战"不眠不休地大干特干!

然而,看过的企业多了就会发现,工程企业的现场管理普遍面临三个难题:

第一,项目预算编制不准确。例如,项目预算编制责任部门不清楚,编制人员缺乏预算编制数据基础,审核部门缺乏项目管理实务经验;项目预算表格不统一,甚至缺乏定义,各个项目编制的内容存在差异;很多项目预算在图纸未完成,产品、材料、设备未选型,甚至工艺都没有确定的情况下,就开始编制项目预算,也没有进行细化与细分;项目不可预见因素较多,没有及时进行调整,甚至以各种借口直接开支,缺乏预算控制理念,往往造成预算超支,给项目管理尤其是项目费用管理带来难度。项目预算执行结果与实际执行人没有关联,产生执行人员不关心预算甚至无预算意识的现象。

第二,现场物资管理不到位。例如,工程物资的入库、领用出库缺少清晰的记录;根据盘点数量倒推领用数量;现场零星采购无计划、无使用记录;未能对"带料施工"物资进行有效监督、监控,可能存在弄虚作假,多报、虚报情形。

第三,项目费用控制不到位。例如,项目费用审批权限不清晰或未能有效执行,施工费用规避审批或分拆费用;费用审核流于形式,不对费用的真实性、准确性负责,缺少明确的责任追究;费用发生时未能及时报账,导致财务数据不能及时反映施工实际情况。

受到以上三因素的影响,按照完工进度确认营业收入和营业成本与工程施工进度存在差异,因此在 *ST 中安案例中,审计师认为"工程施工进度管控和重大合同履行监督缺失",与之相关的财务报告内部控制运行失效。

资料来源:杜杰,从ST中安内控被否看工程项目管理三大难题,微信公众号"风险控制之案例与实务",2017年6月1日。

企业加强合同控制的措施主要包括:

1. 实施合同分级授权管理

企业应当根据经济业务性质、组织机构设置和管理层级安排,建立合同分级管理制度。属于上级管理权限的合同,下级单位不得签署。对于重大投资类、融资类、担保类、知识产权类、不动产类合同,上级部门应加强管理。下级单位认为确有需要签署涉及上级管理权限的合同,应当提出申请,并经上级合同管理机构批准后办理。上级单位应当加强对下级单位合同订立、履行情况的监督检查。

2. 实行合同统一归口管理

企业可以根据实际情况指定法务部门等作为合同归口管理部门,对合同实施统一规范管理,具体负责制定合同管理制度,审核合同条款的权利义务对等性,规范合同标准文本,管理合同专用章,定期检查和评价合同管理中的薄弱环节,采取相应控制措施,促进合同的有效履行等。

3. 加强对合同的联合审查

一般来讲,合同需要经过业务审查、法务审查和财务审查,因此会审部门至少应当包括业务部门、法务部门和财务部门,必要时还需要其他专业部门和监督部门的参与,如质量检验部门、技术管理部门等。合同审查应关注以下五个方面:合法性审查、经济性审查、可行性审查、严密性审查、修订意见的落实。

> 来自现实社会的实例总能带来更直观的体验和有益的启示,读者可下载"开拓视野"资料包,推荐"规制环境"栏目的"中南传媒的重大合同管理办法(节选)"。

4. 建立合同台账并进行定期分析

企业应当建立和实施合同台账制度,利用信息技术,对合同签订、执行、变更、转让、解除、终止等相关信息进行收集和处理,以便对合同进行全面监控。各相关业务部门应当定期(通常为每月,至少每季度)对合同签订、执行、变更、转让、解除和终止情况进行统计,编制合同统计报表,并对合同管理情况进行分析,编制书面分析报告,报送法务、财务等相关部门和经营管理层,达到实现合同信息沟通的目的。同时,定期的合同检查还可以及时发现合同执行过程中的异常情况,为合同风险管理提供预警信息。

5. 健全合同考核与责任追究制度

企业应当健全合同管理考核与责任追究制度,开展合同后评估,对合同订立、履行过程中出现的违法违规行为,应当追究有关机构或人员的责任。

综合案例

腾讯老干妈案件疑点重重[①]

腾讯状告老干妈拖欠广告费一事再度迎来反转。

在老干妈连夜回应和腾讯没有任何合作之后,2020年7月1日贵阳警方通报,3人伪

---

① 李静,腾讯老干妈案件疑点重重,《中国经营报》,2020年7月2日。

造老干妈印章与腾讯签订合同,已被刑拘。

7月1日下午,战火再度引向搜索公司。网传"腾讯状告老干妈拖欠广告费,提及某搜索引擎"一事,百度搜索同日下午发布微博称,"手里的瓜突然不香了……有一说一,这事与我无关,请大家不传谣不信谣,理性吃瓜",表示此事与百度无关。

目前案件依然扑朔迷离,截至《中国经营报》记者发稿,腾讯方面未有更多回应。腾讯在官方微博上回应"被骗"一事,称一言难尽,并为了防止类似事件再次发生,以1 000瓶老干妈为礼品征求类似线索。

该案件中出现的假合同尤其引人关注,一些律师对腾讯和老干妈两家大公司出现的假合同纠纷也感到惊讶,本报记者采访多位律师探讨案件中的责任归属问题,以及如何在企业运营中规避假合同问题的出现。

1. 腾讯诉错对象

裁判文书网2020年6月29日公示的一则民事裁定书将两家著名的中国企业——腾讯和老干妈推上了风口浪尖。

裁定书显示,原告腾讯计算机系统有限公司向法院提出查封、冻结老干妈公司1 624.06万元财产的请求获得法院支持,担保人新疆前海联合财产保险有限公司深圳分公司和中国人民财产保险股份有限公司深圳分公司联合为本案财产保全提供信用担保。

法院认为,原告的申请符合法律规定,裁定查封、冻结被告贵阳南明老干妈风味食品销售有限公司、贵阳南明老干妈风味食品有限责任公司名下价值1 624.06万元的银行存款或查封、扣押等值的其他财产。如不服本裁定,可向该院申请复议一次,复议期间不停止裁定的执行。

国浩律师(北京)事务所律师段松告诉记者,针对腾讯与老干妈公司纠纷的裁定书,是法院依据腾讯公司申请,在腾讯公司正式提起诉讼前作出的程序性裁定,并未对双方之间的实体问题进行审理和裁判。

6月30日腾讯方面对《中国经营报》记者表示:"此事系老干妈公司在腾讯投放了千万元广告,但无视合同约定,长期拖欠未支付的相关费用,腾讯被迫依法起诉,申请冻结对方应支付的欠款金额。"

在此前的2019年3月,腾讯与老干妈公司签订了一份《联合市场推广合作协议》,腾讯投放资源用于老干妈油辣椒系列推广,腾讯已依约履行相关义务,但老干妈公司未按照合同约定付款。腾讯方面称,多次催办仍分文未获,因此不得不依法进行起诉。

通过搜索可以发现,2019年4月,老干妈和腾讯开始了跨界合作,老干妈成为电竞赛事《QQ飞车手游》S联赛的冠名商。

2020年6月30日晚8点,老干妈通过官方微信公众号发声明称,从未与腾讯或授权他人与腾讯就"老干妈"品牌签署《联合市场推广合作协议》,且从未与腾讯公司进行过任何商业合作。

老干妈方面进一步表示,公安机关已经于6月20日决定对此案予以立案侦查;并且对于该事件给公司造成的不良影响,保留追究相关主体法律责任的权利。

7月1日,贵州警方通报:"经初步查明,系犯罪嫌疑人曹某(男,36岁)、刘某利(女,

40岁)、郑某君(女,37岁)伪造老干妈公司印章,冒充公司市场经营部经理,与腾讯公司签订合作协议。其目的是获取腾讯公司在推广活动中配套赠送的网络游戏礼包码,之后通过互联网倒卖非法获取经济利益。"通报进一步表示,目前,曹某等3人因涉嫌犯罪已被依法刑事拘留,案件正在进一步办理中。

根据贵州警方公布的资料,两个事实浮出水面:老干妈公司的公章是伪造的;3名嫌疑人不是老干妈公司的员工。

假合同情况逐步浮出水面,腾讯是否会改诉目前没有回应,老干妈方面也没有作出更多回应。

浙江垦丁律师事务所律师欧阳昆泼告诉记者,如果警方通报的情况属实,那么这份合同对老干妈公司无效,责任由3个诈骗嫌疑人承担。

北京志霖律师事务所律师赵占领对记者表示,警方通报中所述3人的犯罪行为包括私刻公司印章和合同诈骗,私刻公司印章是手段,目的是通过虚构事实骗取腾讯签订合同、赠送游戏礼包码,法律上属于牵连犯,应以合同诈骗罪定罪量刑。

对于案件涉及的腾讯配套赠送网络游戏礼包码,有观点认为如果不是向老干妈公司赠送,腾讯就可能涉嫌商业贿赂。

赵占领对记者表示,修订后的《反不正当竞争法》规定,商业贿赂的第一种情景是向交易相对方的工作人员贿赂。"该案件涉及的是赠送,如果根据合同规定是赠送给老干妈公司的,就谈不上商业贿赂。具体还要看合同规定。"

对于这次事件的起因——冻结财产裁定书,北京市盈科律师事务所律师史金国表示,腾讯的诉讼和查封老干妈公司相关财产,若给老干妈公司造成了名誉上、财产上的损失,老干妈公司有权要求赔偿损失。

不过,在该案件中腾讯公司采取了保全措施,冻结了老干妈公司的财产。

段松告诉记者,法律要求诉前财产保全必须提供担保,这是为了防止由于申请人申请财产保全错误给被告造成损失而无力赔偿的情况。是否查封错误,取决于法院如何认定老干妈和腾讯签的这份合同的真实性。

欧阳昆泼表示:"如果腾讯真的被骗,那么其申请保全也是被骗的延续,相当于腾讯也是受害者,很难认定其主观上有过错,即使由此给老干妈造成损失,也无须承担侵权赔偿责任。"

当前案件仍然有众多疑点。为什么2019年签署的合同到如今才浮出水面?腾讯"多次催办无果"是催告了谁?腾讯做得热火朝天的广告,老干妈是否知情?警方通报的3人假冒老干妈公司名义签订推广合作协议是为了获得腾讯赠送的游戏礼包码,但是其价值与推广合作协议所约定的推广费差距很大,3人的犯罪动机不合常理。

2. 如何规避假合同

不容置疑的是,腾讯在审核老干妈公司合同的流程中出现了纰漏,才最终导致了今天的局面。

"近年来,因'萝卜章、假合同'引发的纠纷频发,很多大公司也未能幸免。这一现象暴露了部分公司在合同审核时对于相对方主体资格方面存在的问题和不足。"上海汉盛律师事务所律师李旻说。

史金国指出,大公司法务部门是维护公司规章制度战略运作的法务核心枢纽,从假合同案件中可以窥见一斑的是,该公司的合同审核流程和法务管理制度都存在重大的制度纰漏或管理隐患。"也就是说,作为世界有重要影响力的大集团公司的合同审核把关部门(如销售部门、法务部门、投资部门、办公用章部门、分管领导、总经理、董事会领导等)层层把关不严格,导致本案假合同诉讼的发生。"

对于案件涉及的假公章问题,从事广告的胡先生告诉记者:"在实际工作当中,很难辨别公章真假。"

"真人假章""假人真章"等"人章不一致"的情况往往使得合同效力存在瑕疵,但在签订合同时,要辨别对方使用的公章是不是备案公章非常困难。

对于上述案件,资深广告从业人士钟女士对记者表示:"很难理解腾讯会出现这个情况,作为广告媒体,腾讯广告在业内的地位是非常强势的,广告投放是需要预付的,或者有代理商给广告主进行垫付。这次涉案金额超千万元,实在超出了我们对腾讯合作的常规理解。"

钟女士认为,腾讯出现这么大的乌龙事件,可能也只有老干妈这么大的品牌才能拿到这么大额度的授信。"由此可以判断,涉案人员对(广告)行业应该也非常了解,利用互联网行业与品牌之间异业合作的需求,继而从线上对接的流程漏洞中找到可乘之机,才有这起事件的发生。"

思考题

1. 结合腾讯老干妈事件,请评价腾讯公司的合同管理究竟存在哪些漏洞。
2. 针对案例中提到的"萝卜章、假合同"问题,企业可以采取哪些防控措施?

第 5 章 对外投资内部控制

寄 语

企业对外投资是企业对境内外的其他企业单位进行投资,以期获得未来投资收益的经济行为。对外投资对企业具有重要意义,通过对外投资业务,企业可以提高资金的利用效率、开拓市场和业务、获取企业缺乏的资源等。本章将在对外投资业务流程划分与职责分工的基础上,分析对外投资业务的主要风险,阐述对外投资的内部控制制度设计。

知识要点 了解对外投资业务的流程划分与职责分工;熟悉对外投资业务的主要风险。

技能要点 掌握对外投资内部控制制度设计的思路与方法,有效防范和化解对外投资业务的主要风险。

素质养成 结合对外投资业务的流程划分与职责分工,培育和践行社会主义核心价值观,增强职业责任感,坚定反舞弊决心,打造清廉企业;了解对外投资业务的主要风险,吸取富贵鸟破产退市、汇源果汁经营失败等典型案例教训,强化危机意识和风险意识,塑造合规观念和法治观念;通过对外投资内部控制制度设计,学习中国优秀企业成功经验,树立战略思维和系统观念,宣传中国故事,弘扬民族精神;深刻理解"独行快,众行远"背后的中华传统优秀文化思想精华,全面把握集体决策审批制度在对外投资风险控制中的贯彻落实。

引导案例

"一代鞋王"富贵鸟如何走向破产退市①

2019年8月26日,经历三年停牌之后,富贵鸟股份有限公司(富贵鸟,01819.HK)公告称,公司8月24日收到泉州中院公告及民事裁定书,裁定驳回富贵鸟股份有限公司管理人关于批准重整计划草案的申请,并终止富贵鸟股份有限公司重整程序,宣告富贵鸟股份有限公司破产。

富贵鸟是中国最早生产男鞋的企业之一,曾获"首届中国鞋王""中国真皮鞋王""中国驰名商标"等众多奖项。2013年在香港上市,当年营业额近30亿元,净利润达5.19亿元,而同期奥康净利润仅2.74亿元。

现如今,富贵鸟以负债近30亿元跌下神坛,退出市场,其中原因究竟是什么?

1. 认识不清,转型失败

在谈及企业衰败时,原富贵鸟股份有限公司常务副总经理吴海民表示,在2014年销售只是微增之时,企业并没有意识到市场的变化,反而放缓了研发的进度。

自此,富贵鸟经营业绩逐步下滑。2014年,在铸就企业盈利峰值的同时,也遭遇营业收入增幅的拐点。据GPLP犀牛财经了解,富贵鸟营业收入增幅从2013年的19%降至2014年的1%,且在2015年上半年出现负增长。

富贵鸟的利润也开始下滑,2015年毛利率最高达41%,到2017年上半年仅为36%,净亏损同比下降107.7%。

在增量市场,用户需求从无到有,企业只需加大马力尽情生产,就能赚得盆满钵满。2014年正处于从有到优的过渡阶段,消费即将升级,要求企业在垂直领域做好深耕准备,而富贵鸟恰巧错过了这一重要时期。

电商的迅速发展,也对富贵鸟相对传统的营销模式造成了冲击。富贵鸟对主业缺乏聚焦关注,在行业迅速转型时期,没有快速转变。

2. 热衷互联网金融,经营偏离主业

2016年,富贵鸟不仅股市停牌了,零售门店的数量也大幅削减了976家。然而,真正使富贵鸟"折翅"的,除产品研发和销售疲软外,还有企业不断跨行业投资带来的巨额负债。也就是说,富贵鸟陷入了多元化经营的泥潭。

为觅生路,富贵鸟将眼光投向了比较能来钱的金融领域。相比利润低、投资回报期较长的鞋业,金融领域看上去"来钱快",很有诱惑力。殊不知,公司方向一旦错了,就会越走越偏。

公开资料显示,2015—2017年,富贵鸟旗下迅速滋生出10家投资类企业,包括矿业公司、小额贷款公司等。然而,一头钻进金融投资针尖里的传统企业极易走向失控。

---

① 杨远,一代鞋王富贵鸟如何走向破产退市?停牌三年负债近30亿,GPLP犀牛财经(ID:gplpcn),2019年9月1日,https://m.jiemian.com/article/3463372.html。

3. 债务危机成为压垮骆驼的最后一根稻草

2015年5月和10月,富贵鸟分别投资共赢社和叮咚钱包,由于根本没有理财经验、投资数额又很大,最终资金链断裂。为解燃眉之急,富贵鸟决定借钱赌一赌,开始对外发债,而发债又无异于饮鸩止渴,再次把富贵鸟抛进深渊。

2015—2016年,富贵鸟先后发行了3只债券,总计约25亿元。截至目前,其中两只都已实质违约,涉及本金高达21亿元。同时,富贵鸟还欠银行5亿元贷款,其他经营性负债约3亿元。富贵鸟的债务总额累计近30亿元。

两年半以来,由于大力开发P2P业务,富贵鸟主要创始人林国强因金融借款合同担保,也曾身陷2.9亿元债务纠纷。

从公司到法人,债务危机紧紧缠绕,又怎去抽身经营好业务?

从神坛到"折翼",富贵鸟仅用了六年时间,留给后来者的教训着实沉痛。传统产业内那些摩拳擦掌准备投身风口的企业最好冷静。

启示录　"一代鞋王"富贵鸟的经营失败在很大程度上是由于其盲目多元化扩张战略失误和对外投资业务内部控制乏力所造成的。那么,企业对外投资业务主要存在哪些风险?针对这些风险,又应该如何设计有效的对外投资业务内部控制制度?对于企业而言,首先要确立对外投资业务的流程划分和职责分工;在此基础上,一方面要了解对外投资业务的主要风险,另一方面要掌握对外业务的流程设计和关键控制点。

5.1　对外投资业务的流程划分与职责分工

根据不同的分类方法,投资业务可以分为长期投资与短期投资、实物投资与证券投资、直接投资与间接投资、对内投资与对外投资等。不同类型的投资业务涉及的风险差别较大,相应的内部控制制度也不尽相同,为了能够深入分析投资主要风险、保证内部控制制度设计有针对性,本章主要选取企业对外投资业务进行探讨。

5.1.1　对外投资业务流程划分

根据财政部等五部委联合颁布的《企业内部控制应用指引第6号——资金活动》第十二条的规定,企业应当根据投资目标和规划,合理安排资金投放结构,科学确定投资项目,拟制投资方案,重点关注投资项目的收益和风险。一般情况下,对外投资业务流程可分为投资立项、投资计划编制、投资计划执行、投资监控和投资处置等五个阶段,具体如图5-1所示。

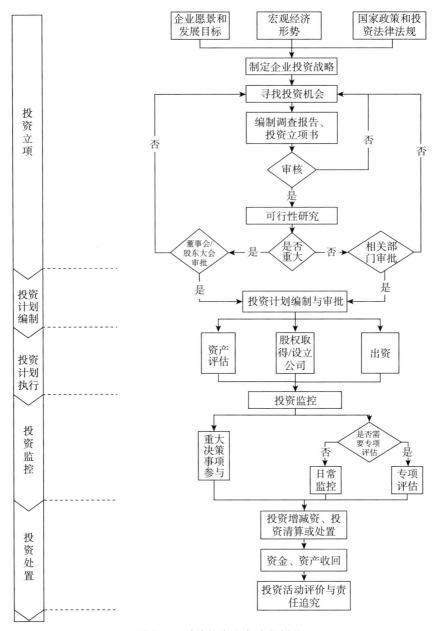

图 5-1 对外投资业务流程划分

来自现实社会的实例总能带来更直观的体验和有益的启示,读者可下载"开拓视野"资料包,推荐"践行有成"栏目的"南方电网公司投资管理规定(节选)"。

5.1.2 对外投资业务职责分工

在划分对外投资业务的主要环节后,应该明确划分对外投资业务相关部门的职责。

下面以中国海诚工程科技股份有限公司为例,列示该公司投资业务机构设置和职责分工(见表5-1)。

表5-1 中国海诚工程科技股份有限公司投资业务机构设置和职责分工

机构设置	职责分工
股东大会	公司投资管理的最高决策机构
董事会	经股东大会授权,公司董事会对一定金额范围内的投资项目行使决策权
总裁办公会	经公司董事会授权,公司总裁办公会对一定金额范围内的投资项目行使决策权
战略运营中心	1. 制定公司投资、管理制度 2. 组织、协调编制公司年度投资计划 3. 组织对投资项目进行审核,包括对申报材料进行规范性审核,重点对项目战略契合度、行业市场、业务定位、运营模式、交易方案、退出机制等方面可行性的审核 4. 按照投资管理权限,将投资项目提交公司相应决策机构审批,并报上级审批或备案 5. 负责组织投资项目实施的动态监管及后评价工作
董事会办公室	1. 负责研究和分析公司的中长期投资及资本运作规划 2. 负责投资项目信息收集,牵头开展公司总部投资项目调研、论证、筹备、执行工作以及资本结构设计 3. 协助子公司投资项目的调研、论证 4. 负责资本市场融资策划 5. 参与投资项目实施的动态监管及后评价工作
财务资金管理中心	1. 负责投资项目资产评估备案和产权登记管理 2. 参与公司总部投资项目研究论证和实施,重点负责项目的筹资方案、财务分析与预测、资金管理、税务安排等方面的可行性研究,提出相关风险应对建议 3. 组织公司总部投资项目的财务及税务尽职调查、审计等工作 4. 对子公司投资项目的筹资方案、财务分析与预测、资金管理、税务安排等方面的可行性进行审核 5. 负责公司总部投资项目的财务与资金管理,指导子公司投资项目的财务与资金管理工作 6. 参与投资项目实施的动态监管及后评价工作
技术研发中心	1. 参与公司总部投资项目研究论证和实施,重点负责行业技术发展趋势、技术或工艺先进性/可行性、项目主体及合作方的技术创新能力等方面的可行性研究,提出相关风险应对建议 2. 对子公司投资项目的行业技术发展趋势、技术或工艺先进性/可行性、项目主体及合作方的技术创新能力等方面可行性进行审核
风险管理中心	1. 参与公司总部投资项目研究论证和实施,重点负责项目合作主体的资格及资信情况、方案的合法合规性、合同履行、总体风险评估与应对等方面的可行性研究;组织公司总部投资项目的法律尽职调查;组织起草项目有关合作协议、章程、法律意见书等法律文件;根据需要组织编写专项风险评估报告 2. 对子公司投资项目合作主体的资格及资信情况、方案的合法合规性、合同履行、总体风险评估与应对(专项风险评估报告)等方面可行性和有关法律文件进行审核 3. 组织重大项目的专项审计工作,参与投资项目后评价工作 4. 负责公司总部投资项目的法律、合规管理;指导子公司投资项目的法律、合规与风险管理工作

(续表)

机构设置	职责分工
子公司	子公司承担本级及下属子公司投资管理主体责任,履行投资项目可行性研究与论证、项目审核及实施过程监管等职责,主要包括: (1) 组织编制、实施年度投资计划 (2) 建立投资审核体系,负责对本级及下属子公司投资项目履行审核、决策程序 (3) 负责本级投资项目的可研论证、审核、报批;负责下属子公司投资项目审核、报批等工作 (4) 负责本级投资项目实施管理;负责下属子公司投资项目实施过程的监管和控制 (5) 根据上级要求开展投资后评价工作

资料来源:中国海诚工程科技股份有限公司,《投资管理制度》,深圳证券交易所官网,2022 年 3 月 9 日,http://www.szse.cn/disclosure/listed/notice/index.html。

5.2 投资立项控制

投资项目实施前,应对投资进行立项研究和决策审批。

5.2.1 投资立项控制

通过对大量企业投资失败案例的统计分析,可以发现在众多环节中最容易出现控制失败的依次是可行性分析、项目决策、投资战略制定。由此可见,控制风险主要集中在对外投资业务的前期,强化投资立项控制非常有必要。

1. 投资战略制定

投资战略制定对企业的重要性是不言而喻的。一方面,投资战略是企业战略的重要组成部分,由大量实践可知企业的成败往往取决于投资战略的成败,因此企业的战略风险往往体现为投资战略的风险;另一方面,投资战略明确企业投资的方向和目标,指导企业投资资源的布局和投放。因此,企业只有制定科学的投资战略,才能保证资源的有效利用以及企业的持续发展。

(1) 投资战略制定风险。投资战略制定环节的主要风险有:① 缺乏明确的投资战略,可能导致企业盲目发展,难以形成竞争优势,丧失发展机遇和动力。② 投资战略过于激进,脱离企业实际能力或偏离主业,可能导致企业过度扩张,甚至经营失败。③ 投资战略出于主观原因频繁变动,可能导致资源浪费,甚至危及企业的生存和持续发展。

> 来自现实社会的实例总能带来更直观的体验和有益的启示,读者可下载"开拓视野"资料包,推荐"焦点观察"栏目的"汇源果汁大败局"。

(2) 投资战略制定内部控制设计。下面以 XG 公司为例,展示投资战略制定流程,如图 5-2 所示。

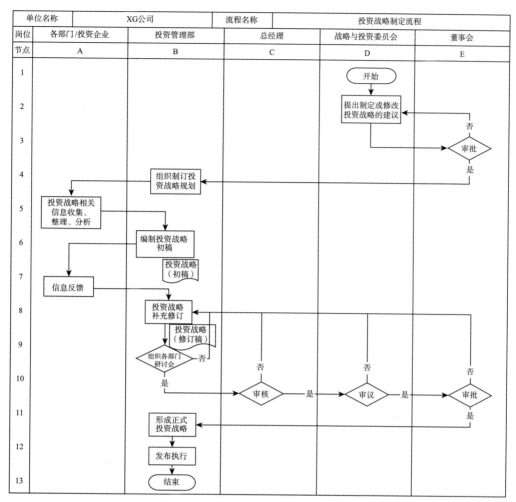

图 5-2　XG 公司的投资战略制定流程

投资战略制定环节应关注以下关键控制点：

① 设置相应组织机构加强归口管理。企业应当设立战略委员会，战略委员会对董事会负责，其成员应当包括董事长；设置专门的投资管理部门，承担战略委员会的具体工作，保证投资战略落到实处。

② 进行环境综合分析，为决策提供支撑。企业面临的内外部环境在一定程度上决定了企业的投资战略。经济环境决定了企业投资是采取扩张型战略还是收缩型战略；政治环境、税收因素影响投资的地点；行业环境影响企业投资的重点是设备、技术还是渠道；企业本身资源不足，可以采取纵向投资战略，获取上下游资源，或者与合作方联营、合营；企业自身资源充足，则应避免投资战略过于保守；企业应避免盲目的多元化，避免投资高风险领域。

③ 保持投资战略规划的一致性和适应性。在制订投资战略规划的过程中，应确保各部门、各单位投资战略与公司总体战略目标一致。此外，投资战略规划必须每年滚动修订，以适应内外部环境的变化。

④ 对投资战略进行严格且有效的审核。审核投资战略方案是董事会的职责,董事会应确保投资发展战略符合国家政策和经济战略方向;确保投资战略突出主业;确保企业有足够的人财物资源和相应的管理能力及风险管理水平;确保投资战略具有可操作性。

 践行有成

复星战略演进

复星的战略可用以下关键词概括:全球化、FC2M生态、创新引领、双轮驱动(深度产业运营+产业投资、保险+投资)、FES。

1. 全球化

作为一家创新驱动的家庭消费产业集团,复星植根于中国,成长于全球。复星是全球化的践行者、推动者、突破者。全球化已成为复星创业、发展三十多年来不断内化的一种组织能力与竞争优势。

复星倡导的全球化讲求"中国—全球双轮驱动"。一方面,充分贴合中国消费市场的需求,复星发挥全球业务的"双引擎"动力,不断将复星在全球范围内投资的好产品、好服务返程带回中国消费市场,助力人民美好生活的实现;另一方面,在以"国内大循环为主体、国内国际双循环相互促进"的新发展格局下,复星持续深度践行全球化发展,履行企业社会责任,持续深耕全球优质产业,挖掘更具广度和深度的国际合作潜力,助力国际品牌基业长青,亦助力更多优质中国中小企业品牌、中国制造甚至"中国智造"走出国门。

2. FC2M生态

复星提出将全球十多亿家庭作为服务的目标客户,构建以家庭客户为核心的FC2M幸福生态。"FC2M"(Fosun Client to Maker,复星客户到智造端)模式是一个以客户需求驱动产品创造与快速迭代的产业闭环,"F"代表复星,"C"代表客户(Client),"M"代表智造者(Maker),"2"代表打通客户端与智造端的链接(To Link)。

复星提出"C端置顶,M端登顶",要求在FC2M生态中,每一个产业都要C2M,旗下围绕家庭需求的一个个产业M端,通过数字化、线上化技术实现到C端消费者的打通,形成一个个垂直的C2M闭环;然后,再横向打通这些垂直的C2M闭环,形成一个对家庭需求全覆盖的FC2M大生态,最大化地为家庭客户创造价值,进而实现产业与产业间的生态乘数效应。

截至目前(2022年4月),FC2M生态已在医疗服务、健康管理、制药流通、康复养老、金融理财、时尚文娱、品质消费等多个领域落地。

3. 创新引领

作为一家创新驱动的家庭消费产业集团,在智造围绕家庭客户幸福需求的FC2M生

态的进程中,复星坚持以创新为原动力,立志成为各个产业、各个行业创新的引领者。

创新,是复星一路稳健成长的血液、基因。对于创新的重视,已深入到每一位复星人的骨髓,正在由内而外持续影响着复星在产品研发、机制锻造、人才延揽等方面的行为与实践。

复星通过自主研发、投资孵化、专利许可、创新产品合作引入等方式,打造多元立体的创新体系,并重点切入家庭场景单元,占领全球创新赛道的制高点,培育具有产品力与竞争力的复星好产品。

复星还设立"创新合伙人",汇聚复星生态体系中最顶尖的创新人才与资源。其中,科技发展类合伙人主要覆盖医药研发、智能科技、智能制造等创新领域,创意创新类合伙人主要是复星在产品设计、IP打造、建筑设计等领域的顶尖人才,名匠则包含许多非遗传承人及手工艺匠人等领军工匠。

4. 双轮驱动

(1) 深度产业运营+产业投资。复星的核心能力之一是深度产业运营与产业投资相结合的能力。复星自创业以来,一直坚持"运营+投资"的战略打法,并已成长为一家持续依托"深度产业运营+产业投资"双轮驱动的全球化企业。

多年积累的产业深度使复星能在全球把握更多投资机会,也使复星具备产业Turn Around(回归盈利状态)的能力,更能通过复星生态内的产业协同实现"乘数效应"。从2019年开始,复星围绕家庭幸福需求的产业生态布局已经趋于完善,外部市场已经进入精耕细作的"存量时代",同时大数据、AI、产业互联网等新一代技术不断成熟,复星开始聚焦于"深度产业运营",通过运营产品到运营客户,挖掘更多的存量价值。

复星讲求通过产业并购投资提升产业运营能力。复星聚焦产业运营,并不代表会舍弃投资能力。投资已经成为潜移默化地植入复星的基因。投资是反哺产业运营的手段,成为复星的特质和能力。原有的"双轮驱动",更加强调投资的"驱动"和补强。

投资是手段,而目的是服务于客户、用户,进一步补强复星FC2M生态圈,形成生态协同。复星的产业投资更强调控股型、战略补强型投资。无论是产业运营还是产业投资,复星都坚定地围绕主战略进行深度聚焦,会选择退出一些与复星生态协同性和关联度不够的企业。

(2) 保险+投资。复星始终坚持价值投资,利用"保险+投资"双轮驱动的战略,为复星的全球化发展打下了很好的基础,文旅、医药等产业都依靠投资在短期内建立起了深厚的产业基础。"保险+投资"的模式已经内化到复星的能力里。未来复星的投资会以产业补强型为主,为深度产业运营服务。保险也将会与复星旗下的多个产业形成更多的协同,在复星的FC2M大生态中释放更大的价值。

5. FES

FES(Fosun Entrepreneurship/Ecosystem System)是复星在"让全球家庭客户生活更幸福"的使命驱动下,设计打造的一套管理系统。这套系统基于复星"深度产业运营+产业投资"的战略,将复星在产业运营和产业投资中的最优实践,提炼成可复制、可推广的工具和流程,持续发展复星企业家精神和共创生态 BD(Business Development,即商务拓展),助力复星达成"高成长"的目标。其中,Entrepreneurship 代表企业家精神,意味着 FES 是一个体现共创业、共成长精神的系统;Ecosystem 代表生态系统,意味着 FES 希望通过复星的生态协同助力乘数增长。

FES 不只是针对产业运营,也是服务于产业投资的一套管理系统。其核心是基于复星"深度产业运营+产业投资"的战略,将复星过去多年积累的产业运营和产业投资的最优实践,提炼成可复制、可推广的工具和流程,最终助力实现公司价值的可持续高增长。

FES 系统是由全员共同参与的,以持续"高乘长"(指乘数性高速增长)为目标,以解决实际工作业务中的痛点和挑战为抓手的管理系统。

复星希望通过 FES 这套"投资+运营"管理系统,一方面做好产业投资,助力核心业务板块成长;另一方面总结提炼复星运营管理最佳实践,赋能全球复星企业。FES 系统致力于提升客户满意度,发展"共创业"的精神,加强复星生态协同,助推公司达成"高乘长"的经营目标。

资料来源:关于"复星战略"的介绍,复星集团官网,2022 年 4 月 15 日,https://www.fosun.com/about/。

2. 投资方案提出

在制定投资战略之后,企业需要提出符合公司投资战略的投资方案。在投资方案提出过程中,需要评估投资项目是否具有可行性。公司投资战略与投资可行性研究的关系是双向的。公司投资战略决定了公司未来投资的重点和方向,可行性分析针对的具体投资方案必须在投资战略的指引下进行。

(1)投资方案提出风险。投资方案提出环节的主要风险有:① 投资项目未经可行性研究,或者可行性研究流于形式。这将使得企业不能对项目、宏观环境、企业自身资源和能力等做出正确评价,从而导致投资决策失误,造成重大损失。② 可行性研究不全面,导致未能发现投资项目中的潜在风险。比如投资活动与企业战略不符,投资规模、方向、时机不恰当等。

(2)投资方案提出的内部控制设计。下面仍以 XG 公司为例,展示投资方案提出流程,如图 5-3 所示。

投资方案提出环节应关注以下关键控制点:

① 项目前期进行调查并撰写调查报告。在项目前期必须对宏观经济、行业情况、公司状况以及影响项目实施的关键细节问题进行详细的调查与分析,并撰写调查报告,以初步了解和评估项目。

② 编制可行性研究报告,评估项目的可行性。企业应当加强对投资项目的可行性分析,重点对投资目标、规模、方式、资金来源、风险与收益等做出客观评价。具体而言,可行性研究报告应主要分析以下内容:投资项目是否符合公司投资战略;投资的规模、方向和时机是否适当;分析投资项目在技术、市场、财务方面的可行性,预估项目的现金流量、

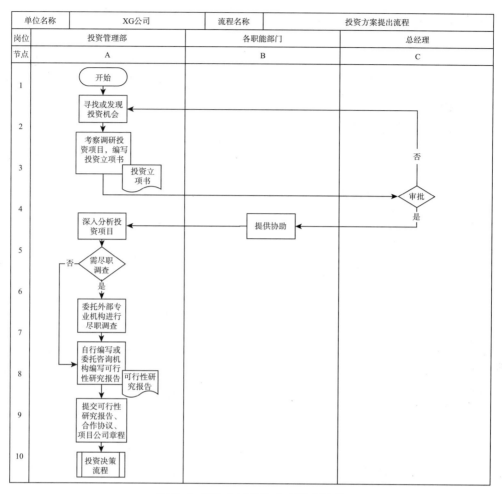

图 5-3 XG 公司投资方案提出流程

风险与收益。当有不同项目可供选择时,可以比较或评价不同项目的可行性,择优投资。同时,企业根据实际需要,可以委托具备相应资质的专业机构进行可行性研究,提供独立的可行性研究报告。

> 来自现实社会的实例总能带来更直观的体验和有益的启示,读者可下载"开拓视野"资料包,推荐"践行有成"栏目的"海天味业公司的对外投资决策程序"。

5.2.2 投资决策控制

投资决策体现为公司发展战略落实为资源分配的行动,投资决策不仅决定了资源分配的方向,还决定了资源分配的数量;更重要的是,这一决策行为直接决定了企业未来的经营范围以及商业运作的模式,间接体现了公司在市场上的竞争能力。因此,投资决策的质量至关重要。

1. 投资决策风险

投资决策环节的主要风险有:

(1) 未按规定履行决策和审批程序,可能出现投资金额超出授权范围或者越权审批现象。

(2) 决策未充分考虑重大风险因素,未制订风险防范预案。

(3) 投资决策失误,引发盲目扩张或丧失发展机遇,可能导致资金链断裂或资金使用效率低下。

(4) 违反规定开展负面清单上的投资项目。

(5) 未按规定进行风险评估并采取有效风险防控措施对外投资或承揽境外项目。

> **焦点观察**

W 集团海外并购 L 公司风险分析

W 集团成立于 20 世纪 80 年代,是集文化、商业、地产、金融四大产业于一体的大型民营集团企业。2017 年企业资产 7 000 亿元,营业收入超过 2 000 亿元。近年来,W 集团重新整合企业资源,将战略核心逐步转向文化产业。L 公司是美国一家独立的电影制片企业,成立于 2004 年,主要业务涉及电影、动漫、电视及数字媒体等文化与娱乐行业,全球票房超过 120 亿美元。2016 年 1 月,W 集团通过旗下影视传媒子公司(WY 公司)以不超过 35 亿美元(约 230 亿元人民币)的现金支付方式,纵向并购 L 公司 100% 股份。近期,WY 公司在一起资产重组案中将 L 公司从中剔除,使得当初 W 集团并购 L 公司的风险问题再度成为业界讨论的热点。本案例为民营企业"走出去"海外并购的财务风险研究提供了鲜活素材。

1. 战略决策风险

近年来,我国政府大力支持民营企业"走出去"拓展海外市场。在良好的国内政策形势下,民营企业要确保海外并购的顺利开展,有必要立足自身发展,准确分析国际政策环境,认真审查评估目标企业。

(1) 国际政策环境风险。W 集团 2012 年开始在美国实施的一系列影视传媒产业并购案例,引起了美国政府和行业的关注,它们认为本次并购威胁到好莱坞在娱乐业的资源支配地位。由于 W 集团前期积极开展了调研与沟通,阐述了本次并购主张,化解了部分猜忌和负面影响,美国的反垄断法也未对并购产生实质性影响。但随着美国政府的更替,一系列反对贸易全球化、主张"美国优先"、全球产业回归美国的政治声音和政策倾向,为并购带来较大的政治风险和财务风险。

(2) 目标企业选择风险。2015 年,W 集团开始实施以跨国企业转向为空间特征、服务业转向为行业特征的战略转型。L 公司拥有大量 IP 知识产权,业务上与 W 集团形成产业上下游关系,W 集团借此次并购不仅可以有效进入北美电影市场,而且可以实现与自身的文化产业接轨,形成完整产业链条。基于此,W 集团对于 L 公司给出不超过 35 亿美元的估值;但同时,L 公司总额超过 90 亿元人民币的负债也将通过并购转嫁给 W 集团。

2. 资金运营风险

现金支付并购方式保障了 W 集团在股权结构不变的情况下,迅速、简单、强竞争力地获取 L 公司的控制权,但不超过 35 亿美元的交易金额以及 L 公司超过 90 亿元人民币的负债额,对 W 集团的融资能力和资金流动性提出了严峻考验。

(1) 融资风险。W 集团为世界 500 强企业,资本实力雄厚且主体信用等级较高,与北京银行、中银国际、进出口银行和工商银行等多家金融机构建立了良好稳定的融资关系。从 W 集团 2016 年高达 70% 的资产负债率可以看出,集团总资产中大部分通过负债方式筹集,负债水平高。但从动态趋势看,资产负债率呈逐年递减态势(2014 年为 72.5%,2017 年降至 64.8%),另外,流动资产比率也由 2014 年的 1.1 提升到 2016 年的 2.0,再到 2017 年的 2.3,说明 W 集团无论是短期偿债能力还是长期偿债能力总体上均有所增强。

(2) 资金流动性风险。2015 年,W 集团经营活动现金流入 319.1 亿元,较上年增长 261%,到 2016 年更达到 379.8 亿元。从数据上看,虽然 W 集团拥有较为充足的现金流,但在并购 L 公司之后,W 集团又陆续进行了多笔海外并购交易,2012 年到 2017 年年初,W 集团在海外的并购交易总额超过 200 亿美元,大量投资现金的流出和大金额的融资还本付息,使得 W 集团的资金流动性风险大大增加。另外,与 L 公司业务特点类似的某传媒公司因资金回收及账务计算周期过长致使资金链断裂的案例,为并购资金流动性风险敲响了警钟。

(3) 汇率风险。本次并购的目标企业 L 公司位于美国,美元被作为交易结算货币。W 集团海外并购融资时采取"内保外贷"模式,即境内银行为境内企业在境外注册的附属企业或参股投资企业提供担保,由境外银行给境外投资企业发放相应贷款。因此,美元对人民币汇率的变动,直接影响 W 集团的支付成本。此次并购超过两年的时间差,加上美国国内政策影响,汇率波动带来了较大的汇率风险。

3. 资源融合风险

W 集团与 L 公司分别是中国、美国典型的文化产业企业,虽然两者的发展战略与主营业务存在互补性,具有协同发展潜质,但由于受不同文化传承和商业环境的影响,两者在企业管理模式、影视制作观念上存在较大差异。并购完成后,虽然 W 集团极力保留 L 公司独立运营权,董事会主席兼 CEO 继续留任参与双方并购整合,保障并购后公司的资源融合与平稳运行,但并购双方在企业文化、管理理念、产品开发中不可避免地存在资源融合风险。

(1) 资金整合风险。在并购完成后的财务整合过程中,W 集团除支付整合改制成本外,还要向 L 公司注入大量资产,以保障其业务正常运行。此次并购前,2015 年 WY 公司负债仅为 5.6 亿元的流动债务;而在并购后,2016 年 WY 公司负债总额高达 20.8 亿元,增幅 271.4%,除了新增 0.3 亿元的非流动负债,其余部分均为流动负债。这主要是由目标企业 L 公司的巨额亏损所引起,2014 年、2015 年 L 公司的净亏损额分别达到 28.9 亿元和 43.4 亿元,这无疑大大增加了并购后 W 集团的资产整合风险,再加上 W 集团因融资而负担的债务,如果整合后 L 公司不能取得预期业绩,那么整合成本将进一步提高 W 集团整合风险。然而,W集团对L公司做出并购当年即扭亏为盈的预期,实际却远未达到,两者净利润相差10亿元之多。WY公司将L公司从资产重组中剔除,其主要原因也源于此。

(2) 智力整合风险。L公司拥有大量且高知名度的电影IP知识产权,将其与W集团旅游、娱乐等文化产业形成有效联动,实现电影产品的延续,是W集团本次并购的主要策略。然而,L公司IP知识产权很大一部分开发权归属于其他影片公司,自身难以继续深入开发拓展,这些IP知识产权能否及时、准确、深入地植入W集团文化产业系统并为W集团带来盈利,充满了不确定性。另外,L公司主营的电影制作业务周期长、回收慢、内容复杂,与区域文化理念和价值体系密切联系,加之经营战略与管理模式的差异,短时间完全融合两个如此体量的公司主体,客观上存在不稳定因素。在并购后一年半时间内,L公司团队核心人物、创始人兼CEO和旗下子公司CEO、制片人等重量级人物的相继辞职,以及并购后推出的"合拍片"在北美市场遭受冷遇,成为并购后双方资源融合风险的具体体现。

资料来源:武礼英,民营企业"走出去"海外并购财务风险分析与防范,《财务与会计》,2019年第14期。

2. 投资决策内部控制设计

下面仍以XG公司为例,展示投资决策流程的设计,如图5-4所示。

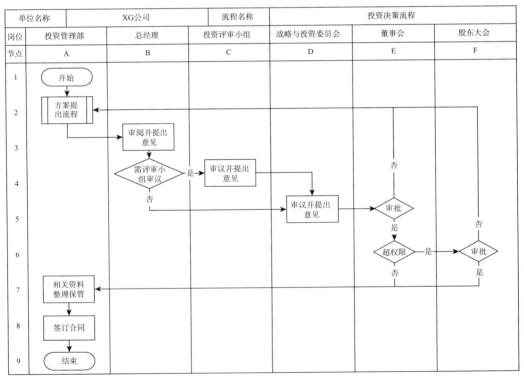

图5-4 XG公司投资决策流程

投资决策环节应关注以下关键控制点：

（1）企业需设立授权审批制度，明确规定各部门、各层级的投资项目审批权限。重大投资项目，应当按照规定的权限和程序实行集体决策或者联签制度。

> 来自现实社会的实例总能带来更直观的体验和有益的启示，读者可下载"开拓视野"资料包，推荐"践行有成"栏目的"新亚电子投资决策审批权限划分"。

（2）企业应对投资项目实施严格的决策审批。应重点审查投资方案是否可行，投资项目是否符合国家产业政策及相关法律法规的规定，是否符合企业投资战略目标和规划，企业是否具有相应的资金能力，投入资金能否按时收回，预期收益能否实现，以及投资和并购风险是否可控等。企业可以通过编制投资负面清单的方式规定禁止投资和限制投资的具体情形。

 规制环境

山西《省属国有企业投资项目负面清单（2021版）》

经公司2021年第8次党委会研究、第5次董事会审议通过，山西省国有资本运营有限公司修订发布《省属国有企业投资项目负面清单（2021版）》（以下简称《清单》），具体内容如表5-2所示。

表5-2 省属国有企业投资项目负面清单（2021版）

业务类型	具体事项
一、禁止类投资事项	（一）不符合国家产业政策、行业准入要求的投资项目 （二）不符合土地使用、能源消耗、污染排放、安全生产等有关法律法规的投资项目 （三）不符合国有经济布局和结构调整方向的投资项目 （四）不符合企业战略目标和发展规划的投资项目 （五）未履行企业投资决策程序的投资项目 （六）项目资本金低于国家相关规定要求的投资项目 （七）技术、装备和工艺低于国内同业平均水平的投资项目 （八）与信誉不佳、经营存在法律纠纷、资产质量较差或明显缺乏投资能力的企业合资合作的投资项目 （九）向产权关系不明晰、有重大债务风险的企业进行投资 （十）向四级以下子企业（不包含四级企业和上市公司）进行增资或注入资产、股权投资 （十一）未明确融资、投资、管理、退出方式和相关责任人的投资项目 （十二）投资预期收益低于同行业平均水平且预期收益未能覆盖预期融资成本的投资项目 （十三）投资预期收益率低于5年期国债利率的商业性投资项目和投资预期收益率低于投资所在国10年期固定存款利率的境外投资项目 （十四）投资规模明显超过企业实际能力的投资项目

第5章 对外投资内部控制

(续表)

业务类型	具体事项
二、特别监管类投资事项	（一）主辅业目录之内、限额以上的投资项目，包括：单项项目总投资额在省属企业上年度合并报表净资产10%（含）以上的投资项目，单项项目总投资额5亿元（含）以上的投资项目 （二）主辅业目录之外的投资项目 （三）境外（含香港特别行政区、澳门特别行政区和台湾地区）投资项目 （四）资产负债率高于75%、带息负债比率高于70%且上一年度净利润为负的省属企业的所有固定资产投资和股权投资项目 （五）主业非商业房地产的企业新增商业房地产业投资项目（不含文旅集团、华远陆港、交控集团、华舰体育等聚焦主业投资的功能性地产项目） （六）投资新设、参股持牌金融机构 （七）四级子企业的所有固定资产投资和股权投资项目

《清单》深入贯彻落实中共中央、国务院关于新时代推进国有经济布局优化和结构调整的有关政策要求，进一步发挥投资的牵引性、保障性作用，坚持有所为有所不为，切实优化增量投向，对房地产业投资、投资金融机构、四级子企业新增投资以及高负债企业投资实施穿透式监管。

《清单》明确将科技含量低于同业平均水平的投资项目列为禁止类投资事项，以鲜明的投资导向引导促动省属企业进一步聚焦主责主业、坚持创新驱动、规范产融结合、压缩管理层级、强化风险防控，更好服务于全省经济高质量转型发展。

资料来源：山西省国有资本运营有限公司，国资运营公司发布《省属国有企业投资项目负面清单（2021版）》，山西省国有资本运营有限公司官网，2021年3月29日，http://www.sscio.net/index.php?a=shows&catid=30&id=1952。

企业采用并购方式进行投资的，应当严格控制并购风险，重点关注并购对象的隐性债务、承诺事项、可持续发展能力、员工状况及其与本企业治理层和管理层的关联关系，合理确定支付对价，确保实现并购目标。

（3）投资项目支出是否超出预算。实行预算管理的企业，对投资项目的资金、人员投入有限制，投资项目决策应根据预算并在预算许可的范围内做出；否则，投资项目支出超出预算，可能打乱公司整体的资金安排，或者因后期资金补充不及时而造成项目夭折，致使投资失败，或者公司资金链断裂，使得公司陷入财务困境。

（4）在签订合同时，应该严格控制合同方面的风险。合同在签订前，必须经过法务部门的审核和决策层的审批。对投资合同或协议进行审批时，应重点关注投资双方的权利和义务是否对等，双方的收益分配与风险分担是否合理，是否存在容易产生争议或对企业利益有潜在损害的条款。

（5）在境外投资时，还应评估投资地政治、法律、文化的影响。针对政治风险，可以在投资时购买保险，这样可以弥补投资中出现的损失；针对法律风险，应当聘请专业人员或机构进行评估，对可能涉及的法律、程序、合同内容等进行把关；针对文化风险，企业在境外投资中应重视文化因素的影响，进行文化整合。

来自现实社会的实例总能带来更直观的体验和有益的启示,读者可下载"开拓视野"资料包,推荐"践行有成"栏目的"新希望集团的'三否定'战略决策模式"。

5.3 投资计划控制

在对外投资项目立项以后,企业应当编制投资项目计划,合理安排投资资金投放进度,及时筹措资金,保障对外投资有条不紊地实施。

5.3.1 投资计划编制控制

1. 投资计划编制风险

企业应按照投资协议,综合企业客观情况编制投资项目计划。企业可能有多个投资项目,因而企业应该编制整体投资计划,以合理安排资金投放和筹资,控制成本支出。投资计划可分为长期投资计划和短期投资计划,长期、短期计划应协调一致。

投资计划编制环节的主要风险有:

(1)投资计划超出公司承受能力。这样有可能导致企业陷入资金链紧张,甚至面临财务危机。

(2)投资计划编制不合理。如果对事物发展进程判断错误,就会在项目执行时影响项目进展,甚至导致失败。

焦点观察

投资损失拖累业绩,投资理财风险犹在

作为国内制动摩擦材料及配套制动产品行业规模较大的企业,金麒麟在期货投资上"摔了跟头"。

《经济导报》记者了解到,2020年12月初,金麒麟建立了热卷2105合约,初步建仓1 600手,随即钢材价格持续上涨,持仓合约出现亏损,公司决定不断补仓以拉高持仓价格,截至2021年3月底热卷2105合约补仓至8 500手。根据当时市场信息,钢材价格可能会持续上涨,为了避免更大损失,决定维持热卷2105合约8 500手仓位,不再继续补仓。热卷2105合约于2021年5月15日到期,公司在2021年5月13日完成热卷2105合约全部平仓,最终产生损失8 725.56万元。

同时,基于对钢材行情的同样判断,2020年12月中旬,公司还建立了热卷2110合约,开始建仓500手,然后不断补仓,最终在2021年4月补仓至1 800手,合约到期日为2021年10月15日。之后为了避免更大损失,公司决定维持热卷1 800手仓位,不再继续补仓。2021年10月12日,公司将前期建仓的热卷2110合约全部平仓,本次平仓亏损2 051.12万元。至此,金麒麟期货平仓累计亏损达1.08亿元,占公司2020年度经审计净利润的66.07%。由此,金麒麟决定终止期货投资交易,并终止开展期货投资及相关计划,

将主要精力投入到主业经营中。

不过,损失已无可挽回。在2021年度业绩预告中,金麒麟预计归属于上市公司股东的净利润约为-5 577.58万元,较上年同期减少21 888.41万元,同比减少134.20%左右。

"投资有风险,这句话对所有市场投资者均适用,当然也包括上市公司在内。实业型的上市公司,更应将更多资金投向实业领域,在投资理财时必须控制好资金比例,做好风险评估。若因投资亏损影响到公司整体业绩就得不偿失了。"山东一大型投资公司的高级投资经理徐皓对《经济导报》记者表示。

在他看来,金融投资为上市公司带来新的创利渠道的同时,风险也不可小觑。"随着银行理财刚兑时代的终结和金融投资产品的增多,不确定性正在放大,如何选择优良的投资标的,对上市公司投资团队的专业性提出了更高的要求。"

资料来源:韩祖亦,两鲁股投资损失拖累业绩,《经济导报》,2022年4月13日。

2. 投资计划编制内部控制设计

下面仍以XG公司为例,展示投资计划编制流程的设计,如图5-5所示。

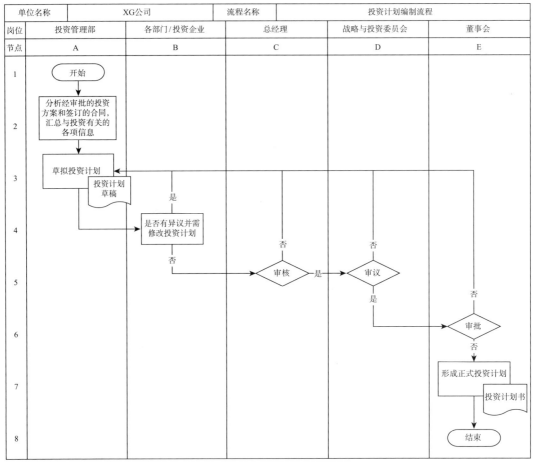

图5-5　XG公司投资计划编制流程

投资计划编制环节应关注以下关键控制点：

（1）投资计划应根据客观条件编制。投资计划应符合企业本身的人力、资金与相应的设备、技术，投资计划应与企业的筹资能力相匹配。在编制投资计划时，必须合理估计事物的发展进程，并做好不利情况下的风险应对。

（2）短期计划与长期计划相一致。企业可能有多个投资项目，因而企业应该编制整体投资计划，企业整体投资计划应分长期计划与短期计划，长期计划应符合企业战略规划，而短期计划是长期计划的分解和具体，短期投资计划应与长期投资规划一致，以保证长期计划的实施。

（3）投资计划应根据环境变化及时调整。投资计划并不是固定不变的，在投资过程中应根据主客观情况的变化，不断修订投资计划。

5.3.2 投资计划执行控制

投资计划执行是投资计划通过审批后，企业按计划实施投资项目的过程。

1. 投资计划执行风险

企业在执行投资计划开展项目投资过程中面临的关键风险有：

（1）未按规定开展尽职调查或尽职调查未进行风险分析等，存在重大疏漏。

（2）财务审计、资产评估或估值违反相关规定。

（3）投资并购过程中授意、指使中介机构或有关单位出具虚假报告。

（4）未按规定履行决策和审批程序，决策未充分考虑重大风险因素，未制订风险防范预案。

（5）违反规定以各种形式为其他合资合作方提供垫资，或者通过高溢价并购等手段向关联方输送利益。

（6）投资合同、协议及标的企业的公司章程等法律文件中存在有损自身权益的条款，致使对标的企业管理失控。

（7）违反合同约定提前支付并购价款。

> 来自现实社会的实例总能带来更直观的体验和有益的启示，读者可下载"开拓视野"资料包，推荐"焦点观察"栏目的"千方科技被参股公司拖累业绩"。

2. 投资计划执行内部控制设计

对外投资中长期股权投资的取得方式有投资于已存在公司和设立新公司两种情况，两种情况下的投资计划执行流程存在差异。下面仍以XG公司为例，先展示投资于存在公司的投资计划执行流程的设计，如图5-6所示。

而设立新公司的投资计划执行流程的设计如图5-7所示。

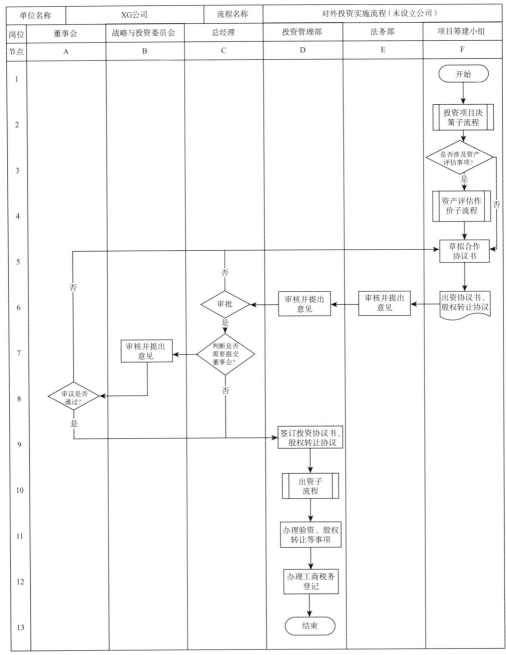

图 5-6　XG 公司投资计划执行流程（投资于已存在公司）

投资计划执行应关注以下关键控制点：

（1）注意投资相关合同的法律风险。企业应当根据批准的投资计划，与被投资方签订投资合同或协议，明确出资时间、金额、方式、双方权利义务和违约责任等内容，按规定的权限和程序审批后履行投资合同或协议。在签订股权转让协议、投资协议时，必须与有权限部门签署，防止对方合同签订人越权签署，使得投资无效。验资、注册、登记等各项事务必须妥善办理，各项法律文书、资料等也必须妥善保管。

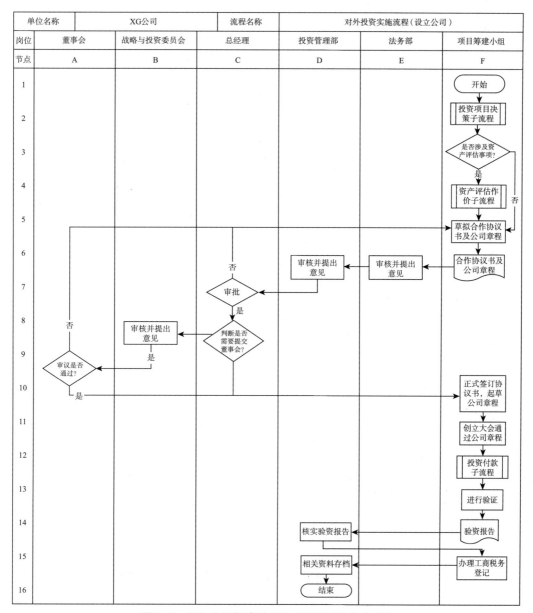

图 5-7　XG 公司投资计划执行流程(设立公司)

（2）对拟投资目标公司开展全面严格的尽职调查。调查内容包括目标公司的主体资格合法性、治理结构、企业文化、资产资金、债权债务、重要交易合同、知识产权,以及是否存在重大诉讼或仲裁等情况。

（3）对资产评估申请和资产评估报告进行审核与审批。经办部门提出聘请资产评估机构的申请后,投资部门、财务部门需进行审核,检查评估机构的专业资质、中立性、独立性、有无违法行为等。另外,当评估机构组建资产评估小组时,公司投资归口管理部门及相关人员也应作为小组成员参与其中。

> **焦点观察**

透析商业实质　规避并购风险

众所周知,股权并购能够在短期内助推企业快速扩大经营规模,推进产业整合,提升整体效益。但是,决定股权并购的核心要素是什么?是漂亮的财务数据还是齐全的业务资质?等等。这些问题是现阶段并购方亟待研究的课题。本文从一宗并购实例出发,首先从财务尽职调查过程中关注到诸多财务核算不规范之处,其次发现无法规范核算是因内部管理存在明显内部控制缺陷,再次分析导致上述问题产生的原因是经营模式下商业实质本身所决定的,最后研判商业实质是否存在调整优化的可能,进而决定是否进行股权并购。

一、标的公司概况

拟被并购标的 A 公司,是一家以经营园林景观工程施工为主、园林景观设计和园林养护为辅的股份有限公司。经查阅 A 公司近三年的年度报告和会计报表,关注到其拥有齐备的工程施工资质,并初步判断其业务发展稳步增长、生产经营资质齐备、营业收入和利润增长良好(见图 5-8)。

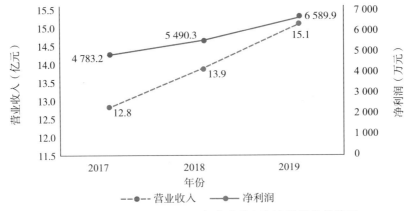

图 5-8　A 公司 2017—2019 年营业收入和净利润增长情况

鉴于 A 公司公开信息所呈现的优异表现,管理层决定由审计部门业务骨干和外聘会计师事务所组成尽职调查团队,共同对 A 公司实施深入的财务尽职调查,为后续是否并购提供决策依据。

二、财务尽职调查发现

在财务尽职调查实施过程中,尽职调查团队秉承"以会计报表为主线,将内部控制缺陷作抓手,深度剖析财务背后的商业实质"的理念,对 A 公司财务数据、内部控制管理、经营模式实施了实质性研判,进而为管理层是否并购提供决策依据。

1. 发现问题表象:财务数据存在诸多不规范和不合理

在尽职调查的外勤初期,尽职调查团队通过会计报表分析、业务数据比对、行业信息比较、资产实地盘点等手段发现 A 公司的财务数据存在不少疑点。

（1）毛利率明显与行业存在差异。经对近三年 A 公司的关键财务比率进行行业比较，发现其毛利率与行业可比上市公司存在明显的差异。由图 5-9 可知，A 公司的毛利率与同行业上市公司相比显著偏低。尽职调查团队还关注到，A 公司的资产负债率、应收账款周转率等财务指标较同业也明显偏低。

图 5-9　同行业 2017—2019 年毛利率对比

（2）未按会计准则规定确认收入成本。根据《企业会计准则》之规定，对于当期工程项目收入计量，应在资产负债表日按照项目合同总价作为项目实施过程中可实现的合同总收入，根据完工百分比确认每个会计期间实现的合同收入；同时依据"合同预计总成本×完工进度-以前会计年度累计已确认的合同成本"形成当期合同成本计算结转当期成本。然而，A 公司大多数项目实际未能取得经监理或客户确认的工作量产值确认单据，只是每季末根据项目经理口头或微信等手段上报大概的工程进度，结合销项发票的开具和进项发票的取得情况来确认收入和成本。

（3）往来款项会计核算异常混乱。一是应付账款，A 公司对供应商账面记录非常混乱，比如同一供应商多个名称、上亿元金额的暂估无明细清单、同一笔分录存在多借多贷等乱象，致使公司审计人员根本无法准确统计每一个供应商的应付余额，也无法分析应付款项的账龄情况。二是应收账款，A 公司按开票金额进行计量，而不是依合同约定向客户开出工程价款结算单办理结算方式来确认。这样既造成应收账款金额无法向客户函证核实，也导致每年少提上千万元的坏账准备，虚增了净利润。

（4）实物资产无法清查核实。首先针对固定资产。在核查账面信息时，关注到账面原值与固定资产卡片无法核对，诸多固定资产的名称、型号、规格、厂家等信息不准确、不完整；在现场盘点实物时，多项固定资产无法找到，且业务和财务人员均不知晓该项固定资产当下在哪个工程项目现场。

其次针对存货。A 公司未对部分存货按进销存管理，而是一旦购入即视同消耗。这种简单粗暴的处理方式，造成存货账账不符、账实不符。此外，尽职调查团队还发现 A 公司存在大额的现金收支和大额的白条抵库，以及公司的其他货币资金未及时取得业务原始单据和对账单等情况。

经上述"财务数据 VS 业务数据 VS 实物数据 VS 行业数据"的综合比对,尽职调查团队关注到 A 公司的财务数据既无法与工程业务信息相匹配,也不能做到与实物资产一一对应,还与行业数据产生显著的偏差。这就引发尽职调查团队进一步探究 A 公司财务数据背后的真实原因。

2. 分析问题原因:内部控制缺陷是引发财务问题的直接原因

内部控制管理是财务数据编制的保障基础。经过后续对 A 公司内部控制制度建设与执行情况的全面了解和测试,尽职调查团队分析得出内部控制缺陷是引发上述财务数据偏差的直接原因。

(1) 没有信息管理系统,业财数据脱节。A 公司尚未启用 ERP 信息系统,未能对公司整个业务流程实施全过程信息化管控。日常业务、财务等各个部门各自用 Excel 表手工编制所属部门的统计信息。尽职调查时比对业务和财务数据发现,部门间存在数据不一致、不匹配以及上传/更新不及时等情况。正是由于缺乏业财一体化的信息系统,A 公司财务人员无法及时、准确地从业务端获取资料和数据以了解工程信息与记录往来款项。

(2) 未能执行既定制度,财务数据失真。A 公司形式上已按新三板挂牌要求建立了完备的会计核算制度,但在实际执行过程中,业务部门没有及时向监理或客户获取工程项目的阶段性完工证明材料,使得财务部门无法获悉工程进展情况以确认收入。同时,业务部门也未有效履行内部成本核算制度和预算及报告制度,致使财务部门无法准确地结转成本。正是由于内部控制制度执行不到位,A 公司财务人员不能及时掌握工程完工进度,进而无法按照会计准则要求准确计量收入和成本。

(3) 资产管理程序缺失,未能实地盘点。经内部控制测试发现,A 公司对实物资产的管理完全是粗放式的:一是未制定与固定资产管理相关的内部控制制度;二是未安排归口部门或专人对固定资产进行日常管理和定期实盘;三是财务软件中没有存货进销存模块,致使公司无法按照永续盘存制对存货实施全过程管控。正是由于缺少必要的资产管理信息系统工具和内部控制制度以及落实资产盘点的具体措施,A 公司无法保证实物资产账账相符和账实相符。

3. 挖出问题根源:经营模式的实质是导致内部控制缺陷的主因

是什么原因导致如此多的财务问题和内部控制缺陷?尽职调查团队深入访谈管理团队、项目经理、基层员工、合作伙伴(业主、监理、供应商等),选择部分工程现场进行实地勘查,发现公司存在出借资质、项目挂靠的情况。最终,尽职调查团队就上述疑点直接质疑 A 公司实际控制人,迫使其不得不承认公司目前的经营模式是外部挂靠项目为主、自建工程项目为辅的经营实质。通过业务合同归集以及财务数据统计,尽职调查团队发现 A 公司挂靠项目占比达到 70%~75%。至此可知,挂靠项目为主的经营模式使得 A 公司根本无法实质性控制挂靠方,这才是引发上述一系列问题的根源。

(1) 项目进度不能掌控,业财数据脱节。实务中,挂靠项目的负责人不愿意主动告知项目实施全过程的动态信息,更不愿意配合 A 公司向业主和监理索取完工进度资料,导致 A 公司认为没有必要使用 ERP 信息系统进行管控,进而业务数据和财务数据也就各自为政了。

(2) 核算信息无法知悉,财务数据失真。挂靠方同样不愿意提供全面真实的供应商、分包商等必要的核算信息,导致 A 公司只能对采购合同、分包合同以及发票信息等做形式审核,难以对业务的真实情况进行实质性审核,最终引发收入确认和往来款项等数据失真。

(3) 实物资产张冠李戴,资产管理失控。项目现场很多固定资产和工程物资实际上由挂靠项目负责人出资购买,只是通过 A 公司财务过账,即挂靠方才是实物资产的实际拥有人,A 公司只是发票抬头的名义拥有人,导致 A 公司对此类资产完全失去控制。

三、并购风险分析

1. 整体综合分析

"商业实质是因,财务会计只是果。"通过上述抽丝剥茧式的排查可知,财务数据的失真只是展现在尽职调查团队面前的表象,内部控制管理的缺失才是造成财务问题的直接原因,而其以挂靠项目为主的商业实质才是导致一系列财务和内部控制问题的根本性原因。

2. 具体风险分析

尽职调查团队分析认为,若对 A 公司实施并购则将引发以下风险:

(1) 标的公司控制风险。一旦收购成功,我司亟待有效地掌控原管理团队,并且还需更深入地下沉式管控挂靠方。因此,能否将股权收购后的"有权控制"转化为"有效控制"是并购前就需明确的核心问题。

(2) 涉及违法违规风险。工程资质挂靠是国家住建部和证监会明令禁止的行为,存在行政处罚风险和安全管理风险。尽职调查期间就发现:挂靠方和分包方等发生经济纠纷而诉诸法院的事件;挂靠方项目经理因购买虚开的增值税发票被判刑的事件;等等。

(3) 账务处理规范风险。鉴于 A 公司经营模式短期内仍将以挂靠项目为主,其收入确认、成本结转、往来厘定等财务问题以及信息系统、资产核实等内部控制缺陷也暂时无法扭转,甚至还有可能引发收购后的合并会计报表被年审会计师事务所出具非标意见的审计报告。

后经管理层集体讨论得出:A 公司虽有相当可观的营业收入和利润规模,但其以挂靠模式为主的商业实质无法在短期内变革,决定放弃本次股权并购。

3. 实践工作启示

由上述案例分析可知,标的公司经营模式的商业实质决定其固有的内部控制缺陷,进而导致诸多财务不规范的必然存在。股权并购不能轻易被漂亮的财报数据表象迷惑,而应该通过财务分析、内部控制测试等手段深度剖析经营模式下的商业实质。毕竟利润的来源比利润的本身更为重要,商业实质的优劣才是决定股权并购的核心。

资料来源:朱建芳,透析商业实质规避并购风险,《中国注册会计师》,2021年第4期。

5.4 投资项目监控控制

投资项目的周期往往较长,企业应当指定专门机构或人员对投资项目进行跟踪管理,及时收集被投资方经审计的财务报告等相关资料,定期组织投资效益分析,关注被投资方的财务状况、经营成果、现金流量以及投资合同履行情况,一旦发现异常情况就应当及时报告并妥善处理,以保证投资项目按投资方案和投资计划的有关规划进行。投资项目监控可分为日常监控、专项评估和重大决策事项参与等方面。

5.4.1 投资项目日常监控控制

日常监控是企业对投资项目的常规性监控,包括要求被投资企业报送财务报告、经营分析报告、财务预决算报告、重大事项决议等。

1. 投资项目日常监控风险

投资项目日常监控环节的主要风险有:

(1) 未能及时发现投资项目内外部环境的重大不利变化,或者虽然发现但未及时采取止损措施,从而造成投资损失。

(2) 投资并购后未按有关工作方案开展整合,致使对标的企业管理失控。

> 来自现实社会的实例总能带来更直观的体验和有益的启示,读者可下载"开拓视野"资料包,推荐"规制环境"栏目的"深圳证监局通报上市公司并购重组失败警示案例"。

2. 投资项目日常监控内部控制设计

下面仍以 XG 公司为例,展示投资项目日常监控流程的设计,如图 5-10 所示。

投资项目日常监控环节应关注以下关键控制点:

(1) 企业应指定专门机构或人员对投资项目进行跟踪管理,进行有效管控。企业应定期对项目进展情况进行检查。

(2) 日常监控中一旦发现问题就应立即上报,将情况反映给决策层,以便及时调整投资计划或终止投资。

5.4.2 投资项目专项评估控制

除日常监控外,企业还需在特定时期或者特定情况下对投资项目进行专项评估。专项评估一般针对重大、重要或者影响较大的事项,专项评估是对特定问题的评估,它能更全面、详细、深入地分析和评估投资项目是否运行正常。

1. 投资项目专项评估风险

投资项目专项评估环节的主要风险有:

(1) 不恰当的评估范围和方法,造成未发现投资的潜在风险。对于投资项目的专项

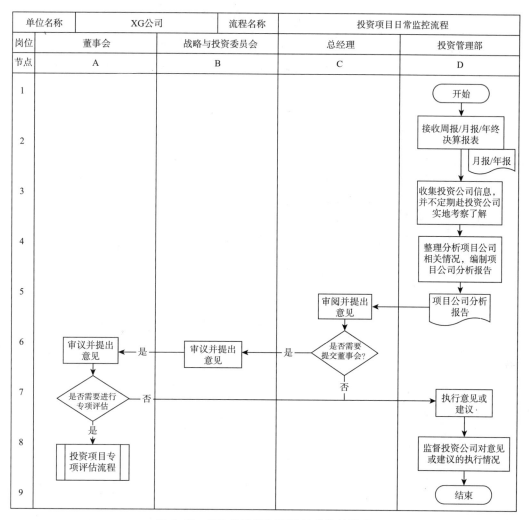

图 5-10　XG 公司投资项目日常监控流程

评估,既需要真实、相关、全面的材料和信息,又需要有效的评估范围和适当的评估方法。如果信息资料不真实或不全面,就会造成专项评估不正确,不能如实反映项目运行情况。如果评估范围过小,就会遗漏重要的、应评估的项目,导致不能发现存在问题的投资项目。如果评估方法不正确,就会造成评估不能有效反映投资项目运行情况。

(2)会计控制风险。企业应当加强对投资项目的会计系统控制,根据对被投资方的影响程度,合理确定投资会计政策,建立投资管理台账,详细记录投资对象、金额、持股比例、期限、收益等事项,妥善保管投资合同或协议、出资证明等资料。对于被投资方出现财务状况恶化、市价当期大幅下跌等情形,企业财会部门应当根据国家统一的会计准则制度规定,合理计提减值准备,确认减值损失。

2. 投资项目专项评估内部控制设计

下面仍以 XG 公司为例,展示投资项目专项评估流程的设计,如图 5-11 所示。

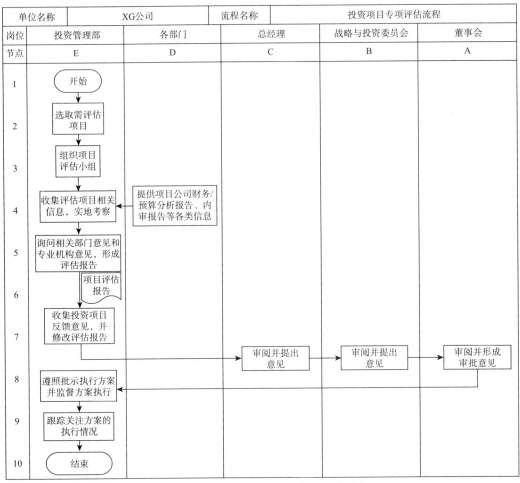

图 5-11 XG 公司投资项目专项评估流程

投资项目专项评估环节应关注以下关键控制点:

(1) 选择适当的专项评估项目和范围,不遗漏重要项目。必要时,应聘请评估机构进行评估,评估机构应具备专业性和中立性。在评估过程中应选择恰当的评估方法,企业相关部门人员应参与评估过程。

(2) 充分沟通。投资管理部门或投资项目评估小组在完成投资项目专项评估报告后,应与项目公司或项目负责人进行沟通。项目公司或项目负责人在审阅专项评估报告后应进行意见反馈,投资管理部门或投资项目评估小组根据反馈意见修改评估报告。

(3) 评估中发现重大问题,应及时上报并形成处置方案。处置方案应按制度规定提交相关机构和人员审批。

5.4.3 投资项目重大决策事项参与控制

投资项目在日常运行过程中,一些投资设立的公司在进行重大交易或事项决策时,股东公司应参与重大事项的决策。

1. 重大决策事项参与风险

重大决策事项参与环节的主要风险有:

（1）未及时将重大决策信息上报股东公司董事会。投资公司的重大事项信息无法及时上报给股东公司，造成股东公司不能参与投资公司的重大事项决策，或者由于获知信息不及时，不能进行充分准备，从而不能正确评估重大事项给股东公司带来的影响，使股东公司利益受损。

（2）未能发现投资公司重大事项中的潜在问题。股东公司在审议投资公司提交的重大事项处理方案之前，应对投资公司经营有所了解，并具备相应的专业知识和经验，否则难以发现问题。

（3）投资公司拆分项目绕过投资方审批。投资公司有可能采用分拆项目的方法，使得事项不满足须经投资方审批的条件，从而绕过投资方审批。

2. 重大决策事项参与内部控制设计

股东公司应针对投资公司设立重大事项上报制度，并建立健全委派董事制度。对投资公司设有董事会的，股东公司应当向其派出董事，通过投资公司董事会行使出资者权利。委派董事应当定期向股东公司报告投资公司经营管理有关事项，对于重大风险事项或重大决策信息，委派董事应当及时上报股东公司董事会。下面仍以 XG 公司为例，展示重大决策事项参与流程的设计，如图 5-12 所示。

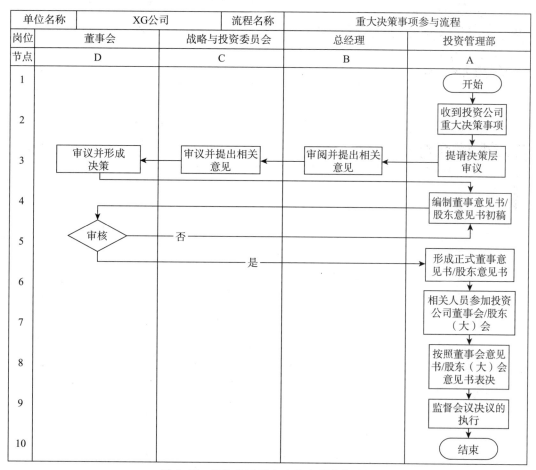

图 5-12　XG 公司重大决策事项参与流程

重大决策事项参与环节应关注以下关键控制点：

（1）应通过委派董事等人员强化对投资公司重大事项的监控。股东公司派遣人员参与董事会、股东大会表决时，应严格按照审批通过的董事会意见书、股东大会意见书的意见进行表决。重大事项表决通过后，应监督表决的执行情况。

（2）应加强对投资公司重大事项进展情况的监督检查。股东公司应当对投资公司的重大投资项目、重大合同协议以及重大资产收购、出售及处置事项的进展情况实施监督检查，并会同投资公司有关人员对重大项目进行评估，重点关注投资收益是否合理、是否存在违规操作行为、投资公司是否涉嫌越权申请等事项。

（3）应通过制度设计防控投资公司借助项目分拆方式规避监控。股东公司应当在投资公司的《公司章程》中严格界定其业务范围并设置权限体系，可以通过类似项目合并审查、总额控制等措施防范投资公司采用分拆项目的方式绕过授权。

> 来自现实社会的实例总能带来更直观的体验和有益的启示，读者可下载"开拓视野"资料包，推荐"规制环境"栏目的"中央企业自查整改参股经营投资"。

5.5 投资项目处置控制

企业应加强投资收回和处置环节的控制，对投资收回、转让、核销等决策和审批程序做出明确规定。企业应当重视投资到期本金的回收。转让投资应当由相关机构或人员合理确定转让价格，报授权批准部门批准，必要时可委托有相应资质的专门机构进行评估。核销投资应当取得不能收回投资的法律文书和相关证明，妥善处置并实现企业最大的经济收益。对于到期无法收回的投资，企业应当建立责任追究制度。

5.5.1 投资项目增减资管理

1. 投资项目增减资风险

投资项目增减资环节的主要风险包括：

（1）企业对投资项目前景分析不正确。企业在做出增减资决策时，必须全面分析投资项目的市场前景、宏观环境和微观环境的变化、自身的财务状况、项目的效益等，避免出现追加投资后，投资项目陷入困境；或者投资项目发展良好却减资，给企业带来利益损失。

（2）未履行规定的审批程序。对于增减资申请，必须通过股东公司董事会的审批，涉及金额较大的增减资，或者牵扯对投资公司的控制发生变化，则应通过股东公司股东大会审批。未履行规定的审批程序，可能导致项目公司增减资不规范，引发投资决策失误或公司资产受损的风险。

（3）增减资中的验资风险和法律风险。对投资公司增减资的表决程序必须符合相关法律及投资公司《公司章程》的规定，防止出现法律风险。在增减资过程中，应注意合同签订中的风险，并注意办理工商变更登记，以避免法律风险。减资时企业必须通告债权人,减资后剩余资本应符合法定限制。

2. 投资项目增减资内控设计

下面仍以 XG 公司为例,展示投资项目增减资流程的设计,如图 5-13 所示。

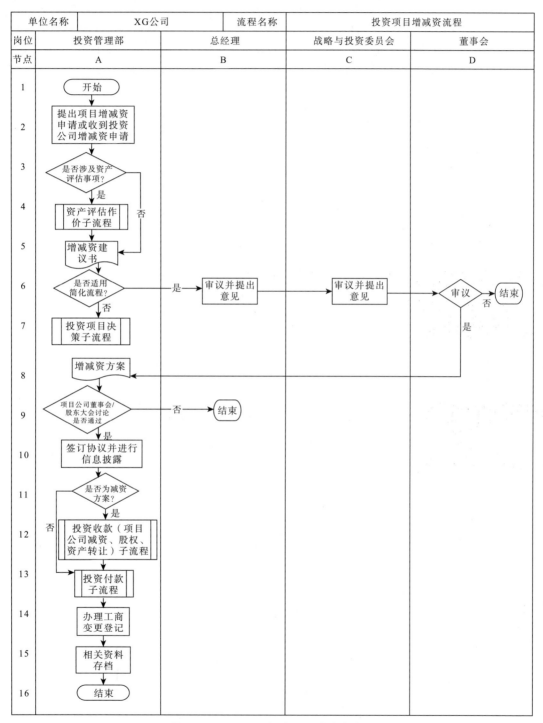

图 5-13 XG 公司投资项目增减资流程

投资项目增减资环节应关注以下关键控制点：

（1）需经过规范的审批流程。增资涉及资金的支出、减资涉及投资的回收,两者均需经过总经理、董事会的审批甚至股东大会的表决。对投资项目增减资也需经过投资公司董事会的审批通过,并提交股东大会表决通过。以上审批、表决过程都必须符合公司制度和《公司章程》的规定,并且做到合法合规。

（2）注意规避验资风险和法律风险。在增减资时,注意合同签订中存在的风险;在增减资后,应聘请专业机构出具验资报告,然后变更工商登记。在此过程中形成的法律文件应妥善保管。

5.5.2 投资项目清算控制

1. 投资项目清算风险

投资项目清算环节的主要风险有：

（1）未履行规定的审批程序或者存在不符合法律规定的情况,从而引发诉讼风险。

（2）投资项目清算可能出现贱卖资产,造成公司利益损失的情况。

2. 投资项目清算内部控制设计

下面仍以 XG 公司为例,展示投资项目清算流程的设计,如图 5-14 所示。

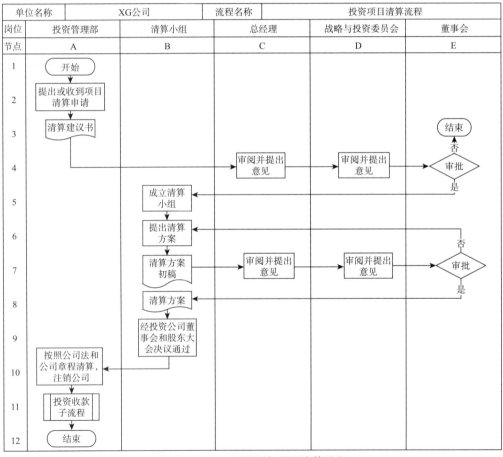

图 5-14 XG 公司投资项目清算流程

投资项目清算环节应关注以下关键控制点：

（1）注意投资清算方案的编制与审批分离，避免舞弊情况。投资清算方案必须经过规范的审批流程，重大投资项目清算必须经过总经理、董事会的审批甚至是股东大会的表决，审议应确保清算符合股东公司利益。清算方案需经投资项目公司董事会、股东大会表决通过。以上审批、表决过程都必须符合公司制度和公司章程的规定，并且做到合法合规。

（2）注意规避法律风险。在项目清算时，应对相关利益方进行利益清偿，如公司对员工的承诺利益已支付，对债权人的债务已清偿或已达成协议，对其他股东的利益也已达成协议，税务已清偿。在清算之后，应变更工商、税务登记。在此过程中形成的法律文件应妥善保管。

5.5.3 资产转让控制

1. 资产转让风险

资产转让过程的主要风险有：

(1) 未按规定履行决策和审批程序或超越授权范围转让。
(2) 财务审计和资产评估违反相关规定。
(3) 隐匿应当纳入审计、评估范围的资产，组织提供和披露虚假信息，授意、指使中介机构出具虚假财务审计、资产评估鉴证结果及法律意见书等。
(4) 未按相关规定执行回避制度。
(5) 违反相关规定和公开公平交易原则，低价转让企业产权、上市公司股权和资产等。

> 来自现实社会的实例总能带来更直观的体验和有益的启示，读者可下载"开拓视野"资料包，推荐"规制环境"栏目的"国有企业混改过程中隐瞒债权行为涉嫌贪污罪"。

2. 资产转让内部控制设计

下面仍以 XG 公司为例，展示资产转让流程的设计，如图 5-15 所示。

资产转让环节应关注以下关键控制点：

(1) 股权或资产转让的审批与执行职责是否分离。不相容岗位未分离，可能出现股权、资产转让不规范的情况，可能导致资产流失；未履行规定的审批程序，可能出现越权审批的情况，可能导致未能发现不利于公司的情况，引发公司资产流失。

(2) 资产、股权在转让前须经过评估机构的评估，应保证评估机构的中立性，保证评估结果的公允性。在资产、股权转让过程中，应与交易方签订转让协议。资产转移方案应经过董事会或股东大会表决通过。

(3) 在审批资产转让方案、资产转让协议的过程中，应重点关注资产是否被低价出售，是否存在资产、公司利益流失的情况，保证公司利益不受损害。

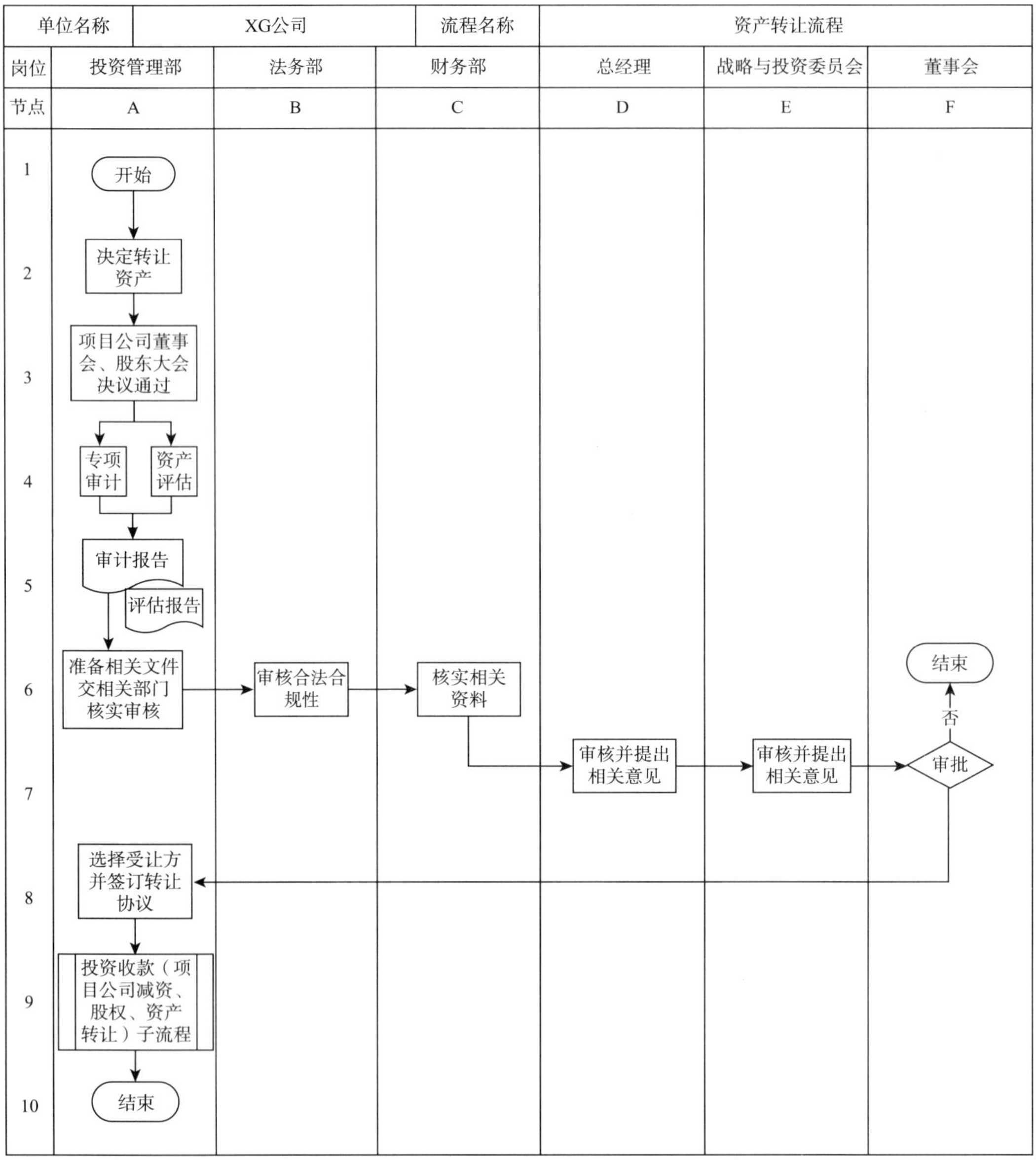

单位名称		XG公司		流程名称		资产转让流程		
岗位	投资管理部		法务部	财务部	总经理	战略与投资委员会	董事会	
节点	A		B	C	D	E	F	
1	开始							
2	决定转让资产							
3	项目公司董事会、股东大会决议通过							
4	专项审计 / 资产评估							
5	审计报告 / 评估报告							
6	准备相关文件交相关部门核实审核		审核合法合规性	核实相关资料				
7					审核并提出相关意见	审核并提出相关意见	审批（否→结束）	
8	选择受让方并签订转让协议							
9	投资收款（项目公司减资、股权、资产转让）子流程							
10	结束							

图 5-15　XG 公司资产转让流程

> 来自现实社会的实例总能带来更直观的体验和有益的启示，读者可下载"开拓视野"资料包，推荐"焦点观察"栏目的"股权转让竟然一人拍板"。

5.5.4　投资收款控制

投资收款环节主要指投资资产转让、对投资公司减资后回收资金，但也包括投资公司分红、投资项目清算等环节后回收实物资产的情况。

1. 投资收款风险

投资收款环节的主要风险有：

（1）收款数额与合同不符。在收款环节，应重点关注收回投资的数额是否符合同或协议的规定。如果投资被核销而不能收回，应检查核销的投资是否取得不能收回的法律文书和相关证明文件等，以避免资产流失。

（2）经办人未能及时催收款项。在处置或清算投资资产后，应由专门的人员或部门负责款项的催收工作，避免可能导致款项无法及时收回，给公司带来损失。

（3）未办理过户等后续手续。项目公司减资、资产转让、投资清算后，项目公司经办人办理转让后续手续，如公司资料交接、资产过户、工商登记变更等。未办理过户等后续手续，可能导致法律纠纷，给公司造成经济或声誉损失。

2. 投资收款内部控制设计

下面仍以 XG 公司为例，展示投资收款流程的设计，如图 5-16 所示。

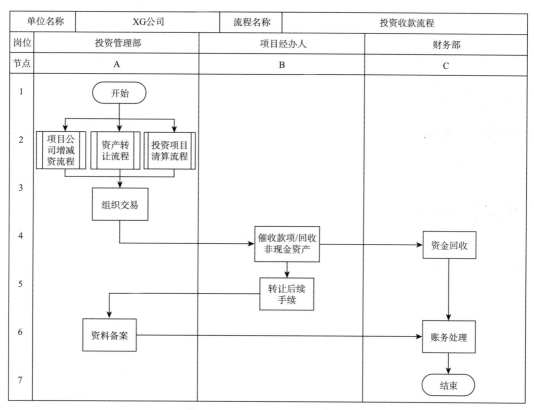

图 5-16 XG 公司投资收款流程

投资收款环节应关注以下关键控制点：

（1）资产或资金的回收与会计记录职责应分离。不相容岗位未分离，可能导致出纳通过不适当记录来掩盖挪用、侵占收回的投资款等舞弊行为的发生。

（2）投资收款采用转账方式，将款项转账至企业指定账户，在此过程中，应避免出现资金打入个人账户而被转移的现象。

综合案例

娃哈哈造智能机器人：失败的多元化路上再尝试[①]

据中新网2019年4月11日电，近日娃哈哈成立一家人工智能机器人公司——浙江娃哈哈智能机器人有限公司，注册资本4 000万元，法定代表人为宗庆后，公司经营范围包括智能机器人、机器设备及零部件的研发、制造、销售等。这是娃哈哈在多元化战略上又一个大的动作。然而，回顾娃哈哈以往的"跨界"动作，似乎还没有什么成功案例。

近年来，智能技术与产业结合成为发展大势，娃哈哈也大力推进转型升级，打造企业发展的新引擎。娃哈哈官网显示，公司先后成立了精密机械公司、机电研究院等科研机构，致力于智能化饮料生产线和智能装备产业化研究，拥有了一支具备较强专业技术能力的科研队伍。

据媒体报道，娃哈哈在2013年左右便有计划地踏上机器人之路，"利用在饮料机械装备开发、系统集成应用方面积累的经验，进入智能装备研发制造领域"。

据娃哈哈公布的信息，做机器人主要基于两大判断：一是体力劳动已经无人愿意做；二是危险、危害健康的工作不应该由人力来做。此前宗庆后在2017年年初接受媒体采访时曾表示："我们开发了装炸弹的机器人，装铅锌电视的机器人，因为铅锌损害肺功能。"

截至2019年4月，娃哈哈已开发了高位高速码垛机、套标机、贴标机、理瓶机等输送包装机械；研发了采用机器人技术解决箱型物品自动装车的问题，包括并联机器人系列、SE 4100机器人、SC 4002/SC 4005机器人、机器人码垛工作站、桁架式码垛机器人；承接了工信部重大科技专项、国家863计划等多项国家、省、市重大科研项目。

中国食品产业分析师朱丹蓬接受媒体采访表示，娃哈哈的多元化从来没有停止过脚步，公司多年来一直尝试做多元化对企业进行补足，但在整体运营过程中并没有获得多元化带来的红利，更多的是给企业带来负面效果。"这次涉足的智能机器人是朝阳产业，很有发展潜力，但是娃哈哈现在欠缺的是将这一项目具体实施、落地的能力。"

事实上，在多元化方面，娃哈哈在童装、奶粉、商业地产和白酒行业都有所涉及，但是它们对娃哈哈的总贡献十分有限。娃哈哈进军童装行业时曾许下"豪言"——拿下童装销售额10个亿，但是并没有之后的"壮举"来证明，甚至其销售额仅有不到2亿元。随后，娃哈哈开始发展奶粉行业，自家推出新品——高端婴幼儿奶粉"爱迪生"。但是，娃哈哈的"爱迪生"在国内市场上并不受消费者的喜爱，奶粉市场占有率低于1%。

此外，娃哈哈还进军商业地产行业，在杭州建商城试点，但是进展并不理想。2019年4月前，娃哈哈的线下商城也只此一家盈利。娃哈哈商城试点后，公司决定发展白酒行业，并推出一种"高端领酱国酒"品牌。但迄今为止，这个白酒品牌无人问津。

[①] 陈海峰.娃哈哈造智能机器人：失败的多元化路上再尝试.中国新闻网，2019年4月11日，https://www.chinanews.com.cn/business/2019/04-11/8806259.shtml.

作为国内饮料巨头娃哈哈的掌舵人,宗庆后此前曾声称"不愿意上市",原因主要有三个:一是娃哈哈流动性充裕,不差钱;二是前几年资本市场给人的印象是企业上市圈钱的地方,宗庆后不想圈股民的钱;三是上市后公司的一切事情都会暴露在聚光灯下,做什么事情都会受到约束。为此外界猜测,不愿意上市的娃哈哈还是要将企业多元化发展战略进行到底?

关于2018年娃哈哈成立的科技创新中心公司。娃哈哈方面表示,科创中心从事的将是生物医药、智能制造等方面的技术研发、孵化和转让;再加上2019年新成立的智能机器人公司,看来娃哈哈要在跨界道路上一去不回头了。尽管娃哈哈之前的多元化尝试探索均以失败告终,但如苦行僧般的宗庆后从未放弃,智能制造将成为其下一个战场。

迄今为止可以看到的是,娃哈哈在2013年营业收入达到782亿元的峰值之后就一直在走下坡路。2014年营业收入720亿元,2015年营业收入骤降到494亿元,此后几年的营业收入一直维持在500亿元上下。而到了2020年,娃哈哈营业收入为439.8亿元,一下子跌回2009年的营业收入水平。

思考题

1. 请对娃哈哈的多元化投资做出总体评价。
2. 导致娃哈哈多元化投资不成功的主要原因是什么?应如何改进?
3. 娃哈哈投资智能机器人领域有哪些风险?如何控制?

第 6 章　货币资金内部控制

寄　语

货币资金是指企业生产经营过程中停留在货币形态的那部分资金,包括库存现金、银行存款及其他货币资金。货币资金是企业流动性最强、控制风险最高的资产,贯穿企业的整个经济活动过程,企业生产经营的各个环节都离不开货币资金的收付。一方面,货币资金的周转出现问题,可能会引发企业全面的危机,而其流动性最强的特点也使得货币资金成为最易发生贪污、挪用和侵吞等舞弊行为的资产;另一方面,企业持有过多的货币资金,可能会影响其经营效率和收益。本章介绍货币资金的主要风险及具体表现,并说明货币资金内部控制体系构建的总体要求,同时阐述货币资金的业务流程与权责划分;在此基础上,分别详细讨论现金和银行存款的内部控制,最后强调资金集中管理的基本职能和组织模式。

- **知识要点**　熟悉货币资金业务的主要风险及具体表现;理解货币资金内部控制体系构建的总体要求;了解货币资金业务的流程划分与职责分工;理解资金集中管理的基本职能。

- **技能要点**　按照货币资金内部控制体系构建的总体要求,掌握现金和银行存款内部控制制度设计的思路与方法,能够结合企业实际情况构建合适的资金集中管理模式,有效防范和化解货币资金业务的主要风险。

- **素质养成**　学习财政部、国资委等有关加强货币资金业务风险控制的文件,结合东旭光电、康美药业等货币资金典型风险事件,强化危机意识和风险意识,塑造合规观念和法治观念;通过对货币资金业务流程划分与职责分工的了解,培育和践行社会主义核心价值观,增强职业责任感,坚定反舞弊决心,打造清廉企业;把握货币资金内部控制的体系构建、总体要求和具体设计,学习中国优秀企业成功经验,树立战略思维和系统观念,厚植爱国情怀,弘扬民族精神。

> **引导案例**

供电公司一出纳挪用 3 000 余万元公款获刑 10 年[①]

记者日前(2018 年 4 月 17 日)从延安市中级人民法院获悉,国家电网延安供电公司原出纳拓某因挪用 3 000 余万元公款从事境外现货黄金交易,造成国有资产大量流失,犯挪用公款罪被判处有期徒刑 10 年。

法院审理查明,被告人拓某,女,1989 年出生,大学本科学历,原国家电网延安供电公司出纳,负责公司 17 个账户的资金拨付。2014 年 12 月 4 日至 2016 年 7 月 5 日期间,拓某利用职务之便,窃取了本由会计掌管的基本账户复核 U 盾存放地点和密码,13 次秘密窃取基本账户复核 U 盾,把公司基本账户合计人民币 3 870 万元转移到自己和母亲的名下,用于现货黄金交易。并在每月初编制虚假的银行余额调节表按公司规定报审、存档。至案发时,拓某总计归还公款 13 842 971.94 元,实际造成公司损失 24 857 028.06 元。

法院审理认为,被告人拓某利用其担任国有公司出纳之便,挪用公司公款在境外平台进行黄金现货交易的营利活动,数额巨大,其行为已构成挪用公款罪,鉴于其能主动投案自首并如实供述犯罪事实,又退还了部分赃款,故对其从轻判处有期徒刑十年。

启示录 一个出纳,将近两年的时间,连续作案 13 起,如此巨额的资金,为何竟无一人察觉呢?事实上,在事件披露之后,该单位相关负责人告诉新闻媒体,单位一直实行多笔汇签财务制度,单位也不清楚拓某是通过什么途径挪用这么多公款的。该单位的货币资金内部控制究竟存在哪些漏洞?企业应该怎样加强对货币资金的控制,从而避免这种现象的发生呢?本章主要讨论货币资金内部控制。

6.1 货币资金业务的主要风险及具体表现

货币资金是企业经营活动的血液,对于企业的持续经营和健康发展有着重要的意义。对货币资金业务实施内部控制,既可以保证资金的安全,又可以降低财务风险。由于资金业务涉及金额大、种类繁多等特点,企业对货币资金业务实施内部控制具有一定的难度,这就需要首先对货币资金业务的主要风险进行梳理。下面根据财政部、国资委、证监会等相关部门的规定,总结企业货币资金业务的主要风险。

6.1.1 财政部的相关规定

财政部 2010 年 4 月联合财政部、证监会、审计署、银监会、保监会等部委颁布的《企业内部控制应用指引第 6 号——资金活动》明确指出,企业在货币资金业务方面至少应

[①] 周鹏,延安供电公司一出纳挪用 3 000 余万元公款获刑 10 年,《西安晚报》,2018 年 4 月 16 日。

当关注以下两种风险：

（1）资金调度不合理、营运不畅，可能导致企业陷入财务困境或资金冗余。

（2）资金活动管控不严，可能导致资金被挪用、侵占、抽逃或遭受欺诈。

> 来自现实社会的实例总能带来更直观的体验和有益的启示，读者可下载"开拓视野"资料包，推荐"焦点观察"栏目的"东旭光电资金链问题致亏逾10亿元"。

财政部2022年3月联合证监会发布《关于进一步提升上市公司财务报告内部控制有效性的通知》（财会〔2022〕8号），重点提到上市公司应当加强资金资产活动相关舞弊和错报的风险与控制，具体包括以下内容：

（1）加强资金资产管理舞弊风险评估与控制。一是关注为侵占资金资产、粉饰财务报表等目的，伪造、篡改或销毁原始凭证，隐瞒、截留或侵占收入，私签支票，盗用印鉴，违规提现，虚列费用，设账外账、小金库，伪造或篡改银行单据，资产私用，违规担保等相关风险；二是关注不相容岗位的有效分离，资金资产交易真实性、账账、账证、账实一致性等相关内部控制流程和控制措施的有效性。

（3）加强资金资产活动相关账户及财务报表列报的风险评估与控制。一是关注货币资金、固定资产、在建工程、存货、无形资产、长期股权投资等报表项目或类别下资金与资产相关账户的发生额、准确性、确认时点、计量金额及列报风险；二是关注资金归集管理、银行账户管理、票据管理、支付与授权审批管理、资产管理、坏账管理、担保管理等控制措施的有效性；三是关注违规占用资金的风险，加强对大股东借款、担保、投融资等活动的审核、追踪、预警和披露的控制。

> 来自现实社会的实例总能带来更直观的体验和有益的启示，读者可下载"开拓视野"资料包，推荐"规制环境"栏目的"康美药业处罚落地：不只是罚款"。

6.1.2 国资委的相关规定

根据国资委2018年7月颁布的《中央企业违规经营投资责任追究实施办法（试行）》（国资委令第37号）第十一条规定，在资金管理方面应当对企业进行责任追究的情形包括：

（1）违反决策和审批程序或超越权限筹集和使用资金。

（2）违反规定以个人名义留存资金、收支结算、开立银行账户等。

（3）设立"小金库"。

（4）违反规定集资、发行股票或债券、捐赠、担保、委托理财、拆借资金或开立信用证、办理银行票据等。

（5）虚列支出套取资金。

（6）违反规定超发、滥发职工薪酬福利。

（7）因财务内控缺失或未按照财务内控制度执行，发生资金挪用、侵占、盗取、欺诈等。

近年来一些中央企业集中出现资金管理体系不健全、制度执行不到位、支付管理不规范、信息化建设滞后等问题，个别基层单位甚至发生重大违纪违法案件，暴露出资金内控管理严重缺失。为此，国资委专门于 2021 年 3 月印发了《关于加强中央企业资金内部控制管理有关事项的通知》（国资发监督〔2021〕19 号，以下简称《通知》）。

> 来自现实社会的实例总能带来更直观的体验和有益的启示，读者可下载"开拓视野"资料包，推荐"规制环境"栏目的"从政府审计公告角度看中国西电的资金内部控制问题"。

6.1.3 证监会的相关规定

2019 年 12 月 23 日，为强化对上市公司控股股东及其关联方资金占用和违规担保问题（以下简称"资金占用"）的会计监管，规范上市公司相关内部控制，督促会计师事务所勤勉尽责执业，防范化解金融风险，提升资本市场会计信息披露质量，保护投资者合法权益，证监会发布《会计监管风险提示第 9 号——上市公司控股股东资金占用及其审计》（以下简称"9 号文"）。

9 号文指出，控股股东资金占用形式多样，通过总结归纳现有监管案例情况，主要分为余额模式和发生额模式。

余额模式是指上市公司虚构财务报表中货币资金余额以隐瞒控股股东及其关联方的资金占用，或不披露货币资金受限情况以隐瞒违规担保，进而直接影响财务报表使用者对货币资金项目真实性和流动性的判断。

发生额模式是指控股股东及其关联方利用上市公司直接或间接（如通过关联方、第三方、员工设立的公司等）的资金拆借、无商业实质的购销业务或票据交换、对外投资、支付工程款等形式占用资金。资金占用具体体现在上市公司财务报表的往来款项、应收应付票据、长期股权投资、在建工程、长短期借款等项目中，货币资金项目通常不存在直接虚假的情况。

9 号文指出，资金占用形成的根本原因是上市公司的内部治理不健全，内部控制不完善，对控股股东的控制权缺乏有效监督，甚至存在控股股东凌驾于内部控制之上的情况。此外，部分董事、监事、高级管理人员道德风险突出、独立性不足，未恪尽职守，纵容控股股东资金占用。

2022 年 1 月 28 日，证监会、公安部、国资委和银保监会四部委联合发布《上市公司监管指引第 8 号——上市公司资金往来、对外担保的监管要求》（证监会公告〔2022〕26 号，以下简称《监管要求》），强化上市公司资金往来、对外担保监管的要求，四部委共同建立监管协作机制,严厉查处资金占用、违规担保等违法违规行为,涉嫌犯罪的依法追究刑事责任。

《监管要求》明确,上市公司不得以六种方式将资金直接或间接地提供给控股股东、实际控制人及其他关联方使用。

一是为控股股东、实际控制人及其他关联方垫支工资、福利、保险、广告等费用,承担成本和其他支出。

二是有偿或者无偿拆借公司的资金(含委托贷款)给控股股东、实际控制人及其他关联方使用,但上市公司参股公司的其他股东同比例提供资金的除外。前述所称"参股公司",不包括由控股股东、实际控制人控制的公司。

三是委托控股股东、实际控制人及其他关联方进行投资活动。

四是为控股股东、实际控制人及其他关联方开具没有真实交易背景的商业承兑汇票,以及在没有商品和劳务对价情况下或者明显有悖商业逻辑情况下以采购款、资产转让款、预付款等方式提供资金。

五是代控股股东、实际控制人及其他关联方偿还债务。

六是证监会认定的其他方式。

《监管要求》明确,上市公司应建立有效的内部控制制度,防范控股股东、实际控制人及其他关联方的资金占用,严格控制对外担保产生的债务风险,依法履行关联交易与对外担保的审议程序和信息披露义务。控股股东、实际控制人及其他关联方不得以任何方式侵占上市公司利益。

> 来自现实社会的实例总能带来更直观的体验和有益的启示,读者可下载"开拓视野"资料包,推荐"焦点观察"栏目的"涉嫌资金占用、违规担保ST八菱原重要股东被罚200万元"。

6.2 货币资金内部控制体系构建的总体要求

要有效防控货币资金业务的主要风险,企业应当根据国家相关部委有关法律法规和监管制度的要求,结合企业生产经营的实际需要,系统构建货币资金内部控制制度体系,设计科学合理、重点突出、便于操作的业务流程,同时还要制定针对关键控制点及主要风险来源的内部控制措施。为实现这一目标,企业应当遵循下列总体要求:

6.2.1 建立健全资金内部控制管理体制机制

企业要高度重视资金内部控制管理工作,以提升资金内部控制有效性为目标,以强化资金内部控制监督为抓手,以健全资金内部控制制度体系为保障,落实内部控制部门的资金内部控制监管责任、工作职责与权限,明确监管工作程序、标准和方式方法,构建事前有规范、事中有控制、事后有评价的工作机制,形成内部控制部门与业务、财务(资金)、审计等部门运转顺畅、有效监督、相互制衡的工作体系。

随着企业规模的发展和组织的膨胀,无论是企业相对其内部部门和分支机构,还是企业集团相对其子公司,都应该加强资金的集中统一管控。拥有子公司的企业更加应当采取合法有效措施,强化对子公司资金业务的统一监控;有条件的企业集团应当探索财务公司、资金结算中心等资金集中管控模式。

6.2.2 切实加强资金内部控制制度建设

制度是企业经营管理各项活动顺利开展的基础性保障,要大力推动资金运作的合法性和规范性。企业应当根据内部控制规范等法律法规及企业自身的管理需要,结合企业行业特点、业务模式和经营规模,完善资金管理制度,强化资金内部控制管理。

企业货币资金内部控制制度主要涉及货币资金业务流程划分、职责分工、授权审批、稽核审查、监督评价等方面。企业在设计货币资金业务内部控制制度时,应该重点明确货币资金活动的业务流程,确定每一个环节、每一个步骤的工作内容和应履行的程序,并落实到具体部门和人员。在明确业务流程以后,企业应当针对流程中的每一个环节、每一个步骤,认真细致地进行风险评估,根据不确定性大小、危害性严重程度等因素,明确关键业务、关键程序、关键人员和岗位等,从而确定关键风险控制点;然后针对关键风险控制点制定有效的控制措施,集中精力管控关键风险。尤其需要强调的是,企业应当细化资金内部控制在资金支出、审批联签、收支结算、银行账户、网银支付、票据管理、不相容岗位设置、上岗资质、定期轮岗、后续教育等关键环节的控制触发条件和控制标准、缺陷认定标准,确保内部控制要求嵌入资金活动全流程。

清正为本　保持企业"肌体"健康

"向三十六项不诚信行为说'No',这个是我们新入职员工都要学习的。比如,不做缺乏社会公德、损公肥私的事;不利用职权营私舞弊……"这段时间,浙江禾欣控股有限公司(以下简称"禾欣控股")每周都有新员工加入。就算一批次只有一名新员工,在企业上岗培训中,清廉教育都不会缺席。而这样善吹"清风"的上岗培训,在该企业,每年有百余场。

清廉教育从入职开始、从源头做起,这是禾欣控股的一贯做法。近年来,企业积极实践"以正为本"的价值观,努力探索党建引领、内控管理链和企业廉文化"三位一体"的清廉企业建设路径和方法,通过党建领廉、内控保廉和文化养廉,持续释放清廉民企建设内生动力,为企业健康发展保驾护航。

禾欣控股是一家在全国合成革行业居于领先地位的企业。在企业负责人看来,要实现"百年禾欣、行业引领"的企业愿景,弘扬清风正气、倡导诚信发展是企业必备的精神和文化因子。为此,企业管理层统一思想,制定《清廉企业建设实施方案》,把清廉企业建设融入日常管理,与企业党建、生产经营管理、企业文化建设紧密结合、同步推进。

借助党建优势,发挥党组织的战斗堡垒作用和党员的先锋模范作用,是保持现代企业健康"肌体"的重要抓手。企业成立以董事长、党委书记为组长,三大行业板块总经理、财务管理中心和控股办相关人员为成员的清廉建设领导小组,并在下属各党支部及各子公司设立纪检委员、清廉监督员,构建起纵向到底、横向交叉的立体监督网络。"企业廉,党员干部首先要廉。"企业负责人介绍,"结合'三会一课'、党员培训等,加强对党员和管理层的廉政教育和职业道德教育,通过党组织引领企业、党员干部引领员工,形成齐心合力推动清廉建设的良好局面。"

规范管理、高效运作是企业持续健康发展的生命线,好的内控管理制度可以画出企业行为的廉洁红线,是对岗位廉洁风险的源头预防,也是清廉建设的核心环节。

企业一年对外采购涉及资金近17亿元、品类上万种,如何有效防范其中的各类风险?禾欣控股自主开发了集采(集中采购)管理平台,大到成堆的生产原材料,小到一块办公橡皮,把所有采购内容都统一纳入这个平台,实时上网,通过公开透明的数据信息,使各项采购落到明处。

作为拥有12家下属公司、1 500多名员工的现代企业,如何有序、有力管理好"现金流"?禾欣控股着力打造精密高效的重要节点内控管理制度,陆续出台《预算管理制度》《内审制度》《禾欣控股重大工程技改项目审核制度》等,开发内部OA系统,对财务收支实行"经办人、财务、业务经营层"等多重审批把关,月度采购信息及时向经营层反馈。2020年以来,企业累计审计收支5万多笔,涉及资金1.6亿元,整改问题26个,纠正不按流程规范支付资金680万元,盘活账户资金120万元。

在2021年举办的"嘉兴市清廉民营企业建设工作推进会"现场,企业负责人还就自主开发的集采管理及OA审批系统两大平台和与会人员分享了清廉数字化建设的做法,得到了参会企业的关注和点赞。

企业高层带头承诺恪守政企交往边界,所有员工主动签订《廉洁自律承诺书》,开通内部监督举报热线,把廉洁从业列为年终绩效考核的重要内容,结合身边事例鼓励员工开展清廉作品创作和投稿,注重通过微信公众号、官网及内部刊物加大对清廉典型的宣传,推进廉洁文化进班组、进车间、进家庭……如今,在禾欣控股,从上而下、由内而外,都吹拂着浓浓的清廉之风,企业也被授予嘉兴市"清廉民营企业规范化建设示范点"称号。

资料来源:嘉兴市纪委市监委,清正为本 保持企业"肌体"健康,浙江省纪委省监委网站,2021年12月23日,http://www.zjsjw.gov.cn/zhuantizhuanlan/qlzjnwtx/qinglianminqi/202112/t20211220_5231770.shtml。

6.2.3 持续强化资金内部控制关键环节监管

货币资金内部控制制度的执行到位与否是事关货币资金内部控制能否取得实效的关键,只有严格执行制度,才能保证实现货币资金内部控制的目标。为此,企业应当持续强化对资金内部控制关键环节的监管。

一是建立资金内部控制关键要素管理台账,对企业资金账户、核心岗位、上岗人员、审批权限、银行印鉴及网银 U 盾责任人等关键要素进行限时备案管理,持续跟踪监测预警资金内部控制要素异动情况,对资金内部控制关键要素失控、重要岗位权力制衡缺失、大额资金拨付异常等风险第一时间启动紧急应对控制方案。

二是严格银行账户和网银监管,定期或不定期对特殊银行账户开户审批、银行印鉴及网银 U 盾分设管理、银行账户和网银交接程序及密码定期更换等情况进行评估,确保账户和网银安全可控。

三是加强大额资金支付监管,从资金支付额度、支付频次、支付依据等方面研究设置控制参数,对于短期内向同一账户多次或单笔支付大额资金、预算外支出、超出预付信用敞口限额支付预付款等异常情形,通过线上信息系统推送或线下报送(未建立财务资金信息系统企业)等方式及时预警风险,纠正违规问题,消除资金风险隐患。

四是按照不相容岗位分离、定期轮岗、人岗相适原则,对人员调动、分工调整等情形,内部控制部门应当出具复核意见;定期开展各级企业资金岗位任职情况巡检巡评,重点检查资金结算中心等重点单位,对不符合内部控制要求的,应当限期整改。

6.2.4 加快推进资金内部控制信息化建设

企业要对内部控制信息化建设进行顶层设计,完善财务资金信息系统权责设置,落实对财务资金风险监督预警职责,有效发挥信息化管控的刚性约束和监督制衡作用。优化完善现有财务资金信息系统功能,将控制触发条件和控制标准、缺陷认定标准等内部控制要求嵌入信息系统,科学设置异常预警条件,强化资金全流程预警监控,促进资金管理活动可控、可追溯、可检查,有效减少人为违规操控因素。

尚未建立财务资金信息系统或未将相关内部控制要求嵌入信息系统的企业,一方面要加强定期抽查,研究制定替代内部控制措施和应急预案;另一方面要抓紧推进财务资金信息系统内部控制功能建设或优化工作,实现对财务资金信息全面有效监控。

基于业财融合的 XR 集团资金管控实践

XR 集团成立于 2007 年,由省会城市几家老牌市属国企改制合并组建,注册资本 5 亿元,总资产超 200 亿元。集团的主营业务涵盖房地产、城乡基础设施、重点区域和片区投资开发、运营及物业管理,以及施工总承包、建筑设计、科研检测、工程咨询和建材生产销售等工程全产业链服务,另有汽车市场、会展业及相关商贸服务,以及与主业相配的类金融服务、对外股权投资等,现拥有投资级管理企业25家。由于XR集团是由多家老牌国企整合组建的,各下属子公司拥有较强的自主权,资金管控刚性不强,各子公司基本各自为政,资金利用率低且成本极高;由于集团房地产和施工两大主业发展需要大额资金,融资能力成为制约集团高质量发展的最大因素。

几年来XR集团通过调整组织架构,不断优化流程和制度,借助数字化工具,紧抓政策窗口,主动对接各类金融机构,不断拓展集团融资渠道,基本建立了多层次融资体系。一是能够根据不同项目特点,及时筹集建设资金,确保项目进展;能够灵活采用不同的融资方式,科学统筹,不断降低集团综合财务成本;二是能够紧紧抓住政府政策窗口期,争取政府拨款或低成本资金投入,持续降低集团财务负担。至此,XR集团已初步探索出一条基于业财融合的资金管控之路,确保了XR集团健康、快速发展。

1. 调整架构,优化流程,强化资金管控

XR集团根据各个业务板块特点,调整融资管理组织架构,优化业务管理流程,强化内部资金统筹力度,不断提高内部资金运转效率,持续降低综合财务成本。

(1) 建立资金中心,优化管理架构。XR集团及权属单位均为老牌国企,系多次重组合并形成的,各公司资金管理具有很强的自主性。为了强化集团资金统筹力度,经集团党委会、董事会同意,调整集团资金管理架构,在本部成立资金管理中心,统筹管理、调配集团资金,极大提高了融资管控力度。

(2) 改革业务流程,提高精确性。XR集团根据各个业务板块特点及资金流转情况,重新设计了月度及年度资金计划表,并下发给各权属公司按月填报。每月依据各家公司上报的资金计划表,结合当月集团总体业务情况,统筹编制当月资金计划,并定期召开资金例会,强化资金管控和集团内部统筹力度,提高资金计划的准确性,减少资金冗余。经估计,目前集团月资金结余量比以往同期减少约6亿元,年节约财务成本约3 000万元。

(3) 修订完善制度,强化制度刚性。以前XR集团缺少统一的资金管理制度,各权属单位基本各自为政。2015年后依据实际管控情况,并结合集团具体业务特点,陆续修订了《资金集中管理办法》《担保管理办法》《银行账户管理暂行规定》及《现金管理办法》等多项制度,不断完善资金管理制度,提高资金管控水平。

(4) 加大销售回款力度,降低集团刚性负债。从2016年年初开始,国内房地产市场呈现快速复苏及增长状态,集团及时抓住市场机会,加快商业房地产项目推盘速度并逐步提高单价。在销售形势良好的情况下,着力加大回款督促力度,积极与各家银行及中介机构沟通,加快审批流程和回款速度,2016年以来累计回款超百亿元。同时,在确保集团资金安全及项目需求的基础上,统筹归还银行借款,降低集团刚性负债。2016年集团共偿还贷款29亿元,仅借款9亿元,降低集团刚性负债约20亿元,使集团刚性负债率降低一半。

2. 善用信息手段,推行数字化平台,推行精准化管理

注重信息化建设,利用用友NC系统,针对资金融资、项目管理,打造建设信息化综合管理平台。平台实现了资金融资管理、合同管理、概预算管理以及项目业务管理，打通了业务流与财务流，实现了资金全生命周期管理，通过信息化手段提升了资金管理水平和项目运行效率。

（1）全局把控，科学决策。传统的房建工程项目由于缺乏信息化管理，不同部门之间的资金使用、投入，数据无法及时统计、展示，管理者无法基于数据做出准确的决策，通过引入信息化管理，企业可以实时掌控资金使用情况。同时，不同项目之间可实现指标对比，数据从宏观穿透到末枝的细节，针对异常部分着重分析，避免问题累积，防微杜渐。通过平台的信息化手段为整体项目生成关键性指标，为科学决策提供有力的数据支撑。

（2）业财一体，高效运作。资金、合同、支付三个流程一体化，打通业务流与财务流，避免财务和业务口径不一致问题，确保了数据的准确性。财务融入业务，可以提升业务人员风险防范意识、利润管理意识，让业务部门看到财务对于业务活动的实际帮助，用经营结果的提升让业务部门直观感受到财务管理价值，从而实现财务与业务相融的企业管理良性循环，提升业务效率。

（3）精细管控，追根溯源。实时查看资金使用动向，每一笔资金的投入、使用都实现了平台可跟踪、可追溯，确保了资金使用的合法、合规、合理，提升了资金管理效率，确保了资金在监控下阳光使用，确保了资金笔笔可跟踪、可追溯。

3. 主动作为，积极对接金融机构，实施"量身定做"

实时了解掌握各银行政策支持导向、融资品种，积极主动与银行沟通项目具体情况，结合项目的特点和银行政策导向，主要在贷款期限、还款计划、资本金配比、贷款额度等方面与金融机构共同探讨，根据具体项目"量身定做"更优化的融资方案，确保项目资金需求并不断降低财务成本。

（1）延长贷款期限，有力保障项目建设有序推进。通过争取最长贷款期限，优化还款计划，有力保障项目建设的有序推进。2018年，集团启动建设第一个租赁房试点项目，为全面推动项目建设，集团积极对接多家银行，争取贷款支持。充分借鉴港珠澳大桥建设和运营管理中的融资创新经验：根据财务状况协调35年作为最长贷款期限，同时争取政府项目补助等多元化融资渠道。集团结合自身实际，对接银行过程中了解到房地产业务是建设银行传统优势领域，建设银行的住房租赁贷款授信期限最长可达25年。经过积极沟通争取，建设银行根据项目条件，提供了住房租赁支持贷款方案——最长贷款年限为20年的3亿元项目融资。

（2）优化还款计划，有效缓解企业还款压力。通过优化各项目的还款计划，科学合理安排还款，为后续新项目的建设提供资金保障，实现对资金的合理安排利用。集团根据目前资产和融资情况，对不同贷款进行优化，通过在贷款额度、还款计划、贷款期限、贷款用途等方面进行改进，使现有融资更加符合项目建设运营需求。另外，当资金压力较大时，企业也可在项目建设竣工前通过置换贷款的方式解决还款资金压力。

以HX国际会展中心扩建项目为例。项目建设初期，为了满足前期项目建设资金需求,快速申请项目贷款 2.5 亿元,期限 5 年,但随着项目建设预算从 5 亿元提高到 8 亿元,项目资金缺口 3 亿元;同时项目建设完工后即进入还款期,资金压力巨大。针对这个问题,集团积极对接多家银行进行沟通,共同探讨新的融资置换方案。根据会展中心扩建项目总体资金拼盘情况,重新拟订"增额加置换"的融资方案,贷款总额 4 亿元(原贷款额度 2.5 亿元),贷款期限 10 年(原贷款期限 5 年),还款计划为前三年不还款,大部分还款集中于最后两年;同时,通过积极对接财政局,争取了 1 亿元专项债,基本解决了扩建项目资金缺口问题。

(3) 降低资本金配比率,盘活企业资金储备。通过降低资本金配比率,在项目建设初期,以最少的资金撬动银行贷款,最大限度地保障项目建设顺利进行。HX 汽车文化广场汽车超市二期项目建设进展顺利,但由于政府政策无法顺利落地,导致二期销售停滞,项目贷款资金额度不足的问题突现,经与国开行多方沟通协调,通过降低资本金配比率(从原有的资本金配比率 34% 调整为 21%),同时增加项目贷款授信额度 8 000 万元,并可置换在项目资本金比例以外的前期投入,最大限度地保障了汽车超市二期项目建设的资金需求,确保了项目顺利推进。

(4) 抓住货币政策窗口,统筹降低融资成本。2015 年下半年开始,国家为确保经济稳定增长,采取了降息、降准等相对宽松的货币政策,金融市场融资成本大幅降低;同时,XR 集团在 2015 年 11 月发行了 8 亿元私募债,账面资金冗余较大。为了降低集团综合融资成本、减少资金冗余,财务部积极与各家银行协商,前后提前归还了 4.2 亿元借款,置换了 1.8 亿元高成本借款,使集团综合融资成本基本上按银行同期基准利率执行,大大降低了集团财务成本,年节约财务成本约 2 000 万元。

4. 拓展筹资渠道,建立多层次融资体系,确保资金安全

针对集团融资渠道主要集中在银行借款和银行间市场交易商协会中长期债券以及融资模式较为单一的问题,为了充分利用市属国企优势,XR 集团近年来不断探索新的融资方式,优化集团融资结构,确保集团资金安全。

(1) 增加债券品种,提高直接融资额度。2015 年之前 XR 集团仅在政府支持下发行了两期共 15 亿元企业债,债券品种单一。为了提高直接融资比重,积极对接各个金融中介机构,努力化解历史遗留问题,集团相继在银行间市场交易商协会和上海证券交易所成功注册了 10 亿元私募债、15 亿元公司债、两期各 10 亿元超短期融资券,并累计发行了 30 多亿元,不但弥补了超短期融资工具不足的问题,而且优化了集团融资结构,降低了综合财务成本。

(2) 盘活存量资产,不断增加融资储备。HX 国际会展中心是 XR 集团投资金额最大的项目,但资产效益低下,十年租金仅 4 000 万元,远远无法覆盖财务成本和日常维修支出。因资产效益不足,迟迟无法找到合适的盘活途径,经多方学习沟通,采用融资租赁的方式,以 HX 国际会展中心全部机器设备为标的,与 XM 金圆租赁公司达成 4 亿元融资租赁借款且资金用途不受限制,可用于地产项目开发建设,极大提高了集团融资储备。

（3）探索新工具，积极拓展融资渠道。充分发挥 XR 集团融资平台作用，不断提高票据贴现和供应链融资额度，支持施工产值做强做大；与 LY 县松山投资区及 FQ 市蓝园投资区合作，共同开展 PPP 项目合作及融资，不断提高重点区域和片区投资开发力度；与某城投集团有限公司合作，创建产业基金，以 5 000 万元资金投入撬动 2 亿元资本金。

资料来源：陈剑，基于业财融合的集团企业资金管控实践和探索——以 XR 集团实践为例，《中国总会计师》，2021 年第 12 期。

6.3 货币资金业务的流程划分与职责分工

企业设计货币资金内部控制制度体系，首先要梳理和优化货币资金业务流程，划分和明确货币资金业务相关岗位职责，严格执行不相容职务分离原则和授权审批制度，从而实现对货币资金业务的有效控制。

6.3.1 货币资金业务流程划分

根据《企业内部控制应用指引第 6 号——资金活动》的相关内容，货币资金业务至少涉及两块：支出和收入。

1. 货币资金支出业务

货币资金支出业务包括通过银行转账支付和由出纳人员直接支付现金，其特点在于支出用途多样、业务内容繁杂、牵涉范围广、涉及人员多。

无论是银行转账支付还是出纳现金支付，一般遵循以下流程：

（1）支付申请。单位有关部门或个人用款时，应当提前向审批人提交货币资金支付申请，注明款项的用途、金额、预算、支付方式等内容，并附有效经济合同或相关证明。

（2）支付审批。审批人根据职责、权限和相应程序对支付申请进行审批。对不符合规定的货币资金支付申请，审批人应当拒绝批准。

（3）支付复核。复核人应当对批准后的货币资金支付申请进行复核，复核货币资金支付申请的批准范围、权限、程序是否正确，手续及相关单证是否齐备，金额计算是否准确，支付方式、支付单位是否妥当等。复核无误后，交由出纳人员办理支付手续。

（4）办理支付。出纳人员应当根据复核无误的支付申请，按规定办理货币资金支付手续，及时登记现金和银行存款日记账。

对于重要货币资金支付业务，单位应当实行集体决策和审批，并建立责任追究制度，防范贪污、侵占、挪用货币资金等行为。

图 6-1 和表 6-1 分别展示了某制造业企业 BF 公司的资金支出业务流程划分和主要风险点以及基本控制措施。

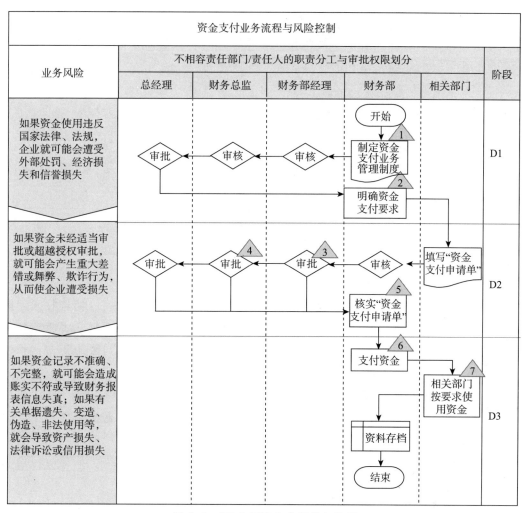

图 6-1　BF 公司资金支付业务流程

表 6-1　BF 公司资金支付业务流程控制单

资金支付业务流程控制		
控制事项		详细描述及说明
阶段控制	D1	1. 企业财务部根据国家法律、法规并结合自身情况,制定资金支付业务管理制度 2. 财务部根据资金支付业务管理制度的相关规定,进一步提出资金支付的相关要求
阶段控制	D2	3. 财务部经理根据自身审批权限审批相应的额度,审批额度超出自身审批权限的,须由财务总监审批 4. 财务总监根据自身的审批权限审批相应的额度,超出自身审批权限的,须由总经理审批 5. 审批人签署"资金支付申请单"后,资金主管要核实申请单是否符合企业的相关规定
阶段控制	D3	6. 通过资金主管审核之后,根据"资金支付申请单"上批准的额度,出纳支付资金给申请部门 7. 资金申请部门按要求使用资金

(续表)

资金支付业务流程控制		
控制事项		详细描述及说明
相关规范	应建规范	□ 资金支付业务管理制度
	参照规范	□《企业内部控制基本规范》 □《企业会计准则——基本准则》 □《企业内部控制应用指引第6号——资金活动》
文件资料		□ 资金支付申请单
责任部门及责任人		□ 财务部、相关部门 □ 总经理、财务总监、财务部经理、资金主管

2. 货币资金收入业务

对大多数非金融类企业而言,其货币资金收入业务主要是销售收入。销售收入一般由销售人员提供销货单和发运单据给财务人员,出纳根据银行提供的单据或者收到的现金,编制收款原始凭证,交由会计编制收款凭证,再登记相关账簿,做到账账相符;同时,出纳定期将超额的现金存入银行账户,以保证资金的完整安全。

收入和支出两种业务对于企业现金流的管理起到巨大的作用,但是企业不能"一把抓",要分别管控,否则既不利于工作的开展,易造成财务工作的混乱,甚至可能产生以收抵支的现象,同时也不利于监督。

6.3.2 货币资金业务职责分工

企业应当建立货币资金业务的岗位责任制,明确相关部门和岗位的职责权限,对货币资金业务相关人员的责任进行明确划分,确保办理货币资金业务的不相容岗位相互分离、相互制约和相互监督。完整的货币资金业务应该涉及出纳、会计、稽核和主管等岗位,下面以利尔化学股份有限公司为例说明货币资金业务的具体职责分工(见表6-2)。

表6-2 货币资金业务相关人员的职责分工

岗位	职责
业务人员	对经办经济业务的真实性和合理性以及发票等原始凭证的真实性、合法性负责
部门负责人	对本部门业务资金支出的真实性、合理性、合法性及必要性负责
负责审核的会计人员	按规定对发票等原始凭证进行审核,对不真实、不合法的发票等原始凭证不予受理;发现存在弄虚作假行为的,应予以扣留,并及时报告领导
负责审核会计凭证的会计主管或稽核人员	应严格按照《现金管理暂行条例》《支付结算办法》《中华人民共和国票据法》以及会计准则的规定,每日对收付款凭证进行审核把关,确保货币资金准确核算

(续表)

岗位	职责
出纳	负责办理货币资金的收支、存取和保管业务。对于不符合规定的资金支出有一票否决权,对于不符合制度规定的资金支付依然办理的,依法承担相应责任
财务负责人	对资金支出的合法性、规范性、合理性负责,所有资金支付必须经财务负责人审批后方可支出
分管领导	对资金支出的真实性、合理性及必要性负责
公司负责人	对各类资金支出具有最终审批权,对资金支出的结果负领导责任

资料来源:利尔化学股份有限公司,《货币资金管理制度》,深圳证券交易所官网,2020年8月6日, http://www.szse.cn/disclosure/listed/bulletinDetail/index.html?14abb4f9-3e80-4c60-8735-9c0c55a3f01e。

6.3.3 货币资金业务不相容职务分离

根据《企业内部控制应用指引第6号——资金活动》的规定,企业办理资金收付业务,应当遵守现金和银行存款管理的有关规定,不得由一人办理全过程的货币资金业务,严禁将办理资金支付业务的相关印章和票据集中一人保管。

不相容职务分离的基本要求是实行钱账分管,将负责货币资金收付业务的岗位和人员与记录货币资金收付业务的岗位和人员相分离。出纳人员不得兼任稽核、会计档案保管和收入、支出、费用、债权债务账目的登记工作。具体要点如下:

(1) 货币资金收付及保管只能由经过授权的出纳人员负责办理,严禁未经授权的机构或人员办理资金业务或直接接触货币资金。

(2) 业务规模较大的企业,出纳人员每天应将现金收入、现金支出有序、逐笔地登记现金出纳备查簿,而现金日记账和现金总账应由其他人员登记;规模较小的企业,可用现金日记账代替现金出纳备查簿,由出纳人员登记,但现金总账必须由其他人员登记。

(3) 负责应收账款账目的人员不能同时负责现金收入账目的工作,负责应付款项账目的人员不能同时负责现金支出账目的工作。

(4) 保管支票簿的人员不能同时负责现金支出账目和银行存款账目的调节。

(5) 负责银行存款账目调节的人员与负责银行存款账目、现金账目、应收账款账目及应付账款账目登记的人员应当相互分离。

(6) 货币资金支出的审批人员与出纳人员、支票保管人员和银行存款账目、现金账目的记录人员应当相互分离。

(7) 支票保管职务与支票印章保管职务应当相互分离。

> 来自现实社会的实例总能带来更直观的体验和有益的启示,读者可下载"开拓视野"资料包,推荐"焦点观察"栏目的"碧桂园爆出资金内控漏洞,出纳挪用公款4 800多万元"。

6.3.4 货币资金业务审批权限划分

企业应当对货币资金业务建立严格的授权审批制度,明确审批人对货币资金业务的授权批准方式、权限、程序、责任和相关控制措施,规定经办人办理货币资金业务的职责范围和工作要求。审批人应当根据货币资金授权审批制度的规定,在授权范围内进行审批,不得超越审批权限。经办人应当在职责范围内,按照审批人的批准意见办理货币资金业务;对于审批人超越授权范围审批的货币资金业务,经办人有权拒绝办理,并及时向审批人的上级授权部门报告。下面以上海天玑科技股份有限公司为例,列示其货币资金支付业务的审批权限划分的具体规定(见表6-3)。

表6-3 货币资金支付业务的审批权限划分

审批机构或人员	审批权限
1. 股东大会	(1) 交易涉及的资产总额占上市公司最近一期经审计总资产的50%以上,交易涉及的资产总额同时存在账面值和评估值的,以较高者作为计算依据 (2) 交易标的(如股权)在最近一个会计年度相关的营业收入占上市公司最近一个会计年度经审计营业收入的50%以上,且绝对金额超过5 000万元 (3) 交易标的(如股权)在最近一个会计年度相关的净利润占上市公司最近一个会计年度经审计净利润的50%以上,且绝对金额超过500万元 (4) 交易的成交金额(含承担债务和费用)占上市公司最近一期经审计净资产的50%以上,且绝对金额超过5 000万元 (5) 交易产生的利润占上市公司最近一个会计年度经审计净利润的50%以上,且绝对金额超过500万元
2. 董事会	(1) 交易涉及的资产总额占上市公司最近一期经审计总资产的10%以上,交易涉及的资产总额同时存在账面值和评估值的,以较高者作为计算依据 (2) 交易标的(如股权)在最近一个会计年度相关的营业收入占上市公司最近一个会计年度经审计营业收入的10%以上,且绝对金额超过1 000万元 (3) 交易标的(如股权)在最近一个会计年度相关的净利润占上市公司最近一个会计年度经审计净利润的10%以上,且绝对金额超过100万元 (4) 交易的成交金额(含承担债务和费用)占上市公司最近一期经审计净资产的10%以上,且绝对金额超过1 000万元 (5) 交易产生的利润占上市公司最近一个会计年度经审计净利润的10%以上,且绝对金额超过100万元
3. 总经理	(1) 交易涉及的资产总额占公司最近一期经审计总资产的10%以下,交易涉及的资产总额同时存在账面值和评估值的,以较高者作为计算数据 (2) 交易标的(如股权)在最近一个会计年度相关的营业收入占公司最近一个会计年度经审计营业收入的10%以下,或绝对金额不超过1 000万元 (3) 交易标的(如股权)在最近一个会计年度相关的净利润占公司最近一个会计年度经审计净利润的10%以下,或绝对金额不超过100万元 (4) 交易的成交金额(含承担债务和费用)占公司最近一期经审计净资产的10%以下,或绝对金额不超过1 000万元;但对于"提供财务资助"和"委托理财"类的交易事项,应当按交易事项的类型在连续十二个月内累计计算

(续表)

审批机构或人员	审批权限
	（5）交易产生的利润占公司最近一个会计年度经审计净利润的10%以下，或绝对金额不超过100万元 ＊在总经理权限范围内，或者已经公司有权机构审批的常规性经营付款可由总经理审批后直接支付
4. 募集资金账户内的资金支出应由董事长、总经理、财务总监、董事会秘书联签后支出	

资料来源：上海天玑科技股份有限公司，《货币资金管理制度》，深圳证券交易所官网，2020年12月30日，http://www.szse.cn/disclosure/listed/bulletinDetail/index.html？8833b216-1294-41ae-a910-1167d3a89f26。

6.4 现金与银行存款内部控制

企业办理货币资金收付业务，应当遵守现金和银行存款管理的有关规定，加强对现金和银行存款的内部控制。

6.4.1 现金内部控制

现金内部控制应确保以下目标的实现：①现金业务合法、合规；②现金资产安全、完整；③现金核算真实、可靠；④现金结算及时、正确。

为实现上述目标，企业应当根据相关法律法规，结合本公司实际情况，明确现金内部控制的内容、流程和措施。下面以深圳市兆新能源股份有限公司为例，说明现金内部控制制度的设计。

> 来自现实社会的实例总能带来更直观的体验和有益的启示，读者可下载"开拓视野"资料包，推荐"践行有成"栏目的"深圳市兆新能源股份有限公司的现金内部控制"。

6.4.2 银行存款内部控制

银行存款内部控制应确保以下目标的实现：①银行存款收付合法、合规；②银行存款记录真实、可靠；③银行存款安全、完整；④银行存款收付及时、正确。

为实现上述目标，企业应当根据相关法律法规，结合本公司实际情况，明确银行存款内部控制的内容、流程和措施。下面以四川金时科技股份有限公司为例，说明银行存款内部控制制度的设计。

> 来自现实社会的实例总能带来更直观的体验和有益的启示，读者可下载"开拓视野"资料包，推荐"践行有成"栏目的"四川金时科技股份有限公司的银行存款内部控制"。

6.5 货币资金的集中管理

在企业的财务管理过程中,鉴于货币资金业务具有金额大、种类多等特点,导致其内部控制具有一定的复杂性。随着社会的进步和社会的发展,企业的规模越来越大,跨国公司、大型企业和企业集团不断出现,这类企业设立现金管理组织的核心问题就是企业总公司或母公司对下属的分厂、分公司、子公司如何划分资金管理权限以及如何对货币资金业务实施有效控制(为简便叙述,以下将这两者的关系称为"企业总部与分部")。资金集中管理是一种经过实践证明的科学的财务管理制度。目前,多数世界一流企业实行资金集中管理。《企业内部控制应用指引第6号——资金活动》也明确指出,"企业有子公司的,应当采取合法有效措施,强化对子公司资金业务的统一监控。有条件的企业集团,应当探索财务公司、资金结算中心等资金集中管控模式"。

6.5.1 货币资金集中管理的基本职能

为了协调总部与分部、分部与分部之间的利益关系,调动各方积极性,确保整体利益最大化,企业资金管理的职能必须既有利于确保企业整体利益最大化,又能充分调动各分部积极性。那么,企业应该如何构建货币资金集中管理体系呢?企业首先应该明确货币资金集中管理体系的职能。一般来说,企业货币资金集中管理体系应具备以下基本职能:

1. 集中筹集资金,降低资金成本

企业为了整体利益的最大化,应该用最有效的方式从外部筹集资金,即资金取得成本最低的资金来源。企业总部筹资的目标之一就是要将企业风险控制在一个适当的范围,使企业整体加权平均资金成本达到最低。这就要求企业总部控制各分部只从局部利益出发考虑自身最优化的筹资行为,用集中筹资的方式取而代之。由总部出面代表企业集团筹资可增强对外部金融机构、非金融机构的议价能力,有利于提高企业集团的整体信用等级与融资能力,从而可以获得更大的融资规模和更低的资金利率。

2. 集中使用资金,提高资金效益

企业集团内各分部资金运转的不一致性是企业总部可以从集中使用资金中获利的客观基础。集中使用资金的基本目的之一是加速资金周转,从而提高资金的使用效率,降低成本,增加收益。企业集团内部成员通常会在较大经营范围和地域范围内发生集团内部交易,产生大量的内部资金结算业务。将集团资金集中管理,通过网络技术和资金管理系统,实现成员企业的内部网上结算。当交易发生时,直接在结算中心实现资金划拨,没有中间环节和时间间隔,不产生在途资金,划转效率高,能有效提高资金周转速度;同时,由于使用内部结算系统,不需要支付任何额外费用,能够节约大量财务费用。

集中使用资金的基本目的之二是确保企业战略目标的实施,实现企业整体利益最大化。企业总部通过集中使用资金,一方面可控制各分部对企业整体不利的投资项目,另一方面又可凭借充足的资金保证有利的投资项目的顺利实施,这往往有助于促进企业整体利益最大化目标的实现。

3. 调剂分部现金流量,实现整体利益最大化

由于企业集团的成员企业情况各异,经营过程中会发生一部分成员企业出现资金短缺而另一部分成员企业出现资金结余的现象。通过集团集中管理资金,可以盘活集团的资金存量,在资金短缺企业和结余企业之间进行资金的合理调配,从而降低财务费用,实现资金使用效益最大化;同时,优化集团的资产负债结构,增强集团整体的融资和偿债能力。另外,集团总部通过内部转移价格的制定和应用,不仅可以使各分部现金净流量发生变化,还可以调节各分部的收益,缩小企业内部的不平衡,从而保证企业整体利益最大化。

4. 降低资金风险,确保资金安全完整

集团总部对资金进行集中控制和管理:一是可获得知情权,即通过对资金流入、流出的总控制,了解分部资金的存量和流量,随时掌握其生产经营情况,有效防范财务风险和经营风险;二是通过对下属公司收支行为尤其是支付行为的有效监督,实现对下属公司生产经营活动的动态控制,可以杜绝私设"小金库"、坐支现金、贪污舞弊等现象的发生,从而保证资金使用的安全性。

践行有成

巨化集团资金集中管理实践

企业规模越大,对资金进行集中管理、科学管理的重要性和必要性越显著,高效的资金管理就构成企业的核心竞争力。巨化集团有限公司(以下简称"巨化集团")通过银企互联、构建"一个中心、两个资金池"等资金集中管理措施,提升了集团的资金管控能力、金融服务能力和价值创造能力。

一、巨化集团资金集中管理措施

巨化集团开发的巨化资金管控与银企互联系统,通过集团财务结算中心和工商、农业、中国、建设等商业银行的直联,建立了与银行网银系统实时、安全的链接通道,集团下属资金账户均纳入系统管理,实现了银企自动对账、在线信息交流和交易指令发送等;通过收支两条线管理,实现了集中高效的资金预算、支付、归集、调拨、票据池和其他特定服务等业务;通过对资金变动进行有效监控和分析预测,为集团的生产经营资金提供了有效的控制平台,有效规避了资金风险。

1. 力推银企互联,强化管控手段

2011年4月,巨化集团正式启动银企互联项目,全面清理银行开户,取缔睡眠账户、隐性账户。2011年8月,集团全面开通银企互联系统,全公司下属本地、外埠分(子)公司100余家单位纳入系统。银企互联系统的开通,对提升资金管理有以下五方面的促进作用:一是做到收入资金实时归集,银行可以将各单位资金实时归集到集团总账户,实现"零存量"运行;二是做到支出资金零余额支付,各单位日常支出实行日间透支、日终清算补充;三是做到资金实时监控,结算中心可以通过银企互联系统对各单位账户进行动态监控,及时掌握各分(子)公司的资金运行情况;四是做到系统自动对账,银企互联系统可实现银企自动对账;五是做到资金安全更有保障,每笔资金支付须经过分级(子公司、集团)授权审核才能实现,各级审核都设有操作员密码。信息公司设专人负责网络安全,比原来采用的网银系统更加安全。

2. 分类管理,构建"一个中心、两个资金池"的管控模式

根据集团所辖单位和资金分布结构复杂的实际情况,积极探索"一个中心、两个资金池"资金管理模式,具体做法如下:

(1) 对纳入收支两条线管理的单位资金,由结算中心统筹进行资金调度管理。对集团合并报表范围内(上市公司除外)的全资、控股单位,全部纳入收支两条线管理,所有资金必须按规定及时归集到财务结算中心,并由结算中心对资金进行统一管理和调度。

(2) 对不能纳入收支两条线管理的单位资金,采取"本币资金池"模式进行监督管理。该部分包括上市子公司、参股(并受托管理)单位资金等,受限于政策,这部分资金不能纳入结算中心收支两条线管理,公司对其采取"本币资金池"模式进行监督管理,即采取相对分权的管理模式,资金不进行划转,而是借助银行资金管理系统掌握存量信息,增强对各单位资金流量和流向的监控。

(3) 对开展进出口业务且留有外币余额的单位资金,由集团建立"外币资金池"进行统筹管理。集团下属有部分单位从事进出口业务,并具有一定量的外币存量规模,为合理运用这部分外币资源,集团争取了"外币资金池"管理政策。境内企业"外币资金池"的建立,在有效解决外汇资金不能集中管理的同时,也解决了各单位外汇资金"此存彼贷"的问题。

3. 突出制度建设,规范资金运作流程

本着管理制度化、制度流程化、流程信息化的管理理念,集团注重制度建设,近年来先后完善出台了《资金管理办法》《对外大额及特殊事项资金使用管理办法》《财务结算管理办法》《商业汇票管理办法》等多项管理办法,努力将权力关进制度的笼子。2011年集团提出商业汇票集中管理举措,取得较好成效,其中的一些创新理念包括:

(1) 产品差别定价制度。在制定销售策略时,集团按产品分畅销、平销、滞销三种情况分别确定货款回笼的现金、票据比例和票据回笼类型,并根据收取的不同类型的银行承兑汇票执行不同的产品价格,同时根据货款回笼比例及回笼质量对营销人员进行绩效考核。

(2) 票据全程信息化管理。为提高运作效率,集团开发了一套汇票管理信息系统,从销售回笼到采购支付环节的实物汇票交接,全过程实行网络管理,而且该平台还延伸到营销系统的销售和供应采购部门。

4. 强化融资担保统一管理,防范资金风险

集团对融资担保的管控概括起来就是实行"三大融资平台"加"一控四统一"的管理模式。"三大融资平台"即集团层面、股份公司层面、资产质量较优的独立子公司。巨化股份(600160)利用上市公司平台优势侧重股权融资;巨化集团利用资产合并优势侧重发债融资;集团下属重点骨干全资子公司利用集团担保及资源配套优势侧重向银行融资。

"一控四统一"的"一控"即预算总量控制,"四统一"指统一授信、统一谈判、统一审批、统一备案。

"三大融资平台"体系加"一控四统一"管理模式是集团上下资金管理多年来的实践提炼,是一个双赢的选择。这种模式有效地集中了资源,增强了谈判议价能力;对二级单位来说减轻了融资压力,降低了融资成本。

5. 依托信息化平台支撑,提高资金周转效率

巨化资金管控与银企互联系统由浙江巨化信息技术有限公司自行开发,包括资金预算管理系统、资金结算管理系统、汇票管理系统、银企互联接口系统、资金监控分析与预警系统等模块,为集团资金管理提供了有效的平台支撑。通过该系统,可以实时获取各成员单位的资金账户动态数据、实行资金归集、实现银企自动对账等功能,实现了收支两条线管理,减少了资金冗余,提高了资金使用效率。

(1) 资金预算管理系统。通过该系统,资金预算管理可以根据实际情况实行年度、月度甚至日资金预算,月度资金预算要求控制在年度资金预算之内,日资金预算要求控制在月度资金预算之内。

(2) 资金结算管理系统。通过该系统,可以实现账户管理、内部结算、内部托收、内部借款、协定存款、外部融资、资金支付、资金归集、资金划拨等功能,实现集团资金结算业务的方便快捷。

(3) 汇票管理系统。通过该系统,可以实现票据全程信息化管理,形成集团汇票资金池和单位汇票资金池;通过这两个资金池,集团总部可全面监控各成员单位的资金运转状况。

(4) 银企互联接口系统。通过该系统,可以实现企业与银行数据交互的接口。

(5) 资金监控分析与预警系统。通过该系统,集团总部可以及时掌握下属企业的资金运转信息,做到主动监控、及时预警、准确决策。

6. 依托财务公司平台,实现对上市公司资金集中管理

财务公司是以加强企业集团资金集中管理和提高企业集团资金使用效率为目的,为企业集团成员单位提供财务管理服务的非银行金融机构。财务公司与上市公司签订《金融服务合作协议》,将上市公司纳入财务公司成员单位,解决了多年来结算中心无法实现的对上市公司的资金集中管理。

7. 积极探索票据池业务

巨化集团下属企业有100余家,销售回款不仅包含现金,还包含大量的票据(主要是银行承兑汇票),票据量占整个销售回款额的50%左右。2014年年末,巨化集团与浙商银行签订了票据池相关协议,2015年正式运行。利用票据池对集团下属成员企业的商业汇票进行集中管理,使集团票据管理上了一个新的台阶。浙商银行"涌金资产池"作为池化融资平台,将企业各类流动资产汇聚成池,企业可在入池资产质押生成的池融资额度内灵活办理各项银行表内、表外授信业务,在持有高收益资产的同时,通过浙商银行提供的短期融资,满足任意时点的流动性需求,兼顾资产流动性与效益性。

"涌金资产池"通过全流程"线上化"操作,高效便捷。通过票据池的异地票入池、额

度共享,盘活了异地票据资源。由合作行办理入池票到期托收、质押换开、出票到期兑付业务,降低了企业票据保管风险,满足了集团企业各种票据需求的对外支付,减轻了企业财务人员工作量。

通过商业汇票规范化管理,巨化集团实现了汇票管理系统与银企互联系统的并轨运行,将公司现金流和汇票流全部纳入预算管理,达到了现金流和汇票流"双流合一",实现了集团资金流的全面集中管理。

二、取得的效益

通过加强资金集中管理,巨化集团的资金理财能力得到有效提升,降本增效成效明显,具体体现在:

1. 盘活了存量资金,加快了资金周转,提升了效率和效益

集团通过对现金流和汇票流的全面集中管理,有效盘活承兑汇票,同时由于实行二级单位在外部银行账户存款"零余额"管理,资金集中流量明显增加。2019年年末,巨化财务公司成员单位达110余家,年降低资金成本达1亿元;银行承兑汇票累计入票据池总额120余亿元、累计出票总额60余亿元,巨化集团年节约财务费用3 000余万元。

2. 集团对外融资议价能力显著增强

基于集团良好的负债结构和资金调配能力,巨化集团在资本市场上树立了较好的信誉与建立了较大的影响力,融资议价能力明显提高,有多家金融机构提供贷款利率下浮10%的融资。

3. 资金整合能力增强,企业抗风险能力提高

通过资金管控,集团整体资金调度能力显著提高,即使面对2011年国家持续从紧的货币政策,集团整体资金链仍然相对宽松,2020年年末资产负债率降至51%,其中不排除效益与股份公司再融资因素,但资金有效集中也是一个重要方面。

4. 实现资源共享,提升社会效益

巨化资金管控与银企互联系统项目已拓展至巨化集团以外多家单位,到目前(2020年)为止,云和国资委和衢州市财政国库支付中心等五家单位均使用巨化资金管控与银企互联系统并已全部上线运行,缙云国资委等两家单位正在组织实施中。

资料来源:唐捷、汪利民、朱雪莲等,借助平台强管控 实现资金聚效应——巨化集团资金集中管理实践,《财务与会计》,2020年第23期。

6.5.2 货币资金集中管理的组织模式

在明确货币资金集中管理体系的职能之后,企业还需要选择合适的资金集中管理的组织模式。在实践操作中,实现资金集中管理的可选的组织模式较多,各具优缺点和适用条件。①

---

① 主要参考:唐耀祥、张庆一等,"现金池模式"资金集中管理,到底如何操作?"审计观察"公众号,2021年4月27日;姜军、徐洪涛等,资金集中管理的模式选择,《新理财》,2017年第10期。

1. 报账中心模式

报账中心模式是参照世界银行农业综合开发项目管理办法而实施的一种资金管理组织模式,由集团总部财务部门主导控制集团投融资、大额资金收付等重大财务事项且统一报账,资金管理审批权和决策权均高度集中在集团总部,具体分为统收统支和拨付备用金两种模式。统收统支模式是指集团成员企业不单设银行账户,全部现金收支由集团总部财务部门集中办理。拨付备用金模式是指集团总部根据成员企业运营资金需求,定期拨付一定额度备用金用于日常交易。与统收统支模式相比,拨付备用金模式下的成员企业对限额内备用金使用拥有一定的自主权,但所有支出仍需到集团总部报账,全部收入收归至集团总部。

综上所述,报账中心的两种模式都属于高度集中的资金管理模式,优点是有助于全面掌握整体资金使用状况和经营状况,能有效控制资金流出,实现收支动态平衡;缺点是集权化过于严重,降低了成员企业开源节流的积极性和工作效率,且与独立法人独立核算管理要求有所冲突。因此,报账中心模式一般适用于初创期、业务单一、成员企业较少且距离总部较近的企业集团。

2. 收支两条线模式

收支两条线模式要求成员企业分别开设收入、支出账户。集团总部可根据成员企业的资金运动(经营、投资、融资活动)的实际状况,将成员企业上收的资金划转其收入账户,提供科学可行的资金归集策略,如固定上收时间、限制上收额度、每日终了上收等。集团总部在成员企业使用下拨支出账户的资金时,不必对其支付的每笔资金都实施控制。当采用实时或日终上收、逐笔下拨资金时,收支两条线模式的控制强度很大;当采用定期、限额或定期上收、非逐笔拨付时,收支两条线模式的控制强度相对较弱。

收支两条线模式的优点在于:一是要求集团清理上收成员企业的资金账户,并上收资金管理权;二是上收资金实施每日(或周、月)清零;三是基于预算下拨资金;四是资金汇总后,可能会产生余额,有进一步理财的需求。但是,资金的每日清零可能会导致成员单位的资金使用缺乏效率及管理的沟通成本上涨。

3. 结算中心模式

结算中心模式是指集团总部设立结算中心,负责成员企业投融资、资金收付和统一结算,集团总部拥有成员企业的账户管理权和投融资决策权。在结算中心模式下,成员企业在集团的监督下进行独立核算,可以单独设立财务部门,日常经营活动中的资金支配权由分(子)公司持有,可以进行独立决策。结算中心会及时处理分(子)公司的现金收支业务,分(子)公司可动用规定的限额资金,若需求超过限额则需要向结算中心申报审批。

结算中心资金管理模式相对分权,成员企业拥有独立财权。其优点在于:结算中心作为内部机构管理较为灵活,不受外部监督;分权式管理使得成员企业的积极性和主动性较高;统一对外融资可减少财务成本。其缺点在于:不具有独立法人资格,对商业银行依赖较多,增加了管理工作和运行成本;设立在集团内部,缺乏外部监管,专业人才及业务水平有限,控制能力不强。结算中心模式是集团资金集中管理的初级形式,适用于快速成长期的中小型企业集团。

4. 内部银行模式

内部银行模式是指企业集团在结算中心模式的基础上,模拟商业银行运作方式和管理体制,引入商业银行的信贷、结算、监督、调控、信息反馈等基本职能,在企业内部建立内部银行。在该模式下,内部银行按照统一的结算制度进行日常资金结算和往来核算,在企业集团内部发行供成员企业间交易使用的票据,所有成员企业在内部银行开立虚拟账户;模拟商业银行管理模式,统一对内发放贷款并收取利息,统一对外筹集资金,统一监控企业资金,定期通过报表形式实时反馈资金流通状况。内部银行充当了企业集团成员企业的票据发行中心、信贷管理中心和信息反馈中心。

内部银行模式与结算中心模式基本类似,在结算中心的基础上增加信贷与投融资等功能,使得企业集团的资金管理制度更加完善和专业化。内部银行与结算中心都不具有独立法人地位,在资金筹集渠道、筹资成本等方面的议价能力仍然不强。因此,内部银行模式主要适用于成长期的大中型企业集团。

5. 财务公司模式

按照2006年银监会修订的《企业集团财务公司管理办法》的规定,财务公司是指以加强企业集团资金集中管理和提高企业集团资金使用效率为目的,为企业集团成员单位提供财务管理服务的非银行金融机构。企业集团设立财务公司,应当报经银监会审查批准,并接受其监督管理。财务公司以内部市场化方式,为成员企业提供融资、结算、理财、增信等金融服务,但财务公司的设立程序复杂、成立门槛较高、审批程序烦琐、运营成本较高。财务公司模式一般适用于成员单位较多、管理层级复杂且资金密集的大型企业集团。

6. 现金池模式

现金池模式是指企业集团依托商业银行的网上银行平台,在不影响成员企业正常业务的情况下,以受托理财和委托贷款的方式,对集团成员企业的资金进行统一调配和集中管理。

作为大中型企业集团进行资金集中管理的一种重要模式,现金池模式除拥有传统资金集中管理模式的优点外,其独特之处在于充分利用了商业银行的专业金融服务,实现了银企双赢;通过委托贷款方式,规避了企业集团与成员企业在资金上不能实行收支独立等法律障碍。现金池模式的缺点在于:高度依赖银行网络系统和企业信息化程度,网络安全和技术风险大;将资金管理风险转移到企业集团内部,资金管理效益依赖于企业集团的管控能力。因此,现金池模式适用于集团管控能力强、信息化水平高的紧凑型企业集团。

现金池资金集中管理模式在 A 集团的具体应用

A集团于2000年经市政府批准,由9家公共交通企业整合成立,承担着省会城市主城九区的地面公交客运任务,集团总部主要从事资产管理和资本运作,成员企业从事具体运营管理。市政府希望 A 集团通过高效的资产管理和资本运作打造经典民生工程,坚持市区公交的公益性和专业化经营,保证市区公交运营的可持续发展,维护社会稳定。集团下属 11 家二级全资企业、18 家三级全资及控股企业和 5 家参股企业,主要业务板块包括公交运营类、公交站场管理类、出租车和索道运营类,以及依托公交主业发展的三产业,如汽车维修、加气站、智能停车场、检测站、充电桩、物流快递等业务。

一、A 集团资金收支特点

A 集团的资金收支具有以下特点:

(1) 资金流量大。A 集团下属公交客运板块年现金收入 73 亿元,日均收入 2 000 万元,占全集团的 90%。除提前预拨的财政资金外,其余均为现金收入,不存在应收账款;而公交板块年现金支出 80 亿元,主要是人工、燃料、购车以及利息等付现支出;因承担公益性责任导致每年政策性现金缺口达 7 亿元。作为 A 集团主业发展的公交板块,现金流入量和流出量均巨大且入不敷出,陷于资金短缺的困境。

(2) 内部发展不均衡。非公交板块年收入 10 亿元,年利润总额 2 亿元。与公交板块相比,尽管非公交板块的资产总量小、收入总额少,但盈利能力强、资金净余额充裕。由此可见,A 集团各板块之间存在业务不均衡、效益不均衡、资金不均衡的现象。

(3) 资金有闲置且有贷款。公交板块资金短缺,政策性亏损要求公交板块通过对外融资来弥补。公交板块有息负债的年平均余额达 35 亿元,其中银行贷款 27 亿元、融资租赁 8 亿元;而非公交板块经济效益好且资金充裕,年均货币资金余额达 7 亿元。由此可见,A 集团的资金管理存在严重的存贷双高和管理效率效益低下现象。

二、A 集团现金池资金集中管理模式的基本思路

A 集团的资金集中管理工作没有完全照搬国内外大型企业的通用模式,而是从企业管理现状、功能可实现、人员可接受的角度出发,始终坚持"资金集中"这个基本前提,本着成本效益原则、重要性原则和实事求是原则,构建适合自身的模式。A 集团严格按照"先易后难、总体规划、分布实施"的思路,以非公交企业作为试点来实施资金集中管理,待时机成熟后再在全集团范围内推广。现金池模式的资金集中管理工作分成两阶段来实施:第一阶段,对非公交企业的资金余额按照"收支一线"实行月终限额归集,暂不设置账户透支额度;第二阶段,对所有企业的资金按照"收支两条线"实行日终零余额归集,并设置账户透支额度。这一模式综合考虑了风险管理、成员企业积极性、成本效益等因素,不但能实现资金集中管理的目的,而且有利于减少实施过程中的人为阻力,提升推进效率效果。

三、A 集团现金池资金集中管理模式的具体流程

1. 合作银行选择

现金池模式的推行,高度依赖商业银行的信息化程度、服务质量和服务成本。因此,A 集团首先通过公开招投标方式选择合作银行,要求其除实现集团资金集中管理目的外,还要提供配套金融服务以满足集团融资需求、存款需求、收取公交车零钞需求等日常经营管理需要。合作银行可以是一家银行也可以是几家银行,但合作银行的数目越少,集中管理的效果会越好。因 A 集团对贷款的依赖性很强,为规避个别银行破产风险或银

行内部贷款政策调整风险,集团决定选择三家商业银行提供资金管理服务。经过公开招投标程序,A集团最终选择了中国工商银行、中国光大银行、招商银行作为合作银行。

2. 银行账户管理体系

对银行账户进行集中统一管理是实现现金池模式的前提条件。为此,A集团建立新的银行账户管理制度,对银行账户实现应管尽管、垂直管理。

(1) 开展账户的清理和分类管理工作。财政资金拨款专用账户,予以保留;贷款专用账户,因以前分权式资金管理模式下成员企业各自与银行签订的很多贷款合同尚未到期,待到期后逐步销户清理;非合作银行的其他账户,原则上逐一销户。通过账户清理工作,成员企业减少了约160个账户,大大降低了账户监控难度。

(2) 重建银行账户体系。A集团总部在三家合作银行各自开立一个专用账户,并设定为企业集团一级账户,专门用于归集成员企业资金。安排成员企业在三家银行中的任意一家开立集团二级结算分账户,建立起一级总账户与二级分账户之间的上下归集关系,由此形成一个现金池体系。二级结算分账户分两阶段实施完成:第一阶段为收支共用银行账户,实行收支一条线、一个账户管理;第二阶段则分别设立收入账户和支出账户,实行收支两条线、两个账户管理。成员企业间的资金往来通过现金池体系结算,由此形成一个A集团内部的结算账户封闭体系。

3. 资金集中管理信息平台的选择

A集团要分别与三家合作银行的网银系统对接,以实时获取各银行账户余额、交易信息,及时准确地向指定银行账户发出交易指令并接收交易信息反馈,就必须建立一个统一的信息化平台。A集团的三家合作银行都开发了各自成熟的资金集中管理信息平台。"阳光金管家"是中国光大银行打造的资金管理系统,不仅能为企业集团提供以资金管理为核心的综合性金融服务,还提供个性化量身定制服务方案、开放标准数据接口并免费开发非标准数据接口,从而能实现与中国工商银行等网上银行系统数据对接。因此,A集团选择光大银行"阳光金管家"作为资金集中管理信息平台,凭借此平台完成三家合作银行的资金集中管理功能。

4. 设置资金归集规则

(1) 归集范围。A集团根据各板块间的资金余缺特点,考虑到公交企业没有资金余额,在"收支一条线"管理模式下没有必要进行资金归集。因此,第一阶段只将非公交企业纳入归集范围,待第二阶段实行"收支两条线"管理时再将所有企业纳入归集范围。

(2) 归集周期。现金池模式可提供月终余额集中、日终余额集中或日间实时集中等归集选择。尽管非公交企业的盈利能力较好,但每日产生的资金流量较小,加上A集团的信息系统与预算管理水平尚且落后,还做不到按日编制、审批和拨付资金预算。因此,A集团将第一阶段的资金归集模式设定为月终余额集中,时间定于月末最后一个工作日的16时;第二阶段再将归集模式设定为日终余额集中或日间实时集中。

(3) 目标余额管理。现金池模式可提供零余额归集或限额归集等归集方式,其中限额归集又分为定余额归集、定额归集和定比例归集等不同方法。考虑到将全部资金归集也许会降低成员企业的积极性,第一阶段采取限额自动归集方式,即集团总部对各成员企业正常运营资金需求设定不同的预留限额,在月终归集时点由系统自动扫描银行账户,当银行账户余额超过预留限额时,由信息平台自动将超额资金归集至集团总账户;第二阶段再根据经营需要并结合账户透支设置,采取零余额自动归集方式。

(4) 账户透支设置。银行对公账户透支是指企业集团以商业银行授予的综合授信和现金池流动资金作为担保,为成员企业设置日间可透支额度。当某成员企业继续对外付款但其账户日间实时余额不足时,银行可在A集团设置的日间可透支额度范围内为成员企业先行支付。日终,"阳光金管家"与A集团统一清算时,将现金池一级总账户的资金自动划拨到成员企业二级分账户,用以补足透支金额。由于非公交企业长期资金盈余,其很少有机会发生账户透支,而公交企业日间资金缺口巨大,集团内部集中的沉淀资金只能解决临时性资金缺口,扩大生产经营所需的大量资金仍需通过外部融资获得。因此,若允许公交企业二级分账户透支,则资金安全风险将全部转嫁至集团总部,一旦集团总部外部融资提款延迟,一个成员企业的资金安全风险即转为A集团整体的资金安全风险。出于集团整体资金安全风险管理考虑,第一阶段未开展账户透支设置,待时机成熟后再适时考虑设置账户透支。

5. 资金调拨

在现金池模式实施的第一阶段,A集团主要利用一级账户拨付内部贷款;第二阶段逐步实现二级账户透支额度与一级账户的自动回拨、日常预算经费拨付等全部功能。

6. 利息结算

现金池模式下,光大银行"阳光金管家"为A集团提供资金归集、内部贷款与透支账户自动计息等功能。对成员企业的资金归集,由集团总部与商业银行协商并设定协议额度和利息计算规则。

(1) 对成员企业所归集资金高于协议额度的部分按指定协议利率计算利息,低于协议额度的部分则按活期存款利率计算利息。光大银行"阳光金管家"按照设定利率与实际天数,自动计算并自动划转成员企业银行账户的利息。这种方法充分保障了非公交企业的经济利益,有利于调动非公交企业的参与积极性。

(2) 对内部贷款及账户透支额度,先由集团总部设定贷款利率,再由光大银行"阳光金管家"按照设定利率与实际天数,自动计算并自动划转成员企业银行账户的利息。这种方法尽管没有降低用款单位的财务成本,但简化了贷款手续,加快了放款速度,有利于调动公交企业的参与积极性。

7. 融资管理

施行现金池资金集中管理模式后,A集团总部与各合作银行谈判综合授信额度与利率,实际用款的成员企业再负责具体融资法律手续,并承担所融通资金的按期还本付息义务。成员企业向集团总部提出融资用款申请,由总部审核后提交银行,银行审批通过后先将贷款发放到集团一级总账户,再划至用款单位二级账户,从而形成外部统一融资、内部二次贷款、统借统还的融资管理模式。

8. 报表管理

借助光大银行"阳光金管家"报表功能,A集团和成员企业能够准确、及时地获得资金运动数据信息,为生产经营决策提供及时、可靠的财务报表和管理报表。A集团通过资金管理系统快速优化配置资源,推动成员企业贯彻执行集团战略规划,实现企业集团效益最大化。

四、A集团现金池资金集中管理的实施效果

1. 货币资金存量减少,有息负债总量下降,财务成本减少

资金集中管理实施近一年,A集团通过管理平台共吸收了非公交企业货币资金7亿多元,并通过平台实现了资金的内部调配,为公交企业提供了7亿元的贷款资金,成功为集团减少了外部债务7亿元,减少了货币资金的无效占用,提高了资金使用效率,实施第一年即为企业减少了资金成本近4 000万元。

2. 融资渠道增加,授信额度提高,贷款条件更加优惠

实施集团统一融资后,对外谈判能力得到明显加强,合作银行提供的融资政策更加宽松,融资渠道更加多样化,除传统的固定资产贷款、流动资金贷款外,还增加了短期融资券、超短期融资券等新型产品;综合授信额度更大,三家合作银行为集团提供了50亿元/年的授信额度,将集团整体授信额度提高了3倍;贷款利率更加优惠,从以前的同期银行贷款基准利率上浮5%～10%降至基准利率,降低了资金成本;贷款用途更加灵活,流动资金贷款用途再也不受限制,可以直接用于支付人工工资,极大地缓解了支付压力。

3. 管控力度增强,资金安全得到保证

通过资金集中管理,A集团总部在不干预成员企业日常经营的情况下,可实时监控成员企业账户管理、资金收付,对成员企业的经营和财务状况进行有效的监督;通过对资金流入流出的总控制,监督成员企业的资金运作和经营动态,提高了集团资金的安全性。

资料来源:唐耀祥、张庆一、赵鑫等,基于现金池模式的资金集中管理案例研究,《会计之友》,2021年第3期。

7. 司库模式

国资委2022年3月颁布的《关于中央企业加快建设世界一流财务管理体系的指导意见》(国资发财评规〔2022〕23号)要求中央企业强化资金管理,实现资金利用的安全高效。具体包括:一是加强司库管理体系顶层设计,科学制定总体规划,完善制度体系和管理架构,建立总部统筹、平台实施、基层执行"三位一体"的组织体系和"统一管理、分级授权"的管理模式。二是加快推进司库管理体系落地实施,将银行账户管理、资金集中、资金预算、债务融资、票据管理等重点业务纳入司库体系,强化信息归集、动态管理和统筹调度,实现对全集团资金的集约管理和动态监控,提高资金运营效率、降低资金成本、防控资金风险。三是逐步将司库管理延伸到境外企业,加强境外资金动态监测,实现"看得到、管得住";切实加强"两金"管控和现金流管理,强化客户和供应商信用风险管理,减少资金占用,做到应收尽收、"颗粒归仓",实现收入、效益和经营现金流的协同增长。四是完善资金内部控制体系,将资金内部控制规则嵌入信息系统。五是建立健全资金舞弊、合规性、流动性、金融市场等风险监测预警机制。六是加强对担保、借款等重大事项的统一管理,严格落实各项监管规定。

> 践行有成

国家电网司库管理体系建设实践

国家电网司库管理体系(见图6-2)由"1233"管理架构、"全方位、实时性、可视化"数字平台、"三位一体"组织(集团总部、内部金融机构和各级单位)保障等共同构成,推动实现资金管理数字化、智能化,促进存量资金高效运作、流量资金精益管理、增量资金集中管控,进一步提升资金管理效率、效益和安全水平,助力企业高质量发展。

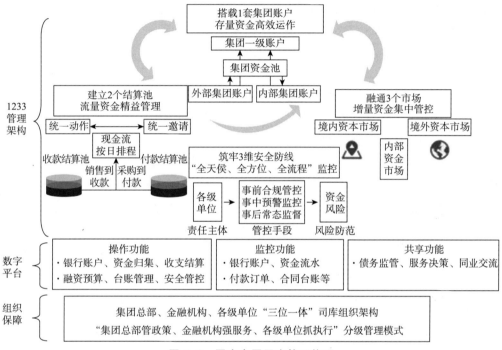

图6-2 国家电网司库管理体系

一、构建"1233"管理架构

1. 搭建一套公司级集团账户,实现存量资金高效运作

为了克服账户管控和资金集中难题,国家电网发挥外部商业银行和内部财务公司作用,建立外部和内部集团账户,打通内外部账户互联通道,构建具有司库理念的公司级集团账户,形成集团资金池,推动资金运行和结算模式实现重大转型。主要做法如下:

(1)各级单位账户实现全覆盖、紧串联、强实时,"由珍珠变成项链"。压降银行账户,制定账户分级分类标准并在线严控,银行账户数量降幅超70%。各级单位除专用账户外的所有账户均纳入集团账户,纵向上按照账户层级递次挂接、资金余额实时归集,横向上按照资金权属镜像映射、可用余额实时记录至内部集团账户。

(2)各级单位资金实现大集中、零余额、广调度,"由小溪汇成大海"。除监管受限资金外,各级单位分散资金实时归集至集团一级账户,汇聚至集团资金池,做到资金应归尽归、全时段实时集中;二级及以下单位资金"零余额"、账面余额可随时调用,总部可大范围调度全集团资金。

（3）各级单位结算实现内循环、低备付、高安全，"由付款变为记账"。集团内部单位之间通过内部集团账户实施交易封闭结算，做到"只记账、不动钱、无备付"，大幅提升结算效率和安全性。

2. 建立收款、付款两个结算池，实现流量资金精益管理

国家电网应用大数据分析等技术，结合历史每日电费资金流入规律，建立日电费收入预测模型，形成集团统一收款结算池，科学预测资金流入时序；坚持业财融合，统一规范购电费、工程物资、员工报销等8大类付款订单，通过汇聚各级单位付款订单信息，形成集团统一付款结算池，合理安排资金流出节奏。

（1）实施现金流"按日排程"，实现由"月度预算"升级为"按日排程"。坚持以收定支等原则，由司库管理系统自动匹配两个结算池中每天的资金流入与流出，按月生成现金流预算、按周平衡融资需求、按日排程资金余缺，实时监控资金流量变动，支撑资金余缺统筹调度、资金曲线"削峰填谷"，2021年以来资金峰谷差同比下降1/3，有效减少融资需求和利息支出。

（2）推行收付款"省级集中"，实现由"分层分级"升级为"省级集中"。结合电网业务同质性特点，统一设立省级收入和支出账户，成立27家省级资金集约中心，将地市、县、供电所的电费收入、大额支付全部集中到省级层面处理，实现省电力公司"钱袋子"出入口统一且在线智能处理，大幅提升自动化比例，减轻基层的财务工作负担。

3. 融通内部、境内和境外三个市场，实现增量资金集中管控

为满足多目标融资管理要求，国家电网应用现金流"按日排程"结果，以集团总部统一融资为主，高效融通内部资金和境内外资本市场，实现"保供应、控负债、降成本"。

（1）坚持"先内后外"，做大盘活内部资金市场。拓展并表资金归集范围和路径，加大吸收非并表资金的力度，进一步拓宽内部市场资金来源。发挥所属金融单位功能，建立内部资金投放渠道，增强其金融服务主业能力。发挥集团账户统筹调度作用，优先盘活集团账户归集的内部资金，相应减少外部融资，有效控制含息负债。

（2）坚持"先低后高"，做强用活境内资本市场。发挥集团总部资信优势，实施融资统筹管理，建立"金融机构利率报价最低价中标"的公开竞价机制，并统筹衔接年度融资预算和现金流"按日排程"，合理确定融资品种、渠道与合作金融机构，有效降低境内融资成本，加深银企合作关系。

（3）坚持"合作共赢"，做实激活境外资本市场。打造境外项目投融资"两头在外"发展模式，累计发行155.5亿美元和42.5亿欧元债券，创发行当年中资企业同期限、同币种债券成本的最低水平。开拓国际市场，积极维护与境外债券投资者的关系，加大亚洲和欧洲资本市场拓展力度，注重发挥中资承销机构作用，创新"公募债+私募债+过桥贷款"多元组合融资方式，有力支撑国家电网国际业务的发展，践行国家"一带一路"倡议。

4. 筑牢三维立体安全防线，实现资金安全管控

筑牢以各级单位安全责任主体、"事前—事中—事后"闭环管控手段、资金风险防范的三维立体安全防线，全面强化资金全过程安全管控。

（1）事前"合规管控"。制定资金管理"一本制度",严格账户、资金、结算、安全等制度管控。建立529条业务内部控制规则,并植入司库管理系统,确保所有付款订单由前端业务发起、在线审批、严防篡改,从源头上保障业务合规。跟踪研判市场形势,利用自然对冲、审慎合规开展金融衍生业务等手段,防范利率汇率风险。

（2）事中"预警监控"。把好资金支付"最后一道关口",在司库管理系统支付结算环节植入异常支付、大额支付、MAC地址重复等16类"红绿灯"预警规则,在线校验每笔资金支付,"红灯"拦截退回、"黄灯"预警复核、"绿灯"通过放行,有效保障资金支付安全。

（3）事后"常态监督"。围绕账户、资金、融资等核心业务,设置账户活跃度、银企对账、收支余额监控等13类监督规则,系统24小时在线巡检各级单位资金运行状态,并在线开展分级分类督办。围绕银行账户、货币资金、不相容岗位、支付安全、票据管理、投融资等6大方面定期开展线下专项检查和安全评价,及时发现、督办整改和闭环跟踪资金风险事项,全面提升风险防范能力。

二、打造司库管理数字平台

数字化、智能化信息系统为司库管理实施提供了重要技术支撑。国家电网抓住国有企业数字化转型契机,依托企业中台,应用先进信息技术,在财务公司核心业务信息系统、资金结算信息系统、财务管控信息系统等现有系统内开发司库模块,共同构成"全方位、实时性、可视化"的司库管理数字平台(见图6-3),对内贯通和集成内部系统、对外互联金融机构和监管部门,为资金业务操作、安全监控和信息共享提供系统支撑。

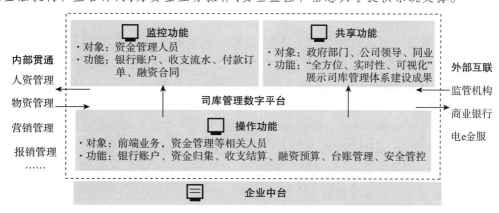

图6-3 国家电网司库管理数字平台

1. 操作功能模块提效率

操作功能模块为前端业务、资金管理等相关人员提供在线开展银行账户、资金归集、收支结算、融资预算、台账管理、安全管控等功能,全面提升业务数字化、智能化处理效率。其分为以下四个模块:

（1）一套集团账户模块内部贯通ERP、营销等系统,外部通过银企直联通道与金融机构系统集成账户余额、交易明细、回单等信息。资金管理人员通过集团账户模块,按权限所属在线办理账户开立变更、资金归集、资金运作、银企对账等业务,实现资金在线可视化、实时可归集、大范围可调度。

（2）两个结算池模块与人资、物资、营销、报销、ERP 等内部系统集成和共享使用收付款申请信息，并与金融机构系统集成电子转账、电子票据等结算指令和处理结果信息。前端业务、资金管理等相关人员通过结算池模块，按权限所属在线发起付款申请、进行预算编制、开展资金结算和会计核算等全流程业务，进一步提高工作效率。

（3）三个市场模块与经法系统、产业链金融平台"电 e 金服"等集成，并共享应用现金流"按日排程"信息，同时为"电 e 金服"提供应收应付款项、供应商信息等数据服务，助力电力产业链生态圈建设。资金管理人员通过三个市场模块，按权限所属在线开展资金需求提报、融资批复、台账登记、本息管理，以及金融衍生业务资质核定、计划批复、业务台账和交易监控等工作。

（4）三维安全防线模块具备在系统设置"事前—事中—事后"内部控制规则，在线开展支付过程预警监控等功能。资金管理人员通过安全防线模块，在线办理事中支付监控、查询查复、督办处理、大额资金监测及上报等工作，实现各级单位前端业务、资金支付等内部控制要求的在线刚性执行。

2. 监控功能模块强安全

监控功能模块主要面向资金管理人员，通过集成资金业务处理过程形成的海量数据，应用大数据等信息技术，对资金核心业务进行事后再监控，实时监控和在线巡检各级单位每一个银行账户、每一笔收支流水、每一项付款订单、每一份融资合同，进一步筑牢三维立体安全防线，全面强化资金安全管控。

3. 共享功能模块汇成果

共享功能模块面向政府部门服务监管、面向公司领导服务决策、面向同业交流共享，采取大屏方式对资金的实时调度、收支运行、在线监控等进行动态展示，具有"全方位、实时性、可视化"特点，全面汇聚和呈现司库管理体系建设成果。

三、强化"三位一体"司库组织保障

国家电网强化集团总部、内部金融机构、各级单位"三位一体"司库组织保障，实行"集团总部管政策、金融机构强服务、各级单位抓执行"的分级管理模式，对银行账户、资金归集、资金结算、融资管理、金融衍生业务、资金安全等业务实行集约和精益管理，有效保障司库管理体系高效协同运行。

1. 集团总部管政策

作为资金管理决策中心、资金资源配置中心、资金运作调控中心和资金信息集成中心，总部负责制定集团资金管理规章制度、业务标准和管控流程，统筹协调资源以及监督与考核等工作，建立全球统一的司库管理体系，强化集团化运作。

2. 金融机构强服务

公司所属金融机构是司库服务层，作为资金归集、结算和安全监控平台。境内和境外分别以财务公司、在香港地区注册的海外投资公司为"桥头堡"，贯彻执行总部政策，负责建立境内和境外两大资金管理平台，提供金融服务支撑，实施资金归集、结算和安全监控，强化资金管理安全运行。

3. 各级单位抓执行

各级单位是司库管理体系的执行者,落实资金业务操作和安全管理主体责任,设立27家省级资金集约中心集中处理全省收付款业务。其中,事前履行审核程序,强化业务和财务部门联合管控;事中严格执行业务标准、管控流程和支付"三密钥";事后利用司库管理系统开展线上实时监控,并定期开展线下专项检查。

资料来源:王方剑华、赵志刚、赖海联等,国家电网司库管理体系建设实践,《财务与会计》,2021年第23期。

综合案例

消失的小黄车[①]

ofo这盘棋中没有赢家。上千万用户退不出押金,供应商拿不到欠款,员工树倒猢狲散,投资方的钱打了水漂,创始人一无所获、黯然离场。业内人士预测,这家曾一时风光无两的独角兽创业公司,大概"挺不到半年了"。

在接近ofo的知情人士看来,在商不言商,是戴威(ofo创始人兼CEO)最大的问题。

ofo融到钱后,办公室里119元的宜家桌子加39.9元的椅子全被换成了2 000元的升降桌椅。有人亲眼目睹,ofo成都办公室设在当地最贵的写字楼里,里面摆满昂贵的健身器材,还有俯瞰春熙路的大落地窗。他忍不住想,小黄车一天才能赚多少钱?

2016年年底到2017年,ofo花了1 000万元请鹿晗当代言人,花2 000万元给卫星冠名,在一家媒体上做了3 000万元的广告投放,小黄车的广告几乎席卷北上广的地铁站和公交站牌,还有管理层想过花数千万欧元赞助环法车队。

2017年2月的年会上,酒至酣处,有人开始背诗。一名员工背了一首《滕王阁序》,戴威奖励1万元。他还当场分别奖励两名老员工一辆50万元以上的牧马人和100万元的期权。至今还有员工记得,那天的戴威"特别开心,特别嗨,很像个小孩",直到夜里一两点,他还在微信、QQ和钉钉群里轮番红包"轰炸"。

这个坐拥金山的"小孩"不贪钱,但也不会管钱。有心人敏锐地抓住了这个"漏洞"。

ofo负责谈政府关系、商务合作的工作人员,几乎每个人手里厚厚一沓各大餐馆和娱乐场所的消费卡,每一张都是好几万元的金额,连逢年过节送合作伙伴的礼物都是苹果手机。有人跟他们去过温莎KTV,6个人坐在可以容纳30人的最大最豪华包厢里,一晚上光酒水果盘就消费七八千元。

他们巨额消费的底气,来自ofo混乱宽松的财务制度。

在ofo,报销不需要经过层层审核,贴了票马上就要求到账,否则员工会找一把手告

[①] 贾群,这篇长文,把小黄车的失败说透了!一点号,2019年1月22日,http://www.yidianzixun.com/article/0L9rlsIY。

状;没有发票也可以报销,最大的无票报销金额高达十几万元。有一次,安全部一名经理无票报销7万元,被负责尽调的滴滴人员逮了个正着,这名经理说是买茅台酒打理关系,当天开不了发票,后来忘补了。接近ofo的知情人士告诉AI财经社,ofo一名高级副总裁贪腐程度严重到"可以把他送到监狱去"。

上述人士认为,戴威对公司内部的贪腐应该十分清楚,因为"太明显了"。他曾亲眼看到ofo公司地库里停着创始人名下的一人一辆特斯拉Model S,而他们明面上的月薪只有5 000元。这件事被媒体曝光后,戴威让他们赶紧各自把车开回家。

滴滴采购总监曾给ofo制定过一套非常详细的采购制度,但根本没有实施的机会,因为采购是最肥的差事。"ofo的人不适应现代互联网公司的规则,野蛮生长,不是一个正常公司该走的路子。"知情人士认为,由于触动了大多数人的既得利益,付强团队的离开几乎是必然的结果。

在这种情形下,"加起来没有24小时工作经验"的创始人团队很容易被架空,沦为吉祥物的角色。他们不懂基本的商业逻辑,而下面真正做事的人都是久经历练的老江湖,"一蒙一个准"。

创业成功的创业者不一定是好的管理者——这是几乎所有创业公司在发展到一定阶段都会面临的问题。

思考题

1. 小黄车消失主要有哪些原因?
2. 小黄车的货币资金内部控制存在哪些问题?
3. 总结本案例对企业加强货币资金内部控制的启示。

第 7 章 采购业务内部控制

寄 语

采购是企业生产经营活动的起点,是企业"实物流"的重要组成部分,同时又与"资金流"密切相关,涉及面较广,出现差错和舞弊的风险较大,直接影响企业的可持续发展,因此需要加强采购业务的风险控制。本章主要依据采购业务活动的流程,对各环节的关键风险进行分析,并提出相应的应对措施,为企业做好采购业务的内部控制提供系统的建设思路和可操作的控制措施。

知识要点 熟悉采购业务的主要风险及具体表现;理解采购业务内部控制体系构建的总体要求;了解采购业务流程划分与职责分工。

技能要点 按照采购业务内部控制体系构建的总体要求,围绕供应商管理控制、采购计划与申请控制、采购实施与过程控制、采购验收与付款控制等阶段掌握制度设计的关键要点和具体方法,有效防范和化解采购业务的主要风险。

素质养成 学习财政部、国资委等有关加强采购业务风险控制的文件,结合采购业务典型风险事件,强化危机意识和风险意识,塑造合规观念和法治观念;通过对采购业务流程划分与职责分工的了解,培育和践行社会主义核心价值观,增强职业责任感,坚定反舞弊决心,打造清廉企业;把握采购业务内部控制的体系构建、总体要求和具体设计,学习中国优秀企业在采购业务内部控制领域的成功经验,树立战略思维和系统观念,厚植爱国情怀,弘扬民族精神。

引导案例

大疆创新,高压反腐[①]

千里之堤,溃于蚁穴。

"晒一晒我们内部光鲜亮丽外表下丑陋的一面。"拥有14 000多人的深圳大疆创新公司(以下简称"大疆")昨天(2019年1月17日)对内发布的一份反腐败公告中表示,公司近几个月以来处理了一批涉嫌严重贪腐的人员,截至目前已处理45人,其中移交司法处理的有16人,直接开除的有29人。

大疆称,内部腐败比想象的严重,2018年由于供应链贪腐造成的损失保守估计超过10亿元,为2017年公司所有年终福利的2倍以上。"这损失的10亿元中的每一分钱都是纯利,我们原本可以用来做公司发展投入和员工福利,却因腐败而白白损失了。"

这场反腐风暴还在持续,共牵扯上百人,涉及几乎所有的部门,包括研发、采购、销售、行政、售后和工厂,其中拥有供应链决策权的研发和采购人员最多,达到26人。

大疆在公告中表示,这次反腐是2018年进行管理改革过程中意外发现的。这份公告显示,2018年,大疆进行内部管理改革,初衷是优化管理和流程。大疆管理改革的主要任务是梳理内部流程,重新设置审批节点,更换和新增一些领导岗位。

在这个过程中,大疆意外地发现,在供应商引入决策链条中的研发人员、采购人员、品控人员存在大量腐败行为,其他体系也存在销售、行政、售后等人员利用手中权力谋取个人利益的现象。

大疆在公告中表示,这些涉嫌供应链腐败的研发人员和采购人员的主要手法包括:

(1) 让供应商报底价,伙同供应商往上加价,然后双方分成;

(2) 利用手中的权力故意以技术不达标的理由把正常供应商踢出局,把可以给回扣的供应商押镖进短名单,长期拿回扣;

(3) 故意以降价为由,把所有正常供应商淘汰,把可以给回扣的供应商塞进短名单,造成独家垄断后涨价,双方分成;

(4) 引入差供应商,联合供应商串通收买研发人员,在品质不合格的情况下不进行物料验证,导致差品质但高价格的物料长期供应给大疆;

(5) 搞皮包公司接单,然后把单子转手分给工厂,赚中间差价分成。

大疆表示,很多物料长时间以高价卖给公司,高价物料少则贵20%~50%,很多低价物料不少以2~3倍的价格卖给公司。

大疆相关负责人告诉南方+记者,由于大疆是电子制造业,和互联网公司的情况还不太一样,一是链条很长,二是一旦出问题就是大案。

---

① 改编自:周超臣,大疆创新,高压反腐,凤凰网,2019年1月18日,https://tech.ifeng.com/c/7jZS 0uMHb3D;财联社,无人机巨头大疆反腐:巨额贪腐损失10亿45人被查处,搜狐网,2019年1月19日,https://www.sohu.com/a/290148546_222256。

大疆公关团队表示,公司一直非常重视诚信反腐的建设,此前也对违规行为进行过查处和纠正,此次确实涉及面较广,金额也比较大,公司已经成立专门的反腐小组深入调查,并开展诚信文化建设。大疆不会因为发展速度快就宽容腐败,也不会因为腐败就停下发展的脚步。

大疆创新,反腐常在。

启示录 针对大疆采购贪腐案例,我们不禁要思考,如何避免此类问题的再次发生?企业采购业务是否还存在其他方面的问题?如何加强采购业务内部控制和风险管理?通过本章的学习,我们将解答以上问题。

7.1 采购业务的主要风险及具体表现

采购业务是企业经营活动中的重要一环,对企业的持续经营和健康发展有着极为重要的意义。采购业务内部控制做得好,既可以保证采购的及时与资金的安全,又可以降低成本。但是,采购业务又具有业务发生频繁、工作量大、运行环节多等特点,这些都对企业采购业务内部控制的建设提出了较高的要求。为此,企业有必要弄清楚采购业务的主要风险。下面根据财政部、国资委等相关部门的规定,对采购业务的主要风险及具体表现做一总结。

7.1.1 财政部的相关规定

财政部 2010 年 4 月联合证监会、审计署、银监会、保监会等部委颁布的《企业内部控制应用指引第 7 号——采购业务》明确指出,企业在采购业务方面至少应当关注以下风险:

(1)采购计划安排不合理,市场变化趋势预测不准确,造成库存短缺或积压,可能导致企业生产停滞或资源浪费。

焦点观察

中粮糖业 2022 年可能面对的风险

(1)全球新冠肺炎疫情风险。全球新冠肺炎疫情难以平息,防疫抗疫对经济发展产生直接的影响,公司将密切关注疫情变化,及时做出应对。如果疫情导致国内外经济形势或经营环境变差,对公司业务的不利影响就将相应增大。

(2)经济下行风险。当前国内外经济环境复杂多变,国内宏观经济增速进入中低增长新阶段,如果需求恢复缓慢、投资增长乏力,对公司业务开展就将产生不利影响。

(3)地缘政治环境风险。当前全球地缘政治不确定性大大提高,局部热战与对峙所引发的经济、社会影响巨大,公司在冲突所在国家与地区的经营可能受到不利影响。

（4）全球经营风险。公司业务覆盖全球 150 多个国家和地区,全球广泛存在的逆全球化趋势、经济波动、债务违约等潜在风险难以消除,公司海外业务的经营可能受到不利影响。

（5）供应链风险。全球供应体系正在遭受大宗商品价格上升、全球生产与物流受限、大国科技竞争等多种不利影响冲击。公司努力做好供应链的安排,合理调控库存,但如果全球供应链发生系统性风险,就仍可能影响公司的经营能力。

（6）法律合规风险。世界多边贸易体制面临冲击,商业活动需要遵守的各地法律法规非常复杂,世界各国对数据的监管趋严,业务的合规性要求提高,如果公司的法律合规能力无法跟上形势发展,就将给公司经营带来不利影响。

（7）汇率波动风险。公司在海外市场多个不同币种的国家和地区开展经营,主要以非人民币(以美元为主)结算,汇率波动会影响销售、采购以及融资产生的外币敞口,影响公司的盈利水平。

（8）技术更新换代风险。人工智能、大数据、云计算、边缘计算等技术发展迅猛,技术扩散速度加快,如果不能密切追踪前沿技术的更新和变化,不能快速实现业务的创新发展,公司未来发展的不确定性风险就会加大。

（9）客户支付能力下降导致的资金风险。商业环节的流动性受经济影响较大,公司历史上的稳健经营积累了一定的现金储备,融资成本较低,但如果流动性风险增大,就会对公司的应收账款回收带来不利影响。

（10）内部管理风险。公司经营规模继续扩大,新产品和新业务不断增加,员工人数持续增长,内部管理的复杂度大幅上升,给公司的管理工作带来了挑战,对公司管理体系提出了更高要求。如果管理水平不能跟上,公司的持续发展就将面临一定风险。

（11）网络安全风险。公司一贯重视并积极采取措施提升产品和系统的安全性能,但是在互联网应用环境下,仍然可能存在包括计算机病毒、恶意软件、黑客攻击等类似情况刻意尝试损害公司的系统或者产品,造成安全问题。

（12）知识产权风险。公司持续保持较大规模研发投入,产出大量技术成果,实施比较完善的知识产权保护措施,但产生知识产权纠纷的风险和遭受知识产权侵害的风险仍然存在。

资料来源:中粮糖业控股股份有限公司,《2021 年年度报告》,上海证券交易所官网,2022 年 4 月 19 日,http://www.sse.com.cn/disclosure/listedinfo/announcement/c/new/2022-04-19/600737_20220419_11_7UbMbXnV.pdf。

（2）供应商选择不当,采购方式不合理,招投标或定价机制不科学,授权审批不规范,可能导致采购物资质次价高,企业出现舞弊或遭受欺诈。

（3）采购验收不规范,付款审核不严,可能导致采购物资、资金损失或信用受损。

7.1.2　国资委的相关规定

根据国资委 2018 年 7 月颁布的《中央企业违规经营投资责任追究实施办法(试

行)》(国资委令第 37 号)第九条规定,在采购管理方面需要对企业进行责任追究的情形包括:

(1) 未按规定订立、履行合同,未履行或未正确履行职责,致使合同标的价格明显不公允。

(2) 未正确履行合同,或无正当理由放弃应得合同权益。

(3) 违反规定开展融资性贸易业务或"空转""走单"等虚假贸易业务。

(4) 违反规定利用关联交易输送利益。

(5) 未按规定进行招标或未执行招标结果。

(6) 违反规定提供赊销信用、资质、担保或预付款项,利用业务预付或物资交易等方式变相融资或投资。

(7) 违反规定开展商品期货、期权等衍生业务。

> 来自现实社会的实例总能带来更直观的体验和有益的启示,读者可下载"开拓视野"资料包,推荐"焦点观察"栏目的"中国中车采购乱象被国资委警示　将重拳治理"。

7.2　采购业务内部控制体系构建的总体要求

要有效防控上述采购业务的主要风险,企业应当根据国家相关部委有关法律法规和监管制度的要求,结合企业生产经营的实际需要,系统构建采购业务内部控制制度体系,设计科学合理、重点突出、便于操作的业务流程,同时还要针对关键控制点及主要风险来源采取有效的控制措施。为实现这一目标,企业应当遵循下列总体要求。

7.2.1　搭建采购管理组织体系

企业应当结合实际情况,按照制衡性原则的要求,明确采购管理前端、中端、后端职责,构建"公司统一领导,采购部门归口管理,相关部门分工制衡,审计财务强化监督"的采购管理组织体系。

> 来自现实社会的实例总能带来更直观的体验和有益的启示,读者可下载"开拓视野"资料包,推荐"践行有成"栏目的"ZG 公司采购管理组织体系设计"。

7.2.2　完善采购业务制度流程

企业应当按照"物美价廉、合规高效"的要求,比照健全资金业务内部控制,着力从全面梳理相关流程入手。在此过程中,企业应当对采购业务管理现状进行全面分析与评价,既要对照现有采购管理制度,检查相关管理要求是否落实到位,又要审视相关管理流程是否科学合理、能否较好地保证物资和劳务供应顺畅、物资采购能否与生产和销售等供应链其他环节紧密衔接。在此基础上,要着力健全各项采购业务管理制度,落实责任制,不断提高制度执行力,确保物资和劳务采购按质、按量、按时和经济高效地满足生产经营的需求。

> 来自现实社会的实例总能带来更直观的体验和有益的启示,读者可下载"开拓视野"资料包,推荐"规制环境"栏目的"《国有企业采购管理规范》在京发布"。

7.2.3 严格执行与强化监控

企业各部门按照规定的审批权限和程序办理采购业务,落实责任制,建立价格监督机制,充分发挥内部审计部门的作用,定期检查和评价采购过程中的薄弱环节,采取有效控制措施,确保物资和劳务采购能够经济、高效地满足企业的生产经营需要。

> 来自现实社会的实例总能带来更直观的体验和有益的启示,读者可下载"开拓视野"资料包,推荐"践行有成"栏目的"中央企业采购管理提升成效显著"。

7.2.4 推进采购内部控制信息化建设

内部控制和信息化相结合是现代企业管理发展的必然趋势,也是内部控制最大限度发挥作用的基本前提。企业要重视采购业务内部控制信息化建设工作,通过完善采购业务信息系统权责设置,落实对采购业务风险监督预警职责,有效发挥信息化管控的刚性约束和监督制衡作用,最大限度地降低人为因素对采购业务内部控制制度的干扰和破坏。

> 来自现实社会的实例总能带来更直观的体验和有益的启示,读者可下载"开拓视野"资料包,推荐"规制环境"栏目的"《中国公共采购发展报告(2021)》正式发布"。

7.3 采购业务的流程划分与职责分工

采购业务是企业经营活动中的重要一环,对企业的持续经营和健康发展有着极为重要的意义,采购业务内部控制做得好,既可以保证采购的及时与资金的安全,又可以降低成本。但是,采购业务同时又具有业务发生频繁、工作量大、运行环节多等特点,这些都对企业采购业务内部控制的建设提出较高的要求。采购业务流程的划分与职责分工作为采购业务内部控制建设的起点,其重要性和难度都是不言而喻的。

7.3.1 采购业务流程划分

根据《企业内部控制应用指引第 7 号——采购业务》的规定,采购业务流程主要包括请购与审批、购买、验收与付款三大阶段,具体如图 7-1 所示。

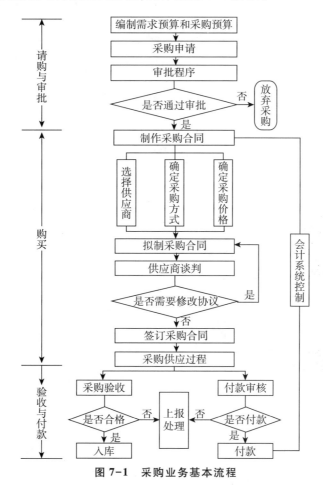

图 7-1 采购业务基本流程

上述基本流程没有突出供应商管理的重要性,但实际上供应商管理是企业采购业务的一项基础性工作,应纳入企业采购业务流程。因此,企业可以参考采购业务基本流程,结合自身实际情况权变设计。下面以 ST 公司为例,展现其常规物料采购业务流程划分(见图 7-2)。

7.3.2 采购业务职责分工

在划分采购业务的主要环节后,应该明确划分采购业务相关部门的职责。下面以佛山照明公司为例,介绍其采购管理组织体系的设计。

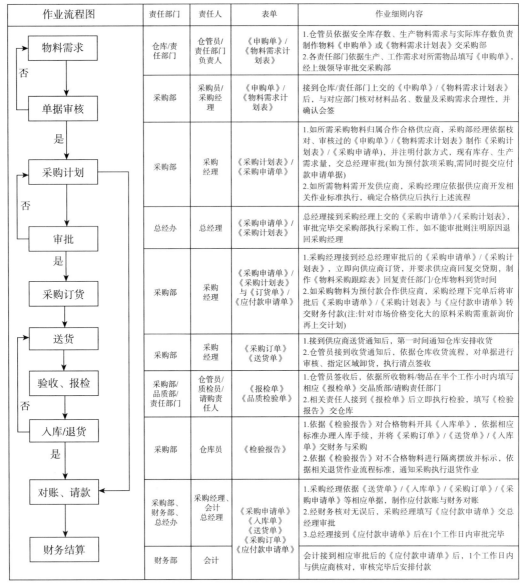

图 7-2 ST 公司常规采购业务流程

佛山照明公司采购业务机构设置及职责

第八条 公司成立招标采购领导小组,负责公司招标和非招标采购监督管理工作。领导小组设组长一名,由公司总经理担任,设副组长一名,由招投标中心分管副总经理担任,小组成员由其他班子成员组成。

小组成员与招标和非招标采购项目存在利害关系的,应进行回避。

第九条 招标采购领导小组的主要职责包括:

（一）宣传贯彻国家、省有关招标和非招标采购的法律法规，检查指导公司招标和非招标采购管理制度建设；

（二）对招标和非招标采购活动实施监督；

（三）受理招标和非招标采购活动过程中的投诉；

（四）定期汇总招标和非招标采购相关信息；

（五）负责决定招标和非招标过程出现的特殊情况。

第十条 其他相关部门及主要职责包括：

（一）发起部门职责：

（1）负责提出项目的采购需求；

（2）编写竞价文件/标书，包括但不限于竞价/招标标的的要求、相关方的资质要求、竞价/招标方式和规则、竞价评审/招标评标方法等。

（3）协助主办部门完成招标和非招标工作；

（4）跟进和落实项目合同的履行；

（5）接受监督部门的监督。

（二）主办部门职责包括：

（1）依照法律法规和本办法划分范围，组织实施归属于本部门的采购业务，进行标准化管理，包括申请、报批、合同履行；

（2）负责本部门采购业务价格统一归口管理；

（3）负责本部门采购业务工作文件资料的收集、整理、归档；

（4）处理采购过程中出现的质疑、疑议等。

（三）除前款规定的主办部门职责外，基建部作为公司工程建设类招投标业务统一归口管理部门，依照本办法和有关法律法规，按照集约化管理、规范化运作的要求，对工程建设项目进行规范化招标，组织落实项目调研、项目招标策划、开标、评标等招标评标工作；

（四）除前款规定的主办部门职责外，招投标中心还负责组织和起草《佛山照明招标和非招标采购范围》，牵头管理公司竞价活动，审核公司竞价文件。

（五）竞价评审/招标评标小组主要职责包括：

（1）针对竞价/招标活动开展竞价评审和招标评标；

（2）对竞价文件/投标文件进行资格审查、初步评审；

（3）对通过资格审查、初步评审的竞价文件/投标文件进行详细评审；

（4）否决不合格竞价/投标或界定废标；

（5）推荐竞价/招标的中标候选人，并标明排列顺序；

（6）建议是否重新竞价/招标；

（7）对竞价/招投标过程中的投诉事项进行复议；

（8）向审计部门报告非法干预竞价/评标工作的行为。

（六）经营管理部负责组织和起草公司级招投标管理制度和流程。

（七）财务部主要职责包括：

(1) 确认竞价/招标文件和合同中付款方式是否符合公司规定和按进度付款；

(2) 负责保证金的收取与退还事项。

(八) 监督小组(法律和风控事务部)主要职责包括：

(1) 监督检查各项招标和非招标采购是否符合本办法及有关法律法规规定的权限、程序；

(2) 对招标和非招标采购过程中出现的违规、违法进行调查及处理。

资料来源：佛山电器照明股份有限公司，《招标和非招标采购管理办法实施办法》，深圳证券交易所官网，2021年8月27日，http://www.szse.cn/disclosure/listed/bulletinDetail/index.html? 9d2b1615-811b-4ee9-87ab-b33aa86fa6b2。

7.4 供应商管理控制

供应商管理是采购管理的重要组成部分，其核心是供应商关系管理。供应商关系管理本质上是一种致力于实现与供应商建立和维持长久、紧密伙伴关系的管理模式，旨在改善企业与供应商之间的关系，围绕企业采购业务相关的领域，目标是通过与供应商建立长期、紧密的业务关系来实现双赢。供应商管理可以围绕四个方面进行。

7.4.1 新供应商选择

新供应商选择体现的是选择合格的新供应商进入合格供应商名单的过程。在生产、销售、仓储、财务等相关部门的配合下，采购部门收集供应商信息，之后向供应商发放《供应商信息调查表》，经过初步的分析、评价与筛选，提出《候选供应商名单》上报采购部门经理审核；采购部门将审核通过后的候选供应商加以分类，进行现场评审、样品检验等步骤后提出《合格供应商名单》；采购部门经理审核，并由采购业务主管副总经理、总经理等管理层按权限审批，采购部门负责将经过审批的合格供应商录入信息系统。

新供应商选择应关注以下关键控制点：

(1) 采购部门经理审核《候选供应商名单》。采购部门经理根据专业经验进行候选供应商的淘汰，可大大缩减后续不必要的工作，提高新供应商选择业务的执行效率。

(2) 审核和审批《合格供应商名单》。企业应当建立科学的供应商评估和准入制度，确定合格供应商名单，按规定的权限和程序审核批准后将其纳入供应商网络。

X 公司建立供应商评估体系的过程

X 公司是一家有六年历史的生产制造型企业。通过不断的自我完善，管理层意识到以往由采购部经理进行供应商评估的体制已经不适应公司的发展需要，并且很难公平对待供应商,同时也可能带来暗箱操作等腐败现象。X 公司除采购部以外,还有储运部、质量部、生产部、财务部和销售部等多个业务部门。在工作中,管理层逐渐注意到材料的价格已不再是决定供应商或评估供应商的唯一因素,许多的其他非价格因素都会影响公司的采购成本和效率。因此,X 公司管理层决定由多个部门的代表共同组成一个小组进行供应商评估。

首先,由评估小组的几个代表分别列出各自关心的项目:
(1) 采购部:价格、交货数量的稳定性、按时交货。
(2) 质量部:送货规格的准确性、质量的稳定、包装和外观、供应商的质检报告和文件的准确性、书面投诉。
(3) 生产部(工程部):质量、技术支持、按时交货。
(4) 财务部:单证的准确性。

之后,经过多次讨论,评估小组统一了思想,并将所需评估的项目根据各自的权重赋予相应的分值(总分 100)并给予每个项目具体的评价标准:
(1) 质量 25 分(因质量问题的退货率):退货数量占收货数量的比率。
(2) 价格 25 分:共分为三个方面,价格的表现(10 分)、对新材料或新项目价格的反应(10 分)、供应商价格的开放程度(5 分)。
(3) 按时交货 10 分:评估在规定时间内的交货比率。
(4) 书面投诉 10 分:评估质量部门记录的一段时间内的书面投诉率。
(5) 技术支持 7 分:评估供应商对 X 公司人员关于材料的技术询问以及研发中遇到问题的反应速度和效率,由生产部、质量部和采购部的三个代表共同给供应商打分。
(6) 包装/外观 7 分:X 公司的质量部建立了一套针对供应商送货的包装/外观的评估体系进行评分。
(7) 送货规格的准确性 6 分:评估供应商每次按订货规格送货的准确性。
(8) 文件单据的准确性 5 分:根据供应商在每次送货时提供的品质证明、生产合格证等文件以及开具增值税发票的准确程度进行评分。
(9) 送货数量的稳定性 5 分:评估每次送货数量与订货数量的差异的比率。

X 公司的供应商评估小组根据以上各个因素,定期(每季度)对供应商进行考核。

7.4.2 供应商授信审批

供应商授信审批管理体现的是对进入合格供应商名单的各个供应商授予采购额度的过程。采购部门提出各个合格供应商的授信申请,经过采购部门经理、财务部门经理的审核与采购业务主管副总经理、总经理等经营管理层的审批后,形成授信额度,由财务部门将相关数据、信息录入信息系统,由采购部门将相关结果通知客户。

供应商授信审批的关键控制点为:授信申请须经相关部门的审核和有关管理层的审批。

7.4.3 供应商考核

每隔一段时间,企业可能需要对供应商进行考核,这是供应商管理的一个重要组成部分。采购部门应事先建立供应商考核指标体系与考核评分表,按一定频次(如每季度、每半年或每年)对供应商进行考核。

供应商考核管理应关注以下关键控制点:

(1)供应商考核指标体系和供应商考核评分表须经审核与审批。为了保证考核报告的公允性,必须从源头开始控制。供应商考核业务的源头在于供应商考核指标与供应商考核评分表的设计。无论是多部门的联合审核还是有关管理层的审批,目标都是保障考核指标设计科学且具可操作性,考核权重分配合理且不具倾向性。

(2)供应商考核报告须经审核和审批。在已控制源头的基础上,对采购部门编制的供应商考核报告进行审核、审批更有助于保证供应商考核的公平公正。

7.4.4 供应商信用调整

供应商信用调整指的是对给予供应商的采购额度进行调整。采购部门根据供应商考核业务执行中获得的信息或其他途径了解的信息,提出信用额度调整申请,上报采购部门经理审核、财务部门审核以及采购业务主管副总经理、总经理等经营管理层审批,财务部门根据审批后的信用额度调整申请,将额度等相关数据录入系统,采购部门予以执行。

供应商考核业务执行的一个主要目的就是为供应商信用调整提供依据,因此供应商考核业务是供应商信用调整业务执行的一大信息来源。此外,采购部门还可通过其他渠道了解供应商的信息,如市场调查、日常沟通等。若了解到供应商出现重大变故等情况,则应及时提出信用额度调整申请,以及时调整供应商的额度。财务部门负责及时将调整的额度等数据录入信息系统,便于采购部门后续采购执行中加以参考。

供应商信用调整还应关注以下关键控制点:信用额度调整申请须经相关部门的审核和有关经营管理层的审批。

> 来自现实社会的实例总能带来更直观的体验和有益的启示,读者可下载"开拓视野"资料包,推荐"践行有成"栏目的"电信企业供应商信用管理"。

7.5 采购计划与申请控制

如果说供应商管理是采购业务的一项基础性工作,那么采购计划和预算的编制就是一项具体的物资采购业务的真正起点。采购计划和预算审批之后,就可以按计划请购,经审批之后便可以实施采购。

7.5.1 采购计划与预算

采购计划与预算包括采购计划和采购预算两个部分。采购计划是采购部门为配合年度的销售计划和生产计划，对所需的原料、物料、零件等的数量及时间进度做出的统一安排，从而为企业整体经营目标的实现奠定基础。采购预算则主要采用价值量的形式，反映采购的成本和付款的安排。需求部门应根据实际生产经营需要，准确、及时地编制物资需求计划并提交给采购部门。需要注意的是，需求部门在提出需求计划时不能指定或变相指定供应商。采购部门根据需求计划和现有库存物资情况，统筹安排采购计划和采购预算，并按规定的权限和程序经相关负责人审批后作为企业刚性指令严格执行。

年度采购计划与预算编制还应关注以下关键控制点：年度采购计划与预算须经采购部门、财务部门审核，并通过预算管理委员会审批。采购部门作为企业采购业务的归口管理部门，其审核的主要目的是对企业的年度采购计划有一个整体的把控，便于安排后续的采购工作。财务部门是整个企业最了解可用于采购的资金金额的部门，其审核将更多地体现在从资金可行性的角度对采购计划和预算编制提出审核意见。预算管理委员会的审批也是从整个企业的层面，但是所站角度比财务部门更高，将不仅从资金的角度，可能还从战略的角度加以考察。比如某原材料对企业的生产经营至关重要，此时也许企业资金有些紧张，但为了保证企业的生产经营，维持企业的市场竞争力，即使融资、贷款也要保证足以采购该原材料。而当企业的可用资金确实不足时，采购计划则应向关键原材料倾斜。

> 来自现实社会的实例总能带来更直观的体验和有益的启示，读者可下载"开拓视野"资料包，推荐"践行有成"栏目的"铝合金轮毂生产企业的油漆采购计划管理"。

7.5.2 采购申请与审批

企业应当建立采购申请制度，依据购买物资或接受劳务的类型，确定归口管理部门，授予相应的请购权，明确相关部门或人员的职责权限及相应的请购和审批程序。同时，企业可以根据实际需要设置专门的请购部门，对需求部门提出的采购需求进行审核，并进行归类汇总，统筹安排企业的采购计划。具有请购权的部门对于预算内采购项目，应当严格按照预算执行进度办理请购手续，并根据市场变化提出合理的采购申请。对于超预算和预算外采购项目，应先履行预算调整程序，由具备相应审批权限的部门或人员审批后，再行办理请购手续。

采购申请与审批阶段需关注的关键控制点是：采购申请需经采购部门、财务部门审核，并按权限上报相关经营管理层审批。

> 践行有成

广西路桥集采平台的应用与改进

2018年4月广西路桥与阿里巴巴签订构建B2B模式物资集中采购平台的协议,并在同年11月4日成功接入公司ERP系统。该物资集中采购平台(以下简称"集采平台")按照采购物料价值的不同,将平台分为内部商城采购和外部商城采购,其中内部商城采购额占比达85%以上。

内部商城集采平台上架与集团公司有合同履行关系、集团公司认证合格的供应商产品,主要应用对象是高价物料产品,因采购量大,采取签约合同形式,企业与战略供应商签订业务合作协议,原则上执行从合同到订单的逆模式运作,各项目部只需根据用量安排与预算情况直接线上下单即可。

外部商城与内部商城不同(具体操作模式及流程详见图7-3),其通过招标或询价方

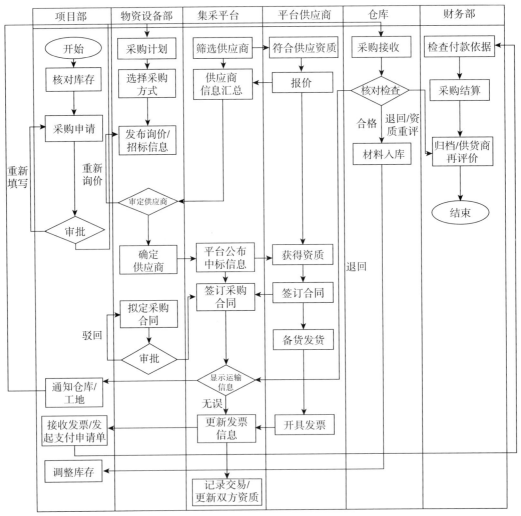

图7-3 广西路桥集团外部商城集采平台采购流程

226 ◂ CEO内部控制:基业长青的奠基石(第二版)

式,与阿里巴巴平台外部供应商确定采购关系,主要应用对象是低值易耗、市场保有量大、质量可控的物料,金额设定为单批次订单额 10 万元以下的采购。采用这种模式,企业可以根据自身需求直接在商城询价招标。

2018 年 7 月 17 日,广西路桥与阿里巴巴达成采购协议,上线集中采购平台。至 2020 年 2 月 10 日,发起询价单 2 728 单(主要是型材和管材系列产品询价),成功下单采购 2 643 单,金额 27.53 亿元,平均一笔订单近 140 万元,平均资金节约率达到 7%。上线一年多来,平台实现了两个全面覆盖:一是网购单位全覆盖,集团总部、分(子)公司、项目部共 300 多家单位全部进入平台采购;二是品类全覆盖,涵盖钢材、水泥、日杂用品、劳保用品、IT 设备与耗材、通用零配件、通用设备、科研仪器等几乎全部物资采购。

集采平台除可以直接控制物料成本外,还会产生其他效果。在供应商管理上,运用阿里云大数据计算进行供应商资质考核工作,扩大供应商寻源半径,提升寻源效率,为吸取优质供应商提供保证;在人力成本上,物资实现集中采购后,包括领导班子在内目前集团物资设备部减少至 8 人,采购业务的具体实施仅由 4 人负责,人力成本大幅减少;在采购行为上,采购在平台上审核完成,透明度高,行为更加规范;在配套供应链服务上,使用电子合同,实现票据在线管理和电子承兑贴现,付款方式更加灵活。

基于外部商城的实际应用,广西路桥结合 ESIA(Eliminate、Simply、Integrate、Automate,即取消、简化、整合和自动化)流程优化方法,对于流程系统使用初期产生的效率问题进行流程再造,实现流程管理价值最大化。

1. 取消不必要和合并相似审核流程

取消不具实际价值或多余的流程,合并处理相关或相似的业务流程,降低流程作业时间耗用。比如原规定财务部需审核采购和招标两次预算,且两个环节的审核部门相同、审核内容基本一致,可将其合二为一,在材料计划单审核完毕后,一并审核采购和招标预算,以减少相似流程审核次数,提高审核效率。

2. 调整流程顺序

串行模式是外部商城采购流程逻辑顺序的主流。在串行模式下,若上一业务流程未能在规定时间内完成,则将延后下一流程审核时间,势必影响执行效率。在申请需求计划时,首先由项目部门提出需求,仓管员查看库存,再依次由项目物资部、财务部和项目经理审批,一份材料的需求计划须通过几个部门逐一审核后方能最终报送至项目经理处批准定夺。这一流程中多数部门审核的内容前后关联性较小,将这些部门并发审核可使所需时间减少为耗时最长的部门审核时间,从而节省审核总时长。

3. 相关合同模板化

合同模板包括常规的采购内容、价格、交货期、付款和开票方式等甲乙方的责、权、利条款,同时也要考虑可能存在的超期服务、技术配合、缺损部件增补费用等条款,若考虑不当则易产生不可控的费用开支。相关部门应与法务部门共同设计统一合同模板,在实际操作中不断形成标准合同,减少合同重复草拟、审查、审批时间。

目前,广西路桥根据供应商等级,将采购合同分为一般供应商、优先供应商和战略供应商三类,并对不同的合同设置专用模板,将控制节点有效前移,实现了流程的配套完善。

4. 进一步提升集团信息化共享机制

各分公司之间由于缺乏信息共享,存在很多物料重复购买,造成不同项目组有的物资堆积、有的物资短缺的现象。同时,物料检验人员、过磅员及仓库管理人员彼此之间没有做好物流信息的传递沟通,导致即将到货的物流信息不对称,人员安排不合理,质检人员与所到物料种类不匹配,出现物料质量问题以及排长队卸货等现象。此外,仓管员报送库存情况、物资到货过磅等还是采用传统手工录入方式,流程时间长、误差率高。

集团开展进一步适配,将现有各系统实现充分对接,由 ERP、OA 系统关联采购合同、采购订单、过磅单、入库单等,系统自动带出合同中的通用项、结算条款、运杂费计提信息,在公司的 PM 系统上及时查看并处理,由采购员制作日到货计划表,及时告知质检员、采购员、过磅员、仓管员,提前做好工作安排,减少过磅员、仓管员的信息核对、手工录入工作量,从而提高采购合同执行效率,实现集团层面的信息化共建共享。

资料来源:李春友、肖光杨、丁燕平,广西路桥集采平台化存货管理实践,《财务与会计》,2020 年第 17 期。

7.6 采购实施与过程控制

采购申请获得审批之后就进入采购实施阶段,这一阶段涉及采购方式确定、采购价格确定、采购合同签订、采购合同签订、采购执行控制等基本环节。

7.6.1 采购方式确定

企业应当根据市场情况、采购计划和物资类型合理选择采购方式。大宗物资或服务采购应当采用招标方式;一般物资或劳务等的采购可以采用询价或定向采购的方式并签订合同协议;小额零星物资或劳务等的采购可以采用由请购部门直接购买的方式。

采购方式确定环节应关注以下三个关键控制点:

一是企业应对小额零星物品和服务、一般物品和服务、大宗物品和服务制定具体的标准。这样才能在采购实务中确保管控到位,避免出现漏洞。

二是企业应成立多部门参与的招投标工作小组。招投标工作小组应由采购、请购、财务等多个部门的人员组成,目的是确保形成制衡机制,规避采购过程的舞弊风险。

三是企业应当科学地制定招标的范围、标准、实施程序和评标规则。这是确保招标过程公开公正、招标结果公允合理的基础。

基于物料分类的差异化采购管理策略

制造业企业物料种类繁多,众多企业对不同性质物料采取相同的采购管理策略。但在实践中,物料消耗速度不同,对产品的影响不同,采购管理策略理应不同。本文基于 Kraljic 模型①,将物料分为战略物料、杠杆物料、非关键物料和瓶颈物料四类,如图 7-4 所示。

图 7-4　Kraljic 物料分类模型

基于 Kraljic 物料分类模型将物料分为四类物料,分析各类物料的特点,制定相应的差异化采购管理策略,提出适合的采购策略、供应商管理策略以及库存策略(见表 7-1)。通过精准的差异化采购管理,提高采购效率,保障物料稳定供应,合理降低物料采购成本,减少物料库存,降低整体供应风险,提高客户服务水平和企业竞争力。

表 7-1　差异化采购管理策略

物料类别	采购策略	供应商管理策略	库存策略
战略物料	战略合作采购	战略合作伙伴	CPFR、JMI
杠杆物料	最低成本采购策略	竞争策略	VMI、JIT
非关键物料	电子化采购策略	普通合作关系	订货点采购、VMI
瓶颈物料	长期采购策略	长期合作关系和多样化策略	高安全库存

注:CPFR 指协同式供应链库存管理,JMI 指联合库存管理,VMI 指供应商管理库存,JIT 指准时制。

一、战略物料采购管理策略

战略物料在制造业企业获取利润和未来发展中起着关键作用。技术门槛高、原材料市场垄断、专利壁垒和物料性能等因素,可能导致战略物料的可选供应商较少,或者

---

① Peter Kraljic, Purchasing must become Supply Management, *Harvard Business Review*, 1983(9-10).

运输或生产条件限制导致战略物料的采购提前期很长和不可控因素较多,同时可能受国际政治局势、贸易摩擦、公共疫情等方面的影响,存在很大的供应中断风险。此类物料供应资源有限,一旦遇到供应中断或供货质量问题,就会给企业带来巨大的声誉损失和经济损失。

战略物料库存成本高、占用资金量大、对企业产品影响大、可选供应商少、存在很大的供应风险,因此在进行采购决策必须非常慎重,最适合的采购策略是战略合作采购。

企业和战略合作供应商间的关系是在发展中不断变化的,战略物料本身存在很大的供应风险,有必要引入新供应商,扩大供应商选择范围,选择其他供应商小比例供应物料。一方面,通过多源采购确保战略物料供应稳定性,降低供应中断风险;另一方面,避免过高依赖战略合作供应商。

二、杠杆物料采购管理策略

杠杆物料供应风险较小,市场供应较为充足且质量差异不大,制造业企业处于采购优势地位。杠杆物料总采购额较高,对产品成本有着重要的影响。因此,杠杆物料是企业降低成本、提高利润的关键,管理重点是降低采购总成本和库存成本,适用的采购策略是最低成本采购策略。

杠杆物料采购策略的重点是利用竞争激烈的公开招标方式与供应商签订适当时间长度、一定供应比例的合同,以争取更低的采购成本。当开发到成本更低的供应商时可及时更换,通过供应比例调整及供应商退出机制可促使杠杆物料供应商的竞争充分。企业应选择距离较近的供应商,减少物流成本、运输时间和采购周期。

杠杆物料适合采用竞争型供应商管理策略,应用多源采购选择多家供应商以形成良性的竞争关系,不断调整供应商及供应比例以促进供应商控制成本、提高服务水平和改善质量。根据物料及其市场供应情况,也可选择单源采购,集中采购以降低采购成本,开发潜在供应商以督促当前供应商不断改进供货状况。由于杠杆物料的供应风险小、可替代性强,当单源采购供应商出现问题时可及时替换潜在供应商,避免影响正常生产。

三、非关键物料采购管理策略

非关键物料自身价值较低、采购量小,同时市场供应充足、可替代性强、采购风险低,但种类繁多导致管理成本较高。因此,非关键物料的管理重点是提高采购效率、降低管理成本,适合的采购策略是电子化采购策略。

一方面,企业应优化非关键物料的采购流程,对采购流程进行规范化、标准化,利用电子化采购系统等信息技术简化采购流程和管理流程,提高采购工作效率;另一方面,设计部门应针对非关键物料设计标准化的替代方案,以减少非关键物料种类,从根本上降低物料管理难度。

非关键物料市场供应充足、可选供应商数量多、可替代性强。由于种类众多,导致非关键物料供应商数量也相对较多,但总采购额不多,因此与非关键物料供应商建立普通合作伙伴关系即可,可利用激烈的市场竞争督促供应商提高服务水平。企业应优先选择本地供应商,极短的采购周期和运输距离可进一步降低众多非关键物料的库存水平。

四、瓶颈物料采购管理策略

瓶颈物料本身并不昂贵,但采购较为困难,可能是专用的非标物料,可替代性差,但因需求量小或模具数量少而导致可选供应商很少;供应商可能位于境外或距离较远,导致采购提前期较长且运输风险大。瓶颈物料的供应非常脆弱,当物料供应出现问题时,供应中断将导致生产中断,进而降低生产效率、延迟订单交付、降低客户满意度和公司信誉,造成的间接损失比瓶颈物料自身价值大得多。因此,瓶颈物料的管理重点是降低供应风险,适用的采购策略是长期采购策略。

瓶颈物料的采购策略主要以降低供应风险为目标,着重于保障物料供应的稳定性,与供应商签订长期采购合同以保障瓶颈物料长期稳定的供应。

瓶颈物料由于采购金额较低,对供应商的业务吸引力较弱,制造业企业需要和供应商建立紧密的长期合作关系,通过长期采购合同、较大的订购批量等方式获得供应商的支持;应投入更多资源开发潜在的供应商,拟定备用供应商方案,预防供应中断风险;设计部门应针对瓶颈物料进行标准化以减少对专用物料的依赖,优化后物料需求量的增加可以提高采购话语权,促使供应商提供更优质的物料及服务。

资料来源:于俊甫、于珍,基于物料分类的差异化采购管理策略,《管理信息化》,2022年第3期。

7.6.2 采购价格确定

企业应当建立采购物资定价机制,采取招标采购、询(比)价采购、协议采购、竞价采购等多种方式合理确定采购价格,最大限度地降低市场变化对企业采购价格的影响,实现以最优性价比采购到所需物资的目标。大宗采购等应当采用招投标方式确定采购价格;其他物资或劳务的采购,应当根据市场行情制定最高采购限价,并适时调整最高采购限价。

采购价格确定环节应关注以下两个关键控制点:

一是企业应对是否需询价建立严格的标准,且该标准不能仅由采购部门制定,至少还需财务等其他部门参与。是否需询价的标准确定可以考虑以下因素:采购单价、采购数量、采购总金额、采购物品或服务的市场环境、是否为长期稳定供应商、是否有签订长期供货合同等。

二是企业要做好采购物资和服务价格信息的收集、调查和分析工作。同一采购物资和服务的规格有差异,价格可能相差悬殊,而且世界各地商业环境变化莫测,因此企业要重视对重要采购物资和服务市场价格信息的收集、调查和分析工作。

 规制环境

建章立制 推动医用耗材"阳光采购"

"全区共10家公立医疗机构,同一医用耗材品牌就有8种,而且医用耗材用量大、价格不一,这里的廉政风险比较大。"2021年年初,舟山市定海区纪委区监委驻区卫健局纪检监察组向区医疗集团反馈了日常监督发现的问题。

据悉,定海区纪委区监委驻区卫健局纪检监察组在日常监督检查中发现,区卫健局下属10家医疗机构采购的一次性输液器、医用纱布等常用医用耗材多达2 200余种(含同一品种不同品牌),每年涉及金额约1 000万元,使用量大且金额大。各医疗机构所采购的医用耗材未进行性价比评价,在耗材采购上存在较大的廉政风险。

针对其中可能存在的问题,纪检监察组着手对区医疗集团医用耗材的采购情况、采购过程、采购来源等进行相关调查,根据调查结果积极和区卫健局研究商讨,推动区卫健局成立定海区医疗集团医用耗材管理委员会,督促区医疗集团制定出台《定海区医疗集团医用耗材管理办法》,建立医用耗材遴选制度、医用耗材供应目录和医用耗材监测评估制度,进一步规范耗材的采购程序和规范化管理。

"往后,全区10家公立医疗机构耗材采购都要参照统一目录进行,有效避免了采购中人为因素的影响。"定海区医疗集团相关负责人表示。2021年7月初,定海区医疗集团首次组织召开医用耗材管理委员会会议,全面审核全区10家公立医疗机构提交的耗材采购目录,结合临床实际需求,按照统一厂家、统一规格、统一价格、统一采购、统一调配的原则,将最初10家单位汇总的2 200余种医用耗材(含同一品种不同品牌)删减至800种左右,制定出台定海区医疗集团医用耗材采购统一目录。

《定海区医疗集团医用耗材管理办法》还规定,每年12月初由区医疗集团组织召开医用耗材管理委员会会议,审核全区10家公立医疗机构需要新增提交的耗材采购目录,根据临床需求,由医用耗材管理委员会研究讨论是否增减耗材目录;同时,每季度召开委员会会议,审核各医疗机构提交的新购入医用耗材采购计划,统计分析集团每季度采购量排前100名的医用耗材,评估医用耗材使用的不良反应并完善台账记录,健全完善监测评估制度,为下次采购提供重要依据。

"有了医用耗材管理委员会专家的把关,现在我们再也不用担心选用什么品牌的耗材了,也不用担心耗材的质量问题了。"基层医疗机构的医务工作人员如是说。

有效预防医药购销领域商业贿赂和行业不正之风是清廉医院建设的题中之义。近年来,定海区纪委区监委紧盯药品、耗材、医疗器械采购关强化监督检查,坚决推动"阳光采购"行动。目前,区卫健局制定出台了《定海区医疗卫生健康系统医疗设备采购管理办法》《定海区医疗集团医用耗材管理办法》等制度,区医疗集团分别成立了药事、耗材、医学装备管理委员会,分别规范药品、耗材和医疗器械的采购程序和规范化管理,进一步加强了廉政风险防控。

下一步,定海区纪委区监委将持续盯牢清廉医院建设的重点领域、关键环节,督促扎紧权力运行的制度"笼子",确保清廉医院建设取得实效。

资料来源:舟山市纪委市监委,建章立制推动医用耗材"阳光采购",浙江省纪委省监委官网,2021年9月29日,http://www.zjsjw.gov.cn/zhuantizhuanlan/qlzjnwtx/qinglianyiyuan/202109/t20210923_4787634.shtml。

7.6.3 采购合同签订

在确定中标单位或确定供应商之后,由采购人员与其进行合同条款的洽谈工作。采购人员的洽谈至少应遵守以下规则:第一,确保合同条款不损害企业利益;第二,确保合同条款可以满足采购需求;第三,确保自身不存在权力寻租行为。

采购人员和供应商通过谈判取得共识后,创建采购合同,判断是否在权限内,若在权限内则直接签订,若不在权限内则上报采购部门经理审核、法律事务部门审核、财务部门审核,并按权限上报相关经营管理层审批。审批未通过的,由采购人员与供应商重新洽谈、协商,若双方均接受更改的条款则修改条款,重新创建合同并重新进行审核、审批,若未能达成共识则采购业务至此结束。

采购合同签订应关注以下三个关键控制点:

一是为避免可能出现的管控漏洞与舞弊风险,企业应对采购部门合同签订权限做出明确规定。比如可以从金额的角度加以定义,设定每笔不超过 2 000 元的采购合同无须上报审核、审批,而是由财务部门或审计部门定期核查。不过,用金额界定可能会出现人为拆分的情况,即采购人员将一笔业务拆分成多份合同,从而逃避审核、审批。因此,可以考虑完善金额角度的定义,比如某段时间内,与同一个供应商签订的采购合同须合并计算,看其金额是否超过权限。

二是对于影响重大、涉及较高专业技术或法律关系复杂的合同,应当组织法律、技术、财会等专业人员参与谈判,必要时可聘请外部专家参与相关工作。

三是经过重新修改的采购合同,必须重新经过审核并上报审批。因此,公司合同归口管理部门在进行合同盖章时,应特别注意此类合同是否确实已经完成审核、审批程序,否则可能出现管控漏洞,给企业带来损失。

7.6.4 采购执行控制

与供应商签订采购合同之后,即进入采购执行控制。承接采购合同签订业务,采购部门在信息系统中明确运输信息和保险信息,而后判断是否存在预付款。若存在预付款,则先进入付款申请与审批管理业务;若不存在预付款,则直接向仓储部门申请仓库。仓储部门确认仓库后,采购部门通知供应商发货,供应商按合同备货后发货,并发出发货通知书与装运通知。采购部门收到发货通知书与装运通知后,将发货信息与采购合同进行比较,判断是否一致。若不一致,则需与供应商协商解决;若一致,则在系统中记录在途信息。另外,采购部门还要判断是否为进口货物,若为进口货物则还需执行进口货物报关,若非进口货物则通知仓库收货。

采购执行控制应关注以下三个关键控制点:

一是企业应建立严格的采购合同跟踪制度。采购部门依据采购合同确定的主要条款跟踪合同的履行情况,对有可能影响生产或工程进度的异常情况,出具书面报告并及时提出解决方案。

二是当发货信息与采购合同不一致时,采购部门应选择恰当的解决方式,比如撤销合同、变更合同、重新发货等。若为撤销合同,则应关注是否符合撤销合同的法律要件,必要时须就法律方面的相关风险咨询法律事务部门,以避免可能出现的诉讼风险;若为变更合同,则应重新进入采购合同管理业务,以减少可能出现的管控漏洞。

三是对采购过程实行全程登记制度,确保各项责任可追究。

践行有成

葛洲坝集团重构集中采购管理体系

葛洲坝集团2020年出台了《集中采购管理体制改革方案》,拟重新打造"责权清晰、公平公正、规范高效、监督到位、保障有力"的集中采购管理体系,构建"供应商库、评标专家库、采购文件、限价采购、评标办法、监督考核"六位一体的集中采购管理工作机制,不断提升采购管理能力与水平,提高采购效率与效益。

一、重构体系

(一)组织体系。调整机构设置,明确采购管理前端、中端、后端职责,构建"公司统一领导,生产管理部归口管理,所属单位集中采购、分级实施、专业操作"的集中采购管理组织体系。

(1)公司统一领导。公司统一领导集中采购管理工作,进行顶层设计,统筹推进集中采购管理体制改革。

(2)公司生产管理部归口管理,职能部门分工负责。生产管理部归口管理集中采购工作,组织推进集中采购管理体制改革措施落实落地,负责履行规则制定、平台搭建、准入管理、监督考核、投诉受理等管理职能。公司商务管理部负责采购限价、合同范本等管理事项,财务管理部负责保险、保证金管理事项,合规管理部负责采购业务合规管理,机电物资部负责组织设备物资战略采购、投资项目机电成套设备及工业生产线的设备采购管理,其他相关部门与机构依据职责对集中采购工作实施监督、管理。

(3)所属单位集中采购、分级实施、专业操作。所属单位按照管理与操作分离、评标与定标分离的原则,分设采购管理部门和集中采购操作机构,明确相关部门、机构及需求单位的职责和分级实施权限,细化操作流程。

(二)制度体系。按照"采购要节约成本,更要提高效率"的要求,优化制度和流程,构建"1+5+N"制度体系,完善采购文件范本。所属单位在公司制度体系框架内,结合实际制定本单位的管理规定、办法和实施细则,规范、高效开展采购。

(1)1个管理规定。修订《采购管理规定》,重点规范采购管理体制机制,明确机构职责和采购管理要求,保障采购管理责任体系落地。

(2)5个管理办法。制定或完善《招标管理办法》《采购限价管理办法》《评标专家管理办法》《供应商管理办法》和《采购监督考核管理办法》,明确招标采购、限价采购和评标管理要求,完善分类分级管理及监督考核机制,优化供应商绿名单、黄名单和黑名单的评选程序及应用机制。

(3)N个实施细则。围绕采购策划与计划、采购方式选择、供应商及评标专家管理、

监督与考核等各环节,根据需要及时制定实施细则,包括《采购管理工作指引》《分包商履约评价实施细则》等。

(4)完善采购文件范本。按照不同采购类别和不同采购方式,组织编制采购文件范本;范本由通用条款和专用条款两部分组成,其中通用条款为固化的共性要求,不可更改,专用条款为个性化需求,可采取填空方式补充内容;应用合同范本,规范采购文件合同格式,按照责权利对等、公平公正的原则,合理设置专用条款,明确边界条件。

(三)业务流程。按照评定分离的原则,重构业务流程,管控重要节点、关键环节。

(1)重构供应商准入审批流程。强化入库考察管理,对分包商、重要设备物资和服务供应商,坚持"无考察不准入",重点考察业绩、信誉和资源配置能力,规范考察流程,实行考察人员负责制,将考察报告作为入库推荐的必要条件。

(2)重构招标文件编制和评审流程。采购管理部负责组织制定招标文件范本,需求单位负责编制采购项目的边界条件和资格要求,集中采购中心组织编制招标限额以上项目的招标文件。

对于授权额度以上的项目,需求单位负责招标文件的评审与报批,采购管理部、商务管理部、合规管理部等相关部门参与审核;对于授权额度以下的项目,需求单位负责组织招标文件评审。

(3)重构评标业务流程。集中采购中心按照招标文件的要求,独立组织招标限额以上项目的招标、投标、开标、评标工作,并向采购管理部或需求单位提交评标报告。

(4)重构定标决策流程。对于授权额度以上的项目,采购管理部依据评标报告提出定标请示,报所属单位本部采购管理委员会评选,经办公会决策定标;对于授权额度以下的项目,由需求单位办公会决策定标。

(四)供应商库。分类分级建立统一的供应商数据库,实行资源共享、风险联控、动态管理。

(1)分类建立数据库。按属性分为专业分包商、劳务分包商、设备供应商、物资供应商、服务供应商五类,再按标的类别和专业进行细分。

(2)分级管理。一是评定等级。根据供应商年度信用评价结果,划分A、B、C、D四个等级。年度供应商评价实行百分制,其中A级≥90分,80分≤B级<90分,60分≤C级<80分,D级<60分。A级优先选用,C级慎重选用,D级严禁使用。二是建立绿名单、黄名单、黑名单制度。公司制定绿名单、黄名单、黑名单评价及应用实施细则,在年度评定等级的基础上,结合日常监管与考核,进一步实行绿名单激励、黄名单预警、黑名单惩戒管理。

绿名单供应商:对于专业优势和履约能力突出、连续两年信用评价为A级或对公司有特殊贡献的供应商,由使用单位推荐,经公司董事长办公会审议通过后列入绿名单。对列入绿名单的供应商,赋予评标加分等优惠条件,突击任务、抢险救灾、时间紧迫等特殊情况下的采购,可履行决策程序后直接选用。

黄名单供应商:在采购或合同履行过程中存在违约行为,对公司及所属单位生产经营秩序和声誉造成不良影响,尚未达到黑名单认定标准的供应商及其相关责任人,由使用单位或公司本部部门申请,经公司总经理办公会审议通过后列入黄名单。对列入黄名单的供应商,应慎重选用。

黑名单供应商:在采购或合同履行过程中存在违法、违规或严重违约等行为,对公司及所属单位生产经营秩序和声誉造成严重不良影响的供应商及其相关责任人,由使用单位或公司本部部门申请,经公司总经理办公会审议通过后列入黑名单。对列入黑名单的供应商,严禁使用。

(3)建立分包商负责人业绩档案。在等级评价的基础上,建立专业分包商和劳务分包商负责人业绩档案,关联其在公司内部的业绩及相应履约评价得分,为分包商选用提供支持与参考。

(五)评标专家库。公司建立统一的评标专家库,实行资源共享、动态管理。

(1)精准分类。区分技术专家和商务专家,参照国家行业相关规定分类建立各专业评标专家库。

(2)严格把关。调整准入资格要求,突出业绩导向,推荐从业经验丰富、业务能力突出、公道正派的人员进入专家库。把好入库审核关,保证入库专家质量。

(3)动态管理。明确专家的权利和义务,建立专家评标报酬机制,开展"一标一评"考核,动态清理不符合要求的专家。

二、创新机制

(一)限价采购。严格执行公司限价采购管理规定,处理好采购限价与边界条件的一致性问题,控制采购成本。

(1)明确限价适用范围。预估金额达到400万元以上的工程分包及劳务采购项目、单批次预估金额或同类项目年度累计预估金额达到200万元的设备及物资采购项目、预估金额达到100万元的服务采购项目,必须实行限价采购。

(2)明确限价运用规则。所属单位建立本单位成本库和评审专家库,开展限价制定和评审工作,明确限价边界条件,规范限价审批程序,严禁超限价采购。

(3)明确限价考核机制。加强限价管理考核评价,明确限价编制人员为限价制定的第一责任人,限价管理部门负责人对限价制定结果终身负责。

(二)优化评标。优化评标工作应遵循以下要求:

(1)专家组成。从专家库中选择评标专家组成评标委员会,成员人数为5人以上单数,需求单位之外的专家数量占比不少于3/5。

(2)专家遴选。由集中采购中心操作人员、采购管理部和相关业务管理部门相关人员组成3人专家遴选工作小组,按要求遴选专家。

(3)在线评标。通过电子平台评标,全程记录,可追溯;强化过程管控,提升评标效率。

(4)评标规则。对资审包、技术包、商务包分别进行评审,并针对不同类型采购项目,赋予资审包、技术包、商务包不同的权重。

(5)评标办法。明确业绩、信誉评分标准等资格审查条款,特别是公司内部业绩、绿名单加分规则;明确供应商拟投入人员、设备、材料配置要求等技术条款;明确限价和不平衡报价管理等商务条款。

（6）评标报告。评标委员会编制的评标报告不对中标候选人进行排序,只推荐招标文件约定数量的中标候选人,阐明各中标候选人的优势、不足及履约风险点。

（三）科学定标。科学定标工作应遵循以下要求：

（1）分级定标。授权额度以上的采购,采购管理部根据评标报告,提出定标请示,报所属单位本部定标。授权额度以下的采购,由需求单位根据评标报告按程序决策。

（2）推行票决制。定标请示不对中标候选人进行排序,也不推荐意向中标候选人,只阐明各中标候选人的优点和缺点。授权额度以上的采购项目,由采购管理委员会投票表决确定中标候选人排序,所属单位通过办公会决策确定中标人,公司本部采购由总经理办公会决策确定中标人。

（四）监督考核。监督考核工作应遵循以下要求：

（1）强化两级本部的职能监督。两级本部相关职能部门应加强联动,信息共享,形成监督合力。

公司生产管理部负责督促所属单位完善集中采购管理体系、制度和流程,对所属单位集中采购管理工作进行考核评价,督促、指导整改巡视巡察、审计审查、检查抽查发现的问题；合规管理部对采购业务的合规性和集中采购制度执行情况进行监督；董监事工作部对集中采购体系运行、制度落实和定标决策等事项进行监督；党委巡察机构对公司重大决策部署和重点工作要求贯彻执行情况进行监督,监督巡视巡察问题整改情况。

所属单位采购管理部通过线上抽查、线下检查的方式,对集中采购中心实施的采购以及授权需求单位实施的采购进行过程监管,对需求单位和集中采购中心的采购工作进行考核评价,并向公司生产管理部提交监管月报,组织对巡视巡察、审计审查、检查抽查发现的问题进行整改；所属单位其他职能部门根据职责分工,对集中采购工作履行相应的监督、管理职责。

（2）强化两级纪委的执纪监督。公司和所属单位纪委内设机构或纪检工作部门加大对项目采购特别是授权实施项目采购,以及合同履约过程中的违规违纪行为的查处力度,对相关责任单位和责任人严肃问责、追责；加强对改革的执行、推动、落实、担当作为、主动作为及管理履职的监督；对相关职能部门移交的问题进行查处,将设备物资采购、工程分包和涉及履约过程中的关键环节纳入常态化监督。

（3）强化群众和社会监督。用好投诉电话、举报信箱、采购平台等信息沟通交流手段,畅通投诉、质疑和举报渠道,发挥群众监督、社会监督力量,及时受理采购投诉事项,严肃查处发现的供应商失信行为和采购相关人员的违规违纪行为。

（4）强化对供应商的履约考核。对工程分包商、大宗设备物资供应商及重要服务供应商,分类开展履约评价工作。公司制定履约评价细则,统一重要环节的履约评价标准,建立日常评价、定期评价及竣工评价工作机制；明确项目部按季度开展履约评价、所属单位按半年评价、公司按年度组织评价；加大评价结果应用,扩大评价影响力,充分发挥履约评价的作用。

资料来源：中国葛洲坝集团股份有限公司,《集中采购管理体制改革方案》,云展网,2020年9月8日,http://www.yunzhan365.com/basic/29946742.html。

7.7 采购验收与付款控制

签订采购合同之后即进入采购执行及退货管理节点,货物开始流转。在这一过程中,采购部门应重点关注采购到货物的入库验收,确保入库货物的数量、质量、规格等符合要求,一旦发现有问题的货物,应及时进行退货处理,以免造成额外的损失。

7.7.1 采购验收控制

承接采购执行控制业务,仓储部门获取检验单、理货证明、商检报告等,而后进行到货检验,仓储部门将验收结果和相关检验单据送交业务,采购部门判断是否发现问题。若没有问题则通知仓库收货,若有问题则进一步判断是否为运输方责任。若为运输方责任,则向运输方索赔;若非运输方责任,则与供应商协商解决,解决的方式可能有退货、索赔、变更合同、进入采购二次结算等。采购部门通知仓库收货后,仓储部门办理入库,生成入库单,将入库单传真给财务部门;采购部门在系统中记录入库信息,进入采购结算管理业务;财务部门收到入库单传真件,进入存货入库核算业务。

采购验收控制应关注以下三个关键控制点:

一是企业应制定具体的采购验收标准和方法,防范验收过程中的不规范和违规行为。

二是企业应当建立退货管理制度,对退货条件、退货手续、货物出库、退货货款回收等做出明确规定,并在与供应商的合同中明确退货事宜,及时收回退货货款。

三是根据具体情况合理选择验收发现问题的解决方案,并加强审核和审批。若为变更合同则仍需重新进入采购合同审核和审批环节,以避免可能存在的管控漏洞。若为退货,则采购人员需填写退货申请,并由采购部门经理审核后按权限报相关管理人员审批。若需要向供应商索赔,则采购人员起草索赔协议,而后经采购、法律事务、财务等部门审核并按权限报相关管理人员审批。

> 来自现实社会的实例总能带来更直观的体验和有益的启示,读者可下载"开拓视野"资料包,推荐"践行有成"栏目的"XF公司采购验收管理制度"。

7.7.2 采购付款控制

在货物所有权转移之后,企业进入采购付款环节。采购付款体现了企业资金流的流转,是企业应该重点控制的方面之一。

采购部门取得采购费用发票,对应到具体合同,将发票录入系统,进行发票校验。若发现发票与到货情况存在差异,则按照财务部门发布的发票校验差异说明执行;若不存在差异,则直接将发票录入系统,执行发票校验。

财务部门取得发票原件,对采购发票进行复核,然后进入付款申请、审批管理业务。采购部门填写(预)付款申请并匹配到供应商合同或全年协议,将(预)付款申请上报采购部门经理审核、财务部门审核,按权限上报相关经营管理层审批。若审批通过则由财务部门执行支付。具体采用何种付款方式取决于采购部门的申请。

企业财务部门应当加强对购买、验收、付款业务的会计系统控制,详细记录供应商、请购申请、采购合同、采购通知、验收证明、入库凭证、商业票据、款项支付等情况,确保会计记录、采购记录与仓储记录一致。

采购付款控制应关注以下三个关键控制点:

一是严格审查采购发票的真实性、合法性和有效性。发现虚假发票的,应查明原因并及时报告处理。

二是合理选择付款方式,严格遵循合同规定,确保资金安全。对涉及大额或期限长的预付款项,应当定期进行追踪核查,综合分析预付账款的期限、占用款项的合理性、不可收回风险等情况。发现有疑问的预付款项,应当及时采取措施。

三是财务部门应加强对账工作。一方面定期与仓储记录进行核对,检查物料的收、发、存是否核对一致,确保会计记录与仓储记录的准确性;另一方面指定专人定期向供应商寄送对账单,核对应付账款、应付票据、预付账款等往来款项,对供应商提出的异议应及时查明原因,按权限报相关经营管理人员审批之后再做出相应调整。

 践行有成

D 公司供应商智慧结算管理体系建设实践

D 公司基于供应商众多、采购频次高、采购体量大、流程长且信息化程度低等现实情况,针对传统的采购到付款流程中的核心痛点,聚焦风险防控与价值创造,并以全价值链管理为理念、全流程风险控制为手段、全方位合规监督为重点,搭建以供应商智能结算平台、供应商智能画像为主体的供应商智慧结算管理体系。

一、供应商智慧结算管理体系下的采购到付款流程

D 公司重塑了采购到付款流程的智慧路径,打通了内外部的数据连接,将传统半自动化的操作流程转变为全面智能化、全程可视化的智慧结算管理体系(见图 7-5)。

在智慧结算管理体系中,业务人员在 ERP 系统发起采购,合同信息与电子签章将自动同步至供应商智能结算平台。业务人员即可在智能结算平台上一站式自动完成与供应商之间的交易事项,包括开具预制发票、接收供应商开具的正式发票、三单匹配等。正式发票开具后,供应商借助光学字符识别(OCR)技术识别并上传发票信息,结算平台无缝对接增值税发票综合服务平台,自动完成发票查验。之后,应付信息流转至 ERP 系统生成采购报账单,经业务领导线上审批、财务审核后自动入账;同时,ERP 系统将根据付款信息高效完成资金支付。

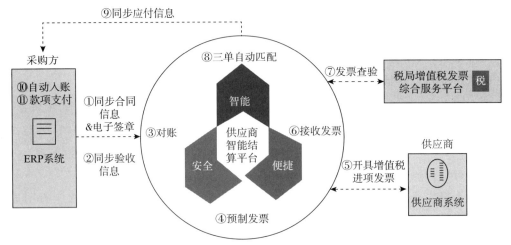

图 7-5 供应商智慧结算管理体系下的采购到付款流程

智慧结算管理体系以供应商智能结算平台为中枢,智慧协同企业 ERP 系统、电子影像系统等,贯穿结算交易的全流程,打通信息流转的线下断点,全面感知并沉淀全业务环节中供应商的信息数据,以支持多维度、多角度地建立供应商全景分析模型,使供应商全息画像的打造与应用成为可能。

二、建设供应商智能结算平台

D 公司建设供应商智能结算平台通过智慧发票、智慧三单匹配、智慧结算、智慧流转、智慧对账等功能,支撑采购到付款的全流程"智慧处理"。

1. 智慧发票

智慧发票的应用实现了发票管理的流程化与信息化,主要涵盖以下功能:

(1) 开具预制发票。预制发票是发票的数据载体,它作为正式发票开具前的预览模板,可以帮助供应商在直连开票前对发票信息进行检查与确认,避免发票的误开。同时,预制发票还帮助采购方建立对账单与发票间的对应关系,是完成三单匹配的重要桥梁。供应商智能结算平台利用关键词匹配算法,将采购订单与到货验收单进行匹配,供应商在智能结算平台上对账,确认无误后发起验收单结算并自动生成预制发票。因此,预制发票实质上是采购订单与到货验收单两单匹配后的结果,为最终与正式发票完成匹配做好准备。

(2) 智能发票采集与自动查重验真。供应商智能结算平台内置 OCR 技术,可以通过拍照识别的方式轻松获取纸质发票的结构化票面信息(如发票号码、金额、备注等),极大地节省了人员手动进行发票梳理、录入及扫描的时间,避免了大量的人工重复操作,保证了发票识别的精准度。供应商智能结算平台还通过与税务系统的直连对接,直接获取发票底账库数据,在票面信息采集完成后即可自动查验发票真伪,并连通发票池查验发票是否有重复,有效防止出现假票、废票、失联票等异常票据情况,实现发票"真实身份"的快速"甄别"。

2. 智慧三单匹配

智慧三单匹配是将采购订单、到货验收单及发票进行自动匹配,从而完成从采购物资、到货验收到核对应付款项的流程。在预制发票环节,采购订单与到货验收单已完成匹配,因此智慧三单匹配的重点在于预制发票与正式发票之间的自动匹配。

D公司在日常采购过程中会出现一些特殊情况。比如,一方面同一笔订单下会有多张到货验收单,从而产生多张预制发票及对应的多张正式发票;另一方面由于正式发票额度有限,会出现一张预制发票对应多张正式发票的情形。在这些情况中,发票上显示的大部分信息是一致的(如购买方税号与名称、销售方税号与名称等),仅依赖购销双方信息进行简单匹配会出现错误。为解决这些匹配难题,供应商智能结算平台以到货验收结算单号作为匹配的关键要素,供应商开具正式发票时会强制性备注到货验收结算单号,据此将正式发票和预制发票进行匹配,再校验多张正式发票总金额、总税额与预制发票的一致性,从而最终完成三单匹配。

3. 智慧结算

智慧结算利用电子签章、流程引擎等技术,固化结算单据模板,在线生成结算单据,将物资履约单进行电子化处理及线上自动流转,实现结算业务的一站式服务,保证数据的准确性及可控性,在提升结算效率的同时更有利于管控结算业务。智慧结算流程示例如图7-6所示。物资履约单是完成采购结算的重要前提,D公司的物资履约单主要包括预付款申请单、到货验收单、投运单、质保单。

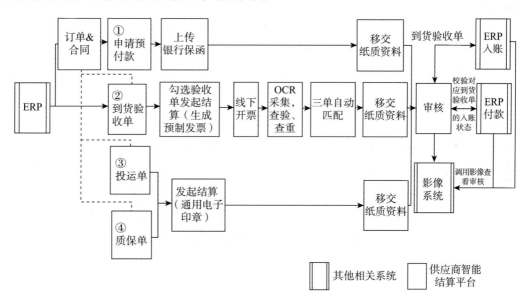

图7-6 智慧结算流程框架示例

在预付款申请流程中,供应商在智能结算平台上依据银行保函发起预付款申请,关联采购合同或订单,上传附件形成单据影像资料并邮寄纸质资料;财务人员对单据及影像资料进行审核,审核完成后单据影像资料将同步至影像系统,应付信息将流转至ERP系统,完成入账及款项支付。在到货验收结算流程中,智能结算平台根据订单与到货验收单自动开具预制发票,之后再开具正式发票,完成三单信息的匹配后发起报账,并按相同流程完成入账及付款。在投运款结算与质保款结算流程中,智能结算平台可调用电子印章取代传统的线下手工打印盖章及传递,直接生成电子化单据,并同步至影像系统形成电子影像资料。

此外,智慧结算可将银行回单及短信推送相结合,作为收款凭证取代纸质收据,并增设质保期满自动提醒功能,将提醒信息通过 ERP 系统和智能结算平台的手机端推送至采购单位和供应商,有效防范质保金逾期,确保按时完成合同结算。智慧结算打破了传统流程下线下办理结算单据流转慢、易丢失和结算链条长、周期长的难题,实现了结算效率、效益、质量的协同化提升。

4. 智慧流转

通过供应商智能结算平台与 ERP 系统的集成,实现数据的全流程线上流转。从前端的采购业务到后端的财务审核、资金结算,以及过程中的在线查看并调用影像、合同等,所有相关信息都将由智能结算平台承载且自动推送。特别是在纸质发票开具后,供应商可以通过手机拍照的方式将发票信息上传至智能结算平台,进行合同信息、单据封面、电子版结算单、电子签章文件的全程线上流转,实现"数据一点录入、信息全程共享"。供应商智能结算平台将数据采集点向业务端延伸,通过电子流实现数据在各系统、各模块间的互联互通。

5. 智慧对账

公司需要定期查看与供应商的资金往来流水、及时对账,以便与供应商结算付款并进行期初调整。传统的对账过程是通过 Excel 表格整理制作对账单,并线下打印后传递给供应商,进行账单核对。纸质对账单配送过程难以管控,存在对账时效不达标、信息安全风险高、管理成本高等问题。

智慧对账可由系统按照规则定时自动生成对账单,基于验收单和合同规则自动生成结算指令,支持折让和索赔结算的自动计入,自动结算本月、本年度或一段时间内的账单,从而进行月度结算、年度结算等。智慧对账功能支持自动对账和协同对账两种模式,当财务需要与采购方进行公司内部对账时,可采用自动对账模式,由系统按规则定时对账并自动发起结算;当需要财务、采购方与供应商三方对账时,可采用协同对账模式,进行三方在线协同对账。智慧对账将结算的整体流程与金额往来均记录在台账中,使采购方与供应商都能够一目了然地掌握账单详情,便于管理应付账款和应收账款。

三、描绘供应商全息画像

供应商智能结算平台的打造为 D 公司沉淀供应商基础数据打下了"地基"。在综合内外部信息后,D 公司建立起"供应商数据资源池",全面汇聚供应商数据信息,支持供应商全息画像的描绘。供应商全息画像是以供应商的基本属性、基础信息、社会行为、外部评价等一系列真实信息为基础,运用抽象化与数字化思维构建供应商多维分析模型,并在算法与算力的赋能下,利用数据为每个供应商"打标签",最终通过可视化的展示,帮助企业有效防范采购风险、优化管理与决策。

具体而言,描绘供应商全息画像的过程(见图7-7)可分为三步:数据收集、数据库建立、模型建立与持续训练优化。首先,全息画像是供应商全量数据的产物,企业可以从内部和外部的多条渠道同时收集供应商相关数据。其中,供应商结算等内部数据的获取与沉淀依赖于D公司的供应商智能结算平台,以及采购各业务环节系统层的全面打通(例如ERP系统相关模块、经法系统等);供应商信用风险等外部数据则要运用网络爬虫、应用程序编程接口(API)等数据采集技术,从信用中国、天眼查等外部网站与平台上收集。其次,以内部和外部的供应商数据信息为基础,建立全方位、多角度反映供应商真实情况的全息数据库,并完成数据清洗、数据转化等数据处理动作。最后,针对不同数据分析目的建立不同模型,可以分别根据供应商的质量、价格、生产能力、结算方式、反应速度等指标排序打分,对供应商进行全面评价;同时,还可以对各模型进行多维度组合并不断更新数据库信息,训练优化分析模型,提高供应商全息画像的准确性与高效性。

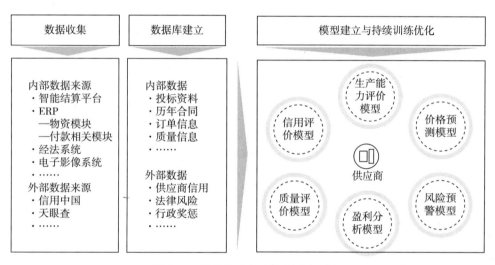

图7-7 描绘供应商全息画像的过程

供应商全息画像的建立不仅可以形成科学的供应商分析体系,还可以通过采购业务数据的全流程动态展示,帮助企业实时追踪订单情况、实时把控业务风险。例如,在采购订单方面,采购人员可以应用供应商全息画像逐月汇总采购订单新增情况,并按照供应商、工程项目、合同等维度灵活查询订单执行进度,整体把握采购活动;在采购验收方面,供应商画像能够多维度分析采购验收的执行情况,及时预警验收风险。供应商全息画像为D公司建立了健全的机制,帮助动态了解供应商的供货能力、售后服务能力、产品质量情况等,实现了对供应商的精细化管理,提高了企业的数字化采购能力、智慧结算水平和市场核心竞争力。

资料来源:刘翠、郭奕,供应商智慧结算管理体系建设实践,《财务与会计》,2021年第19期。

综合案例

中国联通以供应链创新推动高质量发展[①]

近年来,中国联通以国资委组织的中央企业采购管理对标评估为契机,持续夯实管理基础、构建平台体系、整合资源力量,积极开展现代供应链创新与实践,着力打造敏捷供应、开放共享的供应链,促进企业实现高质量发展。

1. 夯实管理基础,打造高效供应链体系

加强采购管理对企业提升核心竞争力具有重要意义。中国联通按照国资委的工作要求,持续优化采购管理机制,完善支撑手段,强化监督检查,稳步提升采购管理水平。从近年巡视、审计结果看,中国联通采购领域发现的问题大幅减少,应招未招等突出问题基本杜绝。

(1)加强制度和队伍建设。有效践行"阳光采购",大力推进制度与流程重构优化工作,建立全过程管理的制度体系,覆盖招投标、合同签订与执行、后评估等采购各关键环节,确保采购人员有章可循。2019年,中国联通举办"互联网+阳光采购"技能竞赛,参与人员涉及全集团各省公司、专业单位,参与人数达3 300余人,促进法律法规、制度要求入脑入心。

(2)完善信息化支撑。将制度要求嵌入供应链管理系统,实施寻源采购、合同执行、物流仓储、调拨处置等各环节的标准化、规范化管理,严格控制采购风险,优化审批流程,实现全集团规范、效益、效率的同步提升,推动供应链全过程的可视、可管、可控和协同高效。

(3)强化监督检查。每年组织全集团采购工作联合检查,采用线上和线下相结合的方式提高检查效率与准确性,检查结果与KPI考核挂钩,并对检查中发现的问题进行问责和追责,确保制度落地执行。

2. 推进互联网化,构建智慧供应链平台

通过互联网化手段实现供应链平台的改造,这是企业转型升级的必由之路。近年来,中国联通加快电子商务平台建设,努力实现采购管理信息系统高度集成化,充分发挥互联网化的驱动引领作用,为实现高质量发展增添新动力。

(1)打造平台,实现全流程互通。着力打造全集团集中、共享的信息化供应链平台,实现物资从寻源采购到报废全过程的互联网化操作,并与公司ERP、合同管理等内部系统以及国家招投标公共服务平台、阿里拍卖等外部系统互通。所有招标项目从发标、评标、签订合同至合同执行全过程上平台、无纸化,双方招投标全过程无须见面,大幅减少交易成本。新冠肺炎疫情防控期间,中国联通迅速推出"中国联通电子商城防疫物资专区",组建"总部+31省"计130余人的支撑队伍,打通防疫物资上架、需求对接调配、下单、配送全流程,有力保障疫情防控物资供应。

[①] 王子铭、梁晨,中国联通以供应链创新推动高质量发展,《人民邮电报》,2020年4月29日。

（2）招募入驻，满足全业务需求。在构建平台的基础上，公开招募约3.6万家合格供应商入驻平台，并与京东、苏宁等电商平台对接，引入商品约180万件。2019年，中国联通实现交易金额615亿元、日交易峰值4.2亿元、订单7 300多张，满足全集团网络建设、运行维护、市场营销、综合行政、员工福利和消费扶贫等采购需求。

（3）深入挖掘，加强全系统管理。通过大数据等技术手段，深入挖掘交易信息，推进智能管理及风险防控。例如，对同一商品进行自动比价，控制采购价格风险；对采购全过程疑似违规行为进行预警，控制不按合同条款执行等风险；通过订单评价数据累计智能分析技术对供应商实施考核，控制供应商违法失信风险，对违法供应商实施黑名单管理。

3. 携手混改伙伴，探索供应链开放共享

作为首家集团层面整体进行混合所有制改革试点的中央企业，中国联通纵深推进混改，持续加强与混改伙伴的协同合作，充分发挥混改优势，探索供应链开放共享，培育企业管理，提升新动能。

（1）供需匹配，高效协作。借助混改带来的资源优势，中国联通将供应链向上下游延伸，对接大型供应商及主流物流服务商系统，实现交易、配送、结算、支付各环节互联网化协同，实现供应链合作共享。

（2）拓展价值，降低风险。突破性地建立企业阳光物资处置体系，在提升净收益率的同时降低廉洁风险。例如，中国联通对接阿里、京东互联网拍卖平台，实施废旧物资和再生资源社会化线上公开竞价交易，拓展废旧物资回收和再利用空间，累计实现收入9.6亿元。

（3）输出成果，扩大影响。截至目前，中国联通已将供应链平台推广到20余家中央企业及大型民营企业，输出供应链管理成果，帮助各企业快速建立供应链管理体系，形成新动能，提升管理能力，提高企业效益。

多年来，中国联通通过供应链创新与应用取得显著成效，得到上级单位、上下游合作伙伴和社会各界的多方认可。

思考题

1. 中国联通的供应链创新主要体现在哪些方面？
2. 中国联通的供应链管理是否存在改进的空间？如果存在，应如何改进？
3. 中国联通的供应链创新做法对其他企业有哪些启示？

第 8 章 销售业务内部控制

寄 语

销售业务是指企业出售商品(或提供劳务)及收取款项等相关活动。企业生存、发展、壮大的过程,在相当程度上就是不断加大销售力度、拓宽销售渠道、扩大市场占有的过程。生产企业的产品或流通企业的商品如不能实现销售的稳定增长,售出商品的货款如不能足额收回或不能及时收回,必将导致企业持续经营受阻,难以为继。加强销售环节的控制对增加收入、实现企业经营目标和发展战略有着重要意义,对整个企业的发展都起着至关重要的作用。本章首先分析销售业务的主要风险及其具体表现,然后提出销售业务内部控制的总体要求,并介绍销售业务的流程划分和职责分工,在此基础上深入探讨销售业务关键控制点的内部控制设计。

- **知识要点** 熟悉销售业务的主要风险及具体表现;理解销售业务内部控制体系构建的总体要求;了解销售业务流程划分与职责分工。

- **技能要点** 按照销售业务内部控制体系构建的总体要求,围绕信用管理、合同管理、收款与应收账款管理等阶段掌握制度设计的关键要点和具体方法,有效防范和化解销售业务的主要风险。

- **素质养成** 学习财政部、国资委等有关加强销售业务风险控制的文件,结合销售业务典型风险事件,强化危机意识和风险意识,塑造合规观念和法治观念;通过对销售业务流程划分与职责分工的理解,培育和践行社会主义核心价值观,增强职业责任感,坚定反舞弊决心,打造清廉企业;把握销售业务内部控制的体系构建、总体要求和具体设计,弘扬中国知名企业在销售业务内部控制领域的成功经验,树立战略思维和系统观念,厚植爱国情怀,弘扬民族精神。

引导案例

东方金钰上演"疯狂的石头"[①]

自上市以来,东方金钰耗费巨资大量囤积原石,为此不惜大幅举债,然而公司"造血"能力不足,债务出现逾期,导致流动性危机爆发。恶性循环之下,公司业绩连年亏损,甚至被申请破产重整,一时间东方金钰危机四伏。

2020年1月22日,东方金钰发布业绩预告,预计2019年公司归属于上市公司股东的净利润亏损11.5亿—14.5亿元。这也是东方金钰继2018年后的又一次亏损。东方金钰连续两年出现亏损,很大程度上是公司的流动性不足所致,这与其巨额存货息息相关。

自借壳上市以来,东方金钰便热衷于囤积原石,而其原石销售状况不佳,以至于公司"造血"能力相当弱。于是,为了这些"疯狂的石头",上市公司大幅举债。在巨额债务压力之下,东方金钰流动性危机爆发,公司无力偿债,多次被列入"失信"名单,甚至被债权人申请破产重整。在诸多危机之下,东方金钰大量计提资产减值损失、利息及罚息,导致公司业绩连续下滑。

与账面上微不足道的货币资金相比,东方金钰的存货金额可谓惹人注目。截至2019年9月末,其存货金额高达89.63亿元,占当期流动资产的94.34%。而如今东方金钰面临的一系列流动性危机,与这些高企的存货脱不了干系。

作为"翡翠第一股"的东方金钰,上市之初便开始囤积原石。据公司2017年年报显示,2004—2017年,东方金钰耗资45.58亿元囤积了809块原石,仅2017年东方金钰便斥资25亿元采购了319块翡翠原石,创下了自上市以来采购数量之最,出手不可谓不豪爽!东方金钰在2017年年报中曾表示,由于矿产资源的减少以及原产地缅甸政府对翡翠出口交易的管控趋严,公司前期准备丰富的翡翠原石为公司可持续发展提供了保障,公司翡翠原石及成品不存在减值的情形。

那么,东方金钰这些"不存在减值的情形"的原石,销售情况又如何呢?据东方金钰2017年年报显示,2006—2017年,东方金钰合计销售翡翠原石58块,仅占其囤积数量的7.17%,合计销售金额为5.86亿元,相对存货金额来说可谓"九牛一毛"。

这些"疯狂的石头"堆满了仓库,除了让账面上的债务雪球越滚越大,却无法为东方金钰带来可观的现金流。数据显示,2005—2018年,东方金钰经营活动产生的现金流量净额大多数年份为净流出,累计净流出金额高达60.55亿元。由此不难看出,东方金钰的"造血"能力明显不足,而其资金来源大多依靠外部筹资。2005—2018年,东方金钰筹资活动产生的现金流量净额合计高达62.95亿元。

东方金钰将筹措的大量资金用在囤积原石上,而这些原石的销售情况却并不乐观,结果公司2018年爆发了流动性危机。为了应对债务危机,2018年东方金钰集中降价销售了品相相对较差的翡翠成品,当年翡翠成品的毛利率为-72.04%,其他产品(如翡翠原

[①] 谢碧鹭,东方金钰上演"疯狂的石头"巨额存货难解流动性危机,《证券市场红周刊》,2020年3月8日。

石和黄金金条及饰品等)毛利率均有所下降。与此同时,东方金钰开始对此前不愿减值的存货大量计提减值,2018年和2019年两年间累计计提减值达5.81亿元。

启示录 东方金钰之所以出现流动性危机,究其根源在于销售政策和策略不当,市场预测不准确,结果导致销售不畅、库存积压、经营难以为继。从这一案例也可以折射出加强销售业务内部控制制度建设的必要性和重要性。本章将结合实例阐述销售业务内部控制的具体设计。

8.1 销售业务的主要风险及具体表现

销售业务是企业经营活动中的重要业务,是实现商品或服务价值、增加收入、获取利润的重要途径,因此高质量的销售业务内部控制能够为企业持续经营提供资金支持、提高企业经营业绩、不断提升企业价值。为此,有必要先厘清销售业务的主要风险。下面根据财政部、国资委、证监会等相关部门的规定,对销售业务的主要风险及具体表现做一总结。

8.1.1 财政部的相关规定

财政部2010年4月联合财政部、证监会、审计署、银监会、保监会等部委颁布的《企业内部控制应用指引第9号——销售业务》明确指出,企业在销售业务方面至少应当关注以下风险:

(1) 销售政策和策略不当,市场预测不准确,销售渠道管理不当等,可能导致销售不畅、库存积压、经营难以为继。

(2) 客户信用管理不到位,结算方式选择不当,账款回收不力等,可能导致销售款项不能收回或遭受欺诈。

(3) 销售过程存在舞弊行为,可能导致企业利益受损。

> 来自现实社会的实例总能带来更直观的体验和有益的启示,读者可下载"开拓视野"资料包,推荐"焦点观察"栏目的"又见房企反腐,美的置业营销团队集体舞弊"。

财政部2022年3月联合证监会发布了《关于进一步提升上市公司财务报告内部控制有效性的通知》(财会〔2022〕8号),重点提到上市公司需要加强收入相关舞弊和错报的风险与控制,具体包括以下内容:

(1) 加强收入确认政策的合理性及其变更的控制。一是严格按照企业会计准则规定,评估收入确认政策的合理性,针对不同产品销售与服务提供方式所采用的确认方法的合理性,确认时点和确认依据的合理性,以及披露的收入确认原则与实际确认方法的一致性。二是关注对收入确认会计政策变更程序控制的有效性以及变更内容的合理性。

(2) 加强收入舞弊风险的评估与控制。一是关注为粉饰财务报表等目的虚增收入或提前确认收入,为报告期内降低税负、转移利润等目的少计收入或延后确认收入等相关风险。二是关注客户资信调查,交易合同商业背景的真实性,资金资产交易的真实性,销售模式的合理性和交易价格的公允性等内部控制流程与控制措施的有效性。

(3) 加强收入相关账户及财务报表列报的风险评估与控制。一是结合上市公司的行业特性、商业模式、具体业务和交易模式等,充分关注应收账款、应收票据、营业收入等收入相关账户及其明细账户的完整性、准确性、确认时点、计量金额和列报等风险。二是关注客户管理、销售管理、定价管理、合同管理、往来款项管理、坏账计提及核销等内部控制流程和控制措施的有效性。

> 来自现实社会的实例总能带来更直观的体验和有益的启示,读者可下载"开拓视野"资料包,推荐"焦点观察"栏目的"康得新115亿元财务造假退市"。

8.1.2 国资委的相关规定

根据国资委2018年7月颁布的《中央企业违规经营投资责任追究实施办法(试行)》第九条规定,在采购管理方面需要对企业进行责任追究的情形包括:

(1) 未按规定订立、履行合同,未履行或未正确履行职责致使合同标的价格明显不公允。

(2) 未正确履行合同,或无正当理由放弃应得合同权益。

(3) 违反规定开展融资性贸易业务或"空转""走单"等虚假贸易业务。

(4) 违反规定利用关联交易输送利益。

(5) 违反规定提供赊销信用、资质、担保或预付款项,利用业务预付或物资交易等方式变相融资或投资。

(6) 违反规定开展商品期货、期权等衍生业务。

(7) 未按规定对应收款项及时追索或采取有效保全措施。

> 来自现实社会的实例总能带来更直观的体验和有益的启示,读者可下载"开拓视野"资料包,推荐"焦点观察"栏目的"上海电气为何向爆雷子公司出借巨额资金"。

8.2 销售业务内部控制体系构建的总体要求

企业应当结合实际情况,全面梳理销售业务流程,完善销售业务相关管理制度,确定适当的销售政策和策略,明确销售、发货、收款等环节的职责和审批权限,按照规定的权限和程序办理销售业务,定期检查分析销售过程的薄弱环节,采取有效控制措施,确保实现销售目标。

8.2.1 搭建销售管理组织体系

与第7章所述采购管理组织体系一样,企业应当结合实际情况,按照制衡性原则的要求,明确销售管理前端、中端、后端职责,构建"公司统一领导,销售部门归口管理,相关部门分工制衡,审计财务强化监督"的销售管理组织体系。

8.2.2 完善销售业务制度流程

企业应当根据《企业内部控制应用指引第9号——销售业务》的规定,结合自身实际情况,全面梳理销售业务制度流程。在这一过程中,企业应当对销售业务管理现状进行全面分析与评价,既要对照现有销售管理制度,检查相关管理要求是否落实到位,又要审视相关管理流程是否科学合理、相关措施是否可行有效。

忠恒集团创建"廉洁工作站",堵住"廉洁风险漏洞"

忠恒集团创建于1992年,位于丽水高新技术产业园区,是一家专业从事防盗门锁研发、制造、销售的国家高新技术企业,截至2021年,拥有160余项有效专利技术,智能锁产销量居全国防盗门锁行业前三强。

近年来,忠恒集团始终坚持"廉洁自律、诚实守信、勤勉尽责、高效透明"原则,将清廉建设融入企业发展之中,扎实推动清廉民企建设,助力企业和谐稳固发展。

走进忠恒集团,集团办公区域指示牌上的"廉洁工作站"格外显眼。据集团董事长柳小勇介绍,为有效防范采购、招投标等环节发生以权牟利现象,集团创新建立"廉洁工作站",以此堵住各重点环节的"廉洁风险漏洞"。

除对采购、物资管理、招投标、合同管理、业务招待等中高风险环节进行廉洁合规审查,受理违反合规管理的内外部投诉、举报以及对违规事件组织调查外,"廉洁工作站"还针对识别、评估、监测到的廉洁风险,提出风险防范和应对方案。截至2022年3月,工作站共受理投诉举报22份,排查廉洁风险点47个,提出风险防范和应对方案24个。

重本清源,制度建设是关键

有了"廉洁工作站"这一监督平台,还需要完善的"制度"助推清廉民企建设。"乙方及其工作人员不得以考察、参观、洽谈业务、签订合同等借口邀请甲方工作人员参加可能对合同履行有影响的宴请、外出旅游和各种高档娱乐消费活动;不得以任何名义向甲方工作人员提供挂名工资、红包、佣金报酬、回扣和有价证券等……"这是集团与业务往来单位签订的"廉洁协议"中的部分内容。"廉洁协议"逐条列明了甲乙双方的责任,严禁参加宴请活动、收受礼品等,确保甲乙双方全面、合法、合规地开展业务往来,防止各种违纪、违法、违规行为的发生。

在落实层层签订《廉洁从业承诺书》,与业务往来单位签订"廉洁协议"的基础上,集团紧密结合实际,以易发问题为导向,完善内部控制制度,建立内部审计督导机制,健全物资采购类、产品销售类、费用报销类等相关管理办法,从源头上规避风险。同时,通过岗位风险排查、民主监督、谈话提醒等防控措施,加强对岗位风险较高部门、科室的监督管理,有效遏制内部贪腐滋生。截至 2022 年 3 月,共签订"廉洁协议"156 份,《廉洁从业承诺书》458 份,共对 19 名职工进行谈话提醒。

以德润身、以文化人

良好的廉洁文化是企业实现改革发展的"精神指南"和"文化灯塔"。集团坚持文化引领,结合公司产品特点,打造"防腐锁",并将其作为集团廉洁文化的标识。同时,通过组织观看警示教育片、开展全员廉洁培训、制作发放廉洁手册、开办廉洁期刊等一系列活动,营造廉洁氛围,让"清廉成业,正气兴企"为核心的廉洁理念根植于每一名职工心中,形成内在有力的约束,进而提升集团的核心竞争力。

"我们深切地感受到'清廉是生产力,是竞争力,更是生命力'。"集团董事长柳小勇说,回顾集团近三十年的发展历程,正因集团始终坚持清廉体系建设,才有了如今不小的成就。尤其是在全球新冠肺炎疫情形势严峻的情况下,集团仍保持良好的发展态势,2021 年实现总产值 2.13 亿元,纳税增长 23%,对外贸易增长 23.2%。

资料来源:丽水市纪委市监委,清廉成业 正气兴企,浙江省纪委省监委网站,2022 年 4 月 1 日,http://www.zjsjw.gov.cn/zhuantizhuanlan/qlzjnwtx/qinglianminqi/202203/t20220324_5813668.shtml。

8.2.3 严格执行与强化监控

企业各部门按照规定的审批权限和程序开展销售业务,落实责任制,建立销售价格、销售合同、销售退货、销售回款等方面的监督机制,充分发挥内部审计部门作用,定期检查和评价销售过程中的薄弱环节,采取有效控制措施,确保销售业务高效持续运行。

8.2.4 推进销售内部控制信息化建设

随着"大智移云物"时代的到来,企业应重视销售业务内部控制信息化建设工作,通过完善销售业务信息系统权责设置,落实对销售业务风险监督预警职责,有效发挥信息化管控的刚性约束和监督的制衡作用,最大限度地降低人为因素对销售业务内部控制制度的干扰和破坏。

践行有成

XH 公司"345"应收账款管理模型的构建及应用

XH 公司成立于 2011 年 10 月,注册资本 6 000 万元,主要从事高档纸板、纸箱等纸制品业务。近年来,公司应收账款一直居高不下,主要表现为:期末余额逐年增加、应收账款周转缓慢,远低于行业水平,造成大量资金沉淀;同时,坏账损失每年都有发生。XH 公司分析应收账款管理现状后发现,主要原因包括管理层盲目授权赊销、合同管理失效、应收账款后续管理失控、存在舞弊行为等。根据上述诊断,公司组建应收账款管理小组,运用内部控制理论构建适合公司管理需要的"345"应收账款管理模型,取得了较好成效。

基于 XH 公司应收账款的成因和公司对应收账款的管理需求,应收账款管理模型确定的主要目标有增加利润、确保资金安全、提升资金使用效率,参与应收账款管理的主体包括市场、财务、法务、管理层四个部门。根据公司的目标,各部门协调一致,整合内部控制的内部环境、风险评估、控制活动、信息与沟通、内部监督五个要素,结合公司管理实践经验,构建"345"应收账款管理模型(见图8-1)。

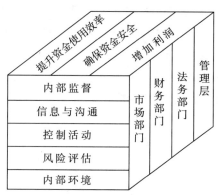

图 8-1 "345"应收账款管理模型

1. 三个目标

(1) 增加利润。在激烈的市场竞争中,赊销是促进销售的重要手段之一。赊销可以帮助企业扩大市场占有率和增加销售收入,从而提升企业的市场竞争力。对于信誉好、实力强的客户,以赊销作为优惠条件,可以和客户保持长期稳定的伙伴关系,起到稳定客户的作用。总而言之,赊销的主要目的在于通过企业的提高收入进而增加利润。应收账款管理就是要管好企业与客户的商业信用,为企业增加利润保驾护航。

(2) 确保资金安全。应收账款发生后,企业通过对应收账款回收情况的监督、对坏账损失的事前预防和制定适当的收款政策等措施,都是为了争取按期收回应收款项,从而确保资金安全。

(3) 提升资金使用效率。资金只有流动起来才能创造更多的财富。资金周转越快,表明企业用同样的资金可以实现越多的销售收入,从而提升企业盈利水平。应收账款是因实现收入而被占用的资金,应收账款管理就是促使客户按期支付货款,提升资金使用效率。

2. 四个主体

(1) 市场部门。负责产品销售业务,对客户资料、授信、销售合同签署、对账和销售款项催收负责,是应收账款管理的主要发起者和重要参与者。

(2) 财务部门。参与客户授信审批、与客户对账应收账款及销售合同拟定;负责应收账款的会计核算、编制应收账款账龄分析表、制作客户询证函和催款函、开具销售发票、计算销售人员销售提成、协助市场部门完成对销售款项的催收等工作。

(3) 法务部门。负责对市场部门销售业务过程中的合同签署、客户担保或抵押、款项催收及法律诉讼提供法律方面的专业意见。

（4）管理层。负责建立销售业务流程、应收账款等管理制度，督促各部门有效完成销售业务，及时回收货款，并对各参与主体进行绩效评价，保障应收账款管理体系的高效运行。

3. 五个要素

（1）内部环境。内部环境是企业实施应收账款管理的基础，是有效实施应收账款管理的保障，主要体现为建立应收账款管理的各项规章制度、配置相应的人员、分配权责、激励相关人员、制定监督规则，还需要对相关人员进行职业道德教育，以确保识别应收账款管理风险，有效实施控制活动，促进应收账款管理目标的实现。

XH公司管理层按照"业务主导、专业支撑"的理念组建管理架构，即市场部门为业务主导，财务部门、法务部门及管理层提供专业支撑，并明确相关人员的权责关系。为保障从销售到收款的全流程顺利进行，公司在客户信用管理、合同管理、交货管理、应收账款管理、销售提成、绩效评价等方面建立了相应的管理流程，使得在各个关键控制点上的团队成员按照流程协同办公，促使业务流程标准化。而业务效率的提升离不开信息化建设，基于此，XH公司实施SAP系统，优化各项业务流程，使销售、采购、生产、财务等业务模块实现无缝对接，提升应收账款管理信息化水平，确保从销售到收款全流程的动态管控。

（2）风险评估。应收账款管理模型的风险评估贯穿从客户选择到交易成交再到货款回笼的全业务流程，主要包括识别主要风险、确定关键控制点。

一是客户信用管理。通过建立授信标准、授信额度、授信账期等管理规则，保证公司的利益，满足客户的需求。同时，明确授权与批准，避免审批失控的风险，主要控制点包括：设立独立于市场部门的客户信用管理部门（或小组），厘清相关业务流程和权责，建立客户档案；对于新开发的客户，做到上门实地考察并视具体情况要求客户提供相应保证；客户信用额度应随着业务发展进行动态管理；严格执行经客户信用管理部门批准后才予以赊销的规定。

二是销售合同管控。销售合同是企业进行交易的重要法律依据，销售合同管理失控会给企业带来直接损失，主要控制点包括：合同签署审批及执行环节不相容职务分离，以及销售谈判、授权与批准、合同订立等环节。

三是交货环节管控。交货是产品流出企业的中间环节，也是销售业务的关键环节之一，交货环节失控，直接导致企业应收货款金额错误，主要控制点包括：市场部门依据经批准的销售合同提出发货申请；仓储部门严格按发货申请备货、发货；运输部门按照发货通知装运货物并取得客户的签收确认，收集充分完整的单证和记录。

四是会计核算管控。应收账款记录不准确、核算不及时，都有可能给企业带来不利影响甚至直接造成损失，主要控制点包括：财务部门根据销售端的销售合同、发货凭证、销售发票、收款凭证等准确及时进行会计核算，确保会计记录、销售记录、仓储记录核对一致；按照企业会计准则及时、准确确认销售收入和应收账款，根据财务记录跟踪应收账款，确保应收账款及时回收。

五是收款环节管控。收款环节体现应收账款管理、销售业务成果,如果收款环节出现漏洞或缺失,就会造成货款延期甚至损失等风险,主要控制点包括:定期与客户对账;在收款时尽可能要求客户与公司以票据或对公转账方式结算,禁止销售人员私自以现金方式收取货款,若客户一定要以现金方式付款,则必须由销售人员带着客户到财务部门交款或交存公司对公账户;财务部门应建立银行汇票管理台账,并定期与客户对账。

六是销售退回管控。销售退回是销售业务中相对独立的环节,但是它和应收账款管理密切相关,会直接影响应收账款金额的增加或减少,该环节也最容易产生舞弊行为,主要控制点包括:建立销售退回管理制度及流程;授权质检部门负责销售退回货物的鉴定和验收;仓储部门根据质检部门的验收通知清点货物,办理实物验收,填制销售退回货物入库单并经主管领导批准后办理入库手续;财务部门依据销售退回入库单及时减少客户的应收账款。

(3)控制活动。控制活动就是要确保应收账款管理目标得以实现的各种流程,XH公司根据风险评估活动中识别的主要风险、确定的关键控制点,制定了相应的管控流程。

一是客户信用管理。XH公司在充分了解市场情况的基础上,梳理公司销售业务,制定客户信用管理规范。一是授信总额管控。公司依据年度经营预算销售额和应收账款周转天数的管控要求,确定公司年度总体授信额度,作为公司新增授信、季度评审的管控标准之一。二是规范授信审批流程。公司应使用规范的表单和附件提报申请,并按规定的流程审批。未经规定的流程批准,任何人无权同意赊销,也不得增加授信额度和延长授信期限。三是客观评判客户。公司根据客户的信用条件和交易记录,客观评判客户信用等级,并据此确定授信额度和期限。销售人员必须深入客户现场调查核实,走访相关企业和管理部门,通过各种合法合规的渠道获取第一手资料,经综合分析评价,如实填写信用评级表,完整编制信用评级报告,提出信用等级和授信总量建议。在此基础上,公司综合考虑客户经营规模、客户合作年限及客户业务量等因素对客户进行分类,并针对不同类别客户制定差异化的管理策略。四是权责匹配。公司总经理是授信工作的第一责任人,全权负责客户信用管理。五是风控优先。对于不能进行合理信用评估或者信用风险较大的交易对象,采用担保、抵押等方式规避交易过程的信用风险。六是系统管控。信息管理部门将授信管控的关键控制点纳入SAP系统进行管控,如仓库发货通知确认必须在系统中履行是否存在信用额度超限及逾期未清账款的检查等。

二是销售合同管控。XH公司制定了《销售合同管理办法》,除一般的规定外,还要突出以下关键控制点:一是产品合理定价。根据公司特有的产品边际分析定价模型计算的产品价格作为定价基础,考虑市场行情、公司目标和是否赊销等方面合理确定产品价格。二是审批流程规范。按照不相容职务分离的原则,相关部门参与会签,各司其职,比如市场部门确定业务条款,财务部门参与确定结算条款,法务部门确认合同的法律风险,仓储部门确定交货条款等。

三是交货环节管控。产品交货环节是实物资产流出公司的关键节点,为此XH公司制定了《产品发货管理办法》,销售部门在SAP系统中按销售订单提出发货计划,仓储部门按照发货计划进行备货、发货,打印交货单和出库单时 SAP 系统须检查货款是否收到或赊销,并负责回收经客户授权人员签收的交货单,同时定期整理出库单、经客户签收的交货单等提交财务部门。

四是会计核算管控。产品交货后,财务部门遵循企业会计准则及时、准确确认收入,应收账款科目首先按是否开具发票分别设置"已开票"和"暂估"进行二级明细核算,然后按照客户、销售订单(合同)等进行辅助核算。此外,财务部门还要做好以下工作:根据市场部门的发票开具申请,按销售订单开具销售发票,并在 SAP 系统中记录销售发票的开具时间、发票号等信息,及时、准确记录应收账款的增加;根据销售人员认领的货款,按销售订单及时对应收账款进行核销,同时更新客户的授信额度余额;定期按客户编制应收账款账龄分析表。

五是收款管控。公司收到客户的货款后,由销售人员认领货款归属销售订单后,及时按销售订单进行应收账款的核销。

六是应收账款对账。财务部门每月月结后,按客户编制应收账款对账单,由财务人员负责与客户进行对账,遵循收益成本原则,考虑客户质量、交易金额等情况合理确定对账的频率,并实行电子对账、邮寄方式和上门对账等有机结合。比如,公司前十大客户、战略客户对账频率为半年一次,合作度一般的客户对账频率为一个月或一个季度次,信誉度一般的客户在送达发票的同时发送对账单。

七是销售退回管控。针对销售退回在销售业务中相对独立的特性,XH 公司制定了《产品销售退回管理办法》以规范业务处理流程。当销售退回业务发生时,SAP 系统生成销售退回订单,经授权人员审批后,销售人员才能协调客户办理退回手续,仓库指定专门人员负责退回产品的回收和处理事项。《产品销售退回管理办法》还明确了业务处理的时限,同时针对销售退回事项,及时、准确对应收账款做减少账务处理。

(4)信息与沟通。信息与沟通是应收账款管理过程中各种信息的被识别、获得并以一定的形式及时传递,以便市场部门、财务部门、法务部门和管理层履行各自的职责。XH 公司明确规定市场部门、财务部门、法务部门和仓储部门每月举行一次沟通会议,特殊事项可以根据需要随时组织专项会议,对应收账款管理中的财务信息和非财务信息进行沟通与协调,会后形成会议纪要发送公司管理层。同时,XH 公司不定期组织销售人员和财务人员或内部审计人员(一般是两人)对客户进行拜访沟通。此外,设立投诉电话、微信公众号等沟通渠道,便于相关人员对公司可能存在的舞弊行为进行投诉和举报。

(5)内部监督。内部监督是应收账款管理过程中不可或缺的一部分,不但是应收账款管理目标实现的有利保障,而且是参与主体绩效考核的需要。XH 公司通过日常监督和专项监督,及时发现应收账款管理过程中存在的缺陷并加以修正,以实现对应收账款的动态管理。

4. 应用成效

XH 公司自 2015 年 11 月开始应用"345"应收账款管理模型后,营业收入由 1.5 亿元增长到 5.5 亿元,年末应收账款周转天数由 116 天降至 65 天,接近行业水平,连续两年多未发生一笔坏账,且应收账款期末余额的95%控制在授信账期内,既保证了业务正常开展,也保证了资金安全,取得了预期的成效。

资料来源:张文和,XH公司"345"应收账款管理模型的构建及应用,《财务与会计》,2019年第11期。

8.3 销售业务的流程划分与职责分工

销售是企业非常重要的业务循环,企业的产品和服务只有通过此循环才能创造价值,给企业带来盈利,为企业的可持续发展提供源源不断的资金支持。可以说销售业务管理的好坏直接影响到企业的经济效益,甚至会影响企业的生存和发展。因此,正确划分销售业务流程、合理进行职责分工至关重要。

8.3.1 销售业务流程划分

销售可以分为现销和赊销两种基本方式,现代经营中商业信用的广泛使用使得赊销成为各企业普遍采用的销售方式。根据《企业内部控制应用指引第9号——销售业务》,在赊销情况下,销售业务可以分为信用管理、合同管理、发货管理、收款管理、应收账款管理、退货管理六大阶段,每一阶段又包括若干基本环节,具体如图8-2所示。

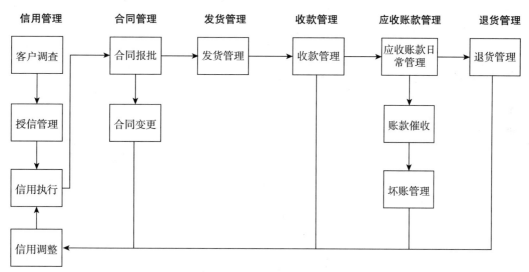

图8-2 销售业务基本流程

考虑到合同管理、发货管理、退货管理主要是由销售业务部门负责且发货管理和退货管理也属于销售合同执行过程,同时考虑到收款管理和应收账款管理紧密相关且主要由财务部门负责,后文在讲解销售业务内部控制制度设计时主要按照信用管理、合同审批与执行管理、收款与应收账款管理三大方面进行介绍。下面以某制造业企业D公司为例,展示销售业务流程的划分,如图8-3所示。

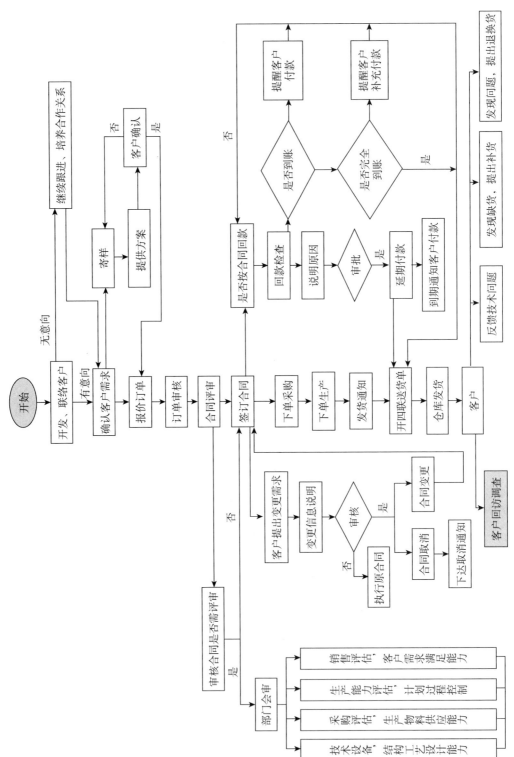

图8-3 D公司销售业务流程

8.3.2 职责分工

在划分销售业务的主要环节后,应该明确划分销售业务相关部门的职责。下面以某制造业企业 D 公司为例,介绍销售业务流程中相关部门的职责分工。

表 8-1　D 公司的销售业务各部门职责分工

部门	职责
信用管理部	1. 与风险管理部、财务部、法务事务部等职能部门协商,拟定公司信用管理政策 2. 负责客户信用风险管理工作,包括客户资信管理、客户信用分析、拟定客户信用额度、评定客户等级 3. 审批赊销合同、控制信用额度 4. 及时调整客户信用额度 5. 其他与客户信用管理规定有关的事项
销售业务部	1. 反馈市场信息及客户需求 2. 开拓新的客户,发现新的业务机会 3. 跟踪客户订单的具体落实(签订合同、交货、货款催收等) 4. 制订客户拜访计划并实施 5. 收集款项逾期客户的信用资料 6. 协助信用管理人员进行客户信用管理 7. 负责提供市场趋势和需求变化、竞争对手和客户反馈方面的准确信息 8. 处理销售过程中的具体事务 9. 跟踪公司经营目标完成情况,提供分析意见及改进建议 10. 根据公司的经营战略、年度发展规划,制定相应的销售战略、销售计划和销售预算; 11. 执行公司营销策略并开拓市场 12. 负责大客户项目的日常订货、库存品种监控管理及促销
物流管理部	1. 负责货物的入库、保管、出库 2. 定期盘点货物,出现盘点差异,及时报告公司领导 3. 检验退回的货物,出具退货检验报告 4. 将相关退货单据传递给财务部
财务管理部	1. 根据相关法律法规及财务税务有关规定,组织建立健全财务内控制度,规范财务行为 2. 负责公司的财务管理工作,提交各项财务报表和分析报告,分析经营状况、财务状况,为公司经营决策提供依据 3. 负责指导公司的会计核算工作,保证公司依法稳健经营 4. 全面审核对外提供的会计资料,确保对外会计资料的真实、完整 5. 协调财政、税务、会计师事务所等外部部门的工作,理顺对外公共关系 6. 按照公司付款审批程序的规定,执行货款与费用的审批职责,严格把控每笔付款的风险与真实性,控制相关财务风险 7. 跟踪收款及开票情况
法律事务部	1. 协助建立公司的内部控制制度 2. 对公司各项业务的开展进行合法性论证并提供法律支持 3. 为集团及子公司各项业务提供法律咨询 4. 处理公司的各类纠纷和案件 5. 开展法律宣传

8.4 信用管理

信用管理是控制销售收款业务风险的第一个环节,是否授予客户信用、授予多大的信用额度、信用期限多长等直接决定企业信用风险的大小,信用管理一旦失控就可能给公司造成巨额损失,甚至带来灭顶之灾。加强信用管理内部控制需要从四个方面着手。

8.4.1 客户调查

完善、全面的客户调查是信用管理的第一步,也是正确拟定客户信用额度的基础。只有全面收集客户资信资料,才能客观评价客户资信情况,进而授予恰当的信用额度。一般情况下,应由销售人员负责调查客户信息,并对客户信息的真实性负责。如果仅凭销售人员之力难以调查清楚客户信息,那么可以聘请外部的专业机构进行。在开展新业务前,业务人员应向信用管理部门提供客户基础资料、客户特征、客户经营状况等方面的信息。对于一些重大的合同或者信用管理部门认为销售人员提供的信息不可信的情况下,信用管理部门可以自行对客户展开调查。

8.4.2 授信管理

信用管理部门收到客户信息后,及时分析、评估客户的信用状况,根据公司的信用政策拟定授予客户的信用额度和信用期限,并根据授予的信用额度和信用期限,按照公司审批层级,报分管副总经理、总经理、董事长等经营管理层审批,审批通过后业务部门将信用额度通知客户,在以后的业务开展过程中执行该信用额度和信用期限。下面仍以某制造业企业 D 公司为例,展示授信管理流程,如图 8-4 所示。

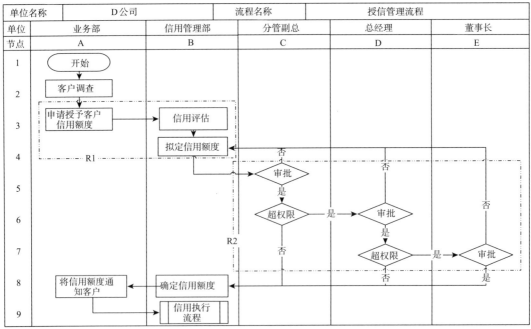

图 8-4 D 公司授信管理流程

企业应根据自身情况选择合适的客户信用评价方法并进行权变设计,尽可能全面、系统、客观地评价客户信用状况。下面仍以某制造业企业 D 公司为例,展示授信审批表的设计(见表 8-2)。

表 8-2　D 公司授信审批表

申请人		申请日期		编号		
客户名称	客户编号	信用等级	信用期限(天)	授信金额(元)	备注	
客户资信评估情况						
信用管理部意见						
分管副总经理意见						
总经理意见						
董事长意见						

授信审批工作中应重点关注以下两个关键控制点:

(1)资信评估和信用额度、信用期限拟定工作应由信用管理部门执行,不能由销售业务部门负责。

(2)最终的信用额度、信用期限要经过公司领导审批后方可生效。

8.4.3　信用执行

能否充分发挥信用管控的作用,关键看授予客户的信用额度和信用期限在业务开展中能否得到有效遵循。只有严格按照授予客户的信用额度和信用期限执行业务,才能有效降低信用风险。如果业务执行过程中随意突破信用额度和信用期限,信用管控就会形同虚设。业务执行过程中所有的赊销业务都要经过信用管理部门审核,并严格按照信用管理部门的审核意见执行。

在信用执行工作中,合同管理部门如果发现销售业务部门提交的合同草案涉及赊销条款,就应通知信用管理部门审核。信用管理部门查看客户的信用额度、信用期限和以往交易情况后提出审核意见。公司领导根据信用管理部门提出的审核意见审批合同。

在信用执行工作中应重点关注以下关键控制点:合同审批与信用管理岗位相分离。

践行有成

八方股份的信用政策及执行情况

八方股份(603489)对于合作年限较短的客户,要求支付全部货款后再安排发货;对合作年限较长、合作关系稳定且信用良好的客户,可采用赊销方式结算。公司规定:客户信用账期不超过 90 天,大部分客户的信用账期为 30—60 天。为避免境外客户的回款风险,报告期内,公司先后与中国出口信用保险公司(以下简称"中信保")及中国平安财产保险股份有限公司(以下简称"中国平安")签订了短期出口信用保险合同,对公司出口业务的货款约定一定投保额度,并对于合作年限较长的境外客户,经中信保或中国平安对客户进行资信调查等评估程序后,公司最终确定是否投保、投保金额及赊销期等。公司综合评价客户的资金实力、合作年限、信用水平授予一定的信用账期,一般情况下境内整车装配商客户的风险相对可控,公司授予的信用账期相对宽松;境外客户和贸易类客户,公司授予的信用账期较为严格。

报告期各期,公司前十大客户的信用额度、信用账期及应收账款金额情况如表8-3所示。

表8-3 主要客户的信用政策及其与应收账款金额的匹配情况

时间	序号	客户名称	信用额度	信用账期	期末应收账款金额（万元）		期后回款情况（万元）	
					应收账款余额	信用期内应收账款余额	0—3个月	3—6个月
2019年1—6月	1	TOTEM BIKES S.R.O	400万美元	T/T 60天	2 785.39	2 657.53	22.50	—
	2	深圳市喜德盛自行车股份有限公司	2 000万元	月结60天	1 911.92	1 906.88	200.37	
	3	Eurosport DHS S.A.	400万美元	T/T 60天	514.86	364.55	129.52	
	4	CYCLEUROPE AB	180万美元	T/T 60天	365.69	365.69	45.16	
	5	PROPHETE GMBH U.CO.KG	300万美元	T/T 60天	320.53	320.53	186.28	
	6	UAB BALTIK VAIRASPRAMONES	100万美元	T/T 60天	561.00	561.00	88.76	
	7	苏州恒丰进出口有限公司	300万元	发货后30天	—	—	—	
	8	宝岛车业集团有限公司	800万元	月结30天	396.37	46.67	304.40	
	9	中轮企业(天津)有限公司	1 500万元	月结60天	627.74	627.74	150.20	
	10	Social Bicycles Inc.	—	款到发货	—	—	—	
		合计			7 483.50	6 850.58	1 127.19	—
2018年12月31日	1	Eurosport DHS S.A.	400万美元	T/T 60天	2 771.00	2 631.94	2 380.23	392.77
	2	深圳市喜德盛自行车股份有限公司	2 000万元	月结60天	1 651.22	1 651.22	1 651.22	
	3	CYCLEUROPE AB	180万美元	T/T 60天	842.68	831.72	842.68	
	4	金华卓远实业有限公司	1 500万元	月结30天	592.01	217.49	334.23	257.78
	5	宝岛车业集团有限公司	800万元	月结30天	928.01	780.37	655.43	272.58
	6	PROPHETE GMBH U.CO.KG	300万美元	T/T 60天	1 986.55	1 931.59	1 986.55	—
	7	TOTEM BIKES S.R.O	150万美元	T/T60天	269.70	269.70	269.70	—
	8	南通天缘自动车有限公司	1 000万元	月结30天	513.27	22.60	200.00	150.00
	9	天津市爱轮德自行车有限公司	1 000万元	月结60天	5.80	5.80		
	10	CYCLEUROPE INDUSTRIES SAS	100万美元	T/T 60天	250.27	250.27	250.27	—
		合计			9 812.51	8 592.70	8 570.31	1 073.13

报告期内,公司对主要客户的信用政策保持稳定,未发生重大变化,各期末公司的主要客户基本上未发生应收账款余额超过授信额度的情况。截至 2019 年 7 月 20 日,八方股份各期末应收账款的回款情况良好,基本符合信用政策的约定。

资料来源:八方电气(苏州)股份有限公司,《首次公开发行股票招股说明书》,2019 年 10 月 8 日。

8.4.4 信用调整

授予客户的信用额度和信用期限应当根据客户经营情况、财务状况的变化以及市场环境的变化及时调整,确保授予客户的信用额度和信用期限与客户的偿付能力相匹配,避免因未及时调整客户信用额度和信用期限而影响业务的开展,进而损害公司利益。企业应及时做好信用调整工作,使得授予客户的信用额度、信用期限与客户实际资信状况相符,为保护公司资产安全提供合理保证;同时加强对信用调整的审批控制,为实现公司战略提供有效的支持。下面仍以某制造业企业 D 公司为例,展示授信调整审批表的设计(见表 8-4)。

表 8-4 D 公司授信调整审批表

申请人		申请日期		编号	
客户名称	客户编号	信用等级	信用期限	授信金额	备注
授信调整的原因					
信用管理部意见					
分管副总经理意见					
总经理意见					
董事长意见					

如果客户发生问题,公司就应当减少甚至取消授予其的信用额度,将该客户转变为现金交易客户。下面仍以某制造业企业 D 公司为例,展示其制定的影响授信的事项(即标准),如表 8-5 所示。

表 8-5 D 公司影响授信的事项

序号	影响授信的事项
1	客户拖欠公司销售货款超过规定期限
2	客户所在行业竞争激烈,客户市场份额不断下降、盈利能力变弱
3	客户内部发生重大变故,影响其持续经营能力
4	因重大诉讼、欠还贷款、欠缴税款等,客户资产或账户被法院、银行或税务部门封存或冻结
5	客户存在其他资信恶化行为或潜在的资信危机

信用管理部门评估后认为某客户资信状况严重恶化,不适合继续交易,经审批同意后,应当将该客户列入黑名单。对于黑名单客户,原则上不允许与之开展业务。如果业务部门需要与列入黑名单的客户交易,必须上报经审批后方可进行。下面仍以某制造业企业 D 公司为例,展示其制定的列入黑名单的情况(即标准),如表 8-6 所示。

表 8-6 D 公司列入黑名单的情况

序号	列入黑名单的情况
1	长期拖欠公司货款,要求公司中途给予不合理回款折扣,从而拖延付款或减少自身债务的客户
2	在与第三方进行的业务活动中,采用诈骗、隐瞒、恶意毁约等恶劣手段牟取经济利益的客户
3	采用诈骗、隐瞒、抵赖等恶劣手段,恶意、单方面毁约,给公司造成经济损失的客户
4	面临破产倒闭的客户
5	以多买少付方式,逐渐滚大应付账款并实施恶意拖欠的客户
6	开始以良好的现款采购方式购买公司产品,然后利用建立的良好信誉,突然以支付有困难等为由要求公司按赊销方式一次性向其发出大宗货物,从而侵占公司资产的客户
7	利用国家法律法规的漏洞,恶意套取公司货物的客户
8	不适合继续供货或发货后有巨大回款风险的客户

信用调整工作中应重点关注的关键控制点为:调整后的信用额度、信用期限要经过公司经营管理层审批后方可执行。

> 来自现实社会的实例总能带来更直观的体验和有益的启示,读者可下载"开拓视野"资料包,推荐"践行有成"栏目的"ACHT 公司基于风险控制视角的赊销业务过程管理"。

8.5 合同管理

销售业务的关键条款在合同中都有明确规定,如果合同审批控制不力,可能因重大差错、舞弊、欺诈而给公司带来损失。销售合同管理应该从合同谈判开始,在合同谈判阶段应当指定专人就销售价格、信用政策、发货及收款方式等具体事项与客户进行谈判。对于谈判中涉及的重要事项,应当有完整的书面记录。合同谈判结束后,拟制合同草案,按照公司的审批程序报批,审批人员应当严格审查销售合同草案中提出的销售价格、信用政策、发货及收款方式等,重要的销售合同应当征询法律顾问或专家的意见。销售合同草案经审批同意后,企业应授权有关人员与客户签订正式销售合同。合同签订后,企业应根据合同条款规定,严格执行合同,包括发货、退货等环节。在执行合同的过程中,如果需要更改合同条款且影响重大,就应参照合同审批程序重新报批。

8.5.1 合同审批

任何合同签订之前都应经过公司经营管理层审批。许多企业为了降低合同风险,在签订合同时采用格式合同文本,但在现实经济交往中也有许多企业不使用成文的合同范本,这样的结果往往是对合同标的约定不明确、合同条款不完善、责权意思表达模糊,这样的合同极容易使企业陷入欺诈圈套,引发合同纠纷。通过对合同条款的认真审核,可以及时发现合同条款中潜在的风险,确保公司经营活动的合法合规,避免违反国家法律;将审批权限适当下放,实行分级审批,可以为提高经营活动的效率和效果提供合理保证。下面仍以某制造业企业 D 公司为例,展示合同审批流程,如图 8-5 所示。

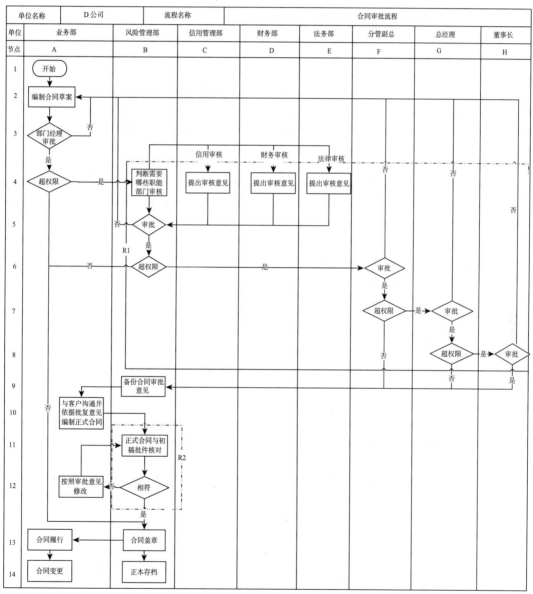

图 8-5 D 公司合同审批流程

下面仍以某制造业企业 D 公司为例,展示销售合同报审表的设计,如表 8-7 所示。

表 8-7 D 公司销售合同报审表

合同号		申请人		申请日期	
审核/审批人		合同审核/审批意见		签字	
销售业务部					
财务部					
信用管理部					
法律事务部					
分管副总经理					
总经理					
董事长					

1. 合同必须书写整洁或盖有核对章。
2. 审核人发现合同与项目确认有出入的,要在本栏写明并提出处理意见。
3. 凡项目未经确认、合同未经审批,不得擅自对外签约。

合同审批工作中应重点关注以下两个关键控制点:

(1)各职能部门应从专业角度对合同相关条款做出审核。如果信用管理部门未认真审核信用相关条款,就可能导致赊销额度过大、信用期限过长,增大坏账发生的可能性;如果财务部门未认真审核结算方式、收款方式等,就可能增加后续收款的难度;如果合同管理部门未认真审核合同,就可能无法发现合同中潜在的违反法律法规的风险,增加公司法律风险;如果各级经营管理层没有按公司规定审批合同,就可能无法从公司整体利益角度控制销售风险。

(2)合同管理部门应审核合同审核/审批过程中提出的修改意见是否已经修订。如果销售业务部门没有按审核/审批意见修改合同,合同管理部门又未审核修改意见是否体现在合同正本上,就可能发生应修改条款未修改而未被发现的情况。此外,合同一旦盖章就具有法律效力,这些应修改但未予以修改的条款可能会增加公司的经营风险和法律风险。

> 来自现实社会的实例总能带来更直观的体验和有益的启示,读者可下载"开拓视野"资料包,推荐"焦点观察"栏目的"东风汽车:破茧重生"。

8.5.2 合同变更

合同执行过程中,由于市场环境、公司情况或者客户情况发生变化,经常发生合同变更。合同变更包括合同内容变更和合同主体变更两种情形。合同变更的目的是通过修改原合同条款,保障合同得到更好的履行和一定目的得以实现。合同条款变更使得最初订立的合同内容发生变化,主体变更使得合同履行人发生变化。合同变更非常容易引起纠纷,需要与对方就变更内容认真协商,如果变更处理不当就极可能在日后产生纠纷,给公司造成损失。因此,加强对合同变更的控制,对于防范业务风险有着极为重要的意义。合同确需变更的,应及时报批,并及时与客户签订补充协议或取得客户同意变更的书面确认,防止因公司单方变更造成被客户追索违约责任的风险。合同关键条款发生变更或者执行主体发生变更,应视同合同发生变化,并按照合同审批程序报批。此工作具体流程以及应重点关注的关键控制点与合同审批工作一致。下面仍以某制造业企业 D 公司为例,展示销售合同变更报审表的设计,如表 8-8 所示。

表 8-8　D 公司销售合同变更报审表

合同号		申请人		申请日期	
变更原因及变更条款					
审核/审批人		合同审核/审批意见		签字	
销售业务部					
财务部					
信用管理部					
法律事务部					
分管副总经理					
总经理					
董事长					

1. 变更申请人必须认真填写变更原因和变更条款。
2. 审核人发现异常情况时,要在本栏写明并提出处理意见。
3. 凡变更未经确认、未经审批,不得擅自执行变更后的合同。

> 来自现实社会的实例总能带来更直观的体验和有益的启示,读者可下载"开拓视野"资料包,推荐"焦点观察"栏目的"G 公司合同管理失效案例"。

8.5.3　发货控制

合同签订后,需要根据合同的约定向客户发货。发货环节管控不力,可能会引发发货风险,即未经审批将货物发出或者发出的货物与合同约定的不一致出现误差。这通常会带来两种后果:一是货物多发,给公司带来经济利益损失;二是货物少发或规格型号错误,客户会以此为借口拒不付款或者要求公司给予一定的折扣,从而给公司带来经济利益损失,同时也会对公司的声誉产生不利影响。下面仍以某制造业企业 D 公司为例,展示发货管理流程,如图 8-6 所示。

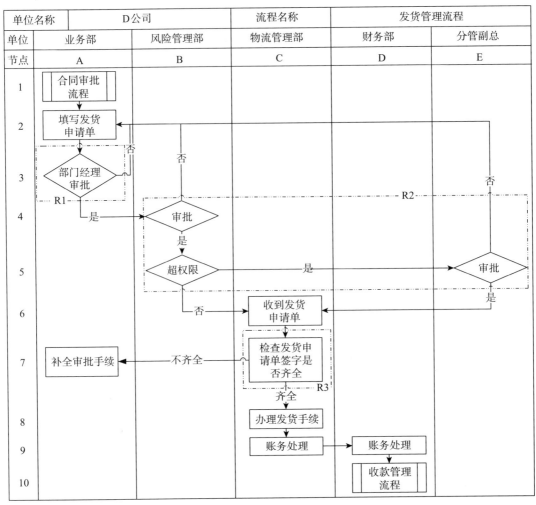

图 8-6 D 公司发货管理流程

下面仍以某制造业企业 D 公司为例，展示发货申请单的设计，如表 8-9 所示。

表 8-9 D 公司发货申请单

	NO.						年	月	日					
购货单位			仓库地址				编号							
发票号码			发票日期				合同号					备注		
品名	规格	单位	数量		单价	金				额				
						百	十	万	千	百	十	元	角	分
大写（合计）	佰 拾 万 仟 佰 拾 元 角 分				合计									

申请人： 销售业务部： 法律事务部： 分管副总经理：

发货工作中应重点关注以下三个关键控制点：

（1）销售业务部经理要认真审核发货申请单所列内容与合同是否相符。如果业务员向未与公司签订合同的客户发货，或者发货数量超过合同约定的数量，而销售业务部经理未认真审核发货申请单所列内容，可能就无法发现这种舞弊行为。

（2）经营管理层应根据审批层级严格审批发货申请单。特别是针对大宗发货或者持续发货情形的严格审批，可以有效减少内部的舞弊行为，从而降低违规发货的可能性。

（3）物流管理部门发货前要认真检查应有的签字是否齐全。物流管理部门是发货控制的最后一环，此环节如果控制不力就可能难以发现销售业务人员伪造签字、审批不到位等问题。

8.5.4 退货控制

退货是销售业务中经常发生的现象，客户收到货物后发现货物有问题或有瑕疵影响正常使用而要求将货物退回，或者客户因自身经营情况发生变化而希望供应商承担部分风险和损失，故意找出货物中存在的一些问题（如货物的规格、品种、数量等与发货单不符），要求退货或者要求供应商给予部分折扣。在退货环节中，管控不到位非常容易发生不符合条件的退货，甚至销售人员与客户合谋，借退货损害公司利益。

在执行销售合同的过程中，如果客户提出退货申请，销售业务人员就应及时去客户那里实地检验货物是否符合退货条件、是否满足合同条款的规定。如果退货要求符合条件，销售业务人员就应与客户沟通，争取客户留用货物。如果客户坚持退货，业务员需填写退货申请表，详细说明该批退货对应的合同号、数量、金额、退货原因、责任归属、是否可以向供应商索赔等信息；涉及给客户赔偿等事项，还需填写赔偿原因和金额。填好退货申请表后送销售业务部门经理和财务部门审核，之后送相关经营管理层审批。审批通过后，销售业务人员通知客户退货，并督促客户将相关单据和发票一并退回。货物退回后，物流管理部门应当组织质检、技术人员验收货物，主要检验退回的货物是否本公司发出、退回的货物与发货单是否一致、是否有对应的合同、退回货物的质量和技术指标与当初发出时是否一致。如果验收不合格，销售业务人员就应及时与客户交涉，查明原因，采取相应的对策；验收合格的货物由质检、技术人员签字后，物流管理部门方可办理入库手续。货物入库后，物流管理部门及时将退货单、销售发票、检验证明、退货接收报告以及退货方出具的退货凭证等交财务部门，财务部门审核后支付货款和补偿款，并进行账务处理。销售业务部门应对退货原因进行分析并明确有关部门和人员的责任，定期将退货情况报信用管理部门。

退货工作中应重点关注以下四个关键控制点：

（1）退货申请应经过审核和审批。如果退货申请未经审核或审批，就可能出现不符合同约定的退货条件、给客户的补偿不合理等情况；甚至业务人员与客户合谋通过不合理退货或者拟定高标准的补偿损害公司利益，导致公司承担不必要的损失。

（2）物流管理部门应组织退回货物的验收。如果未对退回的货物进行验收，就无法识别客户退回公司的货物是否为公司当初发出的货物；或者客户与业务员合谋，以质次价低的货物冒充公司发出的高品质货物,从而获得较高的退货款。如果这种情况频繁发生,就会造成资产大量流失,公司资产安全无法得到保证。

(3) 企业应追究相关责任人员的责任。如果未追究责任,那么一方面公司承担了较大的损失,另一方面无法对业务经办人员产生警示作用。如果此类问题一直存在,给公司带来的损失就会持续发生,从而影响公司资产安全。如果是供应商的原因,那以还应追究供应商的责任。

(4) 应及时将与退货相关的单据交由财务部门进行后续处理。相关单据未及时交财务部门,将导致账务处理滞后,无法与物流管理部门存货账、销售业务部门销售台账进行核对,财务监督功能将被大大削弱。此外,财务部门未能及时在账面上反映退货信息,将会影响财务数据的真实性。

8.6 收款与应收账款管理

收款是销售活动的终结,货款全额收回才意味着整个销售活动的结束。任何公司要想持续经营下去就必须将自己的货物或者服务销售给客户,同时将款项收回。赊销业务发生后,财务部门应加强应收账款管理,确保应收账款及时足额收回。收款环节如果管控不到位,就可能出现收回的款项无法及时存入公司账户,影响公司资金使用效率,甚至出现销售人员坐支或挪用货款的严重后果;如果应收账款金额过大、长期无法收回,发生坏账的可能性就会加大,从而增加公司流动性压力,在经济危机的情形下甚至会危及企业的生存。由此可见,加强收款与应收账款管理,控制应收账款规模,降低坏账风险,提高经营活动的安全性,对企业的生存和发展有着十分重要的意义。

> 来自现实社会的实例总能带来更直观的体验和有益的启示,读者可下载"开拓视野"资料包,推荐"焦点观察"栏目的"上市公司应收账款占比过高背后迷雾重重"。

8.6.1 收款管理

下面仍以制造业企业 D 公司为例,展示具体的收款管理流程,如图 8-7 所示。

收款管理工作中应重点关注以下两个关键控制点:

(1) 销售业务人员不能直接经手货款。销售业务人员直接和客户联系,若货款由其直接收回,则容易发生坐支或挪用货款的情况。如果销售业务人员与客户只发生一次交易,那么舞弊比较容易发现;但是,如果销售业务人员与客户持续交易,就很难发现业务员坐支或者挪用货款的情况,会造成公司资产损失,财务信息的真实性也无法得到保证。

(2) 财务部门要认真核对销售业务部门提交的款项认领单据与到账款项是否相符。企业大量的款项往来主要通过银行完成,如果财务部门未能做到认真核对业务部门提交的款项认领单据与到账款项是否相符,就非常容易发生款项认领错误的情况,从而影响经营

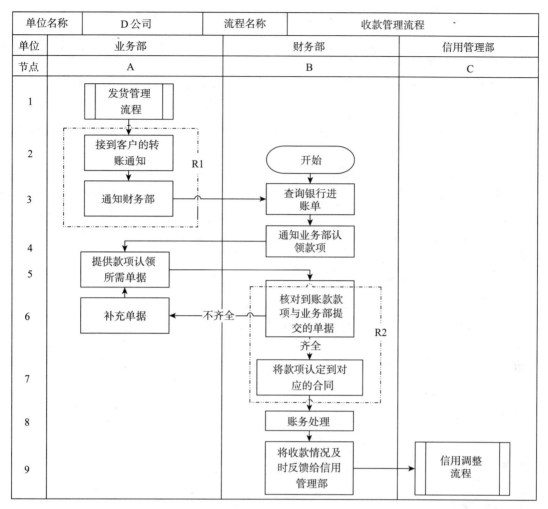

图 8-7 D 公司收款管理流程

的效率和效果;此外,如果款项认领错误,就会导致应收账款管理工作发生偏差,无法及时发现客户的欠款情况,错过最佳的催收时机,影响公司资产安全。

 践行有成

浙江省海港集团:聚焦微权力　杜绝微腐败

2019 年 7 月,浙江省海港集团外省投资企业在内部审计时发现,单位小额现金费收岗位职工郭某某通过收钱不开票和定额发票重复利用等手段,违规截留现金收入,造成企业资产损失。

现金收费管理一直是港口企业关注的廉洁风险关键节点,为贯彻落实集团"查隐患、补短板、促提升"清廉海港建设基层基础年活动要求,规范"现金费收""小额罚没款项"等微权力岗位管理,杜绝基层微腐败行为发生,宁波舟山港股份有限公司纪委于 2020 年 5 月初启

动了"现金收费""小额罚没款项"管理情况专项检查,进一步加强对基层微权力、隐权力岗位人员的监管。

1. 全面自查,掌握追踪"现金流"

专项检查组精心制订工作方案,将本次专项检查内容细化为"业务开展情况""从业人员情况""制度建设情况""制度执行情况""风险分析情况""上级检查及自查情况"等6个方面27条内容,最终梳理出25家单位在提箱业务、船舶停泊费、查验费、停车费等近150项现金收费项目、26个小额罚没款项目。

2. 与时俱进,规范虚拟"现金流"

随着数字支付的不断普及,各单位使用微信、支付宝二维码收款现象普遍存在。专项检查组一方面随机抽查一段时间内生产业务数据和财务收款数据,进行交叉比对;另一方面检查收费系统和业务系统衔接情况,是否存在数字支付领域截留资金的可能性,确保彻底杜绝二维码收费存在的廉洁风险。

3. 双管齐下,管控存量"现金流"

一是规范费收模式。按照科学管用、简单易行的原则,完善收费系统,逐步减少现金收费项目,控制"现金流"流量。二是完善制度制约。针对单次收费金额小、交易频率高、收费对象复杂等情况的现金业务,规范设置业务流程,制定和完善现金收费管理制度,落实岗位人员轮岗机制,让"现金流"在阳光下流淌。

资料来源:浙江省驻省国资委纪检监察组,省海港集团:聚焦微权力 杜绝微腐败,浙江省纪委省监委网站,2020年7月17日,http://www.zjsjw.gov.cn/gongzuodongtai/jiandujiancha/202007/t20200717_2903 662.shtml。

8.6.2 应收账款日常管理

赊销业务发生后,财务部门应及时登记应收账款明细账和对应客户应收账款台账。信用期内,财务部门应定期编制客户对账函,并以可靠的方式送达客户,所有的对账函寄出前必须与明细账和总账核对一致并有留底记录。对重要客户应每月寄一次对账函,且至少每个季度得到客户财务部门书面确认一次;对其他客户应至少每季度寄一次对账函,且至少每半年得到客户财务部门书面确认一次。特殊情况下,若发现客户有异常现象则应随时与客户对账;若有不符则应及时查明原因。财务部门应在收到客户应收账款的书面确认资料后两个工作日内予以核对,在核对过程中发现异常问题应立即报告财务部门负责人,同时通报销售业务、合同管理等有关部门。对账过程中产生的单据,如客户的对账确认书、客户的欠款确认书等,应指定专人保管,确保安全。下面以某制造业企业D公司为例,展示对账函的设计,如表8-10所示。

此外,为了及时发现客户应收账款变动情况,为销售业务部门开展销售业务和信用管理部门进行信用管理提供支持,财务部门还应定期进行账龄分析,编制账龄分析表并出具账龄分析报告。财务部门一方面从公司整体的角度分析应收账款情况,另一方面对逾期金

表 8-10 D 公司对账函

客户名称：
截至＿＿＿＿年＿＿＿月＿＿＿日,我司应收贵司账款金额为＿＿＿＿＿＿＿＿＿元。 　　下表数额出自我司账簿记录,如与贵司记录相符,请在本函下端"数据对账无误"处签章;如不符,请在"数据不符及需加说明事项"处详为指正。回函请邮寄到 D 有限公司。 　　回函地址:××省××市××路××号 　　邮编：＿＿＿＿＿　　电话：＿＿＿＿＿　　传真：＿＿＿＿＿　　联系人：＿＿＿＿＿ 　　本公司与贵公司的对账内容列示如下：

截止日期	币种	贵公司欠我司	我司欠贵公司	最终结算金额	备注
合计					

D 有限公司
年　月　日

数据对账无误	数据不符及需加说明事项
公司签章：	公司签章：
日期：	日期：

额较大、逾期时间较长或者出现异常情况的客户在报告中予以重点关注。报告编制完成后应及时提交公司经营管理层,为其经营决策提供依据。此外,财务部门还应及时将客户账款逾期情况通知销售业务部门,提示其及时催收。下面以某制造业企业 D 公司为例,展示应收账款整体账龄分析表的设计,如表 8-11 所示。

表 8-11 D 公司应收账款整体账龄分析表

逾期时间	已收金额	未收金额	已收款占应收账款总额百分比	未收款占应收账款总额百分比
1—30 天				
31—60 天				
61—90 天				
91 天—1 年				
1—2 年				
2—3 年				
3 年以上				

应收账款日常管理工作中应重点关注以下两个关键控制点：

（1）财务部门应定期与客户对账。通过定期与客户对账,可以发现应收账款不符之处,甚至能够发现舞弊行为。如果销售业务人员私自截留货款,那么公司的应收账款与客户的应付账款肯定不符,通过对账就可以发现两者的差异,进而相对容易查到销售业务人员的舞弊行为。此外,如果会计误登或者漏登某笔应收账款,通过对账就能够很快发现差错,为应收账款真实性和准确性提供合理保证,同时也可以提高财务信息的真实性和完整性。

（2）财务部门定期进行账龄分析，编制账龄分析报告。如果未做到定期进行账龄分析，就无法发现客户账款逾期情况，难以及时采取措施催讨账款，从而增加公司资产流失的风险。此外，通过账龄分析，有利于掌握公司应收账款详细情况，从而为经营管理层决策提供强有力的依据。

> 来自现实社会的实例总能带来更直观的体验和有益的启示，读者可下载"开拓视野"资料包，推荐"践行有成"栏目的"光伏制造企业F公司在收入收款领域的智慧财务应用"。

8.6.3 应收账款催收

应收账款一旦逾期，变成坏账的可能性就很大，因此公司必须高度关注逾期的账款，及时采取催收措施。此外，应严格区分并明确收款责任，建立科学、合理的清收奖励制度以及责任追究和处罚制度，以利于及时清理欠款，保证企业资金周转效率。财务部门发现客户账款逾期时，应及时提示销售业务部门采取催收措施，为公司资产安全提供合理保证；无法收回款项时，销售业务部门应将能够证明债权的单据移交法律事务部门，由法律事务部门采取法律手段催收，尽可能降低公司的资产损失。

应收账款催收效果不佳会增加坏账风险。坏账的发生极大影响公司的经营效果。对于可能成为坏账的应收账款，企业应当计提坏账准备，并按照权限范围和审批程序进行审批。对确定发生的各项坏账，应当查明原因，明确责任，并在履行规定的审批程序后做出会计处理。若需要计提坏账准备，则应该由财务部门提出，并报经相关经营管理层审批同意后方可实施。

应收账款催收工作中应重点关注以下两个关键控制点：

（1）财务部门发现款项逾期应及时通知销售业务部门。账款逾期的时间越长，催收的难度越大，收回的可能性也越小。账款一旦逾期就应及时通知销售业务部门采取催收措施，能够最大限度降低款项无法收回的风险，保护公司的资产安全。

（2）销售业务部门无法收回逾期账款时应及时通知法律事务部门采取法律措施。客户无法偿还逾期账款是其可能破产的一个信号，当客户破产清算时，债权人需要在规定的时间内申报债权，逾期未申报将难以获得补偿。如果销售业务部门及时将逾期情况通知法律事务部门，就能够为其及时采取法律手段维护公司利益提供便利。

践行有成

中兴通讯应收账款"三环"管理体系构建与应用

在业务全球化的过程中，中兴通讯股份有限公司（以下简称"中兴通讯"）以财务共享为基础，逐渐形成了以战略财务、业务财务、共享财务联合驱动的全球应收账款管理模式。其中,战略财务为战略及经营管理提供决策支撑;业务财务深入业务进行全价值链的财务管理;共享财务集中财务基础工作,提供高效的信息服务。三者协同驱动应收账款"三环"管理体系的运转、落地。具体来说,"三环"管理体系是由财务环、业务环、管理环组成。财务环(内环)打通从合同到发票、对账到收款的信息流转,关注发票、应收确认、收款核销、对账的 AR 数据核算流程;业务环(中环)贯穿 LTC(从线索到回款)全业务流程,嵌入事前、事中、事后三个阶段参与核心业务实施;管理环(外环)是由组织、人员、流程、制度、系统、绩效六要素共同构建起的应收账款的管理环境和基础,保障和促进核心业务的开展。

一、财务环

财务环是应收账款管理中财务部门直接管理控制的范围,是财务基础工作,包括发票管理、应收确认与核销、客户对账业务,是遵循"开票到合同、核销到发票、对账到客户"的基本原则建立的(见图 8-8)。共享财务是财务环运作的必然选择,通过财务共享服务中心把全球的应收数据集中在国内,进行标准化、流程化、信息化的科学管理,从而加速财务环运转。

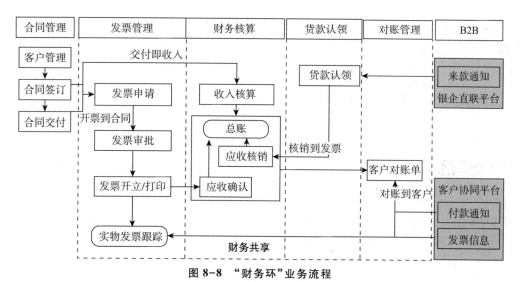

图 8-8 "财务环"业务流程

1. 发票管理集中化

发票管理是财务环的核心。中兴通讯发票管理经历了从分散化到标准化再到最终实现集中化管理的过程。通过统一规范制度、统一标准动作、统一系统建设、统一开票人员的四个统一性改革,2016 年已实现由财务共享中心支撑全球一百多个国家和地区的发票集中开具,发票系统全面支持从发票申请、审核、开具、打印到实物票据跟踪传递的全流程,同时利用系统可视化功能,实现对开票准确率、开票及时性等发票质量指标的实时跟踪监控。

2. 应收核算严谨化

应收账款的确认与核销,是财务环的基础。受通信制造行业普遍存在的项目周期长、金额巨大等特点的影响,合理确认和核销应收账款尤为重要。中兴通讯遵循国际会计准则,于2015年提出"交付即收入、收入即收款"的变革要求,将应收账款的确认与合同、可收款交付状态紧密关联,收入确认规则严格谨慎。同时,为了保障每年数万个订单应收账款核销的准确性,其核销也要求匹配到发票维度,并通过货款认领的方式实现。并逐步借助银企直联/SWIFT直联,实现共享中心对来款的自动认领与核销。

3. 客户对账自动化

客户对账是财务环的延伸,旨在与客户进行应收账款的校验,确认债权、纠正误差,并在核对货款的过程中起到催收回款的作用。近年来,客户对账方式逐渐向自动化发展,即客户对账单从纯手工制作转变为系统自动生成,并逐步从现场面对客户核对转变为共享中心远程电子化核对,对账效率显著提升,并通过及时对账加快了回款速度。

4. 信息系统智能化

财务环的流畅运行,需要强大的智能化系统做支撑。中兴通讯应收管理财务系统包括财务核算系统、发票管理系统、对账管理系统、货款认领系统。总体来说,在前端实现与客户/合同管理系统、合同交付系统数据对接,由业务流程自动触发财务环系统运转,通过各系统间数据信息的逻辑关联,替代人为干预和手工操作;同时,在后端已逐步建立起B2B协同平台,与税控系统、银行、客户实现信息共享,从而加速全流程信息流转(见图8-9)。

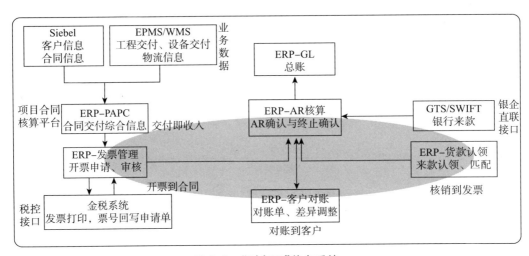

图8-9 "财务环"信息系统

二、业务环

作为业务财务范畴的应收业务管理已覆盖从商机确认到收款的LTC全业务流程,从事前、事中、事后三阶段进行管控。LTC流程涵盖机会发掘、订单获取和项目交付三大阶段。应收管理业务环的事前管控是指严控客户信用风险及商务条款;事中管控是指实时把控项目交付执行;事后管控主要是指规范收账流程,分步、分级、分类推进欠款清收(见图8-10)。

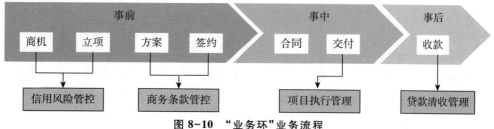

图8-10 "业务环"业务流程

1. 信用风险管控

客户资信的优劣决定了应收账款的先天质量,信用风险管控是应收管理业务的起点,应当在合同谈判前介入,并贯穿商机确认、签约、执行全流程。首先,建立客户数据库,集中管理客户经营、财务等信息,为经营决策提供参考信息;其次,设计客户资信等级评估模型,实现对客户资信的评级并配置信用额度,实现签单授信管控;最后,对不同信用级别的客户制定不同的信用政策,并根据市场、战略变化不断修订,对于超授信/风险客户,通过设置严格的付款条件及毛利要求或风险转移条款进行从严管控。

2. 商务条款管控

在商务方案与投标阶段需进行商务条款管控,从源头保障回款周期,防控货款风险。中兴通讯设置了名义周转天数和收款条款风险值两大指标,分别从回款周期、回款风险角度量化付款条款风险。前者是在合同约定的付款方式下,计算收回所有合同款项预计所需的平均天数;后者是对影响收款的不同类风险条款进行风险赋值,计算条款的综合风险系数。另外,外汇风险是导致国际欠款贬值或回收难的原因之一,中兴通讯通过选择适当的签约模式及收款币种、在商务报价中预置汇兑成本、与客户风险共担等方式管控外汇风险。

3. 项目执行管理

项目执行进度、交付质量、交付要件传递及时性等都会影响后续收款。只有适当快速的履约交付,才能使客户感到满意并及时付款。中兴通讯在项目管理过程中,将收款重要性植入项目交付理念,以收款为导向,实时关注工程执行与实现可收款状态之间的联系;关注项目执行进度,进行关键节点考核,明确责任人;将过程管理细化到项目执行各节点,对比计划与执行结果的差异,聚焦症结并有针对性地加以改善;聚焦项目执行质量,对于项目执行质量所导致的欠款定期梳理、准确定位、专人跟进、专项治理。

4. 货款清收管理

在货款清收管理过程中,中兴通讯区分欠款账龄、疑难程度及欠款原因等不同情况,分步、分级、分类推进清收。针对信用期及逾期6个月以内的欠款,通过定期走访、对账、电话、催款函等方式分步清收;根据项目疑难程度不同,分别由公司内部不同层级部门牵头分级催收;定位产品质量、物流、工程等问题导致的欠款,与相关部门沟通原因,尽快解决问题,以实现分类清收;针对部分周期长的项目,选择通过保理、应收账款证券化等融资方式加速清收。

三、管理环

管理环由组织、人员、流程、制度、系统、绩效六要素组成,是应收账款的管理环境和基础,保障和促进应收账款管理核心业务的开展。

1. 组织

中兴通讯的应收账款管理架构按照"纵向到底、横向协同"的方式构建矩阵式组织架构(见图8-11)。依托"专业主建、业务主战"理念,纵向构建三级作战指挥体系和三级能力支撑体系;依托LTC全业务流程,在总部层面横向建立端到端管理支撑团队,在商机确认、竞标、签单、交付、收款等各环节对收款风险进行控制。

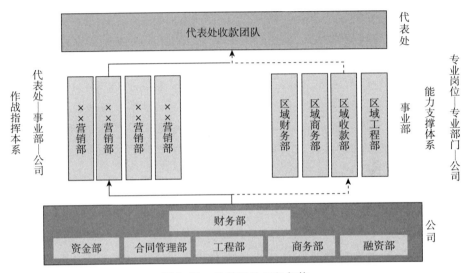

图8-11 收款团队组织架构

2. 人员

在矩阵式组织架构下,中兴通讯借助财务共享服务中心的运营管理,将基础业务进行专业化、标准化、流程化和信息化的统一处理,实现了发票开立集中、载款集中、客户对账集中。收款经理可以从基础的数据处理工作中解放出来,全面转型为业务财务,集中精力关注应收全流程管理,并逐步将风险管控前移。同时,总部能力中心通过组织系统的培训和建立多维的职业发展通道,持续提升收款团队的专业能力。在专业培训方面,引入"学习路径图"方法,为收款经理设计以加速职业技能成长为目标的综合学习方案,对其在组织内学习成长过程进行科学规划。在职业发展方面,统一组织收款岗位任职测评,打通收款岗位不同级别向项目线、管理线、财务线等跨领域轮岗及竞聘的通道。

3. 流程和制度

为保障销售收款全流程的顺利运作,中兴通讯在信用风险、商务管控、合同管理、交付管理、应收管理、清收管理等方面建立了相应的流程,并在相关流程中嵌入了信用评级制度、合同管理制度、商务条款管控方案、标准收款流程、载款规范、核销机制和奖惩办法等制度,使各个流程节点上的团队成员按照流程协同运作,依据制度完成各流程节点上的标准化动作。

4. 系统

信息系统建设必须结合业务流程的优化,才能使其与业务流程无缝衔接,达到效用最大化。中兴通讯搭建前端的信用管理系统、合同管理系统、工程交付系统对业务数据加以整理加工,实现信用控制功能;建立项目合同核算平台、应收核算平台,实现货款核算功能;通过货款核销及发票管理系统实现收款催收功能。如此多维信息系统的搭建,打通了端到端的流程,大幅提升了应收账款信息化管理水平,确保了销售收款全流程的信息流动与动态监控。

5. 绩效

中兴通讯应收账款绩效管理主要是通过制定可量化的考核指标以及一系列考核奖惩政策来完成。一是在收款规模、收款效率、收款管理质量等方面,分别设置专项奖励并给予各单位相应的专项激励;二是通过收款指标间接影响其他绩效奖金的分配,以此促使各单位在推动其他指标时同步关注收款指标;三是针对逾期欠款制定相应的惩罚政策与问责机制,积极引导各单位及时收款。

资料来源:王秀红、孙彦丛、宋倩,中兴通讯应收账款"三环"管理体系构建与应用,《财务与会计》,2018年第1期。

综合案例

运达科技:多举措加大应收账款管理[①]

运达科技(300440)2021年2月8日在回复投资者问询时表示,公司正逐步完善客户信用管理机制,重点发展商业信用好的稳定客户群,加大应收账款的清收力度,同时公司将销售产品回款情况与业务部门和销售人员业绩考核挂钩,采取多种举措加大应收账款管控。

运达科技是一家软件与服务公司,主要业务包括五大智慧解决方案——智慧培训、智能运维、智慧车辆段、智慧牵引供电、智慧物流,涉足轨道交通行业机车车辆、牵引供电、物流三个板块,客户群包括国铁、城轨、院校,业务覆盖轨道交通智慧领域。公司核心竞争力主要来自轨道交通领域多年深耕发展以及仿真模拟、数字孪生、VR、图像识别和大数据等领域的软件开发、系统集成能力。

同花顺iFind数据显示,2017—2019年及2020年第三季度末,运达科技应收账款期末余额分别为5.64亿元、6.53亿元、5.78亿元和6.29亿元,分别占当期营业总收入的94.80%、125.76%、83.76%和166.09%,公司对应期内经营活动产生的现金流量净额分别为8 641.78万元、-1 097.05万元、1.34亿元和-5 245.82万元。

2021年2月3日,有投资者在深交所互动易平台询问公司应收账款高企、总资产规

---

① 主要参考:郭新志,运达科技:多举措加大应收账款管理,《中国证券报》,2021年2月8日,https://finance.eastmoney.com/a2/202102081807269429.html;成都运达科技股份有限公司,《2021年年度报告》,深圳证券交易所网站,2022年4月26日,http://www.szse.cn/disclosure/listed/bulletinDetail/index.html?a964200a-6f2c-4a88-9eec-b90d18ae8225。

模下降以及关联交易相关情况。

对此,运达科技 2 月 8 日回复称,应收账款是公司历年应收账款累计值,另外公司客户主要是各铁路局及下属单位、科研院所、铁路建设单位,以及各大城市轨道运营公司,资金来源依赖财政性拨款和运营业收入入,资金实力较强且具有良好的信誉保证,发生坏账可能性较小。但是,由于资金来自国家财政或上级单位拨款,审批手续比较烦琐,收款时间相对较长且有不确定性,公司针对应收账款的管理主要采取多种措施:一是逐步完善客户信用管理机制,及时跟踪和了解客户的经营状况与信用情况,重点发展商业信用好的稳定客户群,对于存在经营风险及欠款逾期的客户及时采取催款措施,加大应收账款的清收力度。二是制定适合的销售业绩考核机制,将销售产品回款情况作为业务部门和销售人员业绩考核的重要依据。

运达科技称,由于公司清理负债,负债减少也会造成企业资产减少。此外,公司 2019 年度资产总额较 2018 年度资产总额呈上升趋势。公司关联交易均严格按照相关法律法规要求履行了审议及披露程序,关联方在表决时均回避了表决。

根据运达科技披露的 2021 年年度报告,应收账款余额较大的风险仍然是公司当前面临的最主要风险。数据显示,运达科技应收账款规模较大,2020 年年末和 2021 年年末公司应收账款余额分别为 71 350.23 万元、94 351.43 万元,占公司总资产的比例分别为 30.72%、39.88%。运达科技认为应收账款规模较大的原因主要是公司正处于快速发展阶段,2020 年和 2021 年公司的营业收入分别为 78 735.19 万元、90 635.26 万元,2021 年较 2020 年增长 15.11%。

思考题

1. 如何利用财务数据科学合理地评价企业的应收账款风险?请结合案例材料综合评价运达科技的应收账款风险。
2. 请结合案例材料,总结导致企业应收账款风险的主要原因有哪些。
3. 请你针对运达科技的情况,提出全面系统的应收账款管理思路。

第 9 章 企业集团内部控制

寄 语

　　企业集团是以产权为联结纽带的由母公司与子公司、参股公司、成员企业或机构组成的集约化组织。与一般企业相比,企业集团在规模、布局、成员、结构等方面都有自身特点。这些特点增加了企业集团的管理层级、管理幅度和管理跨度,使得集团公司的管理强度和难度以及管理失败的风险大大增加。因此,企业集团比任何其他类别的企业组织形式都更需要良好的内部控制制度,以加强对子公司的管控和保证集团总体战略目标的成功实现。本章分析我国企业集团管理中存在的主要问题,总结世界一流企业管理的先进经验,并提出建立健全企业集团内部控制体系的框架思路。该框架以战略控制为导向,以管理控制为主线,以财务控制为核心,以监督控制为保证,可以为加强企业集团内部控制制度建设、促进企业集团真正实现"做大做强走远"目标提供指导。

知识要点　理解企业集团内部控制建设的复杂性、紧迫性与重要性;了解企业集团内部控制建设的关键风险;了解企业集团战略控制的关键风险和组织架构;了解管理控制的关键风险,理解其基本原则;了解财务控制的关键风险,熟悉其主要职能;了解监督控制的关键风险,理解内部审计的机构和职能,熟悉内部审计的流程,理解内部控制评价的主体和作用,熟悉内部控制评价的要求。

技能要点　掌握企业集团内部控制建设的基本要求和总体框架,能够结合所在企业实际情况开展内部控制建设;应用战略控制的基本流程,加强企业集团战略管理;应用管理控制主要方法,促进企业集团战略实施;掌握财务控制的基本构成,搭建企业集团财务控制体系;掌握监督控制的方法手段,强化母公司对子公司的监控。

素质养成　剖析企业集团经营失败的典型案例,强化合规理念,提升风险意识;学习《关于加快建设世界一流企业的指导意见》等相关文件,领会习近平总书记关于建设世界一流企业的重要论述精神;吸收跨国公司有益经验,对标中国企业集团成功实践,坚定"四个自信",积极建设世界一流企业;培养建设世界一流企业内部控制体系应具备的战略思维、系统思维和创新思维;学习《中华人民共和国审计法》《审计署关于内部审计工作的规定》等法规文件,体会习近平总书记关于审计既要"查病"又要"治已病、防未病"要求的内涵。

> 引导案例

雨润集团破产重整的启示[①]

1992年,祝义财将位于合肥的华润肉食品厂迁址南京,创立了"雨润"。30年的光阴像是一个轮回,在2022农历春节前夕,深陷债务囹圄的雨润集团迎来了新生。

《中国经营报》记者获悉,2022年1月28日,南京雨润等44家公司重整方案以99.72%的高票率获得债权人表决通过,并由南京市中级人民法院正式裁定生效。而在此前,雨润控股等78家公司的重整方案已经于2021年12月31日获债权人表决及南京中院裁定通过。

根据重整方案,雨润将通过雨润精选解决债务问题,雨润精选承诺2026年实现净利润不低于50亿元,并在2027年提交上市申请。重整计划目标达成后,转股债权人从证券化平台退出。

对于雨润来说,2022年已经是其"而立之年"。在经历了早期快速崛起、进入全国民营500强第五、营收规模曾高达1 500亿元等,到祝义财受突发事件影响,雨润集团接连遭受金融债务违约、诉讼仲裁、资产查封冻结等打击,雨润的发展犹如"过山车"。

回首2005年,在祝义财的带领下,雨润抓住市场发展红利,雨润食品成功上市;与此同时,祝义财通过连续举牌,成为上市公司南京中商实际控制人。一举控制两家上市公司,"雨润系"正式形成。

雨润巅峰时期,在全国31个省份拥有300多家子公司,旗下员工数量高达13万,企业总资产价值约360亿元,仅南京雨润这个品牌的价值就高达125亿元。2012年集团总资产达到1 000亿元。

彼时,祝义财并没有瞄准肉食赛道,而是谋求多元化发展,雨润成为横跨物流、地产、文化、食品、旅游、商贸、保险等领域的综合性集团。

巅峰过后就是下坡,不过雨润的下坡路走得稍显快了一些。2015年3月,祝义财因案被监视居住,雨润食品和中央商场的多位高管离职。随后,金融机构短期内"抽血"约150亿元,致使公司流动性枯竭。祝义财所持25.82%股份被法院轮候冻结。

沈萌认为,在国内经济形势变化下,急速降杠杆会对依赖信贷扩张的企业产生逆周期性打击,加之祝义财的突发事件,整体叠加之下导致雨润系走到今天。

朱丹蓬也认为,当时的多元化布局太快,祝义财的突发事件让很多项目成为"烂尾"。"这也给很多企业以启示,在多元化布局的时候,必须先把基础夯实,再去做可控的多元化,否则资金链会承受巨大压力。"

据雨润食品年报数据,2015—2020年,公司累计亏损额高达180亿港元。而中央商场也出现了卖楼还债的情况。

雨润破产重整的现实无情地昭示了多元化经营企业集团失败的根源:缺乏系统、强

[①] 刘旺.雨润重整方案落地七年"磨难"迈向重生.《中国经营报》,2022年1月30日。

大的母子公司管控能力的企业,高速扩张只是风险急剧放大的同义词,只是危机迅速爆发的导火索。

启示录 雨润集团在高速发展和扩张过程中碰到了与母子公司管控密切相关的三个问题的巨大挑战:如何实现从企业商品经营到产业经营?如何兼顾母公司的有效控制和子公司的专业化经营?如何兼顾发展的速度和效率?现实中的大量案例告诉我们,唯有不断强化企业集团内部控制制度体系才是根本之道。

9.1 企业集团内部控制体系建设的主要动因

中国企业已经从世界舞台的边缘走到中心,但要成为具有全球竞争力的世界一流企业,还必须进一步强化企业集团的内部控制体系建设。为此,我们一方面要了解企业集团内部控制建设的复杂性,另一方面要领会企业集团内部控制体系建设的紧迫性,更关键的是要深刻认识到企业集团内部控制体系建设的重要性。

9.1.1 企业集团内部控制建设的复杂性

企业集团是一种以产权为基本纽带联结在一起的特殊的企业联合体,其本质特征是"一种以母子公司关系为基础的垂直型组织体制"。这一点不同于一般的大中型企业。企业集团无论是组织层级还是业务层面都与单一主体企业有着巨大的差别,其主要特征可以概括为以下几个方面:

1. 规模大型化

规模大型化是企业集团的主要特征,也是企业集团发展的基本方向,因为规模的扩大可以实现规模经济和范围经济。当单一产品的产量增加、规模扩大引起平均固定成本降低时,实现的是规模经济;而当产品品种增加引起规模扩大,进而使平均固定成本降低时,实现的是范围经济。同时,企业集团在规模扩大的过程中,还可以通过原材料的大批量采购和产品供给的垄断地位获取更大的利益。

2. 布局分散化

企业集团的布局一般趋向于分散化,通常表现为跨区域、跨国经营。这一特征在很大程度上是企业集团在实际经营管理中形成的一种外在属性。随着企业集团规模的有效扩张和业务的不断扩大,单一区域的市场和资源难以满足企业经营的需求,为了继续扩大经营,企业集团自然要向区域外、国外发展,从而成为跨区域、跨国的企业集团。尤其是在当今世界经济全球化、市场一体化趋势的影响下,布局分散化是企业集团寻求发展、增强竞争能力的必然选择。

3. 成员多员化

由于企业集团是多个法人单位基于产权联结形成的企业联合体,因此具有成员多元化的特征。这种多法人的联合体不同于一般的企业联盟或合作经营。在不影响成员企业的独立法人地位和积极性的情况下,集团内部不但实行统一的战略和发展规划,而且拥有自己特定的集团章程、管理机构、协调手段、规章制度及分配方式等,形成自己相对独立的控制机制。同时,企业间法人单位以产权联结导致管理权力不对等,通常母公司管理权力最大,因此企业集团通常表现为母子型结构。

4. 结构层次化

企业集团的管理结构一般有多个层次,这种多层次的管理体制是由各个独立的法人主体企业构成的,并非指企业内部的科层组织结构。对于企业集团来说,无论是纵向持股形成的还是横向持股形成的,基于持股比例可以划分为核心层、紧密层、半紧密层和松散层等层次。不同层次企业在企业集团中互为协作,发挥着不同的功能作用。按企业集团纵向的层次结构,通常可以把集团成员企业划分为投资中心、利润中心、收入中心和成本中心三个不同层次的经营责任单位,不同层次的经营责任单位享有的权利和承担的责任也完全不同。

5. 经营多元化

在经济现实中,大多数企业集团一般不只从事单一产品的生产与经营,往往横跨几个经营领域或行业,以达到充分利用资源、分散经营风险的目的。多元化经营战略也是大型企业集团发展的重要战略选择之一。

上述企业集团的五个主要特征导致其在建立内部控制体系时比一般的企业更为困难,尤其是对于子公司的管理,无论是从制度设计上还是从实际执行上都更为复杂。

9.1.2 企业集团内部控制建设的紧迫性

近年来许多知名企业集团先后陷入经营危机、财务困境甚至破产重整和破产清算,这表明我国企业集团离世界一流企业的标准还存在较大差距。下面针对我国企业集团发展过程中的普遍性问题做一归纳总结,以突出我国企业集团内部控制体系建设工作的紧迫性。

1. 在战略方面,多元化战略失当

有些企业集团盲目无关的多元化问题突出,这与企业集团片面追求收入增长、规模扩大的通病相关。一些企业集团在主营业务发展到一定程度,需要长期研发投入和提升科技水平时,往往会"耐不住寂寞",不顾风险跟风投资于高利润领域,从而造成企业集团偏离主业,难以形成核心竞争力。另一些企业集团则表现为战略目标过于激进。企业集团往往会经历一个爆炸式的高速发展过程,而在此进程中经营管理层经常会"杀红了眼",脱离实际甚至不惜大量举债疯狂扩张,而一旦外部经济环境出现波动,就可能导致企业集团资金链紧张甚至断裂,从而无法避免破产的命运。

2. 在管控方面,管理水平低下

表现之一是管理机构庞杂臃肿。企业集团的扩张速度过快,相关制度建设和配套措施完善的速度远远跟不上并购的速度。许多企业并购之后,集团成员企业尤其是下属机构的经营管理部门爆炸式增加,机构林立、人员冗余,加上管控跟不上、整合不到位,结果造成内部之间协调的困难和沟通的障碍,从而导致经营效率的降低。

表现之二是管理质量有待提高。许多企业集团无论是管理经验还是管理能力与国际跨国公司相比本身就有劣势,无关多元化的战略决策使得这一问题更加严重。进入非相关领域后,管理难度进一步提升,然而集团原有的管理人员特别是高层管理人员往往缺乏新行业的管理经验,从而造成管理工作的断档。

3. 在监督方面,对子公司监督不力

企业集团母公司对子公司的监督不力包括控制力度和内部监督制度两个方面。在控制力度方面,过快的扩张并购使得母公司对子公司的管理采取分权化的管理模式。然而,权力下放的度往往把握不好,过于分权化,这种松散的管理模式造成母公司对子公司的控制力度弱化,使得集团内部的违规操作、贪污挪用等舞弊事件频发。在内部监督制度方面,母公司在公司治理方面的缺陷会导致其对子公司内部监督的不完善甚至缺失。一方面,母公司在内部监督制度设计方面存在漏洞,使得子公司得以"钻空子""打擦边球";另一方面,一些母公司在制度执行方面的力度不够,导致内部监督制度形同虚设,使得一些子公司"自立为王","架空"母公司的控制,从而损害企业集团整体利益。

> 来自现实社会的实例总能带来更直观的体验和有益的启示,读者可下载"开拓视野"资料包,推荐"焦点观察"栏目的"尚德之殇"。

9.1.3 企业集团内部控制建设的重要性

党的十八大以来,习近平总书记高度重视建设世界一流企业,发表了一系列重要论述,强调企业家爱国有多种实现形式,但首先是办好一流企业,带领企业奋力拼搏、力争一流,实现质量更好、效益更高、竞争力更强、影响力更大的发展;深化国有企业改革,发展混合所有制经济,培育具有全球竞争力的世界一流企业;民营企业要拓展国际视野,增强创新能力和核心竞争力,形成更多具有全球竞争力的世界一流企业。2022年2月28日,习近平总书记主持召开中央全面深化改革委员会第二十四次会议,审议通过《关于加快建设世界一流企业的指导意见》,为如何加快建设世界一流企业指明了前进方向、提供了根本遵循。

所谓世界一流企业的内涵,是指在特定的行业或业务领域内,长期持续保持全球领先的产品竞争力、行业领导力和社会影响力,并获得广泛认可的跨国经营企业。与世界一流企业相比,我国企业集团仍存在管理制度不完备、体系不健全、机制不完善、管控不到位等问题,"大而不强"饱受诟病,"基业长青"则似乎是中国企业目前遥不可及的梦想。因此,如何对标世界一流企业,强化内部控制体系建设,真正成为世界一流企业,是当前无论是国有企业还是民营企业均面临的一项重要任务。从历史视角观察,许多跨国公司经过两次世界大战和两次技术革命的洗礼,在内部控制实施方面积累了许多有益的经验。因此,我国企业集团在强化内部控制体系建设过程中,应特别注重学习那些已经跻身世界一流企业之列的跨国公司的成功经验,有所扬弃,为我所用。

1. 战略控制科学明确

科学的战略控制一般包括理性的战略定位、科学的战略分析和坚决的战略实施。首先,明晰准确的战略定位是企业集团发展的基本前提。如吉凯恩(GKN)集团在近两个半世纪的发展历程中,经历过多次世界宏观环境的大变革,每一次变革过后都能依据外部环境的变化重新进行战略定位,从而实现华丽变身;埃克森美孚公司在深刻认识能源行业特殊性的基础上,确立纵向一体化战略;等等。其次,成功的战略是科学严谨的战略分析的结晶。纵观成功的跨国公司,绝大多数是以一业为主而长期雄踞某一行业前列的翘楚,它们都不约而同地将集团全球战略的着眼点放在提升企业持久的核心竞争力上。这是我国企业集团动辄搞盲目无关多元化、追求"千亿"规模所要借鉴的经验。最后,有效的战略实施是战略实现的根本保障。如通用电气为了坚守"数一数二"战略而放弃上千个投资计划;沃尔玛为实施"天天平价"战略而千方百计地降低成本,在利润率较低的零售业始终坚持"天天平价"的承诺;等等。

2. 管理控制严格全面

为了保证企业战略和组织目标的实现,企业集团应当实行全面和严格的管理控制。全面是指管理控制制度的设计要覆盖包括集团管理的主要层级和业务流程的全过程,不留空白和盲区。严格是指管理控制制度的执行力度要足够大,控制效果要有保证,"鞭长且力及"。

从跨国公司的成功经验来看,全面的管控制度至少应包括全面预算、报告反馈和评价激励三个方面的内容。具体来讲,在预算控制方面,以吉凯恩集团为例,其构建了一整套科学完善的预算管理模式,针对预算的编制、执行、反馈和考核全过程的各个控制点建立了健全的制度和流程。在报告反馈方面,集团公司通过定期的经营业绩报告和财务报告来加强对子公司的控制,同时有效了解各子公司的生产经营和预算执行情况,做好事中控制。在评价激励方面,通过科学公平的业绩评价体系考核子公司、管理人员及员工的预算执行结果,与预算目标值进行对比,并在此基础上建立责权利相统一、业绩考核与奖惩紧密挂钩的激励约束机制。在这一环节,科学有效运用诸如平衡计分卡(BSC)、经济增加值(EVA)等典型绩效考核工具是关键,前者如埃克森美孚、苹果,后者如西门子、可口可乐都是成功的的典范。

3. 财权集中管控

自1997亚洲金融危机发生之后,财权集中化已经成为跨国公司财务控制的基本思路。这种演变有其深刻的原因,一方面,随着经济全球化和全球市场的出现,跨国公司的全球化趋势日趋明显,全球化战略得到不断加强。跨国公司全球经营的状态要求其集中管理集团的财务资源,提高资金利用效率,降低资金成本。另一方面,由于跨国公司面临更为广阔和复杂的国际环境,错综复杂的经济、政治和社会环境给跨国公司带来了前所未有的风险与挑战。财权分散化在这种环境下无疑只会加剧风险,为了最大限度地规避风险,企业集团需要加大对资金的控制力度,在财务管理制度设计上要采取财权集中化模式。

资金是企业的"血液",财权集中化的主要对象就是对资金的集中管理。以西门子集团为例,其在集团内部专门设立了金融服务公司作为整个集团的金融服务中心、金融运营中心和利润中心。集团要求所有成员企业在金融服务公司开立账户以实现账户结构的集中化和标准化,确保支付、交易和现金的集中管理。无独有偶,吉凯恩集团也专门设立了司库,并规定所属单位的银行业务必须集中在司库指定的跨国银行,实现对银行存款的高度集中控制。

4. 监督考核严格完善

跨国公司的母子公司之间的空间差距容易造成子公司与母公司之间的信息不对称,正所谓"将在外君命有所不受";而全球化的经营战略意味着集团将会有更多的异地和境外的子公司,更能加剧信息不对称的程度,甚至导致信息延迟或扭曲。从跨国公司的成功经验来看,内部审计是母公司对子公司实施监督控制的有效手段。母公司通过具有专业胜任能力和独立性的审计,对子公司的发展战略、年度财务预决算、重大投融资、大额资金使用等重大事项进行考察和监督,有利于全面了解子公司的经营状况和风险水平,深入发现子公司经营管理中存在的漏洞和出现的问题,并及时采取措施加以干预和控制。

> 来自现实社会的实例总能带来更直观的体验和有益的启示,读者可下载"开拓视野"资料包,推荐"焦点观察"栏目的"国际企业巨头分拆引人深思"。

9.2 企业集团内部控制体系建设的框架思路

强化企业集团内部控制体系建设,首先要把握企业集团内部控制体系建设的关键风险,其次要了解企业集团内部控制体系建设的基本要求,最后在此基础上形成企业集团内部控制体系建设的总体框架。

9.2.1 企业集团内部控制体系建设的关键风险

近年来,财政部、国资委等相关部门陆续出台一系列相关法规,对企业集团内部控制体系建设的关键风险给出了提示。国资委 2018 年 7 月颁布的《中央企业违规经营投资责任追究实施办法(试行)》规定得最为全面,其中第七条明确了集团管控方面的责任追究情形,主要包括以下方面:

(1) 违反规定程序或超越权限决定、批准和组织实施重大经营投资事项,或决定、批准和组织实施的重大经营投资事项违反党和国家方针政策、决策部署以及国家有关规定。

(2) 对国家有关集团管控的规定未执行或执行不力,致使发生重大资产损失,对生产经营、财务状况产生重大影响。

(3) 对集团重大风险隐患、内控缺陷等问题失察,或虽发现但没有及时报告、处理,造成重大资产损失或其他严重不良后果。

(4) 所属子企业发生重大违规违纪违法问题,造成重大资产损失且对集团生产经营、财务状况产生重大影响,或造成其他严重不良后果。

(5) 对国家有关监管机构就经营投资有关重大问题提出的整改工作要求,拒绝整改、拖延整改等。

> 来自现实社会的实例总能带来更直观的体验和有益的启示,读者可下载"开拓视野"资料包,推荐"焦点观察"栏目的"A股再次上演'子公司失控'剧情!"。

9.2.2 企业集团内部控制体系建设的基本要求

《关于加快建设世界一流企业的指导意见》强调,衡量世界一流企业的标准为"产品卓越、品牌卓著、创新领先、治理现代"。应当看到,与世界一流企业相比,我国企业集团目前在产品质量、运营效率、品牌建设、创新水平、国际化建设与现代化管理等方面仍存在诸多不足或欠缺。为此,国务院国资委2020年6月15号发布了《关于开展对标世界一流管理提升行动通知》(国资发改革〔2020〕39号文),决定在中央企业和地方国有重点企业(以下统称"国有重点企业")开展对标世界一流管理提升行动(以下简称"对标提升行动")。这份文件将对标提升行动作为作为增强核心竞争力、着力打造具有全球竞争力世界一流企业的基本要求。该文件对对标提升行动的总体要求和重点任务做出了明确的规定,可以为企业集团加强内部控制体系建设提供重要参考。

对标提升行动的总体要求是:以习近平新时代中国特色社会主义思想为指导,以对标世界一流为出发点和切入点,以加强管理体系和管理能力建设为主线,坚持突出重点、统筹推进、因企施策,对照世界一流企业、行业先进企业找差距,有针对性地采取务实管用的工作措施,促进企业管理水平在现有基础上明显提升。到2022年,国有重点企业管理理念、管理文化更加先进,管理制度、管理流程更加完善,管理方法、管理手段更加有效,管理基础不断夯实,创新成果不断涌现,基本形成系统完备、科学规范、运行高效的中国特色现代国有企业管理体系,企业总体管理能力明显增强,部分国有重点企业管理达到或接近世界一流水平。

对标提升行动的重点任务是:综合分析世界一流企业的优秀实践,深入查找企业管理的薄弱环节,通过健全工作制度、完善运行机制、优化管理流程、明确岗位职责、严格监督检查等措施,持续加强企业管理的制度体系、组织体系、责任体系、执行体系、评价体系等建设,全面提升管理能力和水平。

(1) 加强战略管理,提升战略引领能力。针对战略管理意识不强、投资决策不科学、主责主业不突出、国际化经营水平不高等问题,国有重点企业应当进一步强化战略管理意识,紧紧围绕落实国家战略和提升企业核心竞争力的要求,科学谋划战略定位、主攻方向和业务结构,切实强化战略规划的刚性约束和有效落实。

(2) 加强组织管理,提升科学管控能力。针对总部定位不清晰、机构设置不匹配、授权放权不充分、流程运转不顺畅、管理方式不合理等问题,国有重点企业应当进一步明确总部职能定位,科学设置组织架构,探索推行"扁平化""大部门制""项目制"管理组织结构,建立健全目标明确、边界清晰、权责对等、精简高效的组织体系。

(3) 加强运营管理,提升精益运营能力。针对精细化管理能力不强、成本和质量管控不到位、运营效率不高等问题,国有重点企业应当进一步树立全员参与、协同高效、持续改善的精益管理理念,将精益管理应用到研发设计、生产制造、供应链管理、营销服务等全流程、全链条,以最小的资源投入创造更多、更大的价值。

(4) 加强财务管理,提升价值创造能力。针对集团财务管控薄弱、"两金"规模较大、资金使用效率不高、资本运营能力不足等问题,国有重点企业应当进一步构建一体化财务管控体系,深入推进资金集中统一管理,完善全面预算管理和财务信息化建设,实现财务信息贯通和管控落地。

(5) 加强科技管理,提升自主创新能力。针对风险防范意识不强、内控体系不完善、合规管理不到位、责任追究力度不够等突出问题,以及关键核心技术受制于人、创新效率不高、科技领军人才不足、创新体制机制有待完善等问题,国有重点企业应当进一步加强科技创新战略规划,强化新兴技术和战略必争领域前瞻性布局,加大研发投入,提升知识产权工作水平,打造长板优势。

(6) 加强风险管理,提升合规经营能力。针对风险管控不强、内控体系不完善、合规管理不到位、责任追究力度不够等突出问题,国有重点企业应当进一步强化风险防控意识,抓好各类风险的监测预警、识别评估和研判处置,坚决守住不发生重大风险的底线;加强内控体系建设,充分发挥内部审计规范运营和管控风险等作用,构建全面、全员、全过程、全体系的风险防控机制;推进法律管理与经营管理深度融合,突出抓好规章制度、经济合同、重大决策的法律审核把关,切实加强案件管理,着力打造法治国企;健全合规管理制度,加强对重点领域、重点环节和重点人员的管理,推进合规管理全面覆盖、有效运行;加强责任追究体系建设,加快形成职责明确、流程清晰、规范有序的工作机制,加大违规经营投资责任追究力度,充分发挥警示惩戒作用。

(7) 加强人力资源管理,提升科学选人用人能力。针对人力资源规划不清晰、三项制度改革落实不到位、人才队伍活力不足、高层次领军人才缺乏等突出问题,国有重点企业应当进一步强化规划引领,坚持人力资源管理与企业战略、业务发展同步谋划,充分发挥市场作用,围绕人力资源的获取、配置、利用、保留和开发等核心环节持续探索创新,提高人力资源对企业战略目标的支撑作用。

(8) 加强信息化管理,提升系统集成能力。针对信息化管理缺乏统筹规划、信息化与业务"两张皮"、信息系统互联互通不足且存在安全隐患等问题,结合"十四五"网络安全和信息化规划的制定和落实,以企业数字化、智能化升级转型为主线,国有重点企业应当进一步强化顶层设计和统筹规划,充分发挥信息化驱动引领作用。

9.2.3 企业集团内部控制体系的总体框架

按照建设世界一流企业的基本要求,参考世界一流企业的成功经验,针对企业集团普遍存在的问题和关键风险,可以构建企业集团内部控制体系基本框架,如图9-1所示。

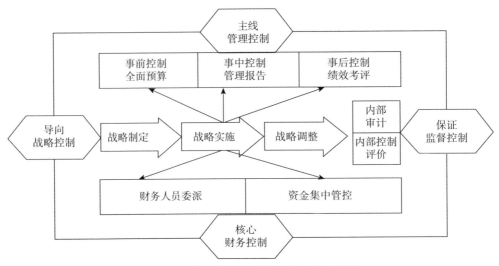

图 9-1 企业集团内部控制体系基本框架

企业集团内部控制体系基本框架的四个子系统不是彼此孤立的,而是存在逻辑关系:以战略目标的实现为宗旨,通过战略控制(即发展战略的制定、实施和调整等)流程,辅以管理控制、财务控制和监督控制等手段,最终实现战略目标。因此,战略目标贯穿于整个体系框架,四个子系统都是为了战略目标的制定、实施和最终实现而存在的。具体而言,战略控制是导向,通过战略规划和战略计划为企业集团设置长期发展目标;管理控制是主线,包括事前对战略目标的分解、事中对战略目标实施的反馈和事后对战略实施结果的评价,从时间维度上贯穿战略目标从提出到实现的全过程;财务控制是核心,控制着战略目标实现过程最具主动性的"人员"和最具流动性的"资金",控制着战略实施的主客体;监督控制是保证,通过对内部控制体系设计和运行的监控,尤其是对子公司的监督,确保战略目标可以有效实现。

1. 以战略控制为导向

根据《企业内部控制基本规范》,内部控制的目标,分别为合理保证企业经营合法合规、资产安全、财务报告及相关信息真实完整、提高经济效率和效果、促进企业实现发展战略。这五个目标是一个完整的体系,其中战略目标是企业最终的、最根本的目标;同时,战略是企业发展的总体纲领和主导方向,企业的经营管理都是为了实现战略目标而服务的。因此,企业集团内部控制的首要任务是以战略控制为导向,促进企业战略目标的实现。具体地,战略控制要按照战略制定、战略实施、战略调整的次序进行。

2. 以管理控制为主线

管理控制是实现战略目标全过程的主线,能够帮助母公司有效管理集团子公司,从而整合集团内部资源,最终实现企业集团的战略目标。从时间维度来看,企业集团的管理控制应贯穿企业集团经营全程,将企业经营的事前预算、事中报告与事后考核相结合,共同服务于企业集团战略目标的实现。因此,以全面预算为出发点、以管理报告为连接点、以绩效考评为落脚点的管理控制子系统是企业集团内部控制体系的主线。其中,管理报告实际上就是经营分析的主要载体和最终成果,也称内部报告。

3. 以财务控制为核心

企业集团的重要特征就是集团规模大，下属成员子公司众多，因此在具体的管理工作上难以做到面面俱到，但从世界一流企业的成功经验看，财务工作特别是投融资权限应该集中到企业集团总部。因为一旦某家子公司资金出现问题，就可能会引发连锁反应，甚至导致企业集团的整体资金链断裂，从而威胁企业集团的可持续发展。因此，以财务控制为核心，采取一些必要的控制手段（如委派财务负责人、集中管理资金等）对企业下属子公司进行有效管控，不仅重要且十分必要。

4. 以监督控制为保证

企业集团内部控制体系的有效运行不仅需要坚实的基础，还需要强有力的保证。监督控制就是企业集团内部控制体系中最有效的保证。一般而言，企业集团对子公司的监督控制主要有内部审计和内部控制评价两种手段。企业集团以内部审计和内部控制评价为抓手，可以实现对子公司的有效监控，及时发现子公司内部控制存在的缺陷，从而采取有针对性的整改措施，促进企业集团内部控制体系的持续改进和不断完善。因此，监督控制是企业集团内部控制体系顺利实施的保证。

华润集团的母子公司管控

华润的前身是1938年在香港成立的"联和行"。1948年联和进出口公司改组更名为华润公司。1953年华润公司成为中国各进出口公司在香港的总代理。在这一时期，华润的主要任务是组织对香港出口，为内地进口重要物资，保证香港市场供应，贸易额曾占全国外贸总额的1/3。1983年华润集团成立后，顺应外贸体制改革的形势，企业逐渐从综合性贸易公司转型为以实业为核心的多元化控股企业集团。

2000年以来，经过两次"再造华润"，华润奠定了目前的业务格局和经营规模，已发展成为业务涵盖大消费、综合能源、城市建设运营、大健康、产业金融、科技及新兴产业6大领域，下设25个业务单元，两家直属机构，实体企业近2000家，在职员工约37.1万人，位列2021年《财富》世界500强第69。所属企业中有8家在香港上市，其中华润置地位列香港恒生指数成分股。

作为一家以多元化战略立足市场的大型国有企业集团，华润曾因横扫内地各产业的疯狂并购而引起普遍质疑。同其他爆炸式并购扩张的企业一样，在拥有了繁杂的子公司之后，华润曾一度陷入了治理困境——集团战略模糊、企业架构紊乱无序、财务管控乏力等成了华润亟待解决的难题。面对以上难题，华润导入了一套被称为母子公司运行大平台的6S管理体系。正是6S的实施和不断完善，管理人员特别是财务人员的专业构成和专业水平明显改进，经理人员的管理意识和管理技能相应提高，企业管理随之规范，业务经营趋于透明。更为重要的是，集团能够获得相对明晰和准确的管理信息，从而管理决策更具针对性和有效性，由此才有了后来"集团多元化、利润中心专业化"的整体战略。而利润中心专业化要求整个利润中心的专注和投入，也就是需要更加明确和细化的竞争战略,以确定业务长远发展目标以及实现战略目标的途径。

华润集团 6S 管理体系的建立绝不是一朝一夕的事情,它经过了不同的发展阶段:

一是产生阶段。1999 年,华润集团提出了 6S 的制度化构想。这一构想的整体框架是:在专业化的基础上,将集团及所属公司分为业务相对统一的利润中心,逐一编制号码,使管理排列清晰,进而推行预算管理,编制管理报表,相应进行审计和评价考核。这是 6S 管理体系的雏形,即业务分类制度、预算管理制度、综合信息管理制度、审计监督制度、业绩评价制度、经理人考核制度。

二是发展阶段。2003 年,在华润集团推进利润中心战略执行力的背景下,6S 将早已萌动的战略管理思想明确体现出来,并将战略管理作为主线贯穿 6S 始终,同时加入两大变化,即以业务战略体系替代号码体系和以战略导向的多维视角完善业绩评价体系,其中平衡计分卡理念的引入是主要推动因素。这就形成了 6S 管理体系的基本内涵:业务战略体系、全面预算体系、管理报告体系、内部审计体系、业绩评价体系、经理人考核体系。

三是创新阶段。在这一阶段,华润集团积极推动 6S 体系在集团层面基本实现信息化。这样,一个集成 6S 管理体系、战略管理模型和信息系统平台的 6S 信息化管理工程为 6S 的进一步落实及深入推进提供了强大的技术动力与广阔的应用空间。

6S 管理体系是华润的管理控制系统,以战略为起点,涵盖战略制定、战略实施和战略推进等整个战略管理过程(见图 9-2)。其中,业务战略体系负责构建和确定战略目标,全面预算体系负责落实和分解战略目标,管理报告体系与内部审计体系负责分析和监控战略实施,业绩评价体系与经理人考核体系则负责引导和推进战略实施。另外,战略还要细化到关键成功因素,进一步追溯到关键业绩评价指标。因而,驱动业绩的关键评价指标紧扣战略导向,评价结果则检讨战略执行,同时决定整个战略业务单元的奖惩,通过有效奖惩推动战略实施,促进战略目标的实现,从而使 6S 成为真正的管理控制系统。

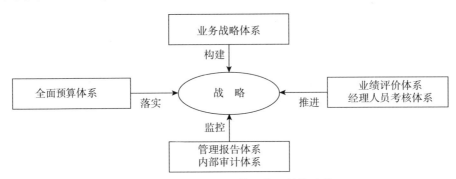

图 9-2 华润集团 6S 管理体系的战略化

6S 管理体系传递了这样一种理念,即单项体系的孤立存在通常导致匹配问题,或者说缺乏一致性,甚至出现这样那样的不协调,形不成管理合力;而 6S 不是单项职能的简单汇总和无序集合,其独特之处正在于其形成了一个紧密连接、环环相扣的管理链条,是个一体化的有机组合,如图 9-3 所示。借用战略的语言来说,竞争优势正是来自各项 S 的相互适应和相互支持,来自各项 S 组成的整体系统,因而 6S 比单项 S 更加有效。管理控制系统的应用能否成功,依靠的不仅是实施某一项管理控制子系统,而是实施一体化的管理控制系统,形成系统组合优势;反之,如果各项管理控制子系统缺乏配合,就无法形成一致性的协同管理,实际作用也难免大打折扣。

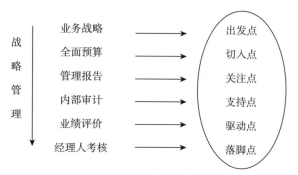

图 9-3　华润集团 6S 管理体系的一体化

拨开云雾看天日,历经风雨见彩虹。透过 6S 的一体化,反映出 6S 是个有机集成的整体系统而不是简单罗列的单项系统。回顾 6S 的发展,华润人自我变革学习、探索多元化企业管理的勇气可圈可点。我们有理由相信,6S 管理体系的精髓不仅能让华润集团继续发扬光大,还可以被其他企业借鉴引用。

资料来源:(1)华润简介,华润集团官网,2022 年 5 月 24 日,https://www.crc.com.hk/about/overview/Introduction/;(2)池国华,华润集团的 6S 管理体系,《经济管理》,2006 年第 11 期。

9.3　企业集团战略控制

根据《企业内部控制应用指引第 1 号——组织架构》第十条的规定,企业拥有子公司的,应当建立科学的投资管控制度,通过合法有效的形式履行出资人职责、维护出资人权益,重点关注子公司特别是异地和境外子公司的发展战略、年度财务预决算、重大投融资、重大担保、大额资金使用、主要资产处置、重要人事任免、内部控制体系建设等重要事项。由此可见,企业集团对子公司的战略控制是企业集团内部控制体系的重要组成部分,也是母公司的一项重要管理职能。战略控制决定着子公司的发展定位和未来的发展方向,同时也是集团公司发展战略得以顺利实施的基础条件。

9.3.1　战略控制的关键风险

1. 缺乏科学的战略规划,未形成战略思维

缺乏战略规划是我国企业集团在战略控制中面临的主要风险,这是母公司经营管理层未形成战略思维的表现。一些企业集团对战略规划及其重要性的认知程度不够高,在实际工作中忽视进行企业集团战略的规划,把战略制定当作应付上级主管部门和监管部门的规划文书,搞形式化的战略规划。其结果往往导致企业集团在发展过程中缺乏明确的目标和方向,缺少前进的动力,从而停滞不前甚至出现后退。

2. 战略定位不准确,战略制定不切实际

企业集团只有全面分析所处的外部环境并充分结合自身的实际情况,才能制定出科学合理的发展战略。然而,在实际中,一些企业集团在制定发展战略的时候,既缺乏对宏观环境和行业发展的正确分析,又不充分考虑自身所具备的条件和潜力,采取过于激进或者过于保守的发展战略。前者可能导致企业过度扩张,甚至经营失败;后者可能导致难以形成竞争优势,丧失发展机遇和动力。

3. 盲目进行无关多元化,偏离主业

一些企业集团在经历快速增长迅速做大之后,或者遇到发展瓶颈、利润增长空间被压缩的关键节点,往往会陷入"什么赚钱做什么"和"做什么都能成功"的思维陷阱,从而误导母公司经营管理层对"热门"产业(如21世纪初的光伏产业和随后的房地产业)趋之若鹜,盲目进行多元化。更可怕的是,这些多元化所涉及的业务领域绝大多数与其原来的主业不相关,这种盲目的无关多元化发展战略追求的是短期利润和规模膨胀,而不利于企业集团核心竞争力的提升和未来可持续的发展。

4. 战略决策随意,集体民主决策机制缺失

在实践当中,一些企业集团仅仅凭借领导者个人判断和臆想进行战略决策与战略调整,搞"一言堂"和"一人机制","一哥文化"乌云笼罩整个集团。缺乏战略的集体决策机制,或者集体决策机制形同虚设,或者企业集团在制定战略过程中缺乏必要的分析、审核和审批,最终导致企业集团难以形成切合实际的发展战略。

5. 战略实施的手段不科学,战略调整流程不健全

企业集团在战略实施的过程中缺乏科学有效的手段,只是简单一味地要求子公司及下属部门严格遵守,结果导致企业的发展战略难以被接受,甚至根本无法落地。此外,一些企业集团不能坚持正确的战略不动摇,而是"三分钟热度",在不具备充分的动机和条件下就更改已经制定好的发展战略,导致企业集团发展战略频繁变动,可能导致资源浪费,甚至危及企业的生存和持续发展。

焦点观察

科迪,多元化之"殇"

2021年9月22日,科迪集团旗下公司科迪乳业发布公告称,因涉嫌虚增业绩,在未经决策审批或授权的情况下向科迪集团及其关联方提供资金、担保并未及时进入信息披露等,被河南证监局责令改正并给予警告,处以60万元罚款;公司实控人被罚90万元,并且10年禁入证券市场。其实,早在2020年年末科迪集团就因资不抵债,被河南商丘中级人民法院受理破产重整。

1. 乳业拖垮

此番对外公布的科迪乳业财务造假,其操作并不复杂,主要涉及虚增收入和利润。经查明,科迪乳业2016—2018年报虚增收入分别为3.36亿元、2.1亿元、2.9亿元,虚增利润总额分别为1.18亿元、6 864.13万元、1.13亿元。3年累计虚增收入8.36亿元,占期间累计营业收入的25.11%;3年累计虚增利润总额3亿元,占期间累计净利润的86.96%。

就在2018年年报公布不久后的2019年7月,有关科迪乳业员工、奶农上门讨债的视频在网上流出。然而根据2018年财报,科迪乳业账上应该还有16.72亿元的资金。于是,8月16日,中国证监会发起对科迪乳业的调查。

其实,这一切早就有迹可循。早些年,在科迪汤圆和方便面还如日中天的时候,集团创始人张清海认定牛奶是一个"不朽"的产业,于是成立科迪乳业,进军国内乳业市场。

为了从源头上控制奶源品质,张清海为科迪乳业设定了"先建奶源基地、后建工厂、再建市场——基地发展多大,工厂就发展多大"的发展模式。但这种"高筑墙,广积粮,缓称王"的决策背后需要巨额资金来支撑。

一条10万吨级牛奶的生产线需要配套3万头牛。也就是说,10万吨级的生产规模就需要四五亿元的基础投资,还不包括运输等费用。由于巨额投资奶牛养殖基地建设,资金压力就像一头永远摆脱不掉的巨兽,时常将科迪逼得进退两难。张清海曾对外透露:"2007年,科迪乳业扭亏;2008年业绩翻三番;2009年增长率达300%。没有了乳业的拖累,速冻食品和面粉板块势头大增。"一番话透露出了科迪乳业被科迪速冻和面食补贴近十年的窘境。

2. 败走多元

对于科迪的失势,张清海也曾反思,科迪是较早进入方便面、速冻食品行业的企业,也是较早进入乳业的企业,虽然总规模不小,但由于过度多元化,各个领域都没有做到最好。

除了乳业和速冻两大主力业务,科迪集团也在农业领域疯狂布局。2014年,科迪斥资10亿元成立了全资子公司黑龙江科迪大磨坊食品有限公司,但运作2年后公司就被注销。同年,科迪又在黑龙江五大连池市成立了非转基因大豆开发有限公司与绿色大豆开发有限公司。但这些动作不仅没有给集团带来效益,还耗费了巨额资金,将其他子公司的利润吃得干干净净。

除了农业,科迪还把目光投向了便利店业务。2016年,科迪开始在河南广泛布局便利店业务,以期实现科迪系对河南本土快消产品终端渠道的控制。张清海在2018年公开表示,"科迪集团已发展便利店1 000多家,并计划在未来3年内在全国建立10 000家科迪社区便利店或加盟店。"但实际上,便利店业务不仅常年处于亏损状态,10 000家的目标也始终未能实现。

多元化发展策略非但没有让科迪"遍地开花",甚至加快了其爆发危机的进程。

2019年,科迪包括方便面、速冻、便利店在内的一系列业务陆续停工停产,急需大量资金进行填补。但这对科迪来说,无异于一个无底洞,最终不得不走上了破产重整之路。2020年12月21日,商丘市中级人民法院依法裁定科迪集团及关联公司进入重整程序。有观点认为,科迪即使重整后也很难找回昔日的"风光"。

资料来源:高彤,"多元"科迪风光不再,《国企管理》,2022年第10期。

9.3.2 战略控制的组织架构

1. 集团公司董事会

集团公司董事会是整个企业集团的最高决策机构,战略决策是其决策职能的一部分,具体体现就是审议企业集团发展战略。战略决策属于"三重一大"事项范围,为保证集团公司董事会在审议发展战略建议方案过程中的科学合理性,企业集团应当建立并贯彻集体决策审批机制,以避免"一言堂"和"一支笔"现象。

一方面,企业集团要通过制度设计规范决策程序。在决策前要建立健全提议、会商、通报、酝酿程序,不能违反程序随意提出决策事项;要建立健全决策事项的经济、法律、技术等可行性论证程序,防止决策的草率和随意;在决策中要建立健全决策过程中的议事规则,实行票决制,不能对不同意见置若罔闻;在决策后要建立健全决策后评价、反馈纠偏程序,不能对决策结果放任自流。

另一方面,企业集团要建立落实机制以保证集体决策审批制度的有效执行。健全决策记录制度,凡是涉及集体决策的事项,都应做好详尽的决策记录,并要求相关人员签字认可,做到有据可查;健全实行问责制,对超越法定权限进行决策的,未经科学论证而决策的,以个人决定代替集体决策造成损失的,要给予严肃处理;对造成重大决策失误的,要追究主要决策者的责任。

2. 战略委员会

企业集团应当在集团公司董事会下设立战略委员会。战略委员会的主要职责是对企业集团发展战略和重大投资决策进行研究并提出建议。为确保战略委员会议事过程透明、决策程序科学民主,企业集团应当明确相关议事规则,对战略委员会会议的召开程序、表决方式、提案审议、保密要求和会议记录等做出明确规定。

3. 战略管理职能部门

为了使公司发展战略管理工作落到实处,公司除在董事会层面设立战略委员会外,还应在内部机构中设置专门的部门或指定相关部门,承担发展战略的制定、实施等具体工作。这类部门在实际工作中的称谓不同,如战略规划部、发展改革部、发展计划部、战略管理部等。

云南能源投资股份有限公司战略管理机构

云南能源投资集团有限公司系云南省国有大型企业集团,近年来明确了"打造世界一流'绿色能源牌'主力军和实施绿色能源战略国际化排头兵、现代物流产业龙头企业、数字经济产业一流企业、服务国家'一带一路'建设和面向南亚东南亚辐射中心领军企业"战略定位,聚焦绿色能源、现代物流、数字经济三大主业,协同发展能源金融和能源建设板块。2021年,集团资产总额2 315亿元,实现营业收入1 409亿元且同比增长

7.13%,实现利润总额 32.51 亿元且同比增长 12.62%,资产负债率 63.20%。集团公司的战略管理机构设置如表 9-1 所示。

表 9-1　云南能源投资股份有限公司战略管理机构

战略管理机构	具体部门	主要职责
决策机构	公司董事会 (公司战略规划的最高决策机构)	1. 确定公司整体的战略发展方向及目标,制定战略方针 2. 审批通过公司整体战略规划 3. 审批通过公司整体战略规划调整方案
决策机构	公司战略与发展委员会 (公司发展战略参谋机构,对公司董事会负责)	1. 对公司整体战略规划、业务规划、专项规划及子企业规划进行审议,并提出修改建议 2. 对公司整体战略规划、业务规划、专项规划及子企业规划的分解落实进行监控和支持 3. 对公司整体战略规划、业务规划、专项规划及子企业规划的执行情况进行考核和评价
决策机构	公司总经理办公会 (公司发展战略的审议机构)	1. 审批通过公司各项业务规划、专项规划及子企业规划 2. 审核公司整体战略规划,报请董事会审批 3. 审核公司整体战略规划调整方案,报请董事会审批
管理机构	战略投资部 (公司战略管理的归口管理部门)	1. 收集公司相关行业、各板块业务发展的信息,为公司领导层的战略决策提供支持 2. 组织编制公司中长期五年战略发展规划、三年滚动规划等整体规划草案,以及年度规划执行情况报告 3. 负责执行落实战略决策机构意见,开展公司子规划的编制指导、审议、备案等工作 4. 负责战略宣贯培训等日常战略管理工作
实施机构	公司各业务部门及所属公司 (公司具体执行战略规划的战略实施主体)	1. 贯彻、执行和落实公司整体战略规划及子规划 2. 根据工作职责,负责编制并根据批复或方案组织实施子战略单元相关战略规划 3. 公司各业务部门根据工作职责履行战略管控、所属公司战略规划审核、战略实施控制等战略管理工作 4. 根据战略决策机构的决定和战略管理机构的组织,参与公司战略研究、战略规划制订、审查、战略规划实施、控制、评估、调整,重大战略任务评价考核等战略管理工作 5. 公司所属公司应明确具体战略规划管理职能责任部门,并指定相应专兼职人员负责承担具体工作 6. 公司根据工作需要,可阶段性聘请战略规划咨询机构,对公司战略规划进行前期研究、工作指导和提供决策咨询意见

资料来源:云南能源投资股份有限公司,《战略管理制度》,深圳证券交易所官网,2020 年 3 月 20 日,http://www.szse.cn/disclosure/listed/bulletinDetail/index.html?9ca771c5-052f-46a4-a7b5-6ca9961a202d。

9.3.3 战略控制的基本流程

科学制定发展战略是一个复杂的过程,实施发展战略更是一个系统工程。企业集团必须正确划分战略控制的基本流程并有效实施,才有可能将发展战略描绘的蓝图变为现实。

1. 发展战略的制定

企业集团应当综合考虑宏观经济政策、国内外市场需求变化、技术发展趋势、行业及竞争对手状况、可利用的资源水平和自身优劣势等影响因素,并进行系统分析,在此基础上制定发展目标。在制定发展目标的过程中,企业集团应当组织多方面的专家和有关人员进行研究论证,重点关注以下主要内容:(1)发展目标应当突出主业;(2)发展目标不能过于激进,不能盲目追逐市场热点,不能脱离企业实际;(3)发展目标不能过于保守,否则会丧失发展机遇和动力。

在确定发展目标后,企业集团应编制战略规划。战略规划应当明确每个发展阶段的具体目标和工作任务。在拟定发展战略后,应当按照规定的权限和程序对发展战略方案进行审议和批准。审议战略委员会提交的发展战略建议方案是集团公司董事会的重要职责。在审议过程中,董事会应着力关注发展战略的全局性、长期性和可行性,一旦发现发展战略方案存在重大缺陷问题,就应当责成战略委员会对建议方案进行调整。发展战略方案经董事会审议通过后,应当报经股东(大)会批准后付诸实施。

2. 发展战略的实施

企业集团应当加强对发展战略实施的统一领导,并制订详细的年度工作计划,通过编制全面预算将年度目标进行分解、落实,确保企业集团发展目标的实现;还要加强对企业集团发展战略的宣传培训,通过组织结构调整、人员安排、薪酬调整、财务安排、管理变革等配套措施,保证发展战略的顺利实施。

战略委员会应当加强对发展战略实施情况的监控,定期收集和分析相关信息,对于明显偏离发展战略的情况,应当及时报告。

3. 发展战略的调整

发展战略是企业集团对于未来发展长期目标的规划,必须长期坚持。但是,由于经济形势、产业政策、技术进步、行业状况以及不可抗力等因素发生重大变化,确需对发展战略做出调整的,应当按照规定权限和程序调整发展战略,以保证企业集团的长远发展。因此,企业集团在设计制度时,应当事先明确战略调整的前提条件、审批权限和审批程序。

河南清水源科技股份有限公司的战略规划程序

战略管理过程总体上主要包括三个阶段,即战略制定、战略实施、战略评估;具体细化的公司战略规划程序一般包括六个环节,即立项、制订、审核、实施、评估、调整。

第十四条 战略规划立项

（一）企业管理部编制立项申请报告；

（二）总裁办公会审核立项申请报告，提出书面意见；

（三）董事会审议立项。

第十五条 战略规划制订

制订战略规划可以聘请外部咨询机构协助完成。聘请外部专业咨询机构的相关方案由企业管理部制订，提请总裁办公会批准。

（一）企业管理部组建项目组，制订和完善项目计划，组织项目的实施和协调，根据总裁办公会对项目成果提出的质量要求，为项目组提供运作指导；

（二）项目组分阶段组织项目实施，阶段成果形成报告；

（三）总裁办公会审核项目组阶段报告；

（四）项目组汇总各阶段成果形成终期报告。

第十六条 战略规划方案审核批准

（一）总裁办公会协调其他责任部门审核终期报告，提出相关意见和形成发展战略建议方案；

（二）董事会根据情况召集战略委员会对审议终期报告并提出建议方案，并由战略委员会形成书面意见；

（三）董事会审批战略规划方案。

第十七条 战略规划实施

（一）企业管理部组织进行任务分解，明确公司各职能部门、子公司的单项任务，形成书面方案；

（二）总裁办公会审批任务分解方案；

（三）公司各职能部门、子公司组织实施分解任务，量化分解的任务同时纳入经营绩效管理。

第十八条 战略规划评估

（一）任务落实单位按照实施计划分阶段自查，定期向企业管理部报送自查报告；

（二）企业管理部分析各单位自查报告，汇总后向总裁办公会汇报实施情况；

（三）企业管理部检查与分析战略规划的执行效果，出现重大偏差时对规划方案的适用性和实施情况进行专题评估，征求责任部门意见后形成战略评估报告向总裁办公会汇报。

第十九条 战略规划调整

（一）企业管理部跟踪战略规划实施情况，确认需要调整的，征求其他部门意见后以重新立项方式对原有战略规划方案进行调整；

（二）战略规划的调整程序参照本办法第十四、十五、十六条规定内容执行。

资料来源：河南清水源科技股份有限公司，《发展战略管理制度》，2021年4月27日，深圳证券交易所官网，http://www.szse.cn/disclosure/listed/bulletinDetail/index.html？941ca0d0-ca2a-4988-acdb-97e17d91a1ff。

9.4 企业集团管理控制

企业集团除了对子公司的战略规划进行管理,还应该采取一系列措施对子公司实施有效的管理控制,促进企业集团发展战略的有效实施。企业集团管理控制子系统的构建应当以全面预算为出发点,以管理报告为连接点,以绩效考核为落脚点。

科大讯飞管理会计机器人

当前科大讯飞的财务管理信息化面临业务系统之间数据不统一、数据分析展示基本靠手工处理、对公司战略落地和业务决策支撑不足、人员效率低下等一系列问题。为了赶上时代的发展,同时解决实际工作中的问题,公司提出管理会计机器人的建设目标。这是基于对管理科学的理解,结合公司业务发展的情况,进行业务规划、控制、预测和分析、预警,助力智能决策,实现纠偏、资源配置的闭环管理。从建设思路来说,在系统层面主要分为三层结构,分别为业务数据层、数据中台层、经营分析管理层,从数据的采集、转换、存储、展示到数据深加工及数据价值的充分利用,实现数据对价值链的赋能,如图9-4所示。

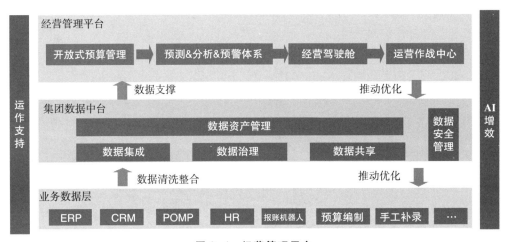

图 9-4 经营管理平台

项目建设融入了科大讯飞的语音交互及人工智能技术,未来能实现管理层一个语音的指令,系统就能通过语义的理解,依据系统配置的数据规则及相关指标的定义,快速实现数据的抓取、转换和分析结果的输出展示,快速响应管理层的诉求,帮助管理层进行高效的决策。

该项目的建设促进管理会计在公司经营活动中进行深度和广度的应用,使管理会计成为公司中高层管理者的日常沟通语言。

(1) 基于公司的真实经营数据建立起一套完整的经营数据监控模型,从采销到交付,从成本到效益,便于公司管理层查找问题、提出改进措施。

（2）每月召开经营分析会，经营分析部门快速汇总财务和业务分析数据进行汇报，评价数据监控模型获取的数据，基于数据提出经营管理建议，管理层基于数据做决策。

（3）建立起一套完整的预算管理体系，从战略目标的拆解到预算的编制、执行、分析、调整和考核进行管理，定期向管理者汇报预算执行报告，体现预算、实际、趋势等情况，进行投入产出分析以提高资源使用效率。

（4）从绩效管理方面有效地支撑集团整体和核心业务单元年度考核关键绩效指标（KPI）以及生产线人员智能绩效管理（IPI）的设定，便于支撑管理部门从战略分解、经营分析、预算管理和考核应用等方面提供关于组织绩效管理的分析、建议，落实决策和日常管理，起到导向和管理风向标作用。

资料来源：段大为、王宏星等，AI+IT：科大讯飞智能财务的探索与思考，《中国管理会计》，2020年第1期。

在本案例中，科大讯飞以信息技术为支撑，以战略实施为核心，搭建了公司管控体系。该管控体系由事前预算管理、事中经营分析、事后绩效考评三大模块构成，实现了对公司各项业务的自动化、实时化控制，使之服务于企业的发展战略，服务于企业管理层的决策支撑，持续着力于企业的价值创造。本案例显示，全面预算、经营分析和绩效考评作为风险控制的重要工具，在企业战略目标实现的过程中发挥着重要的作用。

9.4.1 企业集团管理控制的关键风险

1. 治理结构存在缺陷，管理水平低下

健全的治理结构是企业管理控制的制度基础，这一点对企业集团来说尤为重要。我国企业集团在公司治理结构方面仍存在很多缺陷，比如母子公司之间的权责关系、产权制度安排等有待完善。在国有控股的企业集团中，所有者缺位和内部人控制问题较为突出，母公司对子公司的管理控制经常受此影响而产生管控缺失、管控失效等问题。

2. 组织层级系统紊乱，组织整合缺失

对于企业集团这样大型化、规模化的经济组织而言，科学明晰的组织层级就像骨骼一样支撑起整个集团的管理工作。然而，我国企业集团的管理组织机构不合理、不健全甚至形同虚设的问题普遍存在。尤其是在经过爆炸性的并购扩张之后，一些企业集团的母公司对被并购公司的管理组织结构缺乏有效的整合，造成内部机构设立庞杂而臃肿、重叠而低效，容易出现上下信息沟通不畅的弊端和欺上瞒下的内部人舞弊行为。

3. 全面预算管理体系尚未形成

预算是对年度战略经营目标的细化、分解和落实，是企业集团管理控制的出发点。部分企业集团对全面预算管理的重视程度不够，尚未形成健全的全面预算管理组织体系和完善的全面预算管理制度体系。在预算编制方面，存在预算目标确定不合理、预算编制流程不完整、预算编制方法不科学、预算编制内容不全面等问题，可能导致资源浪费或发展战略难以实现。在预算执行方面，存在缺乏刚性、执行不力、调整不及时等问题，可能导致预算管理流于形式。在预算考核方面,存在"双轨制"、考核不严格等问题,可能影响预算编制质量和预算执行效果,无法充分发挥预算管理的作用。

4. 管理报告制度尚未建立

企业集团的管理层级较多,管理幅度和管理跨度较大,需要完善的管理报告制度保证集团公司与子公司之间能够流畅地传递信息,并通过科学有效的经营分析报告为企业集团的战略实施和调整提供信息支撑。但在实际中,部分企业集团没有形成良好的管理报告制度,内部报告系统缺失、功能不健全、内容不完整,可能影响生产经营有序运行;母子公司之间内部信息传递不通畅、不及时,报告的内容不全面、方法不恰当、结论不正确,可能导致决策失误、相关政策措施难以落实。另外,母子公司在信息传递中一旦泄露商业秘密,就可能削弱企业集团核心竞争力。

5. 绩效考评的激励约束导向尚未明确

作为一种反馈控制手段,绩效考评通过与薪酬激励挂钩实现对企业集团经营管理层及其员工的奖惩,为战略目标的实现和集团业绩的提升起到引导、激励的作用。在实践当中,一些企业集团未能形成符合自身发展方向和发展目标的、科学合理的多层次绩效考核体系;在考核过程中,考核主体不明确,考核指标设置不准确,考核结果出现偏差;缺乏健全的考核流程,出现漏评、评价结果不全面等现象;考核模式和考核方法选择不当,过于强调收入、利润等传统会计指标,缺乏价值导向和战略导向。上述问题的存在,导致企业集团无法对下属企业进行科学合理、公平公正的考核评价,从而影响企业集团发展战略的有效实施。

9.4.2 企业集团管理控制的基本原则

企业集团要搭建科学完善的管理控制体系,实现对子公司的有效管控,应当遵循以下原则:

1. 战略性原则

战略性原则是指管理控制应该反映企业集团战略规划的要求,有利于促进企业集团发展目标的实现。管理控制的功能就在于实施战略和控制战略实施,因此战略规划和战略目标决定了管理控制的方向。

2. 可控性原则

可控性原则是指管理控制应该确保属于各级管理者所能控制的范围之内。管理者应该有制定决策和管理所在单位资源的自主权,企业集团将无法控制的因素强加于子公司管理者,只会起到消极的作用,无助于战略目标的实现。

3. 权变性原则

权变性原则是指管理控制应该考虑企业集团内部环境和外部环境的具体特征。企业集团是在一定的环境中生存和发展的,管理控制体系应该依据环境的不同而"与时俱进"及时调整。

4. 系统性原则

系统性原则是指企业集团管理控制体系的建立应该符合系统观念。一个完善的管理控制体系应该属于企业集团战略管理系统的子系统,是一个由若干要素组成的系统。

5. 重要性原则

重要性原则是指企业集团管理控制应该针对关键的控制点实施控制,切忌面面俱到。在建立管理控制体系时追求"大而全",有可能顾此失彼,甚至出现"捡了芝麻丢了西瓜"的现象。

6. 可接受性原则

可接受性原则是指各级管理者应该就管理控制具体目标进行充分沟通。在分解和细化战略目标的过程中,母公司应该与子公司经营管理层反复沟通与交流,尽可能考虑其合理意见,以便其能够积极、主动地完成战略目标。

7. 例外性原则

例外性原则是指在管理控制中要注重对那些非正常、非常规性的情形进行控制。由于外部环境的变化是动态的、持续的,因此企业集团战略实施过程难免会脱离既定轨道,不加以关注和控制,就难于实现预定的目标。

8. 成本收益原则

成本收益原则就是管理控制体系的建立需要权衡控制收益和控制成本。一个良好的管理控制体系应能提供较实施和维护成本更大的利益,这种利益包括基于管理控制所提供的信息对经营管理决策的改善。

9.4.3 企业集团管理控制的主要方法

企业集团管理控制通常包括战略目标分解、控制标准制定、控制报告分析、经营业绩评价、管理者报酬五个阶段,完成每一步骤又涉及许多环节,从而形成管理控制程序系统的矩阵结构,如图9-5所示。

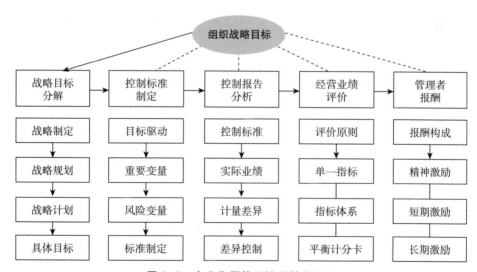

图 9-5 企业集团管理控制基本程序

资料来源:张先治等,《企业管理控制系统》,北京:中国财政经济出版社,2017年版。

在实践当中,企业集团主要通过全面预算这一控制方法进行战略目标分解和控制标准制定,通过经营分析这一控制方法实施控制报告分析,通过绩效考评这一控制方法完成经营业绩评价和管理者报酬确定。鉴于管理控制的重要性,由于经营分析基本方法与财务报表分析方法相同,只是在运用的角度、思路和目标方面存在差异,本书将在第 10 章和第 11 章重点介绍全面预算、绩效考评,下面重点介绍企业集团管理控制三种主要方法的功能作用。

1. 全面预算

有效的全面预算有以下四个主要作用:

(1) 企业集团实施内部控制、防范风险的重要手段与措施。预算本身并不是最终目标,企业集团的最终目标是采取管理控制手段以实现对企业风险的有效控制并达成企业战略目标。因此,全面预算的本质是企业集团内部管理和控制的一项工具。全面预算的编制和实施过程,就是企业集团不断用量化的工具,使自身所处的经营环境与拥有的资源和企业的发展目标保持动态平衡的过程,也是企业在此过程中对所面临的各种风险的识别、预测、评估与控制的过程。因此,《企业内部控制基本规范》将预算列为基本的控制活动,并专门制定了《企业内部控制应用指引第 15 号——全面预算》,旨在引导和规范企业集团加强全面预算管理各环节的风险管控。

(2) 企业集团实现发展战略和年度经营目标的有效方法与工具。"三分战略、七分执行",企业集团发展战略制定得再好,得不到有效实施,也不能实现企业集团的最终目标,甚至可能因实际运营背离战略目标而导致经营失败。通过实施全面预算,将根据发展战略制定的年度经营目标进行细化、分解、落实,可以使企业集团的长期战略规划和年度具体行动方案紧密结合,从而实现"化战略为行动",确保企业发展目标的实现。《企业内部控制应用指引第 2 号——发展战略》也做出明确规定,即企业应当编制全面预算。

(3) 有利于企业集团优化资源配置、提高经济效益。全面预算是为数不多的能够将企业的资金流、实物流、业务流、信息流、人力流等整合的管理控制方法之一。全面预算以价值创造为导向,以经营目标为起点,以提高经济效益为目的,其编制和执行过程就是将企业集团有限的资源加以整合并协调分配到能够提高企业集团经营效率效果的业务、活动、环节中,从而实现企业集团资源的优化配置,增强资源的价值创造能力,提高企业集团经济效益的过程。

(4) 有利于实现制约和激励。全面预算可以将企业集团各层级之间、各部门之间、各责任单位之间的权责利关系予以规范化、明细化、具体化、可度量化,从而实现出资者对经营者的有效制约,以及经营者对业务活动、人力资源的有效计划、控制和管理。通过全面预算的编制,企业集团可以规范内部各个利益主体对企业具体的约定投入、约定效果及相应的约定利益;通过全面预算的执行及监控,可以真实反映内部各个利益主体的实际投入及其对企业的影响并加以制约;通过对全面预算执行结果的考核,可以检查契约的履行情况并实施相应的奖惩,从而调动和激励员工的积极性,最终实现企业集团的战略目标。

2. 经营分析

经营分析在管理控制中居于承上启下的中枢位置,起到连接全面预算和绩效考评的作用,具体表现为:

(1)为经营决策提供信息支持。经营分析强调以战略分析为前提。一方面,各层级经营管理者通过战略分析了解企业所处的宏观外部环境、中观行业市场竞争情况;另一方面,各层级经营管理者通过经营分析全面掌握所在单位的财务状况和经营质量,了解企业集团及其子公司的业绩成果和风险水平。在此基础上,各层级经营管理者还应该进一步对未来发展做出预测,为企业集团及其子公司的投资、融资和经营决策提供信息支持。

(2)为战略实施提供过程监控。在战略实施过程当中,企业集团需要对子公司的日常经营活动进行实时的监督和过程的控制,以确保企业集团战略目标的实现。通过经营分析,管理者科学设定监控指标体系,在对标分析和同业比较的基础上设置标准值,以实时监控企业各项经营指标的变化情况,对实际值与标准值之间差异的性质、程度和原因进行分析,判断究竟是外部环境变化引发的风险还是自身经营管理存在的问题导致重大不利差异的产生,并及时采取有针对性的措施予以纠正,从而对战略的实施进行过程监控,并促进年度经营目标的实现。

(3)为业绩评价提供客观依据。经营分析包括对企业集团的财务状况、经营成果、现金流量、风险水平等方面的分析,涉及经营管理的各方面,其分析结果也反映企业集团发展战略的执行情况,而企业经营管理状况又是业绩评价的重要方面,因此经营分析也可以为企业集团的绩效考评提供客观依据。换言之,正确有效的经营分析能够帮助企业集团有效区分子公司经营目标的实现究竟是主要依靠子公司经营管理层本身的"努力",还是仅仅依靠外部环境变化所带来的"运气"。

3. 绩效考评

企业管理上有一句名言,恐怕许多人知道,那就是"你要什么,你就考核什么;你考核什么,你就会得到什么"。从这个意义出发,绩效考评是企业集团促进子公司有效实施战略、实现战略目标的有力保障,其功能作用可以总结为以下三个方面:

(1)评价功能。评价功能是绩效考评的基本功能。就企业集团绩效考评而言,首先就是业绩评价,即母公司基于出资者视角,运用系统的工具方法,对一定时期内子公司各项经济活动的效率效果进行综合评判。业绩评价是绩效考评的基础,是实施激励的前提。通过对子公司的业绩评价,可以让企业集团母公司和子公司既能清晰了解在经营年度内子公司经营管理层实施战略取得的阶段性成果,又能全面认识到实际成果与既定目标之间的偏差。

(2)激励功能。激励功能是绩效考评最根本的功能体现,缺少激励功能的绩效考评很容易走向失败,而如果能在绩效考评中建立有效的激励机制(即将业绩评价结果和子公司经营管理层的利益挂钩),就能促使子公司经营管理层产生执行经营计划和全面预算的动力,从而最大限度地激发他们的能力,挖掘他们的潜力。子公司经营管理层因为完成全面预算目标而获得绩效奖励,被激励的满足感促使他们树立起责任感,发挥出主观能动性,积极投入下一阶段的战略目标执行工作,从而形成良性的循环。

(3) 改进功能。绩效诊断与改进是绩效考评过程的落脚点和最终目的,也是下一阶段绩效考评过程中修订绩效目标与计划的逻辑起点,从而在这一循环往复的过程中实现对绩效的持续改善。当子公司经营目标的实际值与目标值产生重大不利偏差时,母公司应当督促子公司的经营管理层通过经营分析识别重大不利偏差的成因,并对症下药采取不同的应对措施。如果是外部环境变化冲击造成的客观因素,子公司可以向母公司申请对经营目标进行调整;如果是自身经营管理存在短板所带来的主观因素,母公司应督促子公司及时采取有针对性的措施进行整改以消除偏差,从而改善下一阶段的经营业绩,确保全年经营目标的实现。这就是绩效考评的改进功能。

> 来自现实社会的实例总能带来更直观的体验和有益的启示,读者可下载"开拓视野"资料包,推荐"焦点观察"栏目的"管理会计在京东公司战略决策中的应用"。

9.5 企业集团财务控制

财务管理是企业管理的中心环节,是企业实现基业长青的重要基础和保障。由于企业集团涉及对集团公司的财务管理和对于子公司财务工作的管控,因此企业集团的财务管理更复杂,风险更高,对财务控制工作的要求也更高。一方面,部分企业集团财务控制建设不到位,财务控制作用发挥不充分,仍然存在一些突出问题;另一方面,企业集团要实现"做大做强走远"的远景目标,必须高度重视财务管理工作,不断强化财务控制水平。2022年3月,国务院国资委为推动中央企业进一步提升财务管理能力水平,加快建设世界一流财务管理体系,专门印发了《关于中央企业加快建设世界一流财务管理体系的指导意见》(国资发财评规〔2022〕23号,以下简称《指导意见》)。按照该指导意见的精神,结合我国企业集团的现状,要有效防范化解财务控制存在的关键风险,应重点强化四项职能,搭建三大体系。

9.5.1 企业集团财务控制的关键风险

1. 资金运作不规范,运营不畅

企业集团业务种类繁多且规模巨大,日常涉及资金的组织和调度额度相较于一般企业要大很多。在实践当中,部分企业集团在资金运营方面管控不严甚至失效,究其根本,是集团的资金集中度不够,难以对资金实行集中管理和统一调配。随之而来的问题就是资金调度失灵,企业集团中各子公司同时存在资金短缺和资金闲置,导致企业集团陷入财务困境或资金冗余,资金利用效率低下。

2. 资金集中管理不到位,管控不严

企业集团应加强子公司资金活动的集中归口管理,定期或不定期地检查和评价子公司的资金活动。在实际中,部分企业集团对子公司的资金疏于集中管理,财务权力下放过度,导致子公司"割据一方""各自为政";子公司在资金使用上的自由度过高,缺乏约束,效率低下,导致其资金被挪用、侵占、抽逃或遭受欺诈。

3. 财务制度不规范,财务信息失真

企业集团各子公司在业务类型、资金需求和财务管理方面存在很大差异,需要集团公司建立统一规范的财务制度。事实上,仍有一部分企业集团缺乏统一协调的财务管理制度,子公司可能会依据不同的会计政策和会计核算制度生产出口径不同、标准不同的财务信息,从而不利于集团公司收集和查验子公司财务信息,甚至导致一些子公司利用企业集团财务制度上的漏洞进行财务舞弊,损害企业集团整体利益。

4. 委派财务人员与子公司融合不佳,缺乏后期整合

企业集团任命的财务人员与子公司融合不佳分为两种情况:一是企业集团任命的人员出于自身因素无法与子公司对应岗位相匹配,会导致子公司难以有效开展相关业务,影响子公司的正常发展,对企业集团整体不利;二是企业集团任命的人员与子公司原有人员之间相处不够融洽,会导致子公司原有人员排斥集团委派人员,影响相关人员的工作效率,进而影响子公司整体经营,使企业集团利益受损。

5. 财务人员委派被架空,配套制度不完善

企业集团在采用财务人员委派制度时,通常是对子公司财务部门负责人或财务总监进行委派。在这种情况下,子公司财务部门负责人或财务总监是由集团总部空降到子公司的,缺乏工作经验或文化融合难等因素(这一点在海外子公司中尤甚),很可能会被子公司管理层架空,加之集团公司对财务人员委派缺乏配套的反馈报告、考核评价等制度,导致财务人员委派的实际效果大打折扣,造成财务人员委派制度的失效;更严重的是,由于对委派人员的考核不严格,被委派财务人员也存在与子公司合谋损害集团利益的可能性。

来自现实社会的实例总能带来更直观的体验和有益的启示,读者可下载"开拓视野"资料包,推荐"焦点观察"栏目的"华晨集团的债券违约事件"。

9.5.2 企业集团财务控制的主要职能

按照《指导意见》的规定,企业集团财务控制主要有四项职能。

1. 强化核算报告,实现合规精准

建立健全统一的财务核算和报告体系,统一集团内同行业、同板块、同业务的会计科目、会计政策和会计估计,统一核算标准和流程,确保会计核算和报告规范化、标准化。优化核算和报告信息系统,实现会计核算智能化、报表编制自动化。强化决算管理,通过财务决算复盘经营成果、全面清查财产、确认债权债务、核实资产质量。加强审计管理,依规选聘、统一管理中介机构,做好审计沟通协调,抓好审计问题整改,充分发挥审计作用。完善财务稽核机制,加强会计信息质量监督检查,对违规问题严肃惩戒。

2. 强化资金管理,实现安全高效

加强司库管理体系顶层设计,科学制订总体规划,完善制度体系和管理架构,建立总部统筹、平台实施、基层执行"三位一体"的组织体系和"统一管理、分级授权"的管理模式。加快推进司库管理体系落地实施,将银行账户管理、资金集中、资金预算、债务融资、票据管理等重点业务纳入司库体系,强化信息归集、动态管理和统筹调度,实现对全集团资金的集约管理和动态监控,提高资金运营效率、降低资金成本、防控资金风险。逐步将司库管理延伸到境外企业,加强境外资金动态监测,实现"看得到,管得住"。切实加强"两金"管控和现金流管理,强化客户和供应商信用风险管理,减少资金占用,做到应收尽收、"颗粒归仓",实现收入、效益和经营现金流的协同增长。完善资金内部控制体系,将资金内部控制规则嵌入信息系统。建立健全资金舞弊、合规性、流动性、金融市场等风险监测预警机制,加强对担保、借款等重大事项的统一管理,严格落实各项监管规定。

3. 强化税务管理,实现规范高效

推进集团化税务管理,建立税务政策、资源、信息、数据的统筹调度和使用机制。加强财税政策研究,不断完善税务政策库、信息库,及时指导各级子企业用足用好优惠政策,做到"应缴尽缴,应享尽享"。完善对重大经营决策的税务支持机制,强化业务源头涉税事项管控,积极主动参与投资并购、改制重组等重大事项以及新业务模式、交易架构、重大合同等前期设计规划,深入研判相关税务政策,提出专业意见。完善税务管理信息系统,努力实现税务管理工作流程、政策解读、计税规则等事项的统一,提高自动化处理水平。开展税务数据分析,挖掘税务数据价值。加强税务风险防控,分业务、分税种、分国别梳理涉税风险点,制定有针对性的防控措施,定期开展税务风险监督检查。注重加强境外税收政策研究和涉税事项管理,统筹风险控制与成本优化。

4. 强化资本运作,实现动态优化

加强制度和规则设计,服务企业集团战略,聚焦主责主业,遵循价值创造理念,尊重资本市场规律,适应财务承受能力,优化资本结构,激发资本活力。通过债务重组、破产重整、清算注销等法制化方式,主动减量;有效运用专业化整合、资产证券化等运作手段,盘活存量;有序推进改制上市、引战混改等改革措施,做优增量,促进资本在流动中增值,实现动态优化调整。加大"两非"剥离、"两资"清理工作力度,加快亏损企业治理、历史遗留问题处理,优化资产和业务质量,提升资本效益。强化上市公司管理,提升上市公司市值和价值创造能力;强化金融业务管理,严防脱实向虚,加大产融协同力度,实现产融衔接、以融促产;强化价值型、战略型股权管理,完善股权治理体系,优化股权业务结构、产业结构、地域结构,不断提高股权投资回报水平;强化参股企业管理,依法行使股东权责,严格财务监管,规范字号等无形资产使用,有效保障股东权益。

9.5.3 企业集团财务控制体系的构成

按照《指导意见》的规定,企业集团财务控制体系的构成至少有三个方面。

1. 财务合规风控体系

严把合规关口,深度参与子公司重要规章制度的制定,参与战略规划、改制重组、投资并购等重大事项决策,参与业务模式设计、项目评估、合同评审等重点环节的工作,强化源头合规把控、过程合规管控、结果合规监控。完善债务风险、资金风险、投资风险、税务风险、汇率风险等各类风险管控体系,加强对重要子公司和重点业务的管控,针对不同类型、不同程度的风险,建立分类、分级风险评估和应对机制。采用信息化、数字化手段,建立风险量化评估模型和动态监测预警机制,实现风险"早发现、早预警、早处置"。

2. 财务管理数智体系

统筹编制全集团财务数字化转型规划,加强跨部门、跨板块协同合作,建立智慧、敏捷、系统、深入、前瞻的数字化、智能化财务。统一底层架构、流程体系、数据规范,横向整合各财务系统、连接各业务系统,纵向贯通各级子企业,推进系统高度集成,避免数据"孤岛",实现全集团"一张网、一个库、一朵云"。积极探索依托财务共享实现财务数字化转型的有效路径,推进共享模式、流程和技术创新,从核算共享向多领域共享延伸,从账务集中处理中心向企业数据中心演进,不断提高共享效率、拓展共享边界。加强系统、平台、数据安全管理,筑牢安全防护体系。

3. 财务人员委派体系

逐步建立完善财务人员委派制度体系,明确选聘委派财务人员的资格条件和职责权利,规范财务人员委派的方式和程序,规定财务人员的报告和考核办法。深入开展子公司财务总监和财务部门负责人委派,充分保证委派财务人员履行管理和监督职责。加大轮岗交流力度,探索开展业务和项目派驻制。加强境外财务人才管理,全面落实向境外子公司和项目派出财务主管人员的要求。

> 来自现实社会的实例总能带来更直观的体验和有益的启示,读者可下载"开拓视野"资料包,推荐"践行有成"栏目的"小鹏汽车的财务职能演变"。

9.6 企业集团监督控制

监督控制是企业集团内部控制的最后一道屏障。母公司对子公司的监督控制是十分必要的,因为母子公司是由产权关系而维系的,天然地存在代理问题。子公司可能会出于自身利益最大化的目的而损害集团整体利益,导致企业集团内部控制失效。此外,母子公司还存在严重的信息不对称,母公司对子公司尤其是异地甚至跨国的子公司往往监督不力,而子公司会利用信息"优势"损害集团利益。因此,企业集团内部控制体系的有效运行需要监督控制所提供的强有力的保障。

> 践行有成

以内审监督服务国家电网高质量发展

国家电网坚持以习近平新时代中国特色社会主义思想为指导,始终将审计监督作为落实党中央决策部署、完善公司治理、保障健康发展的重要力量,提出并坚持"一审、二帮、三促进"的审计要求,既发挥好审计监督常态化体检作用,也帮助基层提高依法合规经营管理意识和能力水平。近年来主要围绕以下方面充分发挥内部审计监督作用,有效保障公司高质量发展:

一是加强党对审计工作的领导。国家电网党组认真贯彻中央审计委员会会议精神,在中央企业率先成立公司董事长、党组书记担任主任的党组审计工作委员会,注重发挥董事会审计与风险管理委员会的作用,建立审计部门向公司党组、董事会负责和定期报告工作机制。公司出台指导意见,建立总审计师制度,在总部和省级电力公司率先设立和配备总审计师。落实国务院国资委要求,在总部及所属二级单位全部设立违规经营投资责任追究领导小组,健全重大审计事项顶层设计、统筹协调和督促落实机制,保障审计在公司监督体系中发挥重要作用。

二是拓展审计监督广度和深度。突出电网建设运营等核心业务,重点加大对中央重大决策落实、公司战略部署落地、经营发展关键点风险点的审计力度。聚焦"三大攻坚战"、电力扶贫、清洁能源消纳以及民企账款清欠、提质增效等开展重点审计。对各级企业领导人员经济责任实现三年任期内必审一次,常态开展公司核心业务和关键领域管理审计,创新开展重大工程投资项目后评审。全面落实中央加强境外投资和境外国有资产监管要求,遵循国际化经营管理规则,创新审计模式和审计方式,2018—2019年实现对境外投资的全面审计,同时实现了对所属子企业、重大投资项目、重点风险领域和境外资产的全覆盖。

三是健全完善审计问题整改长效机制。坚持问题导向、目标导向、结果导向,以正视问题的自觉和刀刃向内的勇气,强化问责问效。建立动态台账、通报预警、分类督导、通报约谈等工作机制,全面应用整改验收参考标准,聚焦主责主业专项整改营销、物资管理问题,开展后续审计查核整改质量,实现闭环管理。压实被审计单位主要负责人整改第一责任、审计部门督导责任、业务部门管理责任,对整改情况共同认定销号,纳入负责人年度业绩考核和审计工作考评。同时,健全事有人管、责有人担、全面覆盖、上下贯通的违规责任追究工作体系,严肃查处违规问题。2020年,公司整改审计问题7.47万项,完善制度流程1 399项,整改率达95.77%。

四是构建开放、融合、动态、智能的数字化审计体系。落实科技强审要求,在总部、分部、各单位建立36家数字化审计工作室,组建专业化工作团队,畅通电子数据获取渠道,开通审计专用视频系统,建立完善工作机制。开发建设数字化审计平台,实现对公司核心业务信息全覆盖,并创新审计手段,强化事中审计监督,提升审计质量和效率。特别是

2020年以来,深化应用数字化审计,远程在线开展审计进点、审前调查、数据分析等,试点开展数字化综合审计、营销管理审计,确保审计工作任务不减、目标不变、标准不降。

五是提升审计工作质量和水平。严格对标"立身立业立信"要求,狠抓政治历练、思想淬炼、实践锻炼、专业训练,打造一支高素质专业化的电网审计队伍。主动对接国家政策要求,2019年修订制定14项审计制度,基本形成涵盖通用制度、审计指引、操作指南的审计质量控制制度体系。建立健全全面覆盖项目质量、审计管理工作质量、整改质量、迎审迎检质量的管控体系和评价标准,深入开展多维审理。

六是加强审计监督与各类监督贯通融合。国家电网坚持以党内监督为主导,推动组织监督、法律监督、业务监督、审计监督有机贯通与相互协调,构建科学、严密、高效的大监督体系。强化审计监督信息协同共享,推动结果共用、协调配合,并统筹安排各类监督检查,交流通报审计工作情况,协调推动解决审计中出现的重大问题。建立业审联动工作机制,做到发现问题在先、防范风险在前,打造各司其职、各负其责、有机配合、相互支撑的监督网络,实现监督机制贯通、监督内容贯通、监督力量贯通,形成监督合力。

资料来源:杜蓓,以内审监督服务国家电网高质量发展(对国家电网有限公司党组书记、董事长辛保安的同名采访报道),《中国审计报》,2021年6月30日。

9.6.1 企业集团监督控制的关键风险

1. 内部审计机构设置不规范

企业集团应建立专门内部审计机构对公司内部及下属子公司开展审计工作,履行监督控制。但目前一些企业集团内部审计机构存在归属关系不合理、职能设置不健全、职责分工不合理等问题。这一方面损害了内部审计的权威性和独立性,限制了内部审计功能作用的充分发挥;另一方面导致了内部审计工作无法实质性开展,形成了风险敞口,比如领导离任必审而未审等。

2. 内部审计流程管理不到位

内部审计的流程可分为审计计划、审计实施、审计报告、审计整改等阶段。但在一些企业集团中,内部审计流程管理存在一些问题,具体包括:一是审计计划阶段存在审计计划粗糙,以部门年度总结替代审计计划,实际情况发生重大变化未及时调整审计计划等问题;二是审计实施阶段存在审计人员专业胜任能力不强、审计方法选择运用不合理、审计标准缺失或过于主观等情况;三是审计报告阶段存在审计沟通不充分、审计问题认定错误、审计责任界定不准确、审计建议针对性和可操作性不强等问题;四是审计整改阶段存在审计问题得不到有效整改、审计责任未严肃追究等问题,导致审计效果削弱。

3. 内部审计信息化程度低

随着"大智移云物"时代的到来,"互联网+"已上升为国家战略,大数据、云计算在各行各业得到充分应用,实时、高效、统一的财务和业务信息系统正呈现个性化、智能化特征并不断升级。然而,内部审计远远落后于信息科技的大潮,许多企业集团内部审计还停留在手工审计层面,只有少数企业实现了常规审计作业的信息化,在自动化风险监测与预警、大数据分析、信息系统审计等方面仍然少有涉及,不能做到海量数据的深入分析和审计领域的全覆盖,严重限制了内部审计监督控制作用的发挥。

4. 内部审计类型有待转变

多数企业集团的内部审计仍然停留在传统的监督检查型阶段,还没有发展到价值增值型阶段。其具体表现为:从审计类型看,大多以财务收支审计、经济责任审计、工程项目审计等为主,内部控制审计、风险管理审计、绩效审计等开展得还不普遍;从审计时间看,内部审计多偏重于事后监督,而忽视事前监督和事中监督;从审计方式看,对公司经营管理各方面单独开展监督或专项监督多,而从公司战略落地和持续发展进行系统全面分析少;从审计理念看,多以查错纠弊、合规性审查为主,而对于帮助企业改进体制机制、促进价值增值和多元化服务方面不够重视。

5. 内部控制评价未受到重视

内部控制评价是对内部控制的再控制,评价的是内部控制设计和执行的有效性。通过内部控制评价,能够帮助企业集团发现子公司内部控制中存在的设计和执行缺陷,并通过督促子公司整改,促进企业集团内部控制制度持续改进、不断完善。但是,一些企业集团的经营管理层并没有把内部控制评价作为内部控制建设的有机组成部分,没有建立内部控制评价体系,或者评价体系停留在框架层面形同虚设,对内部控制评价重要性的认识不充分。

践行有成

顺丰数字化审计模式分享

顺丰数字化审计模式是一个"审计分析—监控—作业"三位一体的系统平台,基于顺丰审计团队对各个业务板块底层真实数据的全覆盖。顺丰审计团队不局限于财务提供的报表数据,他们知道财务报表数据是人家让我们看到的信息,那么不在财务报表上的数据呢?顺丰审计的团队以"业务风险研究"的成果为基础,通过对端到端流程和系统的全面检测,建立"审计风险框架",明确监控方法。

第一个平台是"数据分析平台"。顺丰审计团队结合审计经验,以该平台为工具,通过对大数据的分析挖掘,探索和验证风险系统化监控的逻辑,明确监控规则。第二个平台是"审计监控平台"。顺丰审计团队将风险监控逻辑植入其中,按既定的周期自动运算,通过"人工智能"规则,自动化输出审计线索。第三个平台是"审计作业平台"。顺丰审计团队将审计线索集成至该平台,自动运算实施"风险评估",根据"风险评估"结果驱动审计计划和任务,进入标准化审计实务环节后,审计人员可在审计底稿界面查询线索的具体描述,对线索进行核实与记录,实现闭环管理。

更为形象的描述为：顺丰审计团队以"数据分析平台"为引擎,源源不断地输出监控规则;以"审计监控平台"为导航,告诉审计团队风险在哪里;以"审计作业平台"为操作仓,落地监控思路,实现线索的闭环管理,推动数字化审计的价值发挥。

数字化审计的蓝图容易规划,系统开发也仅仅是技术问题,真正的难点在于审计职责和作业流程的打通,也就是业审融合。为真正推行数字化审计,顺丰对审计部门的组织架构进行了变革,将顺丰的审计团队分为前、中、后三端,以便数字化审计的规划得以顺畅落实。首先是,后端专注进行业务研究与技术研究,研发监控规则和审计方法;然后是中端的"情报中心",实施线索的识别和处置,将线索转化为审计方案;最终由前端的"前线作战部队"实施现场鉴证和核实,并深入分析问题背后的深层次原因,提出解决方案。

顺丰的数字化审计监控模型体系的建设,还需要在未来持续不断地更新。顺丰审计团队对数字化审计还有一个更远大、更美好的梦:在现阶段实现"预警"的基础上,顺丰审计团队还要变"业务驱动、经验驱动"为大数据、云审计的技术运用,挖掘数据背后的规律与真相,实现云协同,实现对风险的事前预测及审计人员的无障碍作业;甚至在数字化审计样本得到进一步丰富后,利用机器学习、人工智能等技术,实现人工智能审计。

资料来源:雪球,顺丰数字化审计,审计之家,2019年9月9日,https://xueqiu.com/3943536014/132519366。

9.6.2 内部审计

内部审计是对本单位及所属单位财务(财政)收支、经济活动、内部控制、风险管理实施独立、客观的监督、评价和建议,以促进单位完善治理、实现目标的活动。2018年1月,审计署以第11号令的形式发布了新修订的《审计署关于内部审计工作的规定》(以下简称《规定》),对内部审计机构的设置、职责、权限和程序等做出了明确的规定。《规定》的出台实施,是贯彻落实党中央、国务院关于加强内部审计工作、充分发挥内部审计作用指示精神的重大举措,对促进被审计单位规范内部管理、完善内部控制、防范风险和提质增效具有十分重要的意义。2020年10月12日,为贯彻落实党中央、国务院关于加快建立健全国有企业、国有资本审计监督体系和制度的决策部署,完善以管资本为主的国有资产监管体制,有效推动构建集中统一、全面覆盖、权威高效的审计监督体系,深化中央企业内部审计监督工作,根据国家有关法律法规规定,国务院国资委制定印发了《关于深化中央企业内部审计监督工作的实施意见》(国资发监督规〔2020〕60号,以下简称《实施意见》)。《实施意见》从体制机制、主要工作、重点领域以及内部审计监管等方面对深化中央企业内部审计监督工作提出了工作要求。2021年10月23日,第十三届全国人民代表大会常务委员会第三十一次会议通过了关于修改《中华人民共和国审计法》的决定,再次强调"被审计单位应当加强对内部审计工作的领导,按照国家有关规定建立健全内部审计制度。审计机关应当对被审计单位的内部审计工作进行业务指导和监督"。

1. 内部审计的机构设置

《规定》指出,国家机关、事业单位、社会团体等单位的内部审计机构或者履行内部审计职责的内设机构,应当在本单位党组织、主要负责人的直接领导下开展内部审计工作,向其负责并报告工作。国有企业应当按照有关规定建立总审计师制度。总审计师协助党组织、董事会或主要负责人管理内部审计工作。

《实施意见》指出,中央企业要不断完善集团统一管控的内部审计管理体制,具体内容包括:强化集团总部对内部审计工作统一管控,统一制订审计计划、确定审计标准、调配审计资源,加快形成"上审下"的内部审计管理体制;推动所属二级子企业及二级以下重要子企业设置内部审计机构,未设置内部审计机构的子企业内部审计工作由上一级审计机构负责;所属子企业户数多、分布广或人员力量薄弱的企业,需设立审计中心或区域审计中心,规范开展集中审计或区域集中审计;各级内部审计机构审计计划、审计报告、审计发现问题、整改落实情况以及违规违纪违法问题线索移送等事项,在向本级党委(党组)及董事会报告的同时,应向上一级内部审计机构报告,审计发现的重大损失、重要事件和重大风险应及时向集团总部报告。

> 来自现实社会的实例总能带来更直观的体验和有益的启示,读者可下载"开拓视野"资料包,推荐"践行有成"栏目的"万达内部如何'防腐'"。

2. 内部审计机构的职能界定

内部审计的职能可以概括为两大类,即防护性/批判性职能和建设性/咨询性职能。

(1) 防护性/批判性职能。一是监督职能。内部审计监督就是检查和督促组织内部人员在授权范围内有效地履行职责,以保证组织的各项活动在符合政府的法律法规、组织的方针政策以及公认管理原则的正常轨道上运行。监督职能是内部审计最基本的职能,无论是早期的查错防弊,还是现代的各种检查和评价活动,都蕴含着监督的性质。内部审计要有效地监督每项管理及环节,发挥制约和促进的作用,这样内部审计工作也会变得有活力和有生命力。二是评价职能。内部审计的评价是指内部审计人员依据一定的审计标准对所检查的活动及其效果进行合理的分析和判断。为实现组织目标所从事的一切生产、经营、管理活动都是评价的对象。例如,决策、计划、方案的确定是否符合实际;各种活动是否依据授权并遵照既定的程序、标准进行;是否正在达到预期的效果,实现既定的目标;各种信息是否真实、准确和完整,处理信息的方法是否恰当;资源是否正在经济地、有效地被使用。

(2) 建设性/咨询性职能。一是控制职能。控制职能是指内部审计作为一种管理控制,通过独立的评价活动来衡量和评价其他内部控制的适当性与有效性。内部审计是组织内部控制系统的重要组成部分,与其他控制形式相比,它具有全面性、独立性和权威性的特点,是对其他控制的再控制。二是服务职能。服务职能是指通过对经济活动的分析和评价,向组织内成员提出工作改进建议和提供咨询服务,从而帮助组织内成员有效地履行职责,提高工作质量和效率。内部审计立足于组织全局,发现问题,分析原因,并向管理者提供富有建设性的意见和建议。监督和服务并举,寓服务于监督之中。

> 来自现实社会的实例总能带来更直观的体验和有益的启示,读者可下载"开拓视野"资料包,推荐"践行有成"栏目的"比亚迪股份有限公司内部审计制度"。

3. 内部审计的流程划分

企业内部控制是一个过程,这个过程是通过纳入管理过程的大量制度及活动实现的,而要确保内部控制制度的切实执行,内部控制过程就必须被恰当地监督。《审计署关于内部审计工作的规定》赋予了内部审计特有的独立性和客观性,决定了内部审计不同于企业的其他职能部门,是企业内部控制监督评价的执行主体。因此,内部审计是企业内部控制的重要组成部分,重视并强化内部审计可以促进内部监督制度的建立健全,从而保证内部控制的有效实施以及内部控制目标的实现。

按照《审计署关于内部审计工作的规定》的要求,企业集团党组织、董事会或主要负责人应当定期听取内部审计工作汇报,加强对内部审计工作规划、年度审计计划、审计质量控制、问题整改和队伍建设等重要事项的管理。

企业集团内部审计机构应当对整个集团的内部审计工作进行指导和监督。集团内各子公司的内部审计结果和发现的重大违纪违法问题线索,在向子公司党组织、董事会或主要负责人报告的同时,应当及时向母公司内部审计机构报告。

企业集团应当建立健全审计发现问题整改机制,明确被审计单位主要负责人为整改第一责任人。对于审计发现的问题和提出的建议,被审计单位应当及时整改,并将整改结果书面告知内部审计机构。

企业集团内部审计机构应当加强与内部纪检监察、巡视巡察、组织人事等其他内部监督力量的协作配合,建立信息共享、结果共用、重要事项共同实施、问题整改问责共同落实等工作机制。内部审计结果及整改情况应当作为考核、任免、奖惩干部和相关决策的重要依据。

企业集团对内部审计发现的典型性、普遍性、倾向性问题,应当及时分析研究,制定和完善相关管理制度,建立健全内部控制措施。企业集团对内部审计发现的重大违纪违法问题线索,应当按照管辖权限依法依规及时移送纪检监察机关、司法机关。

> 来自现实社会的实例总能带来更直观的体验和有益的启示,读者可下载"开拓视野"资料包,推荐"践行有成"栏目的"中国核电的大监督体系"。

9.6.3 内部控制评价

根据《企业内部控制评价指引》的规定和企业集团的实际情况,集团总部对子公司的内部控制评价主要是指企业集团内部审计人员通过对子公司内部控制制度的有效性进行评价,出具评价报告的过程。这一过程是企业集团对子公司实施监控手段的重要内容。

1. 内部控制评价的主体

（1）内部控制评价的责任主体。根据《企业内部控制评价指引》的规定，董事会是内部控制评价的责任主体；而在企业集团内部，内部控制评价主要是指集团公司对子公司内部控制的有效性进行评价。因此，企业集团内部控制评价的责任主体是母公司董事会，对内部控制评价承担最终的责任，对子公司的内部控制评价报告的真实性负责。母公司董事会可以通过审计委员会来承担对内部控制评价的组织、领导、监督职责。

（2）内部控制评价的实施主体。内部控制评价工作的具体组织实施主体一般是内部审计机构或专门的内部控制评价机构。需要说明的是，企业集团应设立专门的内部审计部门，负责子公司的内部控制评价工作；企业集团也可以委托会计师事务所等中介机构实施对子公司的内部控制评价工作。需要注意的是，根据《企业内部控制评价指引》的规定，为保证审计的独立性，为企业提供内部控制审计的会计师事务所不得同时为同一家企业提供内部控制评价服务。

（3）其他相关主体。其他相关主体主要包括母公司经理层、各子公司、母公司监事会等。经理层负责组织实施内部控制评价，授权内部控制评价机构具体组织实施，同时积极支持和配合内部控制评价的开展，为评价工作创造良好的环境和条件。各子公司应建立日常监控机制，开展内部控制自查、测试和定期检查评价，发现问题并认定内部控制缺陷的，需拟定整改方案和计划，报本级管理层审定后督促整改，编制内部控制评价报告，对内部控制的执行和整改情况进行考核。母公司监事会负责审议内部控制评价报告并对母公司董事会建立与实施内部控制进行监督。

> 来自现实社会的实例总能带来更直观的体验和有益的启示，读者可下载"开拓视野"资料包，推荐"践行有成"栏目的"海亮集团构建倒'二八'模式促进审计整改"。

2. 内部控制评价的作用

（1）促进内部控制体系不断完善。内部控制评价是通过评价、反馈、再评价，报告企业在内部控制建立与实施中存在的问题，并持续地进行自我完善的过程。通过内部控制评价查找、分析内部控制缺陷并有针对性地督促落实整改，可以及时堵塞管理漏洞，防范偏离目标的各种风险，并举一反三地从设计和执行等全方位健全优化管控制度，从而促进企业内部控制体系的不断完善。

（2）提升企业形象和公众认可度。企业开展内部控制评价后必须形成评价结论，出具评价报告。通过自我评价报告，将企业的风险管理水平、内部控制状况以及与此相关的发展战略、竞争优势、可持续发展能力等向社会公众披露，一方面有助于树立诚信、透明、负责任的企业形象，另一方面有利于增强投资者、债权人等相关利益者的信任度和认可度，从而促进企业的长远可持续发展。

（3）实现与政府监管的良好互动。政府监管部门有权对企业内部控制建立与实施的有效性进行监督检查。实施企业内部控制评价，能够通过自查，及早排查风险、发现问题并积极整改,在配合政府监管中有利于赢得主动,并借助政府监管成果进一步改进企业内部控制实施和评价工作,促进企业评价与政府监管的良好互动。

3. 内部控制评价的要求

国务院国资委 2019 年 10 月颁发的《关于加强中央企业内部控制体系建设与监督工作的实施意见》(国资发监督规〔2019〕101 号)对企业集团内部控制评价的要求做出了明确规定。

(1) 全面实施子企业自评。督促所属企业每年以规范流程、消除盲区、有效运行为重点,对内部控制体系的有效性进行全面自评,客观、真实、准确揭示经营管理中存在的内部控制缺陷、风险和违规问题,形成自评报告,并经董事会或类似决策机构批准后按规定报送上级单位。

(2) 加强集团监督评价。要在子企业全面自评的基础上,制定年度监督评价方案,围绕重点业务、关键环节和重要岗位,组织对所属企业内部控制体系有效性进行监督评价,确保每三年覆盖全部子企业。要将海外资产纳入监督评价范围,重点对海外项目的重大决策、重大项目安排、大额资金运作以及境外子企业公司治理等进行监督评价。

(3) 强化外部审计监督。要根据监督评价工作结果,结合自身实际情况,充分发挥外部审计的专业性和独立性,委托外部审计机构对部分子企业内部控制体系的有效性开展专项审计,并出具内部控制体系审计报告。内部控制体系监管不到位、风险事件和违规问题频发的中央企业,必须聘请有相应资质的社会中介机构进行审计评价,切实提升内部控制体系管控水平。

(4) 充分运用监督评价结果。要加大督促整改工作力度,指导所属企业明确整改责任部门、责任人和完成时限,对整改效果进行检查评价,按照内部控制体系一体化工作要求编制内部控制体系年度工作报告并及时报国资委,同时抄送企业纪委(纪检监察组)、组织人事部门等。指导所属企业建立健全与内部控制体系监督评价结果挂钩的考核机制,对于内部控制制度不健全、内部控制体系执行不力、瞒报漏报谎报自评结果、整改落实不到位的单位或个人,应给予考核扣分、薪酬扣减或岗位调整等处理。

综合案例

*ST 长油成央企首家退市股[①]

在*ST 长油公布 2013 年归属于上市公司股东的净利润为 -59.22 亿元之后,央企首家退市股的称呼也同时落到*ST 长油的头上。

公司称,预计 2014 年 4 月 23 日之前公司股票进入退市整理期交易。退市整理期结束后,公司股票将从上海证券交易所摘牌。

---

① 矫月,*ST 长油成央企首家退市股背后:高层决策失误,《证券日报》,2014 年 4 月 4 日。

1. 连续四年亏损即将摘牌

*ST长油披露的2013年年报显示,报告期内,公司实现营业收入为73.07亿元,同比2012年增长10.22%;归属于上市公司股东的净利润为-59.22亿元,较2012年同期的-12.39亿元亏损幅度扩大。

事实上,因2010年、2011年和2012年连续三年亏损,*ST长油自2013年4月22日以来已被上海证券交易所暂停上市近一年时间。

2010年,公司亏损1 859.47万元;2011年,公司亏损7.54亿元;2012年,公司亏损12.39亿元;再加上2013年亏损的59.22亿元,公司在这四年中亏损合计达到约79.33亿元,而其之前连续盈利的13年合计净利润不过23.77亿元,相当于公司上市17年还巨亏55.56亿元。

根据上交所的退市规则,被暂停上市后,公司最近一个会计年度的净利润为负值将会退市。2014年3月30日,*ST长油发布公告称,预计4月23日前,公司股票将进入退市整理期,为期30个交易日,其后,公司股票将从上交所摘牌。

据了解,*ST长油将在上交所对公司股票做出终止上市的决定之日后的5个交易日届满的下一个交易日起进入退市整理期,并在风险警示板交易30个交易日后终止上市。此后,公司股票将转入全国中小企业股份转让系统(即新三板)挂牌。

公开数据显示,截至2013年年末,*ST长油的股东总数为14.9385万户,在2013年年报披露日前五个交易日末股东总数为14.9442万户。

2. 重回A股市场难关重重

事实上,*ST长油曾表示"要尽早实现公司盈利和净资产为正,为重新上市创造条件"。但信永中和会计师事务所对公司给出的"非标"意见让人望而却步。其表示,截至2013年12月31日,*ST长油净资产为-20.03亿元,流动负债高于流动资产58.03亿元。这些情况表明存在可能导致对长航油运公司持续经营能力产生重大疑虑的重大不确定性。

根据退市制度,上市公司股票终止上市后,达到规定的重新上市条件的,可以申请重新上市。

3. 运力扩张是亏损主因

申正远向记者分析道:"*ST长油亏损的根本原因有:其一,油轮运输市场持续低迷,在后金融危机时期全球原油需求增幅减缓,同时油轮净运力增加,市场供需处于严重失衡状态;其二,公司在2008年前期进行大规模扩张,但2008年之后航运市场景气度直转急下,公司负债压力极大;其三,在自身无力扭转局势的情况下,其母公司板块割据严重,没能为*ST长油提供有力支撑。"

余荩向《证券日报》记者分析道:"公司现今亏损的主要根源在于运力扩张,负债造船,使得银行借贷过巨,负债率过高。"

据记者调查,早在2007年,*ST长油曾预计未来两三年内,公司发展的主要资金需求为造船项目资金。而截至2007年年末,公司尚需支付船舶建造款就高达46.45亿元。这还是在不考虑后续新增运力情况下的欠款。

此时的*ST长油已经预计到造船所带来的风险,但公司不但没有重视这一风险,甚至预计2009年将新增运力。2008年年报显示,公司预计2009年新增5艘VLCC、10艘MR油轮和3艘特种品运输船,总计约200万吨的运力。公司认为,这将有助于公司实现经营业绩总体稳定。

2008—2012年,*ST长油的固定资产原值分别为61.31亿元、92.31亿元、11.75亿元、15.48亿元、165.20亿元,固定资产净值分别为41.06亿元、71.22亿元、94.14亿元、129.05亿元、135.50亿元。如果按固定资产净值口径计算,其固定资产占资产总额的比重从2008年以来一直在提升,从2008年仅占34.69%飙升到2012年的68.71%。这说明自2008年次贷危机爆发以来,*ST长油一直在进行运力扩张,不停地买船造船。

4. 是否高层决策失误

余荩认为:"*ST长油的亏损,与公司管理层的决策失误有很大的关系,而公司的大股东也难辞其咎。"

实际上,早在2008年,公司已经预计到市场走低和运力可能过剩。*ST长油在2008年年报中表示,"受金融危机影响,全球经济衰退几成定局,国内经济的持续增长难免受波及"。同时,公司也提前预测到"运输市场的大幅波动将直接影响公司业绩"。

据业内人士分析,航运业的鼎盛时期是2007年,下坡路在2008年已有显现,2009年下滑尤其明显,而此时的航运业早已运力过剩。对于*ST长油不顾风险的一味扩张,申正远向记者表示,从当前来看的确是高层失误。"当时高层没有考虑到航运业的生命周期,事实上2008年之前航运业已经经十年的繁荣发展期,但是高层并没有做好应对风险的准备。2008年爆发的金融危机令市场始料未及,而在A股市场上即将退市的只有*ST长油一家,这意味着*ST长油在管理和经营体系方面也存在较大漏洞。"申正远如是说。

5. 各项财务指标恶化

年报显示,截至2013年年末,*ST长油的总资产为137.74亿元,总负债为157.77亿元,资产负债率为114.54%。

有分析人士向记者指出,公司负债如此之高就是此前向银行贷款,大肆造船的结果。数据显示,2008—2012年,*ST长油的负债逐年增长,分别为73.02亿元、96.49亿元、130亿元、140.99亿元和158.61亿元。直到2013年,公司的负债合计为157.77亿元,资产负债率近115%。

虽然公司亏损是从2010年开始的,但根据2008—2012年的年报,可以发现从2008年以来公司的各项指标已出现恶化,其根本原因则是公司规模的扩大,而这也为公司未来的亏损埋下伏笔。

思考题

1. 分析导致*ST长油成央企首家退市股的主要风险类型。
2. 总结*ST长油经营失败的基本路径。
3. 请从企业集团内部控制角度提出促使*ST长油恢复正常经营的对策建议。

第 10 章 企业全面预算管理

寄 语

按照《企业内部控制基本规范》的规定,预算控制属于企业基本控制措施之一。预算控制要求企业实施全面预算管理制度,明确各责任单位在预算管理中的职责权限,规范预算的编制、审定、下达和执行程序,强化预算约束。对于企业而言,预算管理是战略管控的重要组成部分,企业应当以战略目标为导向,全面预测和筹划未来一定期间内的经营活动与相应的财务结果,科学、合理配置企业各项财务资源和非财务资源,并对执行过程进行监督和分析,对执行结果进行评价和反馈,指导经营活动的改善和调整,进而推动企业战略目标的实现。本章介绍了预算管理组织体系,阐述了预算管理基本流程,分预算编制、预算执行、预算考核三个阶段说明了各自应遵循的原则和流程以及可选择的方法。

- **知识要点** 理解预算、全面预算、预算管理、全面预算管理的概念,了解它们之间的联系与区别;熟悉预算管理的组织体系和基本流程;理解预算编制、执行和考核的原则;了解预算编制、执行和考核的程序。

- **技能要点** 能够指导企业建立预算管理组织体系,设计预算管理基本流程,制定预算管理制度;能够根据预算编制、执行和考核的原则,按照预算编制、执行和考核的程序,应用预算编制、执行和考核的方法进行预算管理。

- **素质养成** 领会"凡事预则立,不预则废"和"量入为出"所蕴含的中华优秀传统文化的思想精华和时代价值,并应用到企业预算管理实践当中;响应党和国家号召,牢固树立"过紧日子"的思想,重视预算对企业资金、成本和费用的控制;塑造业财融合、刚柔并济的预算管理理念,体会战略思维、底线思维、创新思维等在预算管理中的应用。

引导案例

预算增至20倍,大族欧洲项目进度缓慢[①]

深圳市大族激光科技股份有限公司(以下简称"大族激光")是深圳市高新技术企业、深圳市重点软件企业、广东省装备制造业重点企业、国家级创新型试点企业、国家科技成果推广示范基地重点推广示范企业、国家规划布局内重点软件企业、主要科研项目被认定为国家级火炬计划项目。

2019年8月1日晚,大族激光发布公告称,公司董事长近期在回应相关媒体过程中,因情绪激动发表了不当言论。同时,大族激光还公告收到了深圳证监局行政监管措施决定书。深圳证监局2019年7月对大族激光进行专项检查时发现,大族激光的子公司大族欧洲在建工程(欧洲研发运营中心项目)存在问题,包括信息披露不准确、不及时,历年披露欧洲研发运营中心在建工程项目的预算数及工程进度与实际情况不符,未及时披露项目建造涉及的重大合同等问题。

这到底是怎么回事呢?原来这一切背后,是大族激光的欧洲研发运营中心项目进展缓慢。欧洲项目至今花费已超出10亿元,建设8年却仍未完工。

在大族激光2011年年度报告中,在建工程项目中的欧洲研发运营中心改扩建工程的账面余额为618万元,而项目预算书为5 000万元,在2011年工程投入中占预算的比例为12.37%。在2013年年度报告中,该欧洲研发运营中心改扩建工程的预算数增至3 000万美元,工程投入占预算的比例为46%。此后的2014年年度报告、2015年年度报告中,该项目的预算数均显示为3 000万美元。截至2015年,该项目的工程进度已经完成80%。

然而,上述数据存在不实之处。2019年8月1日深圳证监局对大族激光下发的行政监管措施决定书显示,大族激光历年披露"欧洲研发运营中心"在建工程项目的预算数及工程进度与实际情况不符。公司按照截至当期该项目已经投入的金额,加上未来1—2年计划追加的资金数来披露项目预算数,并计算相应的工程进度。"由此导致该项目披露的预算数不断被调整追加,在2014年年末已确定项目建造总预算金额为10.57亿元人民币。"

大族激光注册在瑞士的大族欧洲自2011年开始自建欧洲研发运营中心项目,预算金额5 000万元人民币,经过多次调整,截至2018年年底项目预算已增至10.5亿元人民币。对于这些预算的增加,对应历次董事会审议分别是2012年8月、2013年8月、2016年11月、2017年7月、2018年4月和2019年4月,增资金额分别为2 000万美元、2 000万美元、3 000万美元、3 000万美元、3 000万美元及2 000万美元。

建设8年仍未完工,预算增加近20倍。大族激光对欧洲研发运营中心有关问题做出了说明,表示欧洲研发运营中心2011年开始前期工作,原本只是收购一家旧酒店进行改

[①] 韩远飞,大族激光就董事长不当言论道歉,《上海证券报》,2019年8月2日。

造、重新装修,2012年又收购相邻的地块,兴建新的建筑物。由于涉及新建建筑物,报建工作异常复杂。根据当地法律的要求,建筑方案必须充分公示且当地居民无异议后才能获得通过。在这一过程中,为获得居民同意,设计方案几易其稿,费时费力,直到2016年报建工作才完成法定程序,得以开始施工。在施工过程中,又遇到一些难以预见的因素,导致前期施工进度受到较大影响。受上述因素的共同影响,工程开工时间严重落后于计划进度,并造成预算大幅增加。

尽管大族激光对欧洲研发运营中心的进度缓慢和预算追加问题给出了解释说明,但仍旧无法令公众信服,短时间内也无法弥补投资者的损失。大族激光在项目开发前期的可行性研究不足,过程中也没有做好预算管理,这才导致进度落后、数次追加预算。

启示录 从案例可以看出,预算是企业对未来工作的计划安排,是对未来目标的价值量反映,同时也是企业控制成本和费用的有效手段。好的预算管理有利于企业收入的提升、成本费用的降低以及利润的实现。不好的预算管理会让企业在运行过程中处处碰壁掣肘,给企业带来损失,阻碍企业股东价值最大化目标的实现。

10.1 预算管理基础

10.1.1 预算管理相关概念

1. 预算

计划是为了达到预期的目标而对未来事项进行安排的过程。预算就是计划的一种形式,它是企业为达到一定目的在一定时期对资源进行配置的计划,是用数字或货币编制出来的某一时期的计划。

2. 全面预算

全面预算是由一系列预算按照经济内容及相互关系有序排列组成的有机整体。各项预算之间前后衔接、相互关联、相互制约、相辅相成、环环相扣,存在严格的勾稽关系,形成一个完整的、科学的、系统的、牵一发而动全身的全面预算体系。从全面预算的内容来看,主要包括经营预算、资本预算和财务预算三部分(见图10-1)。其中,经营预算也叫业务预算,是指与企业日常业务直接相关的一系列预算,包括销售预算、生产预算、采购预算、费用预算等。资本预算也叫专门决策预算,是指企业重大的或不经常发生的、需要根据特定决策编制的预算,主要指投融资决策预算等。财务预算是指与企业现金收支、财务状况或经营成果等有关的预算,包括预计利润表、现金收支预算、预计资产负债表等。

3. 预算管理

根据《管理会计应用指引第200号——预算管理》的规定,预算管理是指企业以战略目标为导向,通过对未来一定期间内的经营活动和相应的财务结果进行全面预测及筹划,科学、合理配置企业各项财务资源和非财务资源,并对执行过程进行监督和分析,对

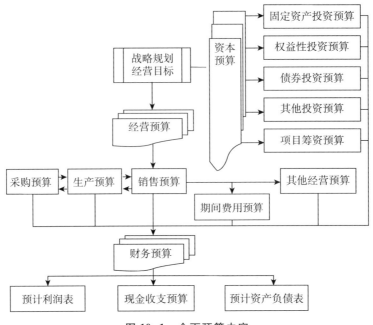

图 10-1 全面预算内容

执行结果进行评价和反馈,指导经营活动的改善和调整,进而推动实现企业战略目标的管理活动。

预算管理本质上是以预算为依据和主线的一种企业管理模式,是企业围绕预算而展开的一系列管理活动和制度安排,包括预算目标确定、预算编制、预算控制、预算考评等多个方面。预算管理旨在落实战略规划,优化资源配置,提高营运绩效,强化风险控制,推动企业战略规划实现。

4. 全面预算管理

全面预算管理是以预算为主线,涉及全方位、全过程和全员的一种整合性管理系统,对公司的所有经营活动和所有组织机构具有全面控制及全面约束力。理解全面预算管理系统的"全面"本质,可从三个方面入手。

(1) 全面覆盖。预算控制应该覆盖整个公司,包括公司各职能本部、公司下属各事业部及其职能部门、公司控股的其他非事业部单位及其职能部门。许多企业仅仅关注费用预算和资金预算,这只是权宜之计,全面预算应该扩充到其他预算,如销售预算、采购预算、生产预算、资本预算和财务预算等。许多企业的预算管理部门以财务部门为主,但实际上全面预算涉及生产经营的所有活动,包括销售活动、生产活动、采购活动、研发活动、财务活动等。这就意味着企业要控制其经营业务,不仅需要编制经营预算和资本预算,而且需要编制财务预算。

(2) 全程控制。以预算为主线对公司各种经营活动以及经营活动过程的各个环节进行控制,包括事前控制、事中控制和事后控制。事前控制通过预算目标确定和预算编制环节完成,事中控制通过预算执行环节完成,而事后控制则依赖于预算分析与预算考评。以上环节构成了完整的预算控制循环。要发挥预算控制系统的控制作用,这几个环节缺一不可。有许多企业往往只重视预算的编制,而忽视预算的事中控制,既不积极执行,也不有效控制,更不进行系统分析;还有许多企业将预算执行与预算考评相互脱钩,对预算执行部门和执行者的考评并不以预算为主要依据,完全忽略预算的事后控制作用。

（3）全员参与。全面预算管理体系的设计和运行是一项复杂的系统工程,需要公司各级领导高度重视和常抓不懈,需要公司各单位、各部门一把手积极推动和亲自落实,需要各层次员工的积极参与和主动配合。预算控制系统的实施过程就是将预算的总体目标分解、落实到各部门的过程,从而使各部门明确自己的工作目标和任务。公司的整体目标只有在各个部门和各个岗位的共同努力下才能得以实现;相反,如果各个部门各行其是,各个岗位相互扯皮,公司整体目标就难以实现,公司整体利益就会受到损害。

践行有成

集团管控下的全面预算管理体系

申能(集团)有限公司(以下简称"申能集团")是由上海市国有资产监督管理委员会出资监管的兼顾功能类与公共服务类的国有独资企业,在确保完成战略任务或重大专项任务的同时还要保证城市正常的能源运行和稳定,实现社会效益。集团拥有全资和控股企业逾100家,包括12家二级全资和控股子公司,2家上市公司,员工近1.7万人。

申能集团注册资本达到100亿元,始终注重发展主业,形成了电力、燃气、能源服务与贸易、金融、线缆五大板块产业,积极参与国资专项行动,围绕国家"创新、协调、绿色、开放、共享"的发展理念和上海市"创新驱动发展、经济转型升级"的总体要求,以上海市能源安全保证为首要职责,坚持集团"电气并举、产融结合、创新引领、转型提升"的发展战略,抓住机遇,自主创新,形成了多气源保障供应格局、天然气全产业链布局,实现了规模化的创新输出。

申能集团以"价值导向、风险可控、市场驱动、精细管理、智慧提升"为整体目标,贯彻落实财政部《管理会计基本指引》和国资委对全面预算管理的实施要求,兼顾风险与效益平衡,围绕企业总体战略目标,系统梳理业务管理流程,理顺集团与下属控股公司权责,探索信息化业务发展,确保做到自我驱动、有效监控、成果落地,以此建设兼具"全""融""特"的全面预算管理体系——即预算管理全面化建设、业务财务战略目标一体化融合、业务板块特色化预算管理。

1. 战略目标融入预算目标设定

申能集团的财务预算目标机制是结合企业战略目标和经营计划,基于市场导向建立的。申能集团下属子公司众多,所处生命周期、行业特点、公司规模等方面各不相同。因此,集团参照国资委对下属企业的分类标准,并结合下属企业的发展阶段、行业特点、市场化程度等维度,将下属控股企业分为四类,以实现目标设定精细化(见表10-1)。

表 10-1 申能集团下属企业财务预算目标基数设定

企业类型	类型特点	基准目标
市场线Ⅰ类	在行业内具有可比性,行业内数据公开	规划目标×x_1%+历年均值×x_2%+行业均值×(1-x_1%-x_2%)
市场线Ⅱ类	部分竞争型企业,行业公开数据	规划目标×$x3$%+历年均值×(1-$x3$%)
转型型	正在转型,处于亏损阶段	一年一议
功能型	处于关停定本阶段	根据集团要求

申能集团的财务预算指标以加权平均净资产收益率(ROE)为主,占比为 α,收入水平为辅,占比为(1-α)。目标的构建既包括由集团战略目标分解得到的规划目标,又包括基于历年均值计算得到的基本值。其中,规划目标就是集团总部按照集团战略目标对经营计划进行分解,下达给下属子公司的基准值,该数值将集团的战略贯彻于子公司的预算中,使预算成为集团控制下属子公司的工具;基于均值计算的基本值,使得预算目标贴合企业自身及行业发展的实际情况,能够从根源上有效解决预算松弛问题。

2. 精细构建预算编制的基础设施

依据《管理会计基本指引》的要求,设立全面预算的组织机构如图 10-2 所示,以全面预算领导委员会为领导机构(包括集团各职能部门负责人),建立全面预算工作小组对集团各职能部门以及下属公司的预算管理工作进行协调指导,在集团上下贯彻全面预算管理的理念,提升集团全体对预算管理推进集团战略目标实现作用的认识,大力支持集团预算管理工作。同时,全面预算组织机构设置的优化可以帮助集团整体分清职责界限,协同配合,大大提升集团总部的管控效率。

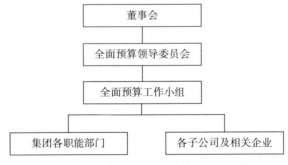

图 10-2 申能集团全面预算的组织架构

申能集团还建立了"三下三上"预算编制机制,如图 10-3 所示。以"一下"为总体基准目标,作为下属子公司预算编制的导向,对子公司上报具体预算目标有指导作用,并经多次调整确定预算终值。在预算编制内容方面,在国资委预算系统表式的基础上增加集团内部预算表式,结合集团各业务板块分类,细化收入、成本、费用等项目,使得预算统计能够与实际业务情况一一对应且全部囊括,以便全面了解、管控预算情况。

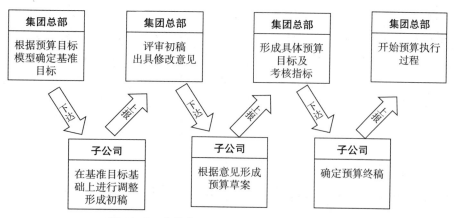

图 10-3 申能集团"三上三下"预算编制机制

3. 特别关注执行过程中的超预算事项

集团把超预算事项作为关键控制内容,预算执行过程中的超预算项目(包括总额超预算融资项目、单项或总额超预算投资项目、总额超预算费用项目、总额或人均超预算人工成本等)必须进行必要的审核,经审批后方可执行。尽量避免不必要的超预算事项发生,实现事前控制,加强对子公司的费用成本支出及投融资业务的管控。

4. 以预算分析结果指导策略调整

预算分析工作采取分级分析机制,分为集团公司季度分析以及各系统单位月度分析。其中,系统单位每月根据预算实际发生情况及相关业务统计数据编制预算执行报告,分析影响预算指标变化的主要因素,说明产生预算差异的原因;集团公司定期召开经营分析会,持续掌握子公司及其各项业务的经营状况,对集团经营与预算分析报告的各项内容进行逐项讨论,针对预算执行情况商讨预算控制方案,确定未来的经营策略调整方向。通过以上对比分析,形成合理决策,实现集团对子公司经营全过程的控制,并且保证业务经营进度与资源配置相协调。

5. 层层严控预算调整

集团建立"一事一议、三层审核、严格审批、谨慎调整"的调整机制,预算值具有刚性,一般仅在宏观经济形势或影响企业经营的重大事项发生变化时,导致下属子公司确实需要调整预算的,需提出申请,报请全面预算领导委员会、全面预算工作小组、系统单位三层单位审核,评估调整对集团整体战略及经营业务开展的影响,严肃对待。

6. 将预算准确度纳入考核模型

集团构建预算考核模型对下属子公司的预算管理情况进行考核。考核成绩分为两部分:

一是上报准确度考核。将下属子公司上报的预算数与集团总部设定的基准目标数进行比较,即子公司上报数相对目标基数的偏离程度,配合由集团总部对预算准确度波动承受程度所确定的奖励权重,得到对子公司上报预算数准确度的考核成绩。这一部分考核是为约束子公司预算目标的设定而建立的。在此机制下,子公司为取得奖励、规避惩罚,一般会围绕集团总部设定的目标基数附近上报预算数,从而得以深入贯彻集团战略目标,实现对子公司的管控。

二是业务实际成绩考核。将下属子公司实际完成的超额预算部分或实际完成未达成预算部分与集团总部设定的基准目标进行比较,即子公司实际业务的完成程度,配合相应的超额完成的奖励权重或未完成的惩罚权重,得到对子公司业绩实现水平的考核成绩。这一部分考核,是为敦促子公司实现甚至超额实现上报的预算目标而建立的,可以通过加大奖励权重和惩罚权重的差距,形成丰厚奖励和巨额惩罚的强烈对比。基于此,集团不但能够激励下属子公司的业务经营,还能加强对子公司的控制。

资料来源:李远勤等,集团管控视角下的全面预算管理研究——以申能(集团)有限公司为例,《中国管理会计》,2020年第4期。

10.1.2 预算管理基本原则

根据《管理会计应用指引第200号——预算管理》的规定,为实现预算管理的目标,企业进行预算管理,一般应遵循五项基本原则。

1. 战略导向原则

预算是战略目标在业务层面的细化与分解。因此,企业进行预算管理必须遵循战略导向原则,即预算管理应围绕企业的战略目标和业务计划有序开展,引导各预算责任主体聚焦战略、专注执行、达成绩效。

A 公司全面预算目标设定的标准化建设探索

A 公司是由22家电力设计公司组成的集团企业,也是Z上市公司的全资子公司,主要业务涵盖能源基础设施领域的规划研究、评估、咨询、工程勘察、设计服务、工程总承包、项目投资经营、相关专有技术产品研发等。全集团总资产超过800亿元,净资产近300亿元,年度营业收入超600亿元。

在预算目标设定方面,A 公司原有的全面预算管理工作曾存在集团管理粗放、预算目标战略导向不充分、激励考核机制缺失、预算横纵联动不紧密等诸多问题。最近几年,公司为了从战略高度整合资源、聚合力量,统筹策划建设了统一的全面预算管理体系,建立了公司协同经营的全局思路和工作机制,以信息化、数字化平台进行智能管控,集合各级企业一致行动、共同发力,推动了公司管理升级,增进了管理边际效益。为了确保目标体系运行成效,公司进行顶层规划,兼顾全局、精准施控,以预算目标承载公司战略,以预算考评连接业绩薪酬,从集团、企业到项目纵向划分不同层级责任目标,从战略、计划、预算到绩效横向协同企业经营全过程、全要素目标,形成适应公司各层级业务发展和集团统筹运作需要的全面预算管理目标体系。

A 公司全面预算管理体系以目标为梁,以组织、制度、流程为三大支柱,以信息化为基石,同步完成"目标明确、组织健全、制度完善、流程清晰、平台统一"五个子体系建设。

目标体系遵循指标科学、通道顺畅、目标精准、多点突破、协同发展的原则,以公司发展战略为导向、以穿透标准管理为目标、以分级精细分解为手段,着力解决预算目标和绩效考核的瓶颈问题,实现纵横一体的目标网络控制,快速提升公司全面预算管理价值。

(一)年度预算目标管理体系的建设目标和总体要求

1. 横向与企业战略、计划、考核全过程协同

一是管理闭环,将公司战略转化为行动方案,行动方案量化分为预算目标,预算目标纳入绩效目标,最终使个人业绩目标的完成与公司战略目标的实现融为一体,激励约束机制得以充分发挥;二是流程优化,统合业财流程,严格执行战略、计划、预算、考核循环流程(见图10-4),优化、改善企业内部管理控制。

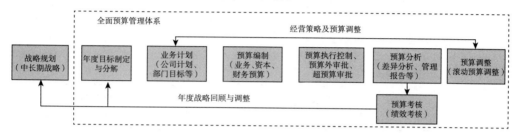

图10-4 战略、计划、预算和考核形成管理控制的闭环

2. 纵向与公司整体战略规划实行全方位联动

通过"二上三下"(见图10-5),促成公司上下层级针对预算目标的源头信息、预算编制的假设信息和经营策略信息等进行多次沟通,形成共识,使预算目标既体现集团的统一要求,又能体现各级企业的实际情况。上下沟通流程见图10-5。

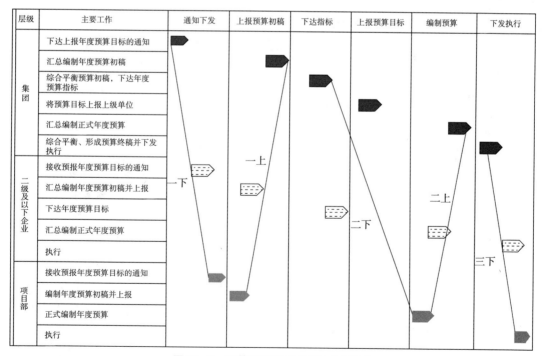

图10-5 预算目标确定的"二上三下"

3. 明晰公司分层级管理定位及管控重点目标

公司各层级企业经营责任和业务各有侧重(见表10-2),发展阶段各不相同,经营状况各有差异。公司结合各层级职责定位,明确不同层级间的重点管控目标,发挥合力效力。

表10-2　各层级管理定位及管控重点目标

职责	集团	企业	项目
目标管理导向	管理战略	经营战略	成本战略
管控重点目标	管理控制 (战略目标和预算目标分解、资本运营管控、资源配置、二级企业经营管控、资金集中管控、税收整体筹划、KPI考核等)	业务控制 (执行重点项目目标控制、其他项目归口控制、职能部门行为控制)	成本费用控制 (项目分期预算管理、项目标准化CBS分解、赢得值分析、人工工时分摊、合同管控等)
发挥作用	搭建架构、重点管控、全面管理	企业创造价值	控制项目成本、确保项目利润

4. 细化与绩效挂钩的配套措施,激励全员参与

激励全员参与全面预算管理:一是预算目标层层分解,人人肩上有责任,人人心中有预算;二是预算通过全员协作,实现资源在各部门之间的协调和科学配置;三是将预算考核结果与企业经营者、员工的经济利益挂钩,企业经营者、员工与企业形成责、权、利相统一的责任共同体。

(二)构建战略导向型年度预算目标体系

预算目标以公司战略目标为出发点进行年度经营计划分解,将年度经营计划细化为年度预算目标,再将年度预算目标层层分解、贯穿到底,通过事前预算编制、事中执行控制及事后监控分析,使各项全面预算管理目标落到实处,确保各层级企业的协同发展和对战略目标的贡献支持。公司预算目标体系主要包含指标构建、目标确定、目标分解三部分内容。

1. 构建公司预算目标指标库

(1)预算指标选取依据。为确保公司经营目标、公司预算目标和公司绩效目标的有效衔接,公司战略规划、人力资源两部门与财务部门共同参与指标设计,预算目标指标的选取兼容考核性、战略性、管控性。

(2)预算指标库的构成。预算指标由通用指标、个性指标和项目指标组成。通用指标包含上级考核指标、本级战略规划指标和内部管控指标三部分,分为考核指标(国资委和上级单位下达指标)和管控指标(根据自身中长期战略规划及管理管控目标确定)。个性指标由企业根据经营业务特点选用。项目指标针对项目盈利能力、资金管控能力的需要确定。A公司选择的指标如表10-3至表10-5所示。

表 10-3　预算目标——通用指标

指标类型	指标名称
考核指标(7)	新签合同额(分境内、境外)、营业收入、EVA、归属于母公司净利润、利润总额、资产负债率、"两金"压降
管控指标(13)	投资总额、研发投入、工资总额、经营性净现金流、综合毛利率、国有资本保值增值率、净资产收益率、收入净利润率、有息负债总额、现金流动负债比率、盈余现金保障倍数、三项费用(销售、管理、财务)利润率、总资产周转率

表 10-4　预算目标——个性指标

指标类型	指标名称
总承包业务	回款额、安全生产投入
PPP、BT、BOT	内部融资总额、外部融资总额
科技研发	研发投入比率、研发成果完成率

表 10-5　预算目标——项目指标

指标类型	指标名称
项目预算管控型	营业收入、营业利润率、资金回款率、项目净现金流

(3) 预算指标的动态调整。预算指标库并非一成不变,指标库中各类指标随公司战略调整方向、内部管理目标变化、国资委专项工作要求等进行动态调整,通过指标调整引导各级企业实现不同发展阶段的工作目标。比如,为推动低效无效资产清理处置专项工作的实施,公司会阶段性地将"两资"完成率作为年度考核指标;针对公司债务潜在风险增加,将有息负债规模和增长幅度作为管控指标等。

2. 确定具体指标年度目标值

预算目标既要科学衔接企业战略和经营计划,又要确保完成上级考核任务,有利于充分调动员工能动性和最大限度挖掘员工潜能。公司对年度目标进行分类管控,设定三类目标值:一是针对上级单位下达的考核目标设置考核值(考核目标);二是结合企业自身战略发展和行业平均标准设定略高于考核值的确保值(预算目标),三是从内部激励角度设定更高的力争值(奖励目标)。

考核值承接上级单位考核,纳入企业业绩考核,由公司人力资源部确定并下达;确保值依据预算目标测算模型估算平衡设置,略高于考核值,由预算管理办公室确定并下达;力争值为激励下级企业达到更高目标而设定的弹性指标,可与下级单位协商确定。

综合考虑历史数据、行业排名、战略规划、上级考核等因素构建确保值(预算目标)的测算模型,可以按照以下四个具体步骤完成:

第一步,依据国资委《年度经营考核办法》和《管理层任期考核办法》的具体量化条款,设定年度经营业绩指标和任期经营业绩指标的目标值;第二步,根据各种渠道公开信息,主动对标,结合对标单位和竞争对手数据,对公司的预期经营增长情况进行合理测算;第三步,结合公司中长期发展战略的相关指标信息,计算复合增长率,进行年度分解测算;第四步,对以上三组计算数据中有指标重复的,依据管控要求设置权重进行一定的调整。

3. 逐级分解公司总预算目标

(1) 分解到下属各企业。根据公司各板块业务发展目标和各自的业务特点,选择下属企业的关键指标权重。建立多维度量化模型对所属企业的行业布局、经营特点、市场占有率、短板/优势、敏感度、异常波动等进行综合分析,找到二级企业对集团预算目标的不同贡献度和管理重点,针对不同指标选择不同权重,将年度目标分解至企业,实行差异化目标责任管控以明确各企业的管理抓手。

各项分析内容为:①行业布局分析,主要研究公司行业发展战略规划和行业布局状况等;②经营特点分析,摸清各企业的业务板块和发展阶段,了解业务平均盈利水平等;③市场占有率分析,掌握公司整体市场占有率和各企业市场占有率及分布状况等;④短板/优势分析,通过历史数据的统计分析,找到各企业的最差指标和最好指标,下达精准改进要求;⑤敏感度分析,结合EVA等关键指标选取几个关键要素进行变动模拟分析,确定对企业影响较大的敏感性指标;⑥异常波动分析,对各企业多年数据进行趋势分析,弄清楚变动较大指标背后的因素。

(2) 分解到各个主要项目。各企业根据下达的预算目标,结合自身战略、行业标准和内部管理要求,落实符合自身的预算目标,综合考虑业务特性、生产效率和各企业实际情况,进一步确定下属企业和各项目的预算目标。

这其中有特色的是A公司设计与实施的项目成本目标标准化管控探索,以公司工程项目综合信息管理平台实现项目数据的集成与管理,将项目预算成本目标分解为三级。一级满足集团管控需要,分为设备购置费、总包方采购材料费、建筑工程费、安装工程费、项目管理费、其他费用、风险预备费。结合项目合同工期及一级网络进度安排,将企业项目成本目标按年度进行再分解。二级满足企业自身管控需要,按分包合同分解,设备、材料分解深度达到"预规"规定的深度,建筑安装工程按合同不同标段进行分解,其他费用分解深度达到"预规"规定的深度。结合项目合同工期及二级网络进度安排,将项目级预算费用按年度进行再分解。三级满足项目管控需要,按分包合同分解,设备、材料分解深度达到"预规"规定的深度,建筑安装工程按不同合同标段及"预规"项目划分分解,达到"预规"规定的深度,其他费用按合同费用项分解。

(3) 结合项目合同工期及三级网络进度安排,将CBS项目费用分解与WBS分解及三级网络进度计划相结合,对项目预算费用再分解至年/季/月,兼顾进度与费用控制需要,进行工程项目进度/费用的联合控制。

(三) 打通预算目标与绩效考核的一体化施策

公司明确将预算目标纳入公司业绩考核体系,根据业绩考核制度和预算管理重点,设置相应的预算指标值和权重,定期开展考核工作。一方面是对整个预算目标管理成效进行考核评价,即对公司经营业绩进行评价,考核结果与企业全员薪酬挂钩;另一方面是对预算执行者的考核与评价,与企业主要负责人的薪酬挂钩。

A 公司将预算考评主体分为企业和项目两个维度。

1. 企业考核标准

(1) 定量考核和定性评价并行。定量考核主要针对各级企业所承担的具体预算目标的完成情况;定性评价主要针对预算工作的及时性及预算数据的准确性。

(2) 设立年度指标三类目标值。按年度目标设定的"考核值、确保值、力争值"进行考核、评价和奖励。考核值是为内部企业经营责任人经营业绩考核设定的最低目标。确保值体现公司战略设定的预算目标,介于考核值和力争值之间。力争值是为内部激励快速发展设定的更高奖励目标。

(3) 分类年度目标的考核方式。定量考核各企业目标完成情况,考核结果和薪酬挂钩。一级考核,对下达的考核值完成情况进行全面考核,挂钩企业主要负责人薪酬;二级考评,对以预算目标为基准的确保值进行考评,详细评价预算完成情况,以权责范围为限进行预算考核,挂钩企业全员薪酬;三级奖励,对以激励为目的的力争值完成情况实行分段奖励,以激励员工实现更高的目标指标,挂钩企业员工薪酬。定性评价的考核结果和企业全员薪酬挂钩;同时,为激励企业重视预算编制效果,预算准确率与企业负责人年薪挂钩。

2. 项目考核标准

(1) 一般项目。采取"年度+全周期"考核考评,年度过程考核和事后综合评价考核相结合,年度考核着重于计划编制质量、执行偏差;综合评价考核着重于项目回报。

(2) 科研项目。按照"谁立项、谁承担"原则进行预算目标管控,实行"公司+项目"双重奖励,分别对立项单位和科研项目团队进行奖励,对立项单位的奖励是科研项目结项一次性奖励,对科研团队的奖励是货币奖励,专款专用,由考核单位直接支付给团队成员。

资料来源:柏松等,企业年度预算目标的设定研究——A 公司全面预算目标设定的标准化建设探索,《管理会计研究》,2022 年第 1 期。

2. 过程控制原则

预算是企业日常经营管理活动的重要依据,预算控制本质上是一种过程性控制。在预算管理过程中,企业应通过及时监控、分析等把握预算目标的实现进度并实施有效评价,对企业经营决策提供有效支撑。

3. 业财融合原则

从某种意义上,预算管理是业财融合重要的实现方式。业财融合应贯穿于预算管理的全过程,以业务为先导、以财务为协同,将预算管理嵌入企业经营管理活动的各个领域、层次、环节。

4. 平衡管理原则

预算管理是一项系统性的工作,应以发展战略为导向,做到"四个"平衡,包括长期目标与短期目标的平衡、整体利益与局部利益的平衡、收入与支出的平衡、结果与动因等关系的平衡,促进企业可持续发展。

5. 刚柔并济原则

预算管理应结合刚性与柔性,强调预算对经营管理的刚性约束,又可根据内外环境的重大变化调整预算。当然,调整预算也必须符合一定的前提条件和遵循一定的审批流程。另外,针对预算执行过程中出现的例外事项,企业应允许进行特殊处理,只有这样才能保证预算管理的有效性。

> 来自现实社会的实例总能带来更直观的体验和有益的启示,读者可下载"开拓视野"资料包,推荐"践行有成"栏目的"西部机场'五算融合'之全面预算"。

10.1.3 预算管理的组织体系

《企业内部控制应用指引第 15 号——全面预算》第四条指出,企业应当加强全面预算工作的组织领导,明确预算管理体制以及各预算执行单位的职责权限、授权批准程序和工作协调机制。企业设置预算管理组织体系,应遵循合法科学、高效有力、经济适度、全面系统、权责明确等基本原则。企业预算管理组织体系一般分为预算管理决策机构、预算管理工作机构和预算执行单位三个层次,如图 10-6 所示。

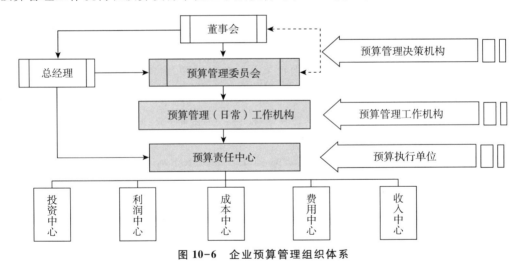

图 10-6　企业预算管理组织体系

资料来源:财政部会计司,《企业内部控制规范讲解(2010)》,北京:经济科学出版社,2010 年版。

1. 决策机构——预算管理委员会

预算管理委员会是预算管理的领导机构和决策机构,应作为预算管理的最高级别控制主体承担监控职责。预算管理委员会成员由企业负责人及内部相关部门负责人组成,总会计师或分管会计工作的负责人应当协助企业负责人负责企业全面预算管理工作的组织领导。预算管理委员会主要负责拟定预算目标和预算政策,制定预算管理的具体措施和办法,组织编制、平衡预算草案,下达经批准的预算,协调解决预算编制和执行中的问题,考核预算执行情况,督促完成预算目标。

2. 工作机构——预算管理工作机构

预算管理工作机构履行预算管理委员会的日常管理职责,对企业预算执行情况进行日常监督和控制,收集预算执行信息,并形成分析报告。预算管理工作机构一般设在财会部门,其主任一般由总会计师或财务总监、分管财会工作的副总经理兼任,工作人员除财务部门人员外,还应有计划、人力资源、生产、销售、研发等业务部门人员参加。

3. 执行单位——各责任中心

各责任中心既是预算的执行者,又是预算执行的监控者,各责任中心在各自职权范围内以预算指标作为生产经营行为的标准,与预算指标比较进行自我分析,并上报上级管理人员以便采取相应措施。企业内部预算责任单位的划分应当遵循分级分层、权责利相结合、责任可控、目标一致的原则,并与企业的组织机构设置相适应。

> 来自现实社会的实例总能带来更直观的体验和有益的启示,读者可下载"开拓视野"资料包,推荐"践行有成"栏目的"国电长源电力股份有限公司的全面预算管理组织"。

10.1.4 预算管理基本程序

企业预算管理程序一般包括预算编制、预算执行和预算考核三个阶段,每一阶段又由若干环节构成,如图10-7所示。这些业务环节之间相互关联、相互作用、相互衔接,周而复始地循环,实现对企业所有经济活动的科学管理与有效控制。

1. 预算编制

(1)预算编制。企业各预算部门根据预算决策机构下达的预算目标和预算编制大纲,综合考虑预算期内市场环境、资源状况、自身条件等因素,按照"自上而下、自下而上、上下结合"的程序编制预算草案。

(2)预算审批。首先,企业预算管理部门对各预算部门上报的预算草案进行审查、汇总,提出综合平衡的建议,对于在审查、平衡过程中发现的问题要提出调整意见,并反馈给有关部门予以修正。然后,在企业有关部门进一步修订、调整、平衡的基础上,汇总编制企业全面预算草案,经公司总经理签批后提交董事会或股东(大)会审议批准。

(3)预算下达。经由自上而下的程序层层下达预算方案。

2. 预算执行

(1)预算指标分解及责任落实。全面预算审批下达后,企业管理层要通过签订预算责任书的方式将预算指标层层分解、细化,从横向和纵向两个方面将预算指标落实到企业内部各预算执行部门,形成全方位的预算执行责任体系。

(2)预算执行控制。在整个预算期内,企业的各项经济活动都要以全面预算为基本

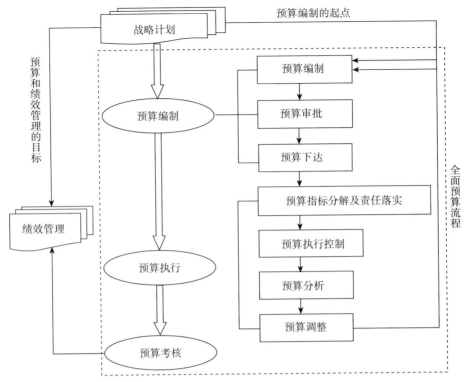

图 10-7 预算管理基本程序

资料来源:财政部会计司,《企业内部控制规范讲解(2010)》,北京:经济科学出版社,2010年版。

依据,确保全面预算得到贯彻执行,形成以全面预算为轴心的企业经济活动运行机制。预算控制是按照一定的程序和方法,确保企业及各预算部门落实全面预算、实现预算目标的过程,它是企业全面预算管理顺利实施的有力保证。

(3)预算分析。在执行预算的过程中,各部门应对预算指标进行分析调整。

(4)预算调整。预算调整是在预算执行过程中,对现行预算进行修改和完善的过程。因为预算是指导和规划未来的经济活动,编制预算的基础很多是来自假设的,如果在预算执行中预算指标或预算内容与实际情况大相径庭,就必须按照规定的程序对现行预算进行实事求是的调整。

3. 预算考核

预算考核是对企业内部各级责任部门或责任中心的预算执行结果进行评价,将预算的评价结果与预算执行者的薪酬相挂钩,实行奖惩制度,即预算激励。预算考核应当科学合理、公开公正,确保预算目标的实现,真正发挥预算管理的作用。

> 来自现实社会的实例总能带来更直观的体验和有益的启示,读者可下载"开拓视野"资料包,推荐"践行有成"栏目的"BL集团预算管理体系创新发展实践"。

10.2 预算编制

10.2.1 预算编制的原则

企业应根据战略规划制订年度计划,并通过预算编制予以具体化和数量化。预算编制作为预算管理的核心内容之一,是保证企业预算管理工作顺利开展的基本要素。通过全面落实预算编制工作,能够细化企业战略标准,将其融入企业各个运营环节,实现企业现有资源的合理分配,提升资源应用效率,减少问题出现,促进企业运营发展目标的顺利落实。

全面开展预算编制工作,能够对企业各项业务流程进行梳理,填补企业内部控制管理工作中存在的漏洞,实现企业现有资源的高度整合,促进企业资源的优化分配。只有保证预算编制质量,才能让企业各个部门对企业运营情况有所认识,明确预算管理给企业发展带来的影响,促进企业各个部门交流和配合以协调行动,在企业内部形成合力,实现企业健康发展。企业在执行预算编制的时候,应当遵循以下原则:

1. 一致性原则

一致性原则包括目标一致性和计划一致性。目标一致性是指预算目标必须与公司目标相一致,各级预算必须服从于公司战略目标和年度经营目标。年度预算是公司年度行动计划的数字化和价值化表达,部门预算是部门行动计划的数字化和价值化表达。计划一致性是指预算应与计划对应一致,有预算未发生、无预算而发生均是计划不一致的反映,在实施中应当将其列入预算准确性的考核。

2. 全面性原则

全面性原则是指编制预算时做到横向到边、纵向到底,公司一切生产经营活动均应纳入预算编制的考虑范畴。全面预算范围应包括企业的所有部门和业务单元,预算编制内容应包括生产经营、资本支出、投融资运作、资产负债表、利润表、现金流预算及关键业绩指标等。

3. 稳健性原则

全面预算编制针对支出预算、收入预算、专项预算,通常采用零基预算、弹性预算、滚动预算等方法进行编制。为了提高全面预算编制的稳健性水平,在编制预算方案时,应当统筹各种编制方法,分析这些方法与战略导向之间的相容性水平,以突出表现预算的"勤俭节约"优势。预算方案编制的目的就是保证收支平衡和尽可能减少财政赤字,方案的细节内容除了要明确利润的挖掘点,还要制订负债情况下的经营方案,以便实现"量入为出、收支平衡"的财务管理战略目标。

10.2.2 预算编制的程序

根据《管理会计应用指引第 200 号——预算管理》,企业一般按照分级编制、逐级汇总的方式,采用自上而下、自下而上、上下结合或多维度相协调的流程编制预算。预算编制流程与编制方法的选择应与企业现有管理模式相适应。

1. 下达目标

企业董事会或经理办公会根据企业发展战略和预算期经济形势的初步预测,在决策的基础上,一般于每年9月底以前提出下一年度企业全面预算目标,包括销售目标、成本费用目标、利润目标和现金流量目标,并确定全面预算编制政策,由预算管理委员会下达各预算执行单位。

奥园美谷科技股份有限公司2022年度预算报告

1. 预算编制说明

本预算报告是公司本着谨慎性原则,结合市场需求和业务拓展计划,依据2022年预算的生产规模、销售量、门店客流量、可售产品型号等生产或采购的经营计划及销售价格编制。本预算报告的编制基础为:假设公司签订的供销合同均能按时、按计划履行。

本预算报告在总结2021年经营情况和分析2022年经营形势的基础上,结合公司发展战略,充分考虑了市场开拓、产品销售价格、原材料价格、化纤及医疗美容市场以及汇率等因素对预算期的影响。

2. 基本假设

(1) 公司所遵循的国家和地方的现行有关法律、法规和制度无重大变化;

(2) 公司主要经营所在地及业务涉及地区的社会经济环境无重大变化;

(3) 公司所处行业形势及市场行情无重大变化;

(4) 公司2022年度销售的产品涉及的市场无重大变动;

(5) 公司主要产品和原材料的市场价格及供求关系不会发生重大变化;

(6) 公司2022年度生产经营运作不会受诸如交通、水电和原材料的严重短缺和成本中客观因素的巨大变动而产生不利影响;

(7) 公司生产经营业务涉及的信贷利率、税收政策以及外汇市场汇价将在正常范围内波动;

(8) 公司现行的生产组织结构无重大变化,计划投资项目能如期完成并投入生产;

(9) 无其他不可抗力及不可预见因素对本公司造成重大不利影响。

3. 预算编制依据

公司2022年主要产品销售目标:公司预计2022年度实现营业收入12亿—16亿元。

预算依据:营业收入依据公司销售部门预测的2022年产品销售计划;营业成本依据公司各产品发生的原材料消耗、制造费用测算;营业税金及附加、销售费用、管理费用、财务费用依据公司2021年实际发生并适当考虑费用的增减变动测算;企业所得税依据企业所得税法,医疗美容业务及其他业务按25%税率预算,化纤业务按15%税率预算。

4. 确保财务预算完成的措施

（1）加大研发、生产、销售力度，科学运营，实现营业目标；（2）继续落实全面预算管理，建立和完善全员成本控制体系和制度；（3）以经济效益为中心，挖潜降耗，把提质降耗作为首要目标；（4）合理安排、使用资金，提高资金利用率；（5）强化财务管理，加强成本控制分析、预算执行、资金运行情况等方面的监管工作，建立成本控制、预算执行、资金运行的预警机制，降低财务风险，及时发现问题并持续改进，保证财务指标的实现。

特别提示：本预算旨在明确公司 2022 年度经营计划的内部管理控制指标，不代表公司盈利预测，也不代表对投资者的承诺，能否实现取决于宏观经济环境、市场情况、行业发展状况等多种因素，存在很大的不确定性，请投资者特别注意。

奥园美谷科技股份有限公司
二〇二二年四月三十日

资料来源：奥园美谷科技股份有限公司，《2021 年度财务决算报告及 2022 年度预算报告》，深圳证券交易所官网，2022 年 4 月 30 日，http://www.szse.cn/disclosure/listed/bulletinDetail/index.html?2917bc8d-90fe-4d6a-94d8-9d0f302bc7ca。

2. 编制上报

各预算执行单位按照企业预算管理委员会下达的财务预算目标和政策，结合自身特点以及预测的执行条件，提出详细的本单位全面预算方案，并及时上报企业财务部门。

3. 审查平衡

企业财务部门汇总、审查各预算执行单位上报的全面预算方案，提出综合平衡的建议。在审查、平衡的过程中，预算管理委员会应当充分协调，针对发现的问题提出初步调整的意见，并反馈给有关预算执行单位予以修正。

4. 审议批准

企业财务部门在有关预算执行单位修正调整的基础上，编制出企业全面预算方案，报企业预算管理委员会讨论。对于不符合企业发展战略或者财务预算目标的事项，企业预算管理委员会应当责成有关预算执行单位进一步修订、调整。在讨论、调整的基础上，企业财务部门正式编制企业年度财务预算草案，提交董事会或经理办公会审议批准。预算审批包括预算内审批、超预算审批、预算外审批等。对于预算内审批事项，应简化流程，提高效率；对于超预算审批事项，应执行额外的审批流程；对于预算外审批事项，应严格控制，防范风险。

5. 下达执行

企业财务部门一般在次年 3 月底以前，将董事会或经理办公会审议批准的年度总预算分解成一系列的指标体系，由预算管理委员会逐级下达各预算执行单位执行。在下达后 15 日内，母公司应当将企业财务预算报送主管财政机关备案。

> 来自现实社会的实例总能带来更直观的体验和有益的启示，读者可下载"开拓视野"资料包，推荐"践行有成"栏目的"江铃集团的预算编制流程"。

10.2.3 预算编制的方法

预算编制可以采取多种方法,不同类型的预算编制方法各有利弊,企业可以根据实际情况和实际需要加以选择,如表10-6所示。企业可根据战略目标、业务特点和管理需要,结合不同工具方法的特征及适用范围,选择恰当的工具方法加以综合运用。

表10-6 预算编制方法分类与比较

划分依据	编制方法	优点	缺点
按业务量基础的数量特征不同	固定预算	容易操作,工作量小	过于机械呆板;可比性差
	弹性预算	预算范围宽;可比性强	很难正确划分变动成本和固定成本;如果采用手工编制,预算编制工作量大
按出发点的特征不同	增量预算	容易理解,便于操作	受原有费用项目限制,可能导致保护落后;滋长预算中的"平均主义"和"简单化";不利于企业未来的发展
	零基预算	不受现有费用项目限制;能够调动各方降低费用的积极性;有助于企业未来发展	带来浩繁的工作量,搞不好会顾此失彼,难以突出重点,而且需要比较长的编制时间
按预算期的时间特征不同	定期预算	使预算期间与会计年度相配合,便于考核和评价预算的执行结果	盲目性、滞后性、间断性
	滚动预算	透明度高;及时性强;连续性、完整性和稳定性突出	预算工作量较大
以作业管理为基础	作业预算	避免资源配置的盲目性;最大化投入产出;有利于预算的执行	预算的建立过程复杂;数据收集成本较高

1. 固定预算方法与弹性预算方法

根据预算编制所依据的业务量的数量特征,可分为固定预算方法和弹性预算方法两大类。根据《管理会计应用指引第203号——弹性预算》,固定预算也称静态预算,是指以预算期内正常的、最可能实现的某一业务量(如生产量、销售量)水平为固定基础,不考虑可能发生的变动的预算编制方法。

> 来自现实社会的实例总能带来更直观的体验和有益的启示,读者可下载"开拓视野"资料包,推荐"践行有成"栏目的"采用固定预算方法编制营业利润预算"。

根据《管理会计应用指引第203号——弹性预算》,弹性预算又称变动预算或滑动预算,是指企业在分析业务量与预算项目之间数量依存关系的基础上,分别确定不同业务量及其相应预算项目所消耗资源的预算编制方法。弹性预算方法正是针对固定预算的主要不足而设计的,其预算编制依据不是某一固定的业务量,而是一个可预见的业务量范围,使预算具有伸缩弹性,从而增强预算的适用性。弹性预算适用于企业各项预算的编制,特别是市场、产能等存在较大不确定性且预算项目与业务量之间存在明显的数量依存关系的预算项目。

企业在运用弹性预算工具方法时,一般按照以下程序进行:

(1)确定弹性预算适用项目,识别相关的业务量并预测业务量在预算期内可能存在的不同水平和弹性幅度。企业选择的弹性预算适用项目一般应与业务量存在明显的数量依存关系,且企业能有效分析该数量依存关系,并积累了一定的分析数据。企业在选择成本费用类弹性预算适用项目时,还要考虑预算项目是否具备较好的成本性态分析基础。

企业应分析、确定与预算项目变动直接相关的业务量指标,确定相应的计量标准和方法并作为预算编制的起点。

(2)分析预算项目与业务量之间的数量依存关系,确定弹性定额。企业应深入分析市场需求、价格走势、企业产能等内外因素的变化,预测预算期内可能的不同业务量水平,编制销售计划、生产计划等各项业务计划。

企业应逐项分析、认定预算项目和业务量之间的数量依存关系、依存关系的合理范围及变化趋势,进而确定弹性定额。在确定弹性定额后,企业应不断强化弹性差异分析,修正和完善预算项目和业务量之间的数量依存关系,并根据企业管理需要增补新的弹性预算定额,形成企业弹性定额库。

(3)构建弹性预算模型,形成预算方案。企业通常采用公式法或列表法构建具体的弹性预算模型,形成基于不同业务量的多套预算方案。公式法下弹性预算的基本公式为:

$$预算总额 = 固定基数 + \sum(与业务量相关的弹性定额 \times 预计业务量)$$

在使用公式法编制预算时,相关弹性定额可能仅适用于一定业务量范围内。当业务量变动超出适用范围时,企业应及时修正、更新弹性定额,或改为列表法编制预算。

列表法是指企业通过列表的方式,在业务量范围内依据已划分出的若干个不同等级,分别计算并列示预算项目与业务量相关的不同预算方案的方法。

(4)审定预算方案。企业预算管理责任部门应审核、评价和修正各预算方案,根据预算期最可能实现的业务量水平确定预算控制标准,并上报企业预算管理委员会等专门机构审议后报董事会等机构审批。

> 来自现实社会的实例总能带来更直观的体验和有益的启示,读者可下载"开拓视野"资料包,推荐"践行有成"栏目的"采用弹性预算方法编制营业利润预算"。

2. 增量预算方法与零基预算方法

成本费用预算根据预算编制的出发点特征不同,可分为增量预算方法和零基预算方法两大类。根据《管理会计应用指引第 202 号——零基预算》,增量预算是指以历史期实际经济活动及其预算为基础,结合预算期经济活动及相关影响因素的变动情况,通过调整历史期经济活动项目及金额形成预算的预算编制方法。增量预算方法的优点主要有:(1)预算编制工作量较少;(2)可以避免各项生产经营业务和日常各级各部门的各项管理工作产生剧烈的波动;(3)预算是稳定的,变化是循序渐进的;(4)系统相对容易操作和理解;(5)容易实现协调预算。增量预算方法的缺点有:(1)假设经营活动以及工作方式都以相同的方式继续下去;(2)不能拥有启发新观点的动力;(3)没有降低成本的动力;(4)鼓励将预算全部用完以便下年可以保持相同的预算。

零基预算的全称为"以零为基础编制的计划和预算"。根据《管理会计应用指引第 202 号——零基预算》,零基预算是指企业不以历史期经济活动及其预算为基础(即以零为起点),从实际需要出发分析预算期经济活动的合理性,经综合平衡后形成预算的预算编制方法。零基预算适用于企业各项预算特别是不经常发生的预算项目或预算编制基础变化较大预算项目的编制。零基预算的主要优点有:以零为起点编制预算,不受历史期经济活动中不合理因素的影响,能够灵活应对内外环境的变化,预算编制更贴近预算期企业经济活动的需要;有助于提高预算编制透明度,有利于进行预算控制。零基预算的主要缺点有:预算编制工作量较大、成本较高;预算编制的准确性受企业管理水平和相关数据、标准准确性的影响较大。

企业在运用零基预算工具方法编制预算时,一般按照以下程序进行:

(1)明确预算编制标准。企业应收集和分析对标单位、行业等外部信息,结合内部管理需要形成各预算项目的编制标准,并在预算管理过程中根据实际情况不断分析评价、修订完善预算编制标准。

(2)制订业务计划。预算编制责任部门应依据企业战略、年度经营目标和内外环境变化等安排预算期经济活动,在分析预算期各项经济活动合理性的基础上制订详细、具体的业务计划,作为预算编制的基础。

(3)编制预算草案。预算编制责任部门应以相关业务计划为基础,根据预算编制标准编制本部门相关预算项目,并报预算管理责任部门审核。预算管理责任部门应在审核相关业务计划合理性的基础上,逐项评价各预算项目的目标、作用、标准和金额等,按战略相关性、资源限额和效益性等进行综合分析和平衡,汇总形成企业预算草案。

(4)审定预算方案。汇总后的预算草案应上报企业预算管理委员会等专门机构审议后报董事会等机构审批。

> 来自现实社会的实例总能带来更直观的体验和有益的启示,读者可下载"开拓视野"资料包,推荐"践行有成"栏目的"采用零基预算方法编制销售及管理费用预算"。

3. 定期预算方法与滚动预算方法

根据预算的时间特征不同,预算编制方法可分为定期预算方法和滚动预算方法两大类。定期预算方法是在编制预算时以不变的会计期间(如日历年度)作为预算期的预算编制方法。这种方法的优点是保证了预算期间与会计期间在时期上配比,便于依据会计报告的数据与预算做比较,考核和评价预算的执行结果;但缺点是不利于前后各个期间的预算衔接,不能适应连续不断的业务活动过程的预算管理。

滚动预算方法也称连续预算或永续预算。根据《管理会计应用指引第201号——滚动预算》,滚动预算是指企业根据上一期预算执行情况和新的预测结果,按既定的预算编制周期和滚动频率,对原有的预算方案进行调整和补充,逐期滚动、持续推进的预算编制方法。滚动预算方法的主要优点是:通过持续滚动预算编制、逐期滚动管理,实现动态反映市场,建立跨期综合平衡,从而有效指导企业运营,强化预算的决策与控制职能。滚动预算方法的主要缺点是:预算滚动的频率越高,对预算沟通的要求越高,预算编制的工作量越大;过高的滚动频率容易增加管理层的不稳定感,导致预算执行者无所适从。

企业在运用滚动预算工具方法编制预算时,一般按照以下程序进行:

(1)确定预算编制周期和滚动频率。企业应研究外部环境变化,分析行业特质、战略规划和业务性质对前瞻性的要求,结合企业自身的管理基础和信息化水平,并在此基础上确定预算编制周期和预算滚动频率。

滚动预算一般由中期滚动预算和短期滚动预算组成。中期滚动预算的预算编制周期通常为3年或5年,以年度作为预算滚动频率。短期滚动预算通常以1年为预算编制周期,以月度、季度作为预算滚动频率。

(2)确定滚动预算编制内容。企业应遵循重要性原则和成本收益原则,结合业务性质和管理要求来确定滚动预算编制内容。企业通常可以选择仅编制业务滚动预算,管理基础好、信息化程度高的企业还可选择编制资本滚动预算和财务滚动预算。

(3)生成预算编制方案。企业应以发展战略和业务计划为基础,研究滚动预算所涉及的外部环境变化和内部重要事项,测算并提出预算方案。企业应分析影响预算目标的各种因素之间的关系,建立预算模型,生成预算编制方案。

企业实行中期滚动预算的,应在中期预算方案的框架内滚动编制年度预算。第一年的预算约束对应当年度的预算,后续期间的预算指引后续对应年度的预算。短期滚动预算服务于年度预算目标的实施。企业实行短期滚动预算的,应以年度预算为基础,分解编制短期滚动预算。

(4)进行预算滚动编制。企业应对比分析上一期的预算信息和预算执行情况,结合新的内外部环境预测信息,对下一期预算进行调整和修正,持续进行预算的滚动编制。企业可借助数据仓库等信息技术的支撑,实现预算编制方案的快速生成,减少预算滚动编制的工作量。企业应根据预算滚动编制结果,调整资源配置和管理要求。

> 践行有成

宝钢"规划到日"全面预算管理体系

宝钢将预算管理定位为战略保障、控制、沟通、决策支持和协调功能,并将企业涉及现金和财务的活动均纳入预算管理。随着规模和管理幅度的扩大,公司探索推出紧贴经营模式变化、业务特点而设计的目标预算管控模式,业务计划和经营预算服务于战略落地,强化总部全局掌控、统筹协调和资源优化配置,形成以经营规划为导向、以年度预算为绩效目标、以季度滚动预算为决策方向、以月度执行预算为控制手段、按日跟踪分析纠偏、覆盖全级次的全面预算管理体系(见图10-8)。

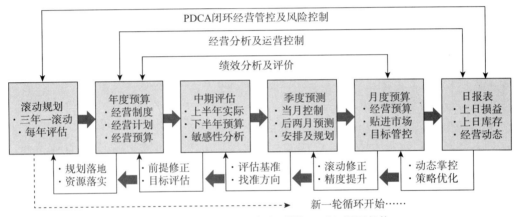

图10-8 宝钢股份"规划到日"的PDCA闭环架构

注:PDCA含义是将质量管理分为四个阶段,即Plan(计划)、Do(执行)、Check(检查)和Act(处理)。

"规划到日"的PDCA闭环:(1)滚动规划求精,顶层设计,结合行业变化、竞争对手预测、资源优化、客户和股东价值增长等导出目标;(2)年度预算求全,规划首年目标即为当年预算目标,业务指标和行动方案与计划无缝链接,按规划倒逼预算前提及优化产销方案;(3)季度预算求实,与绩效结合实行柔性管理,与市场走势衔接,关注短期经营改善意图和举措;(4)月度预算求准,体现刚性经营管控,强调预测精度和时效性,与绩效评价相结合,与公司营销政策调整相匹配;(5)日报管控求快,每天发布上一日"经营日报",涵盖损益、产销、库存及行业信息,"日清日结",支撑月预算实现。

经过持续改善及运用信息化工具,公司月度滚动预算精度持续保持在94%以上,较推行目标预算管控模式前提高20个百分点。

资料来源:吴琨宗、黄杰,宝钢股份管理会计的应用与创新,《中国管理会计》,2018年第3期。

4. 作业预算方法

根据《管理会计应用指引第204号——作业预算》,作业预算是指基于"作业消耗资源、产出消耗作业"的原理,以作业管理为基础的预算管理方法。作业预算主要适用于具有作业类型较多且作业链较长、管理层对预算编制的准确性要求较高、生产过程多样化程度较高、间接或辅助资源费用所占比重较大等特点的企业。作业预算的主要优点有：基于作业需求量配置资源，避免资源配置的盲目性；通过总体作业优化实现最低的资源费用耗费，创造最大的产出成果；作业预算可以促进员工对业务和预算的支持，有利于预算的执行。作业预算的主要缺点有：预算的建立过程复杂，需要详细地估算生产和销售对作业及资源费用的需求量，并测定作业消耗率和资源消耗率，数据收集成本较高。

企业在编制作业预算时，一般按照以下程序进行：

（1）确定作业需求量。企业应根据预测期销售量和销售收入预测各相关作业中心的产出量（或服务量），进而按照作业与产出量（或服务量）之间的关系，分别按产量级作业、批别级作业、品种级作业、客户级作业、设施级作业等计算各类作业的需求量。企业一般应先计算主要作业的需求量，再计算次要作业的需求量。

（2）确定资源费用需求量。企业应依据作业消耗资源的因果关系确定作业对资源费用的需求，计算公式为：

$$资源费用需求量 = \sum 各类作业需求量 \times 资源消耗率$$

其中，资源消耗率是指单位作业消耗的资源费用数量。

（3）平衡资源费用需求量与供给量。企业应检查资源费用需求量与供给量是否平衡，如果没有达到基本平衡，就要通过增加或减少资源费用供给量或降低资源消耗率等方式，使两者的差额处于可接受的区间。

资源费用供给量是指企业目前经营期间所拥有并能投入作业的资源费用数量。企业一般以作业中心为对象，按照作业类别编制资源费用预算，计算公式为：

$$资源费用预算 = \sum 各类资源需求量 \times 该资源费用预算价格$$

资源费用预算价格一般来自企业建立的资源费用价格库。企业应收集、积累多个历史期间的资源费用成本价、行业标杆价、预期市场价等，据此建立企业的资源价格库。

（4）审核最终预算。作业预算初步编制完成后，企业应组织相关人员进行预算评审。预算评审小组一般应由企业预算管理部门、运营与生产管理部门、作业及流程管理部门、技术定额管理部门等组成。评审小组应从业绩要求、作业效率要求、资源效益要求等多个方面评审作业预算，评审通过后上报企业预算管理决策机构审批。

> 来自现实社会的实例总能带来更直观的体验和有益的启示，读者可下载"开拓视野"资料包，推荐"践行有成"栏目的"作业预算在铁路货运站的应用"。

10.3 预算执行

10.3.1 预算执行的原则

预算执行是构成预算管理完整循环的重要环节，对战略目标的实现起到至关重要的作用。如果没有这一环节,预算执行就会流于形式,预算目标的实现就是一句空话,更谈不上战略目标的实现了。在执行预算的过程中应当遵循以下原则:

1. 严肃性

企业各个层级的预算执行主体要牢固树立有法必依、依法治企的观念,严格执行预算管理相关规章制度,以审批后的预算为标杆对企业各种经营活动以及经营活动的各个环节进行控制,规范操作,杜绝预算执行中的随意性,尽可能避免超预算和预算外事项,确保预算的有效执行。

2. 系统性

预算的落实与执行是一项复杂的系统工程,既需要公司各级领导的高度重视和常抓不懈,又需要公司各单位、各部门一把手的积极推动和亲自落实,还需要各个层次员工的积极参与和主动配合。简而言之,就是企业应形成"预算执行,人人有责"的文化氛围。

3. 适应性

为维护预算的严肃性,预算一经确定并下达执行,原则上不应随意变动。但预算并不是僵化、一成不变的,当组织内外环境产生重大变化或发生突发重大事件等,导致预算编制的假设前提发生重大变化时,依旧遵循现有预算是不可取的,此时应考虑进行预算调整。这体现了预算灵活性的一面。当然,预算调整也不是随意的,应当满足一定的前提条件,遵循一定的审批程序。

10.3.2 预算执行的程序

1. 下达执行

企业财务管理部门向各单位、各部门下达已经过批准的预算方案,各单位、各部门按照预算方案从事生产经营活动。

2. 反馈结果

预算执行一段时间后,企业各单位、各部门应当以管理报告的形式向上逐层反馈预算执行结果。预算反馈报告的内容、形式和频率可根据企业具体情况而定。

3. 分析偏差

包括企业财务管理部门在内的各单位、各部门应当对比预算执行结果和既定预算目标,分析两者之间是否存在偏差;存在偏差的,是不利偏差还是有利偏差;还要进一步分析偏差形成的原因,分清责任。

4. 采取措施

在分析原因、确认责任的基础上,企业各单位、各部门应当对不利偏差采取措施,以保证预算目标的最终实现。

5. 调整预算

在执行预算的过程中,若企业内外部环境产生重大变化或发生突发事件——符合预算管理制度规定的预算调整条件,则可由相关单位或部门提出预算调整申请,经预算管理委员会审议后提交董事会审批。审批通过之后按调整后的预算方案执行。

10.3.3 预算执行的方法

按照《管理会计应用指引第 200 号——预算管理》的规定,预算执行的方法可以分为预算控制和预算调整两大类。其中,预算控制是指企业以预算为标准,通过预算分解、过程监督、差异分析等促使日常经营不偏离预算标准的管理活动。下面通过案例重点介绍预算分解、预算审批、预算分析、预算调整等方法。

1. 预算分解方法

企业应将预算目标按责权利相匹配的原则层层分解至各单位、各部门,从而将预算执行责任落实到每个单位、每个部门,最终形成"千斤重担万人挑,人人头上有指标"的局面。

利润目标的分解与落实

HLSX 是生产 DVD 的制造型企业,属于大型国有企业集团 ZGHL 控股的骨干子公司。每年,母公司会对 HLSX 下达利润目标。为此,HLSX 每年都要编制预算。在收入可预测的前提下,HLSX 可以根据"利润=收入-成本费用"倒推需降低的成本费用总目标,进而根据成本费用结构测算出材料成本需降低的目标。假设是在上年实际结果的基础上需要下降 10%,此时可以通过会议讨论的方式将这 10%材料成本下降的任务进一步分解落实到生产部门、技术部门和采购部门等,如图 10-9 所示。

图 10-9 材料成本降低目标的分解与落实

2. 预算审批方法

企业在执行预算过程中应区分预算内、超预算、预算外三种情形设置不同的审批流程,既维护预算执行的严肃性,又赋予预算一定的灵活性。对于预算内审批事项,应简化流程,提高效率;对于超预算审批事项,应执行额外的审批流程;对于预算外审批事项,应严格控制,防范风险。

DBSY 公司利用信息系统实施预算控制

DBSY 公司为了控制费用支出,设计了费用预算与资金预算管理系统,并采用了信息技术将其固化为预算管理信息系统。该系统会自动地分别检查凭证中涉及的费用预算、资金预算是否超出该明细项目的年度、月度费用预算控制标准,并分别记录发生的费用额、资金支出额,从而进行控制预警和余额控制。在执行预算的过程中,当费用发生部门持相关凭证来财务部门报销时,财务部门人员先根据凭证录入信息到预算管理信息系统,然后区分不同情形进行审核。

如图 10-10 所示,属于预算内项目且金额未超出预警控制线,直接进入会计核算信息系统;属于预算内项目但金额超出预警控制线,也可进入会计核算信息系统,但系统会对费用发生部门发出警告,提醒当期应该控制费用的发生和资金的拨付;属于预算内项目但金额超出预算,或者完全属于预算外项目,需要进入预算调整程序。可见,预算审核控制对业务发生、费用报销和资金拨付起到了实时控制和过程控制。

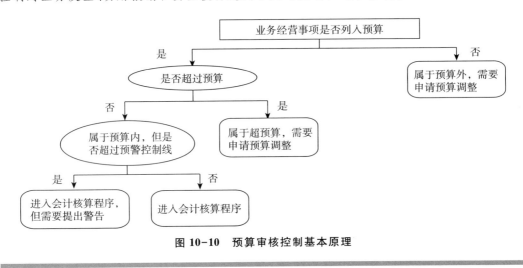

图 10-10 预算审核控制基本原理

3. 预算分析方法

企业在分析预算执行情况时,应当充分收集有关财务、业务、市场、技术、政策、法律、行业等方面的信息资料,根据不同情况分别采用比率分析、比较分析、因素分析、结构分析、趋势分析等方法,从定量与定性两个层面充分反映预算执行单位的现状、发展趋势及潜力。

践行有成

西门子的预算反馈报告体系

西门子预算管理成功的关键就在于十分注重预算管理中的事中控制,专门实施一套完善的预算反馈报告体系,具体如图 10-11 所示。

西门子预算反馈报告体系中最引人关注的就是"红绿灯"预警制度。这项制度始于 2005 年年初西门子首席执行官克劳斯·柯菲德上任伊始。"红绿灯"预警制度已经成为西门子的一种绩效文化,柯菲德表示:"要明确哪些是我们要继续的,哪些是我们要改善

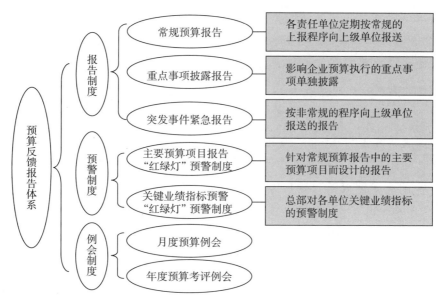

图 10-11 西门子的预算反馈报告体系

的,哪些是有比较大的问题、需要我们做出大的努力的。对不同的业务集团、不同的业务我们要采取不同的态度。"对不同业务集团区分预算的执行情况进行差异化管理,正是"红绿灯"预警制度的精髓所在。

在具体操作过程中,西门子对于信号灯的划分界限并非只是一个简单的"刚性"评判标准值,而是允许存在一定的偏差。西门子定期判断各业务集团预算关键指标的实现情况的偏差程度,主要包括月度、季度和年度偏差。如表 10-7 所示,D1、D2、D3 分别表示利润率、营业收入、货款回笼率三个预算指标实际完成数与预算目标的偏差率,D4 反映的是存货周转天数实际结果与预算目标的偏差量。这种对于预算实际执行结果偏差的容忍度体现了预算管理的柔性。

表 10-7 预算关键指标"红绿灯"预警制度示例

信号分类	偏差程度	信号含义	问题警示与管理对策
绿灯	D1/D2/D3<5% D4<15 天	正常	指出成绩,发出保持运营状态的信号,同时检查预算标准的合理性
黄灯	5%≤D1/D2/D3<10% 15≤D4<30 天	预警	有问题但不严重,需要采取必要的整改措施
红灯	D1/D2/D3≥10% D4≥30 天	异常	指出问题,发出危机防范信号,适时监控风险变动趋势,谨防风险恶化,并责成有关责任人做出解释并提出限期改进计划

当然,预算报告应该包括以下基本内容:预算执行的实际结果计量,预算实际结果与预算控制标准之间的差异及其形成原因,对于不利差异的整改措施。实践中,许多企业为了保证预算目标的顺利实现,通常采用预算例会制度以便及时发现预算执行过程中的

问题,并且有利于部门之间的协调和问题的及时解决。预算报告频率应遵循及时性和灵活性的基本原则要求,而且必须考虑成本收益原则。

资料来源:郭菁晶、池国华、张玉缺,绩效导向的西门子预算反馈报告体系及其启示,《财务与会计》,2014 年第 7 期。

4. 预算调整方法

企业应在有关预算管理制度中严格明确预算调整的条件、主体、权限和程序等。在进行预算调整时,企业应以下基本原则:一是预算调整应当符合企业发展战略、年度经营目标和现实状况,重点放在预算执行中出现的重要的、非正常的、不符合常规的关键性差异;二是预算调整方案应当客观、合理、可行,在经济上能够实现最优化;三是预算调整应当谨慎,调整频率应予以严格控制,年度调整次数应尽量少。企业预算管理委员会或董事会在审批预算调整方案时,应当依据预算调整条件,并考虑预算调整原则严格把关。

> 来自现实社会的实例总能带来更直观的体验和有益的启示,读者可下载"开拓视野"资料包,推荐"践行有成"栏目的"中成进出口股份有限公司的预算调整规定(节选)"。

10.4 预算考核

10.4.1 预算考核的原则

按照《管理会计应用指引第 200 号——预算管理》的规定,预算考核侧重对定量指标的考核,是企业绩效考核的重要组成部分。预算考核对于落实各级责任主体的预算管理职责、强化对预算执行情况的跟踪、促进企业生产经营目标和战略目标的实现、及时发现并改进全面预算管理工作中存在的问题、提升全面预算管理工作水平有重要作用。没有预算考核,企业的预算工作将无法有效推进,预算管理会变得毫无意义。

预算考核应遵循以下基本原则:

1. 公开性

企业应当及时公开全面预算考核程序、考核标准、奖惩办法、考核结果等,这样有利于各预算单位审视自身的工作结果,有利于预算考核的执行。

2. 公正性

预算考核应以客观事实为依据,考核结果应客观公正。预算执行单位上报的预算执行报告是预算考核的基本依据,应当经本单位负责人签章确认。企业预算管理委员会及其工作机构应当进行核对和确认,必要时可进行内部审计。

3. 公平性

预算考核结果应当与各执行单位以及员工的薪酬、职位等挂钩,切实做到有奖有惩、奖惩分明。企业在设计预算奖惩方案时,应当以实现全面预算目标为首要原则,并注意各部门利益分配的合理性,要根据各部门承担的工作难易程度和技术含量合理确定奖励差距。

> 来自现实社会的实例总能带来更直观的体验和有益的启示,读者可下载"开拓视野"资料包,推荐"焦点观察"栏目的"韦尔奇关于预算的理念"。

10.4.2 预算考核的程序

明确预算的考核原则之后,预算考核的实施分为四个步骤。

1. 制定考核办法

一套完整的预算考核办法具有提纲挈领的作用,预算考核办法应明确预算考核主体、考核对象、考核周期、考核指标、考核程序、考核结果公布与奖惩原则等。

2. 设计考核指标

企业应科学设计预算考核指标体系,并把握以下原则:一是考核指标要以各责任中心承担的预算指标为主,同时本着相关性原则,增加一些全局性的预算指标和与其关系密切的相关责任中心的预算指标;二是考核指标应以定量指标为主,同时根据实际情况辅之以适当的定性指标;三是考核指标应当具有可控性、可达到性和明晰性。

3. 执行预算考核

企业应根据考核指标,秉持公平、公开、公正的态度,对各责任中心的预算执行情况进行确认和考核,计算考核指标值,分析预算执行结果,并出具考核报告。

4. 兑现考核奖惩

根据审核批准的预算考核报告,将各单位预算考核结果纳入企业整体绩效考核体系,并进行奖惩。在根据预算考核结果兑现奖惩时,应注意三个方面的问题:薪酬挂钩的范围问题、预算考核的周期问题和薪酬挂钩的方式问题。

 践行有成

中国有色金属建设股份有限公司的预算考核与评价

第二十六条 公司对各出资企业全面预算管理考核与评价包括以下内容:年度预算指标的执行情况;预算管理体系建设情况;预算管理工作组织开展情况。

第二十七条 出资企业年度预算指标与年度经营绩效考核指标紧密衔接,年度预算指标执行情况为经营绩效考核的重要内容,全面预算管理办公室组织相关成员单位对各预算单位的各项预算指标进行考核,考核结果纳入各预算单位负责人年度经营业绩考核范围。

第二十八条 出资企业全面预算管理体系建设及全面预算管理工作组织开展作为企业经营管理的重要评价内容,在实际工作开展中进行定期或不定期通报。

对于全面预算管理开展较好的出资企业,公司将组织开展内部经验交流,树立先进;对于出资企业预算单位预算编制时效性差、未按要求履行预算管理程序、预算编制质量低、预算执行监督不力等情形,公司将给予通报批评并责令整改。

第二十九条 出资企业应建立健全预算考核、评价、奖罚制度,加强预算管理的过程考核,提高预算管理的科学性和预算执行的有效性。出资企业主要负责人应对企业预算编制、报告、执行和监督工作负责。

第三十条 本部及出资企业应以预算管理流程为主线,将各类生产经营业务和预算考核紧密结合,细化预算考核单元,提高预算指标考核在业务操作层面的比重,推进预算管理全员参与。

资料来源:中国有色金属建设股份有限公司,《全面预算管理办法》,深圳证券交易所官网,2022年1月21日,http://www.szse.cn/disclosure/listed/bulletinDetail/index.html?f1a13ac7-7b6b-4338-b5fa-34f7f63c65d7。

10.4.3 预算考核的方法

预算考核方法主要有四种类型。

1. 预算编制的考核

预算编制的考核内容是对预算编制部门和岗位的预算编报资料是否及时、完整、科学、合理所进行的考核。主要包括考核预算编制部门是否严格按照本公司下发的文件或通知的要求准时上报预算;上报预算材料是否完整全面、科学合理;预算编制方法、过程是否符合科学性、完整性、合理性的要求,预算前提、推算过程是否完整、严密,预算编制说明是否完整全面,能够详细说明每一项费用预算的过程。

2. 预算执行结果的考核

预算执行结果的考核是对预算责任部门预算指标完成情况的考核,剔除客观因素后,分析预算差异成因,进行一定的奖惩。对预算执行结果的考核指标应该依据责任中心确定,比如收入中心可能侧重于销售量、销售合同、销售收入、销售费用、销售回款等方面的考核。

> 来自现实社会的实例总能带来更直观的体验和有益的启示,读者可下载"开拓视野"资料包,推荐"践行有成"栏目的"联合基数法在胜大集团应用探讨"。

3. 预算调整的考核

预算调整的考核主要针对各部门能否根据经营情况及时进行预算调整,预算调整能否按规定时间和审批程序进行,有无擅自调整预算和挪用预算的情况。

4. 预算执行情况分析的考核

预算执行情况分析的考核主要是对预算责任部门预算分析报告所做的评价,主要考核预算单位的分析报告是否结合实际经营状况,是否全面透彻,有无好的改进建议等。

 践行有成

徐工集团A公司"5+2"数字化预算管理实践

徐工集团工程机械股份有限公司(以下简称"徐工集团")A公司坚持战略导向和价值引领,经过多年实践总结,提炼形成"5+2"数字化预算管理体系,其实质就是通过管理模式的数字化转型进一步加强业财融合。

"5+2"数字化预算管理体系由预算管理目标、预算管理过程和预算管理基础三部分组成。预算管理目标是预算管理体系构建的出发点和落脚点,它体现的是预算管理的效率和效果。预算管理过程就是预算从目标到结果的全过程,具体包括预算目标制定、预算过程管控和预算结果考核。预算管理基础是预算管理体系的重要组成部分,是对预算管理过程和预算管理目标的支撑与保障,包括预算组织机构、人才保障、流程制度和信息系统等。

"5+2"是指"五张表+两块板",即主要经营指标预算表、经营活动价值分析表、关键影响因素控制计划表、重大项目(专项)工作计划表、责任部门(个人)目标分解计划表,以及关键细节管理看板(问题导向板)、重要指标管理看板(结果导向板)。其中,"五张表+两块板"作为预算管理的核心,贯穿目标制定、过程管控和结果考核的全过程,实现预算闭环管理(见图10-12)。

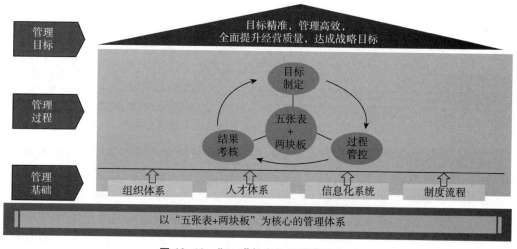

图10-12 "5+2"数字化预算管理体系

1. 把经营活动高度浓缩量化形成"五张表"

任何一项经营活动均可按照"目标设定→活动分析→关键因素→重大项目→责任落实"的管理逻辑进行分解。首先要对经营设定目标,分析影响目标达成的活动,找出关键影响因素,继而控制关键影响因素从而形成重大项目或专项计划,最后将经营目标、业务活动和重大项目分解落实到具体部门和责任人,即通过量化各项经营活动,最终浓缩形成"五张表"(见表10-8)。

表10-8 "五张表"的构成及主要作用

序号	管理逻辑	表名	作用
1	目标设定	主要经营指标预算表	承接战略,提纲挈领,明确年度经营目标
2	活动分析	经营活动价值分析表	价值引领,精细管理,深入分析每一项经营活动,持续监控业务目标实现
3	关键因素	关键影响因素控制计划表	纲举目张,紧紧抓住影响目标实现的关键因素
4	重大项目	重大项目(专项)工作计划表	聚焦瓶颈和短板,实施重大项目(专项工作),攻坚克难
5	责任落实	责任部门(个人)目标分解计划表	量化分解,落实责任,确保预算目标实现

2. 预算管理全过程贯穿运用"五张表"

在目标制定、过程管控、结果考核的预算管理三阶段,均以"五张表"为管理抓手,抓目标、抓措施、抓过程、抓落实、抓结果,逐月分解,压茬推进,确保预算和战略目标压实落地(见图10-13)。

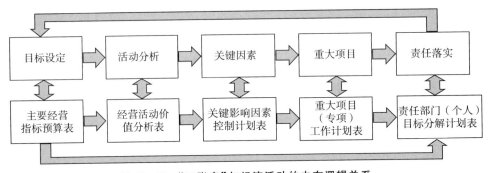

图10-13 "五张表"与经济活动的内在逻辑关系

(1)目标制定。第一,提纲挈领,开宗明义,用主要经营指标预算表(见表10-9,以2019年年底编制2020年预算为例)明确经营目标,涵盖收入、利润、毛利率、周转率、净资产收益率、劳动生产率等主要指标,便于指导和开展各项经营管理工作。年度目标要以市场竞争为出发点,坚持战略导向与对标超越相结合,采取倒逼的思路制定年度经营目标,在主要经营指标同比、行业对比、标杆对比上充分体现超越自己、超越行业、超越对手的进步和追求,以此加强管理、提升效益、增强企业核心竞争力。

表 10-9　主要经营指标预算表

序号	指标名称	计量单位	2018年实际	2019年				2020年	
				年度预算	全年预计	预算完成率	同比增减	预算	同比增减
1	主营业务收入	万元							
2	净利润	万元							
3	毛利率	%							
4	应收账款周转率	次							
5	劳动生产率	万元							
6	净资产收益率	%							
7	……	……							

以制定2020年销售净利率预算目标为例，徐工集团A公司历史最优水平为6.2%，2018年为5.1%，2019年为5.5%，行业平均水平为5%，2019年行业标杆预计为6.8%，为超越同期、超越行业、缩小与行业标杆的差距，考虑到预算年份装载机行业可能有较好增长（10%以上）态势，经综合平衡将2020年销售净利润率预算目标定为6.5%（同比增长18%，超过历史最优、逼近标杆）（见表10-10）。

表 10-10　销售净利率目标制定

指标名称	历史最优	2018年水平	2019年水平	行业平均	行业标杆	2020年目标
净利率	6.2%	5.1%	5.5%	5%	6.8%	6.5%

第二，价值引领，精细管理，用经营活动价值分析表（见表10-11）分析各项活动。经营活动价值分析表是企业在一定时期内各项生产经营活动在价值量上的最终结果体现，反映的是企业各项经营活动的效率和效果。经营活动价值分析表的每一个项目实际反映的是企业的一项或若干项业务活动。按照因子分析法和鱼骨模型分析法，通过项目的明细分解，便于深入了解各项业务活动，减少和消除不增值业务，重点分析业务活动的效率和效果，识别价值增值活动，削减无效活动和不增值活动。企业应紧盯预算目标分析差距，制定纠偏保障措施，持续监控地倒逼目标实现。

表 10-11　经营活动价值分析表

序号	项目	计量单位	2018年实际	2019年				2020年	
				年度预算	全年预计	预算完成率	同比增减	预算	同比增减
1	主营业务收入	万元							
2	主营业务成本	万元							
3	主营毛利率	万元							

(续表)

序号	项目	计量单位	2018年实际	2019年				2020年	
				年度预算	全年预算	预算完成率	同比增减	预算	同比增减
4	主营业务利润	万元							
⋮									
13	资产减值损失	万元							
14	投资收益	万元							
15	营业外收支	万元							
16	利润总额	万元							

注：表中项目可根据实际需要展开。例如，主营业务收入可按产品细分，也可按地域细分；费用项目可按费用明细细分，也可按责任部门细分。

第三，纲举目张，用关键影响因素控制计划表（见表10-12）明确问题短板。年度经营目标的实现将受到多项关键因素的影响，找出这些关键因素至关重要。企业应从财务、内控、经营等方面强化对关键影响因素的分析，才能找出经营"出血点"，建立自我完善机制，落地精细化管理，挖掘经营潜力，打造持续发展的能力。为确保2020年利润目标的实现，徐工集团A公司对众多利润影响因素进行详细分析，最终找出影响利润的关键因素为采购价格、销售规模、渠道能力、产品结构、商务政策及资源保障能力等。针对关键影响因素，公司制定了调结构、上规模、控价格、降成本、控费用等举措，并进一步分解落实到具体项目上，如主导产品型号的确定、渠道网点数量的建设方案、重点市场的促销活动策划等。在业务信息系统中，为每一个关键控制因素建立相应指标的数据统计分析模型和控制阈值。

表10-12 关键影响因素控制计划表

序号	举措	项目	单位	2020年度目标	责任部门	备注
1	调结构	6吨装载机销量	台		营销公司	
			台		海外发展部	
		7吨及以上大吨位装载机销量	台		营销公司	
			台		海外发展部	
2	上规模	中大型装载机产品销量	台		营销公司	
			台		海外发展部	
		小型装载机销量	台		电商与小装部	
		特种机械销量	台		特种机械发展部	
		经销商能力提升	台	单网点销售能力×台/月	市场管理部	
3	控价格	主机销售毛利率	%		营销公司	
		备件毛利率	%		服务备件公司	

(续表)

序号	举措	项目	单位	2020年度目标	责任部门	备注
4	降成本	采购降本	万元		采购部门	
		研发降本	万元		研发部门	
5	控费用	制造费用占比	%		生产部门	
…	……	……		……	……	

第四,聚焦瓶颈和短板,用重大项目(专项)工作计划表(见表10-13)攻坚克难,这样才能快速改进甚至产生颠覆性改变。特别是具有全局性的重大事项,企业领导要亲自参与,成立专项实施工作组,确定攻坚项目突破目标,详细列出每个步骤的工作内容、责任单位、责任人、完成时间及阶段目标。2020年,徐工集团A公司聚焦经营难点、痛点和关键点,归纳梳理出"夯实出口第一,持续扩大领先优势""国内最大吨位35吨超大吨位电传动装载机研发""毛利率和销售净利率两率提升工程"等22项重大项目,公司领导挂帅,强化资源投入,强化过程管控,取得较好的效果。

表10-13 重大项目(专项)工作计划表

序号	项目名称	项目主要指标	责任人	责任领导
1	夯实出口第一,持续扩大领先优势	1. 中大装出口销量同比增长40% 2. 市场占有率超过30% 3. 印度、乌兹别克斯坦、阿根廷、俄罗斯、欧洲区重点市场突破 4. XC9系列高端产销售翻一番	××	××
2	国内最大吨位35吨超大吨位电传动装载机研发	一、整机设计目标 1. 通过项目研发,总体申报专利20项,其中发明专利15项,2020年5项 2. 边际贡献率40%以上 二、整机生产及可靠性实验 1. 完成样机试制及调试 2. 参加宝马展,进行厂内200小时模拟可靠性试验	××	××
3	毛利率和销售净利率两率提升工程	1. 产品毛利率同比提升2个百分点,销售净利率同比提升1个百分点 2. 6吨产品销量同比提升50%,7吨及以上大吨位产品销量同比提升30% 3. 采购降本贡献2个百分点,设计降本贡献1个百分点,工艺降本贡献1个百分点 4. 费收比同比压降2个百分点	××	××
……	……	……		

第五,层层分解,用责任部门(个人)目标分解计划表(见表10-14,以营销部门为例)强化责任落实。将预算目标、关键影响因素及工作举措层层分解落实到各部门,并将年

度目标分解到季度,再由季度分解到月度,落实到每一个岗位和员工,实现目标自上而下的分解;同时,建立与岗位责任、经营业绩紧密挂钩的差异化激励约束机制,制作经营责任状并在年度经济工作会议上签订,进一步明确责任。执行过程中,企业应通过业务信息系统,对不同组织层级实时动态统计监控各项指标。

表 10-14　责任部门(个人)目标分解计划表

序号	项目名称	年度目标	责任人	责任领导	季度分解计划			
					一季度	二季度	三季度	四季度
1	占有率	中大装市场占有率目标值×%	××	××	占有率×%	占有率×%	占有率×%	占有率×%
2	产品毛利率	毛利率同比提升2个百分点	××	××	毛利率×%	毛利率×%	毛利率×%	毛利率×%
……	……	……	……	……	……	……	……	……

（2）过程管控。过程管控的主要目的就是纠偏,企业经营偏差主要体现在五个方面:指标偏差、活动偏差、因素偏差、重大项目偏差、责任部门偏差。

第一,明确哪些经营指标有偏差。通过月度主要经营指标预算表(见表 10-15)掌握完成率、年进度率,对标序时进度和同比增减,了解哪些经营指标有偏差,及时制定改进措施。

表 10-15　×月份主要经营指标预算表

序号	指标名称	计量单位	年度预算	×月						×+1月			
				预算	实际	完成率	累计	年进度率	同比增减	预算	预计累计	年进度率	同比增减
1	主营业务收入	万元											
2	……												

第二,明确哪些业务活动有偏差。通过月度经营活动价值分析表(见表 10-16)了解哪些业务活动有偏差,对存在的突出问题,通过专题会进行分析并制定措施。

表 10-16　×月份经营活动价值分析表

序号	指标名称	计量单位	年度预算	×月						+1月			
				预算	实际	完成率	累计	年进度率	同比增减	预算	预计累计	年进度率	同比增减
1	主营业务收入	万元											
9	……	万元											
10	销售费用	万元											

（续表）

序号	指标名称	计量单位	年度预算	×月						+1月			
				预算	实际	完成率	累计	年进度率	同比增减	预算	预计累计	年进度率	同比增减
11	管理费用	万元											
15	……	万元											

第三，明确哪些关键因素有偏差。按月分析关键影响因素控制计划完成情况（见表10-17），通过月度完成率、年进度率，对标序时进度，了解哪些关键因素有偏差，详细分析原因，制定整改措施。

表10-17 ×月份关键影响因素控制计划表

序号	举措	项目	单位	责任部门	年度目标	×月预算	×月完成	累计完成	年进度率	完成情况	×+1月计划
1	基本要求	内销收入	万元								
		外销收入	万元								
		备件收入	万元								
2	调结构	6吨装载机销量	台								
		7吨及以上大吨位装载机销量	台								
…	……	……	……								

注："完成情况"栏按"完成""轻微落后""落后"分别填写计划进度。

第四，明确哪些重大项目有偏差。通过重大项目（专项）工作计划表（见表10-18）了解哪些重大项目有偏差，按季度进行项目总结、阶段性成果分享，对未完成的项目下发管理通报，督促项目责任部门分析差距原因，制定整改措施。

表10-18 ×月份重大项目（专项）工作计划表

序号	攻坚项目	突破目标	目标权重(%)	第一季度目标	第一季度完成	第二季度分解计划	完成情况	责任部门	责任人	责任领导
1	夯实出口第一，持续扩大领先优势									
2	……									

注："完成情况"栏按"完成""轻微落后""落后"分别填写计划进度。

第五，明确哪些部门工作有偏差。每月通过（营销部门）目标分解计划表（见表10-19）掌握完成率，针对有偏差的部门及时制定改进措施。

表 10-19　×月份营销部门目标分解计划表

序号	项目名称		年度目标	责任人	责任领导	×月计划	×月完成	累计完成	×+1月计划
1	市场占有率	主机市场占有率							
2	产品毛利率	内销产品毛利率							
3	周转率	应收账款周转率							
…	……	……							

（3）结果考核。以重点项目管理和职能部门专项考核为动态辅助建立绩效指标考核体系，分为公司级绩效指标和部门（个人）级绩效指标两个层次。主要经营指标预算表中的指标纳入公司级绩效指标，月度考核形成公司绩效系数并应用于各部门；重大项目（专项）工作计划表和责任部门（个人）目标分解计划表中的指标纳入部门（个人）级绩效指标，月度考核形成部门绩效系数并应用于部门绩效系数和个人绩效系数，形成奖罚分明的绩效文化。

3. 运用"两块板"直观展现问题和结果

看板管理是一种管理工具，它用眼睛来管理、用数据和事实来说话，是发现问题、解决问题的有效且直观的手段，按照"问题导向，抓关键细节、基础再夯实"的原则制作看板。挂图作战是推进工作的一种方式，是推动各项工作、破解各种难题的重要方法和手段。按照"结果导向，盯重要指标、经营再突破"的原则挂图作战。

各部门（个人）根据公司预算目标分解而承担的主要指标，按照问题导向原则和结果导向原则，形成各部门（个人）的关键细节管理看板（见表 10-20）和重要指标管理看板（见表 10-21），使任务清单抬头可见，目标清晰明了，并月月跟踪，持续改善。

表 10-20　关键细节管理看板

序号	项目名称	重要指标	存在问题	解决措施	解决成效（高质量、高效益、高规模、可持续）				责任矩阵		完成时间	状态	结果自我评价
					一季度	二季度	三季度	四季度	张三	李四			
1									★	◆◆		G	
2												R	

注：1. 项目包括部门目标责任状工作任务、重大项目等。2. 自我评价要以结果为导向，以影响指标完成的关键问题因子是否解决为评判依据，以控制举措是否得力有效"看"责任部门（个人）的胜任能力和技能素质。3. 关键细节管理看板以问题为导向，时间周期为半年至一年，每季度小结和半年总结，包括措施执行情况，能否对症解决问题等。4. 通过"挂账销号"精准解决问题，落实一项销号一项，能及时整改的立即整改，不能及时整改的定期整改。5. 板图可以根据各单位承接的具体工作事项进行微调，要求简洁明了。

表 10-21 重要指标管理看板

序号	项目名称	重要指标	年/季/指标	进度率	当前状态	1月		2月		3月		季度小结	4月		5月		6月		责任矩阵		半年度总结
						计划	完成	计划	完成	计划	完成		计划	完成	计划	完成	计划	完成	张三	李四	
1					G														★	◆	
2					R																

注：当前状态：G—绿色/正常，Y—黄色/出现轻微偏差，R—红色/出现严重偏差；责任矩阵：★—负责人，◆—参与人。1. 项目包括部门目标责任状工作任务、重大项目、问题导向中的改进事项等。2. 重要指标包括但不限于事业部下发的"部门目标分解表"中的主要经营指标，以指标是否高质量达成"看"责任部门（个人）的绩效水平和业绩贡献。3. 看板最长时间周期为半年，每季度小结和半年总结，包括总结经验、分析问题、改进优化措施。4. 板图可以根据各单位及部门承接的具体工作事项进行微调，要求简洁明了。

4. 搭建信息化平台，夯实"5+2"管理体系

徐工集团 A 公司在"5+2"预算管理实践中，同步推进管理信息系统的优化与完善，管理信息系统与业务信息系统深入融合，建立了从预算系统到 ERP 系统，再到业务执行系统（MES、SCM、CRM）的战略目标分解落地的预算策划。同时，通过对业务系统执行数据的监控分析，实时统计分析关键指标完成情况，对目标偏差进行预警，提醒管理部门采取纠偏措施，以实现自下而上的业务绩效。

一是建设了企业云计算中心，将预算系统、ERP、MES、SCM、CRM 等管理与业务系统以及工业互联网、产品物联网等智能制造与大数据平台全部部署在企业私有云上，企业业务全面"上云"，实现流程电子化、业务数据化、数据资产化，业务流程与财务流程深度融合，业务活动实时反映在 ERP 的财务科目上，经数据统计，动态展示各项指标。

"企业上云"以及 VPN 等信息技术的应用，实现了企业管理的地域无关性，公司各分子公司、驻外分支机构基于统一的业务平台开展业务经营活动，数据实时反映运营业务，财务管理高效精准可靠。

二是深化业务系统对关键业务活动执行跟踪，通过预算管理系统对企业整体经营指标进行指标下达和过程监控。预算系统从业务系统实时进行数据抽取，以可视化方式动态展示企业整体指标的实际情况，在公司层面进行跟踪与预警。

同时，通过业务系统对装载机械研发、供应、制造、销售、服务五大价值链体系进行全流程业务管理与数据质量监控，客观、真实地反映各预算关键因素在各价值链体系内不同组织层级执行过程中的实际数据，将数据输出到各层级对应的信息看板进行可视化展示和预警，动态反映实时运营数据。

此外，徐工集团 A 公司还基于工业互联网应用，进一步分析设备的运行效率、维护与资源消耗，将费用控制落实到末端管理。

在营销体系，通过物联网数据分析，为营销服务活动提供大数据研判支撑，通过个性化产品运营分析，掌握产品性能、市场适应性等情况，为客户提供精准有效的产品推介，助力网点建设、行业客户推广等市场拓展等项目。

三是推进流程信息化,通过费用和资金预算强化对业务活动的精准管控。实施预算支出订单式管理,通过预算订单号,业务活动与项目策划对应,从而将资金费用预算与重大项目、关键活动结合起来。通过线上流程化、可视化管理,实现资金费用预算在ERP系统中的在线实时监控,做到精细化、精准化。

四是建立企业BI系统,分别从公司级、部门级、工段级对业务活动进行数据分析统计,建立战略型、操作型、分析型管理驾驶舱以及"5+2"中的两块管理看板,帮助各级管理人员紧盯任务目标,实现对关键绩效的动态监控。

资料来源:刘兴锋等,创新管理会计助推业财融合——以徐工集团A公司"5+2"数字化预算管理实践为例,《中国管理会计》,2021年第3期。

综合案例

预算颗粒度与A集团预算管理转型实践[①]

一、A集团的预算管理现状

A集团是一家专注于汽车安全玻璃和工业技术玻璃领域的大型跨国集团。经过数十年的发展,A集团生产规模快速扩张,国际化步伐不断加快。随着公司规模的不断扩大和国际化步伐的加快以及所处内外部经济和市场环境的日趋复杂化,特别是伴随着近年来A集团全球化布局步伐的加快和工业4.0在A集团的落地,A集团亟须全方位优化管理系统。

作为民营企业中的佼佼者,A集团具有较好的预算意识与预算基础,早在2013年就上线了预算管理系统。但原有的预算管理系统并未给A集团带来更多管理上的提升,反而带来了更多的管理成本。随着管理的不断升级,原有预算系统暴露出的预算管理问题日益凸显。

1. 预算编制受核算思维主导

原有预算系统基于核算思维:一是按照核算逻辑进行预算编制、成本分摊;二是按核算的颗粒度编制预算,将预算明细到实际产品,希望以此实现精细化管理。事实上,A集团实际产品数量达六万多个,把实际产品都定义为预算产品,一方面系统根本无法承载,另一方面是预算颗粒度过细,不利于管理者及时发现生产经营过程中的管理重点。

2. 预算编制效率低

一般而言,预算系统的实施可以提高预算编制效率,但A集团预算系统上线后反而会增加用户编制预算的难度。究其原因有四:一是编制的表单较多,输入表单和输出表单多达数百张。二是逻辑复杂。比如成本分摊,先要归集成本,然后要结合ERP系统中的产品资源耗用比率层层分配成本;又如销售环节,分第一道代销、第二道代销,其实只

[①] 陈鹏,预算颗粒度与A集团预算管理转型实践,《管理会计研究》,2018年第2期。

有一家公司有这样的业务且业务量较小,但不得不在系统中设置比较复杂的判断逻辑。三是预算调整机制不灵活。发现某个环节数据异常,必须严格按照编制流程执行,且不断取消上一个环节审核,调整之后又要按正确流程执行规则且进行审批。四是系统不稳定。整个编制下来,用户感到身心疲惫,甚至有部分公司恢复了手工编制预算。

3. 预算管理不能带来管理价值

原有的预算系统基于核算思维,预算颗粒度非常细,导致预算的编制要花费大量的精力与时间,但这样的做法既不能输出体现管理价值的数据,又不能有效利用预算数据,未能实现预算编制与预实(预算数与实际数)分析的衔接。之所以出现上述问题,原因在于A集团忽视了预算管理的本质不是核算而是管理——管理要求主次分明,抓住重点。基于此,A集团此次预算升级将预算思维从核算指导转变为管理主导,将预算编制从按实际产品转变为按类别产品。同时,将主要精力花在解决主要问题、抓住管理重点上,以此提升管理效率,体现全面预算管理的价值。

二、A集团预算颗粒度的确定

A集团所处的汽车玻璃生产制造行业具有产品种类众多但不同产品的收入贡献度差别较大的典型特点。从种类看,汽车玻璃主要根据产品特性及产品用途进行归类。根据产品特性,分为钢化玻璃、夹层玻璃、防爆玻璃等;根据产品用途,分为前挡玻璃、后挡玻璃、门玻璃、天窗玻璃等;根据车型、品牌的不同,又可以衍生出更多的细分产品。A集团的明细产品高达六万多种,如何定义预算产品是预算编制的第一个难点。

此前,A集团将预算明细到六万多种产品,将六万多种实际产品全部定义为预算产品去构建产供销预算模型。事实证明,把实际产品都定义为预算产品去构建产供销预算模型,一方面编制的产品过细、表单过多导致系统根本无法承载;另一方面基于核算思维的预算颗粒度过细,"全盘一把抓"却没有抓住重点,花费大量的时间和精力却不能帮助管理者及时发现生产经营过程中的管理重点。同时,由于预算编制过细,表单输入工作量巨大,预算调整复杂且耗时,这些因素导致系统运行不稳定。

在此次优化升级的过程中,A集团创新提出以类别产品作为预算主线,对预算产品进行简化,基于产品的市场属性、工单类型、装车位置、工厂、成本归集等类型,最终形成300多种类别产品。之所以最终确认以类别产品作为预算主线,是基于A集团通过数据分析发现,其产品的收入贡献度存在明显特征。A集团约5%的产品贡献了近90%的收入,而剩下95%的产品仅仅贡献了10%左右的收入,因此这5%的产品就是A集团最需要关注的管理重点。依据数据分析结果,A集团一方面减少了产品的数量(从原来的6万多种缩减至不到3 000种产品),另一方面明确了产品的管控重点,提高了预算编制的效率,表单输入量大幅减少(从此前的数百张减至几十张),同时可以输出有管理价值的数据。此外,A集团通过简化预算逻辑、优化编制流程、一键执行规则及功能等措施,预算系统从此前的运维困难转变为自主运维。

三、A集团预算转型实践

在以销定产、市场导向的经营管理体系下,A集团预算编制的主要流程为:目标分解→销售预算→生产预算→成本预算→费用预算→人力预算。预算管理转型的应用主要体现在销售预算、成本预算、费用预算这三个环节。

1. 销售预算环节

A 集团通过数据分析发现,约 5% 的产品带来了近 90% 的收益,前 20% 的客户创造了 85% 的收入,市场占比仅 10% 的配套市场销售金额占比接近 90%。这一组数据说明,销售管理的重点是产品、客户、市场、销售模式——只有不断创新产品,A 集团才得以在全球领先;只有不断开拓客户,市场份额才会越来越大。经营管理的本质是在市场上寻找客户。因此,管理者需要知道哪些产品贡献最大利润,哪些客户贡献最大收入,哪些市场贡献最大销售额。

一是在产品环节。根据 A 集团近三年预算销售明细分析发现,占比前 5% 的产品能带来约 90% 的销售收入,因此 5% 的产品是盈利的保障,有必要根据产品收入贡献度对产品进行分层管理。A 集团还发现,汽车玻璃贡献了 90% 以上的收入,其中汽车玻璃配套市场提供了 90% 以上的收入,因此汽车玻璃是经营管理的重点,其中汽车玻璃配套市场又是管理的重中之重。为此,A 集团根据收入占比、战略产品、新品等因素划分类别产品,将预算产品缩减为 300 多种类别,以类别产品作为预算主线,构建产供销预算模型。从管理视角:一方面减少产品的数量,另一方面明确产品管控重点,体现管理重点。从系统操作视角:原先按实际产品进行预算编制过于复杂、精细而导致系统无法承受,甚至重回手工编制的状态;而以类别产品作为预算产品易于编制,而且系统运行效率高,可灵活拓展、自主运维。

二是在客户环节。数据显示,前 20% 的客户创造了 85% 的收入,前 20% 的客户平均每家客户的销售收入高达 2 000 万元,而最后近百家客户的合计贡献收入仅为 2 000 万元左右。因此,战略客户是销售额的主要保障并得出结论:客户盈利性需要分析评估,区分战略客户和一般客户。按照收入"贡献",企业可以制作出客户"排行榜"。这样管理者就可以一目了然地看出利润中有多少是来自盈利性最高的客户贡献,有多少是来自盈利性最差的客户创造。

三是在市场环节。从市场维度分析,配套市场销售额占比高达 90%,存在明显的"鲸鱼曲线"效应,但配套市场中的小配套和出口配套规模较小的配件市场具有多品种、小批量特征(按客户纬度可能更有意义),由此得出结论:配套市场关注国内、出口两类,配件市场基于 ABC 法则的贡献度分析比较重要。按照上述分析结论,A 集团形成了分部门、分销售模式、分市场、分客户、分产品的销售预算方案。

2. 成本预算环节

A 集团分析不同类型产品的成本结构,发现主要的材料成本约占 75%,而其他制造费用和人工成本占比仅为 25%。因此,材料成本是成本管控的重要环节,其中材料成本又分价格控制和数量控制。对于生产制造型企业而言,材料成本控制办法一般有以下几种:一是采购降价、材料本地化等;二是提高成品率,监控物料单位耗用;三是产品研发,寻找替代材料等。

A 集团的做法是将材料成本基于 BOM(物料清单)消耗,结合采购目标降幅测算成本预算。在实际操作中,A 集团产品 BOM 层级最多达 5 层,海波龙(Hygerion)系统无法层层拆分,需要通过外挂程序进行拆分。在价格控制方面,设置每种物料的价格降幅作为其中一个管控点,促使采购部门想对策;在数量控制方面,通过标准 BOM 输出预算单耗,作为未来衡量生产控制的一个标准。以采购单价预算为例,A 集团结合采购部门的采购降价幅度设定,通过降价幅度预测,把采购纳入预算管理体系。这样做的好处一是可以减少系统运行量,二是可以结合管控目标降低制造费用。

3. 费用预算环节

相对于材料成本,制造费用在总成本中的占比仅为 25%,而且其中一大部分是折旧。基于这一分析结果,A 集团放弃了原来复杂的费用分摊逻辑,直接基于管控目标和历史数据确定单位制造成本。A 集团的具体做法是,根据费用类型区分自编费用和统编费用。具体可分为:部门直接编制—统编各部门费用—各部门编制本部门预算,提交归口管理部门汇总、平衡,再将最终预算下达各部门。对固定费用的预算,结合往年历史数据以及本年工作计划,分科目编制各项费用;对变动费用的预算,结合业务量、费用标准等因素计算变动费用。比如,A 集团基于管理需求设置费用预算的科目,细化占比较大的运输费用等科目,合并占比较小的销售费用预算科目。

思考题

1. A 集团预算管理实践做法是否与全面预算管理理念相悖?其适用条件是什么?
2. 如何理解预算颗粒度?在实践中应如何确定预算颗粒度的合适范围?
3. A 集团预算管理实践有哪些特点?是否有参考借鉴价值?

第 11 章 企业绩效考评控制

寄　语

与预算控制一样,绩效考评对企业而言同等重要,而且两者关系密切。一方面,绩效考评与预算控制一样,均属于企业基本控制措施之一;另一方面,绩效考评与预算管理一样,均属于战略管控的重要组成部分。预算管理引导在前,绩效考评保障在后,共同推动企业有效实施战略,促进战略目标实现。本章阐述绩效考评的功能作用、基本程序和主要方法,在此基础上分别介绍关键绩效指标法、经济增加值法和平衡计分卡的产生背景、基本原理和主要特点。

- **知识要点**　理解绩效考评、绩效考核与绩效管理的内涵;理解绩效管理的基本原则;了解关键绩效指标法、经济增加值法和平衡计分卡的产生背景。
- **技能要点**　掌握关键绩效指标法、经济增加值法和平衡计分卡的基本原理与主要特点,并能够结合企业实际情况灵活运用。
- **素质养成**　领会习近平总书记关于国有企业改革及激励约束机制创新的重要指示精神,理解绩效考评制度设计与促进社会公平正义之间的关系;学习有关国有企业负责人经营业绩考核、上市公司股权激励等制度办法,坚定"四个自信",强化风险意识,树立创新思维;分享宝武、华为、万科、海尔、海康威视、正泰电器等知名企业在绩效考评方面的成功经验,体会企业绩效考评与价值创造的关系,塑造价值共创、利益共享和风险分担的理念。

引导案例

首例投行绩效与项目收入挂钩被处罚[①]

有投行业务线因绩效与项目收入挂钩而被监管"敲打"。这也是投行内部控制指引规范薪酬激励机制以来,首次有投行因上述行为被处罚。曾经盛行的投行过度激励或将止步。

2021年11月3日,华福证券收到福建证监局出具的警示函,原因是:华福证券投资银行类业务内部控制不完善,存在对投资银行类业务承做集中统一管理不够到位;业务人员绩效奖金主要与承做项目收入挂钩,未考虑专业胜任能力、合规情况等因素的情况。

福建证监局表示,上述情况违反了《证券公司投资银行类业务内部控制指引》(证监会公告〔2018〕6号)第二十一条、第二十九条和《证券公司和证券投资基金管理公司合规管理办法》(证监会令第133号,经证监会令第166号修订,以下简称《合规管理办法》)第六条的有关规定。按照《合规管理办法》第三十二条的规定,证监局决定对华福证券采取出具警示函的行政监督管理措施。

长期以来,不少券商投行为了业务冲量快,采用了"包干"模式进行考核,即薪酬与承做项目收入挂钩。2018年,《证券公司投资银行类业务内部控制指引》(以下简称《指引》)正式落地,将券商薪酬收入做了非常明确的规定:不得与项目直接挂钩,不得"大包干",收入递延支付原则上不少于3年。

《指引》第二十九条规定:证券公司不得将投资银行类业务人员薪酬收入与其承做项目收入直接挂钩,应当综合考虑其专业胜任能力、执业质量、合规情况、业务收入等各项因素。

针对注册制下投行的廉洁从业监管也持续加码。2021年9月24日,证监会就《关于加强注册制下中介机构投资银行业务廉洁从业监管的意见(征求意见稿)》公开征求意见,特别强调了投行从业人员薪酬不得与承做或承揽项目直接挂钩。

"不能和具体项目挂钩,将有助投资银行业的生态趋于良性发展。"有投行人士表示,以往业内挖人、跳槽都跟项目挂钩,但这种激励方式显然非常短视。有些项目虽然给个人高额提成,但对公司造成极大的损伤和隐患,往往是个人跳槽了,但项目后续的风险乃至处罚都落在公司身上。

那么,怎样才是合理的薪酬机制呢?《指引》指出,证券公司应当根据投资银行类业务特点制定科学、合理的薪酬考核体系,合理设定考核指标、权重及方式,与不同岗位的职责要求相适应。此外,证券公司应当针对管理和执行投资银行类项目的主要人员建立收入递延支付机制,合理确定收入递延支付标准,明确递延支付人员范围、递延支付年限和比例等内容。对投资银行类项目负有主要管理或执行责任人员的收入递延支付年限原则上不得少于三年。

有大型券商资深保代就此表示,很多券商早就告别了单一项目结算,避免简单的线

[①] 徐蔚.过度激励遭封杀!首例投行绩效与项目收入挂钩被处罚.《上海证券报》,2021年11月8日。

性激励,而是统一考核,个人收入与公司总体业绩、部门业绩、执业质量等挂钩,这也有利于从业人员整体专业水平、执业能力的提升。

启示录 从案例可以看出,设计科学合理的绩效考评体系,既是来自企业发展的内部需求,也是来自监管部门的外部压力。科学合理的绩效考评体系,不但有利于降低员工去职风险,提升企业经营业绩,促进企业持续健康发展,而且有助于行业生态的良性发展,促进社会公平正义。那么,应该如何设计科学合理的绩效考评体系呢?为此,本章阐述了绩效考评的功能作用、基本程序和主要方法,在此基础上分别介绍了目前在实践中应用最普及的三种绩效考评方法——关键绩效指标法、经济增加值法和平衡计分卡的产生背景、基本原理及主要特点。

11.1 绩效考评基础

11.1.1 绩效考评相关概念

1. 绩效考核

绩效考核也称绩效评价、业绩考核或业绩评价。对于一个企业而言,绩效考核就是指考核主体根据特定的考核目的,选择特定的考核指标,设置特定的考核标准,并运用特定的考核方法对考核客体在一定期间内的经营管理活动过程及其结果做出客观、公正和准确的综合判断。这种判断属于一种专业性的技术判断。

2. 绩效考评

按照《企业内部控制基本规范》的规定,绩效考评控制要求企业建立和实施绩效考评制度,通过科学设置考核指标体系,对企业内部各责任单位和全体员工的业绩进行定期考核和客观评价,并将考评结果作为确定员工薪酬以及职务晋升、评优、降级、调岗、辞退等的依据。

从上述定义可见,绩效考评的范畴涵盖了绩效考核,同时还包括激励机制。换言之,要进行绩效考评控制,首先要实施绩效考核,并根据绩效考核结果对考核客体进行相应的激励。绩效考核是激励机制的前提和基础,激励机制是绩效考核的目标和导向。如果不将绩效考核结果与考核客体利益相挂钩,就无法调动考核客体的积极性、主动性和创造性,从而影响战略目标的实现;反之,如果激励机制不以绩效考核结果为依据,激励机制就会缺乏针对性、科学性和客观性,同样也影响战略目标的实现。

3. 绩效管理

根据《管理会计应用指引第 600 号——绩效管理》的界定,绩效管理是指企业与所属单位(部门)、员工之间就绩效目标及如何实现绩效目标达成共识,并帮助和激励员工取得优异绩效,从而实现企业目标的管理过程。该应用指引特别强调了绩效管理的核心就是绩效评价和激励管理,并明确了两者之间的关系:绩效评价是企业实施激励管理的重要依据;激励管理是促进企业绩效提升的重要手段。

从上述描述可知,绩效管理不仅包括绩效评价和激励机制,还包括绩效沟通。

> 来自现实社会的实例总能带来更直观的体验和有益的启示,读者可下载"开拓视野"资料包,推荐"焦点观察"栏目的"解码'阿米巴'与'人单合一'经营模式"。

11.1.2 绩效管理的原则

按照《管理会计应用指引第 600 号——绩效管理》的规定,企业进行绩效管理,一般应遵循以下四项原则:

1. 战略导向原则

绩效管理作为管理控制系统重要的子系统之一,应与管理控制活动的终极目标——驱动战略的实施保持一致,即绩效管理应为企业实现战略目标服务,支持企业价值创造能力提升。

2. 客观公正原则

绩效管理应实事求是,不可歪曲事实、以偏概全;评价过程应客观公正、不偏不倚,做到信息公开透明;激励实施应公平合理,制订的绩效计划能够得到管理者与被管理者的认同。

3. 规范统一原则

绩效管理政策和制度的设计应明确具体,为绩效评价提供统一的依据,而评价过程应当严格执行规定的程序和流程。唯有如此,才能真正保证绩效管理活动的客观公正、科学有效。

4. 科学有效原则

在目标明确的基础上,绩效评价流程与方法的选择要做到科学、有效。所谓科学,是指流程的设计与方法的选取要符合客观规律;所谓有效,是指评价方法适合企业自身情况,能够做到激励与约束并重且操作简便易行,才能有效支持完成目标。应用于绩效管理领域的管理会计工具方法,一般包括关键绩效指标法、经济增加值法、平衡计分卡等。

11.1.3 绩效管理的基本程序

一个完整的绩效管理循环应当包括四个基本程序:制订绩效计划(Plan)、绩效辅导与执行(Do)、绩效考核与反馈(Check)、绩效诊断与改进(Adjust),即 PDCA 流程。

1. 制订绩效计划

绩效管理循环的起点是绩效计划的制订。绩效计划是企业开展绩效评价工作的行动方案,包括构建指标体系、分配指标权重、确定绩效目标值、选择计分方法和评价周期、制作绩效责任书等一系列管理活动。制订绩效计划通常从企业级开始,层层分解到所属单位(部门),最终落实到具体岗位和员工。

2. 绩效辅导与执行

在绩效计划制订完成后,管理者应当扮演教导员的角色,以指导者和帮助者的姿态与被管理者保持积极的双向沟通,针对所制定的绩效目标进行辅导,帮助被管理者理清工作思路并提供必要的资源支持。绩效计划执行过程中,企业应建立配套的监督控制机制,及时记录执行情况,进行差异分析与纠偏,持续优化业务流程,确保绩效计划得到有效执行。

3. 绩效考核与反馈

当被管理者执行完毕,整个绩效周期进入尾声时,管理者应当对被管理者绩效目标的完成情况进行考核与评价。考评依据就是绩效计划阶段所确定的目标计划和具体绩效指标,以及在绩效辅导和执行过程中所记录的业绩表现。

当然,绩效管理的过程并非随着考评打分就结束了,管理者还要与被管理者就考评意见进行交谈,即反馈绩效评价结果。这能够让被管理者更全面地了解自己对绩效目标的完成情况,正确认识自己在这个绩效管理周期中的优秀表现或者仍有改进空间的不足之处。同时,被管理者也可以向管理者反映自己在完成本次绩效目标中遇到的困难和问题,请求得到帮助和指导,也可以为管理者实施奖惩及制定下一阶段的绩效目标和计划提供参考依据。

4. 绩效诊断与改进

绩效诊断与改进有两方面的含义:一是对公司所采用的绩效管理体系和管理者所采用的管理方式进行诊断;二是对被管理者在本次绩效管理周期内所表现出的知识、技能和经验方面的不足之处进行诊断。通过对这两方面进行诊断而得出的结论,可以放到下一个绩效管理循环中加以改进。

> 来自现实社会的实例总能带来更直观的体验和有益的启示,读者可下载"开拓视野"资料包,推荐"践行有成"栏目的"基于中电海康的企业绩效管理实践"。

11.2 关键绩效指标法

11.2.1 关键绩效指标法的产生背景

关键绩效指标法(Key Performance Indicator,KPI)是在吸收了诸多理论和方法的基础上产生的,其中起到重要作用的是关键成功因素法(Key Success Factor,KSF)、目标管理和"二八原理"。

关键成功因素法是信息系统开发规划方法之一,1961 年由 Ronald Daniel 在 McKinsey 公司开发的。该方法是以关键因素为依据确定系统信息需求的一种管理信息系统总体规划方法。现行系统总存在多个变量影响系统目标的实现,其中若干因素是关键和主要的。通过对关键成功因素的识别,找出实现目标所需的关键信息集合,从而确定系统开发的优先次序。如果企业想要持续成长,就必须对这些少数的关键领域加以管理与控制,否则将无法达到预期的目标。

1954 年,美国管理大师德鲁克在泰罗的科学管理和行为科学理论基础上提出"目标管理"。目标管理从提出到发展成熟标志着企业管理由粗放式管理阶段逐步进入精细化管理阶段。关键绩效指标法结合了目标管理和量化考核的思想,通过对目标的层层分解,使得各级目标不会偏离组织战略,可以很好地衡量组织绩效及组织中个体的贡献,从而起到价值评价和行为导向作用。

"二八原理"同样为关键绩效指标法提供了理论基础,由意大利经济学家帕累托提出。它指出一个企业在价值创造过程中,每个部门和每个员工80%的工作任务是由20%的关键行为完成的。因此,企业必须抓住20%的关键行为,对之进行分析和衡量。由此可见,"二八原理"为绩效考核指明了方向,即考核工作的主要精力应当放在关键事项、关键过程和关键结果上,这样就能抓住绩效评价的重心。

烽火通信绩效考核办法(节选)

第七条 考核指标类型。根据平衡计分卡原则,公司各部门、下属机构以及各岗位的绩效指标由公司层面的绩效指标分解而来。考核类型根据人员所处具体岗位、职责的不同分为三大类。

(一)董事考核指标类型如表11-1所示。

表11-1 董事考核指标类型

指标类别	考核目的	指标举例
战略管理类	强调董事会成员对于公司战略风险的承担责任,促使董事会成员为公司总体战略决策贡献自己的力量	战略决策;重大项目投融资决策;经营团队建设
风险管理类	促使董事会提升科学决策的能力,控制潜在风险	风险控制;审计监督;独立董事发挥的作用;信息披露质量
财务绩效类	促使公司当期财务成果实现,为股东创造最大价值	净利润增长率

(二)高级管理人员及核心管理骨干考核指标类型分为战略类、财务类、运营类,各类指标的界定如表11-2所示。

表11-2 高级管理人员及核心管理骨干考核指标类型

指标类别	考核目的	指标举例
战略类	强调被考核对象对公司战略风险的承担责任,促使被考核对象为公司总体战略的制定和执行贡献自己的力量	战略决策与制定;战略执行
财务类	促使公司当期财务成果实现,为股东创造最大价值	净资产收益率;销售收入;产品毛利率;费用预算执行情况

(续表)

指标类别	考核目的	指标举例
运营类	促进公司内部运营水平改善、运营效率提升	研发计划完成情况；市场占有率；客户满意度；研发人才队伍建设

（三）核心业务技术骨干考核指标类型如表 11-3 所示。

表 11-3　核心业务技术骨干考核指标类型

指标类别	考核目的	指标举例
绩效目标	促使被考核对象完成工作计划	研发项目完成情况；技术/项目支持；研发成果转化率；专利；项目（含销售）交付周期；合同/回款情况；客户（含内部）满意度
关键行为	考察行为要项，促使被考核对象达成绩效目标	团队合作

第八条　指标选取的原则包括可控性、关键性、挑战性、一致性和民主性。

（一）可控性：指标能够测量或具有明确的评价标准，必须是被考核对象所能影响或改变的。

（二）关键性：指标项不宜过多，注重对业绩有直接影响的关键指标。

（三）挑战性：目标应综合考虑历史业绩、未来发展预测、同行业竞争对手的业绩、客户特征、个人能力经验来确定，不宜过高或过低，应使被考核对象经过努力可以达到。

（四）一致性：各层次目标应保持一致，下一级目标要以分解、完成上一级目标为基准。

（五）民主性：所有考核目标的制定均应由考核对象与直接上级共同商定。

第九条　考核计分规则

（一）定量指标评分标准。单项指标分值根据单项指标的完成情况来确定。假设 A 为单项指标的完成情况，B 为单项指标分值，则

A＝单项指标完成值÷单项指标目标值×100（适用于目标值为增长类的指标，如净资产收益率、总资产周转率、收入增长率等）

A＝100+(1-单项指标完成值÷单项指标目标值)×100（适用于控制类指标，如成本费用率、存货周转天数、应收账款周转天数等）

为避免单项考核指标分值过高或过低影响综合考评分值，真实反映被考核对象的总体业绩，限定各项考核指标分值在 0—150 分，为了提高对各单位的管理要求，当 A≥150 时，取 B＝150；当 0<A<150 时，B＝A。

（二）定性指标评分标准如表 11-4 所示。

表 11-4 定性指标评分标准

评价等级	A	B	C	D
	超出目标	达到目标	接近目标	低于目标
分值区间	100<分值≤120	90≤分值≤100	60≤分值<90	0≤分值<60
定义	实际表现显著超出预期计划/目标或岗位职责/分工要求,取得特别出色的成绩	实际表现达到预期计划/目标或岗位职责/分工要求,取得比较出色的成绩	实际表现基本达到预期计划/目标或岗位职责/分工要求,有明显不足	实际表现未达到预期计划/目标或岗位职责/分工要求,有重大失误

（三）关键事件。关键事件指对激励对象的绩效有重大影响、公司鼓励或禁止的行为。限定关键事件的总分值为-10—10。

（四）否决性指标。考核指标中还有一类为否决性指标,其特点是没有完成特定目标时将全盘否定其他成绩,但完成特定目标时不影响整体考核结果。否决性指标主要指"重大安全事故"。

（五）综合分值计算。综合分值由各项指标考核得分经加权平均后,与关键事件得分汇总得出,公式为:当否决性指标不出现时,综合考核分值=∑（单项指标分值×指标权重）+关键事件得分;当否决性指标出现时,综合考核分值为0。

第十条 考核指标及目标的设定。

（一）指标及目标值设定的程序

1. 确定年度经营计划及预算:董事会下达公司年度经营计划及年度经营目标,并下达年度预算,分解至各部门及子公司。

2. 制定年度绩效考核指标及目标值:按照第六条考核主体的分工,由各层考核主体确定考核对象的年度绩效考核指标和目标值。

3. 各级考核主体与被考核者沟通绩效考核指标及目标值。

4. 董事会薪酬与考核委员会审核绩效考核指标及目标值。

5. 董事会审批绩效考核指标及目标值。

6. 签订绩效考核合同:根据已确定的考核指标、权重及目标值,各级考核主体与被考核对象签订绩效考核合同,以契约的形式明确被激励对象应实现的业绩。

（二）考核目标值设定的原则。目标值的确定遵循挑战性与现实性相结合的原则。挑战性是指目标值要经过企业员工的努力才能完成,挑战性目标有利于调动企业员工的积极性和实现企业目标。现实性是指被激励对象经过努力确实具有完成目标的可能性。

目标值的设定考虑下列因素:

1. 企业所处的行业水平:以同行业水平为参考,向行业水平看齐;向行业先进水平靠拢,以国内国际行业领先的公司为标杆企业进行对标。

2. 企业的历史水平:考虑本企业历史盈利水平及运营效率状况,在历史基础上实现快速增长。

3. 企业的战略要求:对照发展战略及目标,考虑目前发展阶段与发展速度等因素,按照合理的步骤实现战略要求。

（三）考核指标的调整。考核指标及目标值每年核定一次。指标一经确定，一般不做调整。如确需调整的，由董事会薪酬与考核委员会提出调整方案，并按规定程序审批；未获批准的，仍以原考核指标为准。

资料来源：烽火通信科技股份有限公司，《2021年限制性股票激励计划绩效考核办法》，上海证券交易所官网，2021年7月26日，http://static.sse.com.cn/disclosure/listedinfo/announcement/c/new/2021-07-26/600498_20210726_7_wWS3Gdra.pdf。

11.2.2 关键绩效指标法的原理与方法

1. 关键绩效指标法的基本原理

根据《管理会计应用指引第601号——关键绩效指标法》，关键绩效指标法是指基于企业战略目标，通过建立关键绩效指标体系，将价值创造活动与战略规划目标有效联系，并据此进行绩效管理的方法。其中，关键绩效指标是指对企业绩效产生关键影响力的指标，是通过对企业战略目标、关键成果领域的绩效特征分析，识别和提炼出的最能有效驱动企业价值创造的指标。

企业的关键绩效指标一般可分为结果类和动因类两类指标。结果类指标是反映企业绩效的价值指标，主要包括投资回报率、净资产收益率、经济增加值、息税前利润、自由现金流等综合指标；动因类指标是反映企业价值关键驱动因素的指标，主要包括资本性支出、单位生产成本、产量、销量、客户满意度、员工满意度等。

> 来自现实社会的实例总能带来更直观的体验和有益的启示，读者可下载"开拓视野"资料包，推荐"践行有成"栏目的"韩都衣舍的'小组制'模式"。

2. 应用关键绩效指标法的原则

关键绩效指标应当遵循SMART原则，也就是：S(Specific)具体，是指绩效考核必须明确特定的工作指标，不能笼统概括；M(Measurable)可度量，是指绩效指标应当数量化或行为化，验证这些绩效指标的数据或信息是可以获得的；A(Attainable)可实现，是指绩效指标在员工付出努力的情况下是可以实现的，要避免设立过高或过低的目标；R(Relevant)关联性，是指绩效指标与上级目标之间存在明确的关联性，最终要与公司目标相结合；T(Time-bound)时限性，是指绩效指标的完成是有特定期限的。

3. 关键绩效指标法的具体方法与步骤

建立关键绩效指标体系最常用的方法有战略地图、任务分工矩阵和目标分解鱼骨图。

（1）战略地图。战略地图可用于描述"企业如何实现价值"以及企业如何通过达到战略目标而创造价值。战略地图在企业的战略和实际工作之间搭建起桥梁，也在战略和绩效指标之间建立起联系。

（2）任务分工矩阵。企业通过战略地图将战略分解，但为了完成战略目标，还需要把企业战略落实到各个部门和各个岗位。任务分工矩阵可根据企业各部门、各岗位的职责分工和内部业务流程，把战略地图中的战略性衡量任务落到实处。

（3）目标分解鱼骨图。目标分解鱼骨图是质量管理中最常用的方法，因图形像鱼骨而被称为鱼骨图。这是一种为如何达到目标而使用的方法，也可用于分析出现质量问题的原因，从管理、人、方法、物资、机械和环境六方面查找原因。

建立 KPI 体系要从以下五步展开：第一步，确定个人或部门的业务重点，明确哪些个体因素或组织因素与公司目标之间相互影响；第二步，为每一个岗位所承担的职责确定业务标准，定义岗位成功的关键因素；第三步，确定关键绩效指标，判断每一项绩效指标与绩效计划和实际因素之间是否结合紧密；第四步，将关键绩效指标分解并落实到各个具体的岗位工作中；第五步，根据总体完成情况，查找是否存在问题，并找出导致问题存在的原因，针对此设计解决方法。

> 来自现实社会的实例总能带来更直观的体验和有益的启示，读者可下载"开拓视野"资料包，推荐"践行有成"栏目的"宝钢金属深入推进 KPI，挖掘价值驱动因素"。

11.2.3 关键绩效指标法的主要特点

关键绩效指标法的主要特点包括四个方面。

1. 关键绩效指标能够体现企业的战略目标

首先，作为衡量各部门、各岗位工作绩效的指标，关键绩效指标所体现的绩效内容取决于组织的战略目标，各个绩效指标来源于对组织战略目标的分解与细化。因此，如果关键绩效指标与企业战略目标脱离，它所衡量的岗位工作努力方向就会与企业战略目标产生分歧。其次，关键绩效指标是对企业战略目标的进一步细化与发展，企业战略是概括的、长期的、指导性的，而各个岗位的工作内容是具体的、短期的、实践性的，针对岗位工作而设置的关键绩效指标必须具有可衡量性。因此，关键绩效指标也是对真正驱动组织战略目标实现的具体因素的挖掘，是企业战略在各个岗位职能上的具体体现。最后，关键绩效指标体系应当随着企业战略目标的发展而不断调整，当企业战略侧重点发生转移时，关键绩效指标也必须进行必要的修正，以反映企业更新的战略规划内容。

2. 关键绩效指标着眼于关键事项

关键绩效指标的设置应当符合"二八原则"，是对关键经营活动绩效的衡量，并不是针对所有经济业务活动的绩效。每个岗位的工作内容涉及不同的方面，高层管理者的工作任务更加复杂，但关键绩效指标只关注对企业整体战略目标影响较大或对企业战略目标实现起关键作用的工作绩效。

3. 关键绩效指标能够反映组织与员工所创造的价值

在建立关键绩效指标体系时，企业通过对关键性工作产出的明确界定而设置相关增值指标,因此采用关键绩效指标能够对员工的贡献率进行评价;同时,也能够跟踪和检查组织或员工个人的实际工作表现,便于将实际表现和关键绩效标准进行对比分析,体现创造的价值。

4. 关键绩效指标来源于组织上下的共识

关键绩效指标不是由上级强行确定后下发给下级的,也不是员工基于本职岗位自行确定的,而是经由上级管理者与下级被管理者的共同参与制定完成的,是双方达成一致性意见的体现。因此,关键绩效指标应当体现整个组织上下对岗位工作绩效要求的共识。

正泰电器多元化业绩评价机制的探索与实践

浙江正泰电器股份公司(以下简称"正泰电器")专业从事低压电器和光伏新能源的研发、生产、销售和运营管理。公司自2006年开始实施全面预算,实施过程中发现将预算的关键指标作为业绩考核指标在公司内部管理中发挥了积极作用,但实务中也存在资源配置不合理、部门利益冲突难以有效协调、预算编制和执行过程中博弈冗余或缺乏、预算目标分解作用减弱等导致公司整体经营绩效难以持续有效提升的弊端。

一、"三位一体"全面预算管理体系构建与实施

正泰电器自2006年实施全面预算开始,通过数年的探索、实践与完善,已逐渐构建起目标管理系统、预算管理系统、绩效管理系统"三位一体"的闭环管理体系(见图11-1)。"三位一体"全面预算管理体系是将目标、预算、绩效考核三个方面系统化、一体化同步管理,有效输出经营成果的闭环管理体系。实质是要形成以目标为导向,以预算为核心,以绩效考核为保障,权责利高度统一,实现高目标、高绩效的管控机制。

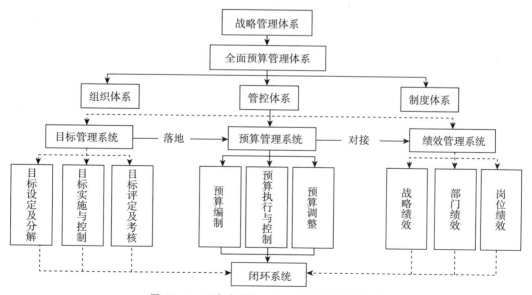

图11-1 正泰电器"三位一体"预算管理体系

1. 目标管理系统

目标管理系统主要包括目标设定及分解、目标实施与控制、目标评定及考核。公司年度目标的主要指标由目标管理部门根据战略目标,结合各单位业务规划,通过数据分析设定。在目标评定及考核过程中,要求既注重结果的达成,也注重对过程的评价。在日常工作中,目标管理单位通过跟踪、检查业务单位重点计划与指标完成情况,完成月度、季度、年度的目标评价。

2. 预算管理系统

预算管理系统主要包括预算编制、预算执行与控制、预算调整。公司预算编制以目标为指导,以销售预算为起点,以利润盈余为中心,以增收节支为主线,按照"自上而下、上下结合、分级编制、逐级汇总"的程序,全面开展各项业务预算和投融资预算及财务预算。公司采用事前、事中、事后相结合的方式,实时监控、定期分析预算执行情况,确保公司预算总目标与各预算责任单位预算分目标之间的协调和一致。对预算执行中出现较大偏差的重大项目,预算管理办公室督促有关预算责任单位查找原因,制定整改措施并跟踪落实整改情况。年度预算目标经批准实施后原则上不做调整,但确实未预见市场或经营因素(如市场销售形势急剧变化、基础原材料价格波动等)导致经营条件与年初预算存在较大差异的,经批准后可适时调整年度预算目标。

3. 绩效管理系统

绩效管理系统主要包括战略绩效、部门绩效和岗位绩效。公司综合运用绩效管理相关工具,建立起预算与绩效管理的双联动机制,根据"纵向到底、横向到边"的原则,按责任中心设计与预算考核相关的关键绩效指标(KPI)、工作目标设定(GS)建立考核指标库,将预算约束与预算激励对等地应用到各预算主体之中,形成全面预算激励体系。

二、以卓越绩效为导向的多元化绩效考评机制的构建与实践

1. "三位一体"预算管控理念的升级和创新

构建有效的绩效管理体系,激发组织内各细胞单位提升绩效的潜力和动力,成为许多企业追求的目标,也成为公司进一步完善"三位一体"预算管控机制的挑战和要求。

"改进预算"理论是在维持原有框架的基础上,将传统预算管理与先进管理理念结合起来,使传统预算更加适应新的组织环境,利用新的管理理念和信息技术弥补传统预算的弊端。"超越预算"理论提倡灵活运用建立在业务流程再造基础上的平衡计分卡和价值基础管理,并据此对企业进行业绩评价,涉及标杆法、平衡计分卡、流程优化以及战略理念的应用等。"卓越绩效"管理模式则是对企业绩效与管理成熟度全方位的科学性评价方法,可以弥补其他绩效管理方法的不足,有助于推动实现企业持续的业绩提升。

基于卓越绩效模式的管理理念,正泰电器通过进一步应用和整合改进预算与超越预算管理方式,将传统预算管理与先进管理理念结合起来,构建完善的绩效管理体系,利用卓越绩效的水平、趋势、对比和整合的结果评价方法对绩效考核结果进行系统评价,强化考核与绩效分配管理,逐步建立起以卓越绩效为导向的多元化绩效管理体系,实现了目标、预算、绩效"三位一体"管理体系理念和模式的创新,促进了企业绩效持续提升。

2. 以卓越绩效为导向的多元化绩效考评机制的构建

(1) 绩效考评体系构建思路。公司的绩效考评体系分别在指标设置与指标内涵方面实现多元化。在指标设置方面,将关键绩效指标(KPI)的考核标准由原来的单一目标值扩展为保障值、目标值、挑战值三段式考核指标,在兼顾公平的基础上尽量使各责任单位的绩效得到明确区分,使考评结果更加立体化,在绩效分层的基础上实行奖惩,真正起到目标对组织的激励作用。在指标内涵方面,从原来的单一预算值扩展为历史最佳值、标杆企业值、行业值等,从原来的单一投入与效益指标扩展为效率与效益指标相结合,从而避免预算目标本身是否合理的问题,鼓励各责任单位利用各种方式追求效益与效率最佳并不断突破历史最佳绩效,追求卓越绩效,实现部门绩效螺旋式上升,最终形成企业整体绩效持续有效提升。

(2) 绩效考评体系内容。公司根据卓越绩效模式要求,结合公司预算管理及实际经营情况,在分析、评价绩效体系现状的基础上建立了以卓越绩效为导向、力求"绩效更优、预算合理"的多元化绩效考评机制(见图11-2)。公司绩效管理分为单位业绩考核和岗位(个人)绩效考核。单位业绩考核内容分为关键绩效指标(KPI)、工作目标设定(GS)与一票否决指标,根据各单位所承担的管理职能职责及其在公司价值链上所体现的贡献价值,设置不同的KPI和GS指标权重。

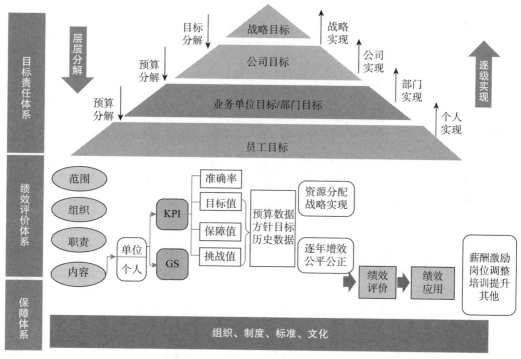

图11-2 正泰电器绩效管理体系

关键绩效指标(KPI):是各单位为公司年度经营目标的实现所做出的贡献,主要用于评价各单位职责履行、业务开展所达到的效果,如毛利率、采购成本降额、万元产值质量损失等。

工作目标设定(GS):根据年度方针目标、专项计划与单位职能职责,设定工作目标。

一票否决指标:根据经营活动中严重影响企业运营和声誉的重大事项确定,主要包括生产经营活动中的产品质量是否存在重大安全事故隐患。

(3)部门绩效管理 KPI 指标。正泰电器按照公司方针目标、各部门职能职责及绩效管理制度制定了 KPI 指标(财务类 KPI 参见表 11-5)。

表 11-5 正泰电器考核表——财务类 KPI

单位	KPI 指标	计算公式/指标说明	权重
战略管理部	主导项目总体年均投资回报率	主导项目包括小额贷款、仪表、建筑、中控技术等。计算公式如下:主导项目年均投资回报率=[(累计分红+当年累计未分配利润+期末标的公司100%股权公允转让价值)×持股比例÷正泰出资额]÷加权平均投资年限	10%
	部门费用预算控制率	实际费用额÷预算费用额×100%	5%
人力资源部	万元销售薪酬成本(元)	薪酬总额(元)÷销售收入(万元)	15%
	部门费用预算控制率	实际费用额÷预算费用额×100%	5%
市场部	销售计划完成率	实际销售收入÷预算销售收入×100%	20%
	毛利率	毛利润÷销售收入×100%	10%
	海外销售计划完成率	海外实际销售收入÷海外预算销售收入×100%	5%
	海外毛利率	海外毛利润÷海外销售收入×100%	5%
	新产品销售增长率	新产品实际销售收入÷预算销售收入×100%	15%
	部门费用预算控制率	实际费用额÷预算费用额×100%	5%
品牌管理部	品牌费用控制率	实际费用额÷预算费用额×100%	10%
	部门费用控制率	实际费用额÷预算费用额×100%	5%
生产采购部	采购成本可比降额	∑(物料调整前价格-物料调整后价格)×实际采购量	15%
	CIP 项目经济效益	以 CIP 项目经过验收后实际产生的经济效益,并经财务部核算的结果为考核依据	5%
	部门费用预算控制率	实际费用额÷预算费用额×100%	5%
质量管理部	部门费用预算控制率	实际费用额÷预算费用额×100%	5%
行政部	后勤费用控制	以批准后的预算为考核依据	15%
	基建费用控制率	以上报财务部的预算为考核依据	10%
	部门费用预算控制率	实际费用额÷预算费用额×100%	5%
财务部	净资产收益率	净利润÷[(期初所有者权益+期末所有者权益)÷2]×100%	15%
	利润率	利润总额÷营业收入×100%	15%
	应收账款周转天数	平均应收账款余额÷销售收入×360	15%
	存货周转天数	平均存货余额÷销售收入×360	10%
	预算控制率	实际费用额÷预算费用额×100%	10%
	部门费用预算控制率	实际费用额÷预算费用额×100%	5%

(续表)

单位	KPI指标	计算公式/指标说明	权重
信息化部	信息化费用控制	实际费用额÷预算费用额×100%	15%
	部门费用预算控制率	实际费用额÷预算费用额×100%	5%
法律事务部	部门费用预算控制率	实际费用额÷预算费用额×100%	5%
审计部	部门费用预算控制率	实际费用额÷预算费用额×100%	5%
知识产权部	部门费用预算控制率	实际费用额÷预算费用额×100%	5%
证券部	部门费用预算控制率	实际费用额÷预算费用额×100%	5%
技术研究院	研发成本控制	项目实际投入÷项目预算成本×100%	5%
	部门费用预算控制率	实际费用额÷预算费用额×100%	10%
各制造部（公司）	生产成本可比降额	以下发的20××年生产指标为考核依据	15%
	制造费用率	以下发的20××年生产指标为考核依据	10%
	存货周转天数	计算期天数×存货平均余额÷销售成本	5%
低压电器中国区	销售毛利率	分销（3PA）	10%
		直销	5%
	应收账款周转天数	分销（3PA）	10%
		直销	5%
	销售费用控制率	分销（3PA）	10%
		直销	5%
客服物流部	库存产品周转天数	计算期天数×库存成品平均余额÷销货成本	15%
	库存产品平均余额	客服物流部立体库及各区域仓库库存平均余额	10%
	部门费用预算控制率	实际费用额÷预算费用额×100%	5%
洲区销售部	销售计划完成率	实际销售收入÷预算销售收入×100%	25%
	销售毛利率	（销售净收入－产品成本）÷销售净收入×100%	15%
	正泰品牌低压电器销售计划完成率	以公司下达的销售指标为考核依据，统计口径取财务部口径	10%
	利润总额	销售收入－生产成本－销售费用	10%
	销售费用控制率	实际销售费用÷预算销售费用×100%	10%
	应收账款周转天数	计算期天数×应收账款平均余额÷销售收入	10%

（4）考核方式设定。公司绩效考核指标分为保障值、目标值与挑战值。保障值是为了保证公司最低的资源配置效率，保障公司管理效能的发挥所设置的考核指标。目标值是在充分了解公司战略规划、总结年度方针目标的基础上，为贯彻落实方针目标而下达给各单位的考核指标。挑战值是以卓越绩效为导向，以不断促进绩效提升为目标，需要各责任单位付出较大努力才可以达到的绩效。指标的设置将毛利率、费用率、周转率、投入产出率等效率指标与销售收入、利润等效益指标相结合，指标值取数规则见表11-6。

表 11-6　正泰电器绩效考核指标取数规则

指标	取数规则
保障值	近三年较差水平；近三年公司平均水平；近三年行业较低水平
目标值	综合考虑下达的方针目标、预算水平以及近三年的实际水平后设置，原则上目标值应不低于保障值的 80% 或高于保障值的 120%
挑战值	过去三年最佳水平；公司部门最佳水平；标杆企业水平

（5）指标评分标准。根据指标的保障值、目标值、挑战值设置标准分，分别为 80 分、100 分、120 分。按指标实际完成情况计算各单位实际得分：

其一，实际完成情况介于保障值与目标值之间：

KPI 考核得分 = 80 + [(100 − 80) × (实际值 − 保障值) ÷ (目标值 − 保障值)]

其二，实际完成情况介于目标值与挑战值之间：

KPI 考核得分 = 100 + [(120 − 100) × (实际值 − 目标值) ÷ (挑战值 − 目标值)]

其三，实际完成情况优于目标值的，预算偏差率减半扣分。

其四，实际完成值差于保障值的按 0 分计算，优于挑战值的按 120 分计算。

其五，KPI 考核最终得分应考虑预算编制和执行情况，以预算执行偏差率作为减项计入 KPI 最终考核评分。

其六，最终得分：

KPI 最终得分 = KPI 考核得分 − 预算偏差率扣分

资料来源：林贻明、李信亮、高建敏，正泰电器多元化业绩评价机制的探索与实践，《财务与会计》，2020 年第 12 期。

11.3　经济增加值法

11.3.1　经济增加值的产生背景

根据《管理会计应用指引第 602 号——经济增加值法》的界定，经济增加值法是指以经济增加值（Economic Value Added，EVA）为核心，建立绩效指标体系，引导企业注重价值创造，并据此进行绩效管理的方法。

20 世纪 80 年代以来，随着资本市场和股东对信息有效性的要求越来越高，以会计报表信息为基础的财务基本评价指标越来越无法有效满足资本市场和股东的需求。在这种背景下，理论界和实务界以股东价值最大化为导向对财务评价指标进行了"调整"。许多经济学家、财务专家和企业管理者认为，传统会计制度下利润为正的企业并不一定真正创造价值。换句话说，利润指标并不能完全反映资本经营的效率和价值创造的程度，相反存在诸多缺陷，如没有考虑股东权益资本成本的补偿就容易引发短期行为等。在这种背景下，EVA 理念应运而生。

1982年,美国思腾思特管理咨询公司(Stern Stewart)在吸收了经济利润理念的基础上,对剩余收益指标进行了改造与完善,融入了会计调整的创造性元素,由此创立了EVA的概念,并逐步形成了基于EVA的价值管理模式,使EVA逐渐从简单的业绩评价指标发展成为系统的、可用于指导管理者进行价值创造活动的管理模式。EVA不仅被各大公司广泛实践,包括可口可乐、百利通、福特、西门子、麦德龙等世界知名公司,而且也成为世界众多知名投行用于分析投资价值的重要工具,包括美国高盛、瑞士信贷第一波士顿、所罗门美邦等。

正是由于EVA科学先进的理念和广泛应用的实践,国务院国资委2009年修订的《中央企业负责人经营业绩考核暂行办法》正式引入EVA指标取代原来的净资产收益率指标,并从2010年1月1日开始将EVA作为考核中央企业负责人经营业绩的核心指标,权重设置为40%,这标志着我国国有企业的管理理念已由过去的利润至上转向基于价值的管理。2012年,国务院国资委将EVA指标的考核权重进一步提升至50%,将利润总额指标的考核权重下降为20%,引导企业强化价值评估与价值管理,同时要求逐步扩大考核范围,争取当年将EVA考核覆盖到所有三级企业。2014年,国务院国资委正式提出建立以EVA为核心的价值管理体系,全面深化EVA考核。2016年,国务院国资委发布的《中央企业负责人经营业绩考核办法》提出,通过分类和差异化考核的方式,突出EVA在考核体系中的地位,引导企业的资本投向更加合理、资本结构更加优化、资本纪律更加严格、资本效率进一步提高。2019年,为突出高质量发展的考核引导与创新驱动,国务院国资委修订印发了《中央企业负责人经营业绩考核办法》。这是2003年中央企业负责人经营业绩考核制度建立以来,国资委对中央企业业绩考核体系进行的第五次调整和完善,强调分类考核和差异化考核。具体而言,对商业类企业,更加突出效益效率指标考核,用净利润替换利润总额,保留经济增加值作为年度考核基本指标;用全员劳动生产率替换总资产周转率,保留国有资本保值增值率作为任期考核基本指标。对公益类企业,坚持经济效益和社会效益相结合,把社会效益放在首位,重点考核产品服务质量、成本控制、营运效率和保障能力;年度考核取消利润总额指标,保留经济增加值指标,任期经济效益指标只考核国有资本保值增值率指标;年度和任期经济效益指标权重在原有基础上适度下调,相应提高社会效益指标权重。另外,为了鼓励企业加大研发投入,该办法规定将研发投入视同利润,在计算净利润、经济增加值指标时予以加回,引导企业建立研发投入稳定增长机制。

11.3.2 经济增加值法的基本原理

根据《管理会计应用指引第602号——经济增加值法》,EVA是指税后净营业利润扣除全部投入资本成本后的剩余收益。EVA及其改善值是全面评价经营者有效使用资本以及为企业创造价值的重要指标。EVA为正,表明经营者在为企业创造价值;EVA为负,表明经营者在损毁企业价值。EVA的计算公式为:

$$EVA = 税后净营业利润 - 资本成本 = NOPAT - WACC \times 调整后资本占用$$

其中,NOPAT代表经调整的税后营业净利润(未扣除债务资本成本),WACC代表企业加权平均资本成本率。

从 EVA 的计算公式可以看出，EVA 的产生并不是一项全新的创造，它是思腾思特公司在吸收了经济利润蕴含理念和采用剩余收益计量模式的基础之上融入会计调整创造性元素而形成的。因此，EVA 本质上是融经济利润、剩余收益与会计调整三元素于一体的新型业绩评价指标。

与会计利润不同，经济利润是在会计利润的基础上扣除所有投入资本要素（包括所有者投入的资本）的成本，考虑了对股东权益资本成本的补偿。长期以来，股权资本都被视为"免费午餐"，因为股权资本成本不像债务资本成本那样显而易见——当需要向债权人还本付息时，管理者便清楚地知道使用债资本是有偿的——使用股权资本时，管理者并没有为此支付"真金白银"。但事实上，股权资本存在隐性成本，因为股权资本一旦被占用，就意味着股东放弃了这部分资本的其他可能获利机会，即股权资本具有机会成本。忽视机会成本，一方面不能反映企业的真实盈利水平，从而无法客观、合理地评价企业绩效；另一方面会导致管理者决策不当、资本回报率低下。EVA 和经济利润、剩余收益一样，都将股权资本成本纳入核算范围，计量扣除所有资本成本后得到的收益，它以简明的形式告诉管理者"股权资本并非免费"的道理。

> 来自现实社会的实例总能带来更直观的体验和有益的启示，读者可下载"开拓视野"资料包，推荐"焦点观察"栏目的"万科管理层的激励制度全面解析"。

EVA 之所以成为一种新型业绩评价指标，主要在于思腾思特公司融入了会计调整这一创新性元素，目的是纠正会计信息的规则性失真。思腾思特公司认为，基于企业会计准则编制的财务报告存在大量对经济现实的"偏差"和"扭曲"，导致会计信息不能准确而真实地反映企业经济现实，有必要对其进行调整。例如，按照企业会计准则的规定，对研究与开发支出、员工培训支出、广告支出的处理通常采用费用化的方式，而思腾思特公司认为这些费用分别涉及企业专利资产、人力资产和品牌资产的增长，从而影响到企业未来的价值创造，应该按照一定的原则予以资本化。企业如果采用费用化而非资本化的处理方式，往往会导致企业管理者为了追求短期利益而出卖未来利益，即为了确保当期的会计利润目标而放弃影响未来价值创造的活动。因为这些活动当期需要大量的投入，会产生高额的成本费用，而这些投入却难以在当期就获得相应的收益。对这些项目进行调整则有利于改变企业管理者的短视行为，引导他们重视企业长远发展，从而加大战略性投资，有利于企业的持续价值创造。因此，在计算经济增加值时，需要进行相应的会计项目调整，以消除财务报表中不能准确反映企业价值创造的部分。在实践中，企业通常应根据自身实际情况，并遵循价值导向性、重要性、可控性、可操作性与行业可比性等原则选择会计调整项目。

11.3.3 经济增加值的计算调整

本部分结合国务院国资委《中央企业负责人经营业绩考核办法》和财政部《管理会计

应用指引第602号——经济增加值法》的规定,介绍经济增加值的计算调整方法。

1. 税后净营业利润的计算调整

根据国务院国资委2016年《中央企业负责人经营业绩考核办法》(以下简称《考核办法》),税后净营业利润调整的计算公式为:

税后净营业利润 = 净利润 + (研究开发费用调整项 + 品牌推广费用调整项 + 利息支出 + 其他调整项) × (1 - 25%)

其中,涉及的会计调整项目主要有研发费用、品牌推广费用、利息支出、非经营性收益等。

(1) 研究开发费用调整项。在现行会计准则中,研发过程中研究阶段的支出以及开发阶段不满足资本化条件的支出应计入当前费用,这样处理的后果是导致当期利润大量减少,会打击管理者加大研发投入的积极性,不利于企业的长远发展。《考核办法》规定,将企业研究开发支出视同净营业利润予以加回,包括企业财务报表中"管理费用"项下的"研究与开发费"和当期确认为无形资产的研究开发支出。

(2) 品牌推广费用调整项。在现行会计准则中,品牌推广费用被作为销售费用列支于利润表,在某一会计期间发生大额的品牌推广费用必然会影响当期的利润数字,进而影响管理者进行品牌建设的积极性。事实上,品牌建设能够提高产品和服务的溢价能力,能够为企业带来长远的利益。为此,《考核办法》规定,将品牌推广费用的50%视同净营业利润予以加回,包括企业财务报表中"销售费用"项下的"广告费"和"展览费",但加回比例原则上不超过当年营业收入的2%。

(3) 利息费用(支出)。EVA并不是不考虑利息费用,而是将其与股权资本成本一并考虑,从而全面、完整地反映企业所承担的全部资本成本。因此,在计算税后营业净利润时,利息费用不再重复计算。根据《考核办法》,利息费用是指企业财务报表中"财务费用"项下的"利息支出"。

(4) 剔除非经营性收益的影响。非经营性收益的获得不具有经常性与持续性,不能作为企业价值增长的稳定来源。根据《考核办法》,企业通过变卖主业优质资产等取得的非经常性收益应在税后净营业利润中全额扣除。

> 来自现实社会的实例总能带来更直观的体验和有益的启示,读者可下载"开拓视野"资料包,推荐"践行有成"栏目的"华为电气基于'虚拟利润'的考核激励机制"。

2. 资本占用的计算调整

关于资本占用的会计调整,最常见的调整项目是无息流动负债与在建工程。一方面,无息流动负债没有资本成本,应从资本占用中扣除;另一方面,在建工程属于没有完工的资产,无法提供现实生产力,因而投入的资金无法满足企业盈利的要求,如果计算EVA时将其计入占用资金总额就会低估EVA,导致管理者抵制固定资产的建造。为此,《考核办法》规定,符合主业条件的在建工程应从资本占用中予以扣除。这里的在建工程是指企业财务报表中符合主业规定的"在建工程"。与之类似,为引导企业注重长期价值创造，还可根据管理需要，比照在建工程项目调整研发支出对资本占用的影响。

此外，根据《管理会计应用指引第602号——经济增加值法》，在NOPAT与资本占用的计算调整中，还可根据经济业务实质相应调整资产减值损失、递延所得税等。由于资产减值损失的确认与转回会同时影响到当期利润与资产规模，因此在计算NOPAT时，应将当期减值损失扣除所得税影响后予以加回，并在计算资本占用时相应调整资产减值准备发生额。递延税费不反映实际支付的税款情况，应将递延所得税资产及递延所得税负债变动影响的企业所得税从税后净营业利润中扣除，相应调整资本占用。基于此，调整后资本占用的计算公式为：

调整后资本占用 = 平均所有者权益 + 平均负债合计 − 平均无息流动负债 − 平均在建工程 + 其他调整项

> 来自现实社会的实例总能带来更直观的体验和有益的启示，读者可下载"开拓视野"资料包，推荐"践行有成"栏目的"兵装集团EVA的'三步三结合'分解模式"。

3. 加权平均资本成本的计算

根据《管理会计应用指引第602号——经济增加值法》，加权平均资本成本（WACC）是债务资本成本和股权资本成本的加权平均，反映投资者所要求的必要报酬率。加权平均资本成本的计算公式为：

$$K_{WACC} = K_D \times \frac{DC}{TC} \times (1-T) + K_S \times \frac{EC}{TC}$$

其中，TC代表资本占用，EC代表股权资本，DC代表债务资本，T代表所得税税率；K_{WACC}代表加权平均资本成本，K_D代表债务资本成本，K_S代表股权资本成本。

债务资本成本是企业实际支付给债权人的税前利率，反映的是企业在资本市场中债务融资的成本率。如果企业存在不同利率的融资来源，债务资本成本应使用加权平均值。股权资本成本是在不同风险下，所有者对投资者要求的最低回报率。通常根据资本资产定价模型确定，计算公式为：

$$K_S = R_f + \beta \times (R_m - R_f)$$

其中，R_f为无风险收益率，R_m为市场预期回报率，$R_m - R_f$为市场风险溢价，β是企业股票相对于整个市场的风险指数。上市企业的β值可采用回归分析法或单独使用最小二乘法等测算确定，也可以直接采用证券机构等提供或发布的β值；非上市企业的β值，可采用类比法，参考同类上市企业的β值确定。

目前在国务院国资委对于中央企业经营负责人的考核办法中，资本成本率的确定采用差异化原则。股权资本成本率结合企业功能分类和国债利率水平差异化确定。对主业处于充分竞争行业和领域的商业类企业，股权资本成本率原则上定为7%；对主业处于关系国家安全、国民经济命脉的重要行业和关键领域、主要承担重大专项任务的商业类企业，股权资本成本率原则上定为6%。债务资本成本率根据企业上年实际水平设定。资产负债率在75%以上的工业企业和80%以上的非工业企业，资本成本率上浮0.5个百分点。

11.3.4 经济增加值的主要特点

作为一个全新的不同于传统财务指标的业绩评价指标，EVA有着明显的特点。

1. 要求企业经营管理层务必重视股东投入资本回报

现行的企业会计准则只确认和计量债务资本成本，没有将权益资本成本从营业利润中扣除，这样计算出来的会计利润不能真实反映公司的经营业绩；同时，也会使经营者误认为权益资本是一种免费资本，不重视权益资本的有效使用。EVA将股东利益与管理者经营业绩紧密联系在一起，这样能够有效解决两者的利益冲突问题。因为，增加EVA的决策也必然增加股东财富。例如，采用投资回报率作为部门经理业绩考核指标时，部门经理将会放弃高于资金成本而低于目前部门投资回报率的投资机会，或者减少现有的投资回报率较低但高于资金成本的某些资产，以提高本部门的业绩，却损害股东的利益。EVA可以避免内部决策与执行的冲突，使各部门目标与整个企业目标一致。

2. 引导企业经营管理层克服短期行为，注重企业的长远发展

EVA注重企业的可持续发展，可以作为一种有效的激励方式。EVA不鼓励以牺牲长期业绩为代价来夸大短期效果，也不鼓励削减研发费用的行为。EVA着眼于企业的长远发展，鼓励企业经营者进行能给企业带来长远利益的投资决策，如新产品的研究开发、人力资源的培养等，这样就能杜绝企业经营者短期行为的发生。因此，应用EVA不但符合企业的长期发展利益，而且符合知识经济时代的要求，有利于整个社会技术的进步，从整体上增进企业的核心竞争力与加快社会产业结构的调整。

3. 促使企业经营管理层更加关注主营业务核心竞争力的提升

尽管多元化经营能够有效分散经营风险，但企业不能盲目为追求多元化目标而放弃自身的主业。主业是企业价值持续增长的源泉，是企业核心竞争力所在，一个企业只有做大做强主业，才能在激烈的市场竞争中有立足之地。EVA是以正常业务利润为计算起点，不包括偶发性、意外性的非正常利润，促使企业将更多的资源配置在能带来持续性利润来源的核心业务板块，强化主业的竞争力，而对于非核心业务板块，则视其价值贡献情况决定保留还是关停并转。

4. 能够更加准确地反映企业的价值创造水平和真实经营业绩

EVA能较准确地反映企业在一定时期内创造的价值，真正反映企业的经营业绩。传统业绩评价体系以利润衡量企业经营业绩，容易导致经营者为粉饰业绩而操纵利润。而在EVA计算时，需要对财务报表的相关内容进行适当的调整，避免了会计信息的失真，减少了传统会计指标对经济效益的扭曲，从而能够更准确地评价企业的经营业绩，反映企业的资产运作效率。

海康威视的股权激励

杭州海康威视数字技术股份有限公司（以下简称"海康威视"）是安防行业的国有龙

头企业,根据行业发展要求,结合公司自身发展需要,高频推出股权激励,不断调整股权激励发展对象和股权激励考核指标要求,激励对公司未来发展最为重要的员工,以此促进公司的进一步发展。截至2019年各期激励计划均实现成功解锁,是成功实施股权激励的国有企业之一,对我国国有企业实施股权激励有着重要的借鉴作用。

1. 股权激励计划推出背景

不管是在国内还是在国外,安防市场前景广阔。目前我国视频监控设备渗透率依然较低,每千人拥有摄像机数量远低于英美等发达国家,潜在发展空间巨大。除此之外,我国民用安防市场也在培育当中,未来市场前景一片广阔。世界上其他国家也对安防产品有强烈的需求,比如中东地区在2015年前后成为全球视频监控增长最快的市场之一,欧美国家则对高端安防产品有较大需求。

尽管安防行业市场前景广阔,但我国安防领域存在产品同质化严重和缺乏有较高技术含量产品的问题。一方面,视频监控对技术的要求非常高,我国尤其是一线城市的人口、车流密度位于世界前列,对视频监控的要求高,这对安防公司的技术研发能力提出更高的要求。另一方面,随着新技术、新应用在安防领域层出不穷,综合安防、大数据服务和智慧服务都要求安防企业不断提高自身的研发能力,推陈出新,才可能在激烈的市场竞争中生存下来,乃至发展壮大。

我国安防行业发展迅速,2015年以前处于群雄逐鹿的年代,2015年之后开始进入霸主强力整合的年代。海康威视作为行业的领头企业,要做行业的引领者,更需要在研发方面进行更大的投入,由此研发人员成为决定公司竞争能力最为关键的因素。正是在这样的背景下,海康威视推出了股权激励计划。

2. 股权激励计划的内容

海康威视自2012年4月24日至2018年8月16日每隔两年、已连续四次公告实施限制性股票激励计划,以定向发行新股的方式授予股票,股权激励计划的有效期均为10年,详见表11-7。

表11-7 海康威视各期股权激励计划的主要内容

	第一期股权激励		第二期股权激励		第三期股权激励		第四期股权激励	
草案公告日	2012.4.24		2014.4.22		2016.10.21		2018.8.16	
授予日	2012.8.23		2014.10.24		2016.12.23		2018.12.20	
激励模式	限制性股票							
股票来源	定向发行新股							
有效期	10年							
锁定期	24个月							
解锁期	授予后的24个月至60个月							
激励对象层面评级对应解锁比例	优秀/良好	100	优秀/良好	100	合格以上	100	合格以上	100
	合格	95	合格	95	需改进	50	需改进	50
	待改进	0	待改进	0	不合格	0	不合格	0

(续表)

		第一期股权激励	第二期股权激励	第三期股权激励	第四期股权激励
激励对象（人）	高管	0	10	18	6
	中层管理	32	22	92	141
	基层管理	179	755	144	432
	核心骨干	422	394	2 738	5 935
激励人数/总数（%）		9.86	11.86	19.64	24.74
授予人数（人）		590.00	1 128.00	2 936.00	6 095.00
重复激励人数（人）		516.00	1 068.00	2 757.00	2 743.00
重复激励比例（%）		87.46	94.68	93.90	45.00
激励股票数量（股）		8 611 611	52 910 082	52 326 858	121 195 458
占比总股本（%）		0.43	1.32	0.86	1.31
授予价格（元/股）		10.65	9.50	12.63	16.98
授予价值（万元/人）		16.14	21.97	22.75	27.17

资料来源：根据海康威视 2012—2018 年股权激励计划相关公告整理。

3. 股权激励计划行权条件及达成情况

截至 2019 年已解锁的财务年度考核业绩均远高于指标标准，具体见表 11-8。

表 11-8　海康威视各期股权激励计划解锁期考核条件达成情况

			第一期股票激励	
2014 年解锁	指标 1	设定值 15%	2013 年度扣非加权平均 ROE 30.02%	标杆公司前一年度 75 分位水平 10%
	指标 2	设定值 30%	2013 年复合营业收入增长率 43%	标杆公司同期 75 分位水平 13%
2015 年解锁	指标 1	设定值 16%	2014 年度扣非加权平均 ROE 34.79%	标杆公司前一年度 75 分位水平 7.16%
	指标 2	设定值 30%	2014 年复合营业收入增长率 49%	标杆公司同期 75 分位水平 18%
2016 年解锁	指标 1	设定值 17%	2015 年度扣非加权平均 ROE 33.69%	标杆公司前一年度 75 分位水平 8.63%
	指标 2	设定值 30%	2015 年复合营业收入增长率 48.25%	标杆公司同期 75 分位水平 21.96%
			第二期股票激励	
2016 年解锁	指标 1	设定值 20%	2015 年度扣非加权平均 ROE 33.69%	标杆公司前一年度 75 分位水平 12.22%
	指标 2	设定值 35%	2015 年复合营业收入增长率 53.35%	标杆公司同期 75 分位水平 20.72%
	指标 3		2015 年净利润 58.69 亿元	2011—2013 年平均净利润 22.28 亿元
	指标 4		2015 年扣非净利润 56.05 亿元	2011—2013 年平均扣非净利润 21.75 亿元

(续表)

			第二期股票激励	
2017年解锁	指标1	设定值 20%	2016年度扣非加权平均ROE 33.86%	标杆公司前一年度75分位水平 15.22%
	指标2	设定值 30%	2016年复合营业收入增长率 43.76%	标杆公司同期75分位水平 21.41%
	指标3		2016年净利润 74.22亿元	2011—2013年平均净利润 22.28亿元
	指标4		2016年扣非净利润 72.71亿元	2011—2013年平均扣非净利润 21.75亿元
2018年解锁	指标1	设定值 20%	2017年度扣非加权平均ROE 34.09%	标杆公司前一年度75分位水平 11.54%
	指标2	设定值 26%	2017年复合营业收入增长率 40.53%	标杆公司同期75分位水平 22.90%
	指标3		2017年净利润 94.11亿元	2011—2013年平均净利润 22.28亿元
	指标4		2017年扣非净利润 91.77亿元	2011—2013年平均扣非净利润 21.75亿元
			第三期股权激励	
2018年解锁	指标1	设定值 20%	2017年度扣非加权平均ROE 34.09%	标杆公司前一年度75分位水平 11.28%
	指标2	设定值 25%	2017年复合营业收入增长率 28.77%	标杆公司同期75分位水平 25.58%
		2016年EVA 83.89亿元	2017年EVA 107.18亿元	授予前一年EVA 65.14亿元
2019年解锁	指标1	设定值 20%	2018年度扣非加权平均ROE 32.88%	标杆公司前一年度75分位水平 13.87%
	指标2	设定值 23%	2018年复合营业收入增长率 25.40%	标杆公司同期75分位水平 19.37%
		2017年EVA 107.18亿元	2018年EVA 135.02亿元	授予前一年EVA 65.14亿元
			2020年未知	

资料来源:徐宗宇、方宗、周赛楠,海康威视股权激励案例分析,《中国管理会计》,2021年第3期。

11.4 平衡计分卡

11.4.1 平衡计分卡的产生背景

平衡计分卡产生于20世纪90年代。其时,人类社会开始由工业经济向知识经济转轨,人们的生活方式和工作方式越来越多地置身于以知识为基础的经济背景。如果说工业经济时代强调的是财务资本,那么知识经济时代限制企业发展的关键因素就是知识或者说智力资本,如有才能的经营者、有技术的工人、有效的管理系统等,知识作为一种资源已成为经济高速发展的原动力。体现于人力资本、生产技术和管理技术中的知识是企业发展的核心,在企业生产经营中起到越来越重要的作用,是影响企业价值的关键驱动因素。[①] 因此,企业管理者基于传统财务业绩指标的固有局限性,感觉到有必要监控财富创造流程,有必要评价企业整体表现在其他非财务领域的业绩,如内部作业流程、市场及客户方面表现、员工的学习能力、新产品的开发能力等。基于这种背景,实务界和理论界开始致力于将财务指标、非财务指标和战略联系起来,对战略业绩评价的研究迅速升温。

战略管理业绩评价模式有代表性同时具有广泛影响力的是平衡计分卡。1992 年,哈佛商学院教授罗伯特·卡普兰(Robert Kaplan)和复兴全球战略集团创始人戴维·诺顿(David Norton)在《哈佛商业评论》上联合发表了题为《平衡计分卡:驱动业绩的评价指标》的文章,被《哈佛商业评论》评论为过去 75 年最具影响力的管理思想。该文章系统阐述了平衡计分卡如何用于绩效管理,如何弥补传统绩效管理只关注财务指标的不足,并构建了平衡计分卡的基本理论框架。之后,卡普兰和诺顿把绩效管理和战略联系起来,解释了平衡计分卡如何通过战略管理的四个过程来驱动战略实施。他们的学术成果集中体现了平衡计分卡自产生以来的发展历程:评价指标不断丰富和创新,系统本身逐渐从单纯的业绩评价上升到战略管理的高度。

平衡计分卡提出之后,被美国许多公司纷纷应用于绩效管理,取得了良好的成效,这其中包括 ECI 半导体公司、苹果电脑、杜邦公司、通用电气公司、惠普公司、DHL 等。这些公司在实际应用过程中,发现平衡计分卡不仅可用于改善企业的绩效管理,而且对于战略的执行、内部机构的协调、业务流程的重组、领导力的提升以及学习型组织的建立等都能发挥重要作用。由此可见,平衡计分卡自产生以来就受到广泛关注,并在理论界和实务界的共同努力下不断发展,其应用越来越广泛,已成为现代企业进行绩效管理的一种重要方法。

> 来自现实社会的实例总能带来更直观的体验和有益的启示,读者可下载"开拓视野"资料包,推荐"焦点观察"栏目的"上市公司股权激励中的业绩评价——基于沪深 300 公司的分析"。

11.4.2 平衡计分卡的基本原理

平衡计分卡认为,传统会计基础业绩评价模式只能评价过去发生的事项,是一种结果导向的评价方法,具有滞后性,无法评估企业前瞻性的投入。在信息社会背景下,组织必须通过客户、供应商、员工、组织流程、技术革新等多方面的努力,才能获得持续发展的

---

① 根据卡普兰和诺顿 2001 年的调查,1982 年美国工业有形资产账面价值占其市场价值的 62%,10 年后该比率降到 38%,而到 20 世纪末,有形资产账面价值相对于其市场价值的比例已经不足 20%。

动力,因此传统的绩效管理方法对于企业绩效的评价并不全面。基于这样的认识,平衡计分卡的基本思路就是:打破传统绩效管理中只重视财务指标的评价模式,将影响企业运营的包括企业内部条件和外部环境、表面现象和深层实质、短期成果和长远发展的各种因素划分为四个主要的方面(即财务、客户、内部业务流程、学习与成长),并针对这四个主要的方面设计出相应的评价指标,以便系统、全面、迅速地反映企业的整体运营状况,为企业的平衡管理和战略实现服务。因此,平衡计分卡是以企业的战略为导向,以管理为核心,以各个方面相互影响、相互渗透为原则,进而建立起来的一个网络式的业绩评价系统,如图11-3所示。根据《管理会计应用指引第603号——平衡计分卡》,平衡计分卡是指基于企业战略,从财务、客户、内部业务流程、学习与成长四个维度,将战略目标逐层分解转化为具体的、相互平衡的绩效指标体系,并据此进行绩效管理的方法。

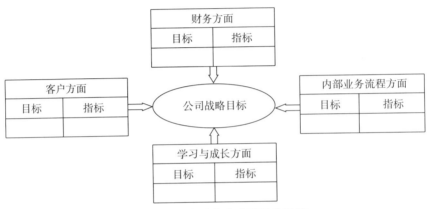

图 11-3 平衡计分卡业绩评价系统

1. 财务方面:成功的企业应当向股东展现什么

财务绩效反映了企业战略的实施是否为创造股东财富做出贡献,是企业绩效管理的核心。财务指标的计算应当遵循严格的会计规范与程序,具有一定的真实性和可靠性。财务指标通常与获利能力、经营能力和持续发展能力有关,具有综合性的特点。根据《管理会计应用指引第603号——平衡计分卡》,财务维度的衡量指标包括投资资本回报率、净资产收益率、经济增加值、息税前利润、自由现金流、资产负债率、总资产周转率等。

2. 客户方面:为满足客户需求,我们要做什么

客户是企业活力的主要来源,如果无法满足或达到客户的要求,企业的战略和经营目标将难以实现。因此,满足客户的需求也是企业孜孜以求的目标。在客户层面,管理者应当确定自己的目标客户和市场,随时监督和调整自己的表现,协助传达明确的企业价值主张,从而吸引和保留目标客户;在具体业务层面,管理者应当能够清晰阐明客户和市场战略,从而创造出色的财务回报。根据《管理会计应用指引第603号——平衡计分卡》,客户维度的常用指标有市场份额、客户满意度、客户获得率、客户保持率、客户获利率、战略客户数量等。

3. 内部业务流程方面:我们必须在哪些方面做得更好

企业的内部业务流程确定了对战略目标产生影响的关键流程,是实现股东和客户目标的重要依托,业务流程的各个环节能否创造价值影响着企业对外提供的产品或服务的质量是否使客户满意。内部业务流程贯穿了根据客户需求开发设计新产品、开展生产和销售业务以及提供售后服务等多方面,管理者应当在熟悉全部业务流程的基础上确认企业的关键内部流程。这些流程能够帮助企业吸引并留住目标客户群,实现企业价值增值,满足股东对财务回报的期望。根据《管理会计应用指引第603号——平衡计分卡》,内部业务流程维度的主要指标包括交货及时率、生产负荷率、产品合格率、存货周转率、单位生产成本等。

4. 学习与成长方面:通过什么方法可实现持续性成长与发展

学习与成长是指企业通过开展各类培训活动来提高员工知识与技能的能力以及改进生产工艺与管理技术的能力,这些能力和技术决定着企业的发展能力,影响到企业价值的实现和长期增值情况。学习与成长维度确定了对战略最重要的无形资产,企业为了适应全球性的激烈竞争环境,必须不断改进现有产品性能和生产工艺,不断开发新产品,提高生产经营效率,最大限度地满足客户需求,而这些都要求企业有强大的学习与成长能力作为支撑。根据《管理会计应用指引第603号——平衡计分卡》,学习与成长维度的常用指标有员工保持率、员工生产率、培训计划完成率、员工满意度等。

平衡计分卡的四个方面是紧密联系、相互影响、相互作用的。其中,财务是核心,客户是关键,内部业务流程是基础,学习与成长是动力。企业只有不断地通过学习发展成长技能,才能持续改善内部业务流程,更好地为客户提供满意的服务,最终实现企业在财务方面所要求的价值增值目标。平衡计分卡的重要性作用就在于把战略、内部业务流程和管理联系在一起,提供一种综合的计划、控制和评价系统。

> 来自现实社会的实例总能带来更直观的体验和有益的启示,读者可下载"开拓视野"资料包,推荐"践行有成"栏目的"以经济效益为中心的组织绩效管理优化与实施"。

建立有效的平衡计分卡管理系统,必须在以下五个方面达到平衡:

一是财务指标和非财务指标的平衡。传统的企业绩效评价方法一般只重视财务方面的绩效,而很少考核评价非财务指标(如客户、内部业务流程、学习与成长),即使有,可能也多是定性说明,缺乏量化考核。平衡计分卡不仅要有效保留财务指标,还要将非财务指标补充进来,使得企业评价体系更加全面,实现对企业的综合评价。

二是长期目标与短期目标的平衡。在平衡计分卡的评价体系中,既包括成本、利润、现金流量等短期指标,也包括客户满意度、员工离职率、员工培训时间等长期指标,实现了对企业短期绩效和长期绩效的全方位评价,推动企业明确自身的发展方向与战略地位,在经营过程中保持短期目标和长期目标的平衡,在获取短期利益的同时也注重追求长远发展。

三是动因与结果的平衡。企业取得的经营成果都有相应的驱动因素,企业应明确其追求的成果和驱动这些成果发生的关键因素之间的联系,找到真正的动因,才能采取有效措施实现目标。平衡计分卡以有效完成战略为企业追求的成果目标,以衡量财务指标与非财务指标作为目标管理的结果,寻求动因和结果的平衡,确保企业战略和目标的达成。

四是内部与外部的平衡。传统的绩效评价体系往往只注重对企业内部财务评价的设计,而平衡计分卡模型将评价的范围覆盖到企业外部,包括股东、客户等多种外部因素,也包括员工和内部业务流程等内部因素。同时,平衡计分卡以一种新的视角重新认识企业内部因素,将以往只注重最终结果的评价方式拓展为既看重结果又重视内部业务流程还注重学习与成长的新评价模式,充分结合内外部环境,对企业绩效展开全方位的评价。

五是主观与客观的平衡。平衡计分卡绩效管理系统既包括客观评价指标,如利润、投资回报率、资产周转率等根据客观数据计算出来的指标,也包括员工满意度、客户满意度等主观判断型指标,可以体现对主观判断和客观事实的结合与平衡。

A 集团基于平衡计分卡的战略管理体系构建

A 集团是以所在省属五大水库、五大灌区资产为基础,整合省属其他水利国有经营性资产作为注册资本组建而成的国有独资企业。2016 年之前,A 集团战略管理体系由财务层面和非财务层面构成,集团在战略目标制定上把重点放在财务层面,对非财务层面的关注程度较弱。在战略评估上,集团对各子公司采用传统的投资规模、资产规模等财务指标进行简单、粗放式的考核,战略管理体系并不完善。自 2016 年起,A 集团主动适应经济发展新常态,结合内外部环境变化,积极转变发展思路和方式,利用 PESTEL(指政治、经济、社会、技术、环境和法律六因素)分析模型分析集团外部环境,并运用 BSC(平衡计分卡)对战略管理体系进行分层,完成对集团中长期战略目标及战略评价的调整和完善。

1. 基于 PESTEL 分析模型对 A 集团所处外部环境的因素分析

政治因素方面,社会主要矛盾已转化,高质量发展成为主旋律;经济因素方面,经济保持中高速增长,消费需求带动作用日益显著;社会文化因素方面,新型城镇化继续释放人口红利,居民消费升级催生市场机遇;技术因素方面,科技创新动力强劲,成为有效解决水问题的关键要素;环境因素方面,全面加强生态文明建设,"两山"经济发展势头强劲;法律因素方面,"宽货币+紧信用"政策导向明确,PPP 市场监管日益严格,规范化发展趋势明显。

2. 立足实际,基于 PESTEL 分析模型分析结果构建 BSC 战略地图

A 集团在实施战略体系变革之前并没有明确的愿景和战略,因而愿景战略的制定成为实施 BSC 的第一步。A 集团将愿景定为"一流的水资源产业集团",根据价值实现绘制战略地图(见图 11-4),明确各方面关系后提取关键绩效指标,并确定考核指标权重、确定考核标准。

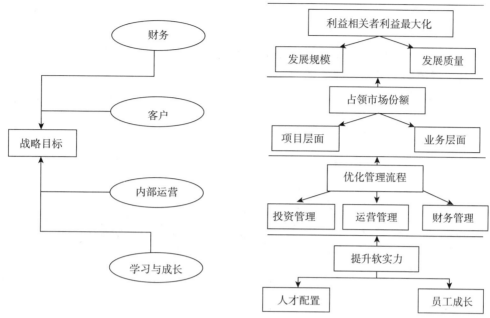

图 11-4 A 集团基于 BSC 的战略地图

3. 构建战略管理体系

A 集团的 BSC 主要有以下特点:一是基于公司战略和特色,从财务、客户、内部运营、学习与成长四个维度展开;二是量化各个层面考核指标,细化考核;三是动态变化,所有实现年度目标的行动措施会被整合为全公司层面的滚动行动计划,以便管理层定期跟踪执行状态。

(1) 发展速度与发展质量并重。积极打造稳定的利润中心,调整利润结构,寻找新的利润增长点;提高投资回报率及盈利能力,充分发挥资本金撬动外部资金的力量,以小资金带动大项目;加强运营效率,提升总资产周转率。

(2) 开拓市场,优化业务结构。重视项目拓展,各类项目的不断突破和市场的快速拓展是支撑集团高速发展的基石;加强项目运营,A 集团积极转变"重投资建设、轻运营管理"观念,建立专业化的运营团队,建立规范的运营管理制度、项目运营评价体系、运营标准等;优化业务结构,平衡集团内基础水利、城镇水务及水资源三大业务集群发展,延伸业务发展,改善基础水利板块占比过大的情况;积极探索由"单一投融资建设商向综合性服务商转型"的创新业务发展模式。

(3) 积极提升内部管理效率。强化投资决策委员会决策能力,为决策的科学性、专业性及可靠性提供支撑;加大投资决策的风险管控,保障集团的投资收益。同时,运用高效的管控手段,健全和完善公司治理结构及董事会建设;明确管控线条,形成清晰的管控条线及系统管控关键要素。在财务管理方面,开展资金集中管理,提高资金运作效率;建立财务风险预警机制,加强风险管理能力。

(4) 建立胜任和积极主动的员工队伍。根据发展战略盘点集团人力资源,编制集团中长期人力资源规划,明确发展对各类人才需求的数量和质量要求,确定人力资源结构调整的目标,优化人才资源配置。引进高学历、高素质、全方面、复合型中高层管理人才及专业技术人才,满足集团快速发展的需求;同时,完善培训体系,建立培训效果的评价机制,根据需求设置分类、分层、有针对性的培训课程体系并优化培训。

4. 基于战略的关键绩效评价指标

A 集团运用 BSC 进行绩效管理,采用多角度评价的绩效考核系统,从多维度、多层次进行绩效考核,并根据考核主体的重要程度对其进行权重划分,使得考核结果更加标准。这里采用层次分析法(AHP)确定 BSC 四个维度和指标的权重,明确 A 集团应设定三层次指标(见表 11-9)。员工根据第三层次的结果乘以相应指标的权重确定第二层次的分数,依此类推得到整体得分。

表 11-9　集团战略评价指标体系

考核维度	考核方向	衡量指标	维度权重	指标权重
财务	发展规模	总资产、净资产规模	42%	12%
		总资产、净资产增值率		5%
	发展质量	投资收益、权益乘数		14%
		净资产收益率、总资产收益率		4%
	控制风险因素	资产负债率、流动比率、速动比率		7%
客户	项目层面	市场占有率、新增项目量	28%	14%
	业务层面	业务收入结构		14%
内部运营	投资管理	良性投资比率	20%	6%
	运营管控	制度完善次数、运营分析次数		3%
	财务管理	银行授信额度、融资渠道		7%
	控制风险因素	内审结果满意度、各部门投诉数量		4%
学习与成长	人才结构	员工学历层次结构、专业人才结构	10%	4%
	员工成长	人均培训费、培训效果满意度		3%
	控制风险因素	员工满意度、员工离职率		3%
		合计	100%	100%

资料来源:李婧丹,PESTEL 分析模型和平衡计分卡在 A 集团企业战略管理中的应用,《财务与会计》,2020 年第 16 期。

11.4.3　平衡计分卡的主要特点

平衡计分卡最重要的特点就是四个维度的指标都是围绕公司的战略设计的,平衡计分卡始终把战略置于中心的位置,因此这四个维度可以理解为公司战略实施的过程和领域。只有从统一的战略出发,四个维度指标的设计才能一致和连贯起来,起到相互支持和补充的作用。平衡计分卡的特点主要表现为三个方面。

1. 以企业发展战略为导向,注重短期目标和长期目标相衔接

平衡计分卡以企业发展战略为导向,将企业长期战略规划融入考核评价系统,通过战略目标逐层分解并转化为被评价对象的绩效指标和行动方案,从而实现短期目标与长期目标相衔接。相对具体的行动方案有利于企业传达和执行,使整个组织行动协调一致,从而达到战略目标明确、战略环节突出、增进企业长期发展能力的目的。

2. 引入非财务指标,强调财务结果与业务动因相平衡

平衡计分卡在财务因素之外引入客户、运营、学习与成长等非财务因素,实行财务指标和非财务指标的相互补充与协调平衡,使绩效评价更全面、更完整。一方面,平衡计分卡从财务的角度继续保持对短期业绩的关注;另一方面,非财务指标又明确地揭示如何确保长期的财务业绩和竞争优势。

3. 兼顾股东、客户、员工等的利益,实现企业价值最大化目标

平衡计分卡在关注股东利益的同时兼顾客户、员工等相关者的利益。其中,学习与成长维度强调人力资本、组织资本、信息资本等无形资产的开发利用,关注员工自我实现的利益诉求,为企业的长期可持续发展提供强大的动力与智力支持;客户维度强调目标客户的价值主张,提醒企业注意满足客户的利益诉求与实现战略目标之间的内在联系。

平衡计分卡还有其他一些优点,比如强调团队合作的理念,促使企业管理者在决策时从企业整体利益出发,慎重选择可行性方案。平衡计分卡还可以使企业管理者仅仅关注少数但非常关键的相关指标,保证企业在满足管理需要的同时,尽可能减少信息负担成本。

综合案例

中国宝武下属 6 家单位推出股权激励计划[①]

2021 年 12 月,中国宝武下属宝钢股份、马钢股份、太钢不锈、八一钢铁、宝钢包装、西藏矿业 6 家上市公司集中推出股权激励计划。其中,马钢股份、太钢不锈、八一钢铁、西藏矿业 4 家单位是首次实施限制性股票计划,宝钢股份实施第三期限制性股票计划,宝钢包装实施第二期期权计划。

据了解,上市公司股权激励是政策性较强的一项激励工具。此次 6 家上市公司在制订方案的过程中,严守合规底线,结合企业实际,体现出以下特点:在激励对象方面,坚持"只有创造价值,才能分享价值"的理念,突出科技创新驱动发展,聚焦核心骨干,扩大科技人才覆盖面和加大激励力度;在业绩指标方面,紧紧结合公司战略、子公司任期目标科学制定,构建特色业绩指标体系,体现出企业"超越自我、跑赢大盘、追求卓越、全球引领"的绩效导向;在整体把握方面,股权激励方案实施同期审核,以相同节奏、相同规则、相同指标,让它们同台"竞技",营造出内部比学赶超、对标找差的良好竞争氛围。

股权激励计划的推出,在 6 家上市公司内引起了强烈反响。中国宝武人力资源部负责人表示,公司 2021 年上半年就出台了中长期激励制度体系,确保了上市公司股权激励

[①] 鲍武,中国宝武下属 6 家单位推出股权激励计划,《中国冶金报》,2022 年 1 月 6 日。

工作高质高效推进,充分释放了机制优势和改革红利。太钢技术中心负责人表示,企业把关键科技人才纳入激励范围,对激励研发创新、保留核心人才、提升企业凝聚力和创造力将发挥积极作用。马钢特钢党委书记、总经理曹天明表示,公司当前正在实施的新特钢项目,是马钢加快打造中国宝武优特钢精品基地的战略举措,在这一重要时期推出股权激励计划,大大增强了企业上马新特钢项目的信心,可起到显著的推动作用。

此次6家上市公司分别实施了股权激励,体现了各单位极强的业绩增长决心,展示了中国宝武持续深化改革、激发队伍活力的勇气和担当,彰显了中国宝武对钢铁行业发展的信心,是中国宝武深入贯彻落实习近平总书记关于国有企业改革和党的建设的重要指示精神、立足国有资本投资公司自身定位、全力推动激励约束机制创新、重点推进下属上市公司开展股权激励的重要实践。

据了解,目前中国宝武已形成立体式的中长期激励约束机制组合,既有科技人员"贡献累积金"、科技型企业分红制度等现金型工具,又有上市公司股权激励、混合所有制企业员工持股等权益类工具,方便各单位灵活开展、有效组合。

根据宝山股份对外披露的《第三期A股限制性股票计划(草案)》,其对公司层面业绩考核要求规定如下:本计划授予的限制性股票,在解除限售期的3个会计年度(2022—2024年)中,分年度进行绩效考核并解除限售,以达到绩效考核目标作为激励对象的解除限售条件。

1. 业绩考核目标

依据本计划首次及预留授予的限制性股票解除限售期业绩考核目标如表11-10所示。

表11-10 限制性股票解除限售期业绩考核目标

解除限售期	业绩考核条件
第一个 解除限售期	1. 2022年完成国资委下达至中国宝武并分解至公司的EVA考核目标 2. 2022年公司利润总额较基期(2020年)利润总额复合增长率不低于10%;利润总额环比增长率不低于对标企业75分位值或行业均值,且利润总额达到对标企业前三 3. 2022年公司ROE不低于8.0%且不低于对标企业75分位值
第二个 解除限售期	1. 2023年完成国资委下达至中国宝武并分解至公司的EVA考核目标 2. 2023年公司利润总额较基期(2020年)利润总额复合增长率不低于10%;利润总额环比增长率不低于对标企业75分位值或行业均值,且利润总额达到对标企业前三 3. 2023年公司ROE不低于8.5%且不低于对标企业75分位值
第三个 解除限售期	1. 2024年完成国资委下达至中国宝武并分解至公司的EVA考核目标 2. 2024年公司利润总额较基期(2020年)利润总额复合增长率不低于10%;利润总额环比增长率不低于对标企业75分位值或行业均值,且利润总额达到对标企业前三 3. 2024年公司ROE不低于9.0%且不低于对标企业75分位值

注:ROE=净利润/[(期初净资产+期末净资产)/2]。在计算ROE指标时,应剔除会计政策变更、公司持有资产因公允价值计量方法变更对净资产的影响。在计算利润总额环比增长率指标时,若上年利润为负数,增长率=(当年利润-上年利润)/上年利润绝对值。

除上述业绩考核指标外,董事会可根据相关内部考核指标完成情况,调整相应业绩考核年度解除限售比例。预留限制性股票的解除限售业绩条件同本计划首次授予限制性股票的解除限售业绩条件。

若在年度考核过程中,对标企业出现主营业务重大变化或出现偏离幅度过大的样本极值,则授权公司董事会根据实际情况剔除、更换或增加样本。董事会可根据公司战略、市场环境等因素,对上述业绩指标和水平进行调整。如涉及资产重组、企业响应国家供给侧改革、双碳行动号召实施去产能战略举措、国际和国内钢材价格指数偏离过大等带来的不可比因素影响,公司可对相应业绩指标实际值进行还原。

2. 对标企业及行业的确定

利润总额环比增长率、利润总额排名、ROE在全球范围内选取具有竞争力且钢产量2 000万吨级以上的10家长流程上市钢铁企业作为对标样本:安赛乐米塔尔、日本制铁、韩国浦项、塔塔钢铁、日本JFE、现代制铁、华菱钢铁、鞍钢股份、河钢股份、首钢股份。

利润总额环比增长率指标对应的钢铁行业为全球1 000万吨以上的上市钢铁企业,共27家(境外15家、境内12家):安赛乐米塔尔、日本制铁、韩国浦项、塔塔钢铁、日本JFE、现代制铁、台湾中钢、新利佩茨克钢、美国钢铁、盖尔道、马格尼托哥尔斯克、特尼尔翁、谢韦尔钢、钢动力、埃雷利、河钢股份、本钢板材、鞍钢股份、华菱钢铁、首钢股份、三钢闽光、包钢股份、山东钢铁、南钢股份、新钢股份、马钢股份、柳钢股份。

思考题

1. 请评价宝钢股份限制性股票计划所设定的业绩考核指标的优缺点。
2. 为什么宝钢股份在限制性股票计划中采用相对业绩评价的做法确定业绩考核指标的目标值?
3. 什么样的企业适用于相对业绩评价方法?
4. 结合自身企业实际情况总结本案例的启示。

第 12 章 企业内部控制评价

寄 语

从动态的角度来看,企业内部控制可以被看作一个设计、实施、评价和完善的循环体系,而内部控制评价在其中发挥着枢纽的作用。内部控制从设计到执行的整个过程都离不开评价的参与,内部控制要依靠评价查错补漏,为内部控制的有效执行和持续改进提供保障。因此,内部控制评价直接影响内部控制制度的实施效果,进而影响企业质量的提升和健康发展。本章围绕内部控制评价原则、内容、程序和方法四个方面对内部控制评价的组织实施进行详细的介绍,在此基础上阐述内部控制评价结论认定、报告披露等重要事项,探讨上市公司内部控制指数的构建与应用。

- **知识要点** 理解内部控制评价的意义、原则和内容,了解内部控制缺陷的不同类型和认定标准;熟悉内部控制评价报告的内容规定和编制要求;理解内部控制指数构建的价值和逻辑。

- **技能要点** 掌握内部控制评价的范围、方法和程序;学会不同类型内部控制缺陷的认定和处理;掌握内部控制评价报告的披露和报送;学会内部控制指数的应用。

- **素质养成** 通过内部控制评价的原则、方法等的学习,理解其中所蕴含的马克思主义哲学观点;汲取獐子岛、ST华泽、荣科科技、维维食品等内部控制存在重大缺陷企业的教训,践行社会主义核心价值观,同时塑造风险意识,树立法治理念;比较中外内部控制评价制度的异同,一方面增强爱国意识,坚定"四个自信",另一方面宣传中国标准、塑造创新思维。

引导案例

上市公司 2019 年内部控制评价报告披露情况①

截至 2019 年 12 月 31 日,沪深证券交易所共有上市公司 3 794 家(不包括 2017 年 1 月退市而未披露内部控制报告的 2 家上市公司),其中沪市上市公司 1 591 家,深市上市公司 2 203 家。

1. 内部控制评价报告披露总体情况

如表 12-1 所示,3 642 家上市公司单独披露了 2019 年度内部控制评价报告,总体披露比例为 95.99%。其中,深市主板和深市中小板上市公司内部控制评价报告的披露比例均为 100.00%,深市创业板上市公司的披露比例为 99.87%,沪市主板上市公司的披露比例为 92.80%,沪市科创板上市公司的披露比例为 53.26%。

表 12-1 2019 年上市公司内部控制评价报告总体披露情况

上市板块	披露内部控制评价报告		未披露内部控制评价报告		上市公司数量(家)
	数量(家)	占比(%)	数量(家)	占比(%)	
沪市主板	1 391	92.80	108	7.20	1 499
深市主板	459	100.00	0	0.00	459
深市中小板	947	100.00	0	0.00	947
深市创业板	796	99.87	1	0.13	797
沪市科创板	49	53.26	43	46.74	92
合计	3 642	95.99	152	4.01	3 794

如表 12-2 所示,152 家上市公司未单独披露内部控制评价报告。其中,74 家因首年上市豁免披露,5 家因重大资产重组、破产重整豁免披露,73 家在年报中提示已披露内部控制评价报告但 2020 年 6 月 30 日在中国证监会指定网站上无法查询到相关信息。进一步分析这 73 家上市公司,1 家沪市主板公司 2020 年 6 月 30 日前已在公司网站上披露内部控制评价报告而未在指定网站披露,3 家沪市主板公司 2020 年 6 月 30 日后已在指定网站上披露内部控制评价报告,其余 69 家(沪市主板公司 68 家,深市创业板公司 1 家)截至 2020 年 7 月 31 日仍未单独披露内部控制评价报告。

表 12-2 2019 年上市公司未单独披露内部控制评价报告原因说明

上市板块	因首年上市豁免披露		因重大资产重组、破产重整豁免披露		年报提示已披露,但在指定网站上未找到		未单独披露内部控制评价报告公司小计		上市公司数量(家)
	数量(家)	占比(%)	数量(家)	占比(%)	数量(家)	占比(%)	数量(家)	占比(%)	
沪市主板	31	2.07	5	0.33	72	4.80	108	7.20	1 499
深市主板	0	0.00	0	0.00	0	0.00	0	0.00	459

---

① 上市公司执行企业内控规范专家工作组,《上市公司 2019 年执行企业内部控制规范体系情况蓝皮书》,财政部官网,2021 年 2 月 19 日,http://kjs.mof.gov.cn/diaochayanjiu/202102/t20210218_3658261.htm。

(续表)

上市板块	因首年上市豁免披露		因重大资产重组、破产重整豁免披露		年报提示已披露，但在指定网站上未找到		未单独披露内部控制评价报告公司小计		上市公司数量（家）
	数量（家）	占比（%）	数量（家）	占比（%）	数量（家）	占比（%）	数量（家）	占比（%）	
深市中小板	0	0.00	0	0.00	0	0.00	0	0.00	947
深市创业板	0	0.00	0	0.00	1	0.13	1	0.13	797
沪市科创板	43	46.74	0	0.00	0	0.00	43	46.74	92
合计	74	1.95	5	0.13	73	1.92	152	4.01	3 794

2. 内部控制评价结论情况

2019年，在3 642家披露了2019年度内部控制评价报告的上市公司中，3 513家内部控制评价结论为整体有效，占比为96.46%；129家内部控制评价结论为非整体有效，占比为3.55%。如表12-3所示，在内部控制评价结论为非整体有效的上市公司中，21家为财务报告内部控制有效、非财务报告内部控制无效，72家为财务报告内部控制无效、非财务报告内部控制有效，36家为财务报告内部控制和非财务报告内部控制均无效。

表12-3　2019年内部控制评价结论非整体有效情况

上市板块	财务报告内部控制有效、非财务报告内部控制无效		财务报告内部控制无效、非财务报告内部控制有效		整体无效		非整体有效小计		披露内部控制评价报告公司数量（家）
	数量（家）	占比（%）	数量（家）	占比（%）	数量（家）	占比（%）	数量（家）	占比（%）	
沪市主板	4	0.29	28	2.01	12	0.86	44	3.16	1 391
深市主板	7	1.53	13	2.83	3	0.65	23	5.01	459
深市中小板	4	0.42	26	2.75	16	1.69	46	4.86	947
深市创业板	6	0.75	5	0.63	5	0.63	16	2.01	796
沪市科创板	0	0	0	0	0	0	0	0	49
合计	21	0.58	72	1.98	36	0.99	129	3.54	3 642

3. 内部控制缺陷认定标准情况

2019年，在3 642家披露了2019年度内部控制评价报告的上市公司中，3 619家披露了内部控制缺陷认定标准。其中，3 613家分别披露了财务报告和非财务报告内部控制缺陷认定标准，占比为99.20%；仅有6家未区分财务报告和非财务报告披露内部控制缺陷认定标准，占比为0.16%；23家未披露内部控制缺陷认定标准，占比为0.63%（见表12-4）。

表12-4　2019年上市公司内部控制缺陷认定标准披露情况

上市板块	区分财务报告、非财务报告定量及定性缺陷认定标准		未区分财务报告、非财务报告定量及定性缺陷认定标准		未披露缺陷认定标准		合计	
	数量（家）	占比（%）	数量（家）	占比（%）	数量（家）	占比（%）	数量（家）	占比（%）
沪市主板	1 386	99.64	0	0.00	5	0.36	1 391	100
深市主板	455	99.13	3	0.65	1	0.22	459	100

(续表)

上市板块	区分财务报告、非财务报告定量及定性缺陷认定标准		未区分财务报告、非财务报告定量及定性缺陷认定标准		未披露缺陷认定标准		合计	
	数量(家)	占比(%)	数量(家)	占比(%)	数量(家)	占比(%)	数量(家)	占比(%)
深市中小板	940	99.26	2	0.21	5	0.53	947	100
深市创业板	783	98.37	1	0.13	12	1.51	796	100
沪市科创板	49	100.00	0	0	0	0	49	100
总计	3 613	99.20	6	0.16	23	0.63	3 642	100

4. 内部控制缺陷的数量及内容

在3 642家披露了2019年度内部控制评价报告的上市公司中,537家上市公司披露了存在内部控制缺陷,占比为14.74%,如表12-5所示。其中,139家披露存在内部控制重大缺陷,38家披露存在内部控制重要缺陷,360家披露存在内部控制一般缺陷。537家上市公司共披露了4 291项内部控制缺陷,其中重大缺陷325项、重要缺陷57项、一般缺陷3 909项。

表12-5 2019年上市公司内部控制评价缺陷披露情况

缺陷等级	披露存在内部控制缺陷情况		内部控制缺陷数量情况	
	公司数量	占比(%)	缺陷数量	占缺陷总数的比例(%)
重大缺陷	139	3.82	325	7.57
重要缺陷	38	1.04	57	1.33
一般缺陷	360	9.88	3 909	91.10

(1) 财务报告内部控制重大缺陷和重要缺陷。15家上市公司在2019年度内部控制评价报告中披露了共225项财务报告内部控制重大缺陷,12家上市公司披露了共16项财务报告内部控制重要缺陷。

进一步分析财务报告内部控制重大缺陷、重要缺陷的内容,可以发现2019年出现频次最高的前五项财务报告内部控制重大缺陷、重要缺陷依次为:资金活动、财务报告、对外担保、关联交易和资产管理。其中,资金活动相关的缺陷主要表现为大额应收款项未能回收,控股股东、实际控制人及其关联方存在非经营性资金占用等;财务报告相关的缺陷主要表现为会计准则应用或会计核算方法使用不恰当,未能及时识别前期重大会计差错,或者业绩快报、业绩预告与实际业绩存在重大差异等;对外担保相关的缺陷主要表现为未履行审议程序违规对外担保;关联交易相关的缺陷主要表现为未能有效识别公司的全部关联方以及关联交易、关联交易金额超授权、未履行审议程序及信息披露义务等;资产管理相关的缺陷主要表现为未定期进行资产盘点或资产盘点不到位、未及时完整记录资产出入库信息、未及时编制交付使用财产清单、存货核算不准确等。近五年来,资金活动、财务报告和关联交易一直是上市公司财务报告内部控制缺陷的高发领域,对外担保、资产管理及销售业务领域的缺陷也比较突出。

(2) 非财务报告内部控制重大缺陷和重要缺陷。62家上市公司在2019年度内部控制评价报告中披露了共100项非财务报告内部控制重大缺陷,30家上市公司披露了共41项非财务报告内部控制重要缺陷。

进一步分析非财务报告内部控制重大缺陷、重要缺陷内容,可以发现2019年出现频次最高的前五项非财务报告内部控制重大缺陷、重要缺陷依次为:资金活动、信息披露、对外担保、组织架构和人力资源管理。其中,资金活动相关的缺陷主要表现为印章管理和使用不规范,存在未书面详细记录印章外借用印事项、未对用印事项严格履行审批程序、私自借出公司公章等情形;信息披露相关的缺陷主要表现为对公司诉讼事件、股权收购、资金占用等重大信息披露不及时、不规范;对外担保相关的缺陷主要表现为未建立严格的对外担保内部控制制度、未按规定履行审批及披露程序等。近五年来,资金活动、信息披露、组织架构等方面一直是上市公司非财务报告内部控制管控的薄弱环节。

启示录 从上述关于上市公司2019年度内部控制评价报告披露情况的统计分析可以看出,随着内部控制评价成为一项强制性要求,越来越多的上市公司基本按照要求认真执行内部控制规范,完成内部控制信息披露工作,但内部控制规范体系的执行在内部控制信息披露质量和透明度、上市公司内部控制质量等方面仍然存在亟待提升之处。国务院2020年10月印发的《关于进一步提高上市公司质量的意见》也明确提出"严格执行上市公司内控制度,加快推行内控规范体系,提升内控有效性"的要求。从动态的角度来看,企业内部控制可以被看作一个设计、实施、评价和完善的循环体系,而内部控制评价在其中发挥着枢纽的作用。内部控制从设计到执行的整个过程都离不开评价的参与,内部控制需要依靠评价查错补漏,为内部控制的有效执行和持续改进提供保障。因此,内部控制评价直接影响内部控制制度的实施效果,进而影响企业质量的提升和健康发展。那么,企业究竟应该如何有效实施内部控制评价呢?

12.1 内部控制评价实施框架

内部控制评价是指由企业董事会和管理层实施,对企业内部控制的有效性进行评价、形成评价结论、出具评价报告的过程。只有对内部控制的设计和运行情况进行持续评价,才能发现内部控制的高风险点和薄弱环节,并有针对性地修补管控过程的漏洞,从而实现内部控制制度体系的不断完善。因此,内部控制评价是优化内部控制自我监督机制的一项重要制度安排,是内部控制系统的有机组成部分,它与内部控制的建立与实施构成一个动态的有机循环。

> 来自现实社会的实例总能带来更直观的体验和有益的启示,读者可下载"开拓视野"资料包,推荐"践行有成"栏目的"内控评价与内部审计融合发展的路径探索:以中国神华为例"。

12.1.1 内部控制评价原则

《企业内部控制评价指引》第三条规定,企业实施内部控制评价至少应当遵循三大原则。

1. 全面性原则

全面性原则强调的是内部控制评价的涵盖范围应当全面。具体来说,内部控制评价工作应当包括内部控制的设计与运行,涵盖企业及其所属单位的各种业务和事项。

2. 重要性原则

重要性原则强调内部控制评价应当在全面性的基础之上,关注重要业务单位、重大业务事项和高风险领域。

3. 客观性原则

客观性原则强调内部控制评价工作应当准确地揭示经营管理的风险状况,如实反映内部控制设计与运行的有效性。

12.1.2 内部控制评价范围

企业集团在确定内部控制评价范围时,应兼顾全面性和重要性原则,坚持风险导向,在对集团总部及下属不同业务类型、不同规模的企业进行全面、客观评价的基础上,重点关注重要业务单位、重大事项和高风险业务。关于"两重一高"的界定,财政部等五部委印发的《企业内部控制规范体系实施中相关问题解释第2号》给出了介绍。

(1) 重要业务单位一般以资产、收入、利润等作为判定标准,包括集团总部、资产占合并资产总额比例较高的分公司和子公司,营业收入占合并营业收入比例较高的分公司和子公司,以及利润占合并利润比例较高的分公司和子公司等。

(2) 重大事项一般是指重大投资决策项目,兼并重组、资产调整、产权转让项目,期权、期货等金融衍生业务,融资、担保项目,重大的生产经营安排,重要设备和技术的引进,采购大宗物资和购买服务,重大工程建设项目,年度预算内大额资金的调动和使用,以及其他大额资金运作事项等。

(3) 高风险业务一般是指经过风险评估后确定为较高或高风险的业务,也包括特殊行业及特殊业务,国家法律、法规有特殊管制或监管要求的业务等。

焦点观察

华强实业 2021 年度内部控制评价报告(节选)

(一)内部控制评价范围

公司按照风险导向原则确定纳入评价范围的主要单位、业务和事项以及高风险领域。纳入评价范围的主要单位包括深圳华强实业股份有限公司本部、深圳华强电子世界管理有限公司、深圳华强广场控股有限公司、深圳华强电子网集团股份有限公司、深圳华强半导体集团有限公司本部、华强半导体有限公司、深圳市湘海电子有限公司、深圳市鹏源电子有限公司、深圳淇诺科技有限公司、深圳市芯斐电子有限公司等,纳入评价范围单位资产总额占公司合并财务报表资产总额的 90.69%,营业收入合计占公司合并财务报表营业收入总额的 90.46%。纳入评价范围的主要业务和事项包括组织架构、投资立项、人力资源、资金活动、采购业务、资产管理、销售业务、工程管理、财务报告、全面预算、合同管理、信息系统等。

重点关注的高风险领域主要包括:电子元器件授权分销业务的销售定价、客户开发、采购业务管理、存货管理以及应收账款管理等;电子元器件及电子终端产品实体交易市场铺位资源、广告位资源租赁的定价及日常管理,物资管理、采购管理以及收款与收入确认业务;电子元器件产业互联网业务的信息系统数据安全管理、线上线下销售定价、客户开发、存货管理、采购业务管理、结算与收入确认以及应收账款的回款等;电子专业市场配套物业(如商业、写字楼等)的销售管理等。

上述纳入评价范围的单位、业务和事项以及高风险领域涵盖了公司经营管理的主要方面,不存在重大遗漏。

(二) 内部控制评价工作依据及内部控制缺陷认定标准

公司依据企业内部控制规范体系组织开展内部控制评价工作。公司董事会根据企业内部控制规范体系对重大缺陷、重要缺陷和一般缺陷的认定要求,结合公司规模、行业特征、风险偏好和风险承受度等因素,区分财务报告内部控制和非财务报告内部控制,研究确定适用于本公司的内部控制缺陷具体认定标准,并与以前年度保持一致。

1. 财务报告内部控制缺陷认定标准

公司确定的财务报告内部控制缺陷评价的定量标准如下:

(1) 重大缺陷。利润表潜在错报金额大于上年度合并报表净利润的 8%;资产负债表潜在错报金额大于上年度合并报表资产总额的 3%。

(2) 重要缺陷。利润表潜在错报金额大于上年度合并报表净利润的 4% 小于 8%;资产负债表潜在错报金额大于上年度合并报表资产总额的 1% 小于 3%。

(3) 一般缺陷。除重大缺陷和重要缺陷以外的其他控制缺陷。

公司确定的财务报告内部控制缺陷评价的定性标准如下:

(1) 重大缺陷。对于根据定量标准确定的重要缺陷,在考虑以下定性因素后,如果公司管理层认为该控制缺陷将对财务报告产生重大错报,可将其调整为重大缺陷。①会计科目及披露事项和相关认定的性质;②相关资产或债务受损或舞弊影响的程度;③确定涉及金额所需判断的主观性和复杂性或程度;④例外事项产生的原因及频率;⑤与其他控制之间的互动关系;⑥缺陷可能导致的未来后果;⑦历史上存在的错报情况所提示的处于增长趋势的风险;⑧调整后的影响水平与总体重要性水平的比较。

(2) 重要缺陷。对于根据定量标准确定的一般缺陷,在考虑上述定性因素后,如果该控制缺陷对财务报告产生错报的影响引起企业董事会和经理层的重视,可将其调整为重要缺陷。

(3) 一般缺陷。除重大缺陷和重要缺陷以外的其他内部控制缺陷。

2. 非财务报告内部控制缺陷认定标准

非财务报告内部控制指为实现除财务报告目标之外的其他目标如战略(目标、经营目标、合规目标等)的内部控制。根据一个或多个内部控制缺陷组合引起不同目标的偏离程度,分为重大缺陷、重要缺陷和一般缺陷。

公司确定的非财务报告内部控制缺陷评价的定量标准如表12-6所示。

表12-6 非财务报告内部控制缺陷评价的定量标准

缺陷类型	直接财产损失金额	安全生产事故
一般缺陷	该缺陷造成财产损失,为当年合并财务报表资产总额的0.5%以下	除重大、重要缺陷所规定的其他影响人员健康的因素,或者100万元以下的直接财产损失
重要缺陷	该缺陷造成财产损失,为当年合并财务报表资产总额的0.5%(含)~1%	事故造成1~2人死亡,或者1~10人重伤,或者造成100万(含)~1 000万元直接财产损失
重大缺陷	该缺陷造成财产损失,为当年合并财务报表资产总额的1%(含)以上	事故造成3人以上死亡,或者10人以上重伤,或者造成1 000万元(含)以上直接财产损失

公司确定的非财务报告内部控制缺陷评价的定性标准如下:

(1)重大缺陷。对于根据定量标准确定的重要缺陷,在考虑以下定性因素后,如果公司管理层认为该内部控制缺陷对除财务报告目标之外的其他目标产生重大负面影响,可将其调整为重大缺陷。①披露事项和相关认定的性质;②舞弊的影响程度;③确定涉及金额所需判断的主观性和复杂性或程度;④例外事项产生的原因及频率;⑤与其他控制之间的互动关系;⑥缺陷可能导致的未来后果;⑦历史上存在的问题所提示的处于增长趋势的风险;⑧调整后的影响水平与总体重要性水平的比较;⑨被政府或监管机构专项调查或引起公众媒体报道所造成负面影响的程度。

(2)重要缺陷。对于根据定量标准确定的一般缺陷,在考虑上述定性因素后,如果该控制缺陷对除财务报告目标之外其他目标的影响引起企业董事会和经理层的重视,可将其调整为重要缺陷。

(3)一般缺陷。除重大缺陷和重要缺陷以外的其他内部控制缺陷。

资料来源:深圳华强实业股份有限公司,《2021年度内部控制评价报告》,深圳证券交易所官网,2022年3月11日,http://www.szse.cn/disclosure/listed/bulletinDetail/index.html?7acaaf0a-80ce-4d3f-bab0-630606c0c71f。

12.1.3 内部控制评价内容

《企业内部控制评价指引》第五条指出,企业要结合《企业内部控制基本规范》、应用指引以及本企业的内部控制制度,紧紧围绕内部环境、风险评估、控制活动、信息与沟通、内部监督等五要素确定具体评价内容,对内部控制设计与运行情况进行全面评价。

1. 内部环境评价

《企业内部控制评价指引》第六条规定,企业组织开展内部环境评价,应当以组织架构、发展战略、人力资源、企业文化、社会责任等应用指引为依据,结合本企业的内部控制制度,对内部环境的设计及实际运行情况进行认定和评价。其中,组织架构评价可以将重点放在机构设置的整体控制力、权责划分、相互牵制、信息流动路径等方面;发展战略评价可以将重点放在发展战略的制定合理性、有效实施和适当调整三方面;人力资源评价应当将重点放在企业人力资源引进结构合理性、开发机制、激励约束机制等方面;企业文化评价应从建设和评估两方面进行;社会责任评价可以从安全生产、产品质量、环境保护与资源节约、促进就业、员工权益保护等方面进行。

2. 风险评估评价

《企业内部控制评价指引》第七条规定,企业组织开展风险评估机制评价,应当以《企业内部控制基本规范》有关风险评估的要求,以及各项应用指引所列主要风险为依据,结合本企业的内部控制制度,对日常经营管理过程中的风险识别、风险分析、应对策略等进行认定和评价。

3. 控制活动评价

《企业内部控制评价指引》第八条规定,企业组织开展控制活动评价,应当以《企业内部控制基本规范》和各项应用指引中的控制措施为依据,结合本企业的内部控制制度,对相关控制措施的设计和运行情况进行认定和评价。

4. 信息与沟通评价

《企业内部控制评价指引》第九条规定,企业组织开展信息与沟通评价,应当以内部信息传递、财务报告、信息系统等相关应用指引为依据,结合本企业的内部控制制度,对信息收集、处理和传递的及时性、反舞弊机制的健全性、财务报告的真实性、信息系统的安全性以及利用信息系统实施内部控制的有效性等进行认定和评价。

5. 内部监督评价

《企业内部控制评价指引》第十条规定,企业组织开展内部监督评价,应当以《企业内部控制基本规范》有关内部监督的要求,以及各项应用指引中有关日常管控的规定为依据,结合本企业的内部控制制度,对内部监督机制的有效性进行认定和评价,重点关注监事会、审计委员会、内部审计机构等是否在内部控制设计和运行中有效发挥监督作用。

> 来自现实社会的实例总能带来更直观的体验和有益的启示,读者可下载"开拓视野"资料包,推荐"焦点观察"栏目的"獐子岛内部控制五要素评价"。

12.1.4 内部控制评价程序

《企业内部控制评价指引》第十二条规定,内部控制评价程序一般包括制订评价工作方案、组成评价工作组、实施现场测试、认定控制缺陷、汇总评价结果、编报评价报告等环节。具体流程包括四个阶段,如图12-1所示。

1. 准备阶段

(1)制订评价工作方案。内部控制评价机构应当以内部控制目标为依据,结合企业内部监督情况和管理要求,分析企业经营管理过程中影响内部控制目标实现的高风险领域和重要业务事项,确定检查评价方法,制订科学合理的评价工作方案,经董事会批准后实施。评价工作方案应当明确评价主体范围、工作任务、人员组织、进度安排和费用预算等内容。评价工作方案以全面评价为主,也可以根据需要采用重点评价的方式。

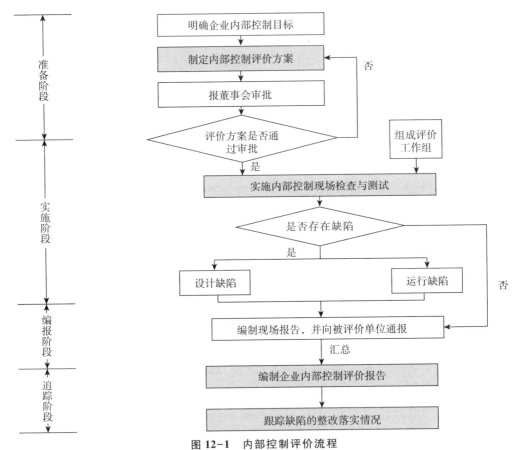

图12-1 内部控制评价流程

注:图中阴影部分代表内部控制评价流程中的关键步骤。

(2)组成评价工作组。首先由企业授权内部审计部门或专门机构(以下简称"内部控制评价机构")负责内部控制评价的具体组织实施工作。再由内部控制评价机构吸收并领导企业内部相关机构熟悉情况的业务骨干组成内部控制评价工作组,具体承担内部控制检查评价任务。内部控制评价机构根据经批准的评价方案,挑选具备独立性、业务胜任能力和职业道德素养的评价人员实施评价。企业应根据自身条件,尽量建立长效内部控制评价培训机制,确保评价工作组成员对本部门的内部控制评价工作实行回避制度,保证内部控制评价工作有序高效地开展。

2. 实施阶段

（1）了解被评价单位基本情况。与企业充分沟通企业文化和发展战略、组织机构设置及职责分工、领导层成员构成及分工等基本情况。

（2）确定检查评价范围和重点。评价工作组根据掌握的情况进一步确定评价范围、检查重点和抽样数量，并结合评价人员的专业背景进行合理分工，并可根据实际需要适当调整检查重点和分工情况。

（3）开展现场检查测试。评价工作组根据评价人员分工，综合运用个别访谈、调查问卷、专题讨论、穿行测试、实地查验、抽样和比较分析等评价方法对内部控制设计与运行的有效性进行现场检查测试，充分收集内部控制设计和运行是否有效的证据后按要求填写工作底稿、记录相关测试结果，并对发现的内部控制缺陷进行初步认定。

3. 编报阶段

（1）编制现场评价表。评价工作组汇总评价人员的工作底稿，初步认定内部控制缺陷，形成现场评价表。评价工作底稿应进行交叉复核签字，并由评价工作组负责人审核后签字确认。评价工作组将评价结果及现场评价的结果向被评价单位通报，由被评价单位相关责任人签字确认后提交企业内部控制评价机构。

（2）汇总评价结果，编制企业内部控制评价报告。内部控制评价机构汇总各评价工作组的评价结果，对工作组现场初步认定的内部控制缺陷进行全面复核、分类汇总，对缺陷的成因、表现形式及风险程度进行定量或定性的综合分析，按照对控制目标的影响程度判定缺陷等级；内部控制评价机构以汇总的评价结果和认定的内部控制缺陷为基础，综合内部控制工作整体情况，客观、公正、完整地编制内部控制评价报告，并报送企业经理层、董事会和监事会，由董事会最终审定后对外披露。

4. 追踪阶段

对于认定的内部控制缺陷，内部控制评价机构应当结合董事会和审计委员会的要求，提出整改建议，要求责任单位及时整改，并跟踪整改落实情况；已经造成损失或负面影响的，企业应当追究相关人员的责任。

来自现实社会的实例总能带来更直观的体验和有益的启示，读者可下载"开拓视野"资料包，推荐"规制环境"栏目的"电力设计院专项内部控制审计常态化模式探索"。

12.1.5 内部控制评价方法

根据《企业内部控制评价指引》的规定，内部控制评价工作组对被评价单位进行现场测试时，可以单独或者综合运用个别访问、调查问卷、穿行测试、抽样、实地查验、比较分析、专题讨论、标杆和重新执行等方法，充分收集被评价单位内部控制设计和运行是否有效的证据，按照评价的具体内容，如实填写评价工作底稿，研究分析内部控制缺陷。

1. 个别访谈法

个别访谈法主要用于了解公司内部控制的现状,在企业层面评价及业务层面评价的了解阶段经常使用。相关人员在访谈前应根据内部控制评价需求形成访谈提纲,撰写访谈纪要,记录访谈内容。为了保证访谈结果的真实性,应尽量访谈不同岗位的人员以获得更可靠的证据。比如分别访谈人力资源部门主管和基层员工,公司是否建立员工培训长效机制,培训能否满足员工和业务岗位需要。

2. 调查问卷法

调查问卷法主要用于企业层面评价。调查问卷应尽量扩大对象范围,包括企业各个层级员工,应注意事先保密性,题目尽量简单易答(如只需回答为"是""否""有""没有"等)。比如,你对企业的核心价值观是否认同?你对企业未来的发展是否有信心?等等。

3. 穿行测试法

穿行测试法是指在企业业务流程中,任意选取一份全过程的文件作为样本,并追踪该样本从最初起源直到最终在财务报告或其他经营管理报告中反映出来的过程(即该流程从起点到终点的全过程),以此了解控制措施设计的有效性,并识别出关键控制点。比如针对销售交易,选取一批订单,追踪从订单处理→核准信用状况及赊销条款→填写订单并准备发货→编制货运单据→订单运送/递送追踪至客户或由客户提货→开具销售发票→复核发票的准确性并邮寄/送至客户→生成销售明细账→汇总销售明细账并过账至总账和应收账款明细账等交易的整个流程,考虑之前对相关控制的了解是否正确和完整,并确定相关控制是否得到执行。穿行测试法主要用于对业务流程和具体业务的测试与评价。

4. 抽样法

抽样法分为随机抽样和其他抽样。随机抽样,是指按随机原则从样本库中抽取一定数量的样本;其他抽样是指人工任意选取或按某一特定标准从样本库中抽取一定数量的样本。在使用抽样法时,首先要确定样本库的完整性,即样本库应包含符合控制测试的所有样本;其次要确定所抽取样本的充分性,即样本的数量应当能检验所测试控制点的有效性;最后要确定所抽取样本的适当性,即获取的证据应当与所测试控制点的设计和运行相关,并能可靠反映控制的实际运行情况。

5. 实地查验法

实地查验法主要针对业务层面控制,它通过使用统一的测试工作表,将实际的业务与财务单证进行核对,从而实施控制测试的方法,如实地盘点某种存货。

6. 比较分析法

比较分析法是指通过数据分析,识别评价关注点的方法。数据分析可以是与历史数据、行业(公司)标准数据或行业最优数据等进行比较。比如针对具体客户的应收账款周转率进行横向或纵向比较,分析异常应收客户款,进而对这些客户的赊销管理控制进行检查。

7. 专题讨论法

专题讨论法主要是指集合有关专业人员就内部控制执行情况或控制问题进行分析,既是控制评价的手段,也是形成缺陷整改方案的途径。对于同时涉及财务、业务、信息技术等方面的控制缺陷,往往需要由内部控制管理部门组织召开专题讨论会议,综合内部各机构、各方面的意见,研究确定缺陷整改方案。

8. 标杆法

标杆法是指通过与行业内有相同或相似经营活动的标杆企业进行比较,进而对内部控制设计有效性进行评价的方法。

9. 重新执行法

重新执行法是指评价人员根据有关资料和业务处理程序,以人工方式或使用计算机辅助审计技术重新处理业务并比较结果,进而判断企业内部控制执行的有效性,是一种通过对某一控制活动全过程的重新执行来评估内部控制执行情况的方法。

在实际评价工作中,上述方法可以配合使用。此外,企业可以使用观察、检查、重新执行等方法,也可以利用信息系统开发检查方法,或利用实际工作的检查测试经验。对于企业通过信息系统使用自动控制、预防性控制的,方法上应注意与人工控制、发现性控制的区别。

> 来自现实社会的实例总能带来更直观的体验和有益的启示,读者可下载"开拓视野"资料包,推荐"践行有成"栏目的"国投资本股份有限公司内部控制评价管理办法(节选)"。

12.2 内部控制评价结论与报告

12.2.1 内部控制缺陷的认定

内部控制缺陷是指内部控制在设计和运行中存在的漏洞。这些漏洞将不同程度地影响内部控制的有效性,影响控制目标的实现。内部控制缺陷的认定是内部控制评价的重点,衡量内部控制有效性的关键步骤就是查找内部控制在设计或运行环节是否存在重大缺陷。因此,企业开展内部控制评价的主要工作内容之一就是找出内部控制缺陷并有针对性地进行整改。

1. 内部控制缺陷的不同类型

一般来说,内部控制缺陷可按照以下标准分类:

(1) 按照内部控制缺陷的成因分类。按照内部控制缺陷的成因分类,内部控制缺陷包括设计缺陷和运行缺陷。设计缺陷是指企业缺少为实现控制目标所必需的控制措施,或现行控制设计不适当,即使正常运行也难以实现控制目标。运行缺陷是指设计有效(合理且适当)的内部控制因运行不当(包括由不恰当的人执行、未按设计的方式运行、运行的时间或频率不当、没有得到一贯有效运行等)而影响控制目标的实现所形成的内部控制缺陷。当内部控制存在设计缺陷和运行缺陷时,会影响内部控制的设计有效性和运行有效性。

(2) 按照内部控制缺陷的性质分类。按照内部控制缺陷的性质(即影响内部控制目标实现的严重程度)分类,内部控制缺陷分为重大缺陷、重要缺陷和一般缺陷。重大缺陷是指一个或多个控制缺陷的组合,可能导致企业严重偏离控制目标。当存在任何一个或多个内部控制重大缺陷时,应当在内部控制评价报告中做出内部控制无效的结论。重要缺陷是指一个或多个控制缺陷的组合,其严重程度低于重大缺陷,但仍有可能导致企业偏离控制目标。重要缺陷的严重程度低于重大缺陷,不会严重危及内部控制的整体有效性,但也应当引起董事会、经理层的充分关注。一般缺陷是指除重大缺陷、重要缺陷以外的其他控制缺陷。

（3）按照内部控制缺陷的形式分类。按照影响内部控制目标的具体表现形式,还可以将内部控制缺陷分为财务报告内部控制缺陷和非财务报告内部控制缺陷。财务报告内部控制缺陷是指有关企业财务报告可靠性的内部控制制度方面的缺陷,这些缺陷的存在使企业不能保证财务报告的可靠性,或者不能防止或及时发现并纠正财务报告错报。非财务报告内部控制缺陷是指除财务报告内部控制缺陷以外的内部控制缺陷。

> 来自现实社会的实例总能带来更直观的体验和有益的启示,读者可下载"开拓视野"资料包,推荐"规制环境"栏目的"*ST华泽的内部控制缺陷"。

2. 内部控制缺陷的认定标准

2012年财政部公布的《企业内部控制规范体系实施中相关问题解释第1号》指出,查找并纠正企业内部控制设计和运行中的缺陷是开展企业内部控制评价的一项重要工作,是不断完善企业内部控制的重要手段。由于企业所处行业、经营规模、发展阶段、风险偏好等存在差异,《企业内部控制基本规范》及其配套指引没有统一规定内部控制缺陷的认定标准。企业可以根据《企业内部控制基本规范》及其配套指引,结合企业规模、行业特征、风险水平等因素,研究确定适合本企业的内部控制重大缺陷、重要缺陷和一般缺陷的具体认定标准。企业确定的内部控制缺陷标准应当从定性和定量的角度综合考虑并保持相对稳定,通过不断的实践,总结经验,形成一套行之有效的内部控制缺陷认定方法。

企业在开展内部控制监督检查过程中,对于发现的内部控制缺陷,应当及时分析缺陷性质和产生原因并提出整改方案,采取适当形式向董事会、监事会或管理层报告。对于重大缺陷,企业应当在内部控制评价报告中进行披露。

由于内部控制缺陷的重要性和影响程度是相对于内部控制目标而言的。按照对实现财务报告目标和其他内部控制目标影响的具体表现形式,可以将内部控制缺陷区分为财务报告内部控制缺陷和非财务报告内部控制缺陷。

（1）财务报告内部控制缺陷的认定标准。与财务报告内部控制相关的内部控制缺陷所采用的认定标准直接取决于该内部控制缺陷的存在可能导致的财务报告错报的重要程度。其中,所谓"重要程度"取决于两个方面的因素:其一,该缺陷是否具备合理可能性[①],导致企业的内部控制不能及时防止（或发现）并纠正财务报告错报;其二,该缺陷单独或连同其他缺陷可能导致的潜在错报金额的大小。

[①] 合理可能性是指大于微小可能性（几乎不可能发生）的可能性,确定是否具备合理可能性涉及评价人员的职业判断。

一般而言,如果一项内部控制缺陷单独或连同其他缺陷具备合理可能性,导致不能及时防止(或发现)并纠正财务报告中的重大错报,就应将该财务报告内部控制缺陷认定为重大缺陷。一项内部控制缺陷单独或连同其他缺陷具备合理可能性,导致不能及时防止(或发现)并纠正财务报告中错报的金额虽然未达到或超过重要性水平,但仍应引起董事会和管理层重视,就应将该财务报告内部控制缺陷认定为重要缺陷。不构成重大缺陷和重要缺陷的财务报告内部控制缺陷,应认定为一般缺陷。

一旦企业的财务报告内部控制存在一项或多项重大缺陷,就不能得出企业财务报告内部控制有效的结论。因此,财务报告内部控制重大缺陷的认定十分关键,而区分一项内部控制缺陷是否构成重大缺陷的分水岭是重要性水平。重要性水平之上的为重大错报,重要性水平之下的为重要错报或者一般错报。重要性水平的确定有两种方法:绝对金额法和相对比例法。绝对金额法即直接将某一绝对金额作为重要性水平,如将10 000元作为重要性水平,则错报金额超过10 000元的应当被认定为重大错报;相对比例法是将某一总体金额的一定比例作为重要性水平,如错报金额超过收入总额的1%的错报应当被认定为重大错报。

出现以下迹象之一的,通常表明财务报告内部控制可能存在重大缺陷:①董事、监事和高级管理人员舞弊;②企业更正已公布的财务报告;③注册会计师发现当期财务报告存在重大错报,而内部控制在运行过程中未能发现该错报;④企业审计委员会和内部审计部门对内部控制的监督无效。

需要说明的是,内部控制缺陷的严重程度并不取决于是否实际发生错报,而是取决于该控制不能及时防止(或发现)并纠正潜在错报的可能性。只要存在这种合理可能性,不论企业的财务报告是否真正发生了错报,都意味着财务报告内部控制存在缺陷。

(2) 非财务报告内部控制缺陷的认定标准。非财务报告内部控制缺陷是指除财务报告目标之外的与其他目标相关的内部控制缺陷,包括战略内部控制缺陷、经营内部控制缺陷、合规内部控制缺陷、资产内部控制缺陷。非财务报告目标内部控制缺陷(尤其是战略内部控制缺陷和经营内部控制缺陷)的认定具有涉及面广、认定难度大的特点。这是因为战略目标和经营目标的实现往往受到企业不可控的诸多外部因素的影响,内部控制只能合理保证董事会和经理层了解这些目标的实现程度。因此,在认定与这些目标相关的内部控制缺陷时,不能只考虑最终的结果,而应主要考察企业制定战略、开展经营活动的机制和程序是否符合内部控制要求,以及不适当的机制与制度对战略目标和经营目标的实现可能造成的影响。

非财务报告内部控制缺陷的认定可以采用定性和定量的认定标准,企业可以根据风险评估的结果,结合自身的实际情况、管理现状和发展要求合理确定。定量标准(涉及金额的大小)既可以根据造成直接财产损失的绝对金额确定,也可以根据直接损失占企业资产、销售收入及利润等的比例确定;定性标准(涉及业务性质的严重程度)可根据其直接或潜在负面影响的性质、范围等因素确定。

以下迹象通常表明非财务报告内部控制可能存在重大缺陷:①违反法律、法规;②除政策性亏损原因外,企业连年亏损,持续经营受到挑战;③缺乏制度控制或制度系统性失效,如企业财务部门、销售部门控制点未能得到执行;④并购重组失败,或新扩充下属单位的经营难以为继;⑤子公司缺乏内部控制建设,管理散乱;⑥企业管理层人员纷纷离职或关键岗位人员流失严重;⑦被媒体频频曝光负面新闻;⑧内部控制评价结果特别是重大或重要缺陷未得到整改。图12-2是内部控制缺陷定性评级的示意。

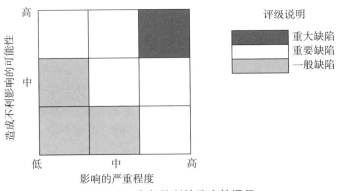

图 12-2 内部控制缺陷定性评级

值得注意的是,财务报告内部控制缺陷和非财务报告内部控制缺陷其实难以作严格的区分,例如,内部环境、重大安全事故等。如果对一项缺陷应属于财务报告内部控制缺陷还是非财务报告内部控制缺陷难以准确区分,在制定标准时就应本着是否影响财务报告目标的原则。

3. 内部控制缺陷的处理办法

企业应当编制内部控制缺陷认定汇总表,结合实际情况对内部控制缺陷的成因、表现形式和影响程度进行综合分析及全面复核,提出认定意见和改进建议,确保整改到位,并以适当形式向董事会、监事会或经理层报告。

从内部控制缺陷的成因考虑,对于设计缺陷,企业应从内部的管理制度入手查找原因,需要更新、调整、废止的制度要及时处理,并同时改进内部控制体系的设计,弥补设计缺陷的漏洞;对于运行缺陷,应分析出现的原因,查清责任人,并有针对性地进行整改。

从内部控制缺陷的影响程度角度出发,对于重大缺陷,应当由董事会予以最终认定,企业要及时采取应对策略,切实将风险控制在可承受范围之内;对于重要缺陷和一般缺陷,企业应当及时采取措施,避免发生损失。

另外,按照国务院国资委《关于加强中央企业内部控制体系建设与监督工作的实施意见》(国资发监督规〔2019〕101号),对中央企业存在重大风险隐患、内部控制缺陷和合规管理等问题失察,或虽发现但没有及时报告、处理,造成重大资产损失或其他严重不良后果的,要严肃追究企业集团的管控责任;对各级子企业未按规定履行内部控制体系建设职责、未执行或执行不力,以及瞒报、漏报、谎报或迟报重大风险及内部控制缺陷事件的,坚决追责问责,层层落实内部控制体系监督责任,有效防止国有资产流失。问责的主要依据是国资委颁布的《中央企业违规经营投资责任追究实施办法(试行)》(国资委令第37号)等有关规定。

> 践行有成

岳阳兴长石化股份有限公司的内部控制缺陷认定标准

公司依据企业内部控制规范体系的要求,结合公司的内部控制制度和评价办法组织开展内部控制评价工作。

公司董事会根据企业内部控制规范体系对重大缺陷、重要缺陷和一般缺陷的认定要求,结合公司规模、行业特征、风险偏好和风险承受度等因素,区分财务报告内部控制和非财务报告内部控制,研究确定适用于本公司的内部控制缺陷具体认定标准,并与以前年度保持一致。

1. 财务报告内部控制缺陷认定标准

(1) 定性标准。财务报告内部控制缺陷认定的定性标准如表12-7所示。

表12-7 财务报告内部控制缺陷认定的定性标准

缺陷程度	缺陷迹象
重大缺陷	①董事、监事和高层管理人员滥用职权,发生贪污、受贿、挪用公款等舞弊行为; ②公司因发现以前年度存在重大会计差错,更正已上报或披露的财务报告; ③公司审计委员会(或类似机构)和内部审计机构对内部控制监督无效; ④外部审计师发现当期财务报告存在重大错报,且内部控制运行未能发现该错报
重要缺陷	①未经授权进行担保、投资有价证券、金融衍生品交易和处置产权/股权造成经济损失; ②违规泄露财务报告、并购、投资等重大信息,导致公司股价严重波动或对公司形象产生严重负面影响; ③公司财务人员或相关业务人员权责不清,岗位混乱,涉嫌经济、职务犯罪,涉嫌舞弊,被纪检监察部门双规或移交司法机关; ④因执行政策偏差、核算错误等,以及未依据公认会计准则选择和应用会计政策,受到处罚或对公司形象产生严重负面影响; ⑤销毁、藏匿、随意更改发票/支票等重要原始凭证,造成经济损失; ⑥现金收入不入账、公款私存或违反规定设立"小金库"
一般缺陷	上述重大缺陷和重要缺陷之外的其他内部控制缺陷

(2) 定量标准(见表12-8)。依据控制点错报样本数量和抽取样本总量,根据潜在错报率和未执行控制点相应会计科目同向累计发生额计算潜在错报金额,计算公式为:

潜在错报金额 = 未执行控制点相应会计科目同向累计发生额 × 潜在错报率

错报指标1 = 潜在错报金额合计 / 被检查单位当期营业收入与期末资产总额孰高

错报指标2 = 潜在错报金额合计 / 公司上年度营业收入

表12-8 财务报告内部控制缺陷认定的定量标准

缺陷程度	错报指标1(简称"a")	错报指标2(简称"b")
重大缺陷		b≥0.5%
重要缺陷	a≥0.3%	0.5%>b≥0.3%
一般缺陷	其余	

2. 非财务报告内部控制缺陷认定标准

（1）定性标准。非财务报告内部控制缺陷认定的定性标准如表12-9所示。

表12-9 非财务报告内部控制缺陷认定的定性标准

缺陷程度	缺陷迹象
重大缺陷	①董事会及其专业委员、监事会、经理层职责权限、任职资格和议事规则缺乏明确规定，或未按照权限和职责履行； ②因决策程序不科学或失误，导致重大并购失败，或者新并购的单位不能持续经营； ③公司投资、采购、销售、财务等重要业务缺乏控制或内部控制系统整体失效； ④高级管理人员或关键岗位人员流失50%以上； ⑤违反国家法律或内部规定程序，出现重大环境污染或质量等问题，引起政府或监管机构调查或引发诉讼，造成重大经济损失或公司声誉严重受损； ⑥内部控制重大缺陷和重要缺陷未得到整改
重要缺陷	①未落实"三重一大"政策要求，缺乏民主决策程序； ②未开展风险评估，内部控制设计未覆盖重要业务和关键风险领域，不能实现控制目标； ③未建立信息收集机制和信息管理制度，内部信息沟通存在严重障碍，对外信息披露未经授权，信息内容不真实，遭受外部监管机构处罚； ④未建立举报投诉和举报人保护制度，或举报信息渠道无效； ⑤全资、控股子公司未按照法律法规建立恰当的治理结构和管理制度，决策层、管理层职责不清，未建立内部控制制度，管理散乱； ⑥委派子公司或企业所属子公司的代表未按规定履行职责，造成公司利益受损； ⑦违反国家法律或内部规定程序，出现环境污染或质量等问题，国家级新闻媒体予以频繁报道，造成经济损失或公司声誉受损； ⑧违规或违章操作造成重大或较大安全事故，或迟报、谎报、瞒报事故
一般缺陷	上述重大缺陷、重要缺陷之外的其他内部控制缺陷

（2）定量标准。在考虑补偿性控制措施后，以造成直接财产损失为标准（见表12-10）。

表12-10 非财务报告内部控制缺陷认定的定量标准

缺陷程度	直接财产损失
重大缺陷	①造成公司本部金额在1 000万元（含）以上 ②造成控股子公司金额在500万元（含）以上
重要缺陷	①造成公司本部金额为100万（含）—1 000万元 ②造成控股子公司金额为50万（含）—500万元
一般缺陷	①造成公司本部金额在100万元以下 ②造成控股子公司金额在50万元以下

资料来源：岳阳兴长石化股份有限公司，《2021年度内部控制自我评价报告》，深圳证券交易所官网，2022年3月22日，http://www.szse.cn/disclosure/listed/bulletinDetail/index.html？1940be4e-2754-4034-8b76-b767b93886b7。

12.2.2 内部控制评价的报告

内部控制评价报告是内部控制评价的最终体现。广义上,按照编制主体、报送对象和时间要求,内部控制评价报告可分为对内报告和对外报告。对外报告是为了满足外部信息使用者的需求,必须对外披露,在时间上具有强制性,内容和格式强调符合披露要求,是狭义的内部控制评价报告。对内报告主要是为了满足管理层或治理层改善管控水平的需要,不具有强制性,内容、格式和披露时间由企业自行决定。

1. 内部控制评价报告的内容规定

根据《企业内部控制评价指引》的相关规定,内部控制评价对外报告一般包括以下内容:

(1) 董事会声明。声明董事会及全体董事对报告内容的真实性、准确性、完整性承担个别及连带责任,保证报告内容不存在任何虚假记载、误导性陈述或重大遗漏。

(2) 内部控制评价工作的总体情况。明确企业内部控制评价工作的组织、领导体制、进度安排,是否聘请会计师事务所对内部控制有效性进行独立审计。

(3) 内部控制评价的依据。说明企业开展内部控制评价工作所依据的法律、法规和规章制度。

(4) 内部控制评价的范围。描述内部控制评价所涵盖的被评价单位、纳入评价范围的业务事项,以及重点关注的高风险领域。内部控制评价的范围有所遗漏的,应说明原因及其对内部控制评价报告真实性、完整性产生的重大影响等。

(5) 内部控制评价的程序和方法。描述内部控制评价工作遵循的基本流程,以及评价过程中采用的主要方法。

(6) 内部控制缺陷及其认定。描述适用本企业的内部控制缺陷具体认定标准,并声明与以前年度保持一致或做出的调整及相应的原因;根据内部控制缺陷认定标准,确定评价期末存在的重大缺陷、重要缺陷和一般缺陷。

(7) 内部控制缺陷的整改情况。对于评价期间发现、期末已完成整改的重大缺陷,说明企业有足够的测试样本显示与该重大缺陷相关的内部控制设计合理且运行有效;针对评价期末存在的内部控制缺陷,公司拟采取的整改措施及预期效果。

(8) 内部控制有效性的结论。对不存在重大缺陷的情形,出具评价期末内部控制有效的结论;对存在重大缺陷的情形,不得做出内部控制有效的结论,并描述该重大缺陷的性质及其对实现相关控制目标的影响程度,以及可能给公司未来生产经营带来的相关风险等。自内部控制评价报告基准日至内部控制评价报告发出日发生重大缺陷的,企业应责成内部控制评价机构予以核实,并根据核查结果对评价结论进行相应的调整,说明董事会拟采取的措施。

> 来自现实社会的实例总能带来更直观的体验和有益的启示,读者可下载"开拓视野"资料包,推荐"焦点观察"栏目的"荣科科技股份有限公司2021年度内部控制评价报告"。

2. 内部控制评价报告的编制要求

外部环境和内部条件不断变化,企业内部控制系统不可能是固定、一成不变的,而是一个不断更新和自我完善的动态体系,因此企业应当经常开展内部控制评价,在实际工作中可以采用定期与不定期相结合的方式。

对外报告一般采用定期的方式,公司编制的年度内部控制评价报告经董事会审议通过,并按定期报告相关要求审核后,与年度报告一并对外披露。年度内部控制评价报告应当以每年的 12 月 31 日为基准日。值得说明的是,公司内部控制评价结论认定公司于内部控制评价报告基准日存在内部控制重大缺陷,或者公司内部控制被会计师事务所出具非标准内部控制审计报告,以及标准内部控制审计报告披露非财务报告内部控制重大缺陷的,公司应当在年度报告"重要提示"中对以上情况做出声明,并提示投资者注意阅读年度报告内部控制部分有关内部控制评价和审计的信息。

内部报告一般采用不定期的方式,企业可以持续地开展内部控制的监督与评价,并根据结果的重要性随时向董事会(审计委员会)或经理层报送评价报告。广义上,企业针对发现的重大缺陷等向董事会(审计委员会)或经理层报送的内部报告(内部控制缺陷报告)也属于非定期的报告。

根据《企业内部控制基本规范》和《企业内部控制评价指引》的要求,财政部会同证监会联合制定了《公开发行证券公司的信息披露编报规则第 21 号——年度内部控制评价报告的一般规定》,对公开发行证券公司的内部控制信息披露的原则、方法、内容与格式做出了具体规定。这对于指导与规范上市公司的内部控制信息披露行为、提高内部控制信息质量、保护投资者的利益具有重大意义。根据《关于 2012 年主板上市公司分类分批实施企业内部控制规范体系的通知》(财办会〔2012〕30 号)的规定,需要披露内部控制评价报告的上市公司在发布年度报告时应遵照执行,鼓励自愿披露内部控制评价报告的其他上市公司参照执行。需要说明的是,该规则是对年度内部控制评价报告披露的最低要求。不论规则是否有明确要求,凡对投资者投资决策有重大影响的内部控制信息,公司均应充分披露。

> 来自现实社会的实例总能带来更直观的体验和有益的启示,读者可下载"开拓视野"资料包,推荐"规制环境"栏目的"维维食品饮料股份有限公司内部控制缺陷认定及整改情况"。

3. 内部控制评价报告的披露与报送

《企业内部控制评价指引》规定,企业编制的内部控制评价报告应当经董事会或类似权力机构批准后对外披露或报送相关部门。企业应以每年的 12 月 31 日为年度内部控制评价报告的基准日,于基准日后 4 个月内报出内部控制评价报告。对于委托注册会计师对内部控制的有效性进行审计的公司,应同时对外披露或报送内部控制审计报告。对于自内部控制评价报告基准日至内部控制评价报告发出日发生的影响内部控制有效性的因素,内部控制评价部门应予以关注,并根据其性质和影响程度相应调整评价结论。企业内部控制评价报告应按规定报送有关监管部门,比如国有控股企业应按要求报送国有资产监督管理部门和财政部门,金融企业应按规定报送银行保险业监督管理部门,公开发行证券的企业应按规定报送证券监督管理部门。

 规制环境

安徽海螺水泥股份有限公司 2021 年度内部控制评价报告

安徽海螺水泥股份有限公司全体股东:

根据《企业内部控制基本规范》及其配套指引的规定和其他内部控制监管要求(以下简称"企业内部控制规范体系"),结合本公司(以下简称"公司")内部控制制度和评价办法,在内部控制日常监督和专项监督的基础上,我们对公司 2021 年 12 月 31 日(内部控制评价报告基准日)的内部控制有效性进行了评价。

一、重要声明

按照企业内部控制规范体系的规定,建立健全和有效实施内部控制,评价其有效性,并如实披露内部控制评价报告是公司董事会的责任。监事会对董事会建立和实施内部控制进行监督。经理层负责组织领导企业内部控制的日常运行。公司董事会、监事会以及董事、监事、高级管理人员保证本报告内容不存在任何虚假记载、误导性陈述或重大遗漏,并对报告内容的真实性、准确性和完整性承担个别及连带法律责任。

公司内部控制的目标是合理保证经营管理合法合规、资产安全、财务报告及相关信息真实完整,提高经营效率和效果,促进实现发展战略。内部控制存在的固有局限性,仅能为实现上述目标提供合理保证。此外,由于情况的变化可能导致内部控制变得不恰当,或对控制政策和程序的遵循程度降低,根据内部控制评价结果推测未来内部控制的有效性具有一定的风险。

二、内部控制评价结论

1. 公司于内部控制评价报告基准日是否存在财务报告内部控制重大缺陷。

□是 √否

2. 财务报告内部控制评价结论。

√有效 □无效

根据公司财务报告内部控制重大缺陷的认定情况,于内部控制评价报告基准日,不存在财务报告内部控制重大缺陷,董事会认为公司已按照企业内部控制规范体系和相关规定的要求在所有重大方面保持有效的财务报告内部控制。

3. 是否发现非财务报告内部控制重大缺陷。

□是 √否

根据公司非财务报告内部控制重大缺陷认定情况,于内部控制评价报告基准日,公司未发现非财务报告内部控制重大缺陷。

4. 自内部控制评价报告基准日至内部控制评价报告发出日之间影响内部控制有效性评价结论的因素。 □适用 √不适用

自内部控制评价报告基准日至内部控制评价报告发出日之间未发生影响内部控制有效性评价结论的因素。

5. 内部控制审计意见是否与公司对财务报告内部控制有效性的评价结论一致。
√是 □否

6. 内部控制审计报告对非财务报告内部控制重大缺陷的披露是否与公司内部控制评价报告披露一致。 √是 □否

三、内部控制评价工作情况

（一）内部控制评价范围

公司按照全面性、重要性、客观性及风险导向原则确定纳入评价范围的主要单位、业务和事项以及高风险领域。

1. 纳入评价范围的主要单位包括公司及下属的 147 家子公司、分公司。

2. 纳入评价范围的单位占比如表 12-11 所示。

表 12-11 纳入内部控制评价范围的单位占比

指标	占比(%)
纳入评价范围单位的资产总额占公司合并财务报表资产总额的比例	91.43
纳入评价范围单位的营业收入合计占公司合并财务报表营业收入总额的比例	98.26

3. 纳入评价范围的主要业务和事项包括资金业务、采购与付款、资产管理、存货管理、销售与收款、工程项目、财务报告与税务管理、全面预算管理、人力资源与薪酬管理以及安全生产环保等各项经营业务。

4. 重点关注的高风险领域主要包括"三重一大"、资金业务（包括海外投资）、采购与付款、销售与收款、工程项目、财务报告及安全生产环保业务。

5. 上述纳入评价范围的单位、业务和事项以及高风险领域涵盖公司经营管理的主要方面，是否存在重大遗漏。 □是 √否

6. 是否存在法定豁免。 □是 √否

7. 其他说明事项。 无

（二）内部控制评价工作依据及内部控制缺陷认定标准

公司依据企业内部控制规范体系及《海螺水泥内部控制评价管理办法》《海螺水泥2021年内控自评工作方案》，组织开展内部控制评价工作。

1. 内部控制缺陷具体认定标准是否与以前年度存在调整。 □是 √否

公司董事会根据企业内部控制规范体系对重大缺陷、重要缺陷和一般缺陷的认定要求，结合公司规模、行业特征、风险偏好和风险承受度等因素，区分财务报告内部控制和非财务报告内部控制，研究确定了适用于本公司的内部控制缺陷具体认定标准，并与以前年度保持一致。

2. 财务报告内部控制缺陷认定标准。公司确定的财务报告内部控制缺陷评价的定量标准如表12-12所示。

表12-12 财务报告内部控制缺陷评价的定量标准

指标	重大缺陷	重要缺陷	一般缺陷
内控缺陷或缺陷组合可能导致的财报错报	由该缺陷或缺陷组合可能导致的财务报告错报＞财务报表重要性水平（公司期末合并财务报表营业收入的2%或资产总额的2%或利润总额的5%）	财务报表重要性水平×50%＜由该缺陷或缺陷组合可能导致的财务报告错报≤财务报表重要性水平	由该缺陷或缺陷组合可能导致的财务报告错报≤财务报表重要性水平×50%

公司确定的财务报告内部控制缺陷评价的定性标准如表12-13所示。

表12-13 财务报告内部控制缺陷评价的定性标准

缺陷性质	定性标准
重大缺陷	1. 董事、监事和高级管理人员舞弊 2. 公司更正已公布的财务报表 3. 注册会计师发现当期财务报表存在重大错报，而内部控制在运行过程中未能发现该错报 4. 公司审核委员会和监察审计室对内部控制的监督无效 5. 内部控制评价的结果特别是重大缺陷或重要缺陷未得到整改 6. 重要业务缺乏制度控制或制度系统性失效
重要缺陷	/
一般缺陷	/

3. 非财务报告内部控制缺陷认定标准。公司确定的非财务报告内部控制缺陷评价的定量标准如表12-14所示。

表12-14 非财务报告内部控制缺陷评价的定量标准

指标	重大缺陷	重要缺陷	一般缺陷
利润总额和现金流的不利影响	1. 造成或可能造成年度利润总额变化的金额超过年度利润总额的3%（含） 2. 对现金流产生或可能产生影响的金额（现金收入减少或者现金支出增加）超过年度现金流金额的3%（含）	1. 造成或可能造成年度利润总额变化的金额为年度利润总额的1.5%（含）～3% 2. 对现金流产生或可能产生影响的金额（现金收入减少或者现金支出增加）为年度现金流金额的1.5%（含）～3%	1. 造成或可能造成年度利润总额变化的金额小于年度利润总额金额的1.5% 2. 对现金流产生或可能产生影响的金额（现金收入减少或者现金支出增加）小于年度现金流金额的1.5%
声誉的影响范围和恢复程度	对企业声誉造成重大损害，需要大于等于1年的时间恢复声誉	对企业声誉造成一定损害，需要大于等于6个月且小于1年的时间恢复声誉	造成的声誉损害可以在6个月以内的时间恢复

(续表)

指标	重大缺陷	重要缺陷	一般缺陷
违法违规或违反合同所导致的罚款或者赔偿金额（说明1）	1. 违反法规,导致政府部门或者监管机构的罚款或者处罚金额大于主营业务收入（自产品销售）的0.08%（含） 2. 重大商业纠纷、各类重大诉讼所导致的赔偿损失金额大于主营业务收入（自产品销售）的0.08%（含）	1. 违反法规,导致政府部门或者监管机构的罚款或者处罚金额为主营业务收入（自产品销售）0.04%（含）~0.08% 2. 重大商业纠纷、各类重大诉讼所导致的赔偿损失金额为主营业务收入（自产品销售）0.04%（含）~0.08%	1. 违反法规,导致政府部门或者监管机构的罚款或者处罚金额小于主营业务收入（自产品销售）的0.04% 2. 重大商业纠纷、各类重大诉讼所导致的赔偿损失金额小于主营业务收入（自产品销售）的0.04%
对供应商/顾客关系的损害程度（说明2）	由于产品质量异议导致的损失金额大于主营业务收入（自产品销售）的0.08%（含）	由于产品质量异议导致的损失金额介于主营业务收入（自产品销售）0.04%（含）~0.08%	由于产品质量异议导致的损失金额小于主营业务收入（自产品销售）的0.04%
对员工积极性和稳定性的影响（说明3）	导致核心团队超过20%（含）流失	导致核心团队10%（含）~20%流失	导致核心团队不超过10%流失
不能正常经营所造成的损失对经营目标实现程度的影响	造成重要的业务/服务中断且恢复需要大于等于6个月	企业日常业务受一些影响,造成个别业务/服务中断,但恢复时间大于等于3个月且小于6个月	对营运有一定影响,造成个别服务/业务中断,但可以在3个月内恢复
人身安全健康、环境受损（说明4）	1. 发生安全事故造成下列情形:一次工亡10人（含）以上 2. 对环境产生如下损害:造成主要环境损害需要1年以上（含）的时间来恢复	1. 发生安全事故造成下列情形之一:一次工亡5~10人（含5人） 2. 对环境产生如下损害:对环境造成中等影响需6个月~1年（含6个月）的时间才能恢复	1. 发生安全事故造成下列情形之一:一次工亡5人以下

说明:(1)对违反法规遭受处罚或由纠纷(诉讼)产生的赔偿,考虑同业数据、历史数据、法规的处罚条文以及公司目前签订的商业条款的累计。(2)对于产品质量造成的损失,参考历史数据及财务数据。(3)对于核心团队的具体组成部分,考虑技术管理骨干、中层以上管理人员等,然后基于核心团队人数的百分比,确定内部控制缺陷等级。(4)对于安全,考虑安全事故造成人员伤亡的人数;对于环境,考虑恢复对环境造成的损害所需要的时间。

公司确定的非财务报告内部控制缺陷评价的定性标准如表12-15所示。

表12-15 非财务报告内部控制缺陷评价的定性标准

缺陷性质	定性标准
重大缺陷	1. 负面消息在整个业务领域(包括延伸至产业链)内流传,或者被全国性媒体及公众媒体关注 2. 损害与大供应商/大客户或潜在大供应商/大客户管理层的关系,严重影响与大供应商/大客户的关系 3. 较大程度地损害整体员工的工作积极性,大大降低工作效率,对企业文化、企业凝聚力产生重大不利影响 4. 企业失去部分业务能力,需要付出较大的代价才能加以控制,但对企业存亡无重大影响 5. 受内部控制缺陷影响的部门/单位无法达成自身的关键营运目标或业绩指标 6. 对环境产生如下损害:一是大规模的公众投诉,二是应采取重大的补救措施

(续表)

缺陷性质	定性标准
重要缺陷	1. 负面消息在行业内部流传,或者被地方媒体报道或关注 2. 对大供应商/大客户的关系有明显影响,对一般供应商/客户有严重影响 3. 损害多数员工的工作积极性并影响其工作效率,对企业文化、企业凝聚力产生某些重要的不利影响 4. 受内部控制缺陷影响的部门/单位较难达成其自身的关键营运目标或业绩指标 5. 对环境产生如下损害:一是出现个别投诉事件,二是应采取一定程度的补救措施
一般缺陷	1. 负面消息在企业内部流传,对企业声誉造成轻微损害 2. 收到供应商/客户的正式投诉,但对供应商/客户关系基本没有影响 3. 损害少数员工的工作积极性并影响其工作效率,对企业文化、企业凝聚力几乎没有影响 4. 对环境产生如下损害:一是对环境或社会造成一定的影响,但不破坏生态系统;二是被政府有关部门关注/或需要通知政府有关部门,可不采取行动

（三）内部控制缺陷认定及整改情况

1. 财务报告内部控制缺陷认定及整改情况

1.1. 重大缺陷　报告期内公司是否存在财务报告内部控制重大缺陷。　□是　√否

1.2. 重要缺陷　报告期内公司是否存在财务报告内部控制重要缺陷。　□是　√否

1.3. 一般缺陷　针对报告期内发现的财务报告内部控制一般缺陷,内部控制评价工作组已组织相关部门进行了认真研讨,并制定了相应的具体整改措施,经公司经理层审批后由各相关部门落实整改。

1.4. 经过上述整改,于内部控制评价报告基准日,公司是否存在未完成整改的财务报告内部控制重大缺陷。　□是　√否

1.5. 经过上述整改,于内部控制评价报告基准日,公司是否存在未完成整改的财务报告内部控制重要缺陷。　□是　√否

2. 非财务报告内部控制缺陷认定及整改情况

2.1. 重大缺陷　报告期内公司是否发现非财务报告内部控制重大缺陷。
　□是　√否

2.2. 重要缺陷　报告期内公司是否发现非财务报告内部控制重要缺陷。
　□是　√否

2.3. 一般缺陷　针对报告期内发现的非财务报告内部控制一般缺陷,内部控制评价工作组已组织相关部门进行了认真研讨,并制定了相应的具体整改措施,经公司经理层审批后由各相关部门落实整改。

2.4. 经过上述整改,于内部控制评价报告基准日,公司是否发现未完成整改的非财务报告内部控制重大缺陷。　□是　√否

2.5. 经过上述整改,于内部控制评价报告基准日,公司是否发现未完成整改的非财务报告内部控制重要缺陷。　□是　√否

四、其他内部控制相关重大事项说明

1. 上一年度内部控制缺陷整改情况。　√适用　□不适用

针对上一年度存在的内部控制一般缺陷,内部控制评价工作组根据经公司经理层审

批下发的具体整改措施,督促各相关部门整改落实,报告期内已经全部整改完成。

2. 本年度内部控制运行情况及下一年度改进方向。　　　　√适用　□不适用

公司内部控制制度能够得到贯彻落实和有效执行,在公司经营管理中的关联交易、重大投资、信息披露等各个关键环节发挥了较好的管理控制作用,能够对公司各项业务的健康运行与风险控制提供保障,公司的内部控制有效,未发现重大缺陷和重要缺陷。2022年,公司将持续完善内部控制体系建设,深化内部控制体系运行,扎实做好内部控制监督与评价,进一步优化业务流程,不断增强企业竞争力、创新力、控制力、影响力及抗风险能力,巩固行业领先地位,实现更高质量发展。

3. 其他重大事项说明。　　　　　　　　　　　　　　　□适用　√不适用

董事长(已经董事会授权):
安徽海螺水泥股份有限公司
2022年3月25日

12.3　内部控制指数构建与应用[①]

在当前新冠肺炎疫情冲击下,百年变局加速演进,外部环境更趋复杂严峻和不确定。企业是创新发展的主体,也是"高质量发展"的重要载体。作为企业目标实现的有力保障,内部控制旨在提升企业合法合规性和经营效率效果,并促进企业战略实施。特别是在"稳字当头、稳中求进"的经济工作要求下,提升企业内部控制质量,助力企业"行稳致远",对于维护社会大局稳定具有重要意义。从2010年开始,我们借鉴国内外通用的评估方法,结合我国的实际情况,构建了一套系统的内部控制指数评价体系,旨在全面客观地评价我国上市公司的内部控制现状,为政府监管、企业完善内部控制及决策提供有用的参考。

12.3.1　内部控制指数构建的价值

目前,从国内外经验看,内部控制已经成为企业抵御外部风险、防止财务舞弊、提升经营绩效、实现可持续增长的有效途径,在企业"做大、做强、做长"的过程中起着举足轻重的作用,特别是对于上市公司而言,内部控制不但关系到上市公司的质量,而且影响到资本市场的健康发展。正因为如此重要,2010年4月,财政部、证监会等五部委共同颁布了企业内部控制配套指引,连同2008年颁布的《企业内部控制基本规范》,标志着中国企业内部控制规范体系基本建成。该体系为我国上市公司建立和有效实施内部控制提供了依据,同时也把建立内部控制评价系统的议题提上日程。

按照《企业内部控制基本规范》的要求,上市公司需要强制性披露内部控制自我评价

---

① 主要参考陈汉文、黄轩昊:中国上市公司内部控制指数:逻辑、构建与验证,《审计研究》,2019年第1期。

的情况。2014年1月证监会和财政部联合制定了《公开发行证券的公司信息披露编报规则第21号——年度内部控制评价报告的一般规定》，明确了内部控制评价报告的构成要素，并针对核心构成要素（如重要声明、内部控制评价结论、内部控制评价工作情况、其他内部控制相关重大事项说明等）逐一说明了需要披露的主要内容及相关要求。尽管如此，中国上市公司在内部控制的建立与实施方面仍存在诸多问题，并未真正达到"有效"或"基本有效"的水平。越来越多的投资者在关注上市公司经营业绩评价的同时，还把眼光聚焦到作为公司价值源泉和经营业绩保证的内部控制体系的质量上。投资者需要了解，上市公司的内部控制现状究竟如何？上市公司所建立的内部控制制度是否科学并得到有效实施？公司的风险因素是否得到有效控制？公司的风险防范能力是否得到提高？公司经营目标的实现能否得到合理保证？企业应当如何完善内部控制建设？我们认为，可借鉴国际先进经验，结合中国资本市场环境和上市公司实际，参考公司治理指数（李维安等，2004）和上证公司治理指数（2008）的做法，以企业内部控制规范为依据，设置具有中国特色的上市公司内部控制评价指标体系，并采用科学的方法对上市公司的内部控制状况进行准确、客观的评价，最终构建中国上市公司内部控制指数。

通过编制与发布中国上市公司内部控制指数，可以量化企业内部控制体系的有效性，从而掌握上市公司内部控制现状，了解上市公司现有内部控制的有效性水平，为上市公司风险管控水平的整体提升提供帮助；与此同时，一方面为资本市场的利益相关者的投资及信贷决策提供信息与依据，另一方面为政府监管提供便利，可以使上市公司监管部门得以及时掌握监管对象的内部控制运行状况，及时了解上市公司执行内部控制规范的具体情况，从而确保监管措施的及时性与有针对性，最终促进资本市场的完善与发展；更重要的是可以促使企业重视风险管理，建立良好的内部控制文化，并指导企业持续监督内部控制体系的运行情况进行，及时发现内部控制漏洞，采取有针对性的改进措施，不断完善内部控制体系，从而实现对企业风险的有效控制，持续创造企业价值。

焦点观察

浙江大学发布浙江上市公司内控三十强

2021年12月19日，由浙江大学管理学院、浙江大学全球浙商研究院、浙江上市公司协会、浙江省总会计师协会、浙江大学财务与会计研究所联合主办的"浙江大学全球浙商研究院10周年院庆系列活动·2021年上市公司高质量发展论坛暨浙江上市公司内部控制指数发布会"在线举行，来自相关政府机构、监管部门、协会、高校、上市公司、中介机构等单位的专家学者及业界精英汇聚线上，共同围绕"数智创新：探索内部控制新边界"的论坛主题进行深入分享与讨论，探讨新时代下上市公司如何以内控助力高质量发展。

发布会上，浙江大学管理学院院长兼浙江大学全球浙商研究院院长魏江、浙江上市公司协会执行副会长兼秘书长朱定胜共同发布《2020浙江上市公司内部控制指数报告》

(以下简称《报告》),并揭晓浙江上市公司内控三十强。据悉,《报告》由浙江大学管理学院与浙江上市公司协会联合发布,由浙江大学管理学院财务与会计学系主任陈俊教授团队编写。

在2021年的榜单中,除正泰电器、物产中大、英特集团、新和成、大华股份、伟星新材、巨化股份、三花智控和老板电器连续五年进入浙江内控三十强外,浙江东方、士兰微、福斯特、锦浪科技、晶盛机电、浙江鼎力、荣盛石化、双环传动、康恩贝等9家企业作为新进力量入榜。

《报告》显示,近五年浙江省内控三十强门槛逐步提升,2020年三十强企业内控指数入围门槛首超60分。与2019年相比,2020年进入全国内控百强的浙江上市公司有12家,新增1家。从百强数量上看,浙江位列全国第三,与2019年保持一致。值得注意的是,基于"十四五规划"中发展战略性新兴产业以及碳达峰、碳中和等目标,浙江省采取规划引领、创新驱动、载体支撑、试点示范等四大举措,集中力量推动战略性新兴产业高质量发展。内控三十强上市公司中战略性新兴产业相关企业数量首超一半。其中,新能源产业的公司最多,新能源汽车企业次之,生物技术、新一代信息技术和高端装备产业企业相对较少。新入榜9家企业中约一半企业属于新能源产业,说明处于国家重点培育产业企业的发展质量的提升空间巨大。

此外,浙江民营经济持续活跃,进入内控三十强的民营企业数量多,但进入内控三十强的国有企业占上市国有企业的比例高。《报告》建议,浙江应重视标杆企业的辐射作用,缩小两极差距,提升全省上市公司总体内部控制水平。

从地域分布来看,全省内部控制水平较高的城市依次为杭州、绍兴和宁波。在全省11个地级市中,9个城市产生了内控三十强企业,较2019年增加1个,表明各地级市的上市公司内部控制建设取得成效。

对比2020年和2019年持续上榜内控三十强的企业,《报告》发现,2020年国际形势严峻复杂,国内改革任务艰巨繁重,加之新冠肺炎疫情的冲击,企业发展面临巨大的考验,较多内控薄弱的企业经营发展陷入困境,而内控质量好、重视可持续发展的上榜公司总体上能保持较好的状态。根据《报告》,浙江上市公司内部控制五要素中信息沟通质量的提升幅度最大,这得益于企业在数字化转型与财务智能化方面的快速发展。

论坛上,上海证券交易所原副总经理周勤业,中国证监会第七届并购重组委员会委员金雪军,英特集团党委书记、董事长姜巨舫,浙江东方董事长金朝萍,正泰电器副总裁兼财务总监林贻明,浙能电力监事会主席周洁,物产中大综合监督部、审计部、公司律师部总经理佟智慧分享其在企业内控方面的经验和新形势下对内部控制建设的创新思考。此外,6位来自高校、中介机构、财务智能化企业及内部控制三十强企业的嘉宾还就企业内部控制与高质量发展展开圆桌对话。

资料来源:冯思婕,浙大发布浙江上市公司内控30强物产中大、老板电器等连续五年入榜,《证券日报》,2021年12月19日。

12.3.2 内部控制指数的构建逻辑

任何指数的构建都离不开这样一个基本逻辑,即"是什么—如何衡量—衡量得如何"。首先,理解"内部控制是什么"是内部控制指数的构建基础;然后,在此基础上探讨可供选择的构建理念,并从理论上比较与论证可选理念(如过程观、目标观)的合理性;最后,在构建理念的指导下设计具体的指标体系,并检验其衡量效果。不难发现,根据内部控制的内涵确定指数构建理念是整个构建过程的逻辑起点。

1. 内部控制内涵的诠释

我国对于内部控制的权威定义来自《企业内部控制基本规范》。规范指出:"内部控制是由企业董事会、监事会和全体员工实施的、旨在实现控制目标的过程,其中控制目标是合理保证企业经营管理合法合规、资产安全、财务报告及相关信息真实完整、提高经营效率与效果、促进企业实现发展战略。"可从两个方面理解内部控制:一方面,内部控制是一个过程,由企业全体员工共同参与,致力于内部环境、风险评估、控制活动、信息与沟通、内部监督五大要素的协同运行与发展;另一方面,内部控制具有明确的目标导向,有效的内部控制能够合理保证控制目标的实现程度。无论是从要素还是从目标来看,我国的企业内部控制规范与美国的内部控制理论框架及基本理念均是一致的。其一,除"内部环境"源于《企业风险管理——整合框架》即COSO(2004)外,其他四大内部控制要素均沿用了《内部控制——整合框架》COSO(1992)中的表述,且"风险评估"要素的阐释涵盖了COSO(2004)中的"目标设定""风险识别""风险评估""风险应对"四大要素。其二,五大目标中的合法合规目标、财务报告目标、经营效率与效果目标源自COSO(1992),资产安全目标源自COSO1994年在"向外部关系人报告"卷中的增补内容,战略发展目标源自COSO(2004)。值得注意的是,2002年《萨班斯-奥克斯利法案》颁布以后,美国的企业内部控制被局限在了财务报告内部控制,比如内部控制自评和审计的对象均为财务报告内部控制。我国企业内部控制评价的对象为整体内部控制,内部控制审计的主要对象虽然也是财务报告内部控制,但要求审计师有责任报告发现的非财务报告内部控制重大缺陷。就此而言,我国的企业内部控制实践相比于2002年后的美国更符合COSO现有理论框架的初衷以及企业和投资者的现实需求。

2. 内部控制指数的构建理念

如上所述,内部控制的内涵可概括为两个关键字——"过程"与"目标",因此一个较为直观的想法是,可从"过程"和"目标"两个不同的角度构建内部控制指数。基于"过程观"的内部控制指数构建理念是指以企业内部控制制度(五大要素的有机整体)的建立健全性和执行有效性来衡量企业的内部控制质量;基于"目标观"的内部控制指数构建理念是指以内部控制五大目标的实现程度倒推企业的内部控制质量。哪一种理念更为合理呢?至少基于以下角度考虑,基于"过程观"构建指数更为可取。

(1)"过程观"更契合内部控制评价与审计的要求。在COSO(1992)、《企业内部控制评价指引》《企业内部控制审计指引》以及我国内部审计准则的控制测试部分,内部控制均被分解为"建立健全性"和"执行有效性"两个方面。前者是指企业是否建立了全面的内部控制制度,后者是指企业已建立的内部控制制度是否得到了有效执行。与此一致,COSO(2004)也指出,判断一个实体的风险管理是否有效应与基于对风险管理八要素是否存在以及是否有效运行的评估结果。显然,"过程观"更符合规范文件中对内部控制有效性的界定,更契合内部控制评价与审计的要求。

(2)"过程观"更符合内部控制对企业目标实现程度的保证。内部控制并非"万灵药",只能为企业目标的实现程度提供合理保证。这意味着,有效的内部控制并不能保证企业一定能够实现五大目标。换言之,有效的内部控制并不是实现五大目标的充分条件。若在"目标观"的指导下根据五大目标的实现程度推断内部控制质量,则隐含一个假设——内部控制能够为五大目标的实现程度提供绝对保证。显然,这与内部控制的功能定位是相悖的。若能提供绝对保证——结果是必然的,则无法解释为什么国内外顶级学术刊物至今仍发表有关内部控制经济后果的实证研究。从现实情况看,这一弊端更为明显。比如,一家企业的市场占有率和净利润均较高,很可能是由其所处行业的垄断性所导致的,与其自身的内部控制水平高低无关。

(3)基于"过程观"构建的指数具有更广泛的实证应用价值。近年来,国内外关于内部控制的实证研究重心已由内部控制有效性的影响因素转移至内部控制的经济后果。有关经济后果的研究主要检验内部控制对企业会计信息质量、融资成本、代理问题、经营效率与效果、企业价值等的影响。由于基于"目标观"构建的内部控制指数在指标体系中已包含这些结果性(或目标类)指标,若在实证中以该指数衡量内部控制质量,则会导致实证结果存在机械相关性。比如,在实证检验内部控制与应计质量的关系时,作为主检验变量的内部控制已包含盈余质量指标,因此最终发现的实证结果很可能是由指标本身的强相关性所导致的。

(4)基于"过程观"构建的指数具有更广泛的实践应用价值。本质上,基于"目标观"构建的内部控制指数在很大程度上衡量了企业的实际综合实力。就此而言,该指数对于投资者的投资决策具有一定的参考价值。但通过该指数无法找出企业内部控制的具体薄弱环节,因此其对改进自身内部控制的作用十分有限。基于"过程观"构建的内部控制指数在这两个方面均能发挥重要作用:一方面,综合性的指数得分或排名对包括投资者在内的广泛利益相关者具有一定的决策参考价值;另一方面,通过指数可了解企业内部控制的具体薄弱环节,进而有助于进行有针对性的改进。

3. 内部控制指数的构建原则

对中国上市公司的内部控制有效性水平进行科学合理的评价,需要遵循五项基本原则。

(1)评价结论的可靠性。根据评价指数对企业的内部控制进行评价,其结论应该是可靠的。也就是说对内部控制有效性的判断出现错误的风险要足够低,至少要降到适当的水平,这是内部控制评价指数能够评价企业内部控制的首要前提。

(2)评价的成本效益。不仅内部控制本身要遵循成本效益原则,运用评价指数评价企业内部控制本身也是有成本的,在应有指数的过程中一定要考虑所带来的效益与所付出成本,注意成本效益原则。

（3）广泛的适用性和灵活性。不同公司的内部控制是不同的,评价内部控制的具体方法也有所不同。内部控制评价指数的构建应该具有广泛的适用性和灵活性,这样才能在不同行业、不同规模、不同类型的公司中应用。不同的公司也可以根据自身情况,灵活调整内部控制指数的具体内容。

（4）评价的全面性。内部控制本身就存在于企业的方方面面,要想合理评价企业的内部控制,其评价指数的构建也应该涉及企业内部控制的方方面面,不能有所遗漏。

（5）合理的证据支持。适当的证据文件是内部控制有效运行本身所必需的,即评价指数的构建必须为内部控制有效性的评价结果提供合理的证据支持。提供合理的证据支持一方面可以确保评价结论的可靠性,另一方面可以为他人评价和审计内部控制保留必要的痕迹。

12.3.3 内部控制指数体系的构成

要编制出统一科学的中国上市公司内部控制指数,关键在于科学构建有效的上市公司内部控制评价系统,而系统的科学构建取决于对评价指标、评价标准与评价方法等要素的科学设计。

1. 评价指标的设计

对企业内部控制质量的评价应基于对内部控制相关制度的健全性及执行有效性的判断。因此,指数的指标体系既要包含直接表征相关内部控制制度健全性的变量,也要包含可用于表征内部控制执行有效性的变量。执行有效性很难直接衡量,只能借用部分结果型指标,如图 12-3 所示。值得注意的是,这些结果型指标应与"目标观"指数中的结果型指标相区分。"要素观"下拟采用的结果型指标是与内部控制直接相关的,如"企业是否发生重大产品质量问题",而非内部控制五大目标的直接代理变量(如 ROA、ROE、托宾 Q 值等)。重大产品质量问题的发生表明企业在生产经营过程中的控制活动失效,内部控制制度未能得到有效执行。

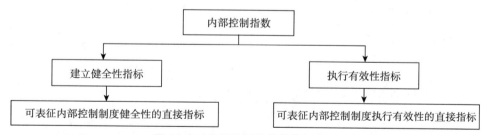

图 12-3 内部控制指数的指标体系

我们依据 COSO 委员会发布的内部控制框架及其修订、《企业内部控制基本规范》及其配套指引,综合考虑国内相关法律法规及文件(如《中华人民共和国公司法》《中华人民共和国证券法》《深圳证券交易所上市公司内部控制指引》《上海证券交易所上市公司内部控制制度指引》以及证监会发布的《上市公司治理准则》《上市公司章程指引》等),同时借鉴国内外已有的内部控制评价研究,构建了中国上市公司内部控制指数评价指标体系,具体过程如图 12-4 所示。

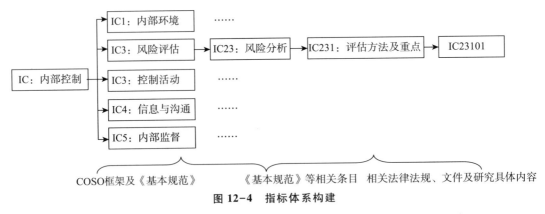

图 12-4 指标体系构建

首先,依据 COSO 框架及《企业内部控制基本规范》的内部控制五要素,确定了内部环境、风险评估、控制活动、信息沟通、内部监督等 5 个一级评价指标;其次,依据相关条目,进一步确定了 24 个二级指标、33 个三级指标;最后,依据内部控制相关法律法规、文件及学术研究的具体内容,确定了 158 个四级指标。四级指标可分为三种类型:是非指标(如企业在年报中或自评报告中是否运用了定量分析风险的方法)、定量指标(如指标董事会下设委员会数目)、扣分指标(如企业是否发生了重大产品质量问题)。表 12-16 列示了前三级指标。其中,IC1P、IC3P 和 IC4P 是用于推测内部控制执行有效性的结果型指标,它们均与内部控制直接相关;其他指标均用于衡量企业内部控制制度的建立健全性。

表 12-16 中国上市公司内部控制指数指标体系

一级指标	二级指标	三级指标
IC1 内部环境	IC11:公司治理	IC111:制度建立;IC112:股东及股东大会状况;IC113:董事及董事会职责履行;IC114:监事与监事会;IC115:经理层职责履行
	IC12:内部审计	IC12:内部控制执行机构
	IC13:人力资源	IC131:人力资源的规划与实施;IC132:人力资源的激励与约束;IC133:人力资源的退出
	IC14:道德修养及胜任能力	IC142:胜任能力
	IC15:社会责任	
	IC16:企业文化	IC161:企业文化培育及评估;IC162:法制观念
	IC1P:处罚与事件(扣分项)	
IC2 风险评估	IC21:目标设定	
	IC22:风险识别	IC221:风险评估状况;IC222:评估内部风险;IC223:评估外部风险
	IC23:风险分析	IC231:评估方法及重点
	IC24:风险应对	IC241:确定应对策略;IC242:风险管理措施

(续表)

一级指标	二级指标	三级指标
IC3 控制活动	IC31:不相容职务分离及授权审批控制	
	IC32:会计系统控制	
	IC33:财产保护控制	
	IC34:预算控制	
	IC35:运营分析控制	IC351:运营分析
	IC36:绩效考评控制	
	IC37:突发事件控制	
	IC3P:处罚与事件(扣分项)	
IC4 信息与沟通	IC41:信息收集	
	IC42:信息沟通	IC421:内部沟通;IC422:外部沟通;IC423:信息完整性;IC424:信息准确性;IC425:信息及时性
	IC43:信息系统	
	IC44:反舞弊	IC441:反舞弊机制;IC442:反舞弊重点
	IC4P:处罚与事件(扣分项)	
IC5 内部监督	IC51:内部监督检查	IC511:内部控制机构监督;IC512:监事会监督;IC513:董事会监督;IC514:专项监督
	IC52:内部控制缺陷	
	IC53:内部控制信息披露行为	

2. 评价标准的设计

评价标准是评价系统的基准,为确定内部控制有效性水平提供依据。从这一角度看,内部控制评价标准的设计同样是关键环节。我们认为应结合评价指标的类型和不同类型评价标准的优缺点设计内部控制评价标准。

对涉及制度执行有效性的评价指标,企业可以借鉴国资委的《中央企业综合绩效评价实施细则》(2006)确定定性评价指标、评价标准的做法,将制度执行程度划分为五级(即完全执行、基本执行、执行一般、执行较差、未执行),并对执行的不同程度进行详细界定。

对涉及制度设计有效性的评价指标,通常只能定性描述标准,主要依据是企业内部控制规范指引体系。如果规范指引体系未明确规定,那么可考虑其他相关法规或者参考先进企业的有效经验。需要说明的是,考虑到评价系统的可操作性,有些相对不重要且很难获得较为准确信息的内部控制评价内容可进行必要的删减。

3. 评价方法的设计

评价方法是评价系统的纽带。一个评价系统,除了评价指标和评价标准,还要采用一定的评价方法,实施对评价指标和评价标准的对比分析与判断,实现从若干个单项指标实际值到综合性评价结果(即评价指数)的技术转换。由于内部控制评价既涉及定性指标又涉及定量指标,因此可采用综合评分法、综合指数法、功效系数法、层次分析法等。采用这些综合评价方法,还要解决指标权重设置的问题。

鉴于内部控制评价多层次指标体系的特点,可借鉴公司治理指数(李维安,2005)的做法,引入分层处理方法,并将主观赋值与客观赋值相结合。对于前三层次的指标采用主观赋值,具体可考虑层次分析法(AHP),该方法适用于多目标规划问题的评价;对于第四层次的指标采用客观赋值,具体可考虑采用变异系数法,该方法将评价指标的权重与指标值的变动相结合,对于变动幅度较大的指标将赋予较大的权重。

规制环境

中国上市公司内部控制指数(2020):分析与评价

2020年我国主板、中小板、创业板和科创板上市公司内部控制水平的评价以披露2020年度报告的公司为基础,共得到4 231家上市公司样本。本文收集了上市公司截至2021年4月30日的公开资料,包括公司年度报告、内部控制自我评价报告、社会责任报告等定期公告、临时公告、公司的规章制度以及处罚和重大事件等,依据的资料主要来自交易所网站、巨潮资讯网、中国证监会等监管部门网站以及上市公司官方网站。

1. 我国上市公司内部控制总体状况

2020年,我国上市公司内部控制整体水平继续提升,促进上市公司高质量发展。如图12-5所示,2018—2020年,内部控制指数均值分别为46.22分、47.59分和49.24分,实现连续提升。从内部控制构成要素来看,2020年风险评估指数较2019年略降,2020年内部环境与内部监督指数均高于2019年,而控制活动及信息沟通指数则实现三年连续增长。尤其是信息沟通指数,连续两年出现较为明显的增长态势,较2018年提升6.70,体现了上市公司在疫情防控常态化之后加强内部信息疏通,改善企业信息质量。但值得注意的是,内部环境的绝对水平仍然处于较低位,风险评估水平也出现一定的回落。

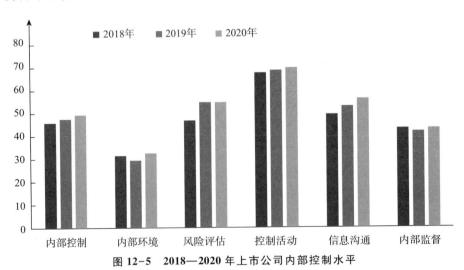

图12-5 2018—2020年上市公司内部控制水平

表 12-17 反映了内部控制整体质量（CICI）分布状况。从内部控制指数来看，2020年，内部控制质量处于 V 级水平及 VI 级水平的公司仍占绝对比例，但内部控制 II 级水平实现了零的突破，同时进入 III 级水平和 IV 级水平的公司也在继续增加，呈现了内部控制水平总体向好的态势。从内部控制五要素指数来看，内部环境仍然是上市公司内部控制最为薄弱的环节，2020 年只有极少数公司内部环境指数进入 III 级水平，且 VI 级水平的公司比例相比其他四个要素明显更大；在风险评估方面，2020 年上市公司风险评估水平有所回落，进入 II 级水平的公司比例减小，但 III 级水平的公司比例得到提升；在控制活动方面，I、II 级水平的公司比例继续上升，III 级水平的公司比例连续两年下降；在信息沟通方面，I—III 级水平的公司占比均有不同程度提升，且 VI 级水平的公司比重大幅下降，上市公司信息沟通水平有所提升；在内部监督方面，I—III 级水平的公司比例呈现下滑趋势，应予以关注。

表 12-17　内部控制总体情况分布

CICI	年份	CICI I [90,100]	CICI II [80,90)	CICI III [70,80)	CICI IV [60,70)	CICI V [50,60)	CICI VI [0,50)	总体样本量（家）
内部控制指数	2018	0.00%	0.00%	0.28%	4.21%	24.47%	71.03%	3 559
	2019	0.00%	0.00%	0.37%	4.38%	34.44%	60.81%	3 792
	2020	0.00%	0.02%	0.83%	6.15%	42.09%	50.91%	4 231
内部环境指数	2018	0.00%	0.00%	0.00%	0.11%	2.73%	97.16%	3 559
	2019	0.00%	0.00%	0.00%	0.34%	3.03%	96.62%	3 792
	2020	0.00%	0.00%	0.21%	0.99%	5.46%	93.33%	4 231
风险评估指数	2018	0.00%	1.01%	4.21%	16.58%	14.19%	64.01%	3 559
	2019	0.00%	5.49%	9.99%	26.82%	16.61%	41.09%	3 792
	2020	0.00%	4.21%	12.86%	26.71%	17.96%	38.12%	4 231
控制活动指数	2018	1.74%	10.54%	39.00%	25.54%	12.87%	10.31%	3 559
	2019	2.48%	14.21%	37.50%	22.49%	13.26%	10.05%	3 792
	2020	2.93%	18.20%	33.92%	24.53%	12.17%	8.25%	4 231
信息沟通指数	2018	0.17%	1.49%	7.19%	13.52%	19.87%	57.77%	3 559
	2019	0.05%	2.90%	10.86%	17.19%	24.87%	44.12%	3 792
	2020	0.09%	3.85%	18.93%	12.81%	33.73%	30.58%	4 231
内部监督指数	2018	0.22%	1.07%	2.02%	3.88%	19.02%	73.78%	3 559
	2019	0.03%	0.76%	1.98%	2.53%	16.80%	77.90%	3 792
	2020	0.00%	0.28%	1.58%	4.77%	19.62%	73.74%	4 231

2. 我国各省份内部控制整体状况

我国 31 个省份的经济社会环境存在较大差异，上市公司在各地分布不均衡，且大多集中在经济发达的省份。如表 12-18 所示，从数量分布来看，广东 697 家、浙江 533 家、江苏 499 家、北京 383 家、上海 345 家，占据全国前五[①]；而经济欠发达省份的上市公司刚

---

① 浙江大学团队在浙江省发布《浙江上市公司内部控制指数》，由于统计时间差异，样本可能存在极个别不同，但不影响总体及浙江省评价结果。

刚进入两位数,如青海11家、宁夏15家、西藏20家。上市公司数量与各省份经济发展水平较为一致。全国各省份上市公司内部控制评价结果显示,云南、北京和福建内部控制水平位于前三,而黑龙江、海南和青海内部控制水平较低。

表 12-18　各省份内部控制指数

省份	公司数量	内部控制指数均值	省份	公司数量	内部控制指数均值
云南	38	52.15	山东	233	48.40
北京	383	51.81	上海	345	48.29
福建	155	51.30	江西	59	48.16
河北	61	50.86	贵州	31	47.80
浙江	533	50.12	吉林	44	47.79
广东	697	50.06	辽宁	74	47.79
安徽	129	49.87	宁夏	15	47.78
天津	60	49.85	广西	37	47.62
湖南	117	49.50	江苏	499	47.32
重庆	58	49.47	新疆	57	46.64
山西	40	49.24	甘肃	33	46.49
河南	87	48.80	西藏	20	46.35
湖北	118	48.66	黑龙江	39	45.47
四川	142	48.61	海南	33	45.06
内蒙古	25	48.54	青海	11	44.93
陕西	58	48.47			

3. 我国各行业内部控制整体状况

按照中国证监会2012年《上市公司行业分类指引》,本文样本录得19个门类行业。内部控制水平在不同行业上市公司中表现出较大差异。如表12-19所示,目前金融业内部控制质量仍然远高于其他行业平均水平。除金融业外,交通运输、仓储和邮政业、信息传输、软件和信息技术服务业等行业的内部控制指数均列前茅,且排名稳定。文化、体育和娱乐业,农、林、牧、渔业,住宿和餐饮业,居民服务、修理和其他服务业内部控制指数位于行业末端,可能的原因是部分线下接触性行业的经营在疫情影响下受到较大影响,对内部控制建设的资源投入不足、重视程度降低。整体而言,各个行业与金融业之间的内部控制水平差距仍然非常明显。

表 12-19　行业内部控制指数排行榜

2020年排名	2019年排名	行业门类	2020年内部控制指数均值(分)	2019年内部控制指数均值(分)
1	1	金融业	60.08	58.58
2	2	交通运输、仓储和邮政业	52.18	49.83
3	3	信息传输、软件和信息技术服务业	50.82	49.28
4	4	电力、热力、燃气及水生产和供应业	50.28	48.85
5	5	建筑业	50.02	48.74

(续表)

2020年排名	2019年排名	行业门类	2020年内部控制指数均值(分)	2019年内部控制指数均值(分)
6	7	科学研究和技术服务业	50.00	47.90
7	6	卫生和社会工作	49.78	48.38
8	18	综合	49.71	43.11
9	8	水利、环境和公共设施管理业	49.18	47.33
10	14	批发和零售业	48.93	46.68
11	11	采矿业	48.82	47.02
12	12	制造业	48.57	46.96
13	10	租赁和商务服务业	48.27	47.11
14	15	房地产业	47.70	46.12
15	9	教育	47.59	47.29
16	17	文化、体育和娱乐业	47.26	45.75
17	16	农、林、牧、渔业	47.04	45.79
18	13	住宿和餐饮业	45.16	46.75
19	19	居民服务、修理和其他服务业	38.31	33.88

4. 风险管理部门设置与内部控制

风险评估是内部控制的核心要素之一,有助于企业及时识别、系统分析经营活动中与现实内部控制目标相关的风险,并合理确定风险应对策略。风险管理部门设置是指公司成立专门负责风险管理的机构或部门,如风险管理委员会、风险管理部等。表12-20结果表明,设置风险管理部门公司的2020年内部控制指数均值高于无风险管理部门公司3.41分,且前者的风险评估指数均值高出后者11.91分。这表明设置风险管理部门有助于提高公司内部控制质量,特别是风险评估水平。

表12-20 是否设置风险管理部门公司的内部控制水平比较

	年份	内部控制(分)	内部环境(分)	风险评估(分)	控制活动(分)	信息沟通(分)	内部监督(分)
设置风险管理部门	2020	51.16	33.94	61.20	70.16	56.95	43.48
	2019	49.66	31.84	61.72	69.41	54.09	41.47
	2018	48.75	32.89	55.72	70.03	50.19	43.22
无风险管理部门	2020	47.75	31.32	49.29	68.86	55.21	42.87
	2019	46.17	28.66	49.97	67.74	52.21	41.84
	2018	45.32	31.02	43.45	66.72	48.94	43.44

5. 社会责任与内部控制分析

《上市公司治理准则》第八十六条规定,"上市公司在保持公司持续发展、实现股东利益最大化的同时,应关注所在社区的福利、环境保护、公益事业等问题,重视公司的社会责任"。财政部等五部门制定了《企业内部控制应用指引第4号——社会责任》,引导企业制定安全生产、产品质量、环境保护与资源节约、促进就业与员工权益保护相关制度，做到经济效益与社会效益、短期利益与长远利益、自身发展与社会发展相互协调，实现企业与员工、企业与社会、企业与环境的健康和谐发展。从表12-21可知，2020年披露社会责任报告公司的内部控制指数远高于未披露社会责任报告公司。值得注意的是，披露社会责任报告公司的内部环境指数比未披露社会责任报告公司高12.05分。这表明较好履行社会责任有助于提升内部控制质量，尤其有助于内部环境的改善。

表 12-21　是否披露社会责任报告公司的内部控制水平比较

	年份	内部控制（分）	内部环境（分）	风险评估（分）	控制活动（分）	信息沟通（分）	内部监督（分）
披露社会责任报告	2020	53.78	41.50	56.89	72.75	59.58	44.01
	2019	51.93	38.81	57.06	71.80	56.45	41.86
	2018	50.55	39.81	48.83	71.52	51.73	45.03
未披露社会责任报告	2020	47.72	29.45	53.68	68.32	54.76	42.84
	2019	46.08	26.87	53.97	67.24	51.77	41.63
	2018	44.74	28.67	45.95	66.24	48.43	42.81

6. 处罚与内部控制

内部控制目标包括合理保证企业经营管理合法合规、财务报告及相关信息真实完整。然而，公司及其董事、监事和高级管理人员可能由于以上两方面问题受到证监会、交易所、司法部门以及政府部门的处罚。2020年，共有733家上市公司及其董监高受到监管部门处罚。如表12-22所示，受处罚公司的内部控制指数比未受处罚公司低8.62分，表明董监高的行为对公司内部控制具有重要影响。受处罚公司与未受处罚公司的内部控制要素差异主要体现在内部环境，差异高达19.48分，表明公司董事、监事及高级管理人员的价值观和行为直接影响整个公司的文化氛围与行为准则。

表 12-22　是否受处罚公司的内部控制水平比较

	年份	内部控制（分）	内部环境（分）	风险评估（分）	控制活动（分）	信息沟通（分）	内部监督（分）
未受处罚公司	2020	50.73	35.84	54.62	70.90	57.04	43.01
	2019	49.07	33.31	55.06	69.95	53.79	41.55
	2018	46.83	32.71	46.87	68.13	49.71	43.57
受处罚公司	2020	42.11	16.36	53.80	62.42	50.86	43.72
	2019	41.92	17.13	53.64	62.55	49.87	42.21
	2018	38.66	16.53	44.43	60.86	43.77	40.94

7. 财务报告审计意见与内部控制

审计师是资本市场重要的参与者，其凭借专业能力开展第三方审计业务，能够缓解委托代理问题，提升公司信息透明度。审计师根据财务报告出具审计意见，包括标准无保留意见和保留、否定、无法表示及带强调事项段的无保留意见。截至本文统计时间，被出具非标准无保留审计意见的上市公司共计251家。审计报告意见类型分析结果表明

（见表12-23），非标准无保留审计意见公司在内部控制五要素方面均低于收到标准无保留意见公司。

表12-23 是否被出具标准审计意见公司的内部控制水平比较

	年份	内部控制（分）	内部环境（分）	风险评估（分）	控制活动（分）	信息沟通（分）	内部监督（分）
标准审计意见	2020	50.08	33.33	55.03	70.73	57.08	43.37
	2019	48.52	30.85	55.56	69.81	54.20	41.98
	2018	46.93	32.03	47.26	68.76	50.26	43.73
非标准审计意见	2020	35.90	18.71	45.69	48.67	38.35	39.36
	2019	35.30	18.20	44.31	50.10	36.82	37.85
	2018	35.31	23.59	37.93	49.58	33.99	37.92

8. 新上市公司与内部控制

按照上市时间将总样本分成2020年新上市公司和非新上市公司两类。在本文统计的样本下，2020年新上市公司共计392家。比较分析发现（见表12-24），2020年新上市公司内部控制质量低于非新上市公司。纵观2018—2020年的情况，新上市公司内部控制薄弱这一现象已经持续改善。

表12-24 2020年非新上市公司与新上市公司的内部控制水平比较

	年份	内部控制（分）	内部环境（分）	风险评估（分）	控制活动（分）	信息沟通（分）	内部监督（分）
2020年以前上市公司	2020	49.54	32.86	54.81	69.60	55.84	43.84
	2019	47.74	30.17	54.95	68.57	52.70	42.12
	2018	46.24	31.57	46.69	67.56	49.16	43.56
2020年新上市公司	2020	46.26	28.58	51.22	67.75	57.23	36.28
	2019	45.44	26.89	52.14	66.27	57.06	35.44
	2018	45.58	29.76	46.55	68.69	53.19	37.58

9. 科创板上市公司与内部控制

2019年6月13日，科创板正式开板。7月22日，科创板首批25家公司挂牌上市交易。科创板聚焦"硬科技"，主要服务于符合国家战略、突破关键核心技术、市场认可度高的科技创新企业。本文样本共包含248家科创板上市公司，其2020年度内部控制指数为44.20分，低于其他板块上市公司，两者的主要差异来自内部环境、风险评估及内部监督（见表12-25）。科创板均为科技创新企业，其信息沟通水平更优于其他板块上市公司。科创板企业应持续优化内部环境，加强风险评估，提升内部监督，改善内部控制水平。

表12-25 科创板与其他板块上市公司的内部控制水平分析

	年份	内部控制	内部环境	风险评估	控制活动	信息沟通	内部监督
科创板上市公司	2020	44.20	24.46	49.36	69.69	58.09	29.91
其他板块上市公司	2020	49.55	32.96	54.80	69.41	55.83	43.96

10. 内部控制百强企业与内部控制

本文根据内部控制指数,对4 231家上市公司进行排名,得出内部控制百强企业。我们比较分析百强企业和非百强企业内部控制水平,以期进一步明确其他上市公司与标杆公司之间的差距。如表12-26所示,2020年百强企业的内部控制指数均值相较2019年有较为明显的上升,非百强企业与百强企业的内部控制差距仍然是全方位的,高质量内部控制需要在五要素上全面加以提升。

表12-26　内部控制百强与非百强企业的内部控制水平分析

	年份	内部控制	内部环境	风险评估	控制活动	信息沟通	内部监督
百强企业	2020	69.59	58.25	79.03	86.37	75.86	56.41
	2019	66.61	51.82	77.45	84.23	73.95	53.82
	2018	66.17	50.04	71.42	83.87	71.33	63.51
非百强企业	2020	48.73	31.84	53.89	69.02	55.48	42.81
	2019	47.08	29.37	54.15	67.99	52.41	41.36
	2018	45.65	30.98	45.98	67.12	48.64	42.80

资料来源:陈汉文等,中国上市公司内部控制指数(2020):制定、分析与评价,《上海证券报》,2021年12月24日。

综合案例

泰达股份的内部控制评价与审计结论为何存在分歧[①]

2014年4月16日,泰达股份同时公布了内部控制审计报告和内部控制评价报告。令人感到迷惑的是,泰达股份内部控制审计报告被出具否定意见,其内部控制评价报告却显示内部控制基本有效。

(1) 内部控制审计报告被出具否定意见的原因如下:

重大缺陷是内部控制中存在的、可能导致不能及时防止或发现并纠正财务报表出现重大错报的一项控制缺陷或多项控制缺陷的组合。

贵公司下属子公司扬州昌和工程开发有限公司在2013年存在为贵公司其他下属子公司及外部单位提供担保;贵公司下属子公司扬州声谷信息产业发展有限公司在2013年存在为贵公司其他下属子公司提供担保;贵公司下属子公司扬州广硕信息产业发展有限公司在2013年存在为外部单位提供担保。上述担保均未按照公司内部控制制度的规定履行授权审批、信息披露等程序,与之相关的财务报告内部控制执行失效,该重大缺陷可能导致贵公司因履行担保责任而承担损失的风险。

贵公司尚未在2013年度完成对上述重大缺陷的内部控制的整改工作,但在编制

[①] 泰达股份对外披露的《2014年内部控制评价报告和内部控制审计报告》。

2013年度财务报表时已对上述内部控制失效可能导致的会计差错予以关注、避免和纠正。

有效的内部控制能够为财务报告及相关信息的真实完整提供合理保证,而上述重大缺陷使贵公司内部控制失去这一功能。

公司管理层已识别出上述重大缺陷,并将其包含在企业内部控制评价报告中,但未在所有重大方面得到公允反映。在公司2013年财务报表审计中,我们已经考虑了上述重大缺陷对审计程序的性质、时间安排和范围的影响。本报告并未对我们在2013年12月31日对贵公司2013年财务报表出具的审计报告产生影响。

(2) 在内部控制评价报告中,泰达股份认为,由于所属企业扬州泰达及其下属公司对担保审批程序的理解差异及惯性思维,加之内部信息沟通不充分,导致决策程序缺失,没有履行上报程序,造成上述内部控制缺陷。公司认为,扬州泰达系的这七笔担保,其中三笔性质是为自身融资,所借款项也为扬州泰达使用,不构成担保风险;另四笔担保中,目前三笔已归还或股权已出让,担保实质已解除,余一笔5 500万元的担保将在一个月内督促其解除担保。因此,上述七笔担保尚未形成风险及造成损失。

泰达股份也采取了一些相关的措施来解决这一问题,因此泰达股份董事会认为,公司已构建完整的内部控制体系且运转正常。泰达股份经自查发现缺陷,缺陷原因是担保制度设计和执行疏忽,缺陷等级为一般缺陷且该缺陷未造成经济损失。

思考题

1. 为什么泰达股份的内部控制评价报告与会计师事务所出具的企业内部控制审计报告存在分歧?
2. 应该如何看待案例中暴露的这一问题?
3. 结合本案例探讨企业如何构建科学合理的内部控制缺陷认定标准?
4. 结合自身企业实际情况,形成企业进行内部控制评价的基本思路。

主要参考文献

财政部会计司.企业内部控制规范讲解2010[M].北京:经济科学出版社,2010.
曹仰锋.海尔转型:人人都是CEO(第2版)[M].北京:中信出版集团,2017.
陈汉文,韩洪灵.商业伦理与会计职业道德[M].北京:中国人民大学出版社,2020.
陈汉文,韩洪灵.审计理论与实务[M].北京:中国人民大学出版社,2020.
陈汉文,林勇峰,鲁威朝.做空VS反做空 信息披露维度的观察[M].北京:北京大学出版社,2018.
池国华等.财务分析(第2版)[M].北京:中国人民大学出版社,2021.
池国华.中国式经济增加值EVA考核实践探索:基于系统性和针对性视角[M].大连:东北财经大学出版社,2016.
〔德〕乌尔里希·贝克.风险社会:新的现代性之路[M].张文杰,何博闻译.北京:译林出版社,2018.
段秋斌.互联网企业反腐密码[M].北京:中国人民大学出版社,2021.
方红星等.内部控制(第4版)[M].大连:东北财经大学出版社,2019.
高立法,金乐永.风险应对[M].北京:经济管理出版社,2019.
黄卫伟.价值为纲:华为公司财经管理纲要[M].北京:中信出版社,2017.
李秉成.企业为什么会陷入财务危机[M].北京:机械工业出版社,2016.
李连华.集团公司内部控制:原理与方法[M].厦门:厦门大学出版社,2021.
李守武.管理会计工具与案例:战略与预算管理[M].北京:中国财政经济出版社,2018.
林斌,孙岩,陈莹,等.中国企业反舞弊调查报告(2019)[M].北京:中国财政经济出版社,2020.
林钟高.内部控制风险免疫机理与效应研究[M].北京:中国财政经济出版社,2017.
〔美〕COSO.内部控制体系监督指南[M].张翌轩,陈汉文等译,北京:东北财经大学出版社,2010.
〔美〕COSO.内部控制——整合框架(2013)[M].财政部会计司译,北京:中国财政经济出版社,2014.
〔美〕COSO.内部控制——整合框架[M].方红星译.大连:东北财经大学出版社,2008.

〔美〕COSO.企业风险管理——整合框架(第2版)[M].方红星,王宏译,大连:东北财经大学出版社,2017.

〔美〕吉姆·柯林斯.再造卓越[M].蒋旭锋译,北京:中信出版社,2019.

〔美〕米歇尔·渥克.灰犀牛:如何应对大概率危机[M].王丽云译,北京:中信出版社,2017.

〔美〕纳西姆·尼古拉斯·塔勒布.黑天鹅:如何应对不可预知的未来[M].万丹,刘宁译,北京:中信出版社,2019.

〔美〕塞西尔·杰克逊.穿透会计舞弊[M].韩洪灵,陈汉文译,北京:中国人民大学出版社,2021.

企业内部控制编审委员会.企业内部控制主要风险点、关键控制点与案例解析[M].上海:立信会计出版社,2021.

〔日〕稻盛和夫.稻盛和夫的实学:经营与会计[M].北京:东方出版社,2013.

〔日〕森田直行.阿米巴经营(实战篇)[M].北京:机械工业出版社,2017.

王健林.万达哲学[M].北京:中信出版社,2015.

王千马,梁冬梅.新制造时代:李书福与吉利、沃尔沃的超级制造[M].北京:中信出版社,2017.

吴晓波.大败局[M].杭州:浙江大学出版社,2019.

吴晓波.激荡四十年[M].北京:中信出版社,2018.

晏维龙,李昆.监管学(第2版)[M].北京:高等教育出版社,2021.

杨爱国,高正贤.华为财经密码[M].北京:机械工业出版社,2021.

杨有红.企业内部控制[M].北京:北京大学出版社,2019.

张先治等.基于会计相关性的内部报告体系研究[M].上海:立信会计出版社,2015.

郑石桥.内部控制基础理论研究[M].北京:中国国际广播出版社,2018.

中国注册会计师协会.公司战略与风险管理:2021年度注册会计师全国统一考试辅导教材[M].北京:经济科学出版社,2021.